# Rachilde:
## *Femme de lettres - Homme de lettres*

Weibliche Autorschaft im Fin de siècle

von

Iris Ulrike Korte-Klimach

Tectum Verlag
Marburg 2002

Coverbild:
Porträt der M. Rachilde von E. Langlois. Aus: La vie moderne, 26.02.1887.

Die Deutsche Bibliothek - CIP-Einheitsaufnahme

**Korte-Klimach, Iris Ulrike:**
Rachilde: Femme de lettres - Homme de lettres.
Weibliche Autorschaft im Fin de siècle.
/ von Iris Ulrike Korte-Klimach
- Marburg : Tectum Verlag, 2002
Zugl.: Siegen, Univ. Diss. 2000
ISBN 978-3-8288-8379-6

© Tectum Verlag

Tectum Verlag
Marburg 2002

Man kann sich dem Göttlichen
nur asymptotisch nähern.

Die vorliegende Untersuchung ist im Wintersemester 2000 am Fachbereich Literatur- und Sprachwissenschaft der Universität-Gesamthochschule Siegen als Dissertation angenommen worden. Sie wurde durch ein Promotionsstipendium der Hanns-Seidel-Stiftung gefördert.

Mein besonderer Dank gilt meinem Doktorvater Herrn Prof. Dr. Volker Roloff für seine Geduld, Hilfe und seine über das übliche Maß hinausgehende Gesprächsbereitschaft. Zu Dank verpflichtet bin ich auch Frau Prof. Dr. Renate Kroll, die mir wichtige Hinweise und Anregungen zur feministischen Theorie gegeben hat.

Darüber hinaus möchte ich all jenen besonders danken, die meine Arbeit mit Zuspruch, Kritik und konstruktiver Diskussion begleitet haben, insbesondere meinem Mann Dr. Michael Korte, Dr. Ursula Böhmer, Nicole Caemerlynck, Dr. Helga Düchting, Stefanie Klimach und Annette Kluitmann-Müller.

Marburg, den 14. Mai 2001

*Inhalt*

Einleitung ................................................................................................. 1

## TEIL I
### Rachilde: Eine Autorin der *Décadence*

1. RACHILDE IM KONTEXT DER *DÉCADENCE* ..................................... 9

    1.1 Die *Décadence* als eine literarische Bewegung des *Fin de siècle* ............ 9
    1.2 Rachilde, „la Reine des Décadents" ................................................ 23

2. GESCHLECHTERPOLITIK IM *FIN DE SIÈCLE* ................................... 41

    2.1 Zeitgenössische Imaginationen von Männlichkeit und Weiblichkeit ........ 41
    2.2 Die Frau im Spiegel zeitgenössischer Machtdiskurse .......................... 43
    2.3 Die französische Frauenbewegung ................................................. 54
    2.4 „Pourquoi je ne suis pas féministe" – Rachilde und die feministischen Gruppierungen ihrer Zeit ............................................................. 57
    2.5 Misogynie und Dandytum ............................................................ 62
    2.6 Weibliche Autorschaft im *Fin de siècle* .......................................... 67

3. DIE FORSCHUNGSGESCHICHTE IM ÜBERBLICK .............................. 75

    3.1 Die internationale Rachilde-Forschung ........................................... 75
    3.2 Die deutsche Rachilde-Rezeption .................................................. 85

4. ZUR FEMINISTISCHEN LEKTÜRE VON RACHILDE ............................ 89

    4.1 Zur feministischen Lektüre einer Antifeministin ............................... 89
    4.2 Das Palimpsest als weibliche Schreibpraxis ..................................... 91
        4.2.1 Die „Angst vor Autorschaft" ................................................ 92
        4.2.2 Über das Sprechen mit zwei Stimmen: „double bind" – „double-voiced discourse" - „bisextuality" – „Mimesis" .............. 108

5. RESÜMEE ..................................................................................... 119

## TEIL II
### Rachildes Romane: Palimpseste der *Décadence*

6. *MONSIEUR VÉNUS*: WEIBLICHER DANDYISMUS ALS LITERARISCHES PROGRAMM ........................................................ 125

    6.1 Das ironische Spiel mit dandyistischen Themen und Motiven .............. 127
    6.2 Kritik an der Geschlechterpolitik des *Fin de siècle* .......................... 142
    6.3 Weibliche Autorschaft in *Monsieur Vénus* ..................................... 147

7. *MADAME ADONIS*: ANDROGYNIE ALS WEIBLICHER PROTEST ........ 157

    7.1 *Madame Adonis* als Kritik an der Gesellschaft des *Fin de siècle* ........ 159
    7.2 Androgynie als subversive Macht ................................................. 166

7.3 Der weibliche Autor als Doppelwesen .................................................. 174

8. *LA JONGLEUSE*: DIE KUNST AM WEIBLICHEN KÖRPER ..................... 185
   8.1 „L'art d'être femme" oder Weiblichkeit als Kunst ........................................ 187
   8.2 Die Geschlechterbeziehungen als Komödie ................................................ 198
   8.3 (Schau-)Spiele weiblichen Begehrens ........................................................ 206
   8.4 Exkurs: *La femme moderne* als Gegenbild der *femme décadente* ................ 219

9. *LA MARQUISE DE SADE*: WEIBLICHKEIT UND PERVERSION ................ 223
   9.1 Perversion als Spiegel von Gewalt und Unterdrückung ............................... 225
   9.2 Weiblicher Sadismus als pervertierte Form des Überlebens ....................... 236
   9.3 Perversion und Autorschaft ..................................................................... 243

10. *LA TOUR D'AMOUR*: IDENTITÄT UND AUTORSCHAFT ...................... 249
    10.1 Misogynie und die Krise des männlichen Selbstentwurfs ......................... 250
    10.2 Männlichkeit und Wahnsinn .................................................................. 265
    10.3 „Le grand livre du phare" - Autorschaft als Überschreitung der
          Geschlechtergrenzen ............................................................................. 273

11. RESÜMEE ................................................................................................ 281

**TEIL III**

**Rachildes Schreibweise: Grundzüge ihrer ästhetischen Gestaltung**

12. PERSONEN – THEMEN – SCHAUPLÄTZE ............................................... 287

13. LITERARISCHE TECHNIKEN ................................................................... 303
    13.1 Erzählmuster ........................................................................................ 303
    13.2 Typische Erzählsituationen ................................................................... 308
    13.3 Strategien des Erzählens ....................................................................... 319

14. RESÜMEE ................................................................................................ 335

Schlussbetrachtung ......................................................................................... 339

Résumé en français ......................................................................................... 357

*Literaturverzeichnis* ...................................................................................... 359

# EINLEITUNG

Zu den interessantesten Entdeckungen der feministischen Forschung zählt das große Œuvre der französischen Schriftstellerin und Literaturkritikerin Rachilde (1860-1953), die vor rund hundert Jahren den Höhepunkt ihrer literarischen Karriere erlebte. Als Autorin von skandalumwobenen Romanen wie *Monsieur Vénus* (1884), *La Marquise de Sade* (1887) oder *La tour d'amour* (1899) sorgte sie im Paris des *Fin de siècle* für Schlagzeilen.

In der französischen *Décadence* zählte sie zu jenen Autoren, die äußerst produktiv waren und hohe Auflagen erzielten. Sie schrieb bis 1925 im Jahresrhythmus bis zu sechzig Romane, Kurzgeschichten, Tiergeschichten, Essays, Dramen und Lyrik. Mit ihrem Salon, den sie bis zum Tod ihres Mannes Alfred Vallette führte, bot sie bedeutenden Autoren der Zeit ein Diskussionsforum. Unter ihrer Mitwirkung entwickelte sich die berühmte Literaturzeitschrift *Mercure de France* zu einer angesehenen Institution der *Décadence*, die im hauseigenen Verlag eine ganze Bibliothek der Dekadenzliteratur publizierte. In ihrer Funktion als Literaturkritikerin, der das Ressort der Neuerscheinungen unterstellt war, hatte es sich Rachilde zur Aufgabe gemacht, auch junge Autoren zu fördern. Als exzentrische Persönlichkeit fühlte sie sich in ihrer Lebensweise den Idealen der *Décadence* verpflichtet und wurde von ihren Zeitgenossen als „Reine des Décadents"[1] gefeiert. Ihr Bekanntheitsgrad reichte schnell über Frankreich hinaus und ihre Romane wurden in ganz Europa gelesen. Heute hingegen sind ihre Werke nur einem kleinen Fachpublikum vertraut. Rachildes Œuvre wurde der Vergessenheit überantwortet und so teilt sie das Schicksal vieler Autorinnen der Zeit.

Mit der Neuauflage von *Monsieur Vénus* im Jahre 1977 erwachte das wissenschaftliche Interesse an der Schriftstellerin. Ihre kühnen Geschlechtertauschphantasien sowie die in ihren Romanen geschilderten Perversionen erregen die Aufmerksamkeit der internationalen Forschung. Zunächst steht ihr Autorname für Androgynie und Perversion, schließlich rückt ihr eigenwilliger Umgang mit den literarischen Konventionen der *Décadence*,

---

[1] Ernest Gaubert, *Rachilde. Biographie Critique Illustré D'un Portrait-Frontispice Et D'un Autographe Suivie d'Opinions Et D'une Bibliographie*, Paris (E. Sansot) 1907, S. 14.

bei dem der Geschlechterdiskurs im Zentrum steht, in das Blickfeld der wissenschaftlichen Auseinandersetzung.

Ihre Autorschaft fällt auf, weil sie von großen Widersprüchen gezeichnet ist. Dies gilt in Bezug auf ihre Schreibweise ebenso wie im Hinblick auf ihre Autorinszenierung. Der jungen Marguerite Eymery gelingt es, sich als Frau in der Rolle der „Rachilde. Homme de lettres" in den männlich dominierten Diskurs der *Décadence* einzuschreiben. Ihr Weg zu einem freien Leben als Schriftstellerin ist im Kontext des späten 19. Jahrhunderts durchaus als emanzipatorischer Akt zu deuten, der die Autorin jedoch nicht zu politischem Engagement in der französischen Frauenbewegung motiviert. Das Gegenteil ist der Fall. Rachilde distanziert sich in ihrem Essay *Pourquoi je ne suis pas féministe* (1928) öffentlich von den feministischen Gruppierungen ihrer Zeit. Ihre Literatur scheint ein ähnlich gelagertes Missverhältnis zu reflektieren. Sie entwirft in ihren Romanen Beziehungswelten, in denen die Herrschaftsverhältnisse der beiden Geschlechter auf subtilste Weise verkehrt werden. Dabei resultiert die Machtposition der Frau aus der Übernahme der Männerrolle. Der Geschlechtertausch karikiert zwar bestehende Rollenbilder und zeigt sie insofern in einem kritischen Licht, zugleich wiederholt er traditionelle Bewertungsschemata, in denen die Männerrolle idealisiert und die Frauenrolle abgewertet wird. In Rachildes Texten finden sich also neben weiblichen Freiheits- und Machtphantasien immer auch misogyne Aussagen, die zwar den literarischen Konventionen der *Décadence* entsprechen, aber im krassen Widerspruch zur Geschlechtszugehörigkeit der Autorin stehen.

Angesichts dieser Befunde stellt sich die Frage, wo Rachildes Autorposition anzusiedeln ist. Schreibt sie in der Pose eines „homme de lettres", imitiert sie also den männlichen Diskurs oder lassen ihre Texte auch einen weiblichen Blick erkennen? Die Frage nach Rachildes Autorposition steht im Mittelpunkt der vorliegenden Untersuchung. Diese Problematik beschäftigt, wie folgende Schlaglichter aus der aktuellen Forschung zeigen, auch die feministische Auseinandersetzung mit Rachilde.[2]

---

[2] Eine ausführliche Darstellung der Forschungsgeschichte ist in Kap. 3 der vorliegenden Arbeit zu finden.

Die feministische Forschung, der die Wiederentdeckung von Rachilde zu verdanken ist, rechnet die Autorin zunächst zu den „feminist novelist".[3] Ihre ambivalente Schreibweise ist erst in den neunziger Jahren Gegenstand der Diskussion. So versteht Maryline Lukacher Rachildes widersprüchliche Autorschaft als Spiegel einer problematischen Mutter-Tochter-Beziehung, aus der ein gestörtes Verhältnis zur weiblichen Sexualität resultiert.[4] Eine solche psychoanalytische Untersuchung kann zwar anhand der Texte interessante Aussagen über Rachildes Vorstellungswelt treffen, die literaturhistorischen Produktionsbedingungen für eine Autorin in der *Décadence*, die für die Auseinandersetzung mit Rachildes Schreibweise von maßgeblicher Bedeutung sind, kann sie aus methodischen Gründen jedoch nur am Rande diskutieren. Im Hinblick auf die Fragestellung erweist sich auch die positive Deutung der Widersprüche im Sinne eines Plädoyers für Differenz, die sich jeglicher Eindeutigkeit entzieht, wie sie Agnès Conacher vertritt,[5] als wenig hilfreich. Eine solche Sichtweise nimmt die misogynen Textstellen in Rachildes Romanen völlig aus dem Blickfeld, die eher von einer Affirmation des männlichen Diskurses als von dem Bestreben nach Differenz zeugen. Margarete Zimmermann hat die ambivalente Textstruktur in Rachilde Romanen als „radikale Feminisierung von *Fin de siècle*-Motiven"[6] charakterisiert und dabei auf die *Décadence* als kulturellen Bedingungsrahmen zum Verständnis von Rachildes Schaffen hingewiesen. Die Tragweite von Rachildes Umdeutung dekadenter Motive und die spezifischen Kennzeichen ihrer Schreibweise scheinen damit jedoch noch nicht hinreichend benannt.

Rachildes Schreibweise ist nicht auf einen einzigen Begriff zu bringen. Ihr literarischer Diskurs ist ebenso provokant und radikal wie konventionell und angepasst. Ihre Themen sind zeittypisch und dennoch selbst zu Beginn des 21. Jahrhunderts von bestechender Aktualität, denn sie bewegen sich im Fadenkreuz von (Geschlechts-)identität und Autoridentität, einem

---

[3] Jennifer Waelti-Walters, *Feminist Novelists of the Belle Epoque. Love as a Lifestyle*, Bloomington (University of Indiana Press) 1990.
[4] Maryline Lukacher, *Maternal Fictions: Stendhal, Sand, Rachilde, and Bataille*, Durham and London (Duke University Press) 1994.
[5] Agnès Conacher, „Dans *La Jongleuse*, ma voix, écho d'un rêve qui se formule", in: *Revue Frontenac*. Kingston/Ontario 10-11 (1993-94), S. 157-170.
[6] Margarete Zimmermann, „Rachilde", in: Ute Hechtfischer/Renate Hof/Inge Stephan/Flora Veit-Wild (Hgg.), *Metzler Autorinnen Lexikon*, Stuttgart u. Weimar (J. B. Metzler) 1999, S. 435f.

Problemkomplex, mit dem sich die gegenwärtige postfeministische Debatte um Judith Butler befasst. Rachildes Texte erscheinen als ambivalente Gebilde, die zwischen Wiederholung und spielerischem Unterlaufen der Produktionsregeln der *Décadence* zirkulieren. Affirmation und Subversion laufen unentwegt ineinander und sind als Gestaltungsprinzipien erkennbar, die es einem weiblichen Autor erlauben, sich in den androzentrischen Literaturdiskurs einzuschreiben und sich dort als Schriftstellerin zu behaupten.

Rachildes ambivalente Schreibweise soll als Verfahren kenntlich gemacht werden, das die problematische Situation eines weiblichen Autors im *Fin de siècle* reflektiert. Dabei liegt der Akzent auf einer kritischen Relektüre ausgewählter Romane unter besonderer Berücksichtigung von *gender*-spezifischen Fragestellungen. „Gender cannot be divorced from authorship" schreibt Melanie C. Hawthorne[7] und nennt damit eine wesentliche Prämisse feministischer Literaturwissenschaft zum Verständnis, zur Deutung und Einordnung der Texte weiblicher Autorinnen und deren Schreibweise. Demnach unterscheiden sich männliche und weibliche Autorschaft in ihren kulturellen Voraussetzungen und müssen nach verschiedenen Maßstäben beurteilt werden. So gilt das besondere Interesse der feministischen Literaturwissenschaft „den Auswirkungen der Geschlechterrolle auf die Bedeutung, Funktion und die Möglichkeiten der Teilhabe an der kulturellen Produktion der patriarchalen Gesellschaft."[8] Im Rahmen dieser Arbeit bezeichnet weibliches Schreiben nicht ein „feminine writing" im Sinne von „Frau-Schreiben", sondern es steht vielmehr der historisch spezifizierbare Umgang der Frau mit dem Schreiben im Sinne einer „female literary experience" im Vordergrund, der schreibende Frauen mit ihrer gemeinsamen historischen Erfahrung als distinktive literarische Gruppe ausweist und ihren kulturellen Beitrag als vollwertigen Teil des männlichen Symbolsystems betrachtet.[9]

---

[7] Melanie C. Hawthorne, „To the lighthouse: Fictions of Masculine Identity in Rachilde's *La Tour d'Amour*", in: *L'Esprit Créateur*. Bâton Rouge. XXXII, 4 (Winter 1992), S. 41-51, hier S. 41.

[8] Inge Stefan/Sigrid Weigel, „Vorwort. Feministische Literaturwissenschaft", in: Inge Stefan/Sigrid Weigel, *Die verborgene Frau. Sechs Beiträge zu einer feministischen Literaturwissenschaft*, Berlin u. Hamburg (Argument-Verlag), S. 5-14, hier S. 7.

[9] Vgl. Renate Kroll, „Feministische Positionen in der romanistischen Literaturwissenschaft", in: dies./ Margarete Zimmermann (Hgg.), *Feministische Literaturwissenschaft in der Romanistik*, Stuttgart u. Weimar (J. B. Metzler) 1995, S. 26-43, hier S. 34.

Zielsetzung dieser Studie ist eine kritische Revision von Rachildes Autorschaft. Der Begriff der ideologiekritischen Revision geht auf Adrienne Rich zurück, die in ihrem bekannten Beitrag *When We Dead Awaken – Writing as Re-Vision* (1972) für ein feministisches Wiederlesen, eine kritische Relektüre von Texten aus dem männlichen Kanon, plädiert:

> „Re-Vision – the act of looking back, of seeing with fresh eyes, of entering an old text from a new critical direction – is for us more than a chapter in cultural history: it is an act of survival. Until we can understand the assumptions in which we are drenched we cannot know ourselves. And this drive to self-knowledge, for woman, is more than a search for identity: it is part of her refusal of the self-destructiveness of male-dominated society. A radical critique of literature, feminist in its impulse, would take the work first of all as a clue as how we live, how we have been living, how we have been led to imagine ourselves, how our language has trapped as well as liberated us; and how we can begin to see – and therefore live – afresh (...). We need to know the writing of the past, and to know it differently than we have ever known it; not to pass on a tradition but to break its hold over us."[10]

Eine Revision eröffnet den Frauen nicht nur die Möglichkeit zu untersuchen, welche Position Frauen in männlichen Texten haben, sondern sie führt auch zur Auseinandersetzung mit dem weiblichen Selbstverständnis. Die feministische Revision vertritt eine neue Auffassung von Literatur, bei der die Trennung von Leben und Literatur aufgehoben wird. Dabei werden jene Ansprüche, die ein traditionelles Verständnis von sogenannter hoher Literatur bis dato geprägt haben, in Frage gestellt. Literatur wird nicht mehr als eine Kunstform begriffen, die von subjektiven Einstellungen befreit ist und erfahrene Wahrheiten in meisterhaft künstlerischem Gewande ins Allgemeingültige erhebt. Dieses Postulat soll als Ausdruck patriarchalischer Machtinteressen aufgedeckt werden, „als Versuch, die verhüllten Geschlechtsinteressen, die in den Texten zum Ausdruck kommen, zu naturalisieren".[11] Im Lichte einer kritischen Revision betrachtet, reflektieren die Universalitätsansprüche von Literatur und Kunst daher „die Machtstrategien einer misogynen ,Sexualpolitik'".[12]

In einer kritischen Revision von Rachilde als Autorin der *Décadence* müssen die besonderen literaturhistorischen Produktionsbedingungen eines weiblichen Autors im *Fin de siècle* skizziert werden. Zur Kennzeichnung

---

[10] Adrienne Rich, „When We Dead Awaken: Writing as Re-Vision", in: *College English* XXXIV, 1 (Oktober 1972), S. 18-30, hier S. 18f.
[11] Lena Lindhoff, *Einführung in die feministische Literaturwissenschaft*, Stuttgart u. Weimar (J. B. Metzler) 1995, S. 10.
[12] Ebd., S. 10.

von Rachildes Schreibweise ist eine eingehende Relektüre am Beispiel ausgewählter Texte sowie ein Abriss ihrer stilistischen Verfahren notwendig. Diese Aufgaben spiegeln sich in der Struktur der vorliegenden Arbeit.

Im ersten Teil soll ein Überblick gegeben werden über die besondere Ausgangslage und die Produktionsbedingungen für Rachilde als Autorin der *Décadence*. Der biographischen Skizze der Autorin geht eine kulturhistorische Skizze der *Décadence* voraus, in dem eine Begriffsbestimmung von *Fin de siècle* und *Décadence* vorgenommen sowie die Grundzüge der Dekadenz aufgezeigt werden sollen. Aufgrund des geringen Bekanntheitsgrads der Autorin soll ihr literarischer Werdegang und ihre Position als Autorin im *Fin de siècle* beleuchtet werden. Diese Darstellung beschränkt sich auf Eckdaten, da bereits ausführliche biographische Arbeiten vorliegen.[13] Für das Verstehen von Rachildes Romanen ist die Auseinandersetzung mit der Geschlechterpolitik im *Fin de siècle* aufschlussreich, in dem die zeitgenössischen Bilder von Männlichkeit und Weiblichkeit sowie die soziale und kulturelle Stellung der Frau nachgezeichnet werden. Vor diesem Hintergrund ist es möglich, Rachildes antifeministische Positionen in einem neuen Licht zu sehen. Die Bewertung ihrer zwiespältigen Haltung gegenüber dem zeitgenössischen Geschlechterdiskurs steht schließlich im Mittelpunkt der Übersicht über die internationale und deutsche Forschungsliteratur, der sich eine Darlegung der dieser Arbeit zugrunde liegenden Forschungsposition anschließt. Dort soll, nach einer Methodendiskussion bezüglich der Deutung von Rachildes ambivalenter Schreibweise, mit Rückgriff auf die Theorien von Sandra Gilbert/Susan Gubar ein Interpretationsansatz entwickelt werden, der Rachildes Romane als Palimpseste der *Décadence* versteht. Er bildet die Grundlage der Relektüre von Rachildes Texten im zweiten Teil der Arbeit.

Im Hauptteil der Arbeit konzentriert sich die Relektüre von Rachildes Texten, die ein kritisches Wiederlesen mit dem Akzent auf *gender*-spezifischen Fragestellungen bezeichnet, auf die Analyse und Interpretation

---

[13] Vgl. die drei vorliegenden Gesamtdarstellungen: Ernest Gaubert, *Rachilde. Biographie Critique Illustré D'un Portrait-Frontispice Et D'un Autographe Suivie d'Opinions Et D'une Bibliographie*, Paris (E. Sansot) 1907; André David, *Rachilde. Homme de Lettres. Son Œuvre. Portrait et Autographe. Document Pour L'Histoire De La Littérature Française*, Paris (La Nouvelle Revue Critique) 1924; Claude Dauphiné, *Rachilde*, Paris (Mercure de France) 1991.

der ambivalenten Textstruktur am Beispiel von den fünf ausgewählten Romanen *Monsieur Vénus, Madame Adonis, La Jongleuse, La Marquise de Sade* und *La tour d'amour*, die alle zwischen 1884 und 1900 entstanden sind. Sie zählen zu den Hauptwerken der Autorin und verarbeiten den Geschlechtercode der Zeit in besonderer Weise. Für die Auswahl sprechen auch ihre Zugänglichkeit und ihre Rezeptionslage innerhalb der Forschung.

Detaillierte Einzelanalysen ermöglichen nicht nur interessante Einblicke in ihre wenig bekannten Romane, sie erlauben auch Aussagen zu den Geschlechterkonfigurationen, denn in Rachildes Œuvre sind Themen wie Geschlechtertausch oder Androgynie omnipräsent und werden auf subtilste Weise verarbeitet. Die Analyse des Geschlechterdiskurses in ihren Texten erweist sich als Nahtstelle, an der sich sowohl traditionelle misogyne Themen und Motive als auch ein kritischer Umgang mit dem Diskursinventar der *Décadence* ablesen lassen. Die in ihren Texten enthaltenen Imaginationen von den Geschlechtern reflektieren nicht nur den zeitgenössischen Geschlechtercode, sondern auch das Verhältnis der Autorin zu ihrem eigenen Geschlecht. Dabei lassen sich interessante Bezüge zu den postfeministischen Positionen Judith Butlers herstellen. Zugleich ermöglichen die Romane Aussagen über Rachildes Schreibverfahren sowie über die Folgen, die die patriarchalische Ordnung auf ihre literarische Produktion und ihr Selbstverständnis als Autorin hat.

Eine ebenfalls denkbare und bereits vorliegende systematische Gesamtdarstellung[14] kann der ambivalenten Schreibweise der Autorin und der darin enthaltenen Aussagekraft der Texte im Hinblick auf Reflexionen über Künstlertum kaum gerecht werden. Eine differenzierte Auseinandersetzung mit ihren Texten erscheint auch angesichts einer Fülle von Einzelbeiträgen innerhalb der internationalen Forschung und der kaum nennenswerten Rachilde-Rezeption im Rahmen der deutschen Romanistik notwendig.

Die literarischen Verfahren der Autorin sind für die Kennzeichnung ihrer Schreibpraxis, für die Darstellung der palimpsestartigen Textstruktur und damit auch für die Wirkung auf LeserInnen von großer Wichtigkeit. Während im zweiten Teil der Arbeit vorwiegend inhaltliche Themen zur Debatte stehen, beschäftigt sich der dritte Teil der Untersuchung unter Berücksichtigung der bisherigen Ergebnisse mit den stilistischen und er-

---

[14] Vgl. Claude Dauphiné, *Rachilde*, Paris (Mercure de France) 1991.

zähltechnischen Charakteristika des ausgewählten Textkorpus. In diesem Zusammenhang stellt sich nämlich die Frage, inwieweit die ambivalente Autorposition auch auf ästhetischer Ebene zum Vorschein kommt. Die Überblicksdarstellung beschränkt sich auf wesentliche Merkmale und literarische Techniken, deren Wirkungsweise ebenfalls unter *gender*-spezifischen Aspekten untersucht werden soll. Ziel ist es, mit Blick auf eine Kanonisierung die literaturhistorische Einordnung zu erleichtern.

Ihre langjährige und wichtige Arbeit beim *Mercure de France*, die durch unzählige Artikel und Literaturkritiken dokumentiert ist, konnte im Rahmen der vorliegenden Fragestellung allerdings nicht berücksichtigt werden. Dieser Themenkomplex bietet angesichts seiner Materialfülle und seiner literaturhistorischen Bedeutung genügend Stoff für eine eigene Forschungsarbeit.

In einem letzten Kapitel dieser Arbeit, der Schlussbetrachtung, werden zentrale Ergebnisse der drei Aufgabenfelder verknüpft und diskutiert. Dabei ist eine umfassende „Beurteilung" der literarischen Leistung der Autorin nicht intendiert, sie würde das Thema der Untersuchung verfehlen. Das Hauptanliegen der Arbeit liegt vielmehr in der Darstellung der ambivalenten Schreibpraxis der Autorin. Es geht jedoch nicht darum, die Widersprüche ihrer Schreibweise zugunsten eines einheitlichen monolithischen Diskurses aufzulösen, sondern die Ambivalenz als Schreibverfahren anzuerkennen und, gestützt auf die Ergebnisse der Textanalyse und der literaturhistorischen Produktionsbedingungen, Begründungszusammenhänge für eine solche Schreibpraxis darzulegen. Diese Arbeit versteht sich als Beitrag zu einer literaturhistorischen Rehabilitierung von Rachilde innerhalb der deutschen Romanistik, die wie viele andere Schriftstellerinnen der Kanonisierung entgangen und in Vergessenheit geraten ist.

# TEIL I
# RACHILDE: EINE AUTORIN DER *DÉCADENCE*

## 1. RACHILDE IM KONTEXT DER *DÉCADENCE*

### 1.1 Die *Décadence* als eine literarische Bewegung des *Fin de siècle*

Rachildes Werk wird literaturgeschichtlich der *Décadence* zugeordnet. Die *Décadence* gilt als eine bedeutsame literarische Strömung des französischen *Fin de siècle*. Bevor die Kennzeichen dieses literarischen Diskurses erörtert werden können, erfordert der zuweilen synonyme Gebrauch der vielschichtigen Termini *Fin de siècle* und *Décadence* eine definitorische Begriffsbestimmung. Der Begriff *Fin de siècle* wird in der Forschung oft zur Bezeichnung einer bestimmten kulturhistorischen Epoche verwendet, die in dem Zeitraum zwischen 1870/71 und dem Ausbruch des Ersten Weltkrieges anzusiedeln ist. Eine solche Verfahrensweise kann zu Missverständnissen führen, da man zu dieser Zeit auf eine Vielfalt literarischer Ausdrucksformen trifft. Der Terminus *Fin de siècle* erweist sich insofern als untauglich, als dass er einen Zeitraum markiert, der sowohl den Naturalismus als auch Symbolismus umfasst. Beide literarischen Strömungen würden somit zur Literatur des *Fin de siècle* zählen, eine Tatsache, die kaum zur Begriffsklärung beitragen kann. Um eine terminologische Verwirrung auszuschließen, bezeichnet *Fin de siècle* in der vorliegenden Arbeit vorrangig eine zeitliche Kategorie, nämlich die letzten zwanzig Jahre des 19. Jahrhunderts, sowie die erste Dekade des 20. Jahrhunderts und die damit verbundenen gesellschaftspolitischen Umbrüche. Hingegen ist mit *Décadence* im weiteren Sinne eine kulturelle und im engeren Sinne jene literarische Bewegung und deren spezifische künstlerische Produktion gemeint, die in der Kultur Frankreichs in der Zeit um die Jahrhundertwende präsent war und sich durch bestimmte Merkmale als eigene literarische Strömung zu erkennen gab.[1] Die *Décadence* wird im Folgenden als literari-

---

[1] Die Unterscheidung von *Fin de siècle* als zeitlichem Oberbegriff und *Décadence* als Bezeichnung für dessen literarische Produktion trifft auch Alexandra Beilharz, die die beiden Termini in ihrer Arbeit ausführlich diskutiert. Vgl. zum Folgenden Alexandra Beilharz, *Die Décadence und Sade: Untersuchungen zu den erzählen-*

sche Epoche und zwar im Sinne einer Hilfskonstruktion und eines Ordnungsprinzips verstanden,[2] das dazu dient, die spezifischen Merkmale von *Décadence*-Texten zu erkennen.

Es wäre verkürzt, die *Décadence* lediglich als eine Reaktion gegen Positivismus und Naturalismus und insofern als eine Folge des Naturalismus zu begreifen. Zwar spiegeln *Décadence* und Naturalismus zwei komplementäre Geisteshaltungen, die sich gegenseitig bedingen, aber nicht als zwei aufeinander folgende literarische Phasen zu sehen sind:

> „Eine chronologische Abfolge anzunehmen, die die Reaktion auf eine vorausgehende Strömung einschließt, wird der vielschichtigen Wirklichkeit nur unzureichend gerecht. Man darf hingegen die These aufstellen, daß seit Rousseau die beiden gegensätzlichen Einstellungen sich nebeneinander, wenn auch in unterschiedlicher Intensität, entfalteten, sich gegenseitig bedingten und in einer eigentümlichen Wechselwirkung das geistige Leben des 19. Jahrhunderts bestimmten."[3]

Bereits gegen Ende des 19. Jahrhunderts setzte sich die Einsicht in die wechselseitige Gegenläufigkeit von Regeneration und Degeneration bzw. von Fortschrittsglaube und Dekadenzbewusstsein durch:

> „So kam es, daß ein Denker des Fin de Siècle, Remy de Gourmont, voller Sarkasmus zu verstehen gab, daß politische Dekadenz der fruchtbarste Boden für die Entstehung und Entfaltung kultureller Werte sei. Damit war die

---

*den Texten des französischen Fin de Siècle*, Stuttgart u. Weimar (J. B. Metzler) 1997, S. 19-26.

[2] Auf die Problematik des Epochenbegriffs kann hier nicht eingegangen werden. Mit Rekurs auf Alexandra Beilharz soll auf folgende Debatte verwiesen werden: Eine grundsätzliche Legitimation für den Gebrauch von Periodisierungsschemata bietet Niklas Luhmans These, „daß Epochenmodelle mit in die Selbstbeschreibung eines Gesellschaftssystems gehören". Vgl. Niklas Luhmann, „Das Problem der Epochenbildung und die Evolutionstheorie", in: Hans-Ulrich Gumbrecht/Ursula Link-Heer (Hgg.), *Epochenstrukturen im Diskurs der Literatur- und Sprachtheorie*, Frankfurt a.M. (Suhrkamp) 1985, S. 11-33, hier S. 26. Vgl. auch Ulrich Schulz-Buschhaus: „Wenn wir die Epochenbegriffe schlechthin als illusionär ablehnen, bleiben wir selbst in Illusion befangen, die letztlich kein einzelner Text und keine einzelne Ecriture zu identifizieren sind ohne das deskriptive (und distinktive) Instrumentarium, welches uns die Periodisierungskonzepte zur Verfügung stellen." Ulrich Schulz-Buschhaus, „Gattungsmischung – Gattungskombination – Gattungsnivellierung. Überlegungen zum Gebrauch des literarhistorischen Begriffs ‚Barock'", in: Hans-Ulrich Gumbrecht/Ursula Link-Heer (Hgg.), *Epochenstrukturen im Diskurs der Literatur- und Sprachtheorie*, S. 213-233, hier S. 214.

[3] Diesen Nachweis bringt Wolfgang Drost in seinem Beitrag zu Fortschrittsglaube und Décadence. Vgl. Wolfgang Drost, „Du Progrès à rebours. Fortschrittsglaube und Dekadenzbewußtsein im 19. Jahrhundert: Das Beispiel Frankreich" in: ders. et al. (Hgg.), *Fortschrittsglaube und Dekadenzbewußtsein im Europa des 19. Jahrhunderts. Literatur – Kunst – Kulturgeschichte*, Heidelberg (Winter) 1986, S. 13-29, hier S. 13.

Einheitlichkeit der Begriffe – wie es scheint endgültig – aufgebrochen. Progrès und décadence wurden als das, was sie waren, erkannt, als Interpretationsmodelle oder Sehweisen, die vom jeweiligen Standpunkt des Betrachters abhingen. Der Fortschritt konnte sich als Januskopf enthüllen, die Dekadenz als Privileg. Die Ambiguität der Begriffe und die Problematik der ihnen zugrundeliegenden Konzepten war im 19. Jahrhundert erkannt worden."[4]

Diese Erkenntnis, dass es sich bei den Begriffen Fortschritt und Dekadenz um „die *Interpretation* von Fakten und nicht um die Fakten selbst handelt"[5], muss beim Umgang mit der zeitgenössischen Literatur, insbesondere aber bei der nachfolgenden Analyse der Dekadenzliteratur mitbedacht werden.

Will man die literarischen Spezifika der Literatur der *Décadence* näher skizzieren, so stößt man angesichts einer „florierenden literarischen Gruppenbildung" und dem damit verbundenen „babylonischen Wirrwarr von Schulbezeichnungen"[6] unweigerlich auf die Begriffe Symbolismus und *L'art pour l'art*. Den Wunsch nach Rückzug aus dem bürgerlichen Leben artikulieren alle drei literarischen Strömungen. Die Trennung von Bürgertum und Künstlertum zählt zu ihren Hauptkennzeichen. In ihrer bewussten Abkehr von der Gesellschaft wollen sich Künstler und Literaten bürgerlichen Wertvorstellungen wie Sparsamkeit, Arbeitsamkeit, Redlichkeit, vor allem aber dem Kapitalismus, Pragmatismus und Utilitarismus entziehen. Diese Form der gesellschaftlichen Distanzierung geschieht nicht auf politischer, sondern auf künstlerischer und soziokultureller Ebene. Die Künstler und Literaten flüchten in die *Bohème*, jenem Freiraum, in dem bürgerliche Normen- und Wertvorstellungen außer Kraft gesetzt sind. Die *Bohème* begreift Henri Murger als „Probezeit im Leben der Künstler", die ihm die Möglichkeit zur kreativen Selbstentfaltung verschafft.[7]

Die *Bohémiens* kultivieren das Exotische, Sonderbare und distanzieren sich durch exzentrische und phantasievolle Kleidung wie Eremiten- und Mönchsgewänder, orientalische oder antikisierende Trachten, auffällige Haar- und Bartmoden auch äußerlich ganz bewusst von den Normen des

---

[4] Ebd., S. 15.
[5] Ebd., S. 20.
[6] Erwin Koppen, „Décadence und Symbolismus in der französischen und italienischen Literatur", in: Klaus von See (Hg.), *Neues Handbuch der Literaturwissenschaft*, Bd. XVIII *Jahrhundertende – Jahrhundertwende. Teil I*, hrsg. von Helmut Kreuzer, Wiesbaden (Athenaion) 1976, S. 69-102, hier S. 69.
[7] Vgl. ebd., S. 72.

Bürgertums.[8] Sie schließen sich zu den „cénacle" oder „clique" zusammen, treffen sich in Caféhäusern im *Quartier Latin*, um über Literatur zu debattieren oder um ihre eigenen künstlerischen Produkte einem größeren Insiderpublikum vorzutragen. Es entstehen unzählige literarische Vereinigungen. Sie formieren sich zu Clubs, halten regelmäßige Sitzungen ab und geben Zeitschriften heraus. Zu den berühmtesten unter ihnen zählte der 1878 von Emile Goudeau gegründete Club *Les Hydropathes*, zu deren Mitgliedern die späteren Symbolisten Jean Moréas, Gustave Kahn und Jules Laforgue gehörten, die von Anatole Baju gegründete Vereinigung *Décadents* und das erste moderne Kabarett *Chat noir*, das von Rodolphe Salis im Winter 1881/82 ins Leben gerufen wurde.[9]

Neben der Existenz als *Bohémien* bot sich den Künstlern des 19. Jahrhunderts eine weitere Möglichkeit, sich von dem Bürgertum abzuheben, nämlich durch das Dandytum und dessen exklusive Lebenswelt.[10] Der Dandy vermag sich nach dem Vorbild eines Beau Brummel oder des Grafen Robert de Montesquiou von bürgerlichem Massenkonsum und Trivialität durch aristokratische Extravaganz, Lust an der exzentrischen Selbstdarstellung und der Kultivierung eines überfeinerten Geschmacks abzugrenzen.

Auch auf literarisch-künstlerischer Ebene machen die Literaten und Künstler ihre Werke einem bürgerlichen Publikum zunehmend unzugänglich. In den extremsten Formen des Symbolismus wird die Kommunikation mit einem bürgerlichen Kunst- oder Literaturliebhaber unmöglich, wie Étienne Mallarmés Gedichte zeigen. Seit der Romantik wird diese radikale Form des gesellschaftlichen Rückzugs, die sich zum Ziel setzt, „die Schönheit vor Hässlichkeit einer sich industrialisierenden Welt und dem Nützlichkeitsfanatismus des Bürgertums"[11] zu schützen und zu bewahren, *L'art pour l'art* genannt. Die Bezeichnung, die auf den Philosophen Victor Cousin zurückgeht, ist idealistisch geprägt und versteht unter Kunst ausschließlich den Dienst am Schönen:

---

[8] Eine detaillierte literatursoziologische Analyse der Kennzeichen, Normen, Struktur und Entwicklung der Bohème bietet Helmut Kreuzer, *Die Bohème. Analyse und Dokumentation der intellektuellen Subkultur vom 19. Jahrhundert bis zur Gegenwart,* Stuttgart (J. B. Metzler) 1971.
[9] Vgl. Erwin Koppen, a.a.O., S. 73.
[10] Zum Dandytum vgl. Otto Mann, *Der moderne Dandy. Ein Kulturproblem der Moderne,* Heidelberg (Rothe) 1962; Hans Hinterhäuser, „Der Aufstand der Dandies," in: ders., *Fin de siècle. Gestalten und Mythen,* München (Fink) 1977, S. 77-106.
[11] Erwin Koppen, a.a.O., S. 71.

"So wie die Religion ihren alleinigen Sinn im Dienst an Gott findet, findet für ihn die Kunst ihren Sinn im ausschließlichen Dienst am Schönen: Religion um der Religion willen, Moral um der Moral willen, und Kunst um der Kunst willen."[12]

Dieses Kunstverständnis geht auch auf Théophile Gautier zurück, der in seinem berühmten Vorwort zu dem 1836 erschienen Roman *Mademoiselle de Maupin* ebenfalls für einen Kunstbegriff bar jedes Nützlichkeitsdenkens eintritt. Literatur präsentiert sich als ausgeklügeltes hermetisches Spiel mit metrischen Formen und Lauten, das sich nicht die kritische Analyse gesellschaftlicher Entwicklungen, sondern die ästhetische Vollendung des Stils zum Ziel setzt. Théophile Gautier und Charles Baudelaire gehören zu den geistigen Vätern jener literarischen Strömung, die sich im ausgehenden 19. Jahrhundert formiert und schließlich als dekadent bezeichnet wird.

Der *Décadence*-Begriff ist jedoch wesentlich älter als die nach im benannte literarische Bewegung.[13] Das Lehnwort „Décadence" kommt von mittellateinisch „*decadentia*", lateinisch „*decadere*". Sowohl Voltaire, der mit „Décadence" den Verfall der Literatur im 18. Jahrhundert beklagt, als auch der Altphilologe Nisard, der die zeitgenössischen französischen Romantiker in den dreißiger Jahren des 19. Jahrhunderts als „décadent" bezeichnet, betonen den pejorativen Sinn des Wortes. Es ist kein anderer als Charles Baudelaire, der in seinen 1867 erschienen *Notes sur Edgar Allan Poe* der „littérature de décadence" zu einer neuen Bedeutung verhilft, in dem er ihr eine besondere literarische Qualität zuweist, die sich durch sprachliches Raffinement, durch Künstlichkeit und Naturferne auszeichnet. Wenige Jahre später liefert Théophile Gautier in einem Vorwort zu *Les Fleurs du Mal* eine genaue Vorstellung des „style de décadence":

> „Kunst, die an einem solchen Punkt äußerster Reife angelangt ist, wie er bei alternden Nationen im schrägen Licht der tief stehenden Sonne erreicht wird: ein kunstvoller, komplizierter, gelehrter Stil, voller Nuancen auf der Suche nach Neuentdeckungen, der ständig die Grenze der Sprache zurückverlegt, am technischen Vokabular aller Art seine Anleihe macht, aus allen möglichen Paletten seine Farben mischt, aus allen möglichen Tonarten seine Noten bezieht, der sich bemüht, auch das Unaussprechlichste eines Gedankens wiederzugeben und dessen verschwommenste und flüchtigste Konturen nachzuformen, und der den subtilen und vertraulichen Mitteilungen der

---

[12] Ebd., S. 70.
[13] Zur Etymologie des Begriffs vgl. Roger Bauer, „,Fin de siècle' et ,Décadence' comme catégories littéraires", in: *Neohelicon* III, 3-4 (1975), S. 69-86; sowie ders., „,Décadence': histoire d'un mot et d'une idée", in: *Cahiers romaines d'études littéraires* I (1978), S. 55-7; ders., „Altes und Neues über die Décadence", in: *Literaturwissenschaftliches Jahrbuch* 32 (1991), S. 149-173.

Neurose lauscht, den Geständnissen der alternden und verkommenen Leidenschaften und den bizarren Halluzinationen der in Wahnsinn umschlagenden Zwangsvorstellung."[14]

Gautiers Ausführungen zu den Kennzeichen der Dekadenzliteratur vereint also zwei Tendenzen. Zum einen verweist er auf die sprachlich-stilistische Seite der Literatur, die später im Symbolismus zum Ausdruck kommt, zum anderen formuliert er ein bestimmtes Lebensgefühl der *Décadence*, das von Künstlichkeit, Zeichen psychischen und physischen Verfalls sowie dem Eindruck der Überreife geprägt ist. Diese Kennzeichen finden sich vor allem in der erzählenden Literatur gegen Ende des 19. Jahrhunderts. Schließlich verwendet Maurice Barrès 1884 in seiner Zeitschrift *Les taches d'encres* erstmals das Wort „décadent" als literarische Gruppenbezeichnung, das nun zum Modewort avanciert und aufgrund seiner Omnipräsenz später parodistisch verarbeitet wird.[15]

Im gleichen Jahr erscheint das Hauptwerk von Joris-Karl Huysmans, das zum Kultbuch der *Décadence* avanciert. Der 1884 erschiene Roman *A Rebours* gehört neben Verlaines Sonett *Langueur*, den von Paul Bourget verfassten *Essais de Psychologie Contemporaine* (1926), die ein Baudelaire gewidmetes, mit „Théorie de la Décadence" überschriebenes Kapitel enthalten, und Anatole Bajus' Manifest zu den programmatischen Texten der *Décadence*.

Der Roman erzählt von dem Leben des neurasthenischen Dandys Jean Floressas Des Esseintes, dem letzten Spross eines im Laufe der Jahrhunderte degenerierten Adels. Zurückgezogen von der Pariser Gesellschaft lebt der hochgebildete und bibliophile Aristokrat in seinem ästhetischen Paradies, einem Landsitz mit allen erdenklichen Raffinements und Dekors ausgestattet, die von einem exklusiven, hypersensitiven Geschmacksempfinden zeugen. Der kränkelnde Ästhet sucht einzig in der Kontemplation in seine Kunstsammlung oder aber in der Komposition immer neuer Kuriositäten von bizarrer Ästhetik seine Befriedigung. Kunst und Dekor als Ausdruck eines rigiden Ästhetizismus erweisen sich als Rebellion gegen eine hässliche und vulgäre Wirklichkeit. Die selbstgewählte Isolation erscheint als totaler Gegenentwurf zu bürgerlichen Wertmaßstäben und Moralvorstellungen. An Stelle von Leistung und Aktivität verharrt Des Esseintes in

---
14 Théophile Gautier, zitiert nach Erwin Koppen, „Décadence und Symbolismus", S. 77.
15 Vgl. Erwin Koppen, a.a.O., S. 81.

Passivität und zehrt ohne jede Beschäftigung von einem beträchtlichen Vermögen. Der hypochondrische Aristokrat pflegt anstatt seiner Gesundheit lieber seine Neurose. Des Esseintes verliert sich in einem exklusiven Ästhetizismus als Gegengewicht zu dem als trivial verachteten Geschmacksempfinden des Bürgertums.

Neurose, Impotenz und Krankheit bekunden ebenfalls Widerstand gegen eine als fortschrittsfixierte und darwinistisch verstandene Leistungsgesellschaft. Andererseits dokumentiert Des Esseintes auch die Versöhnung von Fortschritt und Dekadenz im *Fin de siècle*, denn der Herzog bezieht in der vollendeten Nachbildung der Natur auch die neuesten Erkenntnisse von Forschung und Technik mit ein. Er genießt nicht nur chemischen Wein, sondern er lässt in seinem Aquarium sogar mechanische Fische spielen.[16]

Mit seiner Vorliebe für zerebrale Genüsse opponiert Des Esseintes offensichtlich gegen die staatlich verordneten Reproduktionsinteressen des französischen Bürgertums der Jahrhundertwende. Unfähig, seinen Körper wie seine Sexualität auf natürliche Weise zu erleben, stimuliert der Ästhet seine sensible Genussfähigkeit mittels Aphrodisiaka. Es bedarf immer neuer Reize, um ihn zu stimulieren, wie die Episode mit der Bauchrednerin illustriert. Sie vermag den schwächlichen Herzog nicht durch ihre körperlichen Verführungskünste zu reizen, sondern sie versetzt ihn bezeichnenderweise durch ihre Kunst des Bauchredens in Erregung: sie bringt die beiden im Schlafzimmer stehenden Sphinx- und Chimäre-Figuren zum Sprechen, indem sie den Flaubertschen Dialog zwischen Sphinx und Chimäre rezitiert. Sexualität artikuliert sich als Suche nach noch nie dagewesenen Lüsten, die sich ebenso in Homosexualität oder im Auskosten erotischer Phantasien äußert, aber in keinem Falle der geschlechtlichen Fortpflanzung dienlich ist und damit aus bürgerlicher wie auch medizinischer Sicht als pervers eingestuft wird.[17] Der Romanheld der *Décadence* hat eine Schwäche für die Musik Richard Wagners, er kennt die Texte des Marquis de Sade, aber er verabscheut den Naturalismus. Die Dekadenzliteratur definiert sich über einen Bruch mit dem naturalistischen Literaturdiskurs, was in

---

[16] Vgl. auch Wolfgang Drost, „Du Progrès à rebours", S. 25.
[17] Per definitionem zählen zu Perversionen diejenigen sexuellen Praktiken, die nicht der Reproduktion dienen. Vgl. den Artikel zu Perversion in Jean Laplanche/J.-B. Pontalis, *Das Vokabular der Psychoanalyse*, Frankfurt a.M. (Suhrkamp) 1996, S. 377-381.

Themen und Motiven[18] wie Degeneration, Androgynie, Inzest, Okkultismus, Traum und den misogynen Frauenbildern zum Ausdruck kommt. Bisher sprachen wir ausschließlich vom männlichen Held der *Décadence*. Mit Raoule de Vénérande aus *Monsieur Vénus* (1884) präsentiert Rachilde ihren Lesern einen weiblichen Dandy, deren Lebenswandel und Wertvorstellungen dem Herzog aus *A Rebours* (1884) in nichts nachstehen. Raoule erweist sich also in gewisser Hinsicht als „weiblicher Des Esseintes". Trotz der großen zeitgenössischen Bedeutung ihrer Romane zählen Rachilde wie auch Renée Vivien, Liane de Pougy oder männliche Literaten wie Joseph Péladan und Jean Lorrain zu jenem Kreis von Schriftstellern, der nur einem kleinem Fachpublikum vertraut ist. Zu den bekanntesten Vertretern der *Décadence* rechnet die Literaturgeschichtsschreibung Schriftsteller wie Charles Baudelaire, Joris-Karl Huysmans, Jules Amédée de Barbey d'Aurevilly, Philippe Auguste de Villiers de l'Isle-Adam, Élmir Bourges, Maurice Barrès und Catulle Mendès.

Gegen Ende des 20. Jahrhunderts blickt die moderne Literaturwissenschaft wieder auf Autorinnen und Autoren des 19. Jahrhunderts zurück, die in Vergessenheit geraten sind und seit Mitte der siebziger Jahre (des 20. Jahrhunderts) ihre Auferstehung erleben.[19] Zahlreiche Sammelbände, Kongressakten und Festschriften,[20] Sondernummern von Zeitschriften[21],

---

[18] Zu den Themen und Motiven der Dekadenz vgl. Hans Hinterhäuser, *Fin de siècle. Gestalten und Mythen*, München (Fink) 1977; sowie die Studie von Jean Pierrot, *L'Imaginaire Décadent (1880-1900)*, Paris (P.U.F.) 1977.

[19] Dieses Kapitel versteht sich als Überblicksdarstellung der Dekadenzforschung, die im Rahmen dieser Arbeit keinen Anspruch auf Vollständigkeit erheben kann, sondern nur allgemeine Tendenzen aufzeigen soll.

[20] Zu den Kongressakten zählen: Institut de Lettres de l'Universtité de Nantes (Hg.), *L'Esprit de décadence. Colloque de Nantes*, 2 Bde., Paris (Minard) 1980/84; Pierre Citti (Hg.), *Fins de siècle. Colloque de Tours 4-6 juin 1985*, Bordeaux (Presses Universitaires de Bordeaux) 1990. Als wichtige Sammelbände der letzten Jahre gelten Roger Bauer (Hg.), *Fin de siècle. Zu Literatur und Kunst der Jahrhundertwende*, Frankfurt a.M. (Klostermann) 1977; Angelika Corbineau-Hoffmann/Albert Gier (Hgg.), *Aspekte der Literatur des Fin-de-siècle in der Romania*, Tübingen (Niemeyer)1983; Wolfgang Drost et al. (Hgg.), *Fortschrittsglaube und Dekadenzbewußtsein im Europa des 19. Jahrhunderts. Literatur – Kunst – Kulturgeschichte*, Heidelberg (Winter) 1986; Manfred Pfister (Hg.), *Die Modernisierung des Ich. Studien zur Subjektkonstitution in der Vor- und Frühmoderne*, Passau (Rothe) 1989; Madelaine Ambrière (Hg.), *Littérature françaises du XIX$^e$ siècle*, Paris (P.U.F.) 1990; Mary Shaw/François Cornilliat (Hgg.), *Rhétoriques fin de siècle*, Paris (Bourgois) 1992; Christian Berg/Frank Duneux et al. (Hgg.), *The Turn of the century = Le tournant du siècle. Modernism and modernity in literature and the*

Beiträge in Nachschlagewerken[22], kommentierte Neuauflagen von Texten einiger Autoren des *Fin de siècle* in Editionsreihen[23] liegen inzwischen vor. In den letzten Jahren ist die Anzahl wissenschaftlicher Beiträge zur literaturhistorischen Standortbestimmung der Dekadenz deutlich gestiegen. Diese Tatsache kann jedoch nicht darüber hinwegtäuschen, dass die *Décadence*-Literatur bisweilen literarisch gering geschätzt, vernachlässigt und abgelehnt wurde.[24] Bis heute zählt daher Mario Praz' umfangreiche Motivgeschichte *La carne, la morte e il diavolo nella letteratura romantica* (1930)[25] zu den bedeutsamen Arbeiten der *Décadence*-Forschung, wenngleich seine Auffassung von der *Décadence* als einem der Romantik ähnlichen, jedoch unterlegenen Epochenstil inzwischen an Gültigkeit verloren hat. Wie für viele andere Dekadenzforscher nach ihm scheint für Praz gerade in der Illustration perverser Sexualität das Hauptkennzeichen der *Décadence*-Literatur zu liegen.[26] Anomalie, Deformation und sexuelle Abweichungen sind die Schlagwörter, die als Charakteristika der dekadenten Literatur in den Monographien von A.E. Carter und George Ross Ridge

---

*arts = Le modernisme et la modernité dans la littérature et les arts*, Berlin u. New York (de Gruyter) 1995.

[21] So unter anderem Guy Ducrey (Hg.), „Eclats fin-de-siècle", in: *Equinoxe* 6 (automne 1991).

[22] Vgl. Fritz Martini, „Dekadenzdichtung" in: *Reallexikon der deutschen Literaturgeschichte*, Bd. I, Berlin² (de Gruyter) 1958, S. 223-229; Winfried Engler, „Die erzählende Dichtung des Fin-de-Siècle", in: ders., *Der französische Roman von 1800 bis zur Gegenwart*, Bern u. München (Francke)1965, S. 106-127; Erwin Koppen, „Décadence und Symbolismus in der französischen und italienischen Literatur", in: Klaus von See (Hg.), *Neues Handbuch der Literaturwissenschaft*, Bd. XVIII: *Jahrhundertende – Jahrhundertwende. Teil I*, hrsg. von Helmut Kreuzer, Wiesbaden (Athenaion) 1976, S. 69-102; Jens Malte Fischer, „Décadence", in: *Propyläen Geschichte der Literatur*, Bd. V, Berlin (Propyläen Verlag) 1984, S. 559-581; Dominique Millet-Gérard, „Décadence, Symbolisme, le tournant du siècle", in: Madeleine Ambrière (Hg.), *Précis de la littérature française du XIXᵉ siècle*, Paris (P.U.F.) 1990, S. 535-543; Cornelia Blasberg, „Dekadenz", in: Gerd Ueding (Hg.), *Historisches Wörterbuch der Rhetorik*, Bd. II, Tübingen (Tübingen) 1994, S.473-481. Ausführliche Hinweise zur Rezeption der Dekadenzliteratur in Alexandra Beilharz, *Die Décadence und Sade*, S. 19-44.

[23] Vgl. die von Jean de Palacio herausgegebene Reihe „Collection décadente", die bei Nouvelles Éditions Séguier in Paris erscheint. Bei Gallimard, Folio, Flammarion, Éditions Seghers werden in den 80iger Jahren ebenfalls Reeditionen von Léon Bloys, Jean Lorrains, Pierre Lotis, Alfred Jarrys und Rachildes Texten veröffentlicht.

[24] Zu einem ähnlichen Befund kommt auch Alexandra Beilharz, a.a.O., S. 26.

[25] Deutsche Übersetzung: *Liebe, Tod und Teufel. Die schwarze Romantik* (1988).

[26] Vgl. Mario Praz, *Liebe, Tod und Teufel. Die schwarze Romantik*, München³ (Deutscher Taschenbuch Verlag) 1988, S. 13.

weiterhin im Vordergrund stehen.[27] Carter führt schließlich als wesentliches Erkennungsmerkmal die Apologie der Künstlichkeit an, eine These, die auch Jean Pierrot 1977 in seiner Überblicksdarstellung *L'Imaginaire décadent (1880-1990)* vertritt. In ihrer Arbeit *The Sins of the Fathers* (1986) dokumentiert Jennifer Birkett am Beispiel von ausgewählten Einzelanalysen die römisch-byzantinischen Einflüsse. Sie behandelt die *Décadence* als europäisches Phänomen.[28] Eine komparatistische Studie zur *Décadence* liefert Erwin Koppens Arbeit *Dekadenter Wagnerismus* (1973), in der die *Décadence* als europäische Strömung betrachtet wird. Die Musik Wagners und ihre Verarbeitung in der Dekadenzliteratur Europas nehmen hier eine Schlüsselstellung ein. Als wichtige Beiträge der neueren Dekadenzforschung müssen die Beiträge Jean de Palacios genannt werden, in denen er zahlreiche inhaltliche und formale Aspekte der Literatur der *Décadence* behandelt.[29]

Einen weiteren Akzent im Rahmen der neueren Dekadenzforschung bilden Forschungsarbeiten zum Thema Hysterie, Perversion und Wahnsinn.[30] So untersucht Renée Kingcaid in ihrer Arbeit *Neurosis and Narratives* (1992) am Beispiel von ausgewählten Kurzgeschichten den neurotischen Diskurs der *Décadence*:

> „Decadent discourse shines the spotlight of desire directly on the signifier; it is language in its high neurotic mode. More important, the rhetorical use of basic concepts of psychoanalysis in Decadent fiction shows us how neurosis can create meaning in narrative. It is, in this sense, not enough that desire be inscribed in the sign, irrevocably figurative of loss and compensation. The question opens onto the larger system of narrative, of the figurative capability of the building blocks of fiction: character, plot, description, and point of

---

[27] Vgl. A.E. Carter, *The Idea of Decadence in French Literature 1830-1900*, Toronto (University of Toronto Press) 1958 und George Ross Ridge, *The Hero in French Decadent Literature*, Athens (University of Georgia Press) 1961.
[28] Vgl. Jennifer Birkett, *The Sins of the Fathers. Decadence in France 1870-1914*, London u. New York (Quartet Books) 1986, S. 15f.
[29] Vgl. Jean de Palacio, *Pierrot fin-de-siècle ou les métamorphoses d'un masque*, Paris (Nouvelles Éditions Séguier) 1990; ders., *Les Perversions du merveilleux. Ma Mère l'Oye au tournant du Siècle*, Paris (Nouvelles Éditions Séguier) 1993 und ders., *Figures et formes de la Décadence*, Paris (Nouvelles Éditions Séguier) 1994.
[30] Vgl. dazu folgende Beiträge: Janet Beizer, *Ventriloquized Bodies. Narratives of Hysteria in Nineteenth-Century France*, Ithaca u. London (Cornell University Press) 1994; Séverine Jouve, *Obsessions et perversions dans la littérature et les demeures à la fin du dix-neuvième siècle*, Paris (Hermann) 1996; Evelyn Ender, *Sexing the mind: Nineteenth-Century Fictions of Hysteria*, Ithaca, New York u. London (Cornell Press) 1995; Margaret Ann Simmons, *Fictions of feminity. Fin de siècle representations of hysteria*, New York (Ann Arbor)1996.

view. Technical features of narrative can be shown in Decadent literature to derive directly from neurotic dysfunction."[31]

Janet Beizer befasst sich in ihrer Studie *Ventriloquized bodies* (1994) mit dem Thema Hysterie in Texten von Gustave Flaubert, Louise Colet, Émile Zola und Rachilde. Dabei geht es der Autorin nicht darum, Hysterie im Sinne eines neurotischen Diskurses in den genannten Texten herauszuarbeiten, sondern Beizet betrachtet Hysterie als kulturelles Phänomen:

> „To apprehend the phenomenon that I call the hystericization of culture we must focus here on an historical moment experienced as anchorless and uncentered: a moment of crisis related to the razing of political and social structures and, more significantly, the demolishing of a symbolic system. The body of the hysteric – mobile, capricious, convulsive – is both metaphor and myth of an epoch: emblem of whirling chaos and cathartic channeling of it."[32]

Sie hat es sich zur Aufgabe gemacht, die unterschiedliche literarische Verarbeitung von Hysterie in den Texten aufzuspüren und die metaphorische Bedeutung von Hysterie im jeweiligen Kontext zu entschlüsseln.

Aus der Flut von Einzelarbeiten zur *Décadence* und zum *Fin de siècle*[33] soll abschließend noch auf die Beiträge in dem 1989 erschienenen Sammelband *Die Modernisierung des Ich*[34] verwiesen werden. Die Autoren analysieren die Ich-Diskurse in französischen und englischen Texten der Jahrhundertwende und deuten auch die Romane der *Décadence* als Dokumente einer Krisengeschichte der Modernisierung des Ich. Das *Fin de siècle* erscheint hier als Zeitalter der Widersprüche[35] und der Auflösung von festen Wertvorstellungen und Identitätskonzepten[36]:

---

[31] Renée A. Kingcaid, *Neurosis and Narrative. The Decadent Short Fiction of Proust, Lorrain and Rachilde*, Carbonadale u. Edwardsville (Southern Illinois University Press) 1992, S. 13f.

[32] Janet Beizer, *Ventriloquized Bodies*, S. 8.

[33] Forschungsarbeiten zu weiteren Aspekten der *Décadence* wie etwa der Manierismus-Debatte, wie sie etwa von Ulrich Prill in seiner Arbeit zu Élmir Bourges Roman *Le Crépuscule des Dieux* diskutiert wird oder aber Pierre Cittis Thesen zur Überwindung der *Décadence*, die der in seiner Studie *Contre la décadence* darlegt, können in Rahmen dieser Arbeit nicht behandelt werden. Eine ausführliche Geschichte zur Dekadenzforschung bietet Alexandra Beilharz, *Die Décadence und Sade*, S. 19-36.

[34] Manfred Pfister (Hg.), *Die Modernisierung des Ich. Studien zur Subjektkonstitution in der Vor- und Frühmoderne*, Passau (Rothe) 1989.

[35] So konstatiert Grivel treffend: „(...) ‚Fin de siècle', mais ‚Belle Epoque': le mouvement est double et doublement orienté: du côté de son bonheur, du côté de son malheur, vie et mort, faste des Expositions universelles et des cortèges princiers et bombes et sangs des anarchies, luxes et luxures, tous les deux affichés. Effets de libération de cette Fin: si c'est la fin, je puis tout! Mais effet d'enlisement: si

„La littérature ‚Fin de siècle' donne libre cours au sujet. Dans écrire, le sujet se donne à penser: comme identité, altérité, dans son unicité malheureuse et sa différence. Arrivé à son terme, mais sans finalité. Se découvrant sujet d'un désir qui ne le comprend plus sans contradiction dans sa définition. Il parle un moi ouvert, fendu, failli, double (...)."[37]

Insgesamt wird deutlich, dass die zentralen Themen der Dekadenzliteratur wie Perversion, Ästhetizismus, insbesondere aber die Ich-Suche gegen Ende des 20. Jahrhunderts eine neue Aktualität erlangen. Dies führt zur Wiederentdeckung vergessener Autoren und zu einer tieferen Auseinandersetzung mit der *Décadence*. Die Frage nach der Identität, in erster Linie aber nach der Geschlechtsidentität wird ein Dreh- und Angelpunkt der gegenwärtigen Rezeption. In diesem Zusammenhang widmen sich die neuesten Forschungsarbeiten dem Dandytum und der Androgynie.[38] In der Figur des Dandys erweist sich Identität als Maskerade. Er vereint Charakteristika, die traditionell entweder den Frauen oder den Männern zugeordnet werden:

„Through his integration of bipolar opposites – feminine and masculine, passive and active, exhibitionism and voyeurism – the dandy creates an ambiguous sexual identity (...)."[39]

Die androgyne Erscheinung des Dandys ist also Spiegel seiner widersprüchlichen Identität, die die Geschlechtergrenzen überschreitet. Der Dandy transportiert Ich-Vorstellungen der *Décadence*, die erstaunliche Nähe zu postmodernen Identitätskonzepten aufweisen. Auf sie greift auch die aktuelle feministische Diskussion zurück, die Identität als Konstrukt versteht, das auf einer Trennung von *sex* und *gender* basiert. Die Dekadenzliteratur

---

c'est la fin, je ne puis décidément rien! L'écriture en remet à la fois dans le sens de la débauche et dans celui du marasme." Vgl. Charles Grivel, „Le discours du sexe (Fin de siècle en Littérature)", in: Manfred Pfister (Hg.), *Die Modernisierung des Ich,* S. 96. Zu den Widersprüchen in der Dekadenzliteratur siehe Michel Riffaterre, „Paradoxes décadents", in: Mary Shaw/Francois Cornilliat (Hgg.), *Rhétoriques fin de siècle,* Paris (Bourgois) 1992, S. 220-234.

[36] Auf die Frage „Fin de siècle, fin de quoi?" antwortet Charles Grivel: „Cette fin-là est l'absence d'un concept; mais la présence d'un désir – d'un fatiguement de la personne –, que rien assez ne formule, sauf au sexe." Charles Grivel, „Le discours du sexe", S. 96.

[37] Ebd., S. 96.

[38] Vgl. u. a. Alain Montandon (Hg.), *L'honnête homme et le dandy,* Tübingen (Narr) 1993; Kari Weil, *Androgyny and the Denial of Difference,* Charlottsville u. London (University Press of Virginia) 1992; Frédérec Monneyron, *L'androgyne décadent. Mythe, Figure, Fantasmes,* Grenoble (ELLUG) 1996.

[39] Deborah Houk, „Self Construction And Sexual Identity in Nineteenth-Century French Dandyism", in: *French Forum* 12 (1997), S. 59-73, hier S. 71.

wird aus diesem Blickwinkel heraus betrachtet, wie etwa Arbeiten von Dorothee Kelly, Jessica Feldman oder Rhonda K. Garelick zeigen.[40] Seit Mitte der achtziger Jahre des 20. Jahrhunderts bekundet die feministische Literaturwissenschaft ihr Interesse an der *Décadence*-Literatur. Bram Dijkstra richtet in der kunsthistorischen wie literaturwissenschaftlichen Motivgeschichte *Idols of Perversity* (1986) das Augenmerk auf die Darstellung von Weiblichkeit in der dekadenten Kunst und Literatur. Aufgrund einer Fülle von literarischem wie künstlerischem Material gelingt es ihm „to pull many strands together in order to show that virulent misogyny infected all the arts to an extent understood by very few specialists in the cultural history of the turn of the century – perhaps precisely because it was so endemic and therefore so completely taken for granted by everyone."[41]

Misogynie ist als wesentliches Charakteristikum der Literatur und Kunst der *Décadence* erkennbar und so befasst sich die Forschung in den neunziger Jahren verstärkt mit den misogynen Frauenbildern in den Texten des 19. Jahrhunderts.[42]

Unter dieser Prämisse gilt weibliche Autorschaft als abwegige Denkoption, als Oxymeron. Schreiben ist für die Autorinnen der *Décadence* mit Hindernissen verbunden. Elaine Showalter schildert in der Einleitung zu der Anthologie *Daughters of Decadence* (1988) die problematische Situation der englischsprachigen „New Women writers"[43] wie Olive Schreiner, Ada Leverson oder Kate Chopin, die die geschlechtsspezifischen Schwierigkeiten literarisch zu überwinden suchten:

„New Women writers needed to purge aestheticism and decadence of their misogyny and to rewrite the myths of art that denigrated women."[44]

---

[40] Vgl. folgende Arbeiten: Dorothee Kelly, *Fictional genders. Role and Representation in Nineteenth-Century French Narrative*, Lincoln u. London (University of Nebrasca Press) 1989; Jessica Feldman, *Gender on the Divide. The Dandy in Modernist Literature*, Ithaca (Cornell Press University) 1993. Rhonda K. Garelick, *Rising star. Dandyism, gender and performance in the Fin de Siècle*, Princton (Princton University Press) 1997.

[41] Bram Dijkstra, *Idols of Perversity. Fantasies of Feminine Evil in Fin-de-Siècle Culture*, New York u. London (Oxford University Press) 1986, S. viii.

[42] Vgl. u.a. Carola Hilmes, *Die Femme Fatale. Ein Weiblichkeitstypus in der nachromantischen Literatur*, Stuttgart (J. B. Metzler) 1990; Mireille Dottin-Orsini, *Cette femme qu'ils disent fatale. Textes et images de la misogynie fin-de-siècle*, Paris (Grasset) 1993; Kathryn M. Bulver, *La femme-démon. Figurations de la femme dans la littérature fantastique*, New York (Lang) 1995.

[43] Vgl. Elaine Showalter (Hg.), *Daughters of Decadence. Women Writers of the Fin de Siècle*, London (Virago Press) 1993, S. x.

[44] Ebd., S. x.

Das aufflammende literaturhistorische Interesse[45] für die Texte von Autorinnen ist das Verdienst der feministischen Literaturwissenschaft, die sich auch den französischen Schriftstellerinnen der Jahrhundertwende wie etwa Colette, Marcelle Tinayre, Lucie Delarue-Mardrus, Liane de Pougy, und deren historischen Bedingungen widmet und sie einem breiten Publikum zugänglich gemacht hat.[46]

Zweifelsohne sind die Texte weiblicher Autoren weit mehr vom Vergessen betroffen als die Werke ihrer männlicher Kollegen.[47] Dieses Schicksal ereilte auch Rachilde. Zu ihren Lebzeiten war die „Reine des Décadents" als Autorin und Literaturkritikerin über die Landesgrenzen hinaus bekannt.

---

[45] Vgl. Dominque van Hooff, „La femme et l'artiste au XIX$^e$ siècle. Lutte et prise de conscience du deuxième sexe", in: *Simone de Beauvoir Studies* 11 (94), S. 123-128.

[46] Diese Zielsetzung verfolgt auch Jennifer Waelti-Walters in ihrer Anthologie *Feminist Novelists of the Belle Epoque* (1990): „This book offers a study of the most interesting novels by those novelists who between 1900 and 1914 conceived of a changing role for women. My aim is to bring the women novelists of the period to the attention to both anglophone and francophone readers interested in women's writing, in women's rights, and in social history." Jennifer Waelti-Walters, *Feminist Novelists of the Belle Epoque. Love as a Lifestyle*, Bloomington u. Indianapolis (University of Indiana Press) 1990, S. x. Vgl. ebenso Margaret Crosland, *Women of Iron and Velvet and the books they wrote in France*, London (Constable) 1976. Sie präsentiert eine große Auswahl von Autorinnen, die nach dem Tod von George Sand 1876 bis zur Gegenwart reicht. Darunter befinden sich Schriftstellerinnen wie Judith Gautier, Colette, Rachilde, Anna de Noailles, Renée Vivien ebenso wie Simone de Beauvoir, Nathalie Sarraute, Marguerite Duras oder Albertine Sarrazin.

[47] Es gibt mehrere Gründe, warum die Texte dekadenter Autoren der Vergessenheit überantwortet wurden. Jean de Palacio weist zu Recht darauf hin, dass zahlreiche Autoren der *Décadence* aufgrund eines zu engen Kanonverständnisses als literarisch minderwertig diffamiert und in Vergessenheit geraten seien: „Nous souffrons toujours actuellement d'un lansonisme sournois, qui a voué à l'ostracisme une part important de la production littéraire ‚fin-de-siècle' et presque résusi à l'occulter." Vgl. Jean de Palacio, „Enseigner la ‚Décadence'?", in: *Equinoxe* 6 (automne 1991), S. 9-17, hier S. 9ff. So schreibt beispielsweise Hans Hinterhäuser in seinem Vorwort zu *Fin de Siècle. Gestalten und Mythen* (1977): „Deshalb habe ich auch für meine Belege keine Autoren und Werke der zweiten und dritten Garnitur herangezogen, sondern nur solche der ‚ersten Garnitur' (die Frage der ‚Meisterwerke' bleibe auf sich beruhen) – Werke, die es erlaubt ist, ernst zu nehmen, und die ich jedenfalls immer ernst genommen, zugleich als Dokumente und als Botschaft begriffen habe." Hans Hinterhäuser, *Fin de siècle. Gestalten und Mythen*, München (Fink), S. 10. Die Gründe für das Vergessen der Texte weiblicher Autoren können in diesem Rahmen nur angedeutet werden. Mary Ellman nennt „Phallic criticism", der nicht die Texte sondern die Weiblichkeit der Autorinnen beurteilt als eine der Hauptursachen, während Joanna Russ einen ganzen Katalog von Mechanismen anbietet, der das Vergessen und den Ausschluss von Schriftstellerinnen aus dem literarischen Kanon begünstigt. Vgl. Mary Ellman, *Thinking about woman*, London (Virago Press) 1979 und Joana Russ, *How to Suppress Women's Writing*, Austin (The Women's Press Limited) 1983.

Ihr umfangreiches Œuvre verdient aus literaturwissenschaftlicher Perspektive mehr Beachtung. Ihr Werk, das auch einige autobiographische Texte, Autorenportraits und eine Fülle von Literaturkritiken zeitgenössischer Autoren enthält, zeugt von einer ungewöhnlichen Vita und bietet von einem weiblichen Standort aus interessante Einblicke in den Kulturbetrieb der *Décadence*.

## 1.2 Rachilde, „la Reine des Décadents"

Paris 1884: Vier Monate nach der Publikation von *A Rebours* sorgt *Monsieur Vénus*, der Roman der vierundzwanzigjährigen Rachilde alias Marguerite Eymery (04.02.1860 – 04.04.1953), für Schlagzeilen. Die Geschichte von der knabenhaften Raoule de Vénérande und ihrer sadistischen Beziehung zum zarten Blumenhändler Jacques Silvert avanciert zum Skandalerfolg. Die in Brüssel publizierte Erstausgabe des Romans wird wegen ihres pornographischen Inhalts in Belgien und Frankreich konfisziert und die Autorin zu Freiheitsentzug und Geldstrafe verurteilt. In Paris reagiert die literarisch interessierte Öffentlichkeit kontrovers auf die im Roman geschilderten sexuellen Ausschweifungen:

> „Le Gil Blas déclara que c'était là un livre obscène. Sully Prudhomme dit devant quelqu'uns, c'est un curieux ouvrage!' Les femmes en défendirent la lecture à leurs maris, M. Henri Fouquier, sous le pseudonyme de Colombine, hurla que l'auteur qui avait les cheveux jaunes et les yeux verts était un monstre dangereux."[48]

Während ihr als „monstre dangereux"[49] fortan der Zugang zur elitären Pariser Gesellschaft verwehrt bleibt, debütiert sie als „une des curiosités de Paris" in den Kreisen der literarischen *Décadence*. Maurice Barrès tauft sie Mademoiselle Baudelaire. Als Mademoiselle Salamandre – wie Jean Lorrain sie nennt –, Mademoiselle de Vénérande oder Mademoiselle de Maupin avanciert sie schließlich zur schillernden Figur der Dekadenz.[50]

In der Vorstellungswelt der *Décadence* wird die Trennung von Leben und Werk aufgehoben. Die *Décadence* propagiert nicht bloß eine künstlerische Stilrichtung, sie bezeichnet auch eine Existenzweise. Androgynie und

---
[48] Rachilde, „Préface" zu *A Mort*, Paris (E. Monnier) 1886, S. XX.
[49] Claude Dauphiné, *Rachilde*, S. 56.
[50] Jean Lorrain, *Dans l'Oratoire*, Paris (C. Dalou) 1888, S. 204-215, sowie ein Artikel des Autors mit dem Titel „Mademoiselle Salamandre", der 1884 in *Le Courrier Français* erschienen ist. Zitiert nach Claude Dauphiné, *Rachilde*, S. 57.

Geschlechtertausch sind also nicht nur Hauptthema des Romans, sie kennzeichnen auch die literarische Inszenierung der Autorin, die in der Rolle eines weiblichen Dandys auftritt.[51] So ist es kaum verwunderlich, wenn die junge Autorin mit ihrer virilen Romanfigur Raoule de Vénérande gleichgesetzt wird. Der Mythos der androgynen Amazone ist geboren, unter dem die Autorin noch lange leiden wird. Jahre später schreibt sie in ihrem Vorwort zu *A Mort* (1886):

> „Le triste succès du roman ne fut pas dans le souffle de passion qui soutenait sa littérature étrange, mais…(…)…parce que, le sexe de Rachilde n'ayant jamais été suffisamment constaté, on se demandait si elle ne se représentait pas dans la virile Raoule."[52]

Die Geschlechtszugehörigkeit der Autorin, die sich augenscheinlich nicht eindeutig definieren lässt, rückt in den Mittelpunkt des öffentlichen Interesses, weniger die künstlerische Qualität des Romans. Denn wie kein anderer Text zuvor stellt *Monsieur Vénus* den Konnex zwischen *sex* und *gender*, männlicher Geschlechtszugehörigkeit und Autorschaft in Frage. Sowohl der Roman als auch Rachildes Autorinszenierung überschreiten alle zeitgenössischen Vorstellungen von *sex* und *gender*. Das unentwegte Spiel mit den Geschlechtergrenzen scheint sowohl für Rachildes literarische Arbeit als auch für ihre Autorinszenierung konstitutiv. Im Folgenden soll Rachildes literarischer Werdegang unter besonderer Berücksichtigung von *gender*-spezifischen Fragestellungen skizziert werden, die in den vorliegenden biographischen Arbeiten zur der Schriftstellerin nicht in Betracht gezogen wurden.[53] Der Arbeitstitel „Rachilde. Femme de lettres. Homme de lettres." kennzeichnet Rachilde als Grenzgängerin, die durch ihren Berufswunsch beziehungsweise ihre Berufung „gagner sa vie par sa plume"[54] die geschlechtlichen Markierungen einer explizit männlich definierten Autorschaft überwindet.

Ihr literarischer Emanzipationsweg nimmt in Cros, einem kleinen Dorf zwischen Château-l'Evêque und Périgueux im Südwesten Frankreichs, sei-

---

51 Dazu ausführlich Kap. 4.2.1 der vorliegenden Arbeit.
52 Rachilde, „Préface" zu *A Mort*, S. XX.
53 Zu Leben und Werk von Rachilde liegen folgende Beiträge vor: Ernest Gaubert, *Rachilde*, Paris (Sansot) 1907. Diese Arbeit bildet die Grundlage für André David, *Rachilde. Homme de lettres*, Paris (La Nouvelle Revue Critique) 1924. Claude Dauphiné nimmt in den folgenden Arbeiten auf die erstgenannten Studien Bezug. Claude Dauphiné, *Rachilde. Femme de lettres 1900*, Paris (Fanlac)1985, sowie dies., *Rachilde*, Paris (Mercure de France) 1991.
54 Rachilde, *Quand j'étais jeune*, Paris (Mercure de France) 1947, S. 165.

nen Anfang. Die phantasiebegabte Marguerite Eymery, einzige Tochter aus der unglücklichen Ehe zwischen der künstlerisch gebildeten Gabrielle Feytaud und dem Militäroffizier Joseph Eymery, macht ihre ersten Schreibversuche in ihrem Tagebuch. Ihre Eintragungen in „les cahiers azurés" und die Lektüreaufenthalte in der Bibliothek ihres Großvaters, in der sie bereits mit 15 Jahren Texte von Voltaire und Sade liest,[55] bilden die Fluchtpunkte einer ansonsten freudlosen Kindheit, die von häufigen Umzügen von Garnison zu Garnison geprägt ist.[56] Der Beruf des Vaters sowie das militärische Umfeld beeinflussen auch die Entwicklung von Marguerite. Das sportliche Kind wird wie ein Junge erzogen, lernt reiten und schießen.[57] Ferner ist Marguerite eine Meisterin im Fechten.[58] Im Laufe ihres langen Lebens übersteht sie drei Kriege. Nachdem sie zunächst als Kriegsberichterstatterin für ihre Regionalzeitung tätig ist, verarbeitet sie das Thema Krieg später in ihren Romanen. Einige Szenen aus *La Marquise de Sade* (1887) scheinen an die Garnison ihres Vaters während des französisch-preußischen Krieges von 1870 zu erinnern. In *Dans le puits ou la vie inférieure 1915-1917* (1918) setzt sich die Autorin mit dem Ersten Weltkrieg, in *Face à la peur* (1942) mit ihren Erfahrungen im Zweiten Weltkrieg auseinander.[59]

Bedingt durch die häufige Abwesenheit des Vaters und die psychischen Krisen der Mutter wird die kleine Marguerite früh zur Eigenverantwortlichkeit gezwungen. Kaum zehn Jahre alt, führt sie den Haushalt und wacht über die Hausangestellten. Dennoch leidet sie sehr unter Einsamkeit, über die ihr die kleinen Geschichten, die sie allabendlich zu Papier bringt, hinweghelfen. Diese sendet sie Jahre später ohne das Wissen ihrer Eltern an die Regionalzeitung *L'Écho de la Dordogne*. In ihren schaurigen Erzählun-

---

[55] Vgl. Rachilde, „Préface" zu *A Mort*, S. VIII.
[56] Rachildes Romane verarbeiten immer wieder Erinnerungen aus ihrer Kinderzeit. So ist Mary Barbes Vater aus *La Marquise de Sade* wie auch Joseph Eymery bei der französischen Armee und kämpft 1870 in dem Krieg gegen Deutschland. Das Leben in der Provinz wird in *L'animale* und *Les Rageac* thematisiert. Zu Rachildes Kindheit im Périgord vgl. auch Claude Dauphiné, *Rachilde. Femme de lettres 1900*, S. 26f.
[57] Die französische Schriftstellerin Gyp, die Rachilde sehr verehrt, wächst ebenfalls als „garçon manqué" auf. Auch ihr Vater ist beim französischen Militär, was Gyps Faible für alles Militärische erklärt. Vgl. Patricia Ferlin, *Femmes d'encrier*, Paris (Bartillat) 1995, S. 190.
[58] Vgl. Claude Dauphiné, *Rachilde. Femme de lettres 1900*, S. 26.
[59] Zum Motiv des Krieges in Rachildes Werk siehe ausführlicher Lucienne Frappier-Mazur, „Rachilde: allégories de la guerre", in: *Romantisme. Revue du 19e siècle*. Paris XXIV, 85 (3e Trim. 1994), S. 5-18.

gen wimmelt es von Totengräbern und geheimnisvollen Wesen, wie bereits die Titel erahnen lassen: *La Fiancée du fossoyeur, Trois soupirs pour une femme, L'Éventail-squelette* etc.

Unterdessen geht die Ehe der Eymerys in die Brüche. Bedingt durch die Trennung der Eltern soll die vierzehnjährige Tochter mit einem der Offiziere ihres Vaters verlobt werden. Statt Ehe und Mutterschaft als Markierungen einer zeitgenössischen Frauenexistenz hegt Marguerite einen Berufswunsch, der ihr als Frau nur schwer zugänglich ist, wie sie später in ihren Erinnerungen schreibt: „Qu'une enfant de quinze ans *brode* sur des canevas ou des lingeries, rien de plus naturel, mais...sur papier, c'est beaucoup moins solide, encore moins utile et presque inconvenant."[60]

Auf das von ihren Eltern arrangierte Verlöbnis mit dem jungen Offizier Jacques de la Hullière reagiert sie mit einem Suizidversuch. Eine Eheschließung wertet die junge Marguerite offenkundig als Ende ihres literarischen Weges. Aus einer katholischen Familie stammend, wird sie schließlich in ein Kloster geschickt, wo sie ein zweijähriges Noviziat „quelle école de l'endurance et de l'hypocrisie"[61] absolviert. Dieser Aufenthalt fördert eher ihren Atheismus denn ihre Religiosität: „Je suis sortie du couvent aussi bien portante que j' y suis entrée et encore plus indifférente à tout acte religieux."[62]

Endlich begreifen die Eltern, welche existentielle Bedeutung das Schreiben für ihre Tochter hat und so unternimmt sie in Begleitung ihrer Mutter die erste Reise nach Paris. Dort sucht Marguerite bekannte Buchhandlungen auf und wird in verschiedenen Verlagshäusern vorstellig. Gabrielle Eymery, Marguerites Mutter, selbst Pianistin und aus einer Journalistenfamilie kommend, unterstützt die literarischen Ambitionen ihrer Tochter und versucht vergeblich, sie in die Kulturszene einzuführen. Während Marguerite, inzwischen achtzehnjährig, bereits an ihrer Karriere als Schriftstellerin arbeitet, stecken Colette, Anna de Noailles und Marcelle de Tinayre noch in den Anfängen ihres literarischen Werdeganges. Auch Gyp veröffentlicht erst 1882 ihren ersten Roman. Indessen erscheint am 23. Juni 1877 im *L'Écho de la Dordogne* Marguerites erster Text *La Création de l'oiseau-mouche,* gefolgt von einer Reihe von Märchen und phantastischen Erzäh-

---

[60] Rachilde, *Quand j'étais jeune*, S. 9. [Hervorheb. i. Original.]
[61] Dies., *Face à la peur*, Paris (Mercure de France) 1942, S. 57.
[62] Ebd., S. 56.

lungen, die sie anonym veröffentlicht.[63] In dieser Zeitung erscheinen auch ihre ersten Romane *Fidelium* (1878), *Madame de Sang-Dieu*[64] und *Héala* (1882).

Ein weiterer Schritt auf dem Weg ihrer literarischen Entwicklung ist die Publikation unter dem Pseudonym Rachilde, dem Namen eines schwedischen Edelmannes aus dem 16. Jahrhundert, zu dem die Autorin angeblich während einer spiritistischen Sitzung mit ihren Großeltern in Kontakt getreten ist.[65] Strittig erscheint hier die geschlechtliche Zuordnung des Pseudonyms. Einerseits spricht die Autorin in diesem Zusammenhang von einem schwedischen Männernamen, der Teil ihrer männlichen Autorinszenierung wird, andererseits erinnert die Endung „ilde" an weibliche Vornamen wie Clothilde, Mathilde etc.[66] Die Ambivalenz ihrer literarischen Identität spiegelt sich also in ihrem Pseudonym und kommt auch auf ihrer Visitenkarte „Rachilde. Homme de lettres" zur Geltung. Später publiziert sie ihre Texte unter verschiedenen Pseudonymen. Der spielerische Umgang mit der Autorsignatur korrespondiert mit ihrem Spiel mit den Geschlechterrollen.[67]

Ihre Cousine Marie de Saverny ist es, die Rachilde in die Künstlerkreise einführt. Die zwanzigjährige Autorin lernt Sarah Bernhardt und Philippe Auguste de Villiers d'Isle-Adam kennen und wird Arsène Houssaye vorgestellt, der ihr das Vorwort für ihren Roman *Monsieur de la Nouveauté* schreibt, ohne das sie kaum einen Verleger gefunden hätte.[68] 1880 veröf-

---

[63] Vgl. dazu Christian Soulignac, „Écrits de jeunesse de Mademoiselle Vénérande", in: *Revue Frontenac. Kingston/Ontario (Canada)* 10-11 (1993-1994), S. 192-197.
[64] Der oben genannte Roman wird zwar auch von Ernest Gaubert aufgeführt, allerdings ist er bis dato nicht auffindbar und auch bibliographische Nachweise fehlen. Vgl. Ernest Gaubert, *Rachilde*, S. 61. Gesicherte bibliographische Nachweise zu Rachildes frühen Texten, die vor 1880 entstanden sind, finden sich in: „Éléments d'approche d'une bibliographie périgourdine de Rachilde", in: *Organographes du Cymbalum Pataphysicum* 19-29 (1983), S. 109-148.
[65] Vgl. Claude Dauphiné, *Rachilde. femme de lettres 1900*, S. 16 und Rachilde, *Quand j'étais jeune*, S. 149f.
[66] Roger Bellet ordnet in seiner Studie zu den Pseudonymen von Schriftstellerinnen den Autornamen Rachilde wie das Pseudonym Séverine, hinter dem sich Caroline Rémy-Guebhard verbirgt, zu jener Kategorie von „noms de plume", die einzig aus (weiblichen) Vornamen bestehen. Allerdings scheint Bellet die Herkunft des Künstlernamens Rachilde nicht bekannt zu sein. Vgl. Roger Bellet, „Masculin Et Féminin Dans Les Pseudonymes Des Femmes De Lettres Au XIX$^e$ Siècle", in: ders. (Hg.), *Femmes de lettres au XIX$^e$ siècle. Autour de Louise Colet*, Lyon (Presses Universitaires de Lyon), S. 249-265, hier S. 267.
[67] Zur Bedeutung und Funktion des Pseudonyms bei einem weiblichen Autor vgl. Kap. 4.2.1 dieser Arbeit.
[68] Vgl. Rachilde, *Quand j'étais jeune*, S. 42f.

fentlicht der Verleger Dentu den naturalistischen Roman und zahlt ihr zwei Jahre nach dessen Erscheinen 256 Francs! Der große Erfolg bleibt aus.

Schließlich verlässt die inzwischen volljährige Rachilde ihre Heimat und geht nach Paris, dem Symbol für literarische Freiheit: „J'étais allée dans la rue des Écoles pour trouver la liberté d'écrire qu'on me refusait chez moi."[69] Ihren Lebensunterhalt bestreitet sie als Journalistin. Während sie in der Provinz noch Kriegsberichterstatterin für das *L'Écho de Dordogne* gewesen war, schreibt sie nun für die Zeitschrift *L'Estafette* und für das Frauenmagazin *L'École des femmes*, das von ihrer Cousine Marie de Saverny geleitet wird.[70]

Fortan beginnt das Leben in der Pariser *Bohème*. In diese Zeit fällt ihre unglückliche Liebe zu dem Schriftsteller Catulle Mendès. In ihrem autobiographischen Vorwort zu *A Mort* (1886) schreibt Rachilde über den Frauenheld:

> „Elle vit Catulle Mendès, l'écouta, ne l'aima pas, mais faillit l'aimer. Or, aimer le beau Mendès, pour une folle, c'était la folie furieuse, car, en vérité, on n'est pas la maîtresse de Catulle lorsqu'on a une valeur quelconque…il faudrait s'humilier tant et tant à côté de cette péremptoire personnalité…sans compter l'inconstance prestigieuse de l'homme."[71]

Die junge Schriftstellerin erleidet kurze Zeit später eine hysterische Paralyse. Ihre Beine sind gelähmt und sie kann fast zwei Monate ihr Appartement nicht verlassen. Sie selbst führt diese Symptome auf die unerfüllte Liebe zu Catulle Mèndes zurück:

> „Elle ne fut donc pas la maîtresse de Catulle, et le docteur Lassègue dut venir (visite de charité) étudier l'étonnant problème de l'hystérie arrivée au paroxysme de la chasteté dans un milieu vicieux."[72]

Dieses Bekenntnis hat für Rachilde weitreichende Folgen. Immer wieder wird sie – auch aufgrund der hysterischen Frauenfiguren in ihren Romanen – von der Presse als Hysterikerin beschimpft.[73] Ihre Autorschaft wird mit hysterischen Verhaltensweisen in Verbindung gebracht, was sie in ihrem Vorwort zu *Madame Adonis* (1888) ironisch kommentiert:

---

[69] Rachilde, *Pourquoi je ne suis pas féministe*, Paris (Éd. de France) 1928, S. 67.
[70] Vgl. dies., *Quand j'étais jeune*, S. 100-110.
[71] Rachilde, „Préface" zu *A Mort*, S. XVII.
[72] Ebd., S. XVII.
[73] Zur besonderen Bedeutung von Hysterie und Nervosität im Kontext der *Décadence* vgl. Kap. 2.2 dieser Arbeit.

„J'ajouterai que le métier de femme de lettres est fatigant. Il faut en moyenne an pour écrire un bon roman, six mois pour en faire un passable, trois mois pour en faire un mauvais...ceux qui les écrivent en un mois et demi, comme mes pareilles, rentrent dans la catégorie des hystériques, il n'en est pas question. Pendant ces différentes lunes de miel de *l'autoresse*, avec son roman, elle ne cause plus, elle prend un air de poule constipée, ne se peigne plus, horrible détail, ne digère plus, a des cauchemars ou bien égratigne son amoureux."[74]

In mehreren Episoden schildert Rachilde das harte Leben als Autorin im literarischen Paris der Jahrhundertwende. Weibliche Autorschaft gilt als unmoralisch und wird zeitweise zum Synonym für Prostitution. Rachilde berichtet wütend von Abenden, wo sie sich mit einem jener Redakteure getroffen hat, deren Interesse nicht ihren Texten, sondern den aufreizend gekleideten Damen in seiner Begleitung galt.[75] Sie selbst ist vor Nachstellungen nicht sicher. Wie despektierlich sogar berühmte und erfolgreiche Schriftstellerinnen behandelt wurden, beschreibt sie später in ihrem Vorwort zu *Madame Adonis* (1888). Die achtzehnjährige Rachilde sitzt im Vorzimmer eines Verlagshauses. Nachdem eine von ihr verehrte Schriftstellerin das Büro des Direktors verlassen hat, muss sie voller Entsetzen folgende Bemerkung des Direktors mit anhören: „*Eh! allons donc, vieille bique!*".[76] Sie nimmt diese Episode zum Anlass, die Diffamierung von Autorinnen im *Fin de siècle* sarkastisch zu kommentieren. Rachilde erkennt, dass weibliche Autorschaft die soziale Ordnung stört:

„Je constate: le métier de femme de lettres est un fichu métier, le fichu métier possible. Il est immoral, en ce sens qu'il gâte un bon ménage sur vingt, produit des enfants adultérins sous le spécieux prétexte d'un trop plein cérébral, porte aux vices contre nature – toujours pour la même raison...trouble l'harmonie du foyer, tache les doigts et embête ferme les directeurs de journaux. Il est nuisible, vis-à-vis des sociétés tranquilles, parce qu'à cause de lui, les racontars malpropres sont expulsés de l'ombre, que la femme vindicative s'en sert toujours pour apprendre à Paul que Caroline le trompe, (...)."[77]

Die ersten Jahre nach ihrem Umzug nach Paris sind hart für die junge Literatin, die zeitweise in Armut lebt, wie sie später einmal bekennt.[78] Dennoch verfolgt sie unbeirrt ihr Ziel, sich in den Literaturdiskurs der

---

[74] Rachilde, „L'Avant-Propos. L'Art De Se Faire Injurier", in: dies., *Madame Adonis*, Paris (Mercure de France) 1888, S. IX.
[75] Vgl. Rachilde, „Préface" zu *A Mort*, S. XVf.
[76] Dies., Rachilde, „L'Avant-Propos. L'Art De Se Faire Injurier", S. IX.
[77] Ebd., S. VIIIf.
[78] Vgl. Rachilde, „Questions brûlantes", in: *La Revue Blanche*, 1. Sept. 1896, S. 193-200, hier S. 198.

*Décadence* einzuschreiben. Sie verteilt Visitenkarten mit der Aufschrift „Rachilde. Homme de lettres". Als „homme de lettres" lebt sie in der Bohème und nimmt an den Treffen der dekadenten Künstlervereinigungen *Le Chat Noir* und *Les Hydropathes* teil, frequentiert „les soirées de *La Plume*" im Café François I$^{\text{e}}$,[79] oder besucht andere Intellektuellencafés wie das berühmte Café de l'Avenir im Quartier Latin.[80] Sie schreibt nun für bekannte Zeitschriften wie *Le Scarpin*, *Le Décadent* und *La Revue Blanche*.

Im literarischen Milieu muss sie immer wieder die Diskrepanz zwischen ihrem biologischen Geschlecht und einem explizit männlich definierten Literaturdiskurs erleben. Diese Erfahrung mag sie dazu bewogen haben, ihre literarische Inszenierung als „homme de lettres" auch optisch sichtbar zu machen. Sie wählt nicht nur ein männliches Pseudonym, das quasi als nominale Verkleidung fungiert, sondern sie trägt entgegen gesellschaftlicher Konventionen eine Kurzhaarfrisur und ist nunmehr ausschließlich mit schwarzen Anzügen bekleidet, nachdem sie sich wie Sarah Bernhardt, die Archäologin Mme Dieulafoy, oder die Schriftstellerin Mme Marc de Montifaut die polizeiliche Erlaubnis zum Tragen von Hosen beschafft hat.[81]

Rachilde rechtfertigt ihre Maskerade als weiblicher Dandy, in der sie das erste Mal auf dem „bal Bullier" auftritt, mit dem Hinweis auf ihre ökonomische und berufliche Situation, denn Männerkleidung sei weitaus billiger als aufwendige Damentoiletten und auch praktischer für ihre Tätigkeit als Reporterin. Es lässt sich jedoch nicht von der Hand weisen, dass die Inszenierung als „homme de lettres" der jungen Rachilde große Freiheiten bietet und das Ende ihrer Kindheit sowie den Eintritt in die literarische Welt der Jahrhundertwende markiert.

Die Veröffentlichung von *Monsieur Vénus* (1884) verschafft Rachilde endlich den literarischen Durchbruch.[82] Doch der Skandal um den provokanten Roman bringt ihr auch den Ruf einer perversen Wahnsinnigen, einer geisteskranken Hexe ein, die mit ihren Texten die Leserschaft vergiftet.[83]

---

[79] Dort lernt sie unter anderen auch Villiers de L'Isle-Adam kennen.
[80] Vgl. Rachilde, „Préface" zu *A Mort*, S. XXf. Vgl. auch Claude Dauphiné, Rachilde, S. 37-54.
[81] Vgl. dies., *Pourquoi je ne suis pas féministe*, S. 65-70.
[82] Vgl. Kap. 6 dieser Arbeit.
[83] Wie sehr Rachildes Spiel mit den Geschlechterrollen insbesondere in Bezug zu ihrer Geschlechtszugehörigkeit als Normbruch empfunden wurde, macht folgende Episode deutlich: 1888 erscheint unter dem Pseudonym Dr. Luiz der Text *Les Fellatores, mœurs de la décadence*. Dort findet man ein mit „Rachildisme" überschriebenes Kapitel, in dem sich der Autor zu der in *Monsieur Vénus* präsentierten

Nach der Publikation von *Monsieur Vénus* wird Rachilde aufgrund ihrer Inszenierung mit der virilen Raoule de Vénérande identifiziert und ihre ambivalente Geschlechtszugehörigkeit rückt in den Mittelpunkt des öffentlichen Interesses. Ihr Auftreten als „Mademoiselle de Maupin" erregt großes Aufsehen, denn Rachilde erscheint aufgrund ihres androgynen und zugleich unschuldigen Aussehens wie ein neuer Stern am Himmel der dekadenten Literaturszene:

> „En fait, le port de ce vêtement masculin n'est pas gratuit; il souligne son tempérament double en la désignant comme l'auteur de Monsieur Vénus, comme la créatrice du personnage mi-homme, mi-femme de Mlle de Vénérande."[84]

Rémy Gourmont betont „la force toute masculine de son talent", Victor Margueritte sieht in Rachilde vor allem die „Garçonne avant la lettre" und Maurice Barrès nennt sie „Mademoiselle Baudelaire". Ihre dandyistische Maskerade wird zu ihrem Markenzeichen und beschleunigt nicht zuletzt aufgrund der vermeintlichen Äquivalenz zwischen der Autorin und der Hauptfigur den endgültigen literarischen Durchbruch. Ihre Kostümierung behält sie bis zur ihrer Eheschließung mit dem Literaten Alfred Vallette, dem späteren Direktor des *Mercure de France*, bei: „Quand je me suis mariée, très simplement je me suis habillée comme tout le monde et j'ai laissé repousser mes cheveux: *j'avais enterré ma vie de garçon*."[85] Zu diesem Zeitpunkt, also um 1889, ist sie bereits zu einer literarischen Größe geworden. Das Ende ihrer Maskerade fällt mit dem Ende ihrer Bohème-Zeit zusammen.

Seit 1884 lädt Rachilde ihre künstlerisch und literarisch interessierten Zeitgenossen zu ihren berühmten „mardis" ein, die zunächst in ihrer kleinen Wohnung in der rue des Écoles, No. 5 stattfinden und nach der Gründung des *Mercure de France* in dessen Verlagshaus veranstaltet werden. Sie gehören zu den berühmten Verlegersalons im Paris des *Fin de siècle*.

---

homosexuellen Liebe einer Frau zu einem Mann äußert: „Ici, le comique tourne au grotesque, le bouffon coudoie l'horrible; car le champion des fellatores est une femme!" Dr. Luiz [=Paul Devaux], *Les Fellatores, moeurs de la décadence*, Paris (Union des bibliophiles) 1888, S. 201.

[84] Alfred Vallette, *Le roman d'un homme sérieux. Alfred Vallette à Rachilde. (1885-1889)*, hrsg. von Rachilde, Paris (Mercure de France) 1944, S. IX.

[85] Rachilde, *Pourquoi je ne suis pas féministe*, S. 60.

In Rachildes Salon verkehrt „le Tout Paris des lettres".[86] Um Rachilde versammeln sich Paul Verlaine, Alfred Jarry, Jean Lorrain, Maurice Barrès, Paul Léautaud, Henri Gauthier-Villars, Barbey d'Aurevilly, die Gebrüder Goncourt, Saint-Pol Roux, die Brüder Marguerittes, Marcel Schwob, Léon Bloy, Liane de Pougy, Séverine, Remy de Gourmont, aber auch Natalie-Clifford Barney und Oscar Wilde waren ihre Gäste. Zu den guten Freunden der „Reine des Décadents" zählen nicht nur Paul Verlaine, Léo Trézenik, Alfred Jarry und Jean Lorrain,[87] sondern auch Colette (Gabrielle Sidonie Colette-Willy), Jane Catulle Mendès und Aurel (alias Mme Alfred Mortier), die selbst einen berühmten Salon führte. Diese Erfahrungen verarbeitet sie auch in ihren Romanen. So besucht der junge Dichter Ange Ernest Le Duvey, der Titelheld des Romans *Duvet-d'Ange* (1943), den Salon von „Madame Bathilde", die mit Edmond Dormoy, dem Direktor der berühmten „Revue Mauve", verheiratet ist. Unschwer ist zu erkennen, dass es sich um den Salon im *Mercure de France* handelt, den Rachilde führte.

Große Bewunderung hegt Rachilde für das literarische Können ihrer Freundin Colette Willy, für die politisch stark engagierte Journalistin, Frauenrechtlerin und Autorin Gyp (alias Sibylle-Gabrielle-Antoinette de Riquetti de Mirabeau, duchessse de Martel de Janville) und die Pazifistin, Anarchistin und Feministin Séverine (alias Caroline Rémy Guebhard). Sie teilt zwar die feministische Überzeugung dieser Frauen nicht, doch sie respektiert deren Engagement und literarische Kompetenz. Die berühmten Literatinnen des späten 19. Jahrhunderts wie die Dichterinnen Anna de Noailles und Renée Vivien oder die Romanautorinnen Liane de Pougy, Lucie Delarue-Mardrus betrachtet Rachilde als snobistische „bas-bleus". Literatinnen wie etwa die Frauenrechtlerin Marcelle Tinayre rechnet sie zu der ihr verhassten Gruppe der weiblichen Intellektuellen, die sie in *Pourquoi je ne suis féministe* (1928) attackiert:

---

[86] In *Portraits d'hommes* (1930) liefert Rachilde Portraits von ihren berühmten Zeitgenossen wie Alfred Vallette auch Maurice Barrès, Jules Renard, Jean Lorrain, Albert Samain, Willy, Paul Verlaine, Jean de Tinan, Laurent Tailhade, Jean Moréas, Léon Bloy, Louis Dumur, Remy de Gourmont, Paul Léautaud und Léon Delafosse, die auch zu ihren Salongästen zählen. Vgl. auch Claude Dauphiné, *Rachilde*, S. 201-235.
[87] In *Le Mordu (1889)* spielt die tragische Beziehung zwischen den beiden Literaten Maurice Saulérian und Jean Lucain, dessen Namen offensichtlich auf Jean Lorrain verweist, eine wichtige Rolle. Während Rachildes Beziehung zu Lorrain ein Leben lang währt, zerbricht die im Roman geschilderte Literatenfreundschaft an der profilneurotischen Erfolgsgier Saulérians.

"Je fais la part...du feu sacré en la personne des poétesses nationales, ou non, qui continuent à filer la laine des nuages sur des quenouilles d'or pour qu'autant en emporte le vent aux quatre coins du monde, mais, vraiment, les femmes de lettres font un peu trop de littérature politique! Elles deviennent frénétiquement sociales comme, du temps de George Sand, elles étaient amoureuses. Je sais bien qu'il y en a qui, tout en écrivant dans un très bon français, fondent des œuvres de bienfaisance, ouvrent des maisons de refuge, s'occupent de la leçons de coupe ou de cuisine, mais ces sœurs de charité laïque, combien sont-elles?"[88]

Ihre Ressentiments gegenüber den politisch engagierten Schriftstellerinnen sind im Wesentlichen auf ihr dekadentes Selbstverständnis zurückzuführen. Aus diesem individualistischen und ästhetizistischen Blickwinkel heraus muss sie politisches Engagement, also auch den Feminismus ihrer Zeit, ablehnen.[89]

Obgleich die Autorin ihre Verkleidung als Dandy inzwischen abgelegt hat, argumentiert sie weiterhin aus der misogynen Perspektive eines „homme de lettres". Autorschaft wird bei Rachilde zum Synonym für Männlichkeit.[90] Daher fasst sie die Bezeichnung „femme de lettres" als Beleidigung auf. Ironisch bemerkt sie in *Face à la peur* (1942): „Une femme de lettres, c'est une femme qui écrit des lettres et la première de toutes fut Madame de Sévigné."[91] Ihr literarisches Selbstverständnis gebietet ihr, sich deutlich von den „femmes de lettres" zu distanzieren:

"Je n'aime pas à parler de moi. J'ai peut-être le défaut contraire aux *femmes de lettres* qui commencent par s'intéresser à elles, avant d'essayer d'étudier la vie autour d'elles ou d'atteindre le rêve très au-dessus d'elles. Nous ne sommes pas faits, nous autres, les romanciers, les historiens, les conteurs, pour exister par nous-mêmes, nous sommes destinés à *refléter*; nous ne vivons pas, nous sommes des *miroirs*."[92]

Wenn Rachilde den „femmes de lettres" biographisches Schreiben zum Vorwurf macht, dann übernimmt sie jene misogyne Haltung der männlichen Autoren, die darauf abzielt, den Frauen künstlerische Kompetenzen abzusprechen. Rachilde, die insbesondere nach der Publikation von *Monsieur Vénus* selbst von diesem Vorwürfen getroffen wurde, scheint wiederum aus der Perspektive eines „hommes de lettres" zu sprechen. So erstaunt

---

[88] Rachilde, *Pourquoi je ne suis pas féministe*, S. 31.
[89] Eine ausführliche Auseinandersetzung mit diesem Themenkomplex bietet Kap. 2.4 dieser Arbeit.
[90] Diese Auffassung teilt übrigens auch Gyp. Gabrielle spricht über ihr Autor-Ich Gyp in der männlichen Form, so als handele es sich um eine andere männliche Person. Vgl. Patricia Ferlin, *Femmes d'encrier*, S. 206.
[91] Rachilde, *Face à la peur*, S. 81f.
[92] Dies., *Quand j'étais jeune*, S. 32.

es nicht, wenn sie Colettes „génie virile" hervorherhebt, über Sérverine schreibt: „Ce n'est pas une femme de lettres...c'est un homme d'action" und Gyp für „la mâle descendenance de Molière" hält.[93] Rachildes misogyne Kommentare scheinen der Affirmation ihrer männlichen Autormarkierung zu dienen, um ihre Position im literarischen Feld zu stabilisieren. Aber für Rachilde ist die *Décadence* mehr als ein literarisches Spiel. Sie wird in dem Moment zur Existenzweise, in dem Rachilde auch als Privatperson eine Überzeugung vertritt, die sich in der Negation von Ehe, Sexualität und Mutterschaft niederschlägt, wie folgender Liebesbrief von Alfred Vallette an seine spätere Ehefrau dokumentiert:

> „Vous savez que je vous aime *à la folie*. Souffrez que je mette ma folie en face de *l'autre*. Vous ne pouvez pas faire un mariage de raison, mais, moi, je vous propose mieux, ou pire: une union libre de raison en ce sens que je vous prie, à genoux, de me laisser devenir votre gardien sans pour cela pour vous demander ce que vous ne voulez pas donner à personne, pas même à celui que vous aimeriez puisque que vous prétendez que...l'instinct de la reproduction doit être abandonné aux seuls animaux."[94]

Trotz dieser Einstellung erblickt 1890 – ein Jahr nach der Hochzeit von Rachilde mit Alfred Vallette – ihre einzige Tochter Gabrielle das Licht der Welt, die den Namen von Rachildes Mutter trägt. Das gestörte Mutter-Tochter-Verhältnis, das Rachilde immer beklagt hatte, scheint sich nun mit umgekehrten Rollen fortzusetzen. Während Rachildes Freunde und ihr Ehemann in ihren biographischen Texten vielfach erwähnt werden, hüllt sich die Autorin hinsichtlich der Beziehung zu ihrer Tochter in Schweigen. Offenbar kann sie an der Mutterrolle wenig Gefallen finden.[95] Auch Alfred Vallette fühlt sich von der Tochter gestört, Vatergefühle sind ihm fremd.[96] Die kleine Gabrielle wächst daher bei den Großeltern auf und verbringt ihre Jugend bis zu ihrer Eheschließung in einem Mädchenpensionat.[97] Rachilde und ihr Mann leben ausschließlich für die Schriftstellerei. Ihre wirkliche Familie scheinen die Eheleute im Kreise der Literaten anzusiedeln. So kommt im Geburtsjahr der Tochter der *Mercure de France*, das literarische Kind der Vallettes, zur Welt. Unter den Gründungsmitgliedern der Zeitschrift sind auch einige „mardistes", wie Albert Samain und Remy de

---

[93] Vgl. Claude Dauphiné, *Rachilde*, S. 170, 180, 199.
[94] Alfred Vallette, *Le Roman d'un Homme sérieux*, S. 142. [Hervorheb. i. Original.]
[95] Vgl. Claude Dauphiné, a.a.O., S. 150f.
[96] Vgl. Patricia Ferlin, *Femmes d'encrier*, S. 105.
[97] Ähnlich ergeht es übrigens auch Bel-Gazou, der Tochter von Colette. Vgl. ebd., S. 64.

Gourmont, der die Verantwortung für die Literaturkritik trägt. Er behält sich die Arbeit an der großen Literatur vor, während Rachilde die „mauvais romans", zu denen damals auch die „production littéraire féminine" gezählt wurde, zu besprechen hatte. Von da an verdoppelt sich das Aufgabenfeld der von Literatur besessenen Autorin. Sie schreibt pro Jahr mindestens einen neuen Roman – diese werden oft im Feuilleton des *Mercure de France* veröffentlicht – und von 1892-1926 bespricht sie unter der Rubrik „romans" in jeder Monatsausgabe bis zu vierzig Romane.[98]

Sie nutzt ihre Position geschickt, um andere Autoren zu fördern. Sie erkennt und unterstützt nicht nur Colettes Talent,[99] sondern lässt auch Alfred Jarry ihre Protektion zuteil werden. Aufgrund ihrer Beziehungen zu dem Théâtre de l'Œuvre, in dem sie ihre Theaterstücke aufgeführt hat, ermöglicht sie dem Autor des *Ubu roi* die Uraufführung des Stückes, die in einen Skandal mündet. Der besondere Charakter ihrer Beziehung findet seinen Ausdruck darin, dass Rachilde ein Buch mit dem Titel *Alfred Jarry ou Le Surmâle de lettres* (1928) über ihn schreibt, eine Ehre, die keinem anderen Schriftsteller zuteil wird.

André David genießt ebenfalls Rachildes Unterstützung und geht zeitweilig im Haus der Vallettes ein und aus. Aus der Zusammenarbeit mit ihm entsteht der Roman *Le Prisonnier* (1928). Der Schriftsteller verfasst 1924 eine Biographie über seine verehrte Gönnerin.[100]

Ihr umfangreiches Werk ebenso wie ihre Arbeit als Literaturkritikerin nehmen Einfluss auf die Geisteslandschaft der *Décadence*, wie einige Texte von Remy de Gourmont und von Péladan verraten.[101] Sie publiziert zwischen 1880 und 1947 nahezu jedes Jahr mindestens einen Roman. Unter

---

[98] Sie hat u.a. Texte von Paul Bourget (Februar 1901), Zola (April 1903); Péladan (Oktober 1912); Mauriac (Juli 1913); Apollinaire (Dezember 1916); Colette (Januar 1910); Proust (Januar 1920); Gide (November 1920); Cocteau (August 1923) kritisiert. Auf ihre stilistisch zum Teil hervorragenden Kritiken, die von subtilem Humor, Freimut, Ironie und Schärfe gekennzeichnet sind, kann hier nicht eingegangen werden. Vgl. dazu Claude Dauphiné, Rachilde, S. 236-287; dies. „Rachilde où l'acrobatie critique", in: *Bulletin de l'Association Guillaume Budé* 4 (1991), S. 275-288, hier S. 205-210.

[99] Rachilde ist es, die entdeckt, dass die Claudine-Romane nicht aus Willys, sondern aus Colettes Feder stammen, was Colette zunächst in einem Brief an Rachilde abstreitet: „*Fichtre non, il ne faut pas me nommer dans Claudine! Raisons famille, convenances, relations, patati, patata – Willy tout seul! A Willy toute cette gloire.*" Colette, *Lettre à Rachilde, 29 mars 1900*, zitiert nach Patricia Ferlin, *Femmes d'encrier*, S. 101.

[100] Vgl. André David, *Rachilde*, Paris (La Nouvelle Revue Critique) 1924.

[101] Vgl. Claude Dauphiné, *Rachilde*, S. 216ff.

ihrem umfangreichen Œuvre befinden sich unzählige Zeitungsartikel und Literaturkritiken, eine Vielzahl von Kurzgeschichten, Novellen, biographische Texte wie *Quand j'étais jeune* (1947), Essays wie *Pourquoi je ne suis pas féministe* (1928), ein Kinderbuch *Histoire bêtes pour amuser les petites enfants* (1884), Tiergeschichten wie *Le Théâtre des bêtes* (1926), der Gedichtband *Survie* (1945), Literatenportraits *Portraits d'hommes* (1929), sowie einige Theaterstücke, die über ihre Verbindungen zu Paul Forts symbolistischem *Théâtre d'Art* und zu Aurélien Lugné-Poës *Théâtre de l'Œuvre* zur Aufführung kommen. Thematisch bewegen sich ihre Stücke zwischen naturalistischem Melodram und symbolistischem Theater, wie beispielsweise die „drames cérébraux" *Madame la Mort* (1891), *Le Vendeur du Soleil* (1894) oder *La Voix du Sang* (1890), das zu ihren größten Erfolgen zählt. Ihr Sinn für dramatisches Erzählen spiegelt sich auch in ihren Romanen, ihrem „genre favori". Ihr Repertoire erstreckt sich über den dekadenten Roman wie *Monsieur Vénus* (1884), *Nono* (1885) oder *La Sanglante Ironie* (1891), den Gesellschaftsroman wie *Madame Adonis* (1888) und den Familienroman wie *Les Rageac* (1921). Es schließt den historischen Roman wie *Le Meneur de Louves* (1905) oder *Notre-Dame des rats* (1905), sowie den psychologischen Roman *La Marquise de Sade* (1887), den phantastischen Roman wie *La tour d'amour* (1899), den Anti-Bildungsroman wie *L'animale* (1893) und den autobiographisch gefärbten Roman wie *Le Mordu* (1889), *Dans les puits ou la vie inférieure* (1918), *Les Voluptés imprévues* (1931), *L'Amazone rouge* (1932) oder *Duvet d'Ange* (1943) mit ein.

Die alternde Dame des *Mercure* ist nun längst nicht mehr so antikonformistisch, offen und aufgeschlossen wie in jungen Jahren. In politischer wie in literarischer Hinsicht wirkt sie konservativ und intolerant. Rachilde bleibt den literarischen Konventionen der *Décadence* bis an ihr Lebensende verpflichtet, folglich erweist sich ihre literarische Welt als starr, ihre Themen gelten als altmodisch, ihre Erzählweise als überholt. Sie gehört nun zu jener Generation, von der sich junge Autoren distanzieren. Aber auch Rachilde steht jenen neueren literarischen Strömungen wie dem Dadaismus, dem Surrealismus, sowie innovativen Tendenzen des Romans, wie sie bei Proust oder Gide zu finden sind, ablehnend gegenüber.[102] Sie hält Marcel Prousts Romane, die sie als Kritikerin des *Mercure* zu bearbeiten hat, für

---

[102] Vgl. Claude Dauphiné, a.a.O., S. 253-256, 257-260, 374f.

unlesbar. Der *Mercure* verweigert schließlich die Annahme von Prousts Manuskript von *Du côté de chez Swann*. Rachilde erahnt zwar Prousts Talent, seine überaus moderne Schreibweise ist ihr jedoch fremd und so rät sie ihm, den Roman zu kürzen:

> „J'ai commencé ce livre avec enthousiasme, puis j'ai fini par le laisser tomber avec effroi, comme on refuserait de boire un soporifique. Il est à la fois très amusant, très intéressant et exaspérant, anesthésiant. Quand son auteur voudra bien choisir dans les mille et un détails qui se présentent à son esprit pour exprimer un état d'âme ou faire un tableau, il écrira certainement un chef-d'œuvre." [103]

André Gide gehört ebenfalls zu jener neuen Autorengeneration, die Rachilde meidet. Obwohl sie in ihren Texten wie auch in ihrem Freundeskreis für moralische Toleranz plädiert, verurteilt sie Gide aufgrund seiner homosexuellen Neigungen. Während Gide Sympathien für Alfred Vallette, Rachildes Ehemann hegt, geht er der „patronne", wenn immer möglich, aus dem Weg.[104]

Aus ihrer Ablehnung gegen den Surrealismus macht sie keinen Hehl. So kommt es zwischen dem surrealistischen Kreis um André Breton und Rachilde auf einem Bankett zu Ehren des Schriftstellers Saint-Pol Roux zu Auseinandersetzungen, bei denen Max Ernst Hand gegen sie angelegt haben soll.[105] In der allgemeinen Verwirrung, die bei dem heftigen Streit entsteht, wird die wild agitierende Autorin irrtümlich von der herbeigerufenen Polizei verhaftet.

Aber nicht nur auf literarischer Ebene demonstriert Rachilde einen rigiden Konservativismus. Ihre politische Einstellung reicht von der Distanzierung zum Bürgertum bis zum Chauvinismus, vom Liberalismus bis zum Antisemitismus, vom Pazifismus bis zur Kriegslust, von Emanzipationsbestrebungen bis zum Antifeminismus. Politisches Desinteresse paart sich mit politischen Parolen. Paul Léautaud berichtet in seinen Tagebüchern von Rachildes ambivalenten politischen Positionen, die vom Pazifismus bis zur „germanophobie" reichen:

> „Pour Rachilde, je suis fixé sur elle. Elle dit pis que pendre des gens, et le lendemain leur fait des gentillesses (…). C'est une détraquée. Tout chez elle est revêtement, attitude, artificiel. Elle parle sans qu'on puisse rien rattacher de ses paroles à quelque chose de vraiment senti ou pensé. Aujourd'hui elle est dans les pacifistes, fait partie des réunions avec Séverine. Il y a un an,

---

[103] Ebd., S. 254f. [Hervorheb. i. Original.]
[104] Vgl. ebd., S. 258ff.
[105] Vgl. ebd., S. 226.

elle demandait qu'on lui donnât ‚Boche' entre les mains pour lui écrabouiller la tête contre le mur. On ne peut se fier à rien avec elle."[106]

Mit vielen ihrer Zeitgenossen[107] teilt sie eine nationalistische Haltung.[108] Nach Ausbruch des Ersten Weltkriegs schließt die Autorin sogar zeitweise ihren Salon als Zeichen von Patriotismus.[109]

Schließlich sinkt ihre Popularität infolge der literarischen Umbrüche nach dem Ersten Weltkrieg und ihre Bücher kommen mehr und mehr aus der Mode. Mit dem plötzlichen Tod ihres Mann im Jahre 1935 enden nicht nur die „mardis", sondern Rachilde zieht sich, inzwischen fünfundsiebzig-

---

[106] Paul Léautaud, zitiert nach Claude Dauphiné, *Rachilde*, S. 225.
[107] Zur Kriegsbejahung und zum Nationalismus in den Kreisen der Bohème, vgl. Helmut Kreuzer, *Die Bohème. Analyse und Dokumentation der intellektuellen Subkultur vom 19. Jahrhundert bis zur Gegenwart*, Stuttgart (J. B. Metzler) 1971, S. 339-352, bes. S. 350f. Kreuzer führt als französisches Beispiel einer Positionsverschiebung von der *Bohème* zum Nationalismus Maurice Barrès an. Der Autor des *Culte du moi* (1888) wird zum Bannerträger eines integralen Nationalismus: „Der Fall Barrès ist in Wahrheit ein Exempel dafür, daß einer der typischen Entwicklungswege vom *culte du moi* zum Chauvinismus (zum europäischen Spätnationalismus als einer Weltanschauung) führt und damit allerdings das Behometum reduziert." Diese Reduktion mündet schließlich in einer Abkehr der Bohème, die wiederum Prämisse für die totale Hinwendung zum Chauvinismus sein kann, wie Autoren des *renouveau catholique* zeigen, unter denen sich größtenteils Konvertiten wie Barbey d'Aurevilly, Léon Bloy, (der späte) Karl-Joris Huysmans oder Paul Claudel befanden. Ihr autoritäres Weltbild weist eine gefährliche Nähe zu faschistischen Denk- und Vorstellungsmustern auf, in denen Gewalt und Krieg als Mittel der Konfliktlösung bzw. zur Erneuerung der Staats- und Weltordnung propagiert wird. Rachilde hat sich indes von den ultrarechten Thesen ihres Freundes und Förderers Maurice Barrès ebenso klar distanziert wie sie die Autoren des *renouveau catholique* mit kritischem und differenziertem Blick betrachtete. Ausführlicher dazu Claude Dauphiné, *Rachilde*, S. 242ff.
[108] So schließt sie ihre Aufzeichnungen zum Zweiten Weltkrieg mit den pathetischen Worten: „...O terre immortelle de nos aïeux! Terre qu'on peut bouleverser, effondrer, creuser pour les tombes de nos soldats, terre qui se féconde sous les cendres, tu renaîtras plus belle et plus jeune: la France est morte?...Vive la France!...." Rachilde, *Face à la peur*, S. 170.
[109] Zu Faschismus und Nationalismus in Rachildes Texten siehe auch Melanie C. Hawthorne, „(En)Gendering Fascism: Rachilde's ‚Les Vendages de Sodome' and *Les Hors-Nature*", in: dies./Golsan, Richard (Hgg.), *Gender and fascism in modern France*, Hanover u. London (Dartmouth College New England) 1997, S. 27-48. Sie untersucht Nationalismus und Faschismus anhand von Rachildes Texten unter *gender*-spezifischen Gesichtspunkten. Faschismus sei nicht nur eine spezifisch männliche Haltung, sondern „a female fascist could be constituted in the same way as the male analogue". Faschismus erweise sich somit als „hypergendered". In diesem Zusammenhang muss auch auf die von Rachilde verehrte Gyp verwiesen werden, die im *Fin de siècle* durch ihre antisemitischen Romane von sich Reden machte. Sie war außerdem Mitarbeiterin der antisemitischen Zeitschrift *La Parole Libre*, die 1892 von Édouard Drumont, dem Autor des antisemitischen Bestsellers *La France juive* (1886), gegründet wurde. Vgl. Patricia Ferlin, *Femmes d'encrier*, S. 208-213 u. 220-229.

jährig, völlig aus dem kulturellen Leben zurück, an dem sie bis dahin mit vollem Elan teilnahm. Für die Schriftstellerin, die sich nie um finanzielle Dinge gekümmert hatte, beginnt nun ein Leben in Einsamkeit und Armut.[110] Gezeichnet von Krankheit und Gebrechlichkeit[111] beschreibt sie in *Face à la peur* (1942), einem ihrer letzten Texte, wie sie den Krieg in der Provinz verbracht hat. Der Text ist Rückblick und bittere Bilanz zugleich, denn die Erschwernisse des Krieges bringen Rachildes tiefe Einsamkeit, die sie als bittere Kehrseite ihrer Unabhängigkeit versteht, nur noch deutlicher zu Tage:

> „Pourquoi, en effet, suis-je complètement isolée de toute espèce de société, sans famille, sans amis, sans même une servante, un domestique plus ou moins dévoué qui puisse répondre à moi, prendre soin de ma personne quand elle se déplace ou perd tout contact avec le monde? A la lueur sinistre de la guerre, j'aperçois certaines vérités demeurées cachées ou que je croyais négligeable. Oui l'indépendance est une force, mais c'est aussi le dédain de toutes les autres forces qui se liguent un jour contre celui qui s'est cru maître à son bord...après Dieu." [112]

Von Haustieren umgeben, flüchtet sie sich in das Schreiben, um zu überleben. Ihre Gesundheit lässt immer mehr nach, sie erblindet allmählich und kann schließlich ihre Wohnung nicht mehr alleine verlassen.[113] 1943 erscheint ihr letzter Roman *Duvet-d-Ange*. Er gehört zu einer Serie von autobiographischen Texten, die sie in dem letzten Jahrzehnt vor ihrem Tode verfasst hat und die vor allem die ersten dreißig Jahre ihrer Vita thematisieren.

Am Ostersamstag, dem 04.04.1953 stirbt die Autorin im Alter von dreiundneunzig Jahren in ihrem Appartement im Gebäude des *Mercure de France* in der Rue de Condé No. 26, wo sie über sechzig Jahre gearbeitet hat. Ihr Tod bleibt von der Öffentlichkeit nahezu unbemerkt.

---

[110] Claude Dauphiné schildert in ihrem Kapitel „Survivre" am Beispiel von Rachildes Korrespondenzen, eindringlich wie groß ihre Not war. Vgl. Claude Dauphiné, Rachilde, S. 142-157.
[111] Rachilde, *Face à la peur*, S. 7f u. S. 32.
[112] Ebd., S. 30f.
[113] Ihren schlechten körperlichen Zustand beklagt Rachilde in einem Briefwechsel, den sie 1942 mit ihrem Verleger Albert Messein anlässlich der Publikation von *Duvet'Ange* führt. Vgl. dazu Claude Dauphiné, *Rachilde. Femme de lettres 1900*, S. 132-136 und dies, *Rachilde*, S. 143-146.

## 2. GESCHLECHTERPOLITIK IM *FIN DE SIÈCLE*

2.1 Zeitgenössische Imaginationen von Männlichkeit und Weiblichkeit

Die Geschlechterkonfigurationen in Rachildes Texten sind nicht nur vom subjektiven Verhältnis der Autorin zu ihrem eigenen und zum anderen Geschlecht geprägt, sondern es gehen zugleich auch zeitgenössische Vorstellungen von Männlichkeit und Weiblichkeit mit ein, wie sie etwa in der Naturwissenschaft, Theologie, Philosophie, Kunst und Literatur produziert und transportiert werden. Die Weiblichkeitsentwürfe der *Décadence*, die im Folgenden im Zentrum stehen, reflektieren nicht etwa die realen Lebenszusammenhänge von Frauen um die Jahrhundertwende, sondern die Frauenbilder gelten vielmehr „als eine Form männlicher Wunsch- und Ideologieproduktion in literarischen Texten (...), in die reale Lebenszusammenhänge von Frauen und mythische Strukturen erinnernd eingegangen sind (...)."[1] Folglich setzt die Revision der Autorin und die damit verbundene Analyse des Geschlechterdiskurses in ihren Romanen eine Auseinandersetzung mit der Geschlechterpolitik des *Fin de siècle* und den zeittypischen Frauenbildern voraus.[2] Nur auf diesem Wege ist es möglich, Rachildes Umgang mit dem zeitgenössischem Geschlechtercode näher und deren mögliche Besonderheiten zu spezifizieren, die auf eine eigene Schreibweise hinweisen können.

Die in der Dekadenzliteratur entworfenen Imaginationen von Männlichkeit und Weiblichkeit gehorchen einer Dialektik von Idealisierung und Dämonisierung der Frau, repräsentiert durch die beiden Grundtypen des Frauenbildes, die sich seit Mitte des Jahrhunderts herausbilden. Als typische Frauengestalt der Zeit gilt die *femme fragile*, die entweder als hysteri-

---

[1] Inge Stefan, „»Bilder immer wieder Bilder...«", in: dies./Sigrid Weigel, *Die verborgene Frau. Sechs Beiträge zu einer feministischen Literaturwissenschaft*, Berlin u. Hamburg (Argument-Verlag) 1988, S. 15-34, hier S. 20.

[2] Ebd., S. 7: „Da wir davon ausgehen, daß die literarischen Ausdrucksweisen von Frauen sowohl Reaktionen auf die reale Situation von Frauen als auch Entwürfe mit ideologischem und psychologischem Gehalt beinhalten, sind sozialgeschichtliche Untersuchungen zur Lage von Frauen Voraussetzung und Bezugspunkt von Textanalysen ebenso wie die literarischen Überlieferungen Anhaltspunkte für die Rekonstruktion weiblicher Sozialgeschichte liefern. Unsere Arbeitskraft konzentriert sich zunächst auf die Beschreibung und Erklärung von Strukturen in der Produktion und in der Gestalt von Frauenbildern und in den Schreibweisen und Texten. Historische Forschung, Textinterpretation und Theoriebildung stehen damit in engem Zusammenhang und ständigem Austausch."

sche Kranke, sterile Kunstschönheit oder sensitives Opfer in Erscheinung tritt. Sie weckt zwar unstillbare Sehnsüchte im Manne, seiner Liebe entzieht sie sich aber durch Krankheit oder Tod.³ Die *femme fatale* repräsentiert den Gegentypus der *femme fragile*. Sie symbolisiert das sinnliche wollüstige Weib, das den Mann in ihren Bann zieht, um ihn zu vernichten.⁴ In die lange Kette der dämonischen Frauen gehören mythische und historische Figuren wie Medea, Medusa, Penthesilea, Lulu, Eva, Delila, Salome, Judith, Messalina, Kleopatra, Genoveva und Francesca Lucrezia Borgia etc. Eine einheitliche semantische Festschreibung dieses Frauenbildes erweist sich als problematisch, erstarrt sie doch schnell in Klischees und birgt die Gefahr der Remythisierung.⁵ Diese Frauengestalten transportieren trotz einiger Widersprüche die Phantasie einer ebenso gefährlichen wie reizvollen Übermacht des Sinnlichen:

> „Mit der Femme fatale werden keine Wesensbestimmungen der Frau geliefert, sondern es wird ein Wunsch- und Angstbild des Weiblichen entworfen, das in der Zeit des Fin de siècle seine markanteste Ausprägung erfährt. Als ästhetischer Typus ist sie Spiegel und Movens des damals herrschenden Bewußtseins."⁶

Die Dämonisierung der Frau bringt vornehmlich Bilder einer todbringenden, verschlingenden Weiblichkeit hervor.⁷ So sind die Texte bevölkert von dämonischen Verführerinnen, wie Prosper Mérimées exotischer Zigeunerin *Carmen* (1845), Gustave Flauberts *Salammbô* (1862) oder *Hérodias* (1875-1877), Oscar Wildes *Salome* (1891), Claribel aus Elmir Bourges *Le Crépuscule des Dieux* (1895), Jean Lorrains Titelheldin *Ellen* (1906)

---

[3] Erinnert sei in diesem Zusammenhang an die bleiche Mutter von Des Esseintes, deren Krankheit leicht verklärt präsentiert wird: „La mère, une langue femme, silencieuse et blanche, morut d'épuisement; immobile et couchée dans une chambre obscure du château de Lourps. (...) la duchesse ne pouvait supporter sans crises de nerfs la clarté et le bruit: (...)." Joris-Karl Huysmans, *A Rebours* (1884), Paris (Fasquelle Éditeurs) 1972, S. 28f.

[4] Zur *femme fragile* vgl. Ariane Thomalla, *Die >femme fragile<. Ein literarischer Frauentypus der Jahrhundertwende*, Düsseldorf (Bertelsmann) 1972. Zur Entstehung und Charakteristik der *femme fatale* vgl. Carola Hilmes, *Die Femme Fatale. Ein Weiblichkeitstypus in der nachromantischen Literatur*, Stuttgart (J. B. Metzler) 1990 und Claudia Bork, *Femme Fatale und Don Juan. Ein Beitrag zur Motivgeschichte der literarischen Verführergestalt*, Hamburg (Bockel)1992.

[5] Vgl. Carola Hilmes, *Die Femme Fatale*, S. 1-4.

[6] Ebd., S. 5.

[7] Vgl. die berühmte Motivgeschichte von Mario Praz, *Liebe, Tod und Teufel*. Vgl. dort insbesondere Kapitel IV. „La belle dame sans merci", S. 167-250. Zum Frauenbild der *femme dévorante* in der französischen Literatur des *Fin de siècle* vgl. Jean de Palacio, „La féminité dévorante. Sur quelques images de manducation dans

oder der Prinzessin von Este aus Joseph Péladans *Vice Suprême* (1884), oder von raubtierhaften Katzenfrauen, wie der Kurtisane Marie aus Flauberts *Novembre* (1843).[8]
Diesen misogynen Frauenbildern liegen philosophisch fundierte Fiktionen von Männlichkeit und Weiblichkeit zugrunde, die auf eine traditionsreiche geschlechtsspezifische Polarisierung zwischen Kultur und Natur, Verstand und Gefühl, Geist und Körper, Subjekt und Objekt rekurrieren.[9] Demnach kommt dem Mann der Subjektstatus zu, während man die Frau als sogenanntes schwaches Geschlecht zum Objekt der Betrachtung degradiert. Männlichkeit wird mit Potenz, Kraft, Stärke, Aktivität, Geist, Intellekt, Kreativität assoziiert, Weiblichkeit mit Schönheit, Impotenz, Passivität, Rezeptivität und Naturhaftigkeit.

2.2 Die Frau im Spiegel zeitgenössischer Machtdiskurse

Die literarischen Imaginationen von Männlichkeit und Weiblichkeit reflektieren jene zeitgenössische Geschlechterpolitik, die von Medizin, Psychopathologie, Rechtsprechung, Philosophie und Religion bestimmt wird, die ihrerseits wiederum auf eine jahrhundertelange misogyne Tradition zurückblicken können. Mit Rekurs auf Michel Foucault erweisen sich diese Diskurse aufgrund ihrer Omnipräsenz und ihrer Vernetzung als Machtdis-

---

la littérature décadente", in: ders., *Figures et formes de la Décadence*, Paris (Nouvelles Éditions Séguier) 1994, S. 53-74.

[8] Diese Frauenbilder finden sich auch in der bildenden Kunst. Man denke an Franz von Stucks *Innocentia* (1889) oder *Die Sünde* (1893) sowie die Gemälde des belgischen Malers Ferdinand Khnopff wie zum Beispiel *L'Art ou les Caresse ou le Sphinx* (1896) und nicht zu vergessen die Werke Gustav Moreaus, vor allem seine Salomé-Darstellung *Salomé dansant devant Hérode* (um 1876).

[9] Zum traditionellen beziehungsweise patriarchalischen Verständnis von Weiblichkeit schreibt Renate Kroll: „Der Begriff ‚Weiblichkeit' verweist zunächst auf die (bis auf Aristoteles zurückreichende) Praxis der Polarisierung von Kultur und Natur, Verstand und Gefühl, Geist und Körper, d.h. auf die Festlegung der Frau (oder der ‚weiblichen Natur') auf Irrationalität (Aristoteles), Immoralität (Schopenhauer), Einfühlsamkeit bzw. Gefühlsintensität (Rousseau, Kant), auf ein Wesen, das an einem Mangel leidet (Freud) bzw. (im phallogozentrischen Symbolsystem) gar existiert (Lacan)." Renate Kroll, „Feministische Positionen in der romanistischen Literaturwissenschaft", in: dies./Margarete Zimmermann, *Feministische Literaturwissenschaft in der Romanistik*, Stuttgart u. Weimar (J. B. Metzler) 1995, S. 26-43, hier S. 28.

kurse,[10] die sich der Frau, vor allem aber ihres Körpers mit einer Reihe von Strategien bemächtigen, die im Folgenden dargelegt werden sollen.

In der zweiten Hälfte des 19. Jahrhunderts wenden sich Medizin und Psychiatrie verstärkt der ätiologischen Erklärung der Erkrankungen des Geistes zu, die sie weder als reine Seelenkrankheit noch als rein physiologisch deuten konnten.[11] Nachdem nachgewiesen wurde, dass sich psychische wie physische Defekte von Generation zu Generation weitervererben, beschäftigte sich die wissenschaftliche Debatte mit der Frage, warum auch aus gesunden Familien kranke oder geisteskranke Kinder hervorgehen. Schließlich ging der französische Psychiater Bénédict Augustin Morel mit seiner Hypothese von der Progressivität der Degeneration bis zum Aussterben eines Geschlechts in die französische Psychiatriegeschichte ein. Auf ihn geht der Terminus Degeneration zurück, die er in seiner Abhandlung *Traité des dégénérescences physiques, intellectuelles et morales de l'espèce humaine et de ses causes qui produisent ces variétés maladives* (1857) wie folgt definiert: „Les dégénérations sont des déviations maladives du type normal de l'humanité héréditairement transmissibles, et évoluant progressivement vers la déchéance."[12]

Vor dem Horizont der Degenerationsdebatte wird die Vererbung von Schwächen der Frau angelastet, da sie nach Emil Kraeplin und Richard von Krafft-Ebing im Gegensatz zum Manne eine biologische Disposition, eine Veranlagung zu geistigen Erkrankungen hat.[13] Während die Männer also

---

[10] Vgl. Michel Foucault, *Sexualität und Wahrheit*, Bd. I: *Der Wille zum Wissen*, Frankfurt a.M.[9] (Suhrkamp) 1997, S. 114.

[11] Vgl. zum Folgenden Erwin Koppen, „Der Entartungsbegriff – naturwissenschaftliche Grundlagen", in: ders., *Dekadenter Wagnerismus. Studien zur europäischen Literatur des Fin de siècle*, Berlin u. New York (de Gruyter)1973, S. 281-284.

[12] Bénédict Augustin Morel, zitiert nach Erwin Koppen, *Dekadenter Wagnerismus*, S. 282.

[13] So hegt der Psychiater Emil Kraeplin nach eigner Aussage keinen Zweifel daran, „daß das Weib mit seiner zarteren Veranlagung, mit der geringeren Ausbildung des Verstandes und dem stärkeren Hervortreten des Gefühlslebens weniger Widerstandsfähigkeit gegen die körperlichen und psychischen Ursachen des Irreseins besitzt als der Mann. Allein die Bedeutung dieser Veranlagung für die wirkliche Häufigkeit psychischer Erkrankungen wird ausgeglichen durch die verhältnismäßig geschützte Stellung, die das Weib dem unvergleichlich mehr gefährdeten Manne gegenüber einnimmt. Alle jene Schädlichkeiten, die der Kampf ums Dasein mit sich bringt, treffen in erster Linie und vorwiegend den Mann (…). Ferner ist vor allem auf die Wirkung der Ausschweifungen (…) hinzuweisen, Gefahren, denen ganz vorzugsweise der Mann...ausgesetzt ist." Emil Kraeplin, zitiert nach Esther Fischer-Homberger, *Krankheit Frau. Geschichte der Einbildungen mit zahlreichen Abbildungen*, Darmstadt u. Neuwied (Luchterhand) 1984, S. 112f.

nur durch äußere Einflüsse geschwächt werden können, wird die Frau für die Vererbung von Geistesschwäche verantwortlich gemacht. Die Sexualisierung und die damit verbundenen Negativbestimmungen der Frau zählen zu den großen Themen der Zeit.[14]

Otto Weiniger befasst sich in seiner philosophischen Arbeit über den Zusammenhang von Geschlecht und Charakter ausgiebig mit dem Wesen der Frau: „Denn wenn Weiblichkeit Kuppelei ist, so ist Weiblichkeit universelle Sexualität. Der Koitus ist der höchste Wert der Frau, ihn sucht sie immer und überall zu verwirklichen."[15] Der Mann hingegen ist aufgrund seiner geistigen Potenz fähig, seinen Sexualtrieb zu kontrollieren, da er seinen Aufgaben innerhalb der Gesellschaft den Vorrang gibt, während Sexualität für die Frau zum dominanten Lebensinhalt wird. Die Frau hat schließlich laut Weininger die Anlage zu zwei Typen, zur Mutter und zur Prostituierten.[16] Während Weininger in der Mutterschaft die triebhafte Seite der Frau betont, kommt Krafft-Ebing zu der Erkenntnis, die Sinnlichkeit schwinde vor der Mutterliebe.[17] Die Verteuflung einer als unkontrolliert phantasierten weiblichen Sinnlichkeit und die Idealisierung der Mutterschaft als Ort einer gesellschaftlich kontrollierbaren und nutzbaren weiblichen Sexualität erlangt in Frankreich vor dem Hintergrund der Degenerations- und Reproduktionsideologie, in deren Zentrum der starke Bevölkerungsrückgang gegen Ende des Jahrhunderts steht, eine besondere Brisanz.

Die Sexualisierung der Frau, die sich in allen gesellschaftlichen Diskursen beobachten lässt, erweist sich als Strategie, die den weiblichen Körper ausschließlich auf Reproduktionsaufgaben festlegt. Der Sexualisierung folgt die Pathologisierung der sinnlichen Frau, die mittels Hysterisierung geschieht, wie Michel Foucault in seiner Diskursanalyse des Sexualitätsdispositivs deutlich macht.[18] Er setzt der Repressionshypothese (sexuelle

---

[14] Vgl. Richard von Krafft-Ebing, *Psychopathia sexualis* (1886); Albert Moll, *Das nervöse Weib* (1898); Magnus Hirschfeld (Hg.), *Jahrbuch für sexuelle Zwischenstufen* (1899-1923); Auguste Forel, *Die sexuelle Frage* (1905); Paul Möbius, *Über den physiologischen Schwachsinn des Weibes* (1906) u.v.a.

[15] Otto Weininger, *Geschlecht und Charakter. Eine prinzipielle Untersuchung* (1903), München 1980, S. 351f.

[16] Ebd., S. 280-313.

[17] Vgl. ebenso Esther Fischer-Homberger, *Krankheit Frau*, S. 106.

[18] Nach Foucault ist Sexualität nicht als bloße Triebkraft zu beschreiben, sondern sie erscheint vielmehr als „(...) ein besonders dichter Durchgangspunkt für die Machtbeziehungen: zwischen Eltern und Nachkommenschaft, zwischen Erziehern und Zöglingen, zwischen Priestern und Laien, zwischen Verwaltungen und Bevölke-

Unterdrückung contra sexuelle Befreiung) das komplexe Modell einer Koppelung von Wissen, Macht und Sexualität entgegen. Die von Foucault konstatierte negative Beziehung zwischen Macht und Sexualität im Sinne einer „Verwerfung, Ausschließung, Versperrung, Verstellung oder Maskierung"[19] vollzieht sich vor allem am Körper der Frau. Die Hysterie wird als natürliche Entwicklungsrichtung der Frau verstanden, deren Sitz nach medizinischer Auffassung in den weiblichen Geschlechtsorganen zu suchen ist, eine These, die im Krankheitsnamen selbst enthalten ist (griech. *hystera*; lat. *uterus*; frz. *matrice*, dt. Gebärmutter) und auf ihren antiken Ursprung zurückweist.[20] Hysterie impliziert also seit alters her die Dimension einer unkontrollierbaren Sexualität, die sich zugleich ausdrückt und versteckt, in der „Keuschheit und Begierde erfinderisch vereinigt sind."[21] Zu dieser Einsicht kommt auch Weininger, der Hysterie allerdings als Beweis für die weibliche Triebhaftigkeit deutet: „Man kann aber seine Natur, sei es auch die physische, nicht unterdrücken ohne Folgen. Die hygienische Züchtigung für die Verleumdung der eigentlichen Natur des Weibes ist die Hysterie."[22] Im 19. Jahrhundert wird die Hysterie schließlich als Ausdruck eines schwachen weiblichen Nervensystems gedeutet. Eine ernsthafte wis-

---

rungen. Innerhalb der Machtbeziehungen gehört die Sexualität nicht zu den unscheinbarsten, sondern zu den am vielseitigsten einsetzbaren Elementen: verwendbar für die meisten Manöver, Stützpunkt und Verbindungsstelle für die unterschiedlichsten Strategien." Zu diesen Strategien zählt er die Hysterisierung des weiblichen Körpers, die Pädagogisierung des kindlichen Sexus, die Sozialisierung des Fortpflanzungsverhaltens und die Psychiatrisierung der perversen Lust. Vgl. Michel Foucault, *Sexualität und Wahrheit*, Bd. I: *Der Wille zum Wissen*, S. 125ff.

[19] Ebd., S. 103.

[20] Die von Hippokrates verfochtene Wanderungstheorie der Gebärmutter, lässt sich bis ins Ägypten 1900 v. Chr. zurückverfolgen. Nach dieser Theorie wandert der durch Enthaltsamkeit der Frau frustrierte Uterus durch den Körper, um sich im Gehirn einzunisten, wo die weiße Substanz, das zu spärlich zur Verfügung gestellte Sperma ersetzt. Dabei erzeugt der Uterus Fieber und Ausdünstungen, Krisen und Kreischen. Vgl. Lucien Israël, *Die unerhörte Botschaft der Hysterie*, München (Reinhardt) 1987, S. 12. Der griechische Arzt Aretaeus von Kappedocien um 50 v. Chr. sieht ebenfalls die Ursachen der Hysterie in dem „männergierigen und kinderfreudigen Gebärmuttertier". Vgl. Marianne Schuller, „»Weibliche Neurose« und Identität. Zur Diskussion der Hysterie um die Jahrhundertwende", in: Dietmar Kamper/Christoph Wulf (Hgg.), Die Wiederkehr des Körpers, Frankfurt a.M. (Suhrkamp) 1982, S. 180-192, hier S. 182. Einen Überblick über die Hysterie-Theorien von dem ‚Mittleren Reich' Ägyptens bis ins 19. Jahrhundert, bietet folgende Arbeit: Dorion Weickmann, *Rebellion der Sinne. Hysterie – ein Krankheitsbild als Spiegel der Geschlechterordnung (1880-1920)*, Frankfurt u. New York (Campus) 1997, S. 22-34.

[21] Esther Fischer-Homberger, *Krankheit Frau*, S. 113.

[22] Vgl. Otto Weininger, Geschlecht und Charakter, S. 357.

senschaftliche Auseinandersetzung mit der Hysterie ist untrennbar mit der Pariser Schule der *Salpêtrière* um Paul Briquet und Jean-Martin Charcot verbunden. Im Rahmen einer Reihe von Differentialdiagnosen versucht Charcot „die Hysterie als eine klinische Entität sui generis zu begründen", wobei er in seine Hysterielehre „mehr und mehr psychologische Gesichtspunkte (Verfahren der Hypnose und Suggestion) in eine im Prinzip noch medizinisch-naturwissenschaftliche Perspektive eingebaut hat."[23] Auf diese Weise versucht Charcot die Ätiologie der männlichen Hysterie zu klären. Auch hier gilt es, eine geschlechterspezifische Unterscheidung zu treffen. Während weibliche Hysterie genuin an den weiblichen Körper gebunden ist, können Männer lediglich aufgrund äußerer Umstände oder über Heredität hysterisch werden.[24] Zu den hysterischen Männern aber zählt Charcot mit Blick auf die traditionellen Geschlechterbilder den sensiblen, verweichlichten, also den ‚unmännlichen' Mann, wie beispielsweise den Künstler, der wie die Frau „die Abweichung aus sich selbst heraus produzieren kann (...).“[25] Die Vorstellung von der männlichen Hysterie wird fein säuberlich von jenem Männerbild getrennt, das die gesellschaftliche Norm bestimmt. Die „‚männliche Hysterie' Charcots ist gewissermaßen das Pendant der deutschen ‚traumatischen Neurose'",[26] während die Inszenierungen des weiblichen Körpers aus Sicht der damaligen medizinischen Diagnostik als Ausdruck eines groß angelegten Täuschungsmanövers angesehen wurden. Die hysterische Symptomatik, die sich einer eindeutigen medizinischen Interpretation entzieht, wird als Simulation und die Hysterikerin von Charcot als „grande simulatrice" bezeichnet. Ihr wird notorische Lügenhaftigkeit und Falschheit unterstellt:

> „Wenn die normale Frau mit Worten und Masken lügt, so lügt die Hysterika mit ihren ganzen Körper: während die normale Frau sich der Lüge bedient, bedient sich in der Hysterie die Lüge der Frau."[27]

Die Frau selbst erscheint als Inkarnation von Lüge und Falschheit. Ausgehend von der Degenerationsthese, die die Frau auf ihren Körper reduziert, ist auf dem weiblichen Körper auch der moralische Verfall

---

[23] Vgl. Ursula Link-Heer, „»Männliche Hysterie«", in: *kultuRRevolution* 9 (Juni 1985), S. 39-47, hier S. 42f.
[24] Vgl. ebd., S. 41ff.
[25] Ebd., S. 44f.
[26] Ebd., S. 43.
[27] Esther Fischer-Homberger, *Krankheit Frau*, S. 115.

festgeschrieben.[28] Weininger sieht in der Frau das Gegenbild des Mannes, in dem sich alle negativen Eigenschaften einen. So identifiziert er beispielsweise mit Weiblichkeit einen verlogenen, alogischen und amoralischen, ich- und seelenlosen sowie ungenialen und unsozialen Charakter. Folglich definiert er Hysterie als „die organische Krisis der organischen Verlogenheit des Weibes".[29] Hysterie wird zum Synonym für eine triebhafte Weiblichkeit, die das männliche logozentrische Weltbild, das er in seinem Buch verteidigt, stört. Nervosität wird als Symptom für den zunehmenden Sittenverfall gedeutet, der die Forderung nach Moral und geistiger Gesundheit immer lauter werden lässt. Aufgrund der Annahme, die leiblichen und geistigen Schwächen der Frauen würden sich auf die nächste Generation vererben, wurde den Frauen, insbesondere den nervösen Frauen, der Verfall der Gesellschaft angelastet. Sie wurden für die Missstände in der Kultur verantwortlich gemacht, um die phallogozentrische Gesellschaftsordnung zu stabilisieren und zu entlasten. Auf dieser ideologischen Grundlage wurde die gesellschaftliche Ausschließungspraxis der Frau gerechtfertigt.[30]

Erst im Kontext der Psychoanalyse, die ihre Entstehung der ernsthaften Auseinandersetzung mit hysterischen Frauen verdankt, wird die Hysterie als Leiden offengelegt und zur Sprache gebracht. 1908 stellt Sigmund Freud schließlich den Zusammenhang zwischen der Hysterie und der aus einer rigiden Sexualmoral resultierenden Unterdrückung der Sexualität sowie dem Verbot einer Auseinandersetzung mit sexuellen Problemen her. Einerseits versucht er in seinen Schriften den Mythos der Hysterikerin und den damit konnotierten Bildern der *femme fatale* und *femme fragile* aufzuheben, andererseits ist er sich der remythisierenden Implikationen des Ge-

---

[28] In seiner Abhandlung *Über die Weiber* schreibt Schopenhauer: „Demgemäß wird man als den Grundfehler des weiblichen Charakters Ungerechtigkeit finden. Er entsteht zunächst aus dem dargelegten Mangel an Vernünftigkeit und Überlegung, wird zudem aber noch dadurch unterstützt, daß sie, als die schwächeren, von der Natur nicht auf die Kraft, sondern auf die List angewiesen sind: daher ihre instinktartige Verschlagenheit und ihr unvertilgbarer Hang zum Lügen. (...) Die Verstellung ist ihm daher angeboren, deshalb auch fast so sehr dem dummen, wie dem klugen Weibe eigen. (...) Aus dem aufgestellten Grundfehler und seinen Beigaben entspringt aber Falschheit, Treulosigkeit und Verrath, Undank u.s.w." Vgl. Arthur Schopenhauer, *Über die Weiber,* hrsg. von Friederike Haussauer, Zürich (Haffmans) 1986, S. 20f.
[29] Vgl. Otto Weininger, *Geschlecht und Charakter*, S. 358.
[30] Zu dieser Ansicht gelangt auch Angelika Ebrecht, „Weiblichkeit als kulturelle Pathologie. Kulturkritik, Nervosität und Geschlecht in Theorien der Jahrhundertwende", in: *Feministische Studien* 2 (14. Jahrgang, Mai 1996), S. 110-121, hier S. 115.

schlechterbildes in der Psychoanalyse nicht bewusst, in dem die Frau als Mangelwesen Kastrationsängste weckt.[31] Im Gegensatz zur Psychoanalyse mündet die Pathologisierung der Frau im *Fin de siècle* nicht nur in der moralischen Verurteilung der Hysterika, sondern in der Kriminalisierung der hysterischen Frau. Hysterie wird nicht nur als Schimpfwort gebraucht, sie wird zur strafbaren Krankheit gemacht, die juristische Sanktionen nach sich ziehen kann. Der hysterische Charakter wird mit dem verbrecherischen Charakter gleichgesetzt, wie Marianne Schuller mit dem Verweis auf zwanzig Fälle „krimineller Hysterie" zeigt. Dabei habe es sich meist um arme Frauen gehandelt, die wegen kleiner Eigentumsdelikte oder anderen Unregelmäßigkeiten geradezu mit dem Hinweis auf ihre sogenannte hysterische Natur, welche eine „Bewußtseinsfähigkeit" zulasse, einer Strafe überführt worden seien. Ebenso wird aber die andere Seite der Hysterika, ihre „bewußtseinsunfähige" oder „unglaubwürdige" Seite von der Rechtsprechung verurteilt.[32] Die sinnliche Frau wird vor allem deshalb in der Wissenschaft sexualisiert, pathologisiert, demoralisiert und kriminalisiert, weil sich ihre Sexualität außerhalb einer reproduktiven Sexualität artikuliert. Sexualität erweist sich im Frankreich der Jahrhundertwende primär als „ökonomisch nutzbare Sexualität", deren Aufgabe es ist, das Bevölkerungswachstum zu sichern und Arbeitskräfte zu produzieren.[33] Das als bedrohlich empfundene weibliche Begehren wird ausschließlich an staatliche Reproduktionsinteressen gebunden und damit in gewissem Sinn „zivilisiert". Mit dem Aufkommen des Kapitalismus in Frankreich entstehen die ökonomischen Voraussetzungen für eine Ehepraxis, in der die Frau nach wirtschaftlichen und familienpolitischen Gesichtspunkten erzogen und verheiratet wurde und sich ausschließlich im Rahmen von Ehe und Mutterschaft verwirklichen sollte. Die Hysterisierung der Frau fußt laut Michel Foucault auf der Verantwortung, die die Frauen für die Gesundheit ihrer Kinder, für den Bestand der Familie und das Heil der Gesellschaft tragen.

---

[31] Zur Dialektik von Entmythologisierung und Remythologisierung im psychoanalytischen Diskurs vgl. Renate Schlesier, *Konstruktionen der Weiblichkeit bei Sigmund Freud. Zum Problem der Entmythologisierung und Remythologisierung in der psychoanalytischen Theorie*, Frankfurt a.M. (Europäische Verlagsanstalt) 1981.
[32] Vgl. Marianne Schuller, „Hysterie – eine strafbare Krankheit?", in: *kultuRRevolution* 9 (Juni 1985), S. 34-38, S. 34ff.
[33] Vgl. Michel Foucault, *Sexualität und Wahrheit*, Bd. I: *Der Wille zum Wissen*, S. 50f.

Wird die Frau dieser gesellschaftlichen Verantwortung nicht gerecht, so hat dies ihre Hysterisierung zur Folge.

Die Vorstellung von der Hysterikerin als Gegenentwurf zum französischen Frauenbild geht zurück auf die Geschlechterpolitik in der französischen Aufklärung. Seit dieser Zeit rücken Sexualität und Geschlechtlichkeit ins Zentrum eines naturwissenschaftlichen und philosophischen Erkenntnisinteresses:

> „(...) die Sexualität ist an Machtdispositive gebunden, die jüngeren Datums sind; sie hat sich seit dem 17. Jahrhundert zunehmend ausgeweitet; die ihr zugrundeliegende Konstellation ist nicht auf Reproduktion ausgerichtet, sondern war von Anfang an auf eine Intensivierung des Körpers – seine Aufwertung als Wissensgegenstand und als Element in den Machtverhältnissen – bezogen."[34]

Der Körper, insbesondere aber der Körper der Frau wird zum Wissensgegenstand von Philosophie und Medizin, wie die *Encyclopédie* von Diderot und d'Alembert beweist, in der das Wissen des 18. Jahrhunderts gesammelt, geordnet und einer Öffentlichkeit zugänglich gemacht wurde. Innerhalb des Systems der *Encyclopédie* hat die Anthropologie einen besonderen Stellenwert. Die Wissenschaft vom Menschen bezieht sich jedoch hauptsächlich auf die männliche Hälfte der Menschheit.[35] Dies bedeutet nicht, dass die Frau in der Vorstellung der aufklärerischen Anthropologie keine Rolle spielt, vielmehr bietet die *Encyclopédie* für den männlichen wie für den weiblichen Menschen parallele naturgeschichtliche Bestimmungen.[36]

Trotz der Homonymie von Mann und Mensch findet sich unter dem Stichwort „Homme" in der *Encyclopédie* immer eine Differenzierung zwischen dem Mann und dem Allgemein-Menschlichen. Eine Ausnahme bildet der Artikel zur Vernunft, in dem der Mensch als Vernunftwesen dargestellt wird. Anders als die anatomischen und naturhistorischen Beschreibungen des Menschen verschmelzen hier die Bedeutungsunterschiede von Mann und Mensch: „Diese Homonymie bewirkt zunächst, dass der männliche

---

[34] Michel Foucault, a.a.O., S. 129.
[35] Vgl. zum Folgenden Liselotte Steinbrügge, *Das moralische Geschlecht*, Weinheim u. Basel (Beltz) 1987, S. 31ff.
[36] Vgl. die Artikel „Femme" und „Homme" in der Encyclopédie. Vgl. Denis Diderot/d'Alembert, *Encyclopédie, ou Dictionnaire Raisonné des Sciences, Des Arts et Des Métiers*, Paris 1751-1780, 35 Bde., Kompakt-Reprint New York u. Paris (Pergamon Press) 1969, Volume I (Bde. I-VI (A-Fne)), S. 1376-1378 und Volume II (Bde. VII-XII (Fo-Pol)), S. 344-351.

Mensch mit der Definition Homme implizit benannt ist, der weibliche hingegen aus dieser Definition implizit herausfällt."[37] Dies bedeutet nicht, dass die Frau aufgrund ihrer biologischen Bestimmung ihr Menschsein verliert, sondern die Menschlichkeit der Frau bekommt eine andere Qualität als die des Mannes. Das spezifisch Menschliche besteht beim Mann in der Vernunftleistung, die ihn zu moralischem Handeln befähigt. Die moralische Handlung des „honnête homme" definiert sich immer über die gesellschaftliche Nützlichkeit der Handlung:

> „Das spezifisch Menschliche, die Vernunftleistung, vollzieht sich immer auch gleichzeitig als Fortschreiten der moralischen Gattung. Die ‚gewaltigen Leistungen des Menschen' (Art. HOMME (*Morale*)) sind untrennbar verbunden mit dem Fortschreiten der Menschheit. Die spezifisch menschliche Tätigkeit ist immer auch gesellschaftliche."[38]

Die gesellschaftlich nützliche bzw. produktive Tätigkeit des Menschen beschränkt sich in der *Encyclopédie* allerdings ausschließlich auf die Männer. Die Suche nach der „honnête femme" erweist sich als vergeblich. Die Autoren begrenzen weibliche Produktivität auf Fruchtbarkeit, wie eine Vielzahl von Artikeln zum weiblichen Organismus, vor allem zu den Stichworten Gebärmutter, Brüste, Amme, Menstruation etc. zeigen.

> „Indem der weibliche Anteil an der gesellschaftlichen Reproduktion in den unmittelbar natürlichen Körperfunktionen der Frau besteht, fällt die menschliche Bestimmung der Frau mit ihrer Kreatürlichkeit zusammen. *Ihr Menschsein besteht wesentlich in ihrer geschlechtlichen Bestimmung.* Sie ist ‚le sexe', ein Ausdruck, der synonym mit dem Begriff *Frau* gebraucht wird."[39]

Die weibliche Produktivität wird also in ihrer Fruchtbarkeit und Gebährfähigkeit gesehen. Sexualität wird in der bürgerlichen Gesellschaft als Wirtschaftsfaktor begriffen. So ist denn auch die Geburt und Aufzucht der Kinder das vorrangige Ziel der Ehe. Die biologistische Bestimmung der weiblichen Natur wird für die Legitimierung eines naturgegebenen Geschlechtscharakters genutzt. Im Artikel zur „mariage" heißt es:

> „Da Ziel der Gemeinschaft (société) von Männchen und Weibchen nicht nur Fortpflanzung, sondern auch der Fortbestand der Gattung ist, muß diese Gemeinschaft nach der Fortpflanzung mindestens so lange bestehen, wie es für die Ernährung und Erhaltung der Nachkommen notwendig ist, d. h. bis sie in der Lage sind, eigenständig ihre Bedürfnisse zu befriedigen. Hierin

---

[37] Liselotte Steinbrügge, *Das moralische Geschlecht*, S. 33.
[38] Ebd., S. 35.
[39] Ebd., S. 38. [Hervorheb. i. Original.]

besteht der hauptsächliche, wenn nicht sogar der einzige Grund, warum das menschliche Männchen und Weibchen gezwungen sind, ihre Gemeinschaft länger aufrecht zu erhalten als jedes Tier."[40]

Die Familie erfährt im 18. Jahrhundert daher eine Aufwertung. In ihr kann Sexualität als ein Machtdiskurs wirksam werden, der mit politischen und ökonomischen Diskursen kooperiert.

> „Die im 18. Jahrhundert aufgewertete Familienzelle hat es ermöglicht, daß sich auf ihren beiden Hauptachsen (Mann-Frau und Eltern-Kinder) die Grundelemente des Sexualitätsdispositivs entwickeln (weiblicher Körper, kindliche Frühreife, Geburtenregelung und – in geringerem Maße – Klassierung der Perversen). Die zeitgenössische Familie ist nicht als eine soziale, ökonomische und politische Allianzstruktur zu verstehen, die die Sexualität ausschließt oder zumindest einengt und auf die nützlichen Funktionen einschränkt."[41]

Für das Wohl der Familie hat gemäß dem Weiblichkeitsverständnis der Aufklärung ausschließlich die Frau zu sorgen:

> „(...). Sie beschränkt sich auf die Pflichten der Frau und Mutter und opfert ihre Tage der Praktizierung ruhmloser Tugenden: sie beschäftigt sich mit der Regierung ihrer Familie, regiert über ihren Ehemann durch Gefälligkeit, über ihre Kinder durch Sanftmut, über ihre Dienstboten durch Güte. Ihr Haus ist der Ort religiöser Gefühle, kindlicher Frömmigkeit, ehelicher Liebe, mütterlicher Zärtlichkeit, der Ordnung, des inneren Friedens, des sanften Schlafes und der Gesundheit; sparsam und häuslich, hält sie die Leidenschaften und Begierden daraus fern; der Bedürftige, der an ihrer Tür erscheint, wird niemals zurückgewiesen; der Liederliche erscheint dort nicht. Ihr zurückhaltender und würdevoller Charakter verleiht ihr Respekt, sie wird wegen ihrer Nachsicht und Empfindsamkeit geliebt, und wegen ihrer Vorsicht und Entschlossenheit gefürchtet. Sie strahlt eine sanfte Wärme aus, ein reines Licht, das alles erleuchtet und belebt, was sie umgibt. Ist es die Natur, die sie auf den höchsten Rang, auf dem ich sie sehe, gestellt hat oder die Vernunft sie dort hin führte?"[42]

Doch der Ehemann bleibt „le chef de la femme, (...) le maître de toutes les affaires".[43] Vor dem Horizont dieser Weiblichkeitsideale wird diejenige Frau, die diesen Erwartungen nicht entspricht, bzw. die Frau, die nicht verheiratet ist und sich damit ihren gesellschaftlichen Pflichten entzieht, als unsittlich (débauchée) oder als nervenkrank bzw. als hysterisch stigmatisiert:

---

[40] Denis Diderot/d'Alembert, zitiert nach Liselotte Steinbrügge, a.a.O., S. 37.
[41] Michel Foucault, a.a.O., S. 130f.
[42] Denis Diderot/d'Alembert, zitiert nach Liselotte Steinbrügge, a.a.O., S. 42.
[43] Vgl. Denis Diderot/d'Alembert, *Encyclopédie, ou Dictionnaire Raisonné des Sciences, Des Arts et Des Métiers,* Paris 1751-1780, 35 Bde., Kompakt-Reprint New York u. Paris (Pergamon Press) 1969, Volume I (Bde. I-VI (A-Fne)), S. 1378.

„Alle Ärzte sind sich einig, daß die unterschiedlichen Symptome der ‚vapeurs' bzw. der hysterischen Anfälle, die die jungen Mädchen oder die Witwen befallen, eine Folge der geschlechtlichen Enthaltsamkeit (‚privation du mariage') sind."[44]

Dieser Wissenschaftsmythos hat bis ins frühe 20. Jahrhundert Bestand. Die Mediziner vermuten gerade bei Frauen aus den höheren Kreisen, denen man Müßigang, Untätigkeit, Passivität und Koketterie vorwarf, eine hysterische Disposition. Der Lebenswandel dieser Frauen zeige, „daß diese Frauen mehr an Bildung und kultureller Unterhaltung als an häufigen Aufenthalten im Wochenbett und an Kindererziehung interessiert seien."[45]

Die Vorstellung vom Müßiggang der bürgerlichen Frau erweist sich jedoch als Trugbild, das nicht der sozialen Realität des 19. Jahrhunderts entspricht. Die bürgerliche Frau jener Zeit muss bei der Erledigung der Hausarbeit im Gegensatz zu ihrer aristokratischen Mutter oder Großmutter selbst Hand anlegen. Der Eindruck der Untätigkeit der Frau aus dem wohlhabenden Bürgertum hatte auch deshalb Bestand, weil nur wenigen dieser Frauen der Zugang zu Bildungseinrichtungen oder Berufstätigkeit möglich war. Dass Frauen neben ihre Rolle als Ehefrau und Mutter andere Interessen wahrnehmen, wurde als Normbruch empfunden.[46]

Der Sieg des Bürgertums in der französischen Revolution verhalf diesen Vorstellungen zum Durchbruch und Napoleon gab ihnen in seinem *Code Civil* die rechtliche Grundlage. Ihre häusliche Bestimmung bildet das Fundament für den Ausschluss aus gesellschaftlichen Prozessen. So erhalten die Frauen in Frankreich erst 1945 das Wahlrecht. Das Recht auf Ausbildung beziehungsweise Schulbildung tritt mit der Einführung der allgemeinen Schulpflicht 1882 in Kraft.[47] Nach wie vor hat sich die Frau der patriarchalischen Ordnung, die durch „la puissance paternelle", „la suprématie du mari sur la femme dans le couple" garantiert ist, unterzuordnen.[48] Insofern schuldet sie ihrem Ehemann absoluten Gehorsam:

---

[44] Denis Diderot/d'Alembert, nach Liselotte Steinbrügge, a.a.O., S. 40.
[45] Vgl. Regine Schaps, *Hysterie und Weiblichkeit. Wissenschaftsmythen über die Frau*, Frankfurt u. New York (Campus) 1982, S. 115.
[46] Vgl. ebd., S. 115.
[47] Vgl. zur Bildungs- und Ausbildungssituation der Frauen im ausgehenden 19. Jahrhundert: Maïté Albistur/Daniel Armogathe, *Histoire du féminisme français*, Bd. II: *De l'empire napoléonien à nos jours*, Paris (Des Femmes) 1977, S. 581.
[48] Vgl. *La femme au XIX$^e$ siècle. Littérature et idéologie*, Lyon (Presses Universitaires de Lyon) 1979, S. 9.

"Le principe fondamental est énoncé (art. 213): ‚le mari doit protection à la femme, la femme obéissance à son mari', (obéissance que le mari peut faire respecter manu militari; (...)."[49]

Ferner soll der *Code Civil* das bürgerliche Familienideal sichern. Daher wird Ehebruch unter Strafe gesetzt, wobei die Frau härter bestraft wird als der Mann, denn sie soll legitime Nachkommen zeugen: „Une femme adultère subira une peine d'emprisonnement de 3 mois à 2 ans. Mais le mari peut arrêter l'effet de la condamnation en reprenant sa femme (art. 337)."[50] Im Falle eines Ehebruchs kann sich der Mann von der Frau trennen, aber die Frau hat umgekehrt nur die Möglichkeit der Scheidung, wenn ihr Mann sich im gemeinsamen Haushalt eine Geliebte hält.[51] Im Übrigen muss die Ehefrau ihren Mann um Erlaubnis fragen, wenn sie arbeiten will, ihr Erbe antreten möchte, an Versammlungen teilnehmen oder ansonsten am öffentlichen Leben teilhaben will. Im familiären Bereich versucht das Bürgertum auf Kosten der Frauen jene Sicherheit und Stabilität zu bewahren, die durch die schnelle wirtschaftliche Veränderung und die damit verbundene Mobilität in der Gesellschaft des 19. Jahrhunderts zunehmend verloren gehen.

2.3 Die französische Frauenbewegung

Im Frankreich des *Fin de siècle* verschärft sich der gesellschaftliche Druck auf die Frau, denn vor dem Hintergrund der „défaite" kommt der Mutterschaft eine große Bedeutung zu. Fast alle Industrieländer, insbesondere aber England, Deutschland und Frankreich haben in den letzten Jahrzehnten des 19. Jahrhunderts eine niedrige Geburtenrate zu verzeichnen.[52] Aufgrund des verlorenen Preußenkrieges, bei dem Frankreich zudem das Elsass verlor, verschärft sich die Debatte um den Rückgang der französischen Bevölkerungsrate. Zwischen 1850 und 1910 sinkt sie von 39,1 auf 35,7 Millionen. 1895 stehen 834.000 Geburten 852.000 Todesfälle gegenüber. Das „Finis Galliae" scheint sich nach einem Ausspruch von Jacques Bertillon, dem obersten Demoskopen Frankreichs, zu erfüllen. Besonders

---

[49] Ebd., S. 10.
[50] Ebd., S. 11.
[51] Vgl. ebd., S. 13. Dieses Scheidungsrecht wurde 1884 wiedereingeführt und war bis 1975 in Frankreich in Kraft.
[52] Vgl. zum Folgenden Karen Offen, „Depopulation, Nationalism, Feminism in Fin-de-siècle-France", in: *The American Historical Review* LXXXIX,1 (1984), S. 649-676, hier S. 652ff.

die neorepublikanischen Strömungen wollen Frankreich nach dem verlorenen Krieg wieder zur „Gloire" von einst verhelfen. Im Kontext dieser nationalistisch-patriotischen Debatte um die Depopulation steht der Körper der Frau wieder im Mittelpunkt. „La maternité, c'est le patriotisme des femmes" schreibt Alexandre Dumas. Mutterschaft wird zum Politikum, zum patriotischen Beitrag für das Vaterland. Sie soll gefördert und die große Säuglingssterblichkeit muss eingedämmt werden. Dies hat eine Reihe von Reformen zur Folge, die die soziale Situation von Müttern verbessern. Ehe und Mutterschaft werden auch zu den zentralen Themen der französischen Frauenbewegungen der Jahrhundertwende. Die Frauen scheinen ihre Macht erkannt zu haben und drängen nun im Gegenzug auf Reformen. In dem 1892 gegründeten *Journal des femmes* fordern Maria Desraimes, Maria Martin, Léon Richer und Hubertine Auclert den Schutz für uneheliche Kinder, den Mutterschutz für berufstätige Frauen, die Reduzierung der Arbeitszeit von Frauen. Sie machen die miserable Situation von Frauen sowie ihre ungerechte Behandlung in der Gesellschaft, der zufolge sie nur Pflichten, aber keine Rechte haben, für die niedrige Geburtenrate verantwortlich.[53] Bei der französischen Frauenbewegung des 19. Jahrhunderts handelt es sich nicht um eine homogene Gruppe, sondern um eine Flut von kleinen Vereinigungen. Unter der Vielzahl von feministischen Gruppierungen, die vom bourgeoisen, sozialistischen, christlich radikalen, republikanischen, konservativen bis zum gewerkschaftlichen Feminismus reichen, lassen sich zwei Richtungen unterscheiden: der integrale oder individualistische Feminismus um Madeleine Pelletier und Marguerite Durand und ihre Zeitung *La Fronde*, der für das Recht auf Selbstbestimmung der Frau, auf Bildung, auf ihren Körper, auf gleichen Lohn, auf politische Autonomie und das Wahlrecht plädiert und unserem heutigen Verständnis von Feminismus nahekommt, und der „féminisme familiale" oder relationale Feminismus, zu dem die meisten Splittergruppen gehören.[54] Sie fordern keinen Umsturz der ökonomisch patriarchalen Basis, sondern eine Reorganisation der Gesellschaft, die mehr Vorteile für Frauen bringt. Dabei transportieren sie einen Geschlechterdiskurs, der die biologische Polarität von Männern und Frauen betont und eine familienzentrierte Aufwertung der Frau und ihrer Situation verlangt. Während die individualistischen Feministinnen um Madeleine

---

[53] Vgl. ebd., S. 656.
[54] Vgl. zu den Forderungen der Feministinnen auch Sigrid Lambertz, *Die „femme de lettres" im „Second Empire"*, St. Ingbert (Röhrig) 1994, S. 66-68.

Pelletier oder Marguerite Durand wie die Suffragetten als unweiblich, egoistisch verachtet wurden, weil sie „the male model" zur allgemeinen Norm erhoben, erleben die Männer den familialen Feminismus als weniger bedrohlich. Karen Offen deutet den familialen Feminismus und seine Akzentuierung der Mutterschaft, der vordergründig das männliche Geschlechtermodell und die biologistische Weiblichkeitsauffassung übernimmt, als „a realistic, even astute response to difficult political circumstances"[55] und begreift ihn als subversive Forderung im Kontext der „equalitiy in difference". Mutterschaft legitimiert also den Anspruch auf Bürgerrechte, um den Status von Frauen zu verbessern und damit den sexuellen Diskurs von innen heraus zu sabotieren.[56]

Die Auseinandersetzung mit dem Feminismus bestimmt die öffentliche Diskussion in den neunziger Jahren des 19. Jahrhunderts. Feministische Kongresse finden statt und eine Vielzahl von feministischen Zeitschriften entsteht.[57] Mit dem Erstarken der Frauenrechtsbewegung formiert sich auch ein reger Antifeminismus,[58] der den Feminismus einerseits der Demoralisation und Depopulation, andererseits der bourgeoisen Kollaboration bezichtigt. Die literarische Verarbeitung der Frauenbewegung ist ebenfalls von einer vorwiegend antifeministischen Haltung gekennzeichnet. Das Frauenbild der *New Woman* bzw. der *femme moderne* entsteht. Als Gegenentwurf einer auf Mutterschaft fixierten Frauenfigur, wie etwa Marianne aus Zolas *Fécondité* (1899), repräsentiert die moderne Frau aus Sicht der Literaten Egoismus, Homosexualität, Kaltherzigkeit und Unweiblichkeit.[59]

---

[55] Karen Offen, „Depopulation, Nationalism, Feminism in Fin-de-siècle-France", S. 674.
[56] Vgl. ebd., S. 675.
[57] So unter anderen folgende Zeitschriften: Unter der Leitung von Léon Richer entsteht *Le Droit des femmes* (1869-91); Hubertine Auclert gründet *La Citoyenne* (1881-91); Maria Martin gibt den *Journal des femmes* (1891-1911) heraus, und Marguerite Durand publiziert 1897 die Tageszeitung *La Fronde*. Diese Zeitschriften vertreten ein breites politisches Spektrum, auf das hier nicht weiter eingegangen werden kann. Vgl. dazu Karen Offen, „Depopulation, Nationalism and Feminism in Fin-de-siècle-France", S. 649-676.
[58] Zum Antifeminismus in Frankreich vgl. Christine Bard (Hg.), *Un siècle d'antiféminisme*, Paris (Fayard) 1999.
[59] Das Thema *femme moderne* wird etwa in Marcel Prévosts *Les Vierges fortes* (1900); in *Femmes nouvelles* (1900) von den Gebrüdern Margerittes, in Paul Bourgets *Un Divorce* (1904) oder in Jules Bois' *L'Eve nouvelle* (1896) verarbeitet.

## 2.4 „Pourquoi je ne suis pas féministe" – Rachilde und die feministischen Gruppierungen ihrer Zeit

Aufgrund ihres weiblichen Selbstbewusstseins und ihrer Zielstrebigkeit liest sich Rachildes außergewöhnliche Biographie wie ein Emanzipationsweg. Doch ihr Werdegang kann nicht über ihr problematisches Verhältnis zum eigenen Geschlecht und die Produktionsbedingungen eines weiblichen Autors im ausgehenden 19. Jahrhundert hinwegtäuschen. Rachilde schreibt sich als „homme de lettres" in den Literaturdiskurs ein. Sie scheint das Geschlechtermodell der *Décadence* mitsamt seinen misogynen Implikationen zu übernehmen. Von dem elitären Standpunkt eines weiblichen Dandys aus postuliert sie ihren Antifeminismus und polemisiert gegen die feministischen Splittergruppen ihrer Zeit, wie etwa in ihrem Artikel *Questions brûlantes* (1886) und in ihrem Essay *Pourquoi je ne suis pas féministe* (1928). In beiden Texten kommentiert Rachilde die Geschlechterdebatte im Kontext zeitgenössischer Themen wie Ehebruch, Bildung, Prostitution. Dabei vertritt sie als Repräsentantin des literarischen Diskurses eine antithetische Position gegenüber den Forderungen der Feministinnen, die klar auf den dandyistisch geprägten Dualismus von Kunst und Realität, Körper und Geist, Idealität und Mediokrität, exklusivem Ich-Kult und demokratischer Massenbewegung bezogen ist. Folglich reproduziert Rachilde in *Pourquoi je ne suis pas féministe* (1928) jene misogynen Imaginationen von Weiblichkeit, die im Jahrhundert vorherrschen. Die Frau wird auch in ihrem Essay auf den Körper reduziert:

> „Les femmes sont les frères inférieures de l'homme simplement parce qu'elles ont des misères physiques les éloignant de la suite dans les idées que peuvent concevoir tous les hommes en général, même les moins intelligents. Elle peuvent être de grandes artistes, d'excellentes spéculatrices, mais l'art ou les affaires sont des résultantes de jeu: le génie ou l'argent se jouent aux cartes puisqu'il s'agit d'une chance à courir."[60]

Die normale Frau wird zur Statthalterin des Emotionalen, die aufgrund dessen leicht beeinflussbar und entscheidungsunfähig ist. Folglich braucht sie kein Wahlrecht und die Forderung nach Lohngleichheit erübrigt sich aufgrund der ungleichen geistigen Leistungsfähigkeit der beiden Geschlechter: „J'admets l'égalité sur les salaires mais à force égale de bras quand il s'agit du travail manuel et à force égale de cerveau quand il s'agit

---

[60] Rachilde, *Pourquoi je ne suis pas féministe*, S. 10.

de fonctions intellectuelles."[61] Das Recht auf Bildung, das von verschiedener Seite in der Gesellschaft des *Fin de siècle* laut wird, bringt Rachilde mit der Depopulationsdebatte in Zusammenhang. Nicht nur, dass die Frau aufgrund ihrer geistigen Kapazitäten weniger aufnehmen könne als ein Mann, die Bildung zerstöre auch Ehen und zerrütte Familien.[62] Die Berufstätigkeit der Frau, so Rachilde am Beispiel der Sekretärinnen, führe zwangsläufig zur Zerrüttung der Ehe. Die „dactylo" ebenso wie die diplomierte Erzieherin oder die Intellektuelle werden zu neuen Feindbildern erhoben, sie zählen zur modernen Frau oder zu den Feministinnen: Die *femme moderne* wird als egoistisch, unsensibel und gefühllos präsentiert, die ihre häuslichen Pflichten vernachlässigt.[63] Besonders heftig attackiert Rachilde die modernen Schriftstellerinnen, zu denen sie selbst, nun etwa fünfundsiebzig Jahre alt, nicht mehr zählt:

> „Il y a, au-dessus de la *dactylo*, une autre classe d'intellectuelles, de savantes combien plus dangereuses parce que plus ignorantes encore de leurs devoirs ménagères, celle des femmes de lettres qui sont devenues légion. (...) Ah! les pauvres femmes de lettres de jadis, obligées à la réserve imposées aux exceptions, comme elles étaient touchantes, réclamant seulement la permission de chercher leur pain quotidien dans l'amusement de leur public! A présent, elles sont, comme les avocates, les actrices, les doctoresses et les conférencières, des *professionnelles*."[64]

Sie unterscheidet zwischen den Schriftstellerinnen von einst, die künstlerische Ideale hatten und dabei noch ihre Familien versorgten, und der neuen Generation, die Autorschaft als Beruf betreibe und „une guerre déloyale à l'homme" anzettelten."[65] Das vermehrte Auftreten von weiblichen Autoren erlebt Rachilde als Massenphänomen: „(...) des femmes de lettres qui sont devenues légion (...)." Dies widerspricht Rachildes exklusivem Kunstverständnis. Die Autorin definiert sich selbst ausschließlich über einen männlichen Genie-Begriff. Aus diesem Blickwinkel heraus kann sie bei anderen Schriftstellerinnen deren vermeintlich männliche Qualitäten schätzen.[66]

Schließlich wirft sie den Feministinnen ihre Aufklärungsarbeit im Hinblick auf die weibliche Sexualität vor. Als „homme de lettres" setzt sie die

---

[61] Ebd., S. 11.
[62] Vgl. ebd., S. 29.
[63] Vgl. ebd., S. 29.
[64] Ebd., S. 30. [Hervorheb. i. Original.]
[65] Ebd., S. 30f.
[66] Vgl. Kapitel 1.2 dieser Arbeit.

„hygiène", die im Dienste der Repopulation steht, mit einer „dépoétisation de l'amour"[67] gleich. Sie übernimmt das dandyistische Konzept der zerebralen Liebe: „Tout acte charnel est superflu".[68] Sexualität erscheint ihr folglich als vulgär: „Je ne parle pas du vulgaire attrait qu'un sexe a pour l'autre: ceci est du ressort purement (ou impurement) humain et cela n'a rien à voir avec l'amour."[69] Das Ideal der wahren Liebe sei nur Männern zugänglich, während Frauen aufgrund ihrer Biologie lediglich an Sexualität interessiert seien.[70] Dieser Standpunkt liegt auch dem antifeministischen Artikel *Questions brûlantes* (1886) zugrunde, den Rachilde anlässlich der Verurteilung Oscar Wildes aufgrund seiner homosexuellen Affäre mit dem jungen Lord Douglas verfasst hat. In dem Artikel feiert sie die beiden Liebenden als Personifikation der „l'amour pur et libre", einer Liebe, die über bürgerliche Mediokrität triumphiert. Rachilde begegnet in ihrem Beitrag den Vorwürfen der Kritiker, die Wilde und Douglas des Untergangs der wahren Liebe bezichtigen. In diesem Zusammenhang kritisiert sie die Doppelmoral der feministischen Gruppierungen, die aus ihrer Sicht mit den Reproduktionsinteressen der Moralisten paktieren anstatt sich die wirkliche „liberté" zu erkämpfen:

„De vieux-jeunes moralistes et jeunes-vieilles émancipatrices pleurent de l'encre et des larmes rouges, afin de nous démontrer qu'il est de notre devoir le plus sacré de pousser le plus possible à la reproduction de l'espèce par la propagande pour *l'amour libre.*"[71]

Desweiteren attackiert sie die Uneinigkeit der feministischen Splittergruppen, mokiert sich über deren Naivität und stellt in einem sarkastischen Ton deren Themen in Frage, die letztendlich alle auf das Thema Mutterschaft hinauslaufen.[72] Sie erkennt, dass die Themen der Feministinnen mit den Reproduktionsinteressen des Staates konvergieren, was sie aus der Perspektive eines „hommes de lettres" missbilligt.[73] Rachildes Distanzierung

---

[67] Vgl. Cathérine Ploye, „‚Questions brûlantes': Rachilde, l'affaire Douglas et les mouvements féministes", in: *Nineteenth-Century-French-Studies*. Fredonia/New York 22 (1993/94), S. 195-207, hier S. 202.
[68] Rachilde, „Questions brûlantes", in: *La Revue Blanche*, 1. Sept. 1886, S. 193-200, hier S. 196.
[69] Dies., *Pourquoi je ne suis pas féministe*, S. 48f.
[70] Vgl. ebd., S. 50.
[71] Dies., „Questions brûlantes", S. 194. [Hervorheb. i. Original.]
[72] Vgl. ebd., S. 194f.
[73] In diesen Kontext passt auch folgendes Zitat von Jules Bois: „Les Antiféministes sont les enmis de la famille et de la société." Jules Bois, *L'Eve nouvelle*, Paris (Léon Chailley) 1896, S. 333f.

von den Frauen bzw. den Feministinnen verweist paradoxerweise auf ihre Zugehörigkeit zum weiblichen Geschlecht, zumindest was das Bewusstsein von der Hierarchie der Geschlechter und von der Aufteilung der Geschlechterrollen angeht.

Die Feministinnen erscheinen aus der elitären idealistischen Weltsicht eines weiblichen Dandys als „très sales petites théories quotidiennes", die aus ihrer Sicht überflüssig sind, wenn „frau" nur willensstark genug ist:

> „Emanciper les femmes? Pourquoi faire, mon Dieu? Toute femme intelligente, ou douée seulement de la puissance de raisonner, s'émancipe quand elle le désire, et pour ce qui lui convient elle n'a nul besoin de voter ni de s'occuper des différentes genres de gouvernements, qui crouleront bien sans ses sollicitudes. Ne perdez pas de vue, bon réformateurs, que la femme est supérieure à l'homme de par la force même de sa patience, qui userait des rocs. Elle n'a pas besoin d'égaler l'homme dans ses idioties pour le suivre dans ses meilleurs études. Elle peut, si elle veut, gagner de la vie, sinon du luxe. On risque de demeurer, souvent, quarante-huit heures sans manger, mais rien ne vous trempe le caractère comme crever la faim de temps en temps. Croyez bien que si je ne connaissais pas tous les avantages de ce régime je n'oserais pas en parler."[74]

Ihre Einstellung scheint also weniger aus einer Abneigung gegenüber einer als snobistisch empfundenen Gruppe von Feministinnen zu resultieren,[75] sie ist vielmehr Konsequenz einer zutiefst elitären und individualistischen Haltung, die mit einer konsequenten Ablehnung von Massenbewegung und Demokratisierungstendenzen einhergeht:

> „Cette tendance à des allures masculines ne m'a nullement inspiré le désir de m'emparer de droits qui n'étaient pas les miens. J'ai toujours agi en individu ne songeant pas à fonder une société ou à bouleverser celle qui existait."[76]

Sie kämpft vorrangig für ihre eigene Freiheit.[77] Aus dieser Haltung resultiert auch ihr politisches Desinteresse, das sie mit ihrem Antifeminismus in Verbindung bringt: „Non, je ne suis pas féministe. Je ne veux pas voter parce que cela m'ennuierait de m'occuper de la politique. J'ai horreur des discours."[78]

---

[74] Rachilde, „Questions brûlantes", S. 197f.
[75] Dieser Auffassung ist Claude Dauphiné, wenn sie schreibt: „Finalement l'antiféminisme de Rachilde relève plus de l'allergie à tous les snobismes que de tendances profondes." Claude Dauphiné, *Rachilde*, S. 131.
[76] Rachilde, *Pourquoi je ne suis pas féministe*, S. 6.
[77] Ebd., S. 72.
[78] Ebd., S. 83.

Sie bewertet den Feminismus wie auch die Debatte um die moderne Schriftstellerin in ihrem Essay auch aus weiblicher Sicht. Es ist der Blick einer Tochter, die den Feminismus im Spannungsfeld zweier Mutterfiguren betrachtet. Es handelt sich dabei um ihre eigene Mutter Gabrielle und ihre Großmutter Isodor, die zwei komplementäre Frauentypen repräsentieren:

> „(...) ma grand'mère et ma mère m'ont permis de connaître, dès mon enfance, les premiers éléments du *féminisme* par l'antagonisme des deux Eves rivales, la femme esclave du joug amoureux, la créature de trop bonne volonté et la femme déclarée forte, celle de ‚Ecriture...moderne qui parle tout le temps de ses devoirs et se lève avant l'aube...des rénovations mais beaucoup plus pour jouer du piano (trémolo à l'orchestre) que pour surveiller les domestiques"[79]

Ihre eigene Mutter, die Pianistin Gabrielle Eymery, erscheint ihr als „femme chef", „grande musicienne" oder „statue de marbre", die aufgrund ihrer ewigen Auseinandersetzungen mit ihrem Mann den Familienfrieden stört. Sie wird für Rachilde zum Sinnbild und Feindbild des Feminismus:

> „Non, ce qui m'étonne le plus dans l'histoire de la nouvelle Eve, c'est son manque de sensibilité vraiment humaine. Elles ont remplacé ce qu'on appelait le cœur par une espèce de sensiblerie artistique sans aucune spontanéité, ce n'est ni l'amour, ni de la haine..., c'est toujours de la littérature et quand, par hasard, elles font des enfants, elles tiennent à vous expliquer pourquoi...."[80]

Die Distanzierung vom Feminismus und von den weiblichen Intellektuellen deutet also auch auf eine Abrechnung mit der eigenen Mutter, die scheinbar ihre künstlerischen Aktivitäten zu Lasten ihrer Tochter ausgeführt hat. Wie deutlich wurde, macht Rachilde den Feministinnen denselben Vorwurf. Rachilde scheint sich, so belegen zumindest die beiden zitierten Texte, mit den männlichen Kunstidealen und der damit verbundenen Abwertung des Weiblichen zu identifizieren.

Rachildes Verleugnung der eigenen Geschlechtszugehörigkeit, ihre Distanzierung von den Geschlechtsgenossinnen sowie ihre elitäre Geisteshaltung sind mit der Übernahme eines männlichen Genie-Begriffes verbunden, die auf Rachildes Inszenierung als „homme de lettres" zurückzuführen ist. Rachildes Identifikation mit den Normen der *Décadence* führt einerseits zu ihrer antifeministischen Position, andererseits aber gewährleistet sie eine

---

[79] Ebd., S. 20.
[80] Ebd., S. 33.

Art elitäre Individualemanzipation, wie ihr literarischer Werdegang dokumentiert.

## 2.5 Misogynie und Dandytum

Die *Décadence* begreift sich als Gegenbewegung zu den oben genannten bürgerlichen Machtdiskursen. Sie attackiert den positivistischen Fortschrittsglauben, den kapitalistischen Massenkonsum, Pragmatismus und Utilitarismus, die Kommerzialisierung der Kunst und die Demokratisierungstendenzen innerhalb der Gesellschaft. Der Protest gegen bürgerliche Wertvorstellungen schließt auch die Verweigerung gegenüber der staatlichen Reproduktionspolitik mit ein. Leiblichkeit, Sexualität und Mutterschaft provozieren die antinaturalistische Abwehrhaltung der *Décadence* und münden in einer Idealisierung des Geistes und dem darauf basierenden vergeistigten Liebeskonzept der „amour cérébral". Ästhetik statt Natur, Maskerade und Maquillage statt Leiblichkeit, Zerebralität statt Sexualität, Perversion statt Reproduktion bilden die antinaturalistischen wie antibürgerlichen Ideale der *Décadence*, die aufs Vortrefflichste vom Dandy verkörpert werden. Der Dandy selbst definiert sich als männlicher Ästhet und gehört zur Bohème, zu jenem Kreis von Künstlern, Literaten und Intellektuellen, die sich durch ihre Abneigung gegen das *Juste Milieu* definieren. Der Dandyismus, dessen Etymologie bis dato ungeklärt ist,[81] bezeichnet in diesem Kontext nicht vorrangig den Sozialtypus eines Beau Brummel oder Baron de Montesquiou, sondern ein ästhetisch-literarisches Kompositionsprinzip, das auf programmatische Texte Baudelaires und Barbey d'Aurevillys rekurriert.[82] Dandyistische Themen wie Idealismus, „l'amour cérébral", Misogynie, Androgynie, Maskerade, Ästhetizismus, „la beauté froide", Parodie und Provokation als Ausdruck von dandyistischem Überlegenheitsduktus („la supériorité") dominieren den Literaturdiskurs der *Décadence* ebenso wie die Vorliebe für dekadente Sexualität und Perversion. Die Ideale des Dandys kultivieren das Paradoxe: Originalitätswille und Konvention, Schein und Sein, gesellschaftlicher Rückzug und artistische

---

[81] Vgl. Hiltrud Gnüg, *Kult der Kälte. Der klassische Dandy im Spiegel der Weltliteratur*, Stuttgart (J. B. Metzler)1988, S. 21-83.
[82] Ebd., S. 12-14. Sie rekurriert auf *Du Dandysme et George Brummel* von Barbey d'Aurevilly (1845); *Mon coeur mis à nu, Le Dandy, Le Peintre, La Femme* von Baudelaire, die zwischen 1857-1860 entstanden sind, auf die im Folgenden ebenfalls Bezug genommen wird.

Selbstdarstellung, elegantes Understatement und auffallende Exzentrik, erotische Verführbarkeit wie Affektkontrolle, überlegene Selbstreflexion und Selbstparodie.[83] Herzog Des Esseintes gehört neben Lord Ewald aus *L'Eve Future* oder *Axël* aus dem gleichnamigen Ideenroman von Villiers de l'Isle-l'Adam zu den berühmtesten literarischen Dandys seiner Zeit. Die Vorliebe des Dandys für ausgefallene Kunst und raffiniertes Dekor ist Ausdruck seiner Rebellion gegen ein vom Bürgertum favorisiertes Naturverständnis, das als vulgär und banal verachtet wird. Folglich bildet die dandyistische Überlegenheit des Geistes gegen die Natur die Argumentationsgrundlage für das gestörte Verhältnis des Dandys zur Weiblichkeit:

„La femme ne sait pas séparer l'âme du corps. Elle est simpliste, comme les animaux – Un satirique dirait que c'est parce qu'elle n'a que le corps."[84]

Baudelaire sieht in der Frau die bloße physische Präsenz ohne eine spirituelle Dimension.[85] Die Schönheit des weiblichen Körpers dient dem männlichen Künstler als Quelle zur Kontemplation und damit als Mittel zur künstlerischen Produktion. Hierin zeigt sich auch das ambivalente Verhältnis des Dandys zur Frau, deren Leiblichkeit er einerseits verachtet, die ihn andererseits durch ihre körperliche Schönheit zur ästhetischen Kontemplation inspiriert. Dieses gegensätzliche Verständnis von Weiblichkeit spiegelt sich bei Baudelaire in den beiden Typen der *femme fatale* und der *femme fragile*. Der weibliche Körper wird zum Symbolon einer negativen Einstellung zur Sexualität, die als animalisch, vulgär, todbringend und sündhaft dargestellt wird.

Die extreme Reizbarkeit und erotische Stimulanz des Geistes hat in der Literatur der *Décadence* gegenüber dem Körperlichen den absoluten Vorrang. Sie geht unter anderem auf Arthur Schopenhauer (1788-1860) zurück.[86] Seine Beiträge *Über die Weiber* und *Metaphysik der Geschlechtsliebe* zählen zu den populärsten Schriften in den achtziger Jahren

---

[83] Vgl. Hiltrud Gnüg, *Kult der Kälte*, S. 20-68. Das ambivalente Verhältnis des Dandys zur Weiblichkeit, Sexualität und Kunst wird in Kap. 6 in dieser Arbeit ausführlich erörtert.
[84] Charles Baudelaire, *Œuvres complètes*. Texte établi, présenté et annoté par Claude Pichois, 2 Bde., Bd. I, Paris (Gallimard) 1975/76, S. 694.
[85] Baudelaires Misogynie zeigt sich auch in *La Soupe et les nuages* oder *Le Galant Tireur* aus *Spleen de Paris*.
[86] In den siebziger Jahren des 19. Jahrhunderts publiziert Ribot *La Philosophie de Schopenhauer* (1874) und schon bald hält Schopenhauers Philosophie in Frankreich Einzug. Vgl. zum Einfluss Schopenhauers in Frankreich u.a. Jean Pierrot, *L'Imaginaire Décadent*, Paris (Presses Universitaires de France) 1977, S. 74-80.

des 19. Jahrhunderts. In seinem Hauptwerk *Die Welt als Wille und Vorstellung* (1819)[87] entwickelt er die zentralen Thesen seines Idealismusbegriffs,[88] der zum philosophischen Fundament des Dandyismus wird. Orientierungspunkte sind einerseits Schopenhauers misogynes Frauenbild, andererseits sein Verständnis von Kunst und Genie als Erlösungswege zur Überwindung des – als triebhaft verstandenen – Willens.[89] Sein ästhetischer Erlösungsweg bildet einen wesentlichen Impuls für den Ästhetizismus der *Décadence*. Der Dandy ist vor allem der Repräsentant dieses Ästhetizimus, der Kunst als männlich und Natur als weiblich definiert. Die Frau verkörpert somit das Gegenteil des Dandytums:

> „La femme est le contraire du Dandy. Donc elle doit faire. La femme a faim et elle veut manger. Soif, et elle veut boire. Elle est en rut et elle veut être foutue. Le beau mérite! La femme est naturelle, c'est-à-dire abominable. Aussi est-elle toujours vulgaire, c'est-à-dire le contraire du Dandy."[90]

Die Negation des Körpers, die sowohl von dem Idealismus Schopenhauers als auch von der katholischen Moraltheologie beeinflusst ist, findet in dem aristokratischen Idealismus, als dessen Hauptrepräsentant Villiers de L'Isle-Adam zu nennen ist, seine radikalste Ausprägung. Entgegen der Weltsicht des zeitgenössischen Materialismus versteht der Idealismus die äußere Realität, damit auch die eigene physische Präsenz, als Idee. Dementsprechend wird die körperliche Liebe verdammt und ein spirituelles Liebesverständnis propagiert. Das banale Leben, das sich in physischen Bedürfnissen äußert, überlässt der Idealist den niedrigen sozialen Schichten: „vivre les serviteurs feront cela pour nous."[91]

---

[87] Die erste französische Übersetzung erschien 1886. Vgl. Jean Pierrot, a.a.O., S. 74f.
[88] Natürlich lässt sich die komplexe Philosophie Schopenhauers in unserem Kontext nur thesenhaft verkürzt und vereinfacht ohne den nötigen philosophischen wie philosophiegeschichtlichen Hintergrund darstellen.
[89] Im Gesamtzusammenhang proklamiert Schopenhauer die Überwindung der Triebhaftigkeit bzw. des Willens durch Askese oder Kunst, wobei Kunst nur Auserwählten möglich ist. Aus dieser Triebfeindlichkeit resultiert das Geschlechtermodell, demzufolge dem Mann die Fähigkeit zu moralischer und intellektueller Existenz zugeschrieben wird, während die Frau als „sexus sequior" eher einem Kinde oder Tier gleicht, und schlicht für die Erhaltung und Pflege der Gattung zuständig ist.
[90] Charles Baudelaire, *Œuvres complètes*, Bd. I, S. 677.
[91] Philippe Auguste de Villiers de L'Isle-Adam, *Axël* (1890), Paris (Le Courrier du Livre) 1969, S. 249.

Ferner bildet sich gegen Endes des letzten Jahrhunderts ein restaurativer Katholizismus heraus,[92] zu dem sich Autoren wie Barbey d'Aurevilly, Léon Bloy oder Joris Karl Huysmans bekennen. Diese rückwärtsgewandte Form des Katholizismus definiert sich über die Ablehnung von Positivismus, Fortschrittsglaube, Demokratie und vertritt ein autoritäres viriles Weltbild, das von einer rigiden Sexualmoral geprägt ist. Sie spiegelt sich wieder in der Renaissance der Frauenbilder von der sündigen Verführerin Eva und der sich aufopfernden, reinen Maria.[93]

Trotz deutlicher ideologischer und philosophischer Unterschiede überschneiden sich Naturalismus und *Décadence* nicht nur in ihrem Interesse an Psychopathologie und Medizin, sondern beide Strömungen verbünden sich sogar mit dem Bürgertum, wenn es um die kulturelle Ausgrenzung der Frauen geht. Während Positivismus und Naturalismus die Körperlichkeit der Frau auf die Erhaltung der Gattung reduzieren, muss der dekadente Ästhet die Frau gerade aufgrund ihrer Biologie, ihrer Sexualität und deren bürgerlichen Inanspruchnahme negieren. Die misogynen Frauenbilder in den genannten Diskursen sind also nicht nur Spiegel einer omnipräsenten Frauenfeindlichkeit und insofern als eine Form von männlicher Wunsch- und Ideologieproduktion in literarischen Texten zu betrachten, sondern sie sind gleichermaßen Ausdruck einer männlichen Sexualangst im Kontext eines männlichen Identitätskonflikts.[94] Die misogynen Frauenbilder werden somit zur Projektionsfläche des eigenen, verbotenen Begehrens.[95] Die Kontrolle der als bedrohlich empfundenen Triebansprüche verläuft auch

---

[92] Zur Religionsgeschichte im *Fin de siècle* vgl. Jean Pierrot, *L'Imaginaire Décadent*, S. 102-106 u. 110-115.
[93] In diesem Kontext erlebt auch die Phantasie von der Sündhaftigkeit der Frau, wie sie beispielsweise ein Thomas von Aquin vertritt, ihre Wiederauferstehung. Man denke an Franz von Stucks Gemälde *Die Sünde* (1893) ebenso wie an folgendes Zitat von Arsène Houssaye: „Il y a sept péchés capitaux pour les sept jours de la semaine. La femme est le huitième péché capital." Nicole Priollaud (Hg.), *La Femme au 19$^e$ siècle*, Paris (Liana Levi) 1983, S. 238.
[94] Diese These vertritt auch Carola Hilmes in ihrer Studie zum Frauenbild der *femme fatale*. Vgl. daher Carola Hilmes, *Die Femme Fatale*, S. 15f.
[95] Zu dieser Erkenntnis bzw. diesem Bekenntnis kommt auch Otto Weininger, wenn er am Schluss seines Kapitels über das Wesen des Weibes schreibt: „Durchaus ist das Weib nur der Gegenstand, den sich der Trieb des Mannes erzeugt hat als sein eigene Ziel, es ist die Objektivation der männlichen Sexualität, die verkörperte Geschlechtlichkeit, seine Fleisch gewordene Schuld. (...) Denn das Weib ist nur die Schuld und nur durch die Schuld des Mannes; (...)." In seinem Tagebuch stellt er fest: „Der Haß gegen die Frau ist immer nur noch nicht überwundener Haß gegen die eigene Sexualität." Otto Weininger, *Geschlecht und Charakter*, S. 402 u. S. 626.

über die Diskursivierung der Sexualität. Obgleich sich die dekadente Literatur über die Negation von Weiblichkeit und Sexualität definiert, gilt sie gerade als diejenige literarische Strömung, die sexuelle Themen unentwegt zur Sprache bringt. Die Sexualisierung der Texte geht mit einer Sexualisierung des Geistes einher, die in der intellektuellen Introspektion und in der ästhetischen Kontemplation die Überwindung des Physischen anstrebt. Insofern erweist sich die Literatur des *Fin de siècle* als Sublimationskunst, die die konflikthafte Unterdrückung der eigenen Triebansprüche zu verarbeiten sucht.

Das große Interesse am dritten Geschlecht, am Androgyn, kann in diesem Kontext als Lösung des Triebkonflikts gelesen werden. Vor allem androgyne Frauen wie etwa Péladans Prinzessin von Este, Des Esseintes' Geliebte Miss Urania und natürlich Raoule de Vénérande aus Rachildes *Monsieur Vénus* repräsentieren jene Form der Androgynie, die in Asexualität mündet. Der Androgyn erscheint aber ebenso als „Künstlergeschlecht par excellence"[96]. Aus naturwissenschaftlicher Perspektive wird vor allem der Zusammenhang zwischen Genie und Wahnsinn verarbeitet.[97] In seinem Buch *Genie und Irrsinn* (1887) dokumentiert Cesare Lombroso anhand einer ungeheuren Materialfülle die pathologische Basis genialer Intelligenz. Demzufolge erweist sich Genie nicht nur als eine abartige Steigerung der Gehirnpotenz, sondern zugleich auch als allgemeiner psychopathischer Verfallszustand, ähnlich dem Wahnsinn oder der Kriminalität, der sich anhand verschiedener physischer und psychischer Symptome diagnostizieren lässt. Sowohl Moreau de Tours als auch Lombroso proklamieren den Zusammenhang von Genie und Nervenkrankheit. Das Nerven- und Neurosenthema hat geradezu programmatischen Charakter für die Literatur der *Décadence*.[98] Rachilde deutet die *Décadence* ebenfalls als Nervenkunst. So

---

[96] Vgl. dazu Mario Praz, *Liebe, Tod und Teufel*, S. 282.
[97] Zum Folgenden vgl. Erwin Koppen, *Dekadenter Wagnerismus*, S. 287f. Von Jacques-Joséph Moreau de Tours stammt auch der Stammbaum der Nervosität, der auf dem obersten Ast, der außergewöhnliche Intelligenz repräsentiert, die schönen Künste nennt. Vgl. dazu Janet Beizer, *Ventriloquized bodies Narratives of Hysteria in Nineteenth-Century France*, Ithaca u. London (Cornell University Press) 1994, S. 246f.
[98] Erwin Koppen verweist in diesem Zusammenhang auf den programmatischen Prolog von Anatole Baju der Zeitung *Le Décadent*: „(...) L'homme moderne est un blasé. Affinements d'appétits, de sensations, de goût, de luxe, de jouissances; névrose, hystérie, hypnotisme, morphinomanie, charlatanisme scientifique, schopenhauerisme à outrance, tels sont les prodromes de l'évolution sociale. (...)." Anatole Bajau, zitiert nach Erwin Koppen, *Dekadenter Wagnerismus*, S. 41.

berichtet sie von ihren Besuchen im *Café de l'Avenir*, wo sie Léo Trezeniks, Jean Moréas, Laurent Tailhade, les Margueritte, Verlaine und anderen bedeutenden Literaten der Zeit begegnet:

> „(...) elle [sc. Rachilde] entendit des névrosés, des névrosés comme elle, mais mieux équilibrés qu'elle. (Le mot décadent n'était pas encore à la mode)."[99]

Das Bekenntnis zur Nervenkunst unterscheidet den Künstler einerseits von der Masse und dient dem Protest gegen einen bürgerlichen Gesundheitswahn und Leistungsfähigkeit, andererseits ermöglicht ein überfeinertes Nervensystem auch „neue Zugänge zur Welt des Geistes und der Kunst."[100] Der Kult um die Nervosität und die Neurosen impliziert also eine doppelte Semantik. In ihm offenbart sich nicht nur die Nähe zur Kunst und die Ablehnung bürgerlicher Tugendideale, sondern er thematisiert ebenso eine konfliktreiche Auseinandersetzung mit den eigenen Triebansprüchen und der Identität. Festzuhalten bleibt allerdings, dass der Genie-Begriff dem männlichen Künstler vorbehalten bleibt,[101] denn er ist es, der Hysterie und Wahnsinn aus sich selbst heraus zu produzieren vermag, während die Frau, wie bereits deutlich wurde, von Natur aus zur Nervosität neigt. Vor dem Horizont der Künstlerdefinition im 19. Jahrhundert vereinigt sich in dem Genie die höchste Form der Kunst, die dem normalen Menschen ebensowenig wie den Frauen aufgrund ihrer Triebhaftigkeit möglich ist. Das Genie allein vermag in vollkommener Weise seine Triebe zu beherrschen. In der Vorstellungswelt des 19. Jahrhunderts ist für weibliches Künstlertum oder weibliche Autorschaft wenig Raum.

2.6 Weibliche Autorschaft im *Fin de siècle*

Wenn Frauen trotz dieser misogynen Imagines und den daraus resultierenden Produktionsbedingungen eines explizit männlich definierten Lite-

---

[99] Rachilde, „Préface" zu *A Mort*, S. XIX.
[100] Vgl. Erwin Koppen, *Dekadenter Wagnerismus*, S. 295.
[101] So sieht sich Schopenhauer in der Tradition Rousseaus, wenn er behauptet: „Im allgemeinen lieben die Frauen keine Kunst, verstehen sich auf keine und haben keinerlei Genie." Arthur Schopenhauer, *Über die Weiber*, S. 7f. In seiner Abhandlung zum Genie schreibt er: „(Weiber können bedeutendes Talent, aber kein Genie haben, denn sie bleiben stets subjektiv.)" Arthur Schopenhauer, *Die Welt als Wille und Vorstellung* (1819), in: ders., *Gesammelte Werke*, 5 Bde., Bd. II, Darmstadt (Wissenschaftliche Buchgesellschaft) 1961, S. 506.

raturdiskurses zum Stift greifen, dann erscheint weibliches Schreiben entweder als Nachahmung des männlichen Geistes und wird aufgrund dessen verurteilt, oder aber es dokumentiert den natürlichen Charakter der Frau, die nur ihren geschlechtlichen Erfahrungshorizont literarisch aufgreifen kann. Ihr wird nicht zugetraut, sich darüber hinaus mit ästhetischen Fragestellungen auseinanderzusetzen, wie Baudelaires Kommentar zu dem Werk von Marceline Desbordes-Valmore (1786-1859) verdeutlicht:

> „Mme Desbordes-Valmore fut femme, fut toujours femme et ne fut absolument que femme; mais elle fut à un degré extraordinaire l'expression poétique de toutes les beautés naturelles de la femme. Qu'elle chante les langueurs du désir dans la jeune fille, la désolation morne d'un Ariane abandonnée ou les chauds enthousiasmes de la charité maternelle, son chant garde toujours l'accent délicieux de la femme; pas d'emprunt, pas d'ornement factice, rien que l'éternel féminin, comme dit le poète allemand."[102]

Für sich betrachtet könnte Baudelaires Äußerung auf den ersten Blick positiv verstanden werden.[103] Doch bei näherem Hinsehen und vor allem im Kontext mit anderen Aussagen Baudelaires zur Frau offenbart sich hinter der Huldigung an die Autorin auch der misogyne Charakter dieses Kommentars. Weibliche Autorschaft scheint nur im Rahmen der *gender*-Grenzen, die der Frau das Naturhafte zuweisen, möglich zu sein.

In der Bewertung durch männliche Autoren erscheinen die Texte schreibender Frauen grundsätzlich als minderwertig. Die Autorinnen werden als „bas-bleus" diffamiert, zu deren Symbol George Sand geworden ist. Der Begriff „bas-bleu" meint eine „femme auteur, bel esprit, pédante" und definiert diese als Frauen, die „semblent vouloir usurper une fonction qui n'est ordinairement remplie que par les hommes."[104] Die aufstrebende weibliche Intelligentia wird als Bedrohung eines männlich kontrollierten Kulturverständnisses betrachtet. Man versucht, weibliche Intelligenz in eine männliche umzuwerten und die Verbindung zwischen Weiblichkeit und Intelligenz, die als subversiv verstanden wird, zu leugnen. Ferner wird die weibliche Intelligenz mit der Depopulation in Zusammenhang gebracht,

---

[102] Charles Baudelaire, *Œuvres complètes*, Bd. II, S. 146f.
[103] Dass Baudelaire die Autorin zu einer Vertreterin des *Éternel féminin* rechnet, versteht Roswitha Böhm als Würdigung der großen Lyrikerin. Vgl. Roswitha Böhm, „Marceline Desbordes-Valmore", in: Ute Hechtfischer et al. (Hgg.), *Metzler Autorinnen Lexikon*, a.a.O., S. 123f.
[104] Vgl. dazu das Stichwort „bas bleu" in: Pierre Larousse (Hg.), *Grand Dictionnaire universel du XIX$^e$ siècle*, 16 Bde., Bd. II, Paris (Administration du Grand Dictionnaire universel) 1866-1878, S. 296f.

also für das Vernachlässigen der Mutterpflicht und damit für den Untergang der „grande nation" verantwortlich gemacht. Autorschaft und Mutterschaft werden gegeneinander ausgespielt. Schreiben und Publizieren werden als Provokation aufgefasst.

Gegen Ende des 19. Jahrhunderts nimmt zwar die Zahl weiblicher Autoren zu, dennoch ist sie im Vergleich zu den männlichen Literaten immer noch relativ gering. Zu der Generation nach George Sand zählen politisch aktive Autorinnen wie Juliette Adam (1836-1936), Séverine (1855-1929) und Gyp (1849-1932), die in ihren Texten feministische Thesen verarbeiten. Als engagierte Mitarbeiterin der antisemitischen Zeitschrift *La Libre Parole* tritt Gyp außerdem als Dreyfuss-Gegnerin öffentlich in Erscheinung. Zu den Bestsellern des späten 19. Jahrhunderts gehören auch die Romane von Judith Gauthier (1845-1917), Marguerite Audoux (1863-1937), Marcelle Tinayre (1870-1948) und Sidonie Colette (1873-1954). Dagegen werden die Texte von Liane de Pougy (1869-1950), Lucie Delarue-Mardrus und Renée Vivien (1877-1909) im Kreise um die Amerikanerin Nathalie Barney in der sogenannten „Idylle saphique" gelesen. Die Comtesse Anna de Noailles (1876-1933) wird als berühmteste Dichterin der Zeit gefeiert.[105]

Die Schriftstellerinnen unterscheiden sich nicht nur hinsichtlich ihrer Schreibweise. Die meisten Autorinnen entdecken bereits in der Kindheit ihr Talent und ihre Freude am Schreiben, doch nur wenige unter ihnen wählen die Schriftstellerei schon früh zu ihrem Beruf wie etwa Lucie Delarue-Mardrus oder Marcelle Tinayre. Um sich auf ihre Arbeit als Literatin vorzubereiten, sucht Lucie Delarue-Mardrus frühzeitig Kontakte zu bekannten Autoren und beschließt außerdem, französische Literatur zu studieren. Marcelle Tinayre besucht im Alter von vierzehn Jahren Victor Hugo und legt ihm ihre Gedichte vor. Beide Autorinnen stammen aus dem intellektuellen Bürgertum und verfügen über eine vergleichsweise hohe Bildung. Marcelles Mutter, selbst Lehrerin, lässt ihre Tochter sogar das Abitur machen.

---

[105] Vgl. zum Folgenden Margaret Crosland, *Women of Iron and Velvet and the books they wrote in France*, London (Constable) 1976; Sigrid Lambertz, *Die „femme de lettres" im „Second Empire"*, St. Ingbert (Röhrig) 1994; Patricia Ferlin, *Femmes d'encrier*, Paris (Bartillat) 1995.

In der Dritten Republik weitet sich das Schulsystem zwar aus und greift dabei auf Beschlüsse der Juliemonarchie zurück, die es den Kommunen zur Pflicht gemacht hat, eine „école obligatoire" zu errichten und zu unterhalten, sowie in den Département für die Einrichtung einer „école normale" zu sorgen.[106] Doch die allgemeine Schulpflicht für Mädchen und Jungen im Alter von 6-13 Jahren wird erst mit der Schulreform von 1882 eingeführt. Im gleichen Jahr entsteht das erste Mädchengymnasium in Montpellier.[107] Seit 1871 werden Frauen zum Literaturstudium zugelassen. In der Regel werden Mädchen jedoch ausschließlich auf ihre Zukunft als Hausfrau und Mutter vorbereitet. Ihre Schulausbildung wird nicht sehr ernst genommen. Zwischen 1866 und 1889 machen nur achtundzwanzig Mädchen das Abitur.[108]

Es sind andere gesellschaftliche und soziale Hintergründe, die die Frauen im Hinblick auf ihre Berufswahl entscheidend prägen. Anna de Noailles und Judith Gauthier wachsen in einem von Kunst und Literatur geprägten Umfeld auf. Annas Familie gehört zur Aristokratie und so führt das Mädchen von klein auf ein mondänes Leben. Ihre Mutter Rachel de Brancovan ist Pianistin und unterhält einen Salon, in dem berühmte Persönlichkeiten der Zeit verkehren. Auch Judith Gauthier kommt durch den Beruf ihres Vater Théophile schon früh mit Kunst und Literatur in Kontakt. Beide Autorinnen sind hochgebildet. Judith lernt Chinesisch und macht sich als Übersetzerin von chinesischer Literatur mit ihrem Gedichtband *Le Livre de Jade* (1867) einen Namen. Anna und Judith werden durch ihre Familien in ihrem Berufswunsch gefördert. Der literarische Werdegang dieser Frauen bildet jedoch eher die Ausnahme als die Regel.

Sidonie Colette und Gyp verbringen wie Rachilde ihre Kindheit auf dem Lande. Allen drei Literatinnen wird im Elternhaus keine ausreichende Schulbildung zuteil. Daher bleibt ihnen nur der Weg in die elterlichen bzw. großelterlichen Bibliotheken. Ähnlich ergeht es Juliette Adam. Obwohl sie einer wohlhabenden pikardischen Arztfamilie entstammt, mangelt es ihr an Schulbildung. Als Autodidaktin eignet sie sich mühevoll ihr Wissen an. Unter den genannten Schriftstellerinnen bildet Marguerite Audoux ebenfalls eine Ausnahme. Sie erlebt eine Kindheit, die von Verwahrlosung und

---

[106] Vgl. Sigrid Lambertz, a.a.O., S. 69.
[107] Vgl. Marieluise Christadler/Florence Hervé, „Chronologie der französischen Frauenbewegung", in: dies. (Hgg.), *Bewegte Jahre – Frankreichs Frauen*, Düsseldorf (Zebulon) 1994, S. 194-207.
[108] Vgl. Sigrid Lambertz, a.a.O., S. 69.

Aufenthalten in Waisenhäusern gezeichnet ist. Die Autorin von *Marie-Claire* (1910) lernt erst spät bei einer befreundeten Nonne lesen und schreiben. Ihren Lebensunterhalt verdient sie als Näherin.

Im Gegensatz zu Rachilde, die als junge Frau unbeirrt ihrem Berufswunsch nachgeht und Ehe und Familie als Behinderung ihrer Arbeit empfindet, heiraten viele der genannten Schriftstellerinnen recht früh. Sie führen ein mehr oder weniger traditionelles Leben als Ehefrauen und Mütter, was ihre literarische Tätigkeit einschränkt bzw. erschwert. Marcelle Tinayre hat zwei Kinder und Gyp ist Mutter von drei Kindern. Die beiden Literatinnen führen ein Leben zwischen Herd und Schreibtisch. Sie haben kein Zimmer für sich allein. Während Marcelle diese Doppelbelastung beklagt und unter ihrem Ehealltag leidet, entscheidet sich Gyp bewusst für die Kinder und zieht sie im Wesentlichen allein auf. Im Gegensatz zu Marcelle und Gyp erleben Colette und Rachilde Mutterschaft als lästige Pflicht. Die beiden befreundeten Literatinnen widmen ihr Leben der Literatur. So kommt es, dass ihre Töchter bei den Großeltern aufwachsen müssen und später ins Pensionat geschickt werden.

In die Texte dieser Schriftstellerinnen geht ihr weiblicher Erfahrungshorizont mit ein. Ehe, Scheidung, Mutterschaft und weibliche Sexualität gehören zu jenen Themen, die die Autorinnen auf ihre je eigene Weise verarbeiten. Marcelle Tinayre sucht im Schreiben Zuflucht vor dem sie zermürbenden, leidenschaftslosen Familienalltag. Sie verarbeitet in ihren Romanen immer wieder revoltierende Frauenfiguren, die sich mit ihrem Schicksal nicht zufrieden geben. Sie plädiert für die Selbstentfaltung der Frau. Marianne, die Heldin ihres ersten Romans *Avant l'amour* (1897), ist auf der Suche nach der wahren Liebe. Sie revoltiert von hier aus gegen das traditionelle Schicksal als gehorsame Ehefrau:

> „Moi je ne renonce à rien. Je ne tuerai pas mon cœur; je ne sacrifierai plus ma jeunesse à ces dieux aveugles et sourds qu'on appelle les usages, les convenances, le Monde…je vivrai la vie…J'ai droit à l'amour…"[109]

Sowohl Juliette Adam als auch Colette und Gyp leiden unter der Untreue ihrer Ehemänner. Juliette Adam propagiert in ihren *Idées anti-proudhoniennes* (1858) eine Ehekonzeption, die Frauen als gleichberechtigte Partner sieht. Damit reagiert sie auf Proudhons misogyne Schrift *Amour et*

---

[109] Marcelle Tinayre, *Avant l'amour*, zitiert nach Patricia Ferlin, *Femmes d'encrier*, S. 162. [Hervorheb. i. Original.]

*mariage* (1858). Gyp greift in ihren Texten ebenfalls immer wieder das Thema Ehe, Ehebruch oder Scheidung auf, wie ein Blick auf die Romantitel erkennen lässt: *Autour du mariage* (1883), *Autour du divorce* (1886) oder *Mariage de Chiffon* (1894). Den Ehebruch der Frau präsentiert sie nicht mehr als Delikt, sondern als ein Recht, das jeder Frau zusteht, wenn sie von ihrem Mann betrogen wird. Im Gegensatz zu Gyp interessieren sich Renée Vivien oder Anna de Noailles wenig für die Rolle der Frau in der Gesellschaft. Sie thematisieren weibliches Begehren von einem intersubjektiven Standort aus. Schreiben hat für die beiden Dichterinnen eine existentielle Qualität. Die egozentrische Dichterin Anna de Noailles ist erfüllt von Leidenschaft und Melancholie. Liebe und Tod gehören daher zu den Hauptthemen ihres Werkes. Renée Vivien verarbeitet in ihren Gedichtbänden *Études et Préludes* (1901) und *Cendres et poussières* (1902) ihre Beziehung zu Nathalie Barney.

Man darf nicht vergessen, dass die Frau zur Ausübung eines Berufes immer noch der Einwilligung ihres Ehemannes bedarf. Daher können viele Autorinnen ihre Neigung für die Literatur erst aufgrund einer finanziellen Notlage, hervorgerufen durch einen zu hohen Lebensstandard oder etwa durch Scheidung, zum Beruf machen. Julien Tinayre, Marcelles Ehemann, dürfte seine Zustimmung leicht gefallen sein, denn die vierköpfige Familie leidet unter ständigen finanziellen Engpässen, da Julien als Graveur, Radierer und Kupferstecher einem Beruf nachgeht, der seit der Erfindung der Photographie vom Aussterben bedroht ist. Die Familie braucht Geld und so schickt Marcelle ihre Texte an Zeitschriften. Sie ist es, die durch ihre literarischen Erfolge die Familie ernährt.

Gyps Familie genießt einen sehr hohen Lebensstandard. Als ihr Vermögen aufgebraucht ist, sorgt die Autorin durch die Veröffentlichung ihrer Romane für ihre drei Kinder. Die Entfremdung zwischen Gyp und ihrem Mann Roger wird immer größer, so dass der Offizier immer seltener zu Hause ist. Seine Zuwendungen reichen nicht aus, um die Miete zu zahlen und die Ausbildung der Kinder zu finanzieren. So schreibt Gyp unermüdlich einen Roman nach dem anderen.

Im krassen Gegensatz dazu steht der Weg zur Autorschaft, den Marguerite Audoux gegangen ist. Sie ist ledig und verdient ihren Lebensunterhalt als Näherin. Nach der Arbeit geht sie ihrer Leidenschaft nach. Schreiben wird ihr Hobby. Über Jules Iehl, der später selbst unter dem Pseudonym Michel Yell Romane veröffentlicht hat, lernt sie Octave Mirbeau kennen, der schließlich das Vorwort zu ihrem Romanerfolg *Marie-Claire* schreibt, der 1910 den *Prix Fémina* gewinnt.

Auf ihrem Weg zur Autorschaft werden viele Schriftstellerinnen von Männern direkt oder indirekt unterstützt. Juliette Adam publiziert gemeinsam mit ihrem ersten Mann. Judith Gauthiers Vater Théophile Gauthier entdeckt und fördert früh das Talent seiner Tochter und nach ihrer Mitarbeit beim Roman des Vaters beginnt sie, selbst zu schreiben. Auch der arabische Arzt Dr. Mardrus unterstützt die schriftstellerische Arbeit seiner Frau Lucie Delarue, zumindest solange die beiden verheiratet sind. Willys Verständnis von literarischer Förderung lässt sich eher mit Ausbeutung gleichsetzen. Er schließt Colette ein und zwingt sie, acht Stunden täglich zu schreiben, wobei er die Claudine-Romane seiner Frau nicht nur signiert, sondern auch geschickt vermarktet. Colette fühlt sich ausgezehrt. Erst nach der Trennung von Willy beginnt sie, für sich selbst zu schreiben. Marcelle Tinayre findet in dem Lateinlehrer und Poeten Eugène Hollande nicht nur einen Lehrer, sondern auch einen Freund und Förderer. Er erkennt ihr Talent und überzeugt sie davon, ihre Gedichte Victor Hugo zu schicken. Er ist es auch, der das Manuskript von *Avant l'amour* Jahre später an Juliette Adam weitergibt. Die Direktorin der *Nouvelle Revue* lässt es Alphonse Dudet zukommen, der seinerseits für die Publikation beim *Mercure de France* sorgt. Der erste Schritt zur Veröffentlichung eigener Texte erfolgt also über die Zeitschriften. Wie der *Mercure de France*, so übernimmt auch die von Marguerite Durand gegründete Zeitschrift *La Fronde* die Funktion einer literarischen Plattform. Sie bietet Frauen zum ersten Mal ein kulturelles Forum. Sowohl Séverine, Renée Vivien, Marcelle Tinayre als auch Lucie Delarue-Mardrus und Anna de Noailles veröffentlichen dort.

Viele dieser Autorinnen publizieren unter einem männlichen Pseudonym, weil sie um ihren Ruf fürchten müssen und ihre Familien nicht in Schwierigkeiten bringen wollen. Sibylle-Gabrielle-Antoinette de Riquetti de Mirabeau, Herzogin von Martel de Janville veröffentlicht unter dem Namen Gyp, und die Öffentlichkeit hält ihre scharfzüngigen Artikel für die Äußerungen eines Offiziers. Marcelle Tinayre unterzeichnet ihre Texte mit Gilbert Doré und Juliette Adam kommentiert *Avant l'amour* mit folgenden Worten:

"Ce jeune homme a de l'inexpérience, mais un grand don de romancier et beaucoup de talent, (...)."[110]

Pauline Tarn fürchtet um die Familienehre, aus diesem Grund finden die Leser unter ihren sapphischen Liebesgedichten zunächst die Signatur René, später Renée Vivien. Die Autorinnen schreiben sich also wie Rachilde mit einer männlichen Maske in den Literaturbetrieb der Zeit ein.[111]

Rachildes literarischer Werdegang unterscheidet sich von den oben genannten Autorinnen. Sie verfolgt von klein auf konsequent ihren Berufswunsch, obwohl sie kaum Unterstützung erfährt. Seit frühester Jugend lehnt sie Ehe und Familie ab und heiratet erst, nachdem sie sich als Autorin etabliert hat. Sie verachtet die klassische Frauenexistenz ebenso wie das Leben in lesbischen Kreisen, wie es etwa Renée Vivien, Nathalie Barney oder auch Colette zeitweilig geführt haben. Ihre Mutterschaft erlebt sie wie Colette oder Marcelle Tinayre als Behinderung ihrer Arbeit. Doch im Gegensatz zu Juliette Adam, Marcelle Tinayre oder Gyp, die sich für die Frauenfrage engagieren, distanziert sich Rachilde öffentlich vom feministischen Diskurs ihrer Zeit. Während die anderen Schriftstellerinnen sich mit Themen wie Ehe, Mutterschaft und Familie auseinandersetzen, agieren in Rachildes Romanen weibliche Dandys und schwächliche Liebhaber. Die Frage nach den Geschlechtergrenzen wird zum beherrschenden Thema. Männlichkeit und Weiblichkeit, Freiheit und Unterdrückung, Misogynie und weibliches Begehren spiegeln sich in ihren Romanen. In dem Kreis der genannten Autorinnen nimmt Rachilde also eine Sonderstellung ein.

---

[110] Juliette Adam, zitiert nach Patricia Ferlin, a.a.O., S. 160. [Hervorheb. i. Original.]
[111] Zur Bedeutung und Funktion des Pseudonyms vgl. Kap. 4.2.1 dieser Arbeit.

# 3. DIE FORSCHUNGSGESCHICHTE IM ÜBERBLICK

3.1 Die internationale Rachilde-Forschung

Rachilde, die nach dem Zweiten Weltkrieg nahezu völlig in Vergessenheit geraten ist, erlebt in den siebziger Jahren aufgrund der Reedition von *Monsieur Vénus* (1977) bei Flammarion ihre Auferstehung. Die Aufmerksamkeit hinsichtlich der Biographie und der Texte Rachildes wächst nicht nur aufgrund des erneuten Interesses am *Fin de siècle*, sondern vor allem durch das Ziel der feministischen Literaturwissenschaft, vergessene Autorinnen wiederzuentdecken. Seit den siebziger Jahren werden ihre Texte ins Italienische, Spanische, Polnische, Englische, sogar ins Japanische übersetzt.[1] Zahlreiche kleine Artikel erscheinen in diesem Zeitraum, die Rachilde einem breiten Publikum präsentieren wollen.[2] Als wichtigster biographischer Beitrag ist jedoch Claude Dauphinés Arbeit *Rachilde. Femme de lettres 1900* zu nennen. Das Buch ist eine wertvolle Quelle biographischer und literarhistorischer Informationen und Anekdoten. 1991 erscheint eine erweiterte Neuausgabe, in der sie eine literaturwissenschaftliche Untersuchung über Rachildes Themen und Motive sowie ihre Romantechniken im Kontext der *Décadence* hinzufügt. Sie bescheinigt der Autorin „un talent d'une extrême diversité" und ist begeistert von „des tons multiples, tour à tour tendre, poètique, passioné, romantique, réaliste et satirique", die in ihrem umfangreichen Werk zu finden sind.[3] Sie sieht in dem zerebralen Liebeskonzept das Hauptkennzeichen der Autorin und knüpft damit an Ernest Gauberts Monographie von 1907 an, die bereits zu Lebzeiten von Rachilde erschienen ist.[4] Auf seine Arbeit geht im Wesentlichen auch André Davids Rachilde-Biographie *Rachilde. Homme de lettres* (1924) zurück, der den Einfluss von Huysmans und Poe in Rachildes Werk unterstreicht.[5] Seine Biographie ist mit einer Bibliographie und einem Anhang mit Ra-

---

[1] Vgl. die Liste der Übersetzungen im Literaturverzeichnis dieser Arbeit.
[2] Vgl. unter anderem folgende Beiträge Jean Chalon, „Découvrez ...Rachilde", in: *Le Figaro Littéraire* 1629 (6. August 1977), S. 11; Pierre Audinet, „Une visite à Rachilde", in: *Les Nouvelles Littéraires* 2593 (13. Juli 1977), S. 5; Margaret Crosland, *Women of Iron and Velvet and the books they wrote in France*, London (Constable) 1976, S. 68-71 und Nadine Vasseur „Rachilde", in: *Les Nouvelles Littéraires* 2751 (28. August 1980), S. 30.
[3] Vgl. Claude Dauphiné, *Rachilde*, S. 366.
[4] Vgl. ebd. S. 302f und Ernest Gaubert, *Rachilde*, S. 32.
[5] Vgl. André David, *Rachilde*, S. 8 u. S. 68.

childes Korrespondenzen ausgestattet. Eine literaturwissenschaftliche Auseinandersetzung mit Rachildes Œuvre bietet ebenfalls Marcel Coulons Arbeit *L'Imagination de Rachilde* (1920), der ihre Texte zum „réalisme descriptif" rechnet.[6] Acht Jahre später liefert Noël Santon eine Untersuchung zur poetischen Sprache in Rachildes Werk. Er hebt ihre Analyse der menschlichen Psyche hervor und hält sie für „le premier des psychologues féminins". Ihre „sensualité de la mort" teilt sie seiner Ansicht nach mit Autoren wie Dostojewskij, Baudelaire und Rimbaud. Er lobt ihre „pure d'essence d'art", feiert sie als Wegbereiterin der Moderne.[7] Damit knüpft er an eine These von Louise Martial an, die Rachilde als Vorläuferin des Modernismus präsentiert:

> „Rachilde est avant tout, un précurseur. Comme tel, elle déroute ses contemporains qui la classent tantôt parmi les romantiques (...) tantôt, et tout à fait par erreur (...) parmi les naturalistes, enfin parmi les symbolistes. Or, l'œuvre de Rachilde est le (...) symbole du conscient et de l'inconscient d'un être (...) l'image d'une vie intérieure, la création des rêves et des espoirs d'une âme, l'analyse de ses craintes et de ses regrets, comme de ses aspirations."[8]

Anlässlich des Todes von Rachilde erscheinen 1953 zwei weitere Beiträge über die Autorin.[9] André David veröffentlicht 1964 erneut einen Artikel über die Schriftstellerinnen des 19. Jahrhunderts, in dem auch von Rachilde die Rede ist.[10] Diese beiden Arbeiten markieren das Ende der zeitgenössischen Rachilde-Kritik, die sich vorwiegend mit literaturhistorischen Fragestellungen beschäftigt. Rund zwanzig Jahre später eröffnet Claude Dauphiné, wie bereits erwähnt, die neuere Rachilde-Forschung, die sich anderen Themenstellungen zuwendet. Die Neuveröffentlichung weiterer Romane von Rachilde[11] in den achtziger und neunziger Jahren des 20. Jahr-

---

[6] Marcel Coulon, „L'imagination de Rachilde", in: *Mercure de France* 534 (15. September 1920), S. 545-569, hier S. 565.
[7] Noël Santon, *La Poésie de Rachilde,* Paris (Le Rouge et le Noir) 1928, S. 16, S. 35, S. 85, S. 105 u. S. 118.
[8] Louise Martial, „Rachilde", in: *Point et Virgule* (November 1920), S. 5.
[9] Vgl. Gaston Picard, „Rachilde", in: *Larousse mensuel* 467 (Juli 1953) und George Duhamel, „Adieu A Rachilde", in: *Mercure de France*, 1. Juni 1953, S. 193f.
[10] Vgl. André David, „Femmes de Lettres 1900", in: *Revue de Paris* LXXI, 10 (Oktober 1964), S. 94-97.
[11] 1981 erscheint *La Marquise de Sade* beim Mercure de France. Ein Jahr später 1982 wird in der Edition des femmes *La Jongleuse* publiziert. Schließlich legt der Mercure de France *L'animale* (1993), *Mon étrange plaisir* (1993), *Nono* (1994) und *La tour d'amour* (1994) wieder neu auf. Jean de Palacio gibt in seiner Reihe *Bibliothèque Décadente* einen weiteren Roman der Autorin heraus: Rachilde, *Les Hors Nature*, Paris (Nouvelles Éditions Séguier) 1994. Schließlich erscheint 1996 bei

hunderts löst eine Flut von Sekundärliteratur aus, meist angloamerikanischer, kanadischer und französischer Provenienz.

Die aktuelle internationale Rachilde-Forschung umfasst eine breite Palette von Arbeiten, die von neueren biographischen Beiträgen[12] über Einzelanalysen von Rachildes Romanen,[13] komparatistische Studien,[14] literaturhistorische Arbeiten[15] bis zu themenspezifischen Einzeluntersuchungen reichen.[16]

---

Gallimard eine Neuauflage des 1981 beim Mercure de France veröffentlichten Romans *La Marquise de Sade*: Rachilde, *La Marquise de Sade. Préface inédite d'Édith Silve*, Paris (Gallimard) 1996.

[12] Zu den neueren biographischen Arbeiten zählen Michèle Ammouche-Kremers, „Rachilde, Homme de lettres 1900", in: *Rapports/Het Franse Boek* LXIV, 3 (1994), S. 98-104; Patricia Ferlin, „Rachilde", in: dies., *Femmes d'encrier*, S. 83-112.

[13] So zum Beispiel zum Thema Mittelalter in Rachildes Romanen Claude Dauphiné, „La vision médiévale de Rachilde dans *Le Meneur de louves*", in: Jean L. Melanges/Maurice Accarie (Hgg.), *Regards sur le Moyen-Age et la Renaissance (Histoire, langue et littérature)*, Nice (Les Belles Lettres) 1982/83, S. 489-502; über das Motiv des Krieges Lucienne Frappier-Mazur, „Rachilde: allégories de la guerre", in: *Romantisme. Revue du 19e siècle*. Paris XXIV, 85 (3e Trim. 1994), S. 5-18 oder aber Interpretationen zu einzelnen Romanen wie folgende Arbeit von Robert Ziegler, „Portrait of the artist as an old woman. textual mortality in Rachildes ‚Refaire l'amour'", in: *Studi francesi. Cultura e civiltà letteraria del Francia. Revista quadrimestrale*. Torino 38 (1994), S. 85-94.

[14] Einen Vergleich zwischen Zola und Rachilde unternimmt Clive Thomson, „Le discours du féminin dans Le *Docteur Pascal* d'Emile Zola et *La Jongleuse* de Rachilde", in: *Exavatio. International review for multidisciplinary studies. Berkely, California* 4-5 (Winter-Spring) 1994, S. 13-22. Siehe auch Alexandra Beilharz, *Die Décadence und Sade*, Stuttgart u. Weimar (J. B. Metzler) 1997, S. 126-129, S. 182-188; Claude Dauphiné, „Rachilde et Colette: de l'animal aux belles lettres," in: *Bulletin de l'Association Guillaume Budé* 2 (1989), S. 204-210 und Anne Catherine Bordeau, *Animal attractions: The questions of female authority in Zola, Rachilde und Colette*, Michigan (Ann Arbor) 1993. Parallelen zwischen Rachilde und Jarry untersucht Ben Fisher, „The Companion And The Dream: Delirium In Rachilde And Jarry," in: *Romance Studies. Swanea/Dyfed* 18 (1991), S. 33-41. Eine Untersuchung zum Gesellschaftsroman bietet Will L. McLendon, „Huysmans, Rachilde Et Le Roman De Mœurs Parisiennes", in: *Bulletin de la société de J.-K. Huysmans* 77 (1985), S. 21-24.

[15] Christian Soulignac, „Écrits de Jeunesse de Mademoiselle de Vénérande", in: *Revue Frontenac. Kingston/Ontario (Canada)* 10-11 (1993-1994), S. 192-197; ders., „Bibliographie des œuvres de jeunesse de Rachilde 1877-1889. (Éd. revue et corrigée)", in: *Revue Frontenac. Kingston/Ontario (Canada)* 10-11 (1993-1994), S. 198-218. Von Soulignac stammt eine Rachilde-Bibliographie von den Jahren 1800-1993, die mir leider bis zu diesem Zeitpunkt nicht zugänglich war. Vgl. auch den Beitrag von Melanie C. Hawthorne, „Rachilde in the 90s," in: *Revue Frontenac. Kingston/Ontario (Canada)* 10-11 (1993-1994), S. 152-156. Grundlage der meisten Bibliographien bildet: „Élements d'approche d'une bibliographie périgourdine de Rachilde", in: *Organographes du Cymbalon Pathaphysicum* 19-29 (1983), S. 109-148. Zu unveröffentlichten Korrespondenzen zwischen Rachilde und Alfred Jarry vgl. „Neuf Lettres Inédites De Rachilde Au Père Ubu", in: *Le*

Inhaltlich überwiegt jedoch die Auseinandersetzung mit Rachildes Frauenfiguren, die unausweichlich zur Beschäftigung mit den Themenkomplexen Geschlechtertausch und Androgynie, Perversionen und dekadente Sexualität, Mutterschaft, Hysterie und Identität führt. Alle Forschungsbeiträge, seien ihre Methoden noch so divergent, sehen sich immer wieder mit dem bereits spezifizierten Konflikt zwischen misogynen Themen einerseits und emanzipatorischen Reflexionen andererseits konfrontiert, was eine kontroverse Diskussion innerhalb der Forschung entfacht hat. Einige Autoren begnügen sich damit, diesen Konflikt als einen aussichtslosen Widerspruch zu benennen:

> „Rachilde's last novels are contradictory. They recognise, more than many contemporaries, the destructive nature of the old patriarchal order, but their chief focus remains the tragedy of its passing and the belief that nothing better can take place."[17]

Es sind nicht nur die letzten Romane von Rachilde, die widersprüchlich erscheinen, sondern die ambivalenten Bilder von den Beziehungen zwischen den Geschlechtern erweisen sich als charakteristisch für das Gesamtwerk der Autorin. Bram Dijkstra bezeichnet diesen grundlegenden Konflikt von Rachildes Romanen als „paradoxical mixture of feminism and misogyny" und deutet ihn im Rekurs auf Rachildes Erzählung *La Buveuse*

---

[16] *Bayou. Revue littéraire française. Université de Houston/Texas* 20 (1956), S. 42-51 und zu der Korrespondenz zwischen der Huysmans und Rachilde vgl. Will L. McLendon, „Autour D'Une Lettre Inédite De Rachilde A Huysmans", in: *Bulletin de la société de J.-K. Huysmans* XX, 77 (1983), S. 21-24.
Zu Rachildes Arbeit beim *Mercure de France* vgl. Claude Dauphiné, „Rachilde ou l'acrobatie critique", in: *Bulletin de l'Association Guillaume Budé* 4 (1991), S. 275-288 und dies., „Rachilde et le Mercure", in: *Revue d'histoire littéraire de la France. Paris* 92 (1992), S. 17-28. Die einzige linguistische Analyse von Rachilde Texten bietet bis dato Gabriella Tegyey, *L'inscription du personnage dans les romans de Rachilde et de Marguerite Audoux*, Debrecen (Kossuth Lajos Tudományegyetem) 1995. Eine Untersuchung zu Rachildes Umgang mit den Produktionsregeln der *Décadence* bietet Liz Constable „Fin de siècle Yellow Fevers. Women writers, Decadence and Discourses of Degeneracy," in: *Esprit Créateur. Bâton Rouge* XXXVII, 3 (Herbst 1997), S. 25-37. Eine interessante Arbeit zum Faschismus bei Rachilde liefert Melanie C. Hawthorne, „(En)Gendering Fascism: Rachilde's ‚Les Vendages de Sodome' and Les Hors-Nature", in: Melanie C. Hawthorne/ Richard Golsan (Hgg.), *Gender and fascism in modern France*, Hanover u. London (Darmouth College New England) 1997, S. 27-48, S. 190-194, S. 213-218.

[17] Jennifer Birkett, *The Sins of the Fathers. Decadence in France 1870-1914*, London u. New York (Quartet Books) 1986, S. 188. Michèle Ammouche-Kremers stellt fest: „elle accomodait révolte et conservatisme". Michèle Ammouche-Kremers, „Rachilde, Homme de lettres 1900", S. 100.

*de Sang* als „document of the self-hatred of turn-of-the-century-women".[18] Robert Ziegler versteht den Selbsthass der Romanfiguren, den er am Beispiel des Selbstmords der Jongleuse erörtert, als Ausdruck eines auf Minderwertigkeit basierenden Hasses gegen die Männer, den die Frauen gegen sich selbst richten: „With no hate to motivate them, they have nothing to embittered, had turned them into monsters, half-crazed recluses, and which in time lead to suicide, make them victims of themselves."[19] Claude Dauphiné führt Rachildes Antifeminismus auf ihr problematisches Verhältnis zur Mutter Gabrielle Eymery zurück.[20] Dieser Argumentation folgt auch die psychoanalytische Literaturwissenschaft, die anhand der Mutterbilder in Rachildes Romanen und Erzählungen eine gestörte Mutter-Tochter-Beziehung analysiert: „le désir féminin est toujours monstrueusement perverti dans l'écriture rachildienne et renvoie à la haine du maternel."[21] Die Konsequenz ist die Identifikation mit dem Vater und dem phallogozentrischen System. Demzufolge erweist sich Rachildes „paradox of writing" letztendlich als „complicity with the patriarchal hegemony". In diesem Kontext symbolisiert die Mutter das Bedrohliche, Zerstörerische und wird so zur Repräsentantin der phallogozentrischen Ausschließungspraxis:

> „Rachilde relocates woman's victimization in connection not with male power but rather with maternal tyranny, but the tyranny of the mother is itself a cipher for the realm of masculine values and attributes."[22]

Gegen diese Interpretation spricht zum einen, dass es Rachildes Mutter ist, die ihre Tochter gegen den Willen des Vaters in das literarische Paris einführt und ihr damit den Weg als Autorin erleichtert. Zum anderen attackiert sie in ihren Texten deutlich jene Männer, die einen phallogozentrischen Machtdiskurs vertreten. Edith Silve untersucht in Rachildes

---

[18] Bram Dijkstra, *Idols of Perversities*, New York u. Oxford (Oxford University Press) 1986, S. 340.
[19] Robert E. Ziegler, „The Suicide Of ‚la Comédienne'", in: Eunice Myers/Ginette Adamson (Hgg.): *Continental, Latin-American and Francophone women writers. Selected papers from the Wichita State University Conference of Foreign Literature 1984-1985*, New York u. London (University Press of America) 1988, S. 55-61, hier S. 59f. An diese These knüpft er auch im folgenden Aufsatz an: Ders., „Fantasies of Partial Selves in Rachildes ‚Le démon de l'absurde'", in: *Nineteenth-Century French Studies. Fredonia/New York* 19 (1990/91), S. 122.
[20] Vgl. Claude Dauphiné, *Rachilde*, S. 128ff.
[21] Maryline Lukacher, „Mademoiselle Baudelaire: Rachilde où le féminin au masculin.", in: *Nineteenth-Century French Studies. Fredonia/New York* 20 (1991/92), S. 452-465, hier S. 455.
[22] Dies., *Maternal Fictions: Stendhal, Rachilde and Bataille*, Durham u. London (Duke University Press) 1994, S. 112.

Romanen hingegen Rachildes Beziehung zu ihrem Vater. Sie sucht die geheimen Inzestwünsche der Autorin zu entdecken. Folglich räumt sie daher der Schlussszene von *L'animale* (1893), in der Laure beschließt, ihrem Geliebten, einem Schriftsteller, nach Afrika zu folgen, eine besondere Bedeutung ein:

> „Mais la terre africaine où guerroya dans sa jeunesse Joseph Eymery, bien avant son mariage et sa paternité, n'était-elle pas devenue, dans l'imagination de la petite Marguerite, sa fille, une terre de rêve, le paradis, c'est-à-dire l'envers du Cros, l'envers de sa terre natale, de la terre des loups-garous? Faut-il voir dans ce désir de fuir là-bas, vers la terra incognita, un sommet encore jamais égalé de la ,perversité' rachildienne: coucher avec son père pour retourner au néant chaste et doux?"[23]

Dorothy Kelly deutet den Rollentausch in *Monsieur Vénus* als Verkehrung von männlicher Identität und männlichem Begehren: „Here woman desires but in a ,male' way by being a man who desires a woman."[24] Die Frage nach dem Begehren in Rachildes Texten beschäftigt auch Vertreter der lacanianischen Psychoanalyse. In seiner Analyse von *La tour d'amour* betont Charles Grivel „la présence d'un désir", jenes Begehren nach dem Anderen, in dem das Ich zur Vollkommenheit gelangt: „le moi s'accomplit dans la negativité".[25] In Bezug auf Rachildes paradoxe Schreibweise „Rachilde ou la contradiction" entdeckt Grivel in ihren Texten ein Begehren, das vor dem Horizont einer offenen – also nicht absoluten – Persönlichkeitsstruktur im 19. Jahrhundert die Pole männlich und weiblich überschreitet:

> „Il n'y a de désirable que cette *dualité* (entre être et apparence), que cette équivocité (entre sexe et rôle); il n'y a de jouissance (prise et donnée) que

---

[23] Edith Silve, „Préface" zu Rachilde, *L'animale,* Paris (Mercure de France) 1993, S. 1-14, hier S. 13f. Vgl. Dies., „Préface" zu Rachilde, *La tour d'amour*, Paris (Mercure de France), S. I-VIII. Zur Bedeutung des „nom patronymique" in *La Marquise de Sade* vgl. dies., „Préface" zu Rachilde, *La Marquise de Sade*, Paris (Gallimard) 1996, S. I-XIV u. S. XIII.

[24] Dorothy Kelly, „Representation's Others: *Monsieur Vénus* and Decadent Reversals", in: dies., *Fictional Genders. Role and Representation in Nineteenth-Century French Narrative,* Lincoln u. London (University of Nebraska Press) 1989, S. 143-155, hier S. 151.

[25] Charles Grivel, „Le discours du sexe (Fin de siècle en littérature)", in: Manfred Pfister (Hg.), *Die Modernisierung des Ich. Studien zur Subjektkonstitution in der Vor- und Frühmoderne*, Passau (Rothe) 1989, S. 96-109, hier S. 98.

de ce retournement. *C'est le sentiment d'aucune place et des rôles pourtant.*"²⁶

Dieses unbezeichenbare unaussprechliche Begehren, so Grivel, mache gerade ihre Schreibweise repräsentierbar. In diesem Kontext ist auch die feministische Position von Agnès Conacher anzusiedeln:

> „Je parle la langue des pères mais aussi celles des femmes. Peut-être est-ce aussi pour cela que je me suis opposée aux féministes de mon temps, des bas-bleus intellectuels qui ont quelquefois oublié, en alignant des mots sur des pages, qu'au fond de chaque être il y a quelque chose d'analogue, de semblable? Mais aussi grâce à elles qui se sont battues pour l'égalité entre hommes et femmes qu'aujourd'hui les débats sur la différence peuvent prendre place."²⁷

Conacher versteht Rachildes Schreibweise als Plädoyer für Differenz im Sinne einer nicht mehr eindeutig kontrollierbaren „multiplicité d'identité", die sich in einer „language sans sens unique" ausdrücke. Gerade in der Überschreitung der Dichotomien zwischen Körper und Geist oder Objekt und Subjekt sei die weibliche „jouissance" zu finden. In dieser notorischen Uneindeutigkeit „je reste indéfinissable" liege die Revolte gegen eine männliche Repräsentation, von der sie als Frau ausgeschlossen sei.²⁸ Problematisch erscheint diese These vor allem im Bezug auf die antifeministischen Texte und misogynen Haltungen Rachildes, die weniger den Wunsch nach Differenz als die Identifikation mit männlichen Wertvorstellungen nahelegen.²⁹ Conachers Beitrag reiht sich ein in die lange Kette der feministischen Arbeiten zu Rachilde. Die feministische Diskussion findet ihren Anfang in Claude Dauphinés Vorwort zur Neuausgabe von *La Jongleuse*, die bereits 1982 im Verlag Des Femmes erschienen ist. Die Begründerin der modernen Rachilde-Forschung votiert für eine feministische Lektüre von *La Jongleuse* und liest zwischen den Zeilen „la lutte contre la phallocratie triomphante de l'époque", da die Titelheldin ihr eigenes Begehren zum Ausdruck bringe:

---

[26] Charles Grivel, „Rachilde. Envers de deux. Enfer de deux. Réponses", in: Mireille Calle (Hg.), *Du Féminin*, Kingston Ontario (Collection Trait d'union) 1992, S. 185-202, hier S. 195. [Hervorheb. i. Original.]
[27] Agnès Conacher, „Dans *La Jongleuse*, ma voix, écho d'un rêve qui se formule", in: *Revue Frontenac. Kingston/Ontario (Canada)* 10-11 (1993-1994), S. 157-170, hier S. 169.
[28] Ebd., S. 161, S. 165 u. S. 167.
[29] Vgl. Kap. 2.4 der vorliegenden Arbeit.

„Écrire la Jongleuse, c'était pour Rachilde tenter une fois encore, par les voies de l'art, de faire vivre un projet, de proclamer que la femme a le droit d'aimer à sa manière et de demeurer maîtresse de son destin."[30]

Claude Dauphiné hält die Autorin für eine Feministin wider Willen[31], die zwar generell mit traditionellen „recettes et techniques romanesques" arbeite, der es aber dennoch gelinge, „l'ambiguïté du personnage" in eine „l'ambiguïté de la parole" zu übersetzen.[32] Rachildes Umgang mit dem zeitgenössischen Geschlechterdiskurs lässt sie jedoch weitgehend außer Acht. Im Zuge einer feministischen Auseinandersetzung mit der traditionellen Literaturgeschichtsschreibung entstehen Enzyklopädien und Lexika über weibliche Autoren, in denen nun auch Beiträge zu Rachilde enthalten sind.[33]

Der Geschlechtertausch steht zunächst im Zentrum der amerikanischen und kanadischen Beiträge zu Rachilde. Micheline Besnard-Coursodon bietet am Beispiel von *Monsieur Vénus* und *Madame Adonis* eine feministische Lesart dieses Themas. Einleuchtend demonstriert sie eine Allianz des dekadenten und weiblichen Diskurses, der es der Autorin ermöglicht die „économie phallique" zu zerstören.[34]

Mit zahlreichen Veröffentlichungen zu Rachilde gehört Melanie C. Hawthorne zu den amerikanischen Rachilde-Expertinnen. Nach ihrer Untersuchung über die soziale Konstruktion von Sexualität[35] widmet auch sie sich dem Rollentausch in *Monsieur Vénus*. Aufgrund seiner literarischen Ambivalenz hält sie den Roman für eine „not so sugar coated subversion, a

---

[30] Claude Dauphiné, „Préface" zu Rachilde, *La Jongleuse,* Paris (Des Femmes) 1992, S. 1-23, hier S. 22.
[31] Claude Dauphiné, *Rachilde*, S. 377.
[32] Ebd., S. 371.
[33] Vgl. u.a. die Literaturgeschichte von Margaret Crosland, *Women of Iron and Velvet an the books they wrote in France*, S. 68-71. Henk Vynckier, „Rachilde", in: Katharina M. Wilson (Hg.), *An Encyclopedia of Continental Women Writers*, New York u. London (Garland Publishing) 1991, Bd. II, S. 1024f; Claire Buck et al. (Hgg.), *Bloomsbury Guide to Women's Literarture*, New York u. London (Bloomsbury Publishing) 1992, S. 1090; Melanie C. Hawthorne, „Rachilde (1860-1953)", in: Eva Martin Saxtori/Dorothy Wynne (Hgg.), *French woman writers. A bio-bibliographical Source Book*, New York (Grennwood Press) 1991, S. 346-355.
[34] Vgl. Micheline Besnard-Coursodon, „Monsieur Vénus, Madame Adonis. Sexe et Discours", in: *Littérature* 54 (Mai 1984), S. 121-127, hier S. 126f.
[35] Vgl. Melanie C. Hawthorne, „The Social Construction Of Sexuality In The Three Novels By Rachilde", in: William Paulson (Hg.), *Les genres de l'hénaurme siècle. Papers from the Fourteenth Annual Colloquium in Nineteenth-Century French Studies*, Michigan (Ann Arbor) 1988, S. 49-59.

critique of gender roles made possible by the permissiveness of decadence and made palatable by its fictional form."[36]

Die subversive Qualität des Geschlechtertauschs verarbeiten mehrere Autoren.[37] Hier soll stellvertretend noch auf Barbara Hovercraft verwiesen werden. In ihrer Arbeit zu Rachildes Skandalroman hebt sie die Auflösung der Grenzen zwischen Männlichkeit und Weiblichkeit hervor, die ihrer Ansicht nach den traditionellen Identitätsbegriff dekonstruiert, ohne jedoch auf psychoanalytische Konzepte zurückzugreifen:

> „La transmission perpétuelle de signes et de valeurs entre deux sujets déjà dédoublées et diverses aboutit à un texte qui met en scène le lien de ,l'entre-genre', en déconstruisant ainsi les notions d'identité et de lieu figés."[38]

Die neueren Arbeiten zu Rachilde beschäftigen sich nicht nur mit dem Thema Identität, sondern auch mit der Frage nach ihrer Autoridentität. In diesen Kontext ist Melanie C. Hawthornes Beitrag zu *La tour d'amour* einzuordnen. Den Roman deutet sie als „history of male identity" und stellt damit Bezüge her zu Rachildes Autorschaft.[39] Sie liest den Roman quasi als literarischen Ödipus-Konflikt. Rachildes Suche nach Anerkennung im männlich dominierten Diskurs der Dekadenz ist gleichzusetzen mit ihrer Suche nach väterlicher Anerkennung, die aus der Ablehnung des Mütterlichen resultiert.[40] Diese Schlussfolgerung erweist sich insofern als problematisch, da Rachildes Texte immer beides, nämlich eine Rebellion und

---

[36] Melanie C. Hawthorne, „*Monsieur Vénus*. A Critique of Gender Roles", in: *Nineteenth-Century French Studies*. Fredonia/New York 16 (1987/88), S. 162-179, hier S. 164.

[37] Vgl. ebenso Jennifer Waelti-Walters, „Perversion and social criticism", in: dies., *Feminists Novelists of the Belle Epoque. Love as a Lifestyle*, S. 156-173 u. 190-191. Vgl. auch folgende Arbeiten: Veronica Jeanne Hubert-Matthews, *Androgynie et Représentation chez quatre auteurs du 19e siècle: Balzac, Gautier, Sand, Rachilde*, Virginia (Ann Arbor) 1993, S. 13 u. S. 189; Elisabeth Louise Constable, „Rachilde. Sophisticated Atavism: Decadent Women and Discourse of Degeneracy", in: dies., *Dis-orienting Cultural Economies: Questioning the ,Orient' in Balzac, Flaubert, Barrès, Rachilde*, Michigan (Ann Arbor) 1996, S. 298-376; Will L. McLendon: „Rachilde: *Fin-de-siècle* Perspective on Perversities", in: Barbara T. Cooper/Mary Evans-Donaldson, *Modernity and revolution in late nineteenth century France*, London u. Toronto (University of Delaware Press) 1993, S. 52-61.

[38] Barbara J. Havercroft, „Transmission Et Travestissement: L'entre-genre et le sujet en chiasme dans *Monsieur Vénus* de Rachilde", in: *Protée (Théorie et pratiques semiotiques)* 20 (1992), S. 49-55, hier S. 49.

[39] Vgl. Melanie C. Hawthorne, „To the lighthouse: Fictions of Masculine Identity in Rachilde's *La Tour d'Amour*", in: *L'Esprit Créateur*. Bâton Rouge XXXII,4 (Winter 1992), S. 41-51, hier S. 42.

[40] Vgl. ebd., S. 47f.

eine Affirmation der männlichen Macht dokumentieren. Die literarische Ich-Suche Rachildes führt auch zur Auseinandersetzung mit der Ironie in ihren Romanen. Diese entsteht nach Agnès Conacher aus dem subversiven Umgang Rachildes mit der männlichen Sprache: „Je fais des jeux de mots: (...). C'est presque de la profanation la façon dont je jongle avec les mots du Père, car je me moque de monsieur mon père'."[41] Janet Beizer konzentriert sich ebenfalls auf die Ironie in Rachildes Texten. Sie versteht *Monsieur Vénus* als „a deconstructive reading of the preface."[42] Die ironische Wiederholung von Themen des *Fin de siècle* dekonstruiert ihrer Ansicht nach die literarische Strategie der Hysterisierung, die Maurice Barrès in seinem Vorwort zu dem Roman anwendet.

Die neuesten Arbeiten der Rachilde-Forschung beschäftigen sich mit der ambivalenten Qualität der Erotik in den Romanen. Dabei rückt der subversive Charakter von Rachilde wieder etwas in den Hintergrund. So vertritt Cathérine Lingua die These, dass die „ambiguïté fondamentale du erotisme" schließlich zur Auflösung des eigenen Geschlechts führe. Androgynie bedeute bei vielen Autoren der Zeit „fin de sexe". Rachilde greife jedoch in *Monsieur Vénus* auf den platonischen Androgynie-Begriff, den Aristophanes im Gastmahl darlegt, zurück.[43] Dominique Fisher analysiert hingegen die Theatralität und verführerische Kraft des Geschlechtertauschs in *Monsieur Vénus*:

> „Dans *Monsieur Vénus*, le travestissement garderait un caractère normatif tout en mettant en jeu une libre circulation des signes du théâtral, du générique au sexuel qui donnerait l'illusion d'un certain espace de tolérance. L'analyse du travestissement dans *Monsieur Vénus* dans le contexte de l'identité générique, de la bisexualité de l'homosexualité permet en effet de mettre en lumière ce phénomène."[44]

---

[41] Agnès Conacher, „Dans *La Jongleuse*, ma voix, écho d'un rêve qui se formule", in: *Revue Frontenac. Kingston/Ontario (Canada)* 10-11 (1993-94), S. 157-170, S. 168.

[42] Janet Beizer, „Venus in Drag, or Redressing the Discourse of Hysteria: Rachilde's *Monsieur Vénus*", in: dies., *Ventriloquized Bodies. Narratives of Hysteria in Nineteenth-Century-France*, Ithaca u. London (Cornell University Press) 1994, S. 227-260, hier S. 228 u. S. 236.

[43] Cathérine Lingua, „L'amour monstre et le miracle de la valse de *Monsieur Vénus*", in: dies., *Ces Anges Du Bizarre. Regard sur une aventure esthétique de la Décadence*, Paris (Librairie Nizet) 1995, S. 179-182, hier S. 179-181.

[44] Dominique D. Fisher, „Du corps travesti à l'enveloppe transparente. *Monsieur Vénus* ou la politique du leurre", in: *Esprit Créateur. Bâton Rouge* XXXVII, 4 (Winter 1997), S. 46-57, S. 47.

Diana Holmes stößt im Rahmen ihrer Auseinandersetzung mit der Erotik in Rachildes Romanen immer wieder auf den zutiefst ambivalenten Umgang mit dem Geschlecht:

> „There is thus an interesting tension in her work between observance of the misogynist conventions of Decadent writing, and the subversive implications of her position as a female author of erotic texts."[45]

Obgleich Rachildes erotische Phantasien feministisch gelesen werden könnten, sei die Erotik in ihren Texten „inseparable from the acceptance or defiance of male authority."[46]

Viele der hier im Überblick vorgestellten Forschungsmeinungen werden im Laufe dieser Arbeit, in Anknüpfung und Widerspruch, im Kontext der jeweiligen Romane näher diskutiert. Dies gilt ebenso für die wenigen Beiträge der deutschen Rachilde-Rezeption, die im Folgenden skizziert werden soll.

3.2 Die deutsche Rachilde-Rezeption

Die deutsche Rachilde-Rezeption setzt noch zu ihren Lebzeiten ein. Um die Jahrhundertwende veröffentlicht der Mindener Verleger Max Bruns Übersetzungen von *Le Meneur de Louves, L'animale, La tour d'amour, La Jongleuse* und gibt eine Sammlung mit Erzählungen heraus.[47] Er verfasst neben der Einleitung zu *La tour d'amour* auch einen biographisch-ästhetischen Essay über die Autorin[48], die damals in der deutschen Presse offenbar ein breites Echo erfuhr.[49] Der Verleger zählt zu den deutschen Bewunderern der Autorin. Er erkennt in der Zerebralität der Autorin das Hauptkennzeichen ihrer Werke, wie später Ernest Gaubert und auch Claude Dauphiné.[50] Diese Zerebralität deutet er psychoanalytisch und stellt so ei-

---

[45] Diana Holmes, „Monstruous Women: Rachilde's Erotic Fiction", in: Alexander Hughes/Kate Ince (Hgg.), *French Erotic Fiction. Women's desiring writing 1880-1900*, Oxford u. Washington (Berg) 1996, S. 27-48, hier S. 31.
[46] Ebd. S. 43.
[47] Vgl. die Liste der Übersetzungen im Literaturverzeichnis dieser Arbeit.
[48] Max Bruns, „Rachilde", in: Rachilde, *Der Panther*, hrsg. von Susanne Farin, Bonn (Bouvier) 1989, S. 210-242. Dieser Essay stammt aus dem Band Rachilde, *Die Gespensterfalle. Seltsame Geschichten,* Minden (Bruns) 1911.
[49] Vgl. dazu die Pressemeldungen, die sich im Anhang der deutschen Übersetzungen befinden. Mit positivem Echo wird der Erzählband *Die Gespensterfalle* und der Historienroman *Der Wölfinnen Aufruhr* (Le Meneur de Louves) in Deutschland aufgenommen.
[50] Max Bruns, „Rachilde", a.a.O., S. 220.

nen engen Zusammenhang zwischen Leben und Werk her. Seiner Ansicht nach hatte die hysterische Autorin die Absicht, sich „in ihrer Kunst zu festigen"[51]. Ihre ersten Bücher wertet er folglich als Sublimationsliteratur:

> „Die Krankheit, die auf endogen prädisponiertem Boden in Einsamkeit und Unbeschäftigkeit zum Durchbruch gekommen war, wich den gegenteiligen Einflüssen: der Arbeit, dem Ringen ums Dasein in der Weltstadt. In der Literatur fand die Dichterin eine Ableitung für die Hypersensiblität ihres überladenen Innenlebens; das ist der Wert ihrer ersten Bücher für sie; und wäre es ihr einziger Wert, so dürfte er an dieser Stelle nicht übersehen werden."[52]

Gesundheit und Krankheit sind die Parameter, nach denen er ihre Texte bewertet. Als schreibende Frau erscheint sie ihm als Hysterikerin. Um ihre Ehre als Künstlerin zu retten, muss sie ihm abschließend wieder gesund erscheinen:

> „Rachildes Schaffen – (...) – ist eine unablässige Selbstbefreiung: sie gestaltet, was sie nicht persönlich leben möchte. Sie selber wurde fast robust gesund, indem sie alles Ungesunde auf die von ihr erfundenen Gestalten häufte. Daß dabei stets das erotische Moment die stärkste Betonung erfuhr, ist bei der schriftstellernden Frau von hysterischer Veranlagung selbstverständlich."[53]

Gesundheit und Krankheit, Weiblichkeit und Autorschaft gehen eine enge Verbindung ein, bei der die Autorin einerseits pathologisiert, andererseits literarisch legitimiert wird. Er betont ihre „visionäre Kraft des Sehens" und die „traumwandlerische Unbeirrbarkeit des Gestaltens"[54] sowie ihr „tiefsymbolisches Wortspiel"[55]. Weder der Geschlechterdiskurs in Rachildes Romanen noch die ambivalente Schreibweise der Autorin sind bei Bruns ein Thema.[56]

---

[51] Ebd., S. 222.
[52] Ebd., S. 224.
[53] Ebd., S. 232.
[54] Ebd., S. 233.
[55] Max Bruns, „Nachwort" zu Rachilde, *Der Liebesturm,* übersetzt von Berta Huber, Minden (Max Bruns) 1913, S. 188-201.
[56] Diese beiden Themen werden allerdings in einer Rezension über die deutsche Übersetzung von Rachildes *L'animale* diskutiert. Dort heißt es: „Der Weg der Frau in ihre Zukunft geht nicht über die Nachahmung des Mannes, sondern über das Bewußtsein ihrer eigenen weiblichen psychologischen, biologischen und historischen Gegebenheiten. An diesem Bewußtmachen arbeitet die Rachilde, arbeitet seit vielen Jahren als tapferer Pionier daran. Daß sie immer wieder den Schlüssel verlegt, der ihr und ihren Heldinnen die Tür zum vollpersönlichen Menschsein aufschlösse, ist ein Atavismus aus der Zeit der absoluten Männerherrschaft." Diese interessante Rezension ist ohne Rezensentenangabe erschienen in: *Die literarische Welt* 11 (5. Jahrgang, 15. März 1929) [Sondernummer: Die Frau in der Literatur], S. 5.

Neben den Arbeiten von Charles Grivel, die aufgrund ihrer Bedeutung bereits im internationalen Forschungszusammenhang diskutiert wurden, sei an dieser Stelle noch auf den von Susanne Farin herausgegebenen Erzählband *Der Panther* (1989) mit einer Sammlung von Rachildes Erzählungen verwiesen. Anstelle einer differenzierten Auseinandersetzung mit der Autorin im Kontext der aktuellen Rachilde-Forschung reproduziert Susanne Farin in ihrem Vorwort die altbekannten Klichees über die Schriftstellerin.[57]

Die Herausgeberin verliert weder ein Wort über die Produktionsbedingungen der Autorin im *Fin de siècle* noch über deren paradoxe Schreibweise. Ihr Beitrag bleibt weit hinter allen bis dato erzielten Forschungsergebnissen zurück. Sie reproduziert unhinterfragt jene misogynen Attribute wie „skandalumwittert, ausschweifend, obszön, unschuldig wie die keusche Diana und pervers wie eine Messalina", die Rachilde mit einem Mythos umgeben und sie in die Vergessenheit treiben. Die paradoxe Schreibweise findet allerdings in der kritischen Buchbesprechung von Gabriele Haefs Erwähnung. Dort heißt es:

> „Mit scharfen Blick für die gesellschaftlichen Gegebenheiten beschreibt die Antifeministin Rachilde die Rechtlosigkeit der Frauen in einer Männergesellschaft, die so manche Frau ins Verderben treibt, wofür sie härter bestraft wird als ein männlicher Verbrecher."[58]

Im Rahmen der deutschen Romanistik ist es, von wenigen Ausnahmen abgesehen, vor allem die feministische Literaturwissenschaft, die sich in den letzten Jahren mit Rachildes Werk beschäftigt hat. 1994 erscheint eine Studie zur erotischen Libertinage um 1900, in der die Autorinnen Antje Böhning und Natascha Ueckmann Texte von Franziska zu Reventlow und Rachilde heranziehen. Sie kommen zu dem Ergebnis, dass beide Autorinnen Erotik nicht zur Befreiung, sondern zum Austragungsort des Geschlechterkampfes machen.[59] Margarete Zimmermann ist die erste Kurzbiographie der Autorin zu verdanken. Sie sieht das Hauptkennzeichen von Rachildes Schreibweise in einer „radikalen Feminisierung von *Fin de Siècle*-Motiven"[60].

---

[57] Vgl. Susanne Farin, „Mademoiselle Baudelaire", in: Rachilde, *Der Panther*, S. 8-15, hier S. 8.
[58] Gabriele Haefs: „»Mademoiselle Baudelaire«", in: *Virginia* 8 (1990), S. 25.
[59] Vgl. Antje Böhning/Natascha Ueckmann, *Franziska zu Reventlow und Rachilde. Erotische Libertinage um 1900*, Klagenfurt 1994, S. 46.
[60] Margarete Zimmermann, „Rachilde", in: Ute Hechtfischer/Renate Hof/Inge Stephan/Flora Veit-Wild (Hgg.), *Metzler Autorinnen Lexikon*, Stuttgart u. Weimar (J. B. Metzler) 1999, S. 435f.

Im Unterschied zu den zahlreichen Arbeiten der internationalen und deutschen Rachilde-Forschung liegt der Akzent der vorliegenden Untersuchung auf der Analyse und Interpretation des ambivalenten Diskurses in Rachildes Romanen, der als eine spezifisch weibliche Schreibweise in einem männlich dominierten Diskurssystem gedeutet wird. Die Arbeit kann damit als erste deutsche Einzelstudie zu Rachildes Werk gelten.

# 4. ZUR FEMINISTISCHEN LEKTÜRE VON RACHILDE

4.1. Zur feministischen Lektüre einer Antifeministin

„La femme qui écrit ... se déguise en homme" schreibt Marguerite Duras und beschreibt damit einen typischen diskursiven Fluchtweg einer Autorin zur Überwindung der Diskrepanz zwischen ihrer biologischen Geschlechtszugehörigkeit und einer explizit männlich definierten Autorschaft. Die junge Marguerite Eymery bedient sich dieses Auswegs in doppelter Hinsicht. Wie Raoule de Vénérande, die Heldin ihres Erfolgsromans *Monsieur Vénus* (1884), verkleidet sie sich als Mann beziehungsweise als Dandy und verteilt ihre Visitenkarte „Rachilde. Homme de lettres." Mit Pseudonym und Maskerade als konventionelle Markierungen einer dekadenten Autorinszenierung entzieht sich Rachilde der historisch definierten Rolle als schweigendes Objekt und „transvestiert" zum kulturell agierenden Subjekt. Unter ihrer Verkleidung ist Rachilde eine Frau mit geschlechtspezifischer Erfahrung von Unterdrückung, die sich in ihren Texten widerspiegelt: Der Textkörper weist in gewissem Sinne analog zum Frauenkörper eine rhetorische Form der Verkleidung auf. Auf der einen Seite paraphrasiert Rachilde misogyne Themen und Motive der *Décadence,* auf der anderen Seite dokumentiert sie ein Bewusstsein für weibliche Unterdrückung und die patriarchalen Strukturen der Geschlechterpolitik des *Fin de siècle*.

Die Rachilde-Forschung bietet im Wesentlichen fünf Deutungsansätze von Rachildes paradoxer Schreibweise an: sie wird als subversive Schreibpraxis (Hawthorne 1987/88), im Sinne einer phallischen Überidentifikation, die aus einer gestörten Mutter-Tochter-Beziehung resultiert (Lukacher 1991/92), als Rivalität zum Vater (Hawthorne 1992), als Begehren nach dem Anderen (Grivel 1989) oder als Aufbegehren gegen einen männlichen Identitätsbegriff gewertet, der als Plädoyer für weibliche Differenz gilt (Conacher 1992). Davon abweichend liegt der Akzent dieser Arbeit auf der Auseinandersetzung mit Rachildes höchst ambivalentem Umgang mit dem Geschlechterdiskurs.

Die Geschlechterkonfigurationen in den frühen Romanen der Autorin, in denen starke weibliche Heldinnen und Themen wie Sexualität und Macht im Zentrum stehen, bilden eine Nahtstelle, an der die diskursive Ambivalenz, also sowohl jene Wiederholung misogyner Themen und Motive als auch die Analyse von weiblicher Diskriminierung, am deutlichsten abzulesen ist. Dieser Umgang mit dem Schreiben soll im Sinne einer spezifisch weiblichen Schreibpraxis im Kontext eines explizit männlich definierten Literaturdiskurses analysiert werden. Die Autorin aus diesem Grunde als Feministin zu feiern erweist sich als überaus problematisch, da sich diese selbst ausdrücklich als Antifeministin versteht. Es muss also vorab die Frage geklärt werden, ob man die Texte einer Antifeministin überhaupt feministisch interpretieren kann, ohne Gefahr zu laufen, sie gegen ihren Willen zu vereinnahmen. Eine feministische Lektüre ist laut Margarete Zimmermann grundsätzlich immer dann zu befürworten, wenn ein ebenso reflektierter wie um Historisierung bemühter Umgang mit dem Begriff Feminismus gewährleistet ist.[1] Im Unterschied zum Feminismus zur Zeit Rachildes[2] soll der dieser Arbeit zugrundeliegende Begriff mit Rekurs auf Margarete Zimmermann wie folgt definiert werden:

> „Feminismus wird definiert über die Verbindung von ‚gedanklichem System/Bewußtsein/oppositionellem Denken von Frauen' mit der Reaktion auf die Erkenntnis weiblicher Diskriminierung oder asymmetrischer Geschlechterverhältnisse. Dabei kann diese Reaktion vielgestalt sein und (eher aktionistisch) als ‚mouvement' oder aber als gedanklicher Entwurf einer ‚Gegenvision' verstanden werden und damit in den Bereich der feministischen Utopie verweisen."[3]

Im Sinne dieser Arbeitsdefinition ließe sich Rachildes ausgeprägte Sensibilität für weibliche Unterdrückung und Ausgrenzung aus heutiger Sicht sehr wohl als feministisch bezeichnen. Es muss jedoch in diesem Zusammenhang darauf hingewiesen werden, dass die Autorin in betont elitärem Bewusstsein handelt, ohne jegliche politische Motivation und übergreifende Solidarisierung. Es scheint vielmehr um einen „Individualfeminismus" zu gehen, der eng an die Ideale der *Décadence* gebunden ist. Vor diesem Hintergrund ist es dann verständlich, dass sich Rachilde als „décadente" von der damaligen Frauenbewegung und deren Zielsetzung, die die Autorin als bürgerlich empfunden haben musste, distanziert hat.

Die Relektüre von Rachildes Romanen zielt nicht darauf ab, sie als „Feministin wider Willen" zu etablieren. Das Erkenntnisinteresse liegt viel-

---

[1] Vgl. Margarete Zimmermann, „Feminismus und Feminismen. Plädoyer für die Historisierung eines umstrittenen Begriffs," in: Renate Kroll/Margarete Zimmermann, *Feministische Literaturwissenschaft in der Romanistik*, Stuttgart u. Weimar (J. B. Metzler) 1995, S. 52-63, hier S. 59.
[2] Vgl. Karen Offen, „Defining Feminism. A Comparative Historical Approach", in: *Signs* 14 (1988/89), S. 119-157. Siehe ebenso Kap. 2.3 der vorliegenden Arbeit.
[3] Margarete Zimmermann, „Feminismus und Feminismen", S. 58.

mehr in der Auseinandersetzung mit ihrer Schreibweise, die das problematische Verhältnis zwischen eigener Geschlechtszugehörigkeit und einem misogynen Literaturverständnis reflektiert.

4.2 Das Palimpsest als weibliche Schreibpraxis

Die in Rachildes Texten eingeschriebene Ambiguität vertextet nicht nur das problematische Verhältnis zwischen weiblicher Geschlechtszugehörigkeit und einem misogynen Literaturverständnis, sondern verarbeitet zugleich auch immer den Komplex Identität, Geschlechtsidentität und Autoridentität, Themen, die nicht nur im französischen *Fin de siècle* en vogue waren. Die von einer „modernen Zerrissenheit"[4] geprägte Geisteslandschaft des 19. Jahrhunderts lässt sich, wenn auch in anderer Form als das französische *Fin de siècle*, ebenso an Texten englischer Autorinnen dieser Zeit festmachen, die Sandra Gilbert/Susan Gubar in ihrer Studie *The Madwoman in the Attic* (1979) bearbeitet haben. In den Texten von berühmten Schriftstellerinnen wie Jane Austen, den Schwestern Brontë, George Eliot und Emily Dickson entdeckten sie Brüche, Widersprüche hinsichtlich der Gestaltung von Schauplätzen, Figuren, Handlung und der Metaphorik. Bei einer Reihe von anglophonen Autorinnen des 19. Jahrhunderts konnten die beiden Literaturwissenschaftlerinnen im Hinblick auf Handlungsmuster, Figurengestaltung und Metaphorik der Romane einen Doppeltext sichtbar machen, den sie darauf zurückführen, dass den Frauen in Ermangelung eines Weiblichkeitsbildes, das weibliche Subjektansprüche befriedigen konnte, und einer Literaturtradition, mit der sich eine Autorin identifizieren konnte, nichts anderes übrig bleibt als sich mittels männlicher Bilder und Genres in den literarischen Diskurs einzuschreiben. In ihren Texten ist eine literarische „Schizophrenie" eingeschrieben, die Affirmation und Rebellion simultan umgreift:

> „Of course, by projecting their rebellious impulses not into their heroines but into mad and monstrous women (...), female authors dramatise their own self-division, their desire both to accept the structures of patriarchal society and to reject them. What this means, however, is that the madwoman in literature by women is not merely, as she might be in a male literature, an

---

[4]  Gisela Brinker-Gabler (Hg.), *Deutsche Literatur von Frauen*, 2 Bde., Bd. I: *Vom Mittelalter bis zum Ende des 18. Jahrhunderts*, München (C. H. Beck), S. 22.

antagonist or foil to the heroine. Rather, she is usually in some sense the author's double, an image of her own anxiety and rage."[5]

Die ambivalente Schreibpraxis, die normative Produktionsregeln wiederholt und unterläuft, erweist sich laut Sandra Gilbert/Susan Gubar als literarischer Ausweg für Schriftstellerinnen. Sie bezeichnen diese Schreibweise nicht als zweistimmigen Diskurs[6], sondern sie exponieren den palimpsestartigen Charakter der Literatur von Frauen:

> „Women from Jane Austen and Mary Shelly to Emily Brontë and Emily Dickson produced literary works that are in some sense palimpsestic, works where surface designs conceal or obscure deeper, less accessible (and less socially acceptable) levels of meaning. Thus the authors managed the difficult task of achieving true female literary authority by simultaneousely conforming to and subverting patriarchal literary standards."[7]

Der Begriff Palimpsest verweist auf jene Schreibpraxis mittelalterlicher Skriptorien, bei denen der Text eines Pergaments getilgt und neu beschrieben wurde, wobei das Pergament dann also Spuren von zwei Texten enthält. Unter einer Textoberfläche der Paraphrase konventioneller Themen und Motive enthält das Palimpsest einen zweiten, verhüllten Text, der die Bilder des jeweiligen Literaturdiskurses in chiffrierte Bilder weiblicher Erfahrung umdeutet. Im Palimpsest ist das problematische Verhältnis des weiblichen Autors zu seiner eigenen Kreativität und Subjektivität vertextet. Insofern erzählt es von der „Angst vor Autorschaft", jener tiefen Unsicherheit, die die Schriftstellerin erfasst, wenn sie trotz ihres Wissens um eine fehlende weibliche literarische Genealogie in einen männlichen Literaturdiskurs eintritt.

### 4.2.1 Die „Angst vor Autorschaft"

Um die Palimpseste zu analysieren, greifen Sandra Gilbert/Susan Gubar im Gegensatz zu Elaine Showalter auf psychoanalytische Konzepte zurück. Von zentraler Bedeutung ist in diesem Zusammenhang die psychoanalyti-

---

[5] Sandra Gilbert/Susan Gubar, *The Madwoman in the Attic*, New Haven u. London[2] (Yale University Press) 1980, S. 78.
[6] Dieser Terminus stammt von Elaine Showalter. Vgl. Kapitel 4.2.2 in der vorliegenden Arbeit.
[7] Sandra Gilbert/Susan Gubar, *The Madwoman in the Attic*, S. 73.

sche Literaturtheorie Harold Blooms, in der er ein Modell von der männlichen Kreativität entwirft.[8]

In Anbindung an Sigmund Freuds Sozialisationstheorie versteht er die Literaturgeschichte als ödipalen Kampf der Söhne gegen die Väter. Der männliche Autor muss den Einfluss seiner Vorgänger auf die eigene Textproduktion beständig leugnen, weil er fürchtet, nicht der autonome Schöpfer seines Werkes zu sein. Diese Ängste bezeichnet Harold Bloom als „anxiety of influence". Die Literaturgeschichte erweist sich aus dem Blickwinkel Harold Blooms als geistiges oder literarisches Vatermorden, in dem ein weiblicher Autor nicht vorkommt. Männliche Sexualität beziehungsweise männliche Geschlechtszugehörigkeit und künstlerische Kreativität und Produktivität bilden eine untrennbare Einheit:

> „In patriarchal Western culture, therefore, the text's author is a father, a progenitor, a procreator, an aesthetic patriarch whose pen is an instrument of generative power like a penis (...)."[9]

Bloom rekonstruiert eine patriarchale Literaturgeschichtsschreibung, in denen Frauen meist nur als inspirierende Musen der literarischen Söhne in Erscheinung treten. Die weibliche Literaturtradition wird dabei schlichtweg ausgeblendet. Der Stift wird zur phallischen Metapher („pen like a penis"), zum männlichen Spielzeug, zum Symbolon männlicher Aktivitäten wie „writing, reading, thinking", von denen die Frau aufgrund ihrer Biologie ausgeschlossen wird.[10] Autorschaft erscheint als männliches Vorrecht, wie Sandra Gilbert/Susan Gubar mit Rekurs auf Edward Said nachweisen:

> „(...) *author* - that is, a person who originates or gives existence to something, a begetter, beginner, father, or ancestor, a person also who sets forth written statements. (...) *Auctoritas* is production, invention, cause, in addition to meaning a right to possession."[11]

In Bezug auf die literarische Sozialisation weiblicher Autoren zeigen Sandra Gilbert/Susan Gubar andere Rahmenbedingungen auf. Ein geistiges Vatermorden im Sinne eines Konkurrierens mit den literarischen Vorgängern zur Entwicklung einer eigenen Autoridentität lässt sich bei Schriftstellerinnen schon aus dem Grunde nicht ausmachen, weil ihnen eine

---

[8] Vgl. Harold Bloom, *The Anxiety of Influence: A Theory of Poetry*, New York (Oxford University Press) 1973.
[9] Sandra Gilbert/Susan Gubar, *The Madwoman in the Attic*, S. 6.
[10] Vgl. ebd., S. 8.
[11] Edward Said, zitiert nach Sandra Gilbert/Susan Gubar, a.a.O., S. 4.

weibliche Genealogie (die „literary foremothers") weitgehend fehlt. Als Tochter kann sie sich auch nicht an die Stelle der literarischen Väter setzen, weil ihr in deren Werken Subjektivität, Autonomie und kreative Potenz abgesprochen wird. In diesen Texten hatte die Frau als Autorin und Künstlerin keinen Ort, denn in der literarischen Tradition bleibt ihr entweder die Rolle der selbstlosen, aufopfernden „angel in the house" oder aber die Rolle der egoistischen, bösen Monsterfrau. Im Gegensatz zu den Werken des viktorianischen Englands wird der Frau in Texten der *Décadence* die Rolle der todkranken, schwachen *femme fragile* oder aber die mächtige Position des Männer verschlingenden Vamps zugewiesen. Beide Frauenbilder verorten das problematische Verhältnis des Mannes zur Weiblichkeit.[12] Eine fehlende weibliche Schreibtradition, die Internalisierung patriarchaler Frauenbilder, sowie eine männliche Definition von Autorschaft sind charakteristisch für Autorinnen der *Décadence*. Sie bilden auch die Grundlagen einer weiblichen Sozialisation, die ein mehr oder weniger problematisches Verhältnis der Autorin zu ihrer eigenen Subjektivität sowie zu ihrem eigenen kreativen Potential enthält. Sandra Gilbert/Susan Gubar bezeichnen dies als Angst vor Autorschaft („anxiety of authorship"). Hier liegt der zentrale Begriff ihres Gegenentwurfs – das Resultat eines weiblichen Umschreibens der psychoanalytischen Literaturtheorie Harold Blooms.

Elaine Showalter hingegen kritisiert die psychoanalytische Perspektive von Sandra Gilbert/Susan Gubar und deckt damit ein Dilemma auf. Während die feministische Wissenschaft die Vorstellung von der biologischen Minderwertigkeit ablehne, basiere der Ansatz von den beiden Literaturwissenschaftlerinnen auf einer permanenten Auseinandersetzung mit dem vermeintlichen Mangel.[13] Dem ist entgegen zu halten, dass gerade in der Literatur des 19. Jahrhunderts, insbesondere in der Dekadenzliteratur, Autorschaft und Kreativität immer im Spiegel von Geschlechtszugehörigkeit und Sexualität betrachtet wurden. Männlichkeit wird mit literarischer Potenz und Integrität gleichgesetzt, demgegenüber symbolisiert Weiblichkeit literarische Impotenz und Ich-Losigkeit. Dieser Zusammenhang legitimierte die kulturelle Ausschließungspraxis von Frauen. Insofern reprodu-

---

[12] Vgl. Kap. 2.1 dieser Arbeit.
[13] Vgl. Elaine Showalter, „Feministische Kritik in der Wildnis", in: Karen Nölle-Fischer (Hg.), *Mit verschärftem Blick. Feministische Literaturkritik*, München (Frauenoffensive) 1987, S. 49-88, hier S. 59f.

ziert und analysiert die psychoanalytische Theorie die patriarchale Struktur, in der die Frau, selbst als ambitionierte und begabte Künstlerin, als Mangelwesen begriffen wird, das erst über das Phallische zum Existieren kommen kann:

> „Die Rede von Existenz und Nicht-Existenz ist eine logische. Das heißt, daß das Nicht-Existierende genauso für den Mann gilt wie das Existierende für die Frau. Wenn der Phallus nicht alles zu ordnen, sich nicht alles untertan zu machen vermag, bleibt ein Rest von Unbegrifflichen, Existierenden zurück; der weibliche Teil des Mannes. Und wenn andererseits die Aussage von der Nicht-Existenz der Frau nur möglich ist vom Phallischen her, so ist sie um diesen Teil des Existierens auch ‚männlich'."[14]

Lacan zufolge fallen Spracherwerb und Geschlechtsidentität zusammen.[15] Der Spracherwerb und der Eintritt in die symbolische Ordnung erfolgen in der ödipalen Phase, in der das Kind seine Geschlechtsidentität annimmt. Der Phallus wird als eine priviligierte Signifikanz akzeptiert und das Weibliche zugleich verdrängt. Das Weibliche wird codiert als Triebhaftes, Verdrängtes, Unstrukturiertes, das als Negation des Männlichen unentwegt abgewehrt werden muss, während der Phallus in diesem Zusammenhang als Sinnbild der literarischen Ordnung für beide Geschlechter zum Orientierungspunkt werden muss. Das Objekt des Begehrens für beide Geschlechter ist demnach das Phallische als Symbol der Ordnung:

> „Wenn in der Realität das Unstrukturierte eher dem weiblichen, das Strukturierte dem männlichen Geschlecht zugeordnet ist, so hat dies die Konsequenzen, daß die Frau den Phallus begehrt, um zum Existieren zum kommen, und der Mann das Nicht-Phallische abwehrt, um im Existieren zu bleiben."[16]

Auf diese Weise lässt sich die fehlende Position eines weiblichen Autors in der Geisteslandschaft des *Fin de siècle* und insbesondere im Kontext der idealistischen Kunstauffassung der *Décadence* interpretieren. Ein weiblicher Autor konnte demzufolge nur über die Imitation des Phallischen, also im Falle Rachildes über die mimetische Nachahmung des dekadenten Diskurses zur literarischen Existenz kommen. Zu schreiben, also den Stift in

---

[14] Peter Widmer, *Subversion des Begehrens. Jacques Lacan oder die zweite Revolution der Psychoanalyse*, Frankfurt a.M. (Fischer) 1990, S. 97. Vgl. ebenso Jacques Lacan, *Encore. Das Seminar. Buch XX (1972-1973)*, Weinheim u. Berlin (Quadriga) 1986, S. 81.

[15] Vgl. dazu Jacques Lacan, *Schriften I* (1966), Weinheim u. Berlin⁴ (Quadriga) 1996, S. 73-105.

[16] Peter Widmer, *Subversion des Begehrens*, S. 97f.

die Hand zu nehmen, bedeutet für eine Frau, die Grenzen der ihr auferlegten Geschlechterrolle zu überschreiten und damit auch die eigene Sozialisation zu überwinden, in der die Autorin die patriarchalische Gesellschaftsstruktur verinnerlicht hat, die ihr unentwegt vermittelt, dass sie nicht schreiben kann. Folglich erscheint vielen Schriftstellerinnen ihr Geschlecht als Hindernis:

> „At the same time, like most woman in patriarchal society, the woman writer does experience her gender as a painful obstacle or even debilitating inadequacy; like most patriarchal conditions woman, in other words, she is victimised by what Mitchell calls ‚the inferiorized and ‚alternative' (second sex) psychology of women under patriarchy.'"[17]

Diese inneren Konflikte führen in die „Angst vor Autorschaft" und sind im Palimpsest eingeschrieben. Die ambivalente Schreibweise dient dazu, diese Schwierigkeiten zu kompensieren.

In ihren autobiographischen Schriften verarbeitet Rachilde ihren literarischen Werdegang. Auf ihrem Weg zur Autorschaft lassen sich einige Momentaufnahmen festhalten, die auf ihre „Angst vor Autorschaft" schließen lassen. Von zentraler Bedeutung ist in diesem Zusammenhang ein Alptraum, der die Schriftstellerin als junges Mädchen von Zeit zu Zeit verfolgt hat.

> „(...) Rachilde vit une chose monstrueuse s'élever au-dessus de l'eau sombre du mystérieux étang, une sorte de grand, d'immense cadavre blême les bras tendus en avant, la tête ballottant sur les épaules, et l'eau tout autour semblait se soulever d'horreur en grosses vagues muettes. Elle eut un frisson, ouvrit la bouche pour appeler au secours. Ce noyé difforme marchait dans l'eau, il s'éloigna dans la direction des saules, les saules s'écartèrent pour le laisser passer ... et une voix qui n'était pas humaine cria à travers la nuit: ‚Tu ne parleras jamais, jamais'."[18]

Der Traum setzt die Angst der angehenden Schriftstellerin vor ihrer Autorschaft in Szene. Aus dem Teich, der sich tatsächlich auf dem Anwesen der Eymerys befindet, steigt eine große Wasserleiche empor, die mit verschränkten Armen vor der kleinen Marguerite steht. Während das Mädchen nur stumm verharrt und nicht um Hilfe schreien kann, vermag die Wasserleiche, die eigentlich nicht sprechen kann, zu schreien. Sie spricht mit Überzeugung aus: „Du wirst niemals sprechen." Sprechen und Schweigen, Leben und Tod werden vertauscht: Lebende verharren sprachlos und Tote

---

[17] Sandra Gilbert/Susan Gubar, *The Madwoman in the Attic*, S. 50.
[18] Rachilde, „Préface" zu *A Mort*, S. X.

sprechen. Der Tote, dessen Geschlechtszugehörigkeit sowohl maskulin als auch neutral zu deuten ist, macht darauf aufmerksam, dass der männliche Diskurs zum allgemeingültigen Diskurs avanciert. Die Wasserleiche scheint auf die unzähligen männlichen literarischen Vorläufer zu verweisen, die über den Tod hinaus eine männliche literarische Tradition bilden. Das lebende Mädchen hingegen ist aufgrund seines Geschlechtes zum Schweigen verurteilt. Es beginnt jedoch gerade, das Schweigen zu brechen: „elle (...), ouvrit la bouche pour appeler au secours".[19] Sprechen im Sinne einer literarischen Artikulation gleicht einem Normbruch, der mit gesellschaftlichem Ausschluss, symbolisiert durch das Todesbild, geahndet wird. Der Alptraum verarbeitet existentielle Ängste hinsichtlich ihrer Autorschaft. Er taucht Jahre später wieder auf, als der jungen Autorin der literarische Durchbruch in Paris nicht recht gelingen will:

> „Rachilde s'arrêtait souvent le long des parapets de ponts regardant, du fond de l'abîme plus fangeux de a Seine, se lever le noyé de jadis."[20]

Die Ängste eines jungen Autors aus der Provinz verarbeitet Rachilde auch in *Le Mordu* (1889). Der junge Schriftsteller Maurice Saulérian „l'auteur inconnu d'un livre inconnu" stürzt sich aus finanzieller Not und tiefem Zweifel an seinem Talent in die Seine.[21] „Tu ne parleras jamais, jamais" bedeutet also auch „Du wirst niemals Erfolg haben." Entschließt sich jedoch eine junge Frau für eine Künstlerexistenz, so verstößt sie nicht nur gegen die konventionelle Gesellschaftsordnung, sondern sie verletzt im Gegensatz zum männlichen Künstler auch die Geschlechterordnung, die weibliche Geschlechtsidentität auf Ehe und Familie beschränkt und künstlerische Aktivitäten ausschließlich dem männlichen Geschlecht vorbehält, wie die Auseinandersetzungen mit ihrem Vater illustrieren.[22]

---

[19] Ebd., S. X.
[20] Ebd., S. XVI.
[21] Rachilde, *Le Mordu. Mœurs littéraires,* Paris (F. Brossier) 1889, S. 62.
[22] Autorschaft wird für den Oberst zum Synonym für den Ausschluss aus der bürgerlichen Gesellschaft: „Je ne sais pas si on peut être fou quand on sacrifie les convenances sociales à une idée fixe mais, toi aussi, tu peux être folle en allant vivre à Paris, dans une certaine misère, quand tu avais le meilleur des avenirs. Tu pouvais épouser Jacques de la Hullière, à qui nous t'avions fiancée de bonne heure, oui, j'en conviens, trop tôt, mais moi, j'avais mes raisons chercher à t'éloigner d'une famille un peu *originale*, une famille de *plumitifs*, pour tout dire, et qui, sans doute, t'a donné des idées bizarres que tu as; une femme ne doit s'émanciper autrement que par le mariage... et tu n'a pas voulu du couvent après avoir rompu tes fiançailles, n'est-ce pas? Que tu aies du talent ou non, tu n'en seras pas moins une déclassée." Rachilde, *Quand j'étais jeune,* S. 166. Erst einige Jahre später, als

Wie stark Rachildes „Angst vor Autorschaft" und ihre Orientierung an Normen der männlichen Literaturtradition ist, zeigt sich darin, dass sie die Bestätigung eines ihrer Repräsentanten sucht, der ihr sagt: „Tu peux parler." Sie macht Victor Hugo zum literarischen Vater, den sie in einem Brief um Unterstützung bittet:

> „Maître, J'ai dix-sept ans et vous aimez les enfants. Je vous ai lu et j'ai essayé ma voix. Écoutez un de mes accents: heureuse et fière je serai, si vous me dites, comme ma mère: ‚continue'."²³

Zwischen Hoffnung und Bangen erwartet sie Hugos Zeilen, denn sie macht ihre Autorexistenz allein von ihm abhängig: „C'est bien l'homme, le maître, qui répond à son appel, celui qui la lancera couragement à la conquête de sa destiné."²⁴ Tatsächlich schickt Hugo ihr eine kurze Nachricht: „Remerciements, applaudissements. Courage, mademoiselle."²⁵ Moderne Autorinnen des 20. Jahrhunderts durchleben zum Teil noch dieselben Zweifel an der eigenen Kompetenz. Sie können diese Ängste vor Ausgrenzung jedoch formulieren. Hélène Cixous gebraucht fast hundert Jahre später in ihren Reflexionen zu Weiblichkeit und Autorschaft ein ähnliches Vokabular, wenngleich sie bereits in der Lage ist, diese männlichen Normen zu hinterfragen:

> „Moi, écrire? Mais je n'étais pas un prophète. Une envie ébranlait mon corps, changeait mes rythmes, se démenait dans ma poitrine, me rendait le temps invivable. J'étais orageuse. ‚Eclate!' ‚Tu peux parler!' Et d'ailleurs qui parle? L'Envie avait la violence d'un coup. Qui me frappe? Qui me prend à revers? Et dans mon corps un souffle de géant, mais de phrase point. Qui me pousse? Qui m'envahit? Qui me change en monstre? En souris qui veut devenir aussi grosse qu'un prophète?"²⁶

Die im Traum formulierte Analogie zwischen Leben und Schreiben bzw. zwischen Sterben und Schweigen behält auch in Marguerites Biographie ihre Gültigkeit. Auf das von ihren Eltern arrangierte Verlöbnis mit dem jungen Offizier Jacques de la Hullière reagiert sie mit einem Suizidversuch.

---

feststeht, dass Rachilde nach Paris geht, um dort als Schriftstellerin zu arbeiten, steckt er seiner Tochter Geld zu, um sie im Rahmen seiner Möglichkeiten zu unterstützen. Vgl. Rachilde, *Quand j'étais jeune*, S. 170.
[23] Claude Dauphiné, *Rachilde*, S. 30f.
[24] Rachilde, *Quand j'étais jeune*, S. 8.
[25] Ebd., S. 9.
[26] Hélène Cixous, „La venue à l'écriture", in: dies., *Entre l'Ecriture*, Paris (Des Femmes) 1986, S. 18.

Die Eheschließung wertet die junge Marguerite offenkundig als Ende ihres literarischen Weges.

Gemäß der These einer „Angst vor Autorschaft" identifiziert sich die junge Autorin mit einem männlichen Autorbild. Dieser Sachverhalt kommt in ihrer Inszenierung als „Rachilde. Homme de Lettres" in ganz besonderer Weise zum Tragen. Ein wesentlicher Teil dieser Inszenierung vollzieht sich über den Autornamen bzw. über Marguerite Eymerys Pseudonym Rachilde. Später spielt die Autorin mit ihrem Autornamen. Sie unterzeichnet ihre Texte mit Madame Alfred Vallette, so in *L'Heure sexuelle* (1898), mit dem Anagramm Jean de Chilra, mit Jenny Chibra oder F. de Homem Christo wie in *Le parc du mystère* (1923). Ihr literarisches Spiel geht soweit, dass sie 1898 im *Mercure de France* ihren eigenen unter dem Pseudonym erschienen Text *L'Heure sexuelle* bespricht.[27] In den meisten ihrer Werke ist allerdings der Name Rachilde als Autorreferenz angegeben.

Zeitgenossen waren jedoch der Überzeugung, dass sich hinter der Autorsignatur Rachilde ein männlicher Schriftsteller verberge, wie folgende Episode zeigt, von der Rachilde in *Face à la peur* (1942) berichtet. Der autobiographische Text erzählt vom Leben während des Zweiten Weltkrieges. Durch die Kriegswirren in Geldnot geraten, sucht Rachilde eine Bank auf, wo sie jedoch ihre Identität dokumentieren muss. Da sie keine Papiere hat, geht sie in eine Buchhandlung und ersteht für ihr letztes Geld eine Ausgabe ihres neuesten Romans, der auf dem Buchdeckel ein Foto von ihr enthält. Der Bankangestellte zeigt sich erstaunt: „Madame...Ah! oui, je connais ce nom et je pensais qu'il s'agissait d'un homme. (Sourie) C'est vous l'auteur?"[28] Die inzwischen zweiundachtzigjährige Autorin erzählt diese Anekdote im Zusammenhang mit ihren Reflexionen über die Bedeutung des Pseudonyms:

> „Le moment est venu de se rendre compte du danger que l'isolement absolu fait courir à une vieille femme. (...) O dérision de la célébrité! Que signifie un nom qui n'est, après tout, qu'un pseudonyme?"[29]

Marguerite Eymerys Künstlername ist mehr als ein Pseudonym, denn er hat die Funktion eines Eigennamens übernommen, mit dem das Werk der Autorin identifiziert wird.

---

[27] Vgl. Claude Dauphiné, *Rachilde*, S. 267-270.
[28] Rachilde, *Face à la peur*, Paris (Mercure de France) 1942, S. 70.
[29] Ebd., S. 64.

Für die junge Marguerite Eymery, wie für viele andere Schriftstellerinnen, ist der Künstlername von großer Bedeutung. Ein männlicher Künstlername verleiht einer Literatin *auctoritas* und verschafft ihr eine öffentliche Autorität: „George Sand and (following her) George Elliot most famously used a kind of male impersonation to gain male acceptance of their intellectual seriousness."[30] Die geschlechtsspezifische Trennung zwischen dem Mann als Schreibendem und der Frau als Lesender wird unterlaufen:

> „Part of the reason women adopted male pseudonyms was to create for themselves a public authorial persona which facilitated their writing, not so much because it presented a male, and therefore acceptable, mask to the public, but because it split, for them the functions of reader and writer within their own psyche in a way that duplicated the received gender norms: men as a writer, women as a reader."[31]

Bei dieser imaginären Verdopplung der Geschlechterkonvention von schreibendem Mann und lesender Frau geht es vor allem um die Aufhebung der Prämisse „männliches schöpferisches Subjekt – weibliches erschaffenes Objekt" („man as creating subject- woman as created object"), die es für einen weiblichen Autor zu überwinden gilt und die für ihre Angst vor Autorschaft von zentraler Bedeutung ist.

Das Pseudonym trennt zwischen biologischem Geschlecht und der damit verbunden weiblichen Geschlechtsidentität, indem es eine literarische Identität schafft, die außerhalb der männlichen und weiblichen *gender role* steht und die Autorin ebenso interessant wie unangreifbar macht. In dieser imaginären Trennung von *sex* und *gender*, die die Überwindung der Geschlechtergrenzen möglich macht, liegt der eigentliche Gewinn der Übernahme eines männlichen Pseudonyms.

Der Künstlername setzt den Namen des Vaters außer Kraft. Der Schriftstellerin ist es möglich, eine eigene, unabhängige Rechtsposition im Sinne eines „état civil littéraire" innerhalb der literarischen Öffentlichkeit einzunehmen. Insofern ließe sich die Wahl bzw. die Schöpfung eines „nom de plume" als Rebellion gegen den Vater, gegen eine patriarchalische Ordnung deuten.

Über Bedeutung und Funktion des Namens, insbesondere des Pseudonyms bei einem weiblichen Autor herrscht in der Forschung eine rege Dis-

---

[30] Sandra Gilbert/Susan Gubar, a.a.O., S. 65.
[31] Melanie C. Hawthorne, „To the lighthouse: Fictions of Masculine Identity in Rachilde's *La Tour d'Amour*", in: *L'Esprit Créateur. Bâton Rouge* XXXII, 4 (Winter 1992), S. 41-51, hier S. 44.

kussion. Einer Auffassung zufolge wählen Autorinnen ein männliches Pseudonym, um mit ihren Vätern zu rivalisieren: „Women writers may adopt a male persona to rival their fathers, not to imitate them, to oppose rather than reaffirm patriarchal power."[32] In Bezug auf Rachildes literarische Entwicklung besteht die Rivalität zwischen Vater und Tochter bzw. die Opposition der Tochter gegen die väterliche Autorität im Akt des Schreibens selbst. Nur mittels Pseudonym ist es der jungen Autorin möglich, die Anordnungen des Vaters, der die Schriftstellerei verabscheut, zu unterlaufen.

Da es sich bei dem Namen Rachilde aber um einen Männernamen handeln soll, hat die männliche Autorsignatur auch eine affirmative Qualität, denn sie akzeptiert die männliche Vorherrschaft im literarischen Feld. Subversion und Affirmation spielen auch im Hinblick auf den Gebrauch des Pseudonyms ineinander. Die in dem Autornamen eingeschriebene Ambivalenz spiegelt eine innere Instabilität, die aus psychoanalytischer Sicht auf „a continuing unresolved conflict and transformation"[33] hinweist, die bei Rachilde in engem Zusammenhang mit der problematischen Mutter-Tochter-Beziehung gedeutet wird. Unter dem Schutz eines Pseudonyms bzw. in der Distanzierung vom Namen des Vaters könne die Autorin der Beziehung zur Mutter Raum geben, um diese neu zu erfahren:

> „(...) the use of pseudonyms by these writers was a part of a subversive effort to challenge partriarchal autority and to reinscribe the suppressed relation to the mother."[34]

Nicht das negative Verhältnis zwischen Mutter und Tochter wird über das Pseudonym ausgedrückt, sondern die im Pseudonym enthaltene geschlechtliche Ambivalenz kann als Hinweis auf die Identitätsproblematik der Autorin gelten: Rebellion gegen die männliche Ordnung einerseits, der Wunsch nach Anerkennung von den männlichen Literaten andererseits.

Der Kampf um literarische Identität ist auch ein Kampf gegen Anonymität.[35] Der Künstlername wirkt literarischem Schweigen, gewissermaßen der literarischen Auflösung des Ich entgegen. Der Gebrauch eines männli-

---

[32] Ebd., S. 42.
[33] Maryline Lukacher, *Maternal Fictions: Stendhal, Sand, Rachilde, and Bataille*, Durham u. London (Duke University Press) 1994, S. 15.
[34] Ebd., S. 2.
[35] Vgl. dazu auch Maryline Lukacher, *Maternal Ficitions*, S. 200.

chen Pseudonyms kann auf eine selbst geschaffene literarische Tradition verweisen, unter deren Schutzherrschaft sie sich als Autorin stellt. Rachildes Mutter glaubt schließlich sogar, dass ihre Tochter lediglich als Medium fungiere und nicht Marguerite, sondern der schwedische Edelmann der wahre Autor ihrer Romane sei. So erscheint sie eines Tages bei Dentu und erhebt Plagiatsvorwürfe gegen ihre eigene Tochter.[36]

Unterdessen scheint sich die Schriftstellerin immer mehr mit ihrer Autorinszenierung zu identifizieren, wenn sie beispielsweise als Monsieur Rachilde auch ihre private Korrespondenz unterschreibt oder ihre Post empfängt.[37] Wird ein Autorname in einem entpersonalisierten, entsubstantialisierten Sinn als Funktion begriffen, erscheint er als Aneignungs- und Zuschreibungsverhältnis, das den Autor als Besitzer des Textes kenntlich macht, eine Gruppierung der Texte, eine Inbezugnahme der Texte zueinander gewährleistet und eine bestimmte Seinsweise des Diskurses bezeichnet.[38] Der „nom de plume" geht über ein Zuschreibungsverhältnis hinaus. Er übernimmt die Funktion einer literarischen Identitätsstiftung auf Seiten des Autors und des Lesers, die an eine literarische Geburt erinnert:

> „De toute façon, le pseudonyme est la conquête d'un soi littéraire, supérieur à l'autre, ou différent de l'autre, moins socialisé et sanctifié par l'état civil; seconde naissance: naissance à l'état littéraire. La signature va s'imposer, le nom secondaire va prendre consistance, va se vérifier par l'action littéraire; on finira par lire et par acheter le pseudonyme comme vrai nom. La nomination se fera réalité, comme se fixe un surnom; le nom fera argent et prendra place dans le ‚monde réel', c'est-à-dire dans le monde des signes. Exister, c'est écrire; et signer l'écrit; et faire rejaillir l'écrit sur le nom; et relancer le nom dans le monde, avec son viatique: l'œuvre."[39]

Marguerite Eymerys schwierige Situation als weiblicher Autor, symbolisiert in ihrem Künstlernamen, bezeichnet also eine Existenzweise, die die Grenzen von sozialer und literarischer Identität verwischt und sich insbesondere in ihrer Inszenierung als weiblicher Dandy manifestiert. Wie viele

---

[36] Rachilde, *Quand j'étais jeune*, S. 137-144.
[37] Vgl. Claude Dauphiné, *Rachilde*, S. 46.
[38] Vgl. Michel Foucault, „Was ist ein Autor?", in: ders., *Schriften zur Literatur*. Aus dem Französischen übersetzt von Karin Hofer und Anneliese Botond, München[5] (Nymphenburger Verlagsanstalt) 1974, S. 7-31.
[39] Roger Bellet, „Masculin Et Féminin Dans Les Pseudonymes Des Femmes De Lettres Au XIX$^e$ Siècle", in: ders. (Hg.), *Femmes de lettres au XIX$^e$ siècle. Auour de Louise Colet*, Lyon (Presses Universitaire de Lyon) 1982, S. 249-281, hier S. 252.

Schriftstellerinnen[40] empfindet Rachilde ihr biologisches Geschlecht aufgrund des damit verbundenen Rollenkorsetts als Behinderung:

> „J'ai toujours regretté de ne pas être un homme, non point que je prise davantage l'autre moitié de l'humanité mais parce qu'obligée, par devoir ou par goût, de vivre comme un homme, de porter seule tout plus lourd du fardeau de la vie pendant ma jeunesse, il eût préférable d'en avoir ou moins les privilèges sinon les apparences."[41]

Als Kind hat sie immer wieder von der Verwandlung in einen Jungen geträumt, als junge Autorin legt sie nun selbst Hand an und inszeniert sich als „homme de lettres":

> „Il ne me restait, comme dernière ressource, qu'à vivre en mauvais garçon et je laissai derrière moi la robe de la petite oie blanche, de la *demoiselle* qui demandait au jésuite, son précepteur, le miracle de la ...*transfiguration*!"[42]

Ihre Sehnsucht nach einer Transfiguration erweist sich als Wunsch nach Überschreitung der von ihr offenbar als Beschränkung empfundenen Körperlichkeit der Frau. Diese negative Auffassung ihrer Geschlechtlichkeit deutet ebenso wie ihre Inszenierung als weiblicher Dandy oder ihr Alptraum aus Kindertagen auf ihre „Angst vor Autorschaft":

> „For a woman artist is, after all, a woman – that is her ‚problem' – and if she denies her own gender she inevitably confronts an identity crisis as severe as the anxiety of authorship she is trying to surmount."[43]

Ihre dandyistische Inszenierung als „homme de lettres" enthält also die Dimension einer imaginären Geschlechtsumwandlung. In der androgynen Erscheinung des Dandys sind die Wertvorstellungen der *Décadence* im Sinne einer als unmännlich und effeminiert verstandenen Kunst eingeschrieben.[44] Dies macht seine Attraktivität für einen weiblichen Autor aus. Zugleich gilt der Dandy als Garant für ein hohes ästhetisches Niveau, das nach zeitgenössischen Vorstellungen lediglich einem männlichen Geist möglich ist. Insofern ermöglicht ihr die dandyistische Inszenierung als „homme de lettres" die Überwindung der Geschlechtergrenzen, die selbst eine der zentralen Normen der *Décadence* bilden, und erleichtert ihr das Einschreiben in diesen Diskurs. Die Autorin staffiert sich also mittels ihrer

---

[40] Man denke an George Eliot, Virginia Woolf etc.
[41] Rachilde, *Pourquoi je ne suis pas féministe*, S. 6.
[42] Ebd., S. 67. [Hervorheb. i. Original.]
[43] Sandra Gilbert/Susan Gubar, *A Madwoman in the Attic*, S. 66.
[44] Vgl. Elaine Showalter (Hg.), *Daughters of Decadence. Women Writers of the Fin de Siècle*, London (Virago Press), 1993, S. x.

Maskerade mit jenen künstlerischen Attributen wie Geist, Geschmack, Stilsicherheit und Ästhetik aus, die ihr aufgrund ihrer Geschlechtes verweigert werden.

Rachilde präsentiert sich nicht nur in der Öffentlichkeit in Männerkleidung, auch ihre Texte weisen eine Art metaphorische Verkleidung auf, die wie ihr äußeres Erscheinungsbild auf eine Doppelgeschlechtlichkeit hinweist. Rachilde sucht im Geschlechtertausch, der Verkleidung als „homme de lettres", die mehr ist als bloßes Maskenspiel, einen Ausweg aus der „Angst vor Autorschaft", der sich in ihren Texten im Sinne eines literarischen Geschlechtertausches („literary crossings") niederschlägt.

Zunächst scheinen sich ihre Texte von männlichen Texten kaum zu unterscheiden, paraphrasiert sie doch zeitgenössische literarische Muster, die die männliche Ordnung nicht gefährden, sondern auf den ersten Blick sogar bestätigen.[45] In gleichem Atemzug stellt die Autorin bereits durch ihre „unmögliche" Autorschaft, aber auch durch ihr ironisches Durchqueren des literarischen Diskurses der *Décadence* das männliche Diskursinventar in Frage. Der doppelte Diskurs pendelt also zwischen Affirmation und Rebellion der Konventionen der *Décadence*, er erweist sich aufgrund der ihm eingeschriebenen Hybridität als Palimpsest. Die ambivalente Textstruktur in Rachildes Romanen unterscheidet sich schon allein deshalb maßgeblich von jenen schizophrenen Bildern, die Sandra Gilbert/Susan Gubar bei Autorinnen aus dem viktorianischen England aufzeigen, weil die *Décadence* mit ihrer Kultivierung des Paradoxen auch einem weiblichen Autor andere Artikulationsmöglichkeiten bietet.

In den Texten von Charlotte Brontë, Mary Shelley oder Mary Elizabeth Coleridge spiegelt sich die innere Zerissenheit der Schriftstellerinnen in einer Figurenkonstellation, bei der zarte, angepasste Frauengestalten („the angel in the house") rebellischen, aggressiven Monsterfrauen („the madwoman in the attic") gegenüber stehen. In der Literatur der französischen *Décadence* hingegen gehören die aggressiven Frauen zum Typus der *femme fatale* und sind fester Bestandteil des Diskurses, was den Autorinnen neue Optionen verleiht. Rachildes Angst vor Autorschaft zeigt sich nicht anhand gegensätzlicher Frauenfiguren, sondern sie ist in der paradoxen

---

[45] So schreibt Alfred Jarry: „Nous avons lu des contes de vous, Ma-da-me. Nous avons cru jusqu'à ce jour qu'ils étaient écrits par un homme! Nous voyons que ce n'est pas vrai, et c'est bien regrettable..." Alfred Jarry, zitiert nach Claude Dauphiné, a.a.O., S. 202. Huysmans nennt die Autorin „la seule femme de lettres qui fût un écrivain" Karl-Joris Huysmans, zitiert nach Claude Dauphiné, a.a.O., S. 248.

Modellierung ihrer jeweiligen weiblichen Hauptfiguren eingeschrieben. Zwar entsprechen Rachildes Romanheldinnen auf den ersten Blick jenen misogynen Frauenbildern, die damals in Texten männlicher

Autoren vorherrschten, doch bei näherer Betrachtung lässt sich feststellen, dass ihre Frauenfiguren innerhalb des vorgegebenen Frauenbildes auch Freiheit und Unabhängigkeit propagieren und sich an erlittenen Repressalien rächen. In der überzeichnenden Mimikri der traditionellen Frauenbilder, bei der ihre Heldinnen zu omnipotenten, gewalttätigen Monstern werden, wird das Ausmaß der Gewalt einer patriarchalischen Gesellschaft in seiner Totalität sichtbar.

Die Ambiguität von Rachildes Frauengestalten zeichnet sich am deutlichsten an ihrer mehrdeutigen geschlechtlichen Repräsentierbarkeit ab. Androgyne weibliche Dandies agieren in ihren Texten, die zwischen Misogynie und Emanzipation bzw. Ablehnung des eigenen Geschlechts und Sehnsucht nach Selbstentfaltung pendeln. Die Ambivalenz lässt sich auch am Geschlechterdiskurs in den Romanen ablesen. Dieser beschränkt sich nicht nur auf das Personal, sondern der Geschlechtertausch wird auch in den Handlungsmustern der einzelnen Romane auf verschiedene Weise thematisiert. Sexuelle, kulturelle, soziale und politische Machtpositionen werden verkehrt. Die politische Dimension des Geschlechts wird auf moderne Weise betont. Androgynie wie auch das Spiel mit den Geschlechterrollen verarbeiten das Thema Ich-Suche bzw. Ich-Spaltung und gehören somit zu dem Themenspektrum der *Décadence*, dessen sich Rachilde in besonderer Weise bedient. In allen Texten scheint der Rollentausch die Romanheldinnen kurzfristig aus Unterdrückungsverhältnissen zu befreien, in denen sie sich aufgrund ihrer Geschlechtszugehörigkeit befinden. Frauengestalten wie Mary Barbe oder Eliante Donalger empfinden ihren Körper als Gefängnis, dem sie durch Maskerade und Geschlechtertausch zu entkommen suchen. Männlichkeit wird mit Freiheit, Unabhängigkeit und Selbstentfaltung, Weiblichkeit mit Repression, Enge, Machtverlust assoziiert. Sandra Gilbert/Susan Gubar zählen diese Imaginationen des Eingeschlossenseins ebenso wie Klaustophobie und Agoraphobie[46] zu den Ausdrucksformen, die auf literarische Isolation, Entfremdung und somit auf die Angst vor Autorschaft schließen lassen. Bei Rachilde lassen sich hingegen die Vorstellungen von Enge und des Eingeschlossenseins aus-

---

[46] Vgl. Sandra Gilbert/Susan Gubar, *The Madwoman in the Attic*, S. 58.

schließlich in Beziehung zum weiblichen Körper festmachen. Die allgemeine Sehnsucht nach der Überwindung einer als vulgär empfundenen Körperlichkeit, wie sie gegen Ende des 19. Jahrhunderts vor allem von der idealistisch geprägten Kultur der *Décadence* formuliert wird, verarbeitet Rachilde von einem weiblichen Standpunkt aus. Auch Krankheitsbilder wie Magersucht, Hysterie und Wahnsinn werten Sandra Gilbert/Susan Gubar als Indizien für eine Angst vor Autorschaft. Diese Krankheitsbilder seien als pathologische Auswirkungen einer patriarchalen Gesellschaft auf die Sozialisation der Frau zu verstehen.[47] Die Übererfüllung der Frauenrolle und die damit einhergehende Selbstverleugnung sei nicht nur Resultat einer weiblichen Sozialisation, sondern deren Erziehungsziel:

> „(...) such afflictions as anorexia and agoraphobia simply carry patriarchal definitions of ‚femininity' to absurd extremes, and thus function as essential or at least inescapable parodies of social prescriptions. (...), nineteenth-century culture seems to have actually admonished women to be ill. In other ‚female diseases' from Victorian women suffered were not always by-products of their training in femininity ; they were the goals of such training."[48]

Erziehung zur Selbstverleugnung bzw. zur Krankheit lässt sich bei hysterischen Romanfiguren wie Eliante Donalger aus *La Jongleuse* oder Laure Lordès aus *L'animale* beobachten. Die Erziehung zum Selbstverzicht und nicht zur Selbstentfaltung ist meist auch Teil der Biographie der Schriftstellerinnen. Folglich ist auch deren künstlerische Produktion von einem Wechselbad zwischen Selbstartikulation und Selbstverleugnung gekennzeichnet, das auf die „Angst vor Autorschaft" verweist.

Bei der Debatte über die Krankheitsbilder in Rachildes Texten darf jedoch nicht übersehen werden, dass der Themenkomplex Krankheit und Nervosität in Kultur und Kunst der *Décadence* eine zentrale Rolle spielt. Hysterie und Wahnsinn gelten im Kontext der *Décadence* insbesondere auch bei männlichen Autoren als Signale besonderer Sensibilität und eines überdurchschnittlichen Wahrnehmungshorizonts, die als Erkennungsmerkmale von Genie und Künstlertum gewertet wurden. Krankheitsbilder erzählen in Rachildes Texten nicht nur einen schwierigen Prozess der literarischen Identitätssuche, sondern sie können auch als Indikator für künstlerische Begabung und Kompetenz betrachtet werden.

---

[47] Vgl. ebd., S. 53f.
[48] Ebd., S. 54.

Motive der (Selbst-)Auflösung wie Suizid, Mord und Tod deuten ebenso wie Einsamkeit und Isolation auf Selbstzweifel und die Furcht vor künstlerischer Isolation oder literarischem Tod bzw. auf die Angst vor Ausschluss aus dem literarischen Diskurs. Diese Motive sind Ausdruck von dem Kampf um literarische Selbstdefinition und der Suche nach einer eigenen Standortbestimmung:

> „Thus the loneliness of the female artist, her feelings of alienation from the male predecessors coupled with her need for sisterly precursors and successors, her urgent need for a female audience together with her fear of the antagonism of the male readers, her culturally conditions timidity about self-dramatization, her dread of patriarchal authority of art, her anxiety about the impropriety of female invention – all these phenomena of ‚inferiorization' mark the woman writer's struggle for artistic self-definition and differentiate her efforts of self-creation from these of her male counterpart."[49]

All diese Themen kreisen immer wieder um die weibliche bzw. literarische Identitätsfindung, die bei den englischen Autorinnen des 19. Jahrhunderts wie auch bei Rachilde eng an die Vorstellung einer männlichen Autorschaft gebunden sind, an der die Frauen nur dann teilnehmen können, wenn sie sich selbst auf der literarischen Ebene als Männer verkleiden. Dabei werden ihre Texte zu „disguised stories", zu Palimpsesten, in denen es ihnen gelingt, ihren Objektstatus aufzuheben und zum literarischen Subjekt zu werden, das sich selbst nicht mehr als Kunstobjekt abtöten lässt („killing into art"). Dennoch bleibt Rachilde wie viele andere Autorinnen in Bildern wie literarischer Vaterschaft oder dem Stift als phallische Metapher verhaftet.

Das Schwanken zwischen Wiederholung und leiser Kritik am männlichen Diskurs der *Décadence* zeigt sich in der Ironie, die Rachildes Romane durchzieht. Die Ironie entsteht im Wesentlichen durch die Verkehrung von geschlechtsspezifisch besetzten kulturellen und sozialen Normen. Der ironische Grundton gehört daher zu den Hauptkennzeichen des ambivalenten Diskurses.[50]

Das Palimpsest betont mit seinem Subtext und seinem Oberflächentext eher das Gespaltensein der Texte und kann trotz seiner Vorzüge in Bezug auf die Interpretation von Rachildes Romanen und den Kontext der französischen *Décadence* nur als Hilfskonstrukt betrachtet werden, welches das diskursive Zirkulieren der Texte ein wenig vernachlässigt. Problematisch

---

[49] Ebd., S. 50.
[50] Vgl. Kap. 13.3 dieser Arbeit.

erscheint im Hinblick auf die *Décadence* ebenfalls der Terminus eines dominanten Oberflächendiskurses, der Themen eines dominanten literarischen Diskurses transportiert. Für Rachilde als Autorin waren die Produktionsregeln der *Décadence* sicher bindend und insofern mag sie den Diskurs als dominant erfahren haben. Literaturhistorisch betrachtet gilt der Naturalismus als dominanter Literaturdiskurs des ausgehenden 19. Jahrhunderts, während sich die *Décadence* ihm gegenüber als Subdiskurs verhält. Demnach zählte der dominante naturalistische Diskurs zum männlichen Diskurs und die *Décadence* zum weiblichen Diskurs. Auch Rachilde mag dies unbewusst so gesehen haben. Auffällig ist im Kontext des *Fin de siècle*, wie Rachilde sich mehr und mehr mit dem Diskurs der *Décadence* identifiziert. Sie scheint den Frauenhass der *Décadence* gleich einer Abwehrprojektion auf den Naturalismus, Zielscheibe der dekadenten Bewegung, zu übertragen und sich dabei ihrer eigenen Konflikte zu entledigen. Der naturalistische Diskurs wird aufgrund seiner medizinischen, positivistischen Ziele, dem Reproduktionsdogma und dem Gesundheitsideal zum Statthalter des Phallischen, während die *Décadence* mit den Bildern Krankheit, Auflösung, Wahnsinn und Ich-Suche weiblich besetzt und daher für einen weiblichen Autor attraktiv ist.

4.2.2 Über das Sprechen mit zwei Stimmen: „double bind" – „double-voiced discourse" – „bisextuality" – „Mimesis"

Rachilde hat während des Schreibprozesses offenbar ihre schwierige Position als Autorin im Blick, denn ihre Texte erweisen sich als Gratwanderung zwischen affirmativem und subversivem Umgang mit den Produktionsregeln der *Décadence*. Einerseits erleichtert die Bestätigung literarischer Konventionen einer Schriftstellerin den Einzug in den Literaturbetrieb, d.h. die Autorin kann entgegen ihrer Geschlechtszugehörigkeit als literarisches Subjekt agieren und entgeht somit jenem Objektstatus, den der Diskurs der *Décadence* den Frauen in der Regel zuweist. Andererseits aber beinhaltet die Assimilation die Verunglimpfung des eigenen Geschlechts und bedeutet somit auch immer den Verzicht auf literarische Selbstverwirklichung. Assimilation ebnet also nicht nur den Weg für den Eintritt in den entsprechenden Literaturdiskurs, sondern birgt ebenso die Gefahr der Überanpassung bzw. des Selbstverlustes. Die problematische Situation eines weiblichen Autors zwischen Anpassung und Selbstaufgabe kommt im zweistimmigen Diskurs zum Ausdruck. Das Sprechen mit zwei Stimmen steht jedoch nicht nur im Zentrum der Thesen von Sandra Gilbert/Susan Gubar, es ist auch Gegenstand weiterer Theorien im Rahmen der feministischen Literaturwissenschaft, die den ambivalenten Diskurs eines weiblichen Autors unter den Termini „double bind", „double-voiced discourse", „bisextuality" oder „Mimesis" fassen.

Bei dem Terminus „double bind" handelt es sich um einen Begriff aus der Kommunikationstheorie, den Paul Watzlawick et al. in dem Buch *Menschliche Kommunikation. Formen, Störungen, Paradoxien* (1969) wie folgt definieren:

> „Ein double bind ist eine Mitteilung, die a) etwas aussagt, b) etwas über ihre eigene Aussage aussagt, und c) so zusammengesetzt ist, daß diese beiden Aussagen einander negieren bzw. unvereinbar sind. Der Empfänger dieser Mitteilung kann der durch sie hergestellten Beziehungsstruktur nicht dadurch entfliehen, daß er entweder über sie metakommuniziert (sie kommentiert) oder sich aus der Beziehung zurückzieht."[51]

Die Theorie von der Doppelbindung ist auch in der Schizophrenie-Forschung von zentraler Bedeutung. Gregory Bateson kennzeichnet die „doubel-bind"-Situation als schizophrene Kommunikationsform, bei der das Individuum nicht in der Lage ist zwischen der kommunikativen und metakommunikativen Qualität einer Mitteilung zu differenzieren.[52] Diese Form der Kommunikation wird durch Doppelbotschaften hervorgerufen, die enge Bezugspersonen (z.B. die Mutter) des Individuums aussenden. Diese Art der Mitteilungen „lassen sich grob charakterisieren als a) feindseliges oder abwendendes Verhalten, das sich immer einstellt, wenn sich das Kind ihr [sc. der Mutter] nähert, b) simuliertes oder annäherndes Verhalten, zu dem es kommt, wenn das Kind auf ihr feindseliges oder abwendendes Verhalten reagiert, womit sie [sc. die Mutter] zu leugnen versucht, dass sie sich zurückzieht."[53] Es handelt sich bei Doppelbotschaften also um Mitteilungen, die gleichzeitig ausgedrückt werden, sich in ihrer Aussage jedoch widersprechen. Da das Individuum auf die doppeldeutigen Mitteilungen nicht angemessen reagieren kann, verfällt es in tiefe Unsicherheit

---

[51] Paul Watzlawick et al., *Menschliche Kommunikation. Formen, Störungen, Paradoxien*, Bern, Wien u. Stuttgart (Huber) 1969, S. 196.
[52] Gregory Bateson, *Ökologie des Geistes. Anthropologische, psychologische, biologische und epistemologische Perspektiven*, Frankfurt a.M.⁶ (Suhrkamp) 1996, S. 287f.
[53] Ebd., S. 284.

und reagiert mit pathologischen Verhaltensweisen, um sich und die geliebte Bezugsperson zu schützen.[54] Im Rahmen der Literaturkritik untersuchen Tony Manocchio und William Petitt die Doppelbindung in den Familienbeziehungen, wie sie etwa in den Werken von Terence Rattigan, Shakespeare, Eugen O'Neill, Arthur Miller oder Edward Albee geschildert werden. Auch Harold Bloom gebraucht den Begriff „double bind", um die pathologische Qualität des Künstlers zu seinem Vorgänger zu beschreiben. Die Doppelbindung steht seiner Ansicht nach für die Paradoxie der impliziten Anweisung des Vorgängers an den Epheben, wobei das ältere Kunstwerk zum nachfolgenden Kunstwerk spricht: Sei so wie ich, aber nicht genau wie ich.[55]

Die feministische Literaturtheorie versteht unter dem Terminus „double bind" eine geschlechtliche Doppelbindung, die die Autorin in eine „schizophrene" literarische Kommunikationssituation bringt.[56] Aufgrund eines explizit männlich definierten Literaturverständnisses ist die schreibende Frau gezwungen, die Konventionen des herrschenden Literaturdiskurses mitsamt seinen misogynen Themen zu übernehmen. Sie muss also entgegen ihrer Geschlechtszugehörigkeit wie ein Mann schreiben („writing like a man"), um sich in den literarischen Diskurs einzuschreiben.

Wie viele Autorinnen tritt Rachilde in den männlichen Diskurs ein, um nicht „Opfer" dieses gleichen Diskurses zu werden. Sie flieht also in den männlichen Diskurs, um der männlichen Imagination zu entkommen, und muss doch gerade diese oft frauenfeindlichen Imaginationen reproduzieren, um sich Zutritt zu diesem Diskurs zu verschaffen. Damit macht sie sich selbst zur Anderen und fungiert in gewissem Sinne als schreibendes Subjekt und stummes Objekt zugleich.

Als Autorin kann Rachilde aufgrund ihrer Geschlechtszugehörigkeit weder als Mann, also mit männlicher Autorität schreiben („writing as a man"), noch sieht sie die soziokulturellen Möglichkeiten, selbstbewusst und emanzipatorisch als Frau zu schreiben („writing as a woman"). Indem Rachilde

---

[54] „Dies bedeutet, daß es [sc. das Kind] sich selbst über seinen eigenen inneren Zustand täuschen muß, um die Mutter in ihrer Täuschung zu unterstützen. Um mit ihr zu überleben, muß es sowohl seine eigenen inneren Mitteilungen als auch die Mitteilungen anderer falsch unterscheiden." Ebd., S. 286.

[55] Vgl. dazu Harold Bloom, *The Anxiety of Influence: A Theory of Poetry*, New York (Oxford University Press) 1973.

[56] Zur „double-bind"-Situation bei Virginia Woolf und George Eliot vgl. Sandra Gilbert/Susan Gubar, *A Madwoman in the Attic*, S. 64f.

die Regeln des männlich dominierten Diskurses befolgt, die das Anschreiben gegen ihr eigenes Geschlecht vorsehen, gelingt es ihr, wie ein Mann zu schreiben („writing like a man"). Zugleich bringen ihre Texte auch Themen aus einem weiblichen Erfahrungshorizont hervor, die sie wie eine Frau („writing like a woman") literarisch umsetzt. Die geschlechtliche Doppelbindung ihrer Schreibweise ließe sich also mit der Formel wie ein Mann/eine Frau schreiben („writing like a man/woman") auf einen Nenner bringen. Diese Schreibweise zeugt davon, dass die Schriftstellerinnen eng mit der patriarchalen Tradition verwoben sind und keinen eigenen literarischen Ort aufweisen können. Die Theorie von der geschlechtlichen Doppelbindung bleibt bei der Beschreibung der konfliktreichen Position eines weiblichen Autors immer auf einer pathologischen Ebene verhaftet und muss daher die positiven Seiten einer ambivalenten Schreibweise außer Acht lassen.

Die Frage nach dem literarischen Ort der Frauen beschäftigt auch die gynozentrische Literaturwissenschaft.[57] Sie hat es sich zur Aufgabe gemacht, „den präzisen kulturellen Ort der literarischen Identitätsbildung von Frauen aufzuzeigen und jene Kräfte zu beschreiben, die sich mit dem kulturellen Feld einer einzelnen Schriftstellerin überschneiden."[58] In ihrem Kulturmodell des weiblichen Schreibens, das Elaine Showalter in ihrem Essay *Feminist Criticism in the Wilderness* (1981) entworfen hat, greift sie auf die frauenzentrierte Geschichtstheorie Gerda Lerners und die Kulturtheorie von Shirley und Edwin Ardener zurück. Die beiden Anthropologen vertreten die Ansicht, dass Frauen als eine verstummte Gruppe („muted group") zu betrachten sind, da deren Kultur und Wirklichkeit sich zwar mit der dominanten männlichen Gruppe in Grenzbereichen überschneide, aber nicht darin aufgehe.[59] Ausgenommen scheint ein spezifisch weiblicher Erfahrungsbereich, die „wilde zone", die im Gegensatz zu einer spezifisch männlichen Erfahrungszone nicht sprachlich zugänglich ist. Da die dominante männliche Gruppe alle Wahrnehmungs- und Äußerungsformen kon-

---

[57] Elaine Showalter hat den Begriff *Gynocritics* geprägt. Darunter versteht sie eine feministische Wissenschaft, die frauenzentriert, unabhängig und intellektuell in sich schlüssig sein sollte, um dem theoretischen Pluralismus der feministischen Literaturkritik entgegen zu wirken. Vgl. Elaine Showalter, „Feministische Kritik in der Wildnis", S. 55.
[58] Ebd., S. 79.
[59] Vgl. ebd., S. 75.

trolliert, können Angehörige der verstummten Gruppe sich nur mittels der zulässigen Ausdrucksformen des dominanten Systems artikulieren. Showalter zufolge ist „die gesamte Sprache die Sprache der dominanten Gruppe"[60]. Folglich kann es außerhalb dieser dominanten Gruppe keine Kunst und keine Literatur geben. Schreibende Frauen bewegen sich also nicht innerhalb oder außerhalb der männlichen Tradition, sondern sie befinden sich gleichzeitig innerhalb zweier Traditionen. Diese bestimmen den doppelten literarischen Ort der Frau als Autorin. Daraus resultiert eine ambivalente Schreibweise, die Elaine Showalter als zweistimmigen Diskurs („double-voiced discourse") bezeichnet:

> „In der Realität, auf die wir uns als Literaturwissenschaftlerinnen beziehen müssen, ist das Schreiben von Frauen ein ‚doppel-stimmiger Diskurs', in den immer das soziale, literarische und kulturelle Erbe beider Gruppen, der ‚verstummten' und der dominanten, eingeht."[61]

Die Besonderheit der Literatur von Frauen liegt demzufolge in dem simultanen Zusammenspiel zweier pendelnder Texte, die sowohl eine dominante als auch eine verstummte Geschichte enthalten.[62] Zu den Aufgaben einer feministischen Literaturwissenschaft würde es demnach gehören, die Art und Weise des Zusammenspiels dieser beiden pendelnden Texte zu untersuchen und dabei die Produktions- und Rezeptionsbedingungen, das Verhältnis von Autorin und Publikum, sowie die Relation von hoher und niedriger Literatur im Hinblick auf die jeweilige Gattung in den Blick zu nehmen.[63] Ambivalenz als weibliche Schreibpraxis soll auch in die Wertungspraxis einbezogen werden. Einerseits wird durch die Annahme eines zweistimmigen Diskurses eine weibliche Tradition sichtbar, die es neben der männlichen Tradition zu etablieren gilt. Andererseits aber, und dies ist kritisch anzumerken, geht Elaine Showalter von einer universellen weiblichen Erfahrung aus, die andere weibliche Schreibweisen von vornherein ausschließt.[64] Im Unterschied zu Showalters Theorie erfasst die These vom Palimpsest außerdem eine literarische Tiefenstruktur, die Showalters literatursoziologischem Ansatz verborgen bleiben muss, und bringt gerade die

---

[60] Ebd., S. 75.
[61] Ebd., S. 78.
[62] Vgl. ebd., S. 81.
[63] Vgl. ebd., S. 79.
[64] Vgl. zu diesem Kritikpunkt auch Gisela Brinker-Gabler (Hg.), *Deutsche Literatur Von Frauen*, Bd. I: *Vom Mittelalter bis zum Ende des 18. Jahrhunderts*, München (C. H. Beck) 1988, S. 20.

hybride, schwer fassbare Ambivalenz der Texte zum Ausdruck, die sich nicht einfach auf eine mechanische Duplizität von Internalisierung und Distanzierung von männlichen Vorbildern reduzieren lässt. Die doppeldeutige Qualität von Rachildes Texten beschränkt sich nicht nur auf die Handlung,[65] sie wird ebenso in Schauplätzen und Figurenkonstellationen sichtbar, in besonderer Weise aber in der Mythen- und Bildersprache wirksam. Darüber hinaus gilt für Rachilde, dass die diskursive Ambivalenz eng an die Verarbeitung von Themen der *Décadence* geknüpft ist und sich insbesondere am weiblichen Dandytum festmachen lässt, das Androgynie, Ich-Suche, (Selbst)-ironie, Geschlechtertausch und Maskerade als jene hybriden Themen in sich vereinigt, die in Rachildes Romanen eine große Rolle spielen.

Im Kontext von weiblichen Dandytum und Ironie hat Naomi Schor die diskursive Binarität, die Elaine Showalter als zweistimmigen Diskurs und Sandra Gilbert/Susan Gubar als Palimpsest bezeichnen, „bisextuality" genannt. Das in dem weiblichen Dandytum eingeschriebene Schwanken nennt Naomi Schor „the paradigma of undecidability" und bringt es mit dem weiblichen Fetischismus in Verbindung:

> „As Elaine Showalter writes: ‚woman's fiction can be read as a double-voiced discourse, containing a ‚dominant' and a ‚muted story', what Gilbert and Gubar call a ‚palimpsest'. I have described it elsewhere as an object/field problem in which we must keep two oscillating texts simultaneously in view.' (...) To read Sand's recurrent scenes of fetishistic eroticism in the perspective if female fetishism is to give full play to what I will call, for lack of a less awkward term, her insistent and troubling *bisextuality*." [66]

Der Terminus „bisextuality" betont zwar die doppelgeschlechtliche Qualität von Texten weiblicher Autoren, doch Schors Thesen eignet sich aus zwei Gründen nicht als theoretisches Fundament für die Analyse des ambivalenten Diskurses. Erstens geht Schor immer von Romanszenen aus, die weiblichen Fetischismus thematisieren. Daher lassen sich nur ausgewählte Texte mit ihrem Ansatz interpretieren. Zweitens begünstigt dieses Konzept

---

[65] So bemerkt Elaine Showalter: „Die konventionelle Handlung tritt zurück, und eine andere Handlung, die bislang in der Anonymität des Hintergrunds untertauchte, hebt sich deutlich und kühn wie ein Fingerabdruck davon ab." Elaine Showalter, „Feministische Kritik in der Wildnis", S. 81.

[66] Naomi Schor, „Female Fetishism: The Case of George Sand (1985)", in: dies., *Bad Objects. Essays Popular and Unpopular*, Durham u. London (Duke University Press) 1995, S. 93-100, hier S. 98.

aufgrund seiner Anbindung an den weiblichen Fetischismus die Pathologisierung von Texten weiblicher Autoren.

Rachildes ambivalenter Umgang mit den Produktionsregeln der *Décadence* macht deutlich, dass es sich bei dem Zitieren einer konventionellen Bildsprache nicht nur um die bloße Wiederholung männlicher Bilder handelt, sondern um eine semantische Verschiebung. Dieser Gedanke bildet den Kern einer Theorie von „Mimesis", die Luce Irigaray in *Ce sexe qui n'en est pas un* (1975) entwirft.[67] Luce Irigarays Verständnis des Begriffes „Mimesis" bewegt sich in einem Spannungsfeld von Essentialismus, Dekonstruktion und Kreativität. Im Rückgriff auf Platon versteht sie unter der Nachahmung der Natur immer zugleich Wiederholung und Verschiebung, eben Reproduktion.[68] Zugleich will sie „Mimesis" als Form der Mimikri verstanden wissen, die für die Schriftstellerin als Überlebensstrategie fungiert. Im Hinblick auf weibliche Autorschaft wäre es einer Autorin möglich, ihr Wissen um die Geschlechterdifferenz strategisch einzusetzen. Die Etymologie des Terminus „Mimesis" verweist auch auf das Mimen, auf die Arbeit des Schauspielers, der einen vorgefertigten Diskurs nachstellt: „Hier ist eine gewollte Täuschung, die der Entlarvung der Diskurse der Mächtigen und der satirischen Inszenierung des Spiels dient. So ließe sich z.B. Irigarays Verfahrensweise in *Speculum* beschreiben, die den psychoanalytischen Diskurs Freuds respektlos nachahmt und gleichzeitig dekonstruiert."[69] In der Praxis der poetischen Dekonstruktion liegt also die dritte Bedeutung von „Mimesis", die im Sinne einer literarischen Überlebensstrategie von Frauen zu verstehen ist, denen eine eigene Stimme verweigert wird:

> „Sie [sc. die Frau] ist das Gegenüber des Subjekts der Sprache, sie ist sein Objekt, sie ist sein *sujet* – wenn man dieses Wortspiel aus dem französischen Sprachraum nimmt, sie wird von ihm besprochen."[70]

---

[67] Vgl. zum Folgenden Herrad Heselhaus, „Luce Irigaray – „Weiblichkeit" wieder(er)finden. Feministische Theorie zwischen Essentialismus, Dekonstruktion und Kreativität:", in: Erika Haas (Hg.), *„Verwirrung der Geschlechter". Dekonstruktion und Feminismus*, München u. Wien (Profil) 1995, S. 95-122.
[68] Vgl. ebd., S. 99.
[69] Ebd., S. 116. [Hervorheb. i. Original.]
[70] Ebd., S. 112.

Die Position des sprechenden bzw. schreibenden Subjekts ist nach Lacan den Männern vorbehalten. Daher befindet sich die Frau als Autorin in einem Dilemma:

> „Es bleibt ihr also nur ein mimetisches Verfahren, und wenn Sie, die Frau, sich dieser Mimesis nicht bewußt ist, wird sie wie ein Mann über die Frau sprechen, d.h. sie wird nicht einmal als sprechendes Subjekt die Frau zum Objekt ihres ‚eigenen Diskurses' machen."[71]

Würde sich die Frau als Autorin aus Gründen des literarischen Überlebens zum Objekt ihres Diskurses machen, wäre sie sich über ihre Mimesis bewusst. Nur durch diese Bewusstmachung der mimetischen Praxis kann sie die Verschiebung des Sinns bzw. die inhaltliche Verschiebung von literarischen Konventionen erzielen. An dieser Stelle bewegt sich die mimetische Praxis über die Nachahmung hinaus und verweist auf die bereits angesprochene Mimikri als eine Täuschungsstrategie. Das literarische Täuschungsmanöver schützt die schreibende Frau jedoch nicht nur vor dem Ausschluss aus dem literarischen Feld, es gewährleistet ebenso ihren Eintritt in die Welt der Literatur:

> „Es existiert zunächst vielleicht nur ein einziger ‚Weg', der historisch dem Weiblichen zugeschrieben wird: die Mimetik. Es geht darum, diese Rolle freiwillig zu übernehmen. Was schon heißt, eine Subordination umzukehren in Affirmation, und von dieser Tatsache aus zu beginnen, jene zu vereiteln. Während diese Bedingung zurückweisen für das Weibliche darauf hinausläuft, den Anspruch zu erheben, als (männliches) ‚Subjekt' zu sprechen oder eine Beziehung zum Intelligiblen zu postulieren, die die sexuelle Indifferenz aufrecht erhält. Mimesis zu spielen bedeutet also für eine Frau den Versuch, den Ort ihrer Ausbeutung durch den Diskurs wiederzufinden, ohne sich darauf einfach reduzieren zu lassen."[72]

Luce Irigaray deutet also die Affirmation der unterprivilegierten Position der Frauen bzw. die Bestätigung des phallogozentrischen Diskurses als notwendige Bedingung für die Bewusstwerdung ihrer Diskriminierung, die als erster Schritt auf dem Weg zu einer eigenen Position zu werten ist. Leugnet die Frau hingegen die Hierarchie der Geschlechterdifferenz, so würde sie als Verbündete ihrer „Unterdrücker" agieren.

„Mimesis" und Dekonstruktion bzw. Wiederholung und Verschiebung der Inhalte des phallogozentrischen Diskurses der *Décadence* kennzeichnen auch Rachildes Verfahrensweise der subversiven Imitation, wenn sie etwa Mary Barbes sadistischen Männerhass als Folge persönlicher Unfreiheit

---

[71] Ebd., S. 112.
[72] Luce Irigaray, *Das Geschlecht, das nicht eins ist*, Berlin (Merve) 1979, S. 78.

präsentiert. Rachilde beschreibt in ihren Texten die Unterdrückung der Frau und erkennt damit zwar die unterprivilegierte Situation der Frauen in der Gesellschaft des 19. Jahrhunderts an, doch im Unterschied zu Irigarays Standpunkt idealisiert sie die Position der Männer. Ihre Lösung liegt in der Verleugnung ihres eigenen Geschlechts. Anders als Irigaray geht es Rachilde nicht um einen neuen weiblichen Subjektentwurf, sondern um die Befreiung von Geschlechtlichkeit, von der sie glaubt, dass sie sie an ihrer Selbstentfaltung hindere.

Irigaray verschiebt die Bedeutung des phallogozentrischen Subjektbegriffs, indem sie von der Frau als derjenigen spricht, die nicht eins ist.[73] Diese Umdeutung des Lacanschen Weiblichkeitsbildes berücksichtigt jedoch nicht die Identitätsproblematik von Rachildes Autorschaft. Zwar erinnert Rachildes subversive Imitation an Irigarays ironische Mimesis, doch die dem Ereignis der Wiederholung innewohnende Spannung zwischen Selbstverleugnung und Rebellion lässt sich nicht positiv als neuer weiblicher Subjektentwurf deuten. Dieser Konflikt scheint vielmehr auf die „Angst vor Autorschaft" zu verweisen, wie ihn Sandra Gilbert/Susan Gubar auch bei anderen Autorinnen aufzeigen konnten. Die ambivalenten Frauen- und Männerfiguren, die im Gegensatz zu den viktorianischen Autorinnen bei Rachilde eine bedeutende Rolle spielen, verleihen einer Ich-Suche Ausdruck, die immer zugleich subversiv und affirmativ ist: subversiv, weil sie sich der eindeutigen Repräsentierbarkeit entzieht und konventionelle Bilder dekonstruiert, und affirmativ, weil sie misogyne Traditionen übernimmt.

Deutlich wird, dass die verschiedenen Theorien nicht exklusive Gegensätze bilden. Sie stellen sich als unterschiedlich akzentuierte Lesarten weiblicher Schreibpraxis dar. Im Folgenden kehren wir zum Palimpsest zurück, denn es zeugt nicht nur von der Unterdrückung, die weibliche Autoren erfahren haben, und von der „Angst vor Autorschaft", sondern es spricht ebenso von der Klugheit der Schriftstellerinnen und ihrer hybriden Aussagekraft, die sich immer wieder eindeutigen Interpretationen entzieht bzw. entziehen muss. Dies gilt nicht nur für die Romane, sondern auch für die Position der Autorin. Identität und Autoridentität, Weiblichkeit, Männlichkeit und Subjektivität bezeichnen also Konstrukte, die Differenzen und

---

[73] Vgl. ebd., S. 25ff u. S. 30.

Widersprüche thematisieren und zulassen. Eben darin liegt sowohl das verführerische Spiel mit den Lesern als auch die Modernität der Romane.

Ist also in diesem Kontext von weiblicher Subjektivität oder Identität die Rede, so bezeichnen sie eine Identitätsvorstellung, die Differenzen und Widersprüche zulässt. Es kann nicht darum gehen, ein weibliches Subjektivitätsideal zu postulieren, das eine „gelungene" oder „gesunde" Identität im Sinne einer normativen Subjektivität propagiert.[74] Andererseits kann die Verleugnung und Abwertung des eigenen Geschlechts in Rachildes Texten nicht über eine problembehaftete Identitätssuche hinwegtäuschen. Insgesamt geht es um eine literarische Integrität, die es dem weiblichen Autor erlaubt, den Blick von einer männlichen Norm mehr auf sich selbst zu lenken und das Eigenständige als wertvoll zu betrachten.

Abschließend sei noch darauf hingewiesen, dass diese Arbeit nicht das Ziel verfolgt, ausgehend von Rachildes Schreibweise auf eine einheitliche, gattungsübergreifende, weibliche Schreibtradition in der *Décadence* zu schließen und damit einen normativem Anspruch bezüglich einer weiblichen Autorschaft zu postulieren. Das Palimpsest erscheint im Kontext der *Décadence* sowie in Hinsicht auf den literarischen Werdegang der Autorin als eine mögliche weibliche Schreibweise, als ein autorspezifischer Reflex auf einen männlich definierten Literaturdiskurs.

---

[74] Vgl. zu diesem Kritikpunkt auch Lena Lindhoff. Sie gibt zu bedenken, dass die weibliche Zurückweisung der Autorschaft und die Verweigerung der Subjektivität auch eine spezifische Qualität sein kann. Vgl. Lena Lindhoff, *Einführung in die feministische Literaturwissenschaft*, Stuttgart u. Weimar (J. B. Metzler) 1995, S. 47. Die Normativität von Sandra Gilberts/Susan Gubars Theorie eines weiblichen Schreibens kritisiert auch Gisela Brinker-Gabler. Sie fordert eine Relativierung des von Sandra Gilbert/Susan Gubar vertretenen Anspruchs, demzufolge sie nicht nur eine bedeutende weibliche Literatur, sondern eine ganze vernachlässigte weibliche Geschichte wiederzuentdecken suchen. Vgl. Gisela Brinker-Gabler (Hg.), *Deutsche Literatur von Frauen*, Bd. I: *Vom Mittelalter bis zum Ende des 18. Jahrhunderts*, S. 21-23.

## 5. RESÜMEE

Rachildes literarische Aktivitäten sind eng in der Kultur der *Décadence* verhaftet. Ihr berühmter Salon, ihre jahrzehntelange Arbeit am *Mercure de France*, vor allem aber ihre Texte machen ihren Ruf als „Reine des Décadents" über die Landesgrenzen hinaus bekannt. In ihrem umfangreichen Œuvre, das neben Romanen, Novellen, Erzählungen, Tiergeschichten, Künstlerportraits, Theaterstücken auch Lyrik umfasst, verarbeitet die Autorin den Themenkreis des literarischen Diskurses der *Décadence*, als deren Hauptthemen Androgynie, Ästhetizismus, zerebrales Liebeskonzept, Perversionen, phantastische Welten und künstliche Paradiese gelten können. So sind insbesondere die Romane der Autorin von Dandys, Hermaphroditen, Degenerierten, nicht zuletzt von Frauengestalten bevölkert, die an Frauenbilder wie die *femme fatale* oder die *femme fragile* erinnern.

Neben diesen misogynen Frauenbildern nimmt der Geschlechterdiskurs in ihren Texten eine bedeutende Stellung ein. Er reflektiert die Geschlechterpolitik am Ausgang des 19. Jahrhunderts. Eine Auseinandersetzung mit der zeitgenössischen Geschlechterpolitik zählt daher zu den notwendigen Voraussetzungen für das Verständnis von Rachildes Romanen. Die politischen Realitäten dieser Zeit sind eng an jene Vorstellungen von den Geschlechtern gebunden, die nicht zwischen sozialem und biologischem Geschlecht trennen. Die aus der Geschlechtszugehörigkeit resultierenden Rollen werden als Schicksal verstanden und zementieren das asymmetrische Verhältnis zwischen den Geschlechtern. Die traditionellen Dualismen Geist - Natur, Intellekt - Gefühl, Moral - Unmoral etc. bilden das Fundament der hierarchischen Geschlechterbeziehungen, bei der die Selbstentfaltung der Frau ausschließlich auf die Aufgaben als Hausfrau und Mutter beschränkt ist und deshalb ihr in der Regel der Zugang zu Bildungseinrichtungen und öffentlichen Ämtern verwehrt ist. Die Sexualisierung, die Pathologisierung sowie die moralischen Diffamierung der Frau bildet den gemeinsamen Referenzpunkt unterschiedlichster politischer, wissenschaftlicher und kultureller wie literarischer Strömungen gegen Ende des 19. Jahrhunderts. Insofern erweist sich Misogynie als interdiskursives Phänomen.

Vor dem Horizont des verlorenen Krieges von 1870 und dem damit verbundenen Bevölkerungsrückgang in Frankreich wird Mutterschaft zum Politikum, zum patriotischen Beitrag für das Vaterland. In die Depopulationsdebatte schalten sich auch die ersten Feministinnen Frankreichs ein. Angesichts der Bedeutung, die der Mutterschaft nun eingeräumt wird, fordern engagierte Frauen wie Hubertine Auclert oder Maria Desraimes im Gegenzug die Verbesserung der sozialen Lage der Frau. Darin zumindest sind sich die vielen feministischen Gruppierungen trotz unterschiedlicher ideologischer Ausrichtung einig. Im Unterschied zum „féminisme individualiste" verlangen die Vertreterinnen des „féminisme familiale" keine politische Partizipation und Reorganisation der patriarchalen Gesellschaft, sondern sie stützen einen Geschlechterdiskurs, der zwar die traditionellen Rollenbilder betont, allerdings die Aufwertung der familienzentrierten Arbeit der Frauen fordert.

Insbesondere vor dem Hintergrund ihres literarischen Werdegangs, in dessen Verlauf Rachilde aufgrund ihrer Geschlechtszugehörigkeit immer wieder mit diversen Ausschließungspraktiken konfrontiert wurde, erscheinen ihre Ressentiments gegenüber den Feministinnen ihrer Zeit auf den ersten Blick unverständlich, ihre Haltung auch im Hinblick auf den Geschlechterdiskurs in ihren Texten widersprüchlich. Bei genauerer Betrachtung zeigt sich auch in diesem Kontext ihre enge Bindung an die *Décadence*, die bei der Autorin im persönlichen und literarischen Dandyismus Ausdruck findet. Das zerebrale Liebeskonzept des Dandys bildet den Dreh- und Angelpunkt ihrer Haltung gegenüber den feministischen Gruppierungen der Zeit, was maßgeblich in ihrem Artikel *Questions brûlantes* (1886) zum Vorschein kommt, den sie anlässlich der „Douglas-Affäre" verfasst hat. Sie plädiert in diesem Artikel für eine reine und freie Liebe, die nur bar jedweder Körperlichkeit möglich zu sein scheint. In diesem Zusammenhang distanziert sich Rachilde von der Politik der Feministinnen, die mit den Reproduktionsinteressen des Staates konvergiert. Vor dem Hintergrund ihrer aristokratischen Geisteshaltung, die mit einer konsequenten Ablehnung von Massenbewegungen und Demokratisierungstendenzen verbunden ist, verachtet Rachilde das Engagement der Frauenrechtlerinnen. Mit Blick auf ihren eigenen Werdegang vertritt die Autorin in ihrem Essay *Pourquoi je ne suis pas féministe* (1928) eine elitäre, individualistische Auffassung von Emanzipation, die ausschließlich den Kampf um die eigene Freiheit in den Vordergrund rückt. Ihr politisches Desinteresse und ihre mangelnde Solidarität gegenüber ihren Geschlechtsgenossinnen resultiert aus dieser der *Décadence* verhafteten Form der Individualemanzipation.

Rachilde nimmt im Kreise der zeitgenössischen Schriftstellerinnen im Hinblick auf ihren Weg zur Autorschaft eine Sonderstellung ein. Im Gegensatz zu Autorinnen wie Juliette Adam, Marguerite Audoux, Judith Gauthier, Lucie Delarue-Mardrus, Marcelle Tinayre, Gyp, Anna de Noailles, Renée Vivien oder Colette ist Rachildes literarische Arbeit wie auch ihr künstlerisches Selbstverständnis maßgeblich vom Dandytum geprägt. Ihre dandyistische Inszenierung als „homme de lettres" offenbart einen Lebensentwurf, der ausschließlich der Literatur gewidmet ist. So bleibt sie weniger ihrer eigenen Familie, sondern vor allem dem Kreis um den *Mercure de France* bis zu ihrem Tode verbunden. In dieser Haltung besteht ein wesentlicher Unterschied zu jenen Autorinnen, die mit der Schriftstellerei ihre Familien ernährten.

Obwohl einige der genannten Schriftstellerinnen, wie beispielsweise Gyp oder Colette, mit den Geschlechterrollen ebenfalls ein Spiel betreiben, sticht Rachilde durch Radikalität und Permanenz hinsichtlich der Überschreitung der Geschlechtergrenzen hervor. Ihre paradoxe Position zum eigenen Geschlecht, die sich in Antifeminismus und Misogynie einerseits und in einer kritischen Auseinandersetzung mit der zeitgenössischen Geschlechterpolitik andererseits widerspiegelt, kann insofern als weiteres unverwechselbares Kennzeichen der Autorin gelten.

Das in Rachildes Romanen vertextete Spannungsverhältnis zwischen misogynen und emanzipatorischen Reflexionen beschäftigt auch die gegenwärtige Rachilde-Forschung, die nach der Reedition von *Monsieur Vénus* in den siebziger Jahren in Frankreich ihren Anfang nimmt. Die meisten Arbeiten beschäftigen sich mit der subversiven Qualität von Rachildes Schreibweise, die als Kritik an den Geschlechterrollen (Melanie C. Hawthorne, 1987/88) oder sogar im Sinne eines Kampfes gegen die Phallokratie (Claude Dauphiné, 1992) gedeutet wird. Erst im Zuge der Auseinandersetzung mit Identität und Autorschaft rückt die Ambivalenz in den Vordergrund. Die Forschung bietet mehrere Interpretationsmodelle für Rachildes ambivalente Schreibweise. Sie erscheint als Konsequenz einer Rivalität zum Vater (Melanie C. Hawthorne, 1992). Aus psychoanalytischer Sicht wird sie auf einen ungelösten Mutter-Tochter-Konflikt (Maryline Lukacher, 1994) zurückgeführt. Hingegen wird Rachildes ambivalente Schreibweise von feministischer Seite als Plädoyer für Differenz (Agnès Conacher, 1993/94) verstanden, die ihre subversive Seite zum Vorschein bringt, indem sie den traditionellen Identitätsbegriff, der Identität über das biologische Geschlecht definiert, überschreitet. Der ambivalente Diskurs wird auch als Ironisierung von *Fin-de-siècle*-Themen (Janet Beizer, 1994) oder, in einer der wenigen deutschen Beiträge über Rachilde als Feminisierung von *Fin-de-siècle*-Motiven (Margarete Zimmermann, 1999) interpretiert. Die genannten Ansätze bieten zwar interessante Denkanstöße in Bezug auf den Forschungsgegenstand, der Bedeutung der ambivalenten Schreibweise wird jedoch in ihrem Ausmaß nicht genügend Rechnung getragen.

In der vorliegenden Arbeit wird die Ambivalenz in den Texten der Schriftstellerin als autorspezifische Schreibweise gedeutet, die dem weiblichen Autor mit Blick auf die jeweiligen literaturhistorischen Rahmenbedingungen den Zugang zum literarischen Diskurs der Zeit ermöglicht. Mit Rekurs auf Sandra Gilbert/Susan Gubar werden Rachildes Romane als palimpsestartige Gebilde verstanden, in denen die „Angst vor Autorschaft" bzw. die Angst vor Ausschluss aus einem männlich kontrollierten Literaturdiskurs vertextet ist. Das Palimpsest enthält zwei Textebenen: Der Oberflächentext, der konventionelle Themen des jeweiligen Diskurses bestätigt, überdeckt eine weitere Textebene, die einen spezifisch weiblichen Erfahrungshorizont zum Vorschein bringt. Auf der einen Seite enthalten Rachildes Romane also eine Paraphrase der misogynen Themen und Motive der *Décadence,* auf der anderen Seite zeugen ihre Texte von einem Bewusstsein für die Ausschließungsmechanismen der patriarchalen Gesellschaft. Das Palimpsest erscheint als literarisches Spiel, dessen Reiz in der Verhüllung und der Enthüllung dieser verborgenen Textebene liegt. In dieser Hinsicht weist das Palimpsest Analogien zur literarischen Inszenierung der Autorin auf, denn unter ihrer Maskerade als weiblicher Dandy ist Rachilde eine Frau, die auf ihrem Weg zur Autorschaft Erfahrungen der Diskriminierung zu überwinden hatte. Diese „doppelte" Form der Maskierung, die die Diskrepanz zwischen weiblicher Geschlechtszugehörigkeit und einer explizit männlich definierten Autorschaft überwinden hilft, macht es Rachilde möglich, sich in den Diskurs der *Décadence* einzuschreiben.

Im Unterschied zu Konzepten wie etwa der „bisextuality" (Naomi Schor, 1985) oder des „double bind", in denen die ausschließlich die problematische Seite der weiblichen Autorschaft akzentuiert wird, macht das Palimpsest auch die Lust an der subversiven Verschiebung von Bedeutungsinhalten der *Décadence* sichtbar. Insofern erinnert Rachildes subversive Paraphrase von literarischen Konventionen der *Décadence* an das mimetische Verfahren Luce Irigarays. Im Gegensatz zu deren „Mimesis"-Theorie verleiht das Palimpsest der „Angst vor Autorschaft" Ausdruck. Das Palimpsest bringt darüber hinaus eine Tiefendimension des ambivalenten Diskurses zum Vorschein, die Fragen der Identität und Autorschaft aufwirft und die auch von der Theorie des „double-voiced discourse" (Elaine Showalter, 1987) aus methodischen Gründen nicht erfasst werden kann.

# TEIL II
# RACHILDES ROMANE: PALIMPSESTE DER *DÉCADENCE*

## 6. *MONSIEUR VÉNUS*: WEIBLICHER DANDYISMUS ALS LITERARISCHES PROGRAMM

Mit der Publikation ihres dritten Romans *Monsieur Vénus* (1884) schreibt sich die junge Rachilde aus der Marginalität einer weiblichen Autorexistenz in den männlichen Literaturdiskurs der *Décadence* ein. Dort zeigen sich die Literaten fasziniert von Rachildes sexuellem Wissen und ihrer jugendlichen Unerfahrenheit. 1889 schreibt Maurice Barrès als Repräsentant des dekadenten Literaturdiskurses in seinem Vorwort zur zweiten Auflage von *Monsieur Vénus*: „Ce qui est tout à fait délicat dans la perversité du livre, c'est qu' il a été écrit par une jeune fille de vingt ans."[1]

Als Prämisse für die Kritik an *Monsieur Vénus* gelten weniger literarische Themen als die Zughörigkeit der Autorin zum anderen Geschlecht. Aufgrund des misogynen Geschlechterdiskurses des *Fin de siècle* reduziert Barrès weibliche Autorschaft auf autobiographisches Schreiben und liest den Roman als „un prolongement de sa vie." [17][2] Unter dieser Prämisse erhält die Paraphrase von Motiven der *Décadence* eine biographische Qualität: „cette autobiographie la plus étrange des femmes." [20] Sie bildet den Ausgangspunkt für die Sexualisierung und Hysterisierung des Textes analog zum weiblichen Körper: „La maladie du siècle, qu' il faut toujours citer et dont Monsieur Vénus signale chez la femme une des formes les plus intéressantes, (...)." [19][3]

Maurice Barrès' misogyne Lesestrategie dient nicht nur zur Konsolidierung des eigenen Machtdiskurses, sondern forciert paradoxerweise gerade durch die Pathologisierung bzw. Hysterisierung von Roman und Autorin

---
[1] Maurice Barrès, „Préface" zu Rachilde, *Monsieur Vénus. Un roman matérialiste*, Paris (Flammarion) 1977.
[2] Die Seitenzahlen in Klammern verweisen im Folgenden auf die in Anm. 1 angeführte Romanausgabe.
[3] Janet Beizer hat diese Lesestrategie mit Rekurs auf Foucaults These der Hysterisierung des weiblichen Körpers als „hystericization of the textual body" bezeichnet und eingehend analysiert. Vgl. Janet Beizer, „Venus in Drag, or Redressing the Discourse of Hysteria: Rachilde's *Monsieur Vénus*", in: dies., *Ventriloquized Bodies. Narratives of Hysteria in Nineteenth-Century France*, Ithaca u. London (Cornell University Press) 1994, S. 227-260, hier S. 229-232.

ihre dekadente Qualität. Die Kultivierung des Pathologischen erweist sich als Lesekonvention des *Fin de siècle*, die einerseits bürgerliche Ideale wie Gesundheit und Normalität in Frage stellt, andererseits auf den Konnex Genie und Wahnsinn rekurriert und insofern auch kreative Kompetenz verheißt.[4]

Rachilde paraphrasiert den pathologischen Diskurs, indem sie selbst ihren Erfolgsroman als „das wunderbarste Erzeugnis der Hysterie" bezeichnet, „welche in einem lasterhaften Milieu zum Paroxysmus der Keuschheit gelangt ist."[5] Diese „Auto-Pathologisierung" verschafft Rachilde zumindest als Frau, die qua ihres Geschlechtes von geistigen Prozessen ausgeschlossen ist, eine literarische Existenzberechtigung. Insofern ist es nicht verwunderlich, dass Rachilde Barrès' misogynes Vorwort autorisierte und dessen Publikation billigte.[6] Rachildes Statement zur Entstehungsgeschichte des Textes und der Roman selbst implizieren aber auch eine ironische Qualität, die gegen den Geschlechterdiskurs polemisiert und die für Maurice Barrès offenbar nicht zugänglich ist. Sein starrer „*Fin-de-siècle*-Blick" haftet an konventionellen Themen des Romans, den er insofern getrost als „merveilleux chef d'œuvre" [6] bezeichnen kann.

Rachildes kritische Reflexion der Geschlechterpolarität gilt als Schwerpunktthema der feministischen Forschung, die sich seit der Neuauflage von *Monsieur Vénus* (1979) bei Flammarion mit Rachildes Œuvre auseinandersetzt. Während die vorliegenden Forschungsarbeiten im Wesentlichen den Rollenchiasmus in *Monsieur Vénus* diskutieren, der als „game of sexual inversion" (Dijkstra, 1986); Kritik an den Geschlechterrollen (Hawthorne, 1987/88); Zusammenbruch des Binären (Havercroft, 1992); sexueller Identitätskonflikt (Lukacher, 1991/92, 1994 und Besnard-Coursodon 1984) interpretiert wird, steht in dieser Arbeit das Dandytum im Zentrum der Relektüre.[7]

---

[4] Erwin Koppen rekurriert in seiner Arbeit zum dekadenten Wagnerismus auf Studien von Cesare Lombroso, der die pathologische Basis genialer Intelligenz oder genialem Künstlertum untersuchte. Vgl. Erwin Koppen, *Dekadenter Wagnerismus*, S. 295. Vgl. auch die Kapitel 2.2. und 2.5 in der vorliegenden Arbeit.

[5] Vgl. Rachilde, „Préface" zu *A Mort*, S. XVII.

[6] Dies wäre auch eine erste Antwort auf Beizers Dilemma bei ihrer Interpretation von *Monsieur Vénus* als „deconstructive reading of its preface": „The book, in other words, is a package, and it is wrapped to sell – to cater, paradoxycally, to the reigning ideology against which I have argued Rachilde's irony is directed." Janet Beizer, „Vénus in Drag", S. 259.

[7] Vgl. Bram Dijkstra, *Idols of Perversity,* Oxford u. New York (Oxford University Press) 1986; Melanie Hawthorne, „*Monsieur Vénus*: A Critique of Gender Roles",

Wie Raoule de Vénérande in *Monsieur Vénus*, so verkleidet sich Rachilde als weiblicher Dandy und verteilt ihre Visitenkarte: „Rachilde. Homme de lettres." Der Textkörper weist analog zum Frauenkörper eine rhetorische Form der Verkleidung auf. Der Dandy als Repräsentant des *Fin de siècle* verwandelt sich in *Monsieur Vénus* in einen weiblichen Dandy und korrespondiert folglich mit einem weiblichen Dandyismus als literarisches Programm des Romans. Bevor wir uns den literarischen Konsequenzen der „Geschlechtsumwandlung" des Dandys bzw. des Dandyismus zuwenden sei auf die defininitorische Begriffsbestimmung des Dandyismus in Kap. 2.4 verwiesen.

6.1 Das ironische Spiel mit dandyistischen Themen und Motiven

Die rhetorische Verkleidung als *femme dandy* gewährleistet der Autorin eine Paraphrase des literarischen Diskurses. Weibliche Autorschaft wie weibliches Dandytum gelten als Oxymora. Doch gerade in der bereits angesprochenen Kultivierung des Paradoxen[8] sowie in einem Sinn für subtile Provokation und Revolte, die sich innerhalb äusserster Grenzen der Konvention bewegen kann, liegt das Reizvolle am Dandytum für einen weiblichen Autor. Dandyistisches Erzählen dokumentiert nicht nur einen souveränen und affirmativen Umgang mit dem herrschenden Literaturdiskurs, sondern gewährleistet darüber hinaus ein parodistisches Potential, das auf der Textoberfläche als Selbstironie eine intellektuelle Kompetenz beweist und im Subtext im Hinblick auf die geschlechtsspezifische Problematik der Autorin eine dekonstruktive und ideologiekritische Qualität impliziert. Weiblicher Dandyismus als Ästhetik der Maskerade gewährleistet somit ein doppeltes Sprechen,[9] das auf der Textoberfläche durch die ironische Paraphrase von dandyistischen Themen ein Einschreiben in den literarischen Diskurs ermöglicht. Andererseits übt die maskuline Verkleidung ihres weiblichen Körpers wie ihres Textkörpers aufgrund ihres para-

---

in: *Nineteenth-Century-French Studies*. Fredonia/New York 16 (1987/88), S. 162-172; Maryline Lukacher, „Mademoiselle Baudelaire, Rachilde ou le féminin au masculin.", in: *Nineteenth-Century-French Studies*. Fredonia/New York 20 (1991/92), S. 452-465 und Micheline Besnard-Coursodon, „Monsieur Vénus, Madame Adonis: Sexe Et Discours", in: *Littérature* 54 (Mai 1984), S. 121-127.

[8] Vgl. Kap. 2.5 dieser Arbeit.
[9] Zum Begriff des doppelten Sprechens vgl. Kap. 4.2 dieser Arbeit.

doxen Charakters einen verführerisch erotischen Reiz aus, der das Androgyne assoziieren lässt.

Analysiert man den zweistimmigen Diskurs im Roman, so kann man den Text nicht nur als Dekonstruktion der von Barrès praktizierten Hysterisierung des Romans lesen, sondern vielmehr als Parodie bzw. ironische Dekonstruktion des misogynen Diskurses des *Fin de siècle*, als dessen Repräsentant der Dandy fungiert. Auf der Textoberfläche paraphrasiert die Autorin zentrale dandyistische Themen und Motive, die sie durch Inversion gleichzeitig parodiert. Auf der Ebene des Subtexts thematisiert die ironische Paraphrase wesentliche Probleme weiblicher Autorschaft im 19. Jahrhundert.

Der Geschlechtertausch kennzeichnet als Kompositionsprinzip die Erzählkonzeption des weiblichen Dandyismus in *Monsieur Vénus,* deren subtil ironischer Ton auf einer aristokratischen distanzierten „supériorité" basiert. Diese wird durch eine auktoriale Erzählweise gestützt und ist vom dandyistischen Humor der „force de raillerie" gekennzeichnet. Die Überwachheit des Blicks, mit der der klassische Dandy über die Einhaltung seiner Maximen wacht, wird bei Rachilde zur sensiblen Untersuchung des zeitgenössischen Geschlechterdiskurses umfunktioniert. Beweist der Dandy durch seine permanente Selbstreflexion ein Bewusstsein für seine geistige Unfreiheit, so zeugt der von Raoule inszenierte Rollentausch ebenso von einem Bewusstsein für die Diskriminierung der Frau im 19. Jahrhundert. Als weiblicher Dandy gilt Raoule als schillernder Mittelpunkt in der Gesellschaft von Romanfiguren, über die sie ihr Dandytum definiert. Raoules Tante Elisabeth formuliert die moralischen Ansprüche, über die sich der Dandy mokiert. Als Prostituierte inkarniert Jacques' Schwester Marie Silvert die vulgäre Weiblichkeit, die der Dandy zutiefst verabscheut. Der Architekt Martin Durand steht für den bourgeoisen „Möchtegern-Dandy" und Emporkömmling, von dem sich der aristokratische Dandy durch seine Exklusivität deutlich distanzieren muss. Der Dandy Baron de Raittolbe vernachlässigt seine Maximen und provoziert um so mehr die dandyistische Ernsthaftigkeit von Raoule. Im Zentrum des Romans steht Raoules Liebe zu Jacques Silvert. Ihre Beziehung zu dem schönen Blumenhändler skizziert die ambivalente Haltung des Dandys zur Frau, die zwischen Bewunderung und Verachtung oszilliert. Rachilde ironisiert in *Monsieur Vénus* die misogyne dandyistische Selbstdarstellung und sein gestörtes Verhältnis zur Weiblichkeit, Sexualität und Kunst.

Obwohl der Dandy grammatikalisch ausschließlich männlich definiert ist und als inkarniertes Gegenbild zur Frau begriffen wird, trifft man in der Literatur auf zahlreiche Frauengestalten, die über Attribute eines Dandys verfügen und insofern als eigener literarischer Typus bzw. stilisierte Männerphantasie gelten können.[10] Raoule de Vénérande jedoch unterscheidet sich wesentlich von den weiblichen Dandys, zu denen beispielsweise Mademoiselle de la Mole aus Stendhals *Le Rouge et le Noir* (1830) zählt.[11] Die Protagonistin von *Monsieur Vénus* erscheint aufgrund des strukturbestimmenden Prinzips der Geschlechterinversion als Karikatur der klassischen *femme dandy*. Während Mademoiselle de la Mole als Frau ausschließlich aufgrund dandyistischer Gesinnung von einem männlichen Autor zur *femme dandy* geadelt wird, stattet Rachilde ihre Heldin mit einer männlichen Kostümierung aus, die den dualistischen Charakter der *femme dandy* enthüllt. Die dandyistische Maxime der Verkleidung des Ich gerinnt zur Maskerade. Die *gender*-spezifische Karikierung dandyistischer Themen und Motive, die auf Inversion, Ironie, Konkretion oder Hypertrophierung basiert, ist Kennzeichen von Raoules Selbstentwurf.[12]

Ebenso wie die Mademoiselle de la Mole stammt die gebildete Raoule aus einer reichen Pariser Aristokratenfamilie [36], deren Familiengeschichte im Vergleich zur Biographie eines klassisch geprägten weiblichen Dandys dunkle („dekadente") Flecken aufweist. Raoules Vater gilt als Sadist und ihre Mutter als Nymphomanin [39]. Raoule führt ein von Eleganz und Ennui geprägtes Leben in den besten Kreisen. Sie gilt nicht als edle Schönheit, sondern als „étrange beauté" [34] und überrascht die Pariser Gesellschaft mit extravaganten Damentoiletten, wie dem Nymphenkostüm, das sie von Jacques anfertigen ließ [27/43/64f]. Das Kleiderunderstatement praktiziert sie nur, wenn sie in der Dandyrolle auftritt. Dann trägt sie distinguierte schwarze Anzüge [190f]. Zu ihrer männlichen Kostümierung gehört auch eine linguistische Verkleidung: „je suis amoureux d'un homme" [88], eine männliche Stimme [196] und eine maskuline Biographie, die

---

[10] Wider Erwarten verwenden selbst die großen misogynen Theoretiker des Dandyismus den Terminus *femme dandy*, wie Gnüg erläutert. Vgl. Hiltrud Gnüg, *Kult der Kälte. Der klassische Dandy im Spiegel der Weltliteratur*, Stuttgart (J. B. Metzler) 1988, S. 16.
[11] Vgl. die von detaillierte Analyse des Romans in Hiltrud Gnüg, *Kult der Kälte*, S. 160-170.
[12] Die ironische Seite der dandyistischen Inszenierung von Raoule entgeht Deborah Houk. Vgl. Deborah Houk, „Self Construction And Sexual Identity in Nineteenth-Century French Dandyism", in: *French Forum* 12 (1997), S. 59-73, hier S. 71.

bourgeoise Tugendideale weiblicher Enthaltsamkeit, Passivität, Opferbereitschaft und Mütterlichkeit pervertiert. Ihre Dandy-Existenz erlaubt Raoule „männliche" Freizeitbeschäftigungen wie Fechten [42] oder das Sammeln von exquisiten Waffen [151]. Im Hôtel de Vénérande bewohnt sie ein Herrenzimmer „une académie masculine" [36f], in dem sie mit Baron de Raittolbe bei Champagner und Zigarre über den Eros philosophiert [81-92]. Ihr wird eine exklusive Männerwelt zugänglich, die einer Frau realiter weitgehend verschlossen bleibt. Raoules berechnende aristokratische Überlegenheit resultiert dagegen nicht wie beim klassischen Dandytum aus der Überidentifikation mit seinen Idealen, sondern aus ihrem ironischen Spiel mit dem zeitgenössischen Geschlechtercode. Wie ein klassischer Dandy verabscheut sie jegliche Form von Vulgarismus, der in *Monsieur Vénus* von der Prostituierten Marie Silvert, deren Vornamen ausgerechnet auf die Ikone der Keuschheit rekurriert, personifiziert wird. Auch ist ihr jegliche Art von Mittelmaß zuwider. Sie lehnt eine konventionelle Ehe mit Raittolbe ab und präferiert stattdessen die Mesalliance mit Jacques. In dieser Beziehung kann sie dandyistische Ideale wie Freiheit und Überlegenheit kultivieren und muss sich nicht den Pflichten einer Ehefrau unterwerfen. Ihr Verhältnis zu Jacques definiert sie ebenso wie der klassische Dandy als Machtspiel und Kampf, jedoch nicht im Hinblick auf die genuine dandyistische Problematik der Affektkontrolle, sondern bezogen auf die Geschlechterpolarität. Die unstandesgemäße Ehe von Jacques und Raoule ermöglicht die Legalisierung des Rollentauschs: „Mlle Silvert épouse M. Raoule de Vénérande" [154]. Sie hat den gesellschaftlichen Ausschluss zur Konsequenz und kann somit als parodistisches Exempel für die dandyistische Maxime der Revolte gedeutet werden. Rachilde pervertiert den Topos der Frau als Raubkatze, der an den misogynen Mythos der *femme fatale* gekoppelt ist.[13] Die schöne, elegante „femme panthère" [58], „femme lionne" [52], „femme tigre" [34] spielt nicht mit den von Faszination geprägten Angstgefühlen des Mannes, sondern ihr Knurren, Kratzen und Beißen ist Vorspiel einer von Aggression, Macht und Gewalt gezeichneten sadistischen Sexualpraxis [55ff]. Als Hysterikerin rückt Raoule in die Nähe des Herzogs Des Esseintes:

---

[13] Vgl. Carola Hilmes, *Die Femme Fatale. Ein Weiblichkeitstypus in der nachromantischen Literatur*, Stuttgart (J. B. Metzler) 1990, S. 60ff. Vgl. ebenso ihre Ausführungen und Abbildungen zu Ferdinand Knorff und Stanislav Przybyzwki.

„Et Raoule bercée par le trot rapide de attelage, mordait ses fourrures, la tête en arrière, le corsage gonflé, les bras crispés avec de temps à autre un soupir de lassitude." [34]

Hysterie zählt wie die Neurose in „A Rébours" [1884] zu den zentralen Diskursen in Monsieur Vénus" [31/40/55/132/142]. Dass Hysterie ausnahmslos an die weibliche *gender role* gebunden ist, zeigt folgende Textstelle, die die hysterischen Attacken von Jacques nach dem Rollentausch illustrieren: „Raoule, s'écria Jacques, la face convulsée, les dents crispées sur la lèvre, les bras étendues comme s'il venait d'être crucifie dans un spasme de plaisir, (...)." [198] Des Esseintes' Neurose und Raoules Hysterie problematisieren in divergenter Weise das Ideal der Affektkontrolle. Triebverzicht, der die paradoxe Haltung des Dandys zur Frau[14] reflektiert, rückt nun bei beiden Romanhelden in die Nähe des Pathologischen und ist damit fest im Kontext der *Décadence* verankert. Während der klassische Dandy die Gesellschaft braucht, um seine „superiorité" unter Beweis zu stellen, ziehen sich Des Esseintes und Raoule mehr oder weniger ganz aus dem gesellschaftlichen Leben in ihre artifiziellen Paradiese zurück, um dort ihre sexuellen Perversionen[15] zu leben. In *Monsieur Vénus* entmythifiziert Rachilde den zeitgenössischen Hysterie-Diskurs, indem sie die „maladie du siècle" als Symptom sexueller Abstinenz interpretiert.[16] Raoules Arzt führt ironisch aus, was in Medizinerkreisen der *Salpêtrière* längst bekannt gewesen sein dürfte:

„Un cas spécial, monsieur. Quelques années encore, et cette jolie créature que vous chérissez trop, à mon avis, aura, sans les aimer jamais, connu autant d'hommes qu'il y a de grains au rosaire de sa tante. Pas de milieu! Ou nonne, ou monstre! Le sein de Dieu ou celui de la volupté! Il vaudrait peut-être mieux l'enfermer dans un couvent, puisque nous enfermons les hystériques à la Salpêtrière!" [40f]

Des Esseintes' Neurose ebenso wie Raoules sadistische Praxis und ihre hysterischen Attacken, die in der Freudschen Psychoanalyse als koitusäquivalent gelten[17], kompensieren sexuelle Spannungen, die aus den idea-

---

[14] Vgl. Hiltrud Gnüg, *Kult der Kälte*, S. 64.
[15] Per definitionem zählen zu Perversionen diejenigen sexuellen Praktiken, die nicht der Reproduktion dienen. Vgl. den Artikel zu Perversion in Jean Laplanche/J.-B. Pontalis, *Das Vokabular der Psychoanalyse*, Frankfurt a.M.[13] (Suhrkamp) 1996, S. 377-381.
[16] Zum medizinischen Diskurs in *Monsieur Vénus* vgl. Janet Beizer, „Venus in Drag", S. 244ff.
[17] Vgl. Jean Laplanche/J.-B. Pontalis, *Das Vokabular der Psychoanalyse*, S. 183.

listischen Maximen des Dandys resultieren,[18] der das Natürlich-Kreatürlich-Triebhafte den Frauen zuordnet.

Der klassische Dandy dämonisiert die Frau als Bedrohung seines kontrollierten Selbstentwurfs. Als Kokotte führt sie den Dandy mit ihrer vermeintlich animalischen Weiblichkeit permanent in Versuchung und bietet ihm so die Möglichkeit, seine „supériorité" zu beweisen. Als Muse ist ihr schöner Leib künstlerische Inspirationsquelle. Rachilde karikiert in *Monsieur Vénus* das gestörte Verhältnis des Dandys zur Weiblichkeit mit aller Sorgfalt. Detailbesessen versieht sie den jungen Jacques auf allen Erzählebenen mit natürlich-kreatürlichen Attributen und Assoziationen. Sein Nachname Silvert wie sein Beruf als Blumenhändler deuten auf seine Nähe zur Natur:

> „His name ‚Silvert' evokes the names ‚sylvie' which comes from the Latin ‚silva' meaning ‚wood' or ‚forest'. The sylvan connotation combines with the second syllable ‚vert' (‚green') to reinforce the image of Jacques as a blossoming shrub or tree."[19]

Als Raoule die Tür zu Jacques' Mansarde öffnet, steigt ihr „une odeur de pommes cuisants" in die überfeinerte Nase, der sie sofort mit Ekel erfüllt [23]. Die Äpfel als Metapher für Natürlichkeit fungieren ebenso als „verbotene Frucht" und verweisen auf Jacques als maskuline Eva, dem Sinnbild weiblicher Verführung zur fleischlichen Lust. Sie ziehen Raoule einerseits an: „Mlle de Vénérande s'imagina qu'elle mangerait peut-être bien une de ces pommes sans trop de révolte." [28] Andererseits rufen sie Abwehr bzw. das Gefühl von existentieller Bedrohung hervor: „Raoule se leva; un tremblement nerveux la secouant tout entière. Avait-elle donc pris la fièvre chez ces misérables?" [29] Aufgrund seiner Identifikation mit der weiblichen *gender role* wird Jacques von Raoule ausschließlich auf seinen Körper reduziert, dessen „beauté surhumaine" [99] auf weiblichen Markierungen an seinem biologisch männlichen Körper basieren, die auf dem ersten Blick das Androgyne assoziieren lassen:

> „Digne de la Vénus Callipyge, cette chute de reins, où la ligne d'épine fuyait dans un méplat voluptueux et se redressait, ferme, grasse, en deux contours adorables, avait l'aspect d'une sphère de Pares aux transparences d'ambre. Les cuisses, un peu moins fortes que des cuisses de femme, possédaient pourtant une rondeur solide qui effaçant leur sexe." [55]

---

[18] Vgl. Kap. 2.5 in dieser Arbeit.
[19] Melanie Hawthorne, „*Monsieur Vénus*: A Critique of Gender Roles", S. 167.

Der misogyne Konnex von weiblicher Schönheit und Dummheit wird in der Gestaltung von Jacques ironisch zitiert und legitimiert seinen Ausschluss aus der geistigen Welt, der Raoule entgegen der zeitgenössischen Geschlechterpolitik angehört. Jacques durchschaut weder Raoules Intrigen [204ff], ihre raffinierte Verführungsstrategie [46] noch ihre Mordabsichten beim Duell [216ff]. Als *homme enfant* [109/126], einer maskulinen Variante der Kindfrau, genießt Jacques den Luxus, den Raoule ihrer männlichen Maîtresse verschafft. Passiv, naiv [30] und entscheidungsunfähig spielt er das „petit enfant surpris" [46/50], „joujou de contrebande" [57] oder „bébé" [57]. Zuweilen verfällt er in Babytalk [115] oder zeigt ein verschämtes „rire d'enfant" [75]. Raoule möchte Jacques besitzen, denn aufgrund ihrer Kühle, materialisiert in ihrem „corps de marbre" [104] und ihrem „regard froid" [104], projiziert sie in den schönen Blumenhändler ihre eigene abgewehrte Sinnlichkeit, um ihren dandyistischen Selbstentwurf nicht zu schädigen.

Der Erzählstil ist ebenfalls von dandyistischer Kühle und subtiler Überlegenheit geprägt und entbehrt selbst in existentiellen Momenten wie Jacques' Tod jeglicher Emotionalität. Er dokumentiert sinnliche Wahrnehmung lediglich in reflektierter Form, d.h. in ihren verschiedenen Empfindungsnuancen [145/198]. Jacques inkarniert traditionelle Frauenbilder wie „vierge" [123], „jeune enfant" [109], „maîtresse fiancée" [89f], Ehefrau [154], Ehebrecherin [215] und Kokotte [193]. Der strategische und machtorientierte Liebesbegriff des Dandys, der sich über den permanenten Kampf gegen die eigene Triebhaftigkeit definiert, wird von Julien Sorel und Mademoiselle de la Mole als heroische Beziehung gelebt. Rachilde hingegen parodiert das dandyistische Liebesverständnis in *Monsieur Vénus*. Im Kontext des *Fin de siècle* gestaltet sie die Bindung zwischen Raoule und Jacques als sadomasochistische Relation und entlarvt den dandyistischen Geschlechtercode mittels Inversion als Machtdiskurs. Zur Verführung Jacques' bedient sich Raoule als *femme dandy* nicht wie der klassische Dandy erotischer Stimulanzien, sondern verwendet wie ihr dekadenter Zeitgenosse Des Esseintes Geld [94/100/144], Hasch [72/75] und Aphrodisiaka [147/164], um ihr Liebesobjekt zum „bel instrument de plaisir" [99] zu machen. Mit der Gestaltung ihrer sadistischen Heldin Raoule wird die dekadente Ausgestaltung der *femme fatale* oder *femme perverse* zitiert, die im Unterschied zu Isabella Inghirami aus D'Annunzios *Forse che sí forse che no* (1910) oder Huysmans Hyacinthe Chantelouve aus *Là-bas* (1891) nicht den heroischen Opferdiskurs des männlichen Helden forciert, sondern durch Inversion einerseits den *femme-fatale*-Mythos kritisiert und sich andererseits über die Aura des Dämonischen mokiert. Raoules sexuelle Aktivität steht ebenfalls in krassem Widerspruch zur sexuellen Müdigkeit und Impotenz eines Des Esseintes. Entgegen des zeitgenössischen Geschlechterdiskurses beherrscht Raoule in ihren perversen Spielen den masochistischen Jacques: „Tu ne seras pas mon amant, tu seras mon esclave." [102f] Als „dominatrice farouche" [101] erniedrigt [74], bedroht [51] und misshandelt [54/99 etc.] Raoule ihre „amusette d'alcove" [57]. Ihre sexuelle Erregung steigt proportional zu Jacques' Hörigkeit: „Cette soumission inattendu fit frémir Raoule."[20] [94] Bei der Marquise de Sade und Raoule de Vénérande deutet die *gender*-Inversion auf die geschlechtsspezifische Gestaltung der Perversion: Sadismus und Masochismus scheinen in invertierter Form die Geschlechterpolarität zu reflektieren.[21] Naomi Schor bezeichnet die weibliche Übernahme von männlich zugeordneten Perversionen als „perversion theft".[22] Rachilde scheint in *Monsieur Vénus* die im *Fin de siècle* verbreitete Ansicht des Masochismus „als ein pathologisches Überwuchern weiblicher psychischer Elemente (...), als eine morbide Verstärkung bestimmter Züge der Frauenseele"[23] zu parodieren. Sadismus als männlich zugeordnete Störung und Hysterie als vermeintlich weibliches Krankheitsbild treffen in der Figur des weiblichen Dandys aufeinander, die durch die Inversion die doppelte geschlechtliche Option eines männlichen und weiblichen Sadismus sowie einer männlichen wie weiblichen Hysterie enthält. Einzig die kompensatorische Flucht in eine perverse Sexualpraxis,

---

[20] „Aimer, c'est souffrir" so auch lautet die Lebensmaxime der Marquise de Sade, deren Biographie auf der Textoberfläche jener vampirhaften *femme diabolique* gleicht, die die Literatur der *Décadence* hervorbringt. Der Subtext von *La Marquise de Sade* (1887) erzählt jedoch die Lebensgeschichte der Mary Barbe als psychologische Fallstudie einer jungen Frau, die auf die jahrzehntelange brutale Unterdrückung ihrer Weiblichkeit mit einem blutrünstigen sadistischen „mépris de l'homme" reagiert. Vgl. Kapitel 9 in der vorliegenden Arbeit.

[21] „Es ist bekannt, daß das Gegensatzpaar Aktivität - Passivität, das sich vollkommen in dem Gegensatz Sadismus - Masochismus realisiert, von Freud als eine der großen Polaritäten betrachtet wird, die das Sexualleben des Subjekts charakterisieren, und daß es sich in den späteren Gegensatzpaaren phallisch-kastriert und maskulin-feminin im Sexualleben des Subjekts wiederfindet." Jean Laplanche/J.-B.Pontalis, *Das Vokabular der Psychoanalyse*, S. 451.

[22] Vgl. Naomi Schor, „Female Fetishism: The Case of George Sand (1985)", in: dies., *Bad Objects. Essays Popular and Unpopular*, Durham u. London (Duke University Press) 1995, S. 93-100, hier S. 99.

[23] Richard von Krafft-Ebing, zitiert nach Jean Laplanche/J.-B. Pontalis, *Das Vokabular der Psychoanalyse*, S. 304.

die die sexuelle Aktivität auf eine „l'activité cérébrale" [33] verschiebt, gewährleistet Raoule, als weiblicher Dandy den asketischen Idealen der „l'amour cérébral" Folge zu leisten, deren misogyne Qualitäten nun sichtbar werden. Ironisch paraphrasiert Rachilde ebenfalls den Kult um die weibliche Keuschheit. Tante Elisabeth inkarniert als Nonne die „pureté corporelle et morale" [42], die immer wieder mit Raoules perverser Keuschheit konfrontiert wird: „une Vénérande ne pouvait que vierge." [42] Auch Raoule erinnert Jacques tagtäglich durch einen Strauß „des fleurs blanches immaculées" [109] an sein „kostbarstes Gut", über das Raoule in der Rolle des männlichen Partners disponieren kann. Im Kontext der *Décadence* bilden Keuschheit und Perversion eine lustvolle Verbindung: „Elle ne connaît pas le vice, mais elle l'invente" [47], von der auch Barrès' Interesse an Rachilde geprägt ist.[24] Der Kult um die Virginität fungiert bei Mary Barbe wie bei Raoule als Ersatzhandlung, die die eigene Liebesunfähigkeit verschleiert: „Je ne sais pas aimer... moi...Raoule de Vénerande!"[25] Letztlich erscheint die idealisierte „amour chaste" als purer Narzissmus, wenn Raoule von „l'amour aphrodisiaque pour l'amour" [87] spricht.[26]

Jacques' Tod, der von Raoule aus Rache wegen seines Verhältnisses zu Raittolbe eiskalt geplant wird, kann in diesem Kontext als hypertrophe Konkretion der Abtötung von Sinnlichkeit gedeutet werden, die der Dandy als Akt menschlicher Größe feiert.[27] Der Narzissmus des Dandys verweist in *Monsieur Vénus* deutlicher als in Dorian Gray auf das Thema Homose-

---

[24] Vgl. Maurice Barrès, „Préface" zu Rachilde, *Monsieur Vénus*, S. 5f.
[25] Vgl. auch Rachilde, *La Marquise de Sade* (1887), Paris (Mercure de France) 1981, S. 288.
[26] Im Hinblick auf das narzisstische Begehren in *Monsieur Vénus* rekurriert Dorothee Kelly auf die Psychoanalyse: „Freud claims that, in the case of certain women, desire remains narcissistic, whereas woman's desire turns to object-choice; (...)." Erst, wenn die Frau die Mutterrolle annimmt, wendet sich der weibliche Narzissmus in die Objektwahl, daher wird die Beziehung zwischen Raoule und Jacques oft als Mutter-Kind-Beziehung präsentiert [45/73/126/144]. Umgekehrt bedeutet nach Kelly Jacques' Feminisierung eine zunehmende Manifestierung narzisstischen Begehrens. Vgl. Dorothee Kelly, *Fictional Genders. Role and Representation in Nineteenth-Century French Narrative*. Lincoln u. London (University of Nebrasca Press) 1989, S. 143-155, bes. S. 146f. Aus dieser Argumentation ließe sich ableiten, dass das weibliches Verhalten ausschließlich biologistisch definiert wäre. Eine These, der Rachilde nicht zustimmen würde, wie im Verlauf der Arbeit immer wieder deutlich wird. Es stellt sich weiterhin die Frage, ob es sich bei Raoules narzisstischem Begehren nicht um jenen Narzissmus handelt, der den männlichen Dandy kennzeichnet. Vgl. dazu Deborah Houk, „Self Construction And Sexual Identity in Nineteenth-Century French Dandyism, S. 64f.
[27] Vgl. Hiltrud Gnüg, *Kult der Kälte*, S. 261.

xualität.[28] Als Dandy bekennt Raoule ihre homoerotische Liebe zu Jacques: „Je suis amoureux d'un homme et non pas d'une femme!" [88] Raittolbe sucht ebenfalls sein homosexuelles Begehren durch Jacques zu erfüllen [206-220]. Homosexualität, Narzissmus und vor allem ausgeprägter Ästhetizismus markieren die misogyne Identität des Dandys. Detailbesessen ironisiert Rachilde in *Monsieur Vénus* die dandyistische Kunstauffassung, als deren wesentliches Charakteristikum die Apologie der Naturfeindlichkeit zu nennen ist.

In seiner artistischen Selbstdarstellung propagiert der Dandy Kunst und Ästhetik als rebellische Lebensphilosophie gegen den von Utilitarismus, Uniformität und Trivialität geprägten Wertekodex der französischen Bourgeoisie. Als Frau ist Raoule qua ihres Geschlechtes von künstlerischer Produktivität ausgeschlossen, aber in der Rolle des Dandys partizipiert sie an der ihr verbotenen Welt. Erlesenes Dekor und exklusives Ambiente in Jacques' Atelier [36] und in ihren als Liebestempel hergerichteten Schlafzimmer [192f] erinnern an den übertriebenen Ästhetizismus eines Des Esseintes, der die Ideale von Stilsicherheit und erlesenem Geschmack karikiert.[29] Raoules Verhältnis zu Jacques reflektiert auf ironische Weise die ambivalente Haltung des Dandys zur Frau und zur Kunst. Zu künstlerischen Aktivitäten unfähig, fungiert Jacques' Körper als Kunstobjekt. In seinem Blumenladen ist die „männliche Eva" Jacques mit einer Blumenschlange so verwoben, das er selbst als Dekoration gelten könnte:

> „Autour de son torse, sur la blouse flottante, courait en spirale une guirlande de roses, des roses fort larges de satin chair velouté de grenat, qui lui passaient entre les jambes, filaient jusqu'aux épaules et venaient s'enrouler au col." [24]

---

[28] Sigmund Freud erwähnt den Terminus Narzissmus erstmals 1910, „um die Objektwahl der Homosexuellen zu erklären; diese ,... (nehmen) sich selbst zum Sexualobjekt, das heißt vom Narzißmus ausgehend (suchen sie) jugendliche der eigenen Person ähnliche Männer auf, die sie so lieben wollen, wie die Mutter sie geliebt hat'." Vgl. dazu den Narzissmus-Artikel von Jean Laplanche/J.-B. Pontalis, a.a.O., S. 317f.

[29] Zum Dekor in *Monsieur Vénus* vgl. Barbara Havercroft, „Transmission Et Travestissement: L'entre-genre et le sujet en chiasme dans *Monsieur Vénus* de Rachilde", in: *Protée (Théories et pratiques semiotiques)* 20 (1992), S. 49-55, hier S. 54 und Rae Beth Gordon, „Ornament and Hysteria: Huysmans and Rachilde", in: dies., *Ornament, Fantasy and Desire in Nineteenth-Century French Literature*, Princeton/New Jersey (University Press) 1992, S. 201-239 u. S. 274-278, hier S. 230f.

Seine biologische Männlichkeit mutiert ebenfalls zur Dekoration, denn im Laufe des Romans transformiert sich Jacques in eine Venus-Statue, dem Sinnbild für vollendete Schönheit [47/128f/192]. Nach dandyistischer Auffassung dient sein Körper als Rohstoff, aus dem Raoule ein vollendetes Kunstwerk formen kann.[30] Aufgrund der *gender*-Inversion fungiert Raoule als Künstlerin, während Jacques als Mann in der Frauenrolle nur zu künstlerischem Dilettantismus fähig ist.[31] Ihm fehlt die geistige Potenz, die bloßes Abbilden zur hohen Kunst veredelt. Als Landschaftsmaler besticht er geradezu durch künstlerische Inkompetenz und Naivität:

> „D'un coup d'œil rapide, Raoule embrassa un paysage sans air, où rageusement cinq ou six moutons ankylosés paissaient du vert tendre, avec un tel respect des lois de la perspective, que, par voie d'emprunt, deux d'entre eux paraissaient posséder cinq pattes. Silvert, naïvement, attendait un compliment, un encouragement. – Etrange profession, reprit Mlle de Vénérande, (...), enfin, vous devriez casser des pierres, ce serait plus naturel." [30]

Durch finanzkräftiges Mäzenatentum [41] verwandelt Raoule ihren naiven Kunsthandwerker in einen Künstler und führt ihren „fils de Raphaël" auf der alljährlichen Grand Prix Party in ihrem Hause in die Pariser Gesellschaft ein [149ff], die sich mehr von Jacques' Schönheit als von seiner Kunst beeindruckt zeigt [164ff]. Jacques glaubt an sein Genie [94f] und bemerkt zu spät, dass er zu Raoules „object of male authority"[32] geworden ist. Jacques ist Kunstobjekt und Muse zugleich. Seine Schönheit muss zur Inszenierung des berühmten Motivs der „Susanna im Bade" in Jacques' Badezimmer herhalten [55f]. Raoules Blick verwandelt sich in jenen Blick des Begehrens und Besitzens, den der Maler auf sein Aktmodell wirft. Dieser Blick verschmilzt mit dem voyeuristischen Blick der Alten, die Susanna mit ihren Augen verschlingen:

> „Vous savez, monsieur de Vénérande, dit-il d'un ton boudeur, même entre hommes ce n'est pas convenable ... Vous regardez! Je vous demande si vous seriez content d'être à ma place." [54][33]

---

[30] Des Esseintes hingegen dient die Natur als Vorlage für seine monströse Kunstproduktivität.
[31] Sein künstlerischer Dilettantismus erinnert an Baudelaires Kritik am modernen Künstler, den er aufgrund mangelnder Einbildungskraft als „enfant gâté" beschimpft. Vgl. Charles Baudelaire, *Œuvres complètes*, Bd. II, S. 608-614.
[32] Sandra Gilbert/Susan Gubar, *The Madwoman in the Attic*, New Haven u. London² (Yale University Press) 1980, S. 11.
[33] Melanie Hawthorne weist darauf hin, dass der Erzähler Jacques' Körper wie „the inanimate subject of a still life" präsentiert: „Jacques is even compared to a peach,

Die geschlechtsspezifisch determinierte Relation zwischen Künstler und Muse bzw. Schöpfer und Modell wird in *Monsieur Vénus* parodiert. Nachdem Raoule ihren Geliebten in flagranti in Raittolbes Schlafzimmer entdeckt, fordert sie ein Duell zwischen ihm und Jacques, in dessen unfairen Verlauf Jacques getötet wird [224]. Als Wachsfigur liegt er auf einem Muschelbett: „Sur la couche en forme de conque, gardée par un Eros de marbre, repose un mannequin de cire revêtu d' un épiderme de caoutchouc transparent." [227] Dieses Schlussbild parodiert die berühmte „Geburt der Vénus" und rekurriert ironisch auf den Pygmalion-Mythos.[34] Der schöne Jacques wird zu einem Kunstwerk abgetötet. Sandra Gilbert/Susan Gubar sprechen von „killing into art"[35], was sich auf weibliche Romanfiguren bezieht, die in männlichen Texten zu stummen Schönheiten werden. Raoule parodiert diese literarische Konvention. Jacques erweckt nicht gerade den Eindruck eines vollendeten ästhetischen Kunstwerks, sondern erinnert vielmehr an die monströse Schöpfung Viktor Frankensteins.[36] Wie der begabte Schweizer Naturwissenschaftler hat Raoule als weiblicher Faust [85] die Grenzen von Leben und Tod, Kunst und Natur sowie Technik überschritten und durch den Tod ein neues Geschöpf produziert: „Il faut bien qu'elle demande à tuer quelqu'un, puisque le moyen de mettre quelqu'un au monde est absolument refusé." [194] Der Konnex von männlichem Künstler und der schönen Leiche verweist auf die Analogie von Schöpferwahn und Geburt. Die Wachspuppe stellt die männliche Hybris in Frage, die im Zeitalter technischen Fortschritts und der Hochindustrialisierung den Traum vom Automatenmenschen umsetzen will. Jacques' Wachskörper lässt sich durch einen Mechanismus bewegen: „Un ressort, disposé à l'intérieur des flancs, correspond à la bouche et l'anime." [228] E.T.A. Hoffmann kritisiert in seiner Erzählung „Der Sandmann" (1817) die Mechanisierung des Lebens wie den männlichen Omnipotenzwillen. Die perfekte weibliche Automate Olimpia, in die sich der Student Nathaniel verliebt, mag für den technisch vergleichsweise simplen Automat Jacques

---

on image which stresses his vulnerability, while intensifying the objectification." Melanie Hawthorne, „*Monsieur Vénus*: A Critique of Gender Roles ", S. 172.

[34] König Pygmalion erweckt eine Aphrodite-Statue mit Hilfe der Göttin Vénus/ Aphrodite durch seine Liebe zum Leben und nimmt sie zur Frau Vgl. Karl Kerényi, *Mythologie der Griechen*, Bd. I: *Die Götter- und Menschheitsgeschichten*, München[18] (Deutscher Taschenbuch Verlag) 1997, S. 57f und 61.

[35] Sandra Gilbert/Susan Gubar, *The Madwoman in the Attic*, S. 72.

[36] Gemeint ist hier Mary Wollstonecraft Godwin Shelly, *Frankenstein or the modern Prometheus* (1818), Oxford (University Press) 1971.

als Vorlage gedient haben: „Ce mannequin, chef d'œuvre d'anatomie, a été fabriqué par un Allemand." [227]

Interpretiert man den Roman als ironisches Spiel mit dandyistischen Motiven und Themen, so lassen sich in der Schlussszene ironische Reminiszenzen an *L'Eve future* (1885) von Auguste Villiers de l'Isle-Adam entdecken.[37] Im Hinblick auf die Interpretation von *Monsieur Vénus* interessiert weniger die in *L'Eve future* propagierte Verherrlichung von Technik, Fortschrittsglaube und Wissenschaft als der rigorose dandyistische Idealismus, der im Roman seine inhumane Seite offenbart. Der junge elegante Lord Ewald ist der überirdischen Schönheit von Alicia verfallen. Die Gesten der Sängerin erinnern zwar an ein Abbild der Vénus victrix aus dem Louvre, doch ihr primitives Wesen entbehrt jeglichen Sinn für Schönheit, Geist, Idealität und widerspricht auf eklatante Weise ihrem äußeren Schein.[38] In *Monsieur Vénus* reduziert Raoule Jacques ebenfalls auf seine körperliche Schönheit, die an Vénus Callipyge [55] oder die Vénus von Milo [47] erinnert. Jacques' Einfältigkeit und Kreatürlichkeit trüben seinen äußeren Eindruck erheblich, doch Raoule macht sich diese Eigenschaften für den Rollentausch zunutze. Lord Ewald kann hingegen den Widerspruch zwischen Sein und Schein nicht mehr ertragen, und in seiner Not wendet er sich an Thomas Alwa Edison, der in seinen New Yorker Laboratorium Hadely, die elektromagnetische „Androphage" entwickelt. Die weibliche Androide gilt als technisch perfektioniertes Modell der romantischen Olimpia. Die Androide gleicht Miss Alicia nicht nur bis aufs Haar, sondern fungiert als Sinnbild perfektionierter Weiblichkeit. In *Monsieur Vénus* wird jedoch nicht nur die stereotype Konvention männlicher Erfinder – weibliche Erfindung pervertiert, sondern die Wachspuppe Jacques karikiert ebenfalls die auf äußeren Schein fixierte dandyistische Ästhetik, denn Jacques gleicht einem typischen *Fin-de-siècle*-Monster:

> „Les cheveux roux, les cils blonds, le duvet d'or de la poitrine sont naturels; les dents qui ornent la bouche, les ongles des mains et des pieds ont été arrachés à un cadavre. Les yeux en émail ont un adorable regard." [227]

---

[37] Rachilde war bereits dem Autor seit ihrer Arbeit bei der Zeitschrift *L'Écho des femmes* bekannt. Wahrscheinlich kannte sie den 1880 in einem Feuilleton publizierten ersten Teil des Romans, dessen Gesamtausgabe allerdings erst zwei Jahre nach Erscheinen von *Monsieur Vénus*, also 1886 publiziert wurde.
[38] Vgl. Hiltrud Gnüg, *Kult der Kälte*, S. 247-270.

Wenn Raoule sich einiger Leichenteile Jacques' bedient, um die Wachspuppe zu modellieren, so kann man dies als übersteigerte Ironisierung des dandyistischen Ästhetizismus lesen. Im Gegensatz zu Des Esseintes, der die Schönheit der Natur mit seinen künstlichen Nachbildungen zu übertreffen wähnt, karikiert die monströse billige Wachsnachbildung die natürliche Schönheit des Blumenhändlers. So kühl und distanziert wie Lord Ewald im Kapitels „Dissection"[39] der lebendigen Alicia die Persönlichkeit entnimmt, so seziert Raoule Jacques' Körper und parodiert den traditionellen literarischen Destruktionsdiskurs:

> „Le soir de ce jour funèbre, Mme Silvert se penchait sur le lit du temple de l'Amour et, armée d' une pince en vermail, d'un marteau recouvert de velours et d'un ciseau en argent massif, se livrait un travail très minutieux." [224f]

In *L'Eve future* wird die elektromagnetische Alicia als Perfektionierung der „alten Eva" gefeiert, deren vulgäre Natürlichkeit und für den Dandy bedrohliche Sinnlichkeit endgültig überwunden scheint. Analog zur schönen Frauenleiche stellt die Wachspuppe „die Ordnung, die durch ihre Gegenwart kurzfristig aufgehoben wurde, wieder her und bändigt die Ängste wie auch die gefährlichen Phantasien, die sie auslöste. In beiden Fällen wird die Norm bestätigt und erhalten."[40] Mit der Wachspuppe kreiert Raoule eine(n) „Eve bzw. Adam futur(e)", dessen geschlechtsspezifische Markierung zugunsten einer Asexualität verschwunden sind. Im Unterschied zur zweiten Auflage heißt es in der Erstausgabe von *Monsieur Vénus*:

> „Un ressort disposé à l'intérieur des flancs, correspond à la bande et l'anime, *en même temps qu'il fait s'écarter les cuisses.*"[41]

Männliche wie weibliche Sinnlichkeit ist für Raoule als Dandy vollkommen kontrollierbar und damit steuerbar geworden. In der hässlichen Wachspuppe zeigt rigider Idealismus sein monströses Gesicht. Die dandyistischen Maximen, denen Jacques zum Opfer gefallen ist, verweisen auf den misogynen, inhumanen Idealismus Schopenhauers. Auch er könnte der

---

[39] Vgl. Philippe Auguste de Villiers de l'Isle-Adam (1886), *L'Eve future*, Paris (Corti) 1977, S. 54-56.

[40] Elisabeth Bronfen, *Die schöne Leiche. Texte von Clemens Brentano. E.T.A. Hoffmann, Edgar Allan Poe, Arthur Schnitzler und anderen*, München (Goldmann) 1992, S. 379.

[41] Rachilde, *Monsieur Vénus*, (Félix Brossier) Paris 1889, S. 260.

Deutsche sein, auf den Rachilde im oben genannten Zitat anspielt: „Ce mannequin, chef d'œuvre d'anatomie, a été fabriqué par un Allemand." [228] Während Alicias vollkommene Schönheit Lord Ewald zur narzisstischen Selbstreflexion und ästhetischen Kontemplation einlädt, endet Raoules Kontemplation in dem für die Dekadenzliteratur typischen nekrophilen Begehren: „(...) lorsqu'ils ont longtemps contemplés les formes merveilleux de la statue de cire, ils l'enlacent, la baisent aux lèvres." [228] Das erotische Begehren verlagert sich auf die ungefährliche Ebene des Blicks und nekrophilen Berührungen, die eine sexuelle Handlung ersetzen. Hier parodiert Rachilde nun den morbiden Konnex von weiblicher Schönheit und Tod, den Poe in seinem Essay *The Philosophy of composition* (1846) als das poetischste Thema der Welt bezeichnete.[42] Anstelle einer schönen Frauenleiche bahrt Raoule eine hässliche Wachspuppe[43] auf, einen für den dandystischen Selbstentwurf ungefährlichen Fetisch. Anstelle eines erotisierten männlichen Betrachters, besucht die *femme dandy* die Wachsfigur und ironisiert somit „die Erhabenheit und die Vollkommenheit des perfekten lyrischen Ausdrucks in solchen Kunstwerken, in denen das Melancholische mit dem Schönsten am engsten verknüpft wird."[44] Die traditionelle Verschmelzung von Melancholie und weiblicher Schönheit mutiert zur vampierhaften Perversion. Dekadente Dandys wie Des Esseintes protestieren gegen bürgerliche Wertvorstellungen wie Utilitarismus, Pragmatismus protestiert, Raoules subversives Spiel mit dandyistischen Konventionen hingegen erweist sich als subtile Kritik sowohl an dandyistischen Geschlechterbildern als auch an der zeitgenössischen Geschlechterpolitik des *Fin de siècle*. Während Des Esseintes also die Werte des klassischen Dandyismus nach den Grundsätzen der *Décadence* übertreibt und karikiert, ironisiert Raoule aus weiblicher Perspektive das Dandytum.

---

[42] Vgl. zum Themenkomplex Tod und weibliche Schönheit folgende Arbeit: Elisabeth Bronfen, *Nur über ihre Leiche. Tod, Weiblichkeit und Ästhetik,* München (Deutscher Taschenbuch Verlag) 1996, S. 89.

[43] Anatomische Wachsfiguren dienten den angehenden Medizinern als Lehrmodelle. Elisabeth Bronfen verweist auf die Sammlung in La Specola (Königliches und Kaiserliches Museum für Naturkunde, begründet zwischen 1776 und 1780 in Florenz). „Die Wachsmodelle wurden Leichen nachgebildet, in einer Technik, die auch eingesetzt wurde, um Reliquien von Heiligen und Märtyrern zu duplizieren." Elisabeth Bronfen, *Nur über ihre Leiche,* S. 149. Auch die Wachsfigur Jacques wird wie ein Heiliger aufgebahrt und von Raoule angebetet.

[44] Ebd., S. 377.

## 6.2 Die Kritik an der Geschlechterpolitik des *Fin de siècle*

Unter einer Oberfläche ironischer Paraphrasierungen des herrschenden literarischen Diskurses, hinterfragt Rachilde die zeitgenössische Geschlechterordnung. Der Geschlechterdiskurs wird nicht im Sinne eines natürlichen Schicksals präsentiert, dem sich Frau und Mann zu unterwerfen haben, sondern Geschlechtsidentität wie das darüber definierte Begehren erscheinen „als Effekte einer spezifischen Machtformation"[45], die durch misogyne philosophische und medizinische Diskurse[46] des *Fin de siècle* produziert werden. Die *gender*-Hierarchie des 19. Jahrhunderts impliziert eine Herr-Knecht-Situation, die in *Monsieur Vénus* durch den Rollenchiasmus in Hinblick auf Aussehen, Kleidung, Charakter sowie soziale, finanzielle, sexuelle und künstlerische Machtpositionen pervertiert wird. Die Relation zwischen Raoule und Jacques als „aristocrate - maîtresse" [89], „libertin - vierge" [195], „maître - esclave"[102f], „professeur - élève" [148], „époux - épouse" [115], „préteresse - martyr"[227], „artiste - œuvre" [94f], Gott - Geschöpf [111], Mäzen - künstlerischer Dilettant [41], Geist - Körper [28], Verstand - Gefühl [46], Intellekt - Naivität [57], Subjekt - Objekt [56], Sadismus - Masochismus [104], Potenz - Impotenz [209] parodiert auf umfassende Weise die dialektische Umkehrung patriarchaler Machtverhältnisse. Der stringente Rollenchiasmus macht nicht nur die manifesten Machtverhältnisse, sondern auch die Funktionsweise des Machtdiskurses transparent, dessen Stabilität u. a. durch den binären Rahmen der Geschlechter, das Ideal der Einheit von biologischen Geschlecht (*sex*) und Geschlechtsidentität (*gender*) sowie das Postulat der Heterosexualität garantiert wird. Raoule parodiert nicht nur Frauenklichees: „Rien ne doit vous étonner, puisque je suis femme, repondait Raoule, riant d'un rire nerveux. Je fais tout le contraire de ce que j'ai promis quoi de plus naturel." [81] Sie revoltiert ebenso gegen die biologistische Definition von Weiblichkeit im 19. Jahrhundert, die der Frau ausschließlich eine Zukunft als Ehefrau und Mutter diktiert. Ehe interpretiert Raoule als sexuelle Ausbeutung und Unterdrückung:

---

[45] Judith Butler, *Das Unbehagen der Geschlechter*, Frankfurt a.M. (Suhrkamp) 1991, S. 9.

[46] Man denke an den Schopenhauerismus oder den Scientia-Sexualis-Diskurs, als deren Hauptrepräsentanten Carl von Westphal, Krafft-Ebbing, Weininger, Havelock Ellis gelten. Vgl. Kap. 2 der vorliegenden Untersuchung.

„L'honnête épouse, au moment où elle se livre à son honnête époux, est dans la même position que la prostituée au moment où elle se livre à son amant." [121]

Dieses negative Eheverständnis dokumentiert einen affirmativen Umgang mit dem dandyistischen Liebesverständnis der „l'amour cérébral" und der Degenerationsthese. [86] Mutterschaft erscheint ihr als Garant männlichen Machterhalts: „On ne m'a a pas aimée assez pour que j'ai pu désirer un être à l'image de l'époux ... (...)." [89] Sie ist auf der Suche nach einer „amour moderne" [88], die die Beziehung zwischen Mann und Frau nicht wie folgt definiert:

„(...) brutalité ou impuissance. Tel est le dilemme. Les brutaux exaspèrent, les impuissantes avilissent et ils sont, les uns et les autres, si pressés de jouir, qu'ils oublient de nous donner, à nous, leurs victimes, le seul aphrodisiaque qui puisse les rendre heureux en nous rendant heureuses: l'Amour!" [87]

Raoule bringt die asymmetrische Machtstruktur zwischen den Geschlechtern ins Wanken, indem sie die Einheit von *sex* und *gender* anficht. Der Rollenchiasmus und die diskursive Strategie der „masculinisation" von Raoule bzw. der „féminisation" Jacques' inszenieren eine Diskontinuität zwischen biologischer Markierung des Geschlechts und seiner Geschlechtsidentität. Das anfänglich demonstrierte weibliche Selbstbewusstsein der Protagonistin [86] weicht einer „diskursiven Geschlechtsumwandlung". Raoule bedient sich maskuliner Selbstreferenzen wie „je suis homme" [70], „je suis amoureux d'un homme" [84], „je suis jaloux" [99], „le plus homme, c'est toujours moi." [99] Aber auch Raoules Umfeld reagiert auf ihre ausgeprägte maskuline Seite. Tante Elisabeth nennt sie „mon neveu" [42] und Raittolbe richtet seine Rede an „Monsieur de Vénérande, mon cher ami" [84] und mokiert sich über Raoule als „Christophe Colombe de l'amour moderne" [88]. Der Rollentausch, die maskuline Kleidung [191], die männliche Intonation [196] ihre Kurzhaarfrisur [186] und ihr knabenhafter Körper verwandeln sie in einen diskursiven Transvestiten:

„Devant la glace, qui lui renvoyait l'image d'un homme beau comme tous les héros de roman que rêvent les jeunes filles, (...)." [191]

Geschlechtsidentität wird also nicht nur durch Sozialisation erworben, sondern sie erweist sich in dem Roman als diskursive Strategie. Auch Jacques fällt Raoules linguistischer Strategie zum Opfer. Raoule fördert nicht nur Jacques' Weiblichkeit als „maîtresse [89f]," fiancée" [90],

„femme capricieuse" [103), sondern ebenso seine naive Unterwürfigkeit als „petit enfant surpris" [46] oder „bébé." [67] Schließlich möchte Jacques die Frauenrolle nicht mehr ablegen. Seine Geschlechtsidentität ist weiblich und so rebelliert er heftig, als er befürchtet durch eine Eheschließung als Ehemann leben zu müssen [125].

Die diskursive Geschlechtsumwandlung beider Protagonisten reicht bis in die syntaktische Ebene hinein, wo Raoule als Subjekt mit aktiven Verben ausgestattet wird, während Jacques als Objekt von Beschreibungen vornehmlich mit „être" bezeichnet wird.[47]

Mit Raoules Inszenierung als weiblicher Dandy und Jacques' Lebensentwurf als „männliche Maîtresse" wird innerhalb ihrer Liebesbeziehung die vermeintliche Einheit zwischen *sex* und *gender* entmythifiziert. Die jeweils gegengeschlechtliche Identität wird strategisch durch den Rollenchiasmus und die diskursive Geschlechtsumwandlung im Dienste einer asexuellen „amour moderne" produziert. Doch der Machtdiskurs wird nicht außer Kraft gesetzt. Die diskursive Geschlechtsumwandlung von Raoule und Jacques erweist sich als subversive Wiederholung traditioneller Oppositionen. Der Rollenchiasmus bietet eine Multiplizität von sexuellen Diskursen, als heterosexuelles Paar (Jacques männlich und Raoule weiblich) als schwules Paar (Jacques männlich und Raoule männlich), als lesbisches Paar (Jacques weiblich und Raoule weiblich) oder als heterosexuelles Paar mit vertauschten Rollen (Jacques weiblich und Raoule männlich). Die binäre Struktur von Raoules und Jacques' Beziehung wird somit nur kurzzeitig durch die implizite Möglichkeit einer homosexuellen Praxis in Frage gestellt. Unter der heterosexuellen Markierung, verbirgt sich ein homosexuelles Begehren, das durch Jacques als „Antinouïs" und Raoule als „Sappho" symbolisiert wird.[48] Doch Raoule weist die von Raittolbe erhobene lesbische Zuschreibung mit Rekurs auf die lesbische Szene in Paris zurück:

> „Vous vous trompez, Monsieur de Raittolbe; être Sapho, ce serait être tout le monde! Mon éducation m'interdit le crime des pensionnaires et les défauts de la prostituée. J'imagine que vous me mettez au-dessous des amours vulgaires." [85]

---

[47] Vgl. ebenso Barbara Havercroft, „Transmission Et Travestissement", S. 51.
[48] Latente Homosexualität ist ein typisches *Fin-de-siècle*-Thema, das sich ebenso bei Huysmans, Péladan, Moreau, Montesquiou, Lorrain, Renée Vivien, Wilde, Gide etc. findet.

Als Dandy ist Raoule natürlich nicht lesbisch, sondern homosexuell: „amoureux d'un homme et non pas d'une femme" [89]. Männliche Homosexualität gehört zur ihrer Maskerade. Die homosexuelle Mimikri einer heterosexuellen Beziehung erfährt ihren Höhepunkt in dem Ehebruch, den Jacques mit Raittolbe begeht, der inzwischen seine homosexuellen Neigungen zu Jacques entdeckt hat. Im Zuge der Geschlechtsumwandlung verlieren Raoule und Jacques ihre eindeutigen geschlechtlichen Markierungen zu Gunsten einer körperlichen Ambivalenz, die sich in der Literatur der *Décadence* erheblich vom Vollkommenheitsideal platonischer Androgynie unterscheidet: „(...), mais le rêve androgyne ‚fin de siècle' paraît ressortir plus de la négation du sexe que ses ressources de redoublement."[49] Die Aufhebung der binären Geschlechtergrenzen im Sinne eines harmonischen Zusammenfließens wird nicht thematisiert. Dies verdeutlicht die Szene, in der Jacques und Raoule eng miteinander tanzen:

> „(...) on s'imaginait la seule divinité de l'amour en deux personnes, l'individu complet dont parlent les récits fabuleux des brahmanes, deux sexes distinctes en un unique monstre." [171]

„Mlle Silvert épouse M. Raoule de Vénérande" [154] verkündet Raoule. Die juristische Legalisierung ihrer Beziehung, die sämtliche sozialen, sexuellen und gesellschaftlichen Konventionen durchkreuzt, schockiert Raittolbe: „C'est impossible! C'est monstreux! C'est ... C'est révoltant même!" [154] Der permanente Tausch ihrer Identitäten stürzt auch die Dienstboten des Barons in Verwirrung. Als Raoule Raittolbe aufsucht, um ihren Ehemann abzuholen, wird sie als „Madame Silvert" von einem Angestellten ins Haus gelassen, der Jacques zuvor für Madame Silvert gehalten hat. Verwirrt über das unterschiedliche Aussehen der „deux" Madame Silvert erklärt er:

> „Mme Silvert, que j'aurais juré avoir vue blonde comme les blés en entrant était brune comme la suie en sortant... Ah! C'est de toutes les façons une bien jolie femme!" [217]

---

[49] Françoise Cachin, „Monsieur Vénus Et L'Ange de Sodome. L'androgyne au temps de Gustave Moreau", in: *Nouvelle Revue de Psychoanalyse* 7 (1973), S. 63-69, hier S. 66. Cathérine Lingua deutet diese Tanzszene als verzweifelten Wunsch, ein „être double et complet" nach platonischem Vorbild zu sein, was im Roman aber misslingen muss. Vgl. Cathérine Lingua, „L'amour monstre et le miracle de la valse de *Monsieur Vénus*", in: dies., *Ces Anges Du Bizarre. Regard sur une aventure esthétique de la Décadence*, Paris (Librairie Nizet) 1995, S. 179-182, hier S. 180.

Diese geschlechtliche Ambivalenz, die sich jeglicher symbolischer Repräsentierbarkeit entzieht, proklamiert auch der Titel des Romans. *Monsieur Vénus* verweist sowohl auf Jacques als auf Raoule, deren statuenhafte androgyne Schönheit an antike Göttinnen denken lässt [165f]. Rollenchiasmus und diskursive Geschlechtsumwandlung stellen zwar die Einheit von *sex* und *gender*, sowie eine über Binarität und Heterosexualität definierte Geschlechterordnung in Frage, doch letztendlich affirmiert der Roman die *gender*-Hierarchie, die u.a. auf einem misogynem Weiblichkeitsverständnis basiert. So weigert sich Jacques, dessen Männlichkeit von Zeit zur Zeit wieder erwacht [102], von Raoule als Frau bezeichnet zu werden: „Raoule, supplia-t-il ne m'appelle plus femme, cela m'humilie... et tu vois bien que je ne puis être que ton amant." [104] Als Jacques registriert, dass der Rollentausch die Zerstörung seiner männlichen Macht, also Kastration bzw. Impotenz zur Folge hat, kennt sein Frauenhass als letzter Ausdruck seiner Männlichkeit keine Grenzen. [209] Andererseits bricht für Jacques in dem Augenblick eine Welt zusammen, als er Raoules biologisches Geschlecht erkennt, das in *Monsieur Vénus* als wahres Geschlecht gedeutet wird. Somit wird der konventionelle Geschlechterdiskurs wieder bestätigt.

Raoules Plädoyer für das Liebesideal der *Décadence* entpuppt sich als Sehnsucht nach einer asexuellen, gewaltfreien Liebe, die durch Rauschmittel beschleunigt, auch bei Jacques erwacht: „A son oreille, bruissaient les chants d'un amour étrange n'ayant pas de sexe et procurant toutes les voluptés." [77] Auf den utopischen Charakter einer asexuellen Liebe, die Geschlechtergrenzen überschreitet, verweist die Schlussszene. Das Projekt der „amour moderne" und der Traum von der Asexualität sind gescheitert: Jacques wird zum geschlechtslosen Wachssimulacrum und Raoules ambivalente geschlechtliche Markierung mündet nicht in Asexualität, sondern Schizophrenie [227f]. Am Ende muss sich die Beziehung zwischen Jacques, dem asexuellen Wachsmonster und der schizophrenen Raoule als monströse Komödie erweisen, um die traditionelle Geschlechterordnung wiederherzustellen. Starke Frauen gelten als „créature pervertie" [171] und zarte Männer als „pute travestie" und gehören somit zu den Monstern des *Fin de siècle*, die die Leser lediglich zum Schaudern bringen. Letztlich gefährdet *Monsieur Vénus* nicht die bestehenden Machtverhältnisse, wie Maurice Barrès' Interpretation verdeutlicht: „On verrait, avec effroi, quelques-uns arriver au *dégoût de la grâce féminine*, en même temps que Monsieur Vénus proclame *la haine de la force mâle*."[50]

In der Figur des weiblichen Dandys ist also auch die Überschreitung der *gender*-Grenzen verortet. Raoule protestiert nicht nur gegen bürgerliche Identitätskonzepte und Wertvorstellungen, sondern vor allem gegen die kulturelle Ausschließungspraxis von Frauen. Ebenso wie der Dandy sich eine künstliche Identität schafft, modelliert sich Raoule eine neue Identität durch ihre Inszenierung als weiblicher Dandy. Der Traum von der Asexualität erscheint somit als literarische Phantasie oder Wunschdenken für einen weiblichen Autor, der selbst permanent zwischen den Geschlechternormen steht.

### 6.3 Weibliche Autorschaft in *Monsieur Vénus*

Die auf der Romanoberfläche erzählte Liebesbeziehung zwischen Raoule und Jacques reflektiert auf allegorischer Ebene die Relation zwischen Künstler und Kunstwerk bzw. Autor und Text. Das narrative Verfahren der Inversion vertauscht die traditionelle geschlechtliche Zuordnung vom Schöpfer und seinem Kunstwerk. Ist es traditionell der weibliche Körper, der als Synonym für „the blank page" fungiert und vom männlichen Autor und dessen kreativer Potenz „a pen like a penis"[51] beschrieben wird, kreiert Rachilde in *Monsieur Vénus* die Umkehrsituation:

> „Il est certain, monsieur, reprit Raoule haussant les épaules, que j'ai eu des amants. Des amants dans ma vie comme j'ai livres dans ma bibliothèque, pour savoir, pour étudier..." [85]

Unter Raoules Autorschaft entsteht aus Jacques' Körper ein androgynes Poem auf das Raoule alleinige Besitzansprüche anmeldet [89] und das sie nach eigenem Geschmack gestaltet [55].[52] Raoule pervertiert als weiblicher Autor die phallogozentrische omnipotente Autordefinition: „(...) the poet, like God the Father, is a paternalistic ruler of the fictive world he has created."[53] Da Jacques als weiblich imaginiert wird, erscheint er nicht nur als hilfloses stummes Objekt von Raoules Autor(herr)schaft, sondern er wird

---

[50] Maurice Barrès, „Préface" zu Rachilde, *Monsieur Vénus* , S. 19. [Hervorheb. i. Original.]
[51] Sandra Gilbert/Susan Gubar, *The Madwoman in the Attic*, S. 6f.
[52] Vgl. ebd., S. 12.
[53] Ebd., S. 5.

aufgrund seiner imaginierten Geschlechtszugehörigkeit und seiner „natürlichen" literarischen Impotenz vom kulturellen Produktionsprozess ausgeschlossen:

> „Jacques, dont le corps était un poème, savait que ce poème serait toujours lu avec plus d'attention que la lettre d'un vulgaire écrivain comme lui." [139]

In Bezug auf den weiblichen Autor wird der Akt des literarischen Schreibens in *Monsieur Vénus* nur indirekt, und zwar auf sexueller Ebene thematisiert. Schreibpraxis wird mit sexueller Praxis gleichgesetzt. Jacques' literarische Impotenz[54] ist bedingt durch seine sexuelle Impotenz. Raoule ist die sexuell Aktive in ihrer Beziehung:

> „D'un geste violent, (...), elle mordit ses chairs marbrées, les pressa à pleins mains, les égratigna de ses ongles affilés. Ce fut une défloration complète de ces beautés merveilleuses qui l'avaient, jadis, fait s'extasier dans un bonheur mystique" [145]

Sandra Gilbert/Susan Gubar bestätigen die Analogie von Sexualität und Schreiben durch ein Zitat Norman Browns: „,Sexuality is a Poetry. The lady is our creation, or Pygmalion's statue. The lady is the poem; [Petrach's Laura is really poetry.].'"[55] Die Formel definiert pointiert Jacques' Bedeutung in *Monsieur Vénus*. Seine Haut erfüllt die gleiche Funktion einer Schreibtafel oder eines Pergaments. Raoule „kratzt" ihren Text dort ein [99/145]. Sexualität kann hier nur durch sadistische Praktiken realisiert werden [99/101/104f/144]. Schreiben erweist sich als zerstörerisch-brutaler Akt, der in der Umkehrsituation „the male colonization of the female textuality and of woman as textuality"[56] dokumentiert und sich an Jacques' Haut ablesen lässt: „La peau fine de l'idole était zébrée de haut en bas de longues cicatrices bleuâtres." [142] Auf allegorischer Ebene kann Jacques' Körper als Mahnmal für einen literarischen Destruktionsdiskurs am weiblichen Körper gedeutet werden, der von der mittelalterlichen Pastourelle bis zu Novellen eines Barbey d'Aurevilly reicht und den Frauenkörper „erotisiert und schließlich zerstört und misshandelt bzw. massakriert."[57] Jacques' verwundeter Körper fungiert als „body-message" zwi-

---

[54] Sandra Gilbert/Susan Gubar sprechen von weiblichen Autoren als Eunuchen, vgl. ebd. S. 9f.
[55] Ebd., S. 13.
[56] Janet Beizer, „Venus in Drag", S. 232.
[57] Susanne Rossbach, „Blut, Schmerz und Tränen, Vorstellungen von Weiblichkeit und Männlichkeit im literarischen Werk Barbey d'Aurevillys," in: Renate

schen Raoule und Raittolbe. An seinem Körper kann Raoule auch Raittolbes sadistisches Begehren ablesen. Während sich der Baron schriftlich entschuldigt, bleibt Jacques stumm: „the body perceived as a decorative object and as a mute language of perversion."[58] Sein Körper spricht für ihn. Raoule liest seine „body-message", die an Artefakte autoaggressiver Neurotiker erinnert. Nach dem Lesen muss sie die Nachricht vernichten bzw. überschreiben, um zu vergessen: „Il faut que j'éfface chaque cicatrice sous mes lèvres ou je te reverrai toujours nu devant lui...(...)." [144f] Raoule löscht Raittolbes Text und beschreibt Jacques' Körper neu. Sein Leib gleicht also einem Palimpsest.[59] Dies gilt ebenso für seine geschlechtliche Repräsentation: Biologisch ist Jacques ein Mann, aber durch die Beziehung mit Raoule fühlt und verhält er sich wie eine Frau. Gewissermaßen tilgt Raoule seine Männlichkeit und schreibt Weiblichkeit auf seinen Körper ein. Die Kongruenz zwischen dem Körper des Monsieur Vénus und dem Textkörper des gleichnamigen Romans wird an dieser Stelle besonders deutlich. Die Romanoberfläche von *Monsieur Vénus* präsentiert sich in Form einer parodistischen Collage konventioneller Themen der *Décadence*. Ebenso wie das Wachssimulacrum, das Raoule nachträglich mit Jacques' Körperfragmenten wie Haaren, Zähnen und Fingernägeln ausstaffiert und das Jacques' Schönheit parodiert, erscheint der Text als monströse Kopie dandyistischer Ästhetik:

> „Sur la couche en forme de conque, (...), repose un mannequin de cire revêtu d' un épiderme de caoutchouc transparent. Les cheveux roux, les cils blonds, le duvet d'or de la poitrine sont naturels; les dents qui ornent la bouche, les ongles des mains et des pieds ont été arrachés à un cadavre. Les yeux en émail ont un adorable regard." [227]

Die im Dandytum angelegte Überschreitung der Geschlechtergrenzen ermöglicht Raoule de Vénérande entgegen der zeitgenössischen Geschlechterpolitik eine Künstlerinnen-Existenz:

> „Je représente ici, dit-elle [sc. Raoule], (...) l'élite des femmes de notre époque. Un échantillon du féminin artiste et du féminine grande dame, une de ces créatures qui se révoltent à l'a idée de perpétuer une race appauvrie ou de donner un plaisir qu'elles ne partageront pas." [86]

---

Kroll/Margarete Zimmermann, *Feministische Literaturwissenschaft in der Romanistik*, Stuttgart u. Weimar (J. B. Metzler) 1995, S. 135-153, S. 148.
[58] Rae Beth Gordon, „Ornament and Hysteria", S. 234.
[59] Vgl. ebenso Janet Beizer, „Venus in Drag", S. 253.

Weibliche Autorschaft fungiert als Gegenentwurf zur Mutterschaft, als Revolte gegen ein konventionelles Frauenschicksal. In der Figur des weiblichen Dandys bringt Rachilde auch die problematische Seite weiblicher Autorschaft zur Sprache, die Nähe zur Hysterie oder zum Fetischismus. In zweifacher Hinsicht erinnert die Wachsstatue in ihrer Doppelbedeutung als imaginierter weiblicher Körper und Textkörper an einen Fetisch. So sind Jacques' Körperhaare von fetischistischer Qualität:

> „Entre la coupure dépassaient quelques frisons d'or s'ébouriffant. Jacques Silvert disait vrai, il en avait partout. Il serait trompé, par exemple, en jurant que cela seul témoignait de sa virilité." [55]

Entgegen fetischistischer Praxis, bei der Reales mit Artifiziellem verdeckt wird, versieht Raoule den künstlichen Wachskörper mit Körperhaaren, die sie von Jacques' Leiche entfernt hat.[60] Sein Körperhaar fungiert als Substitut von Lebendigkeit und Negation des Todes. In der Pose des Dandys wandelt sich Raoule zur phallischen Figur. Aus Furcht vor Kastration stattet sie die als weiblich bzw. als kastriert assoziierte Nachbildung von Jacques mit dem „fehlenden Teil" aus. Raoule negiert und akzeptiert als Dandy die Erkenntnis, dass die Mutter keinen Phallus hat und verarbeitet die damit verbundene Kastrations- bzw. Todesangst.[61] Es ist ebenso legitim, Jacques' Haut – „ses chairs blondes, toutes duvetées comme la peau d'une pêche" [54] – einen fetischistischen Charakter zuzuschreiben. Auf seiner Haut [30/42/171/99] kann Raoule nicht nur wie in einem Buch seine psychische Verfassung ablesen, sondern eigene Texte einschreiben. Wachs und Kautschuk substituieren Jacques' Haut am Simulacrum. Seine natürliche sinnliche Schönheit ist getilgt. Das Poem mutiert zum Kunstprodukt, zur künstlichen Collage, zum Palimpsest. Das Palimpsest als Ort des doppelten Sprechens fungiert in gewissem Sinne als Fetisch, „der das Schwanken zwischen Verneinung und Anerkennung des herrschenden literarischen Diskurses bewahrt, der die Grenze zwischen Mangel und stabiler Einheit offenhält."[62] Die textuelle Maskulinisierung des Romans durch das poetologische Programm des Dandyismus führt die Autorin aus literarischer Nicht-Existenz, erweist sich jedoch als Maskerade, die die literarische Integrität vortäuscht. Ihr Stift wird zum Phallus-Substitut, das als dandyisti-

---

[60] Ebd., S. 257.
[61] Vgl. Freuds Fetischismus-Definition in: Sigmund Freud, *Drei Abhandlungen zur Sexualtheorie*, Frankfurt a.M. (Fischer) 1996, S. 56f.
[62] Elisabeth Bronfen, *Nur über ihre Leiche*, S. 377.

sches Accessoir literarische Stereotypen und misogyne Zeichen in den Text schreibt. Misogynie, die an die sadistischen Schriftzüge bzw. literarischen Verletzungen an Jacques' Körper erinnert, affirmiert ihre „metaphorical maleness"[63], durch die Raoule zum Autor, zum „literary father" transvestiert. Zur literarischen Mutterschaft ist sie noch nicht in der Lage, so benutzt sie den Stift wie ein Schwert: Sie muss die sinnliche Schönheit erst töten, um aus ihr ein Kunstwerk zu „gebären" und parodiert durch Inversion den herrschenden literarischen Diskurs: „Il faut bien qu'elle demande à tuer quelqu'un, puisque le moyen de mettre quelqu'un au monde lui est absolument refusé." [194]

Der literarische Fetischismus[64] weist zwar affirmative Züge auf und trägt zur Kompromissbildung bei, dennoch impliziert er ein ewiges Oszillieren zwischen Akzeptanz und Negierung des Mangels, zwischen literarischer Existenz und Nicht-Existenz. Naomi Schor spricht vom „paradigma of undecidability"[65], was auf das asexuelle Erscheinungsbild der Wachsstatue ebenso zutrifft wie auf den Textkörper von *Monsieur Vénus*, der neben einer männlichen, affirmativen Stimme eine subversive weibliche Stimme enthält. Als problematisch erweist sich jedoch der ironische Duktus des Textes, der scheinbar im Widerspruch zum affirmativen Charakter des fetischistischen Schreibens steht. Angesichts des von Barrès verfassten und von der Autorin offenbar autorisierten misogynen Vorworts der zweiten

---

[63] Sandra Gilbert/Susan Gubar, *The Madwoman in the Attic*, S. 14.
[64] Fetischismus als genuin männliche Störung transformiert in der Figur Raoules zum „female fetishism". Die männlich zugeordneten Perversionen Sadismus und Fetischismus entpuppen sich als „perversion theft" und sind in *Monsieur Vénus* als Markierung eines metaphorischen Phallus-Substituts zu deuten. Vgl. Naomi Schor, „Female Fetishism: The Case of George Sand", S. 99.
[65] Ebd., S. 98. Während Schor in ihrem Beitrag „Female Fetishism: The case of George Sand" am Beispiel von Sands Texten mit Rekurs auf Sarah Kofman unter weiblichem Fetischismus „the stratetic appropriation of undecidability of fetishism by women" versteht, distanziert sie sich später in dem Artikel „Fetishism and its Ironies" von ihrer Ausgangsthese, in der sie den Konnex Ironie und Fetischismus nicht berücksichtigt hatte. Schor fordert nun eine Trennung von Fetischmus und Ironie: „an irony peeled off from fetishism, a feminist irony that would divorce the uncertainty of the ironist from the oscillations of the fetishist", da sie durch die Analogie „female ironist = female fetishist" eine Pathologisierung weiblicher Autoren befürchtet: „(...) the risk of irony must be taken with extreme care lest the feminist ironist find herself playing straight into the hands of the male fetishists from whose perverse images of women she sets to distance herself." Meines Erachtens kann die Gefahr des Missbrauchs literarischer Zuschreibungen nur durch klare definitorische Begriffsbestimmungen vermieden werden. Naomi Schor, „Fetishism and Its Ironies", in: dies., *Bad Objects. Essays Popular and Unpopular*, Durham u. London (Duke University Press) 1995, S. 101-110, hier S. 106.

Auflage kann Janet Beizer die Ironie des Textes nicht einordnen. Wie bereits diskutiert wurde, bedient sich Rachilde der selbstironischen Überlegenheitspose des Dandys zur Kritik am zeitgenössischen Geschlechterdiskurs. Ironie zeichnet sich durch ihre Unsichtbarkeit aus, die den ambivalenten Diskurs im Roman bestimmt. Barrès als Repräsentant des *Fin de siècle* registriert die Ironie nicht, sondern begreift Rachildes souveränen Umgang mit literarischen Klischees als Affirmation der eigenen Position. Der ambivalente Textkörper *Monsieur Vénus* verweist insofern auf eine Analogie zwischen Fetischismus und Ironie:

> „The homology between irony and fetishism should be quite clear; just as the fetish enables the fetishist simultaneously to recognise and to deny woman's castration, irony allows the ironist both to reject and to reappropriate the discourse of reference,(...)."[66]

Ebenso wie weibliche Autorschaft und weiblicher Dandyismus gelten weiblicher Fetischismus und weibliche Ironie als Oxymora:

> „If irony is the trope of fetishism and if female fetishism is rare, if not nonexistent perversion, then it would seem to follow that irony is a trope absent from women's writing. And indeed it is generally acknowledged that with the spectacular exception of Jane Austen, irony does not feature prominently in the history of women's fiction. The ironist in Western discourse has recently almost always been male."[67]

Nach Naomi Schors Reflexionen über den „male ironist" wären Ironie und Dandytum als literarischer Fetischismus lediglich Effekte der männlichen Maskarade eines weiblichen Autors. Weibliche Autorschaft in Form von literarischem Fetischismus respektiert durch dandyistisches Erzählen die literarische männliche Ordnung. Folglich erweist sich das Konzept des fetischistischen Schreibens als problematisch, denn die ironischen *Décadence*-Zitate und der konsequente Rollenchiasmus in *Monsieur Vénus* verdeutlichen eine subversive Qualität der Ironie, die gegen die herrschende literarische Ordnung aufbegehrt und an den leisen Protest der Hysterikerin erinnert.

Im Folgenden soll Hysterie nicht als Machtinstrument missbraucht werden, sondern wie der Fetischismus als theoretisches Modell ausschließlich auf die spezifische Situation weiblicher Schreibpraxis bezogen werden. Der

---

[66] Ebd., S. 105.
[67] Naomi Schor, „Female Fetishism: The Case of George Sand", S. 100.

Terminus Hysterie bezeichnet in dieser Untersuchung weniger die autobiographischen bzw. persönlichen Konditionen von Rachildes Schreibweise[68] als die strukturelle Analogie weiblicher Autorschaft mit „der Stimme der Hysterika", von der Sarah Kofman behauptet, dass sie im gewissem Sinne in jeder Schriftstellerin zu finden sei: „Ihre Stimme, ist die Stimme der Hysterika, die die männliche Stimme der Frau ist (...), die von weiblicher Erfahrung spricht."[69] Im Hinblick auf Raoules Autorschaft markiert die Hysterie den Zustand literarischer Identitäts- bzw. Ich-Suche, bei der die eigene Weiblichkeit z.T. geleugnet und durch Dandytum maskiert wird. Da Raoule keine für sie akzeptablen weiblichen Identifikationsfiguren zur Verfügung stehen[70], kann sie kein konfliktfreies weibliches Geschlechtsbewusstsein, Synonym für ein Selbstbewusstsein als Autorin, entwickeln. Folglich identifiziert die Protagonistin Weiblichkeit mit Unterdrückung, Erniedrigung und Ausbeutung, wie durch den Rollenchiasmus deutlich wird. Selbst Jacques verweigert – wie bereits erwähnt – diese geschlechtliche Zuordnung [104]. Da Raoules Geschlechtszugehörigkeit sie zur literarischen Nicht-Existenz verurteilt, muss sie, um als Autorin zum Existieren zu kommen, den herrschenden literarischen Diskurs, das Dandytum als Repräsentant des Phallischen, begehren.[71]

Das Phallische erweist sich somit als Meisterdiskurs, den Lacan in die Nähe des Hysterischen plaziert.[72] Literarische Subjektlosigkeit flüchtet sich

---

[68] Weder Rachildes mutmaßliche Schreibgewohnheiten: „her thirty-day writing cycle is a lunar or menstrual cycle", noch ihre hysterische Paralyse zu Beginn ihrer Karriere 1880, die Kingcaid mit Rekurs auf das Vorwort von *Madame Adonis* analysiert, sind in unserem Kontext von Interesse. Kingcaids psychoanalytische Deutung von Rachildes Autorschaft als Sublimation ihrer hysterischen Problematik erweist sich aufgrund vorliegender Interpretationsergebnisse als unzureichend. Die Selbstbezeichnung der Autorin als „hystérique de lettres" im Vorwort von *Madame Adonis*, auf die sich Kingcaid bezieht, ist als ironische Replik auf diskriminierende Zuschreibungen zu deuten, die die Autorin aufgrund der Publikation von *Monsieur Vénus* erfahren hat. Vgl. Renée Kingcaid, *Neurosis and narratives. The Decadent Short Fiction of Proust, Lorrain, and Rachilde*, Carbondale and Edwardsville (Southern Illinois University Press) 1992, S. 112.

[69] Sarah Kofman, zitiert nach Elisabeth Bronfen, *Nur über ihre Leiche,* S. 579.

[70] Ihre verstorbene Mutter galt als Opfer ihres sadistischen Mannes und ihr Vormund Tante Elisabeth zieht sich als Nonne aus dem gesellschaftlichen Leben zurück.

[71] Peter Widmer, *Subversion des Begehrens. Jacques Lacan oder Die zweite Revolution in der Psychoanalyse,* Frankfurt a.M. (Fischer) 1990, S. 139. Zur Diskussion um literarische Existenz und Nicht-Existenz vgl. auch Kap. 4.2 der vorliegenden Arbeit.

[72] Ebd., S. 139. Dort heißt es auch: „Jeder, der sich an einen anderen wendet, von dem er eine Antwort auf seine Frage erwartet, rückt in die Nähe des hysterischen Diskurses, und sicherlich jeder, der an einen Meister glaubt."

in die Idealisierung des männlichen Literaturdiskurses mitsamt den impliziten Weiblichkeitsfiktionen. Der Dandyismus wird zum Prätext einer mimetischen Nachbildung, die sich in der sukzessiven rhetorischen Maskulinisierung und literarischen Inszenierung als misogyner Dandy artikuliert, was als permanente Abwehr des Weiblichen und Affirmation des Männlichen betrachtet werden kann. Dieser Konflikt wird besonders an den Textstellen virulent, in denen der überlegene selbstironische Dandy-Ton aussetzt. Als Jacques, der sich als Frau imaginiert und daher das Phallische begehrt, auf Raoules Busen blickt und erkennen muss, dass sie sein Begehren nicht befriedigen kann, ist er außer sich:

> „-(...) Raoule, tu n'es donc pas un homme? tu ne peux donc pas être un homme? Et le sanglot des illusions détruites, pour toujours mortes, monta de ses flancs à sa gorge." [198]

Ebenso illustriert folgende Szene Raoules Bewusstsein ihrer literarischen Nicht-Existenz. Jacques' sexuelle Impotenz reflektiert Raoules literarische Impotenz:

> „-(...) et pas une de ces filles, tu m'entends? pas une n'a pu faire revivre ce que tu a tué, sacrilège! (...) Je les déteste les femmes, oh! Je les déteste! Raoule, atterré, recula jusqu'au mur, là, elle s'affaissa sur elle-même, évanouie." [209]

Die Frau als Autorin befindet sich in einem Dilemma: „Weil sie kein weibliches Geschlechtsbewusstsein entwickeln kann, reproduziert die Hysterikerin im selben Akt, in dem sie gegen ihre Nichtexistenz aufbegehrt, die patriarchale Ordnung, die sie ausschließt: sie ,macht den Vater',"[73] den literarischen Vater und wird sich zwangsläufig selbst zur anderen. Als weiblicher Dandy avanciert Raoule zur Kollaborateurin des misogynen Geschlechterdiskurses im *Fin de siècle*. Zu Recht wertet Bronfen die Komplizenschaft der Hysterikerin als doppelte Form der Kastration[74], denn im literarischen Kontext hat ihre Überidentifikation mit der männlichen Stimme den weitgehenden Verzicht auf Authentizität bzw. subjektiver Kreativität zur Folge. Andererseits aber kann die Autorin nur durch mimetische Reproduktion des herrschenden literarischen Diskurses zur literarischen Existenz kommen bzw. an kultureller Macht partizipieren und so in den Prozess der Identitätsfindung eintreten. Mimikri wäre somit

---

[73] Lena Lindhoff, *Einführung in die feministische Literaturwissenschaft*, Stuttgart u. Weimar (J. B. Metzler) 1995, S. 157.
[74] Vgl. Elisabeth Bronfen, *Nur über ihre Leiche*, S. 581.

für die Autorin im 19. Jahrhundert der einzige Weg aus der „Angst vor Autorschaft" und die einzige Möglichkeit, den „Stift zu ergreifen".[75] Folglich zirkulieren ihre Texte immer wieder um das Thema weibliche Autorschaft, das zur Obsession wird. In dem Maße wie die Autorin ihre literarische Nicht-Existenz durch die Leugnung ihrer Geschlechtszugehörigkeit und durch Maskerade als Dandy verschleiert, wird diese an diesem Punkt offenbar.

Andererseits gilt die Figur des Dandys als instabile Figur,[76] in der sich männliche wie weibliche *gender*-Attribute formieren. Insofern bedeutet das literarische Dandytum für einen weiblichen Autor nicht nur das Anschreiben gegen das eigene Geschlecht mit der Möglichkeit zur Affirmation einer männlichen Autoridentität, sondern das Dandytum bietet auch weiblichen Erfahrungen einen gewissen Spielraum, die die Autorin zur Kritik am Geschlechterdiskurs nutzen kann. Im Unterschied zum Fetischismus impliziert die literarische Hysterie das Moment der Revolte. Raoule imitiert nicht nur den dandyistischen misogynen Meisterdiskurs, sondern sie rebelliert als Hysterikerin gegen die diktierten Weiblichkeitsfiktionen. Sie inszeniert einen Rollenchiasmus, der die Geschlechterrollen, das heterosexuelle Beziehungsideal und gesellschaftliche Reproduktionsinteressen parodiert und in Frage stellt. Durch das Zelebrieren von Geschlechtsidentitäten, die ein Austauschverhältnis eingehen, entlarvt sie geschlechtsspezifische Rollenzuweisungen und Identitätsvorstellungen als machtpolitisch instrumentalisierte Fiktionen. Die Genese eines weiblichen Dandyismus demaskiert den Selbstentwurf des männlichen Dandys als Scheinidentität und sein pathologisches Verhältnis zur Weiblichkeit und Sexualität. Die Ich-Losigkeit der Hysterikerin konvergiert mit einer literarischen Ich-Spaltung des weiblichen Autors, die sich im ewigen Oszillieren zwischen Mimesis und Revolte artikuliert und im Palimpsest vertextet ist. Wie bei der Hysterikerin so erscheint Raoules dandyistischer Selbstentwurf als Mimesis männlicher Autoridentität. Doch ihr Ich verliert sich hinter ihrer Maske. Der gewaltsame Versuch weiblicher Selbstverleugnung führt nicht zur Identität, sondern

---

[75] Sandra Gilbert/Susan Gubar, *The Madwoman in the Attic*, S. 13.
[76] So schreibt Deborah Houk: „Through his integration of bipolar opposites – feminine and masculine, passive and active, exhibitia and voyeurism – the dandy creates an ambiguous sexual identity marked by a vacillation that, while it obscures the issue of gender effectively undermines his other attempts to project a solid, exterior persona, due to the instability of such an identity." Deborah Houk, „Self Construction And Sexual Identity in Nineteenth-Century French Dandyism", S. 71.

endet in Schizophrenie. In der Schlussszene des Romans besuchen zwei Raoule-Ausgaben den toten Jacques:

> „La nuit, une femme, vêtue du deuil, quelquefois un jeune homme en habit noir, ouvrent cette porte."[227]

Durch den binären Diskurs im Roman kommen die weibliche und die männliche Stimme zum Sprechen. Beide Modelle weiblicher Autorschaft (fetischistisches und hysterisches Schreiben) markieren die literarische Gegenwelt, in der sich die schreibende Frau im 19. Jahrhundert befindet. Als Palimpsest vertextet *Monsieur Vénus* eine Kette von Austauschverhältnissen zwischen Mimikri und Parodie, Perversion und Subversion, fetischistischem Begehren und hysterischer Ich-Suche. Sie produzieren eine Matrix der Ambiguität im Text, eine Ästhetik der Maskierung, die markiert, was als nicht eindeutig markierbar gilt: weibliche Autorschaft im *Fin de siècle*.

Die Analyse des Geschlechterdiskurses von *Monsieur Vénus* führt zu Rachildes ironischem Spiel mit den Konventionen des literarischen Dandyismus. Dabei wird eine doppelte Textstruktur sichtbar, die, unter der ironischen Paraphrase dandyistischer Themen, die Einheit von *sex* und *gender* hinterfragt und die Funktionsweise der Sexualität als Machtdiskurs offenlegt. Dabei sind Analogien zu postfeministischen Theorien erkennbar. Desweiteren thematisiert Rachilde am Beispiel des weiblichen Dandys sowohl Möglichkeiten als auch Schwierigkeiten weiblicher Autorschaft im *Fin de siècle*.

## 7. *MADAME ADONIS*: ANDROGYNIE ALS WEIBLICHER PROTEST

Der 1888 publizierte Roman[1] weist eine binäre Textstruktur auf, die alle Erzählebenen erfasst und eine Matrix der Kontraste produziert: Paris - Provinz; Libertinage - Ehe; Bisexualität - Heterosexualität; Luxuria - Sparsamkeit; Wahnsinn - Gesundheit; Perversion - Reproduktion; Ästhetizismus - Pragmatismus; Exklusivität - Mediokrität; Künstlertum - Geschäftswelt sowie Aristokratie - Bourgeoisie. Auf der Textoberfläche von *Madame Adonis* entwickelt Rachilde zwei Liebesgeschichten, die aus zwei unterschiedlichen Dreiecksbeziehungen bestehen. Zum einen handelt es sich um die bourgeoise Liebesgeschichte zwischen der kapitalistischen Unternehmerswitwe Madame Bartau (genannt Maman Bartau) und dem glücklosen Erfinder Monsieur Tranet (genannt Papa Tranet), dem sie den Vorzug gibt gegenüber ihrem langjährigen Verehrer Docteur Rampon. Diese bürgerliche Liebesgeschichte kontrastiert Rachilde mit einer dekadenten Dreiecksgeschichte, die, statt in bürgerlicher Ehe wie bei Tranet und Madame Bartau, im Ehebruch mündet. Im Zentrum dieser Verführungsgeschichte steht die androgyne Aristokratin Marcel(le) Carini Désambres, die von Paris nach Tours umsiedelt und in der Provinz für Verwirrung sorgt. In der Rolle des Bildhauers Marcel Carini verführt sie die schöne Louise Bartau, einzige Tochter von Papa Tranet. Simultan erscheint sie in der Gestalt der exzentrischen Witwe Marcelle Désambres und macht Louises Ehemann Louis Bartau, einziger Sohn Maman Bartaus, zu ihrem Geliebten. Marcel(le) Carini-Désambres lässt sich also in die Motivtradition des Doppelgängers[2] einreihen, von dem eine lange Kette von Verdoppelungen ausgeht.

Ins Auge fällt die Verdoppelung der Namen Marcel(le) Carini Désambres, die im Roman mehrfach thematisiert wird [28/196/273]. So zeigt Marcelle Louise die Visitenkarte ihres fiktiven Bruders.

> „Louise se jeta sur la carte et lut: Marcel Carini Désambres. Ainsi, dans cette famille le frère et la sœur portaient le même nom. L'étrange famille! Louise ne pouvait détacher son regard de ce carré de papier!" [173]

---

[1] Als Textgrundlage dient Rachilde, *Madame Adonis*, Paris (E. Monnier) 1888.
[2] Vgl. u. a. den riesigen Materialfundus zum Doppelgänger-Motiv, den Elisabeth Frenzel präsentiert. Elisabeth Frenzel, *Motive der Weltliteratur. Ein Lexikon dichtungsgeschichtlicher Längsschnitte*, Stuttgart[3] (J. B. Metzler) 1988, S. 94-113.

Während die Namen Marcel/Marcelle nach dekadentem Vorbild in einer androgynen Figur verortet sind, verweist die Doppelung der Namen Louis und Louise im naturalistischen Erzählstrang auf zwei Figuren. Der doppelte Ehebruch zwischen Marcel/Louise und Marcelle/Louis dokumentiert eine Doppelung des sexuellen Begehrens, realisiert in einer doppelten Verführungspraxis, die Strukturelemente einer dramatischen Handlung trägt. Als Kulisse dienen das geheimnisvolle Schloss von Amboise, „le château monstre" [1/47] und die elegante Villa in Tours [195]. Die Reise nach Amboise hat einen expositorischen Charakter, denn sie präsentiert die Figurenkonstellation, gewährt Einblicke in die Eheproblematik der Bartaus und leitet in der Begegnung mit Marcel die Verführungsgeschichte ein. Im Folgekapitel machen Louis und Louise die Bekanntschaft der reichen Witwe Marcelle, die in Tours „une petite Thébaide confortable" sucht [197]. Ihre Verführungspraxis basiert auf einem doppelten Intrigenspiel. In ihrer Doppelrolle als Marcel/Marcelle will sie Louise bzw. Louis zu einer Flucht nach Paris verführen [57/207]. Außerdem fordert sie von dem jeweiligen Ehepartner die Scheidung [222/281] oder rät den jungen Eheleuten zum Ehebruch [189/204]. Schließlich betrügt Louise ihren Mann mit Marcel [223f] und Louis seine Frau mit Marcelle [251]. Die Peripethie im Theater des Begehrens setzt ein, als Marcel(le) bemerkt, dass beide Ehepartner sich noch lieben [269/256] und einander nicht verlassen wollen. Dann setzt sie alles auf eine Karte und spielt mit den Figuren Katz und Maus, indem sie Louis und Louise jeweils von dem Ehebruch ihres Partners berichtet [257/281]. Die Katastrophe nimmt ihren Lauf: „La jeune femme pâlissait, le jeune homme maigrissait." [261] Als Marcelle von der bisexuellen Lebensführung vollends aufgezehrt ist [265], spielt sie mit ihrem Leben, indem sie Louis in einem Brief dazu einlädt, seine Frau beim Ehebruch mit Marcel inflagranti zu beobachten [284]. Tatsächlich verliert Louis vollends die Kontrolle über sich [287f] und ersticht Marcel [288f]. Der Mord entpuppt sich als „Doppelmord", denn Louise entdeckt die weibliche Anatomie von Marcel(le), als sie ihrem Geliebten zur Hilfe kommen will: „Ce n'était pas un homme, lui, mon amant!" [291]

Die inhaltliche Polarität des Romans reflektiert die stilistisch-ästhetischen Gegensätze zwischen Naturalismus und Materialismus auf der einen Seite und Idealismus und *Décadence* auf der anderen Seite, die die literarische Diskussion über die Jahrhundertwende hinaus bestimmten. Die in der *Décadence* herrschende Vorstellung von Ästhetik distanziert sich deutlich von dem naturalistischen Empirismus und dessen Wahrheitsbegriff: „à qui est réservé l'honneur de broyer le naturalisme...cette littérature vénale, stérile et terre à terre où s'illustre Zola et qui fait les délices des bourgeois sans âmes."[3] Das naturalistische Literaturverständnis, das sich über eine „reproduction exacte, complète et sincère" des Faktischen definiert und sich naturwissenschaftlicher Methoden bedient, um vollständige Milieu- und Charakterstudien im Sinne einer „analyse, enquête, étude, recherche" zu liefern, wird im Roman aus dem Blickwinkel der *Décadence* karikiert.[4] Die Kritik an den Repräsentanten des naturalistischen Diskurses, die mit der Bourgeoisie gleichgesetzt werden, ist in der androgynen Marcel(le) Carini Désambres verortet, die in der Inszenierung des Ehebruchs von Louise und Louis jede Gelegenheit nutzt, um sich über die bürgerliche Werteordnung zu mokieren. Bürgerliche Moralvorstellungen und Institutionen wie Ehe und Familie, wie sie in der Familie Bartau vorherrschen, werden als Gesellschaftssatire dargestellt, die es der Autorin ermöglicht, Kritik am zeitgenössischen Geschlechtercode zu üben.

### 7.1 *Madame Adonis* als Kritik an der Gesellschaft des *Fin de siècle*

Der Angriff auf die Bourgeosie impliziert eine Kritik an der phallogozentrischen Gesellschaftsordnung. Im Mittelpunkt steht der Konflikt zwischen dem herrschsüchtigen Familienoberhaupt Maman Bartau und ihrer nervösen Schwiegertochter Louise Tranet. Im Gegensatz zu den anderen Frauentypen im Roman wird die Unternehmerswitwe als „mère travailleuse" präsentiert, die zusammen mit ihrem Sohn Louis ein Sägewerk „la scierie mécanique" [50] und einen Holzhandel [58f] betreibt. In ihrer Doppelfunktion als Mutter und „maîtresse bourgeoise" inkarniert Maman Bartau auf ideale Weise den bourgeoisen (Re-)Produktionsdiskurs des 19. Jahrhunderts und weckt zugleich Assoziationen an die phallische Frau bzw. phallische Mutter[5], da sie die kapitalistischen autoritären misogynen

---

[3] Veronica Jeanne Hubert-Matthews, *Androgynie et Représentation chez quatre auteurs du 19e siècle: Balzac, Gautier, Sand, Rachilde*, Virginia (Anne Arbor) 1993, S. 199.
[4] Zu den Idealen und Methoden des Naturalismus vgl. Veronica Jeanne Hubert-Matthews, *Androgynie et Représentation* , S. 18-42.
[5] „Im Ganzen gesehen bezeichnet der Ausdruck ‚phallische Frau', die Frau, die einen Phallus hat und nicht das Bild der Frau oder des Mädchens, die mit dem Phallus identifiziert wird. Halten wir schließlich fest, daß der Ausdruck ‚phallische Frau' oft approximativ zur Kennzeichnung einer Frau verwendet wird, die sogenannte

Diskurse des *Fin de siècle* reproduziert, deren Opfer sie als Frau selbst einmal gewesen ist.

Die Machtkämpfe zwischen der jungen Louise und ihrer Schwiegermutter kommen in dem Augenblick offen zum Ausbruch, als Louise gegen das bürgerliche Rollenverständnis der Ehefrau verstößt. Die Ehedefinition des 19. Jahrhunderts erwartet von der Frau die Einhaltung der Gehorsamspflicht, die im *Code Civil* von 1804 manifestiert ist: „Le mari doit protection à sa femme, la femme obéissance à son mari."[6] Die starke Rechtsposition des Ehemannes autorisiert ihn, die Aktivitäten seiner Frau bis ins kleinste Detail zu überwachen und zu bestimmen.[7] Während ihrer kurzen Hochzeitsreise „sans Maman Bartau pour tant un jour" [1] nach Amboise widersetzt sich Louise der ehelichen Entscheidungsgewalt ihres Mannes. Gegen seinen Willen beschließt sie, die Hochzeitsreise um einen Tag zu verlängern, also allein in Amboise zu bleiben und bringt damit seine bürgerliche Weltordnung ins Wanken, was Rachilde mittels Hypertrophierung und Kontrastierung[8] karikiert:

> „Louis se vit sur le bord d'un abîme. Il y a des catéchisme provinciaux à l'usage des jeunes époux, qui conservent de famille en famille comme les scieries mécanique, et ils y apprennent, dès le bas âge, que la femme doit être dirigée par le mari, sans que le contraire soit permis, ne fût-ce qu'une seconde." [46]

Die Autorin lenkt die Sympathie der *Bohème* für diskriminierte und entrechtete Gruppen[9] auf die benachteiligte Situation der Ehefrau im 19. Jahrhundert, die aufgrund ihrer Geschlechtszugehörigkeit unter Fremdbestim-

---

männliche Charakterzüge hat, eine autoritäre Frau z.B. und dies ohne Kenntnis der jeweils motivierenden Phantasien." Jean Laplanche/J.-B. Pontalis, *Das Vokabular der Psychoanalyse*, S. 382.

6   So lautet Artikel 213 des *Code Civil*. Vgl. Sigrid Lambertz, Die *„femme de lettres" im „Second Empire"*, St. Ingbert (Röhrig) 1994, S. 50f. Vgl. auch Kapitel 2 der vorliegenden Arbeit.

7   Im Moment der Eheschließung ist die juristische Situation der Frau über ihren Ehemann definiert und sie verliert selbst die Rechte, die ihr als vaterlose ledige Frau oder als Witwe zur Verfügung stehen. Vgl. dazu Dorothea Mey, *Die Liebe und das Geld. Zum Mythos und zur Lebenswirklichkeit von Hausfrauen und Kurtisanen in der Mitte des 19. Jahrhunderts in Frankreich*, Weinheim u. Basel (Beltz) 1987, S. 103ff.

8   Die Karikierung von Repräsentanten der Bourgeoisie gehört zu den wichtigsten literarischen Gestaltungsprinzipien der Autorin. Vgl. daher Kapitel 13.3 in der vorliegenden Arbeit.

9   Vgl. Helmut Kreuzer, *Die Bohème. Analyse und Dokumentation der intellektuellen Subkultur vom 19. Jahrhundert bis zur Gegenwart*, Stuttgart (J. B. Metzler) 1971, S. 281.

mung, Pathologisierung und Diskriminierung zu leiden hat. Louises Revolte richtet sich eigentlich gegen den kapitalistischen Machtdiskurs. Als dessen Repräsentantin fordert Maman Bartau telegraphisch bereits am ersten Reisetag die vorzeitige Abreise der Jungvermählten [3f]. Louise rebelliert gegen die schwiegermütterliche Omnipotenz: „Cela prouvera que nous ne sommes pas de machines, que nous avons une volonté." [12] Sie kritisiert zugleich Louis' biedere Angepasstheit [2] und sein Besitzdenken: „Tu n'as pas de volonté, pas de courage, pas de sincère affection. Tu est un chiffre, un vilain chiffre, tiens!" [42] Im Machtkampf zwischen seiner Mutter und seiner Frau, also zwischen Geschäftsinteressen und Liebesleben, zwischen Gewinnstreben und Genuss, zwischen Geiz und Luxuria hin- und hergerissen, wiederholt er die Parolen eines braven Biedermannes: „La femme n'est point le vrai Dieu de l'homme, c'est le livre de la comptabilité qui mérite toute ses dévotions." [160] Während Louise zunächst großen Einfluss auf ihren Mann hatte, setzt nun Maman Bartau ihre Machtinteressen durch [74]. In Tours erwartet Louise eine Reihe von Maßnahmen, die ihren rebellischen Charakter brechen und ihren Hang zur Genusssucht hemmen sollen, denn Luxuria gefährdet die Stabilität des bürgerlichen Wertecodex. Als dessen Vertreterin duldet Maman Bartau nicht, dass ihre verwöhnte, kokette Schwiegertochter durch ihre „Ausschweifungen" die Basis ihrer kapitalistischen Lebensphilosophie, Autoritätshörigkeit und rigiden Moral in Frage stellt [75]. Louises „Fehlverhalten als Ehefrau" erlaubt nun ihrer Schwiegermutter durch rigide Strafen die eigene Machtposition zu konsolidieren:

> „C'est que la maman Bartau voulait une punition exemplaire; le premier sentiment de révolte chez une femme doit être étouffé net par la morale du mari ou c'en est fait à jamais son autorité, elle lui avait monté la tête de toutes les manières et il avait promis, en solennel serment, de mettre en terme à ce dévergondage qui risquait, déclarait Caroline, de le rendre la table de son quartier." [71f]

Die Dichotomie bourgeois-antibourgeois bzw. Kapitalismus-Luxuria wird in *Madame Adonis* geschlechtsspezifisch konnotiert. Revolte und Ausschweifung werden der Frau zugeordnet, während Geld, Moral, Autorität als genuin männliche Attribute gelten, die Maman Bartau nur aufgrund ihrer Position als phallische Frau inkarnieren kann. Louise wird symbolisch aus der Familie ausgegrenzt und nur noch mit ihrem Mädchennamen angeredet [64]. Das eheliche Schlafzimmer muss sie verlassen und ein

„chambre à part" [72], ein heruntergekommenes Gästezimmer, beziehen. Sie wird emotional isoliert und „comme une étrangère à la maison" behandelt. Den Tiefpunkt dieser Ausschließungspraxis bildet die Hysterisierung von Louise.

In seiner Diskursanalyse zum Sexualitätsdispositiv konstatiert Foucault drei Phasen hinsichtlich der Hysterisierung des weiblichen Körpers:

> „Die Hysterisierung des weiblichen Körpers ist ein dreifacher Prozeß: der Körper der Frau wurde als ein gänzlich von Sexualität durchdrungener Körper analysiert - qualifiziert und disqualifiziert; aufgrund einer ihm innewohnenden Pathologie wurde dieser Körper in das Feld der medizinischen Praktiken integriert; und schließlich brachte man ihn in organische Verbindung mit dem Gesellschaftskörper (dessen Fruchtbarkeit er regeln und gewährleisten muß), mit dem Raum der Familie (den er als substantielles und funktionelles Element mittragen muß) und mit dem Leben der Kinder (das er hervorbringt und das er dank seiner die ganze Erziehung währenden biologisch-moralischen Verantwortlichkeit schützen muß): die ‚Mutter' bildet mitsamt ihrem Negativbild der ‚nervösen Frau' die sichtbarste Form der Hysterisierung."[10]

Am Beispiel von Louise dokumentiert Rachilde die Hysterisierung des weiblichen Körpers durch eine phallogozentrische Machtpolitik, die mit dem medizinischen Diskurs paktiert. Die Hysterisierung des weiblichen Körpers und die Unterdrückung der Sinnlichkeit ist in dem misogynen Frauenbild der „Parisienne" verortet, das Mme Bartau mit Hilfe ihres Freundes Dr. Rampon mit Rekurs auf Louises Herkunft produziert. Die Pariserin wird als hysterisch, nervös [43], vicieuse [82], rebellisch [151] imaginiert. Sie gilt als gefährliche *femme fatale* und als „machine à plaisir" [199]: „Les provenciales sont les filles d'Ève, les parisiennes sont les filles du Serpent." [42] Die Sexualisierung des weiblichen Körpers „Les parisiennes n'ont ni poumon ni bassin" [14] macht die Frau für Louis unkontrollierbar und daher gefährlich: „(...) ma mère a bien raison ... vous êtes capable de me tromper, (...)." [72] An die Sexualisierung ihres Körpers ist die Diffamierung der „Parisienne" gekoppelt, denn sie inkarniert das Gegenbild zur bourgeoisen Ehefrau [13]. Die über Ehe und Mutterschaft definierte Identität der Frau erscheint in *Madame Adonis* als Teil eines kapitalistischen Produktionsdenkens, das die sexuelle Praxis mitbestimmt. Die „mère travailleuse" vereinigt Reproduktions- und Produktionsinteressen und fungiert im Roman als bourgeoise Gallionsfigur:

---

[10] Vgl. Michel Foucault, *Sexualität und Wahrheit*, Bd. I: *Der Wille zum Wissen*, Frankfurt a.M.[9] (Suhrkamp) 1997, S. 103.

„(...) une femme de valeur, celle-là, que vous m'apprécierez que lorsque le travail l'aura mise au cimetière...une bien belle nature...il vous fallait sa pareille; seulement elles sont rares. Les parisiennes n'ont ni poumons ni bassin...j'emploie les termes crus, (...) Eh bien! mon ami, une femme qui n'a ni poumons ni bassin ne sera pas une bonne épouse! C'est gentil à l'oeil, c'est croustillant comme un joli gâteau, et c'est usé en un an... Parlez-moi des hanches de la mère Bartau, sacrebleu..." [90]

Da Louise diesen bourgeoisen Werten nicht Folge leistet, also nicht schwanger ist, wird sie absurderweise mit Liebesentzug bestraft:

„(...) par ce calcul entêté de tout jeune homme de province qui dédaigne la femme, au fond, quand elle n'est pas encore mère, il s'était appliqué à fuir ses caresses le plus possible." [44]

Ehe, Medizin und Kapitalismus konvergieren. Produktion bzw. Reproduktion fungieren als Schnittstellen dieser Machtdiskurse, die den sexuellen Körper unentwegt beherrschen.[11] In *Madame Adonis* konvergiert der sexuelle Körper, von dem Foucault in seiner Diskursanalyse des Sexualitätsdispositivs spricht, ausschließlich mit dem Frauenkörper. Die von Foucault konstatierte negative Beziehung zwischen Macht und Sexualität im Sinne einer „Verwerfung, Ausschließung, Versperrung, Verstellung oder Maskierung"[12] vollzieht sich in *Madame Adonis* an der weiblichen Sexualität, am Körper der kinderlosen Louise. Maman Bartau und ihr Sohn Louis als Repräsentanten des Kapitalismus und der Verfechter der Ehe, sowie Doktor Rampon als Vertreter der Medizin definieren die weibliche Sexualität als „ökonomisch nutzbare Sexualität", die die Aufgabe hat, das Bevölkerungswachstum zu sichern und Arbeitskräfte zu produzieren.[13]

Sinnlichkeit und weibliches Begehren erscheint für die Bourgeoisie in dem Moment bedrohlich, wenn sie sich dem Reproduktionsideal entzieht.

---

[11] Michel Foucault zählt die Strategie der Hysterisierung des weiblichen Körpers, der Pädagogisierung des kindlichen Sexus, der Sozialisierung des Fortpflanzungsverhaltens und der Psychiatrisierung der perversen Lust zu den Strategien des Sexualitätsdispositivs. Vgl. ebd., S. 126f.

[12] Ebd., S. 103.

[13] Michel Foucaults Fragestellung geht zunächst in die gleiche Richtung: „Steht nicht die geschwätzige Aufmerksamkeit, die seit zwei oder drei Jahrhunderten ihren Lärm um den Sex macht, im Dienste eines elementaren Bemühens, nämlich dem, das Bevölkerungswachstum zu sichern, Arbeitskraft zu produzieren, die Form der gesellschaftlichen Beziehungen aufrechtzuerhalten, kurz: im Dienste der Absicht, eine ökonomisch nützliche und politisch konservative Sexualität zu bilden?" Dann wendet er ein: „Das 19. und unser Jahrhundert sind eher ein Zeitalter der Vermehrung gewesen: einer Verstreuung der Sexualitäten, einer Verstärkung ihrer verschiedenartigen Formen, einer vielfältigen Einpflanzung von ‚Perversionen'." Michel Foucault, a.a.O., S. 50f. Vgl. ebenso Kapitel 2.2 dieser Arbeit.

Louises Kinderlosigkeit bzw. ihre unproduktive Sinnlichkeit divergiert mit den bourgeoisen Moralvorstellungen und verwandelt sich in einen Repressionsdiskurs, um Louises Begehren massiv zu unterdrücken, wie Mme Bartaus Rede zu Louise verdeutlicht:

> „Je vous souhaite un enfant qui vous ressemble pour que vous ne sachiez plus ourdir de pareille révolution. Et elle ajouta avec une méprisante ironie: Un enfant! Vous n'en ferez jamais. Dieu ne donne pas d'enfant aux femmes qui sont amoureuses comme des chattes sur les toits." [137f]

Am Ende wird Louise pathologisiert. Sie gilt als „stérile" [148], und „rêveuse" [92] und hysterisch [90/149], so lautet jedenfalls die Diagnose von Dr. Rampon:

> „(...) mais notre demoiselle Tranet ne me revient pas du tout, et, au sujet de sa dernière folie, j'ai lu un bouquin sur les anciennes possédées de Loudun ... des hystériques où il était d'une spécialité analogue... des créatures voulant partir en ballon dès qu'on les morigénait. La science a marché, nous savons à quoi nous en tenir. (...)! Il faut du bromure, beaucoup de bromure et des enfants, beaucoup d'enfants." [90]

Mme Bartau und Docteur Rampon bemächtigen sich des weiblichen Körpers. Als „dragons de vertu" [146] und „gardiens de la véritable hygiène" kontrollieren und bewachen sie den weiblichen Körper, der zu einem öffentlichen Körper geworden ist und im Dienste des „repeuplement" [144] steht.

Sie fassen den Beschluss, die Ehe von Louis „in Ordnung zu bringen", also reproduktionsfähig zu machen, und verordnen Louise „une visite domiciliaire" [145], bei der Rampon die Gebährfähigkeit von Louise untersuchen bzw. ihre Sterilität feststellen soll [145]. Louise fürchtet sich sehr vor dieser Untersuchung [158], doch sie verfügt über keinerlei Vetorecht, da ihr Mann der Untersuchung bereits zugestimmt hat [156]. Der Arztbesuch gehört seit Generationen zum Pflichtprogramm für junge Ehefrauen.[14] Mme Bartau hat selbst durchgemacht, was sie ihrer Schwiegertochter abverlangt:

> „J'ai subi trois examens de la sorte, moi, avant ta naissance sans réclamer, parce que ton père le voulait. On aime son mari ou on ne l'aime pas; et ce n'est pas chercher à lui donner un enfant." [152]

---

[14] Auch Madeleine aus *La Princesse des Ténèbres* (1896) muss sich ebenfalls aus den genannten Gründen von einem Arzt untersuchen lassen.

Es ist die strenge Sexualmoral des 19. Jahrhunderts, die eine offene Diskussion über die „hygiène conjugale" verhindert und damit Machtstrukturen über Generationen konsolidiert. Der im Roman skizzierte Diskurs über die weibliche Sexualität bzw. Reproduktion als weibliche Sexualität und deren Pathologie dokumentiert auf sensible Weise „die Unfähigkeit oder den Unwillen, vom Sex selber zu sprechen"[15]. Der Leser von *Madame Adonis* weiß aber von Romanbeginn an von der sexuellen Unerfahrenheit Louis', unter der Louise sehr leidet: „Et Louise, déconcertée, car jamais son mari ne la déshabillait, (...)." [21] Auch Rampon weiß um Louis' sexueller Unsicherheit und spricht ihn daraufhin an:

> „Vous aimez mieux laisser grandir son appétit pour que vous ne puissiez plus la contenter et qu'un autre...Louis tressauta. –Tant pis!...je vous le répète carrément...docteur, ce n'est pas de ma faute." [151]

Louises Körper fungiert als Projektionsfläche für jene Schwierigkeiten, die Louis mit seiner Sexualität hat. Ähnliches kann auch für Docteur Rampon festgehalten werden, der bei seinen Untersuchungen mehr von verdrängten sexuellen Wünschen als von medizinischem Erkenntnisinteresse und von seinen Pflichten als Arzt geleitet wird. Erst Louis' Verhältnis mit Marcelle Désambres führt ihn zu der Einsicht in sein Fehlverhalten gegenüber seiner Frau [253f].

Unterdessen erträgt Louise die tagelange Internierung im alten Gästezimmer. Sie verweigert die Kommunikation und entzieht sich auch Louis, der die lange Trennung von seiner Frau nicht mehr ertragen kann [78]. Sie rächt sich für die ewigen Vorwürfe ihrer Untreue, indem sie Louis erklärt „je pense à un autre." [81] Als sie die emotionale Kälte der Bartaus nicht länger aushalten kann, beschließt sie ihre Rückkehr nach Paris, die in letzter Minute durch die Ankunft ihres Vaters verhindert wird und für einen Eklat im Hause Bartau gesorgt hätte [95]. Sie setzt unter Androhung der Scheidung bei ihrem Mann durch, dass ihr Vater auch gegen den Willen Mme Bartaus im Hause bleiben darf [210f]. Louise glaubt nicht an die „maladies des parisiennes" [93], verweigert das von Rampon verordnete Brom und wehrt sich gegen die Sterilitätsvorwürfe [135]. Am Ende riskiert sie den Ehebruch[16] mit Marcel Carini und rebelliert gegen die von den Bartaus praktizierte Produktionsideologie:

---

[15] Michel Foucault, a.a.O., S. 69f.
[16] Für Ehebruch wurde die Ehefrau ungleich härter bestraft wird als im umgekehrten Fall. Vgl. Kapitel 2.2 dieser Arbeit.

„(...) on attendrait qu'elle consentit tout simplement comme le droit faire une excellente épouse destinée à faire une excellente nourrice. Un matin elle s'était réveillée avec une décision irrévocable: elle ne céderait pas, elle ne céderait jamais." [158]

Auf den ersten Blick erinnert die Ehe der jungen Bartaus an das berühmte Flaubertsche Paar Emma und Charles Bovary. Emma Bovary wie auch die schöne Louise Bartau leiden unter der emotionalen wie sexuellen Vernachlässigung durch ihre Männer. Dem Ennui des Provinzlebens [161] versucht Louise ebenso wie Emma durch allerlei Träumereien [38/55] vom vornehmen Leben in Paris [1/7/163] und vom Ideal einer romantischen Liebe [26f] zu entfliehen. Schließlich begegnet Louise in dem Bildhauer Marcel Carini ihrem Märchenprinzen [26f], der sie zum Ehebruch verführt. Anders als in Flauberts Roman endet *Madame Adonis* mit dem Mord an dem androgynen Verführer, der zuvor auch Louises Ehemann in der Rolle der Aristokratin Marcelle verführt hat und damit eine zweite Ehebruchsgeschichte inszeniert hatte.

In *Madame Adonis* zeigt Rachilde das Zusammenspiel von kapitalistischer Produktion und nationalistischer Reproduktion, die sich des weiblichen Körpers bemächtigen. Die Polemik der *Décadence* gegen die bürgerlichen Normen und den naturalistischen Diskurs erweist sich als Kritik an einer phallogozentrischen Geschlechterpolitik.

7.2 Androgynie als subversive Macht

Die bourgeoise Familien- und Ehegeschichte wird mit einer Ehebruchsgeschichte verknüpft, die von dem Auftritt des verführerischen Doppelwesens Marcel(le) Carini Désambres ausgeht. Das Motiv des Doppelgängers wird nicht nur im Kontext dekadenter Motive, wie etwa der Androgynie und der Sexualität behandelt, sondern es lässt – so die Themenstellung dieses Kapitels – zugleich den Standpunkt eines weiblichen Autors sichtbar werden.

Als Gegenentwurf zu den anderen Romanfiguren verkörpert Marcel(le) jene Wertvorstellungen der *Décadence*, die den bürgerlichen (Re-)Produktionsdiskurs in Frage stellen. Ihr exzentrisches Auftreten, ihre ungewöhnliche Schönheit erinnern an eine *femme louve*, und entsprechen ebenso wenig wie ihr „unweiblicher" Körper dem bürgerlichen Weiblichkeitsideal von Ehefrau und Mutterschaft:

"Une parisienne, seule, pouvait paraître ainsi le front nu tout en ayant un chapeau. Jamais le provinciale ne aura sacrifier la richesse du paquet qu'elle se met sur les cheveux à l'harmonie de son visage. Cette femme-là savait, sans être belle d'une beauté ordinaire, se coiffer selon son type de louve. Elle, se couronnait de fourrure avec une crânerie féline qui lui faisait pardonner son nez, en bec d'aigle, sa lèvre relevée par un rictus mauvais, ses yeux mi clos et sombres, ressemblant à des yeux de chatte hystérique." [165]

In Tours bewohnt die reiche Marcel(le) eine „ancienne demeure d'une cocotte" [195], die wie ein Tempel ausstaffiert ist. Während sich Maman Bartau als „dragon de vertu" begreift, führt Marcel(le) ein Leben voller Genusssucht und Extase [283], das sie selbst in totale Erschöpfung treibt. Da sich Maman Bartau ausschließlich über (Re-) Produktion definiert, wie ihre Namensgebung offenlegt, entwirft Rachilde in Marcel(le) als Künstlerin[17] das Bild einer „Anti-Mère", deren Lebensentwurf durch Non-Produktion charakterisiert ist. Marcel(le) erscheint als *femme libre*, die sich im Gegensatz zu bourgeoisen Frauenfiguren wie Louise und Maman Bartau nicht über Ehe und Mutterschaft, sondern über „l'amour passion" [261] und Freiheit identifiziert. In Rachildes Œuvre dominiert ein negatives Eheverständnis.[18] Als Witwe blickt Marcel(le) voller Hass auf ihre Zeit als Ehefrau zurück:

"Je n'ai jamais aimé les hommes. Ils sont si bêtes et si brutaux. Mon mari m'a dégoûtée pour le reste de ma vie. On m'avait fait épouser un vieux tout plein d'idées baroques, je fus complaisante, m'imaginant que la complaisance était un des principaux devoirs conjugaux et ...mon cher ami mourut au bout de quelques semaines de lune de miel." [205]

---

[17] Micheline Besnard-Coursodon sieht lediglich in der „altérité de la femme (...), hyperréalisée dans la Parisienne, (...), et sans nul doute dans l'androgyne (...)" den Gegenentwurf zur Bourgeoisie, wobei sie die künstlerische Dimension übersieht. Denn gerade im Selbstverständnis einer Künstlerin sind Dekadenz und Weiblichkeit als antibürgerliche Alteritäten verortet. Vgl. Micheline Besnard-Coursodon, „Monsieur Vénus, Madame Adonis: Sexe Et Discours", in: *Littérature* 54 (Mai 1984), S. 121-127, S. 126.

[18] Die Heldinnen in Rachildes Romanen begreifen Ehe als Unterdrückung und Ausbeutung: „mariage c'est la prostitution". Rachilde, *Monsieur Vénus*, S. 121. Sie sind entweder libertine, unverheiratete Frauen wie Raoule de Vénérande oder Miane aus *Le Printemps*, oder junge Witwen wie Mary Barbe, Marcelle Désambres oder Eliante Donalger, die bereits eine unglückliche Ehe hinter sich haben. Dieser negative Ehebegriff ist nicht nur im Sinne eines dekadenten Nonkonformismus zu deuten, er resultiert z.T. auch aus biographischen Erfahrungen der Autorin. Aufgrund Rachildes Ressentiments gegen „la vie conjugale" verspricht ihr ihr zukünftiger Ehemann Alfred Valette in einer Art Heiratsantrag „une union libre de raison". Vgl. Rachilde, *Le roman d'un homme sérieux. Alfred Vallette à Rachilde (1885-1889)*, hrsg. von Rachilde, Paris (Mercure de France) 1944, S. 142f.

Während die bürgerliche Werteordnung Ehebruch als „vraie crime" [224] verurteilt und Ehe als einzige weibliche Existenzform postuliert, verführt Marcel(le) die jungen Bartaus zum Ehebruch [223/259] und rät zur Scheidung. Marcel(le) präferiert die Libertinage. Statt einer heterosexuellen Praxis, die bürgerlichen Reproduktionsinteressen gehorcht, antizipiert sie eine bisexuelle Lebensform, die sowohl heterosexuelles (Marcelle/Louis und Marcel/Louise) wie homosexuelles (Marcel/Louis und Marcelle/Louise) Begehren impliziert.

So verführt und begehrt Marcelle Louise in der Rolle ihres fiktiven Bruders Marcel Carini, der Louise durch seinen Charme, seine verführerische Stimme und seine androgyne Schönheit [23/26f/30/48] beeindruckt. Marcel(le)s Inszenierung als Don Juan orientiert sich am Typus des klassischen Dandys. In ihrer Doppelfunktion als Aristokratin Marcelle und ihrer Maskerade als weiblicher Don Juan produziert sie eine ironische Wiederholung von donjuanesken Maximen, wie etwa Ästhetizismus [195], Idealismus [266], Androgynie [29], Affektkontrolle [56], Exotismus [189f], Maskerade [22], Rätselhaftigkeit [267/270], Nervosität [239], Hysterie [165], Perversion [256], Geschlechtertausch [185/239], „supériorité" [205f], Selbstironie [279], Ekel [261/205], Sinnlichkeit [252], Rausch [283], übersteigerten Genuss [54f]. Sie stellen den bürgerlichen Wertekodex einer Familie Bartau in Frage. Sie überschneiden sich mit den Idealen des Dandys, allerdings unterscheiden sich der Dandy und der Don Juan in einem wesentlichen Punkt. Während der Dandy die Frau verabschaut oder aber als künstlerische Inspirationsquelle gebraucht, definiert sich der Don Juan als Typus des männlichen Verführers gerade über die zahlreichen Eroberungen des anderen Geschlechts. Für den Don Juan liegt der Reiz der Verführung besonders in der verbotenen Qualität:

> „Stets ist es die verbotene oder im Grunde unerreichbare Frau, die seine Sinnlichkeit weckt, die Braut oder Geliebte des Freundes, die keuschespröde, etc. die Buhlerin fehlt im Reigen der Verführten. Das heißt der Don Juan wird immer gerade da zum Verführer, wo sein Begehren zugleich Frevel ist."[19]

Er goutiert den geistigen Genuss des Intrigenspiels der Verführung. Zwar erscheint Marcel(le) wie der dandyistische Don Juan als reflektierter, strategischer Verführer, „der mehr als die sinnliche Lust begehrt, der die

---

[19] Hiltrud Gnüg, *Kult der Kälte. Der klassische Dandy im Spiegel der Weltliteratur*, Stuttgart (J. B. Metzler) 1988, S. 180.

‚Seelen mehr noch als die Körper liebt' und der den rein sexuellen Genuss schal finden würde,"[20] dennoch kommt es zum sexuellen Kontakt und so gilt er als „Don Juan polisson" [58]. Der Reiz der Verführung liegt hingegen in *Madame Adonis* nicht nur in der Überwindung der Unerreichbarkeit der Frau, sondern in der Überschreitung bürgerlicher Moralvorstellungen. Sie werden gerade durch den Ehebruch und die homoerotische Beziehung aufs Empfindlichste verletzt: „elle était mariée, l'amour d'autre, c'était le fruit défendu!" [186]. Rachilde karikiert die Figur des Don Juan, was besonders am Ende des Romans zum Ausdruck kommt, als sich die donjuaneske Verführungsgeschichte als homoerotische Beziehung entpuppt. Aus dem phallogozentrischen Repräsentanten Don Juan wurde eine weibliche Verführerin mit homoerotischen Neigungen.

Vor allem ihre androgyne Inszenierung als Doppelwesen kennzeichnet die Hauptfigur des Romans, die sich auch von Raoule de Vénérande unterscheidet. Während Raoule am Schluss des Romans als schizophrenes Wesen auftritt, wird Marcel(le) als Doppelwesen visualisiert, das die Geschlechterpolaritäten assimilieren kann. Marcel(le) leidet folglich nicht unter einer Ich-Spaltung, sondern spielt lustvoll mit ihren *gender*-Identitäten und vermag Louis und Louise gerade durch ihre reizvolle physische Ambiguität zu faszinieren und verführen. Die im Roman vorgestellte Androgynie-Definition geht auf antike Mythen zurück, die in der Androgynie das Ideal einer geschlechtlichen Selbstvollkommenheit sehen: „Androgynie soll hier jene Relation zweier komplementärer Elemente heißen, die eins waren, eins sind oder eins sein möchten, insofern die Komplementarität geschlechtlich erkennbar ist."[21] So fasziniert Marcel(le) in der Inszenierung als „gentilhomme de cour" [22f]. In ihrer Inszenierung als Marcel „le fou d'Amboise" beeindruckt Marcel Louise durch eine zarte Frauenstimme [185] und eine mädchenhafte Schönheit [29], während Louis von dem knabenhaften Körper Marcelles und ihren „gestes viriles" hingerissen ist:

> „Un garçon de quinze ans tout à fait. Ni hanches ni poitrine, et cependant quelle peau fine, blanche, chaude! Quelle chevelure, quelle bouche, quels yeux." [252]

---

[20] Ebd., S. 181 u. S. 211.
[21] Achim Aurnhammer, Andro*gynie. Studien zu einem Motiv*, Köln u. Wien (Böhlau) 1986, S. 2.

Androgynie als Motivkomplex umfasst Rollentausch und Bisexualität. Bisexuelle Praktiken beinhalten eine heterosexuelle wie homosexuelle Beziehung, die Marcel(le) mit den jungen Bartaus realisiert. Der Rollentausch suggeriert eine heterosexuelle Praxisform. Doch hinter dem Spiel einer heterosexuellen Ehebruchsgeschichte verbirgt sich ein homosexuelles Begehren, das Marcel(le) einerseits in der Beziehung zur unwissenden Louise realisiert: „Ce n'était pas un homme, lui, mon amant." [291] und andererseits eine latente homosexuelle Relation zwischen Louis und Marcel impliziert. *Madame Adonis* enthält wie *Monsieur Vénus* eine Fülle von Allusionen zum Sapphismus, einem von Literaten wie Gautier, Baudelaire, Verlaine gebrauchten Motivkomplex, der Marcel(le) zugewiesen wird [199/203/211f etc.]. Wie Raoule so dekoriert Marcel(le) ihr Schlafzimmer mit einer Sappho-Statue [189] und hält ein flammendes Plädoyer für den Sapphismus [278f], allerdings auf so subtile Weise, dass es nur Kennern zugänglich ist. Dabei rekurriert sie auf einen traditionellen mythischen Prätext und verweist in ihrer Rede anlässlich der Hochzeit von Maman Bartau und Papa Tranet auf Cythère, Lesbos, Phénix, und Vénus [278f]. Sie versucht mit Hilfe von Gedanken, Zärtlichkeiten, ihrer Intrige gegen Louis [205] in Louise Gefühle zu wecken, die über eine freundschaftliches Maß hinausgehen. Schließlich gelingt es ihr, Louise gegen deren Moralvorstellungen und sexuellen Konventionen zu einer homoerotischen Beziehung zu verführen.

Anders als in *Monsieur Vénus* bleiben beide Motivvarianten, Rollentausch und Bisexualität, dem Leser bis zum Romanschluss verborgen. Die ironische Qualität des Geschlechtertausches erlangt im vorliegenden Roman nur periphere Bedeutung. Vielmehr steht die in der Verdoppelung enthaltende Assimilation beider Geschlechterrollen im Mittelpunkt. Sie fungiert zugleich als Ideal der *Décadence*, das nicht nur durch eine bisexuelle Praxis gegen den bürgerlichen Reproduktionsdiskurs rebelliert, sondern mit seiner impliziten Ambivalenz naturalistische Kategorien wie Wahrheit, Entität, Faktizität, Realität, Identität und Geschlecht außer Kraft setzt. In *Madame Adonis* bringt Marcel(le) Désambres diese subversive Qualität der Androgynie zum Ausdruck. Das dekadente Androgynie-Verständnis wird im vorliegenden Roman jedoch aus weiblicher Sicht interpretiert. Während Louise Bartau ausschließlich auf ihren Körper reduziert wird, erreicht Marcel(le) durch ihr androgynes Spiel eine Trennung von *sex* und *gender*. Ihr Geschlecht lässt sich symbolisch nicht mehr repräsentieren, damit entzieht sie sich auch jenen gesellschaftlichen Zuschreibungsprozessen, die Identität allein auf die biologische Markierung gründen. Identität erweist sich im vorliegenden Roman mehr noch als in *Monsieur Vénus* als performativer Akt, der durch die jeweilige sexuelle Praxis bestimmt ist. So gibt sich Marcelle in ihrer Relation zu Louis als Frau, in ihrer Beziehung zu dessen Ehefrau erscheint sie als Don Juan. Diese Vorstellung von Identitätsbildung wird in dem Moment gestört, in dem die biologische Markierung und damit der bürgerliche Identitätsbegriff wieder zum Tragen kommt, wie es in der Schlussszene, in der Louis seine Ehefrau mit Marcel(le) in flagranti ertappt und den vermuteten Liebhaber ersticht, der Fall ist:

> „La jeune femme s'élança vers l'agonisant,, (...), elle écarta son veston, son gilet, sa chemise, elle voulait mettre ses lèvres sur la plaie béante, et mourir ainsi dans une suprême volupté. Soudain, ses cheveux se hérissèrent; elle frémit de tous ses membres... la poitrine de Marcel Carini était une poitrine de femme. -Ma maîtresse! rugit Louis au comble de la stupeur." [290]

Die diesem Identitätsverständnis innewohnende, mehrdeutige, geschlechtliche Repräsentation, entzieht sich jenen bürgerlichen Bemächtigungsstrategien, denen Louise ausgesetzt war. Der androgyne Selbstentwurf ermöglicht Marcel(le) als Frau ein selbstbestimmtes Leben. Gerade in der Trennung von *sex* und *gender* und der damit verbundenen Überschreitung der Geschlechtsidentität, die die bürgerliche Machtpolitik und deren patriarchalisches Ordnungsverständnis stört, liegt die „monströse" Qualität der Androgynie, die sowohl in *Monsieur Vénus* als auch in *Madame Adonis* immer wieder mit dem Begriff „amour monstre" bezeichnet wird. Daher fürchtet Marcel(le) in der Todesstunde nichts so sehr als dass man ihr biologisches Geschlecht erkennt:

> „Une dernière volonté farouche la conservait encore vivant, elle espérait qu'ils n'avaient pas reconnu son sexe et elle voulait aller s'ensevelir dans la Loire: le fleuve qui laverait sa honte, et peut-être ne la rendrait pas au mépris public." [292]

Diese Szene erinnert an die Bekenntnisse Herculine Barbins oder anderer weiblicher Homosexueller, die ihr biologisches Geschlecht, das sie nicht als ihr wahres Geschlecht verstanden, bis zu ihrem Tode zu verbergen suchten.[22] Zugleich ist es jene Nicht-Repräsentierbarkeit von Marcel(le)s

---

[22] Vgl. Michel Foucault (Hg.), *Herculine Barbin, dite Alexina B.* Paris (Gallimard) 1978. Vgl. auch die autobiographischen Aufzeichnungen von E. Krause, „Die

Geschlecht und dessen Reiz des Verbotenen, die die verführerische Qualität von Marcel(le)s androgyner Inszenierung ausmacht.

In der doppelten Inszenierung ist also das Verbotene angesiedelt: sexuelle Wünsche, das Geheimnisvolle, der Genuss, die Lust. „L'autre" schwebt wie ein Phantom, besetzt mit verschiedensten Emotionen, in den Köpfen der Bartaus. Louise assoziiert mit dem „Anderen" Sinnlichkeit, Genuss, Begehren und Leidenschaft [82], Gefühle, die die Ordnung der bürgerlichen Welt in der Provinz gefährden. Der eifersüchtige Louis empfindet „den Anderen" als Bedrohung seiner Ehe: „L'autre, ce héros de la légende conjugale! L'autre, le désespoir, la honte!" [150] Sexuelles Begehren wird von ihm abgewehrt und als „le diable"; „le monstre" [149], „l'être énigmatique" [183] im „Anderen" verortet. „L'autre" wird zum Sprachrohr der unbewussten Wünsche von Louise und Louis. Das Unbewusste[23] ist, laut Lacan, der Diskurs des Anderen:

> „Bereits war davon die Rede, daß der/die Andere imaginiert wird. Durch einen andern Menschen, der für ein Subjekt bedeutsam ist, oder durch die Vorstellung einer transzendenten Macht, wird diese notwendige Annahme des Andern zum Existieren gebracht. Damit überschneiden sich die symbolische und die imaginäre Diskussion, (...)."[24]

Je rigider Moralvorstellungen und Gesetze einer Gesellschaft sind, um so anfälliger ist sie für die „Versuchung des Verbotenen".[25] Marcelles Verführungspraxis regelt das Spiel der Figuren in der Ehebruchsgeschichte des Romans, die zugleich einen Verführungszyklus[26] symbolisiert, in dem alle Figuren in der Ehebruchsgeschichte Verführte und Verführer zugleich sind. Marcel(le) erscheint als „l'être énigmatique", dessen geheimnisvolle Aura in ihrer Inszenierung als Doppelwesen begründet ist.

*Madame Adonis* gilt insofern als Text der Überschreitung und Ausschreitung, der nicht nur den bourgeoisen Diskurs durchkreuzt, sondern auch phallogozentrische Sinnkonzepte und Weiblichkeitskonstrukte durchquert. Im Roman lassen sich, wie bereits deutlich wurde, Verführungsritu-

---

[23] Wahrheit über mich. Selbstbiographie einer Konträrsexuellen", in: Ilse Kokula, *Weibliche Homosexualität um 1900*, München (Frauenoffensive) 1981, S. 181-190. Vgl. zum Begriff des Unbewussten Jacques Lacan, *Freuds Technische Schriften. Das Seminar. Buch I (1953-1954)*, Weinheim u. Berlin (Quadriga) 1978, S. 113f.
[24] Peter Widmer, *Subversion des Begehrens*, S. 64f.
[25] Vgl. dazu Elisabeth Hardwick, *Verführung und Betrug. Frauen und Literatur. Essays*, München (Fischer) 1986, S. 208.
[26] Jean Baudrillard, *Von der Verführung*, München (Matthes u. Seitz) 1992, S. 113f.

ale aufzeigen, die zwar mit Jean Baudrillards Analyse der Verführung konvergieren, aber auf dem Prinzip der Ambivalenz basieren. Im Ergebnis erscheint Baudrillards Analyse im Hinblick auf eine feministische Literaturwissenschaft zunächst interessant, weil er Verführung als spezifisch weibliche Macht im Sinne einer Negierung der phallischen Herrschaft definiert. Daher ist es nicht erstaunlich, wenn Micheline Besnard-Coursodon im Rekurs auf Baudrillard in ihrer feministischen Lektüre von *Madame Adonis* folgert:

> „Marcelle ou l'histoire d'une séduction. Je citerai encore Baudrillard: ‚Seule la séduction s'oppose radicalement à l'anatomie comme destin. Seule la séduction brise la sexualisation distinctive des corps et l'économie phallique qui en résulte.' Briser l'économie phallique: serait donc la réponse à la question que pose Rachilde dans sa Préface?"[27]

Besnard-Coursodon stützt Baudrillards Weiblichkeitsmodell, das zwischen Misogynie und Idealisierung pendelt. Mit Rekurs auf Baudrillard deutet Besnard-Coursodon „‚le féminin comme principe d'incertitude'"[28]. In *Monsieur Vénus* und in *Madame Adonis* präsentiert Rachilde aber nicht das Weibliche als „Unschärferelation"[29], sondern die Relation zwischen *sex* und *gender*. Nicht das Weibliche erscheint reversibel, sondern die biologische Markierung. Nicht das Weibliche ist in Rachildes Romanen das Verführerische, das die phallogozentrische Ordnung in Frage stellt, sondern die geschlechtliche Ambivalenz bzw. die Androgynie der Protagonisten. So wirkt Jacques, obwohl biologisch männlich, aufgrund seiner geschlechtlichen Ambiguität auf Raittolbe und Raoule verführerisch. Nicht die Frau, sondern die Geschlechtsidentität präsentiert sich als Schein: „Le sexe comme principe d'incertitude", um mit Baudrillard und Besnard-Coursodon zu sprechen, ist also Thema bei Rachilde und bedroht die phallische Ordnung.[30] Denn mit der Auflösung der Kategorien Geschlecht und Binarität verliert eine Kette von Machtdiskursen ihre Legitimation, wie in *Monsieur Vénus* deutlich wird. In *Madame Adonis* ist es also nicht das

---

[27] Micheline Besnard-Coursodon, „Monsieur Vénus, Madame Adonis", S. 125f.
[28] Ebd. S. 124.
[29] Jean Baudrillard, *Von der Verführung*, S. 22.
[30] Baudrillard diskutiert diese Problematik im Kontext des Transvestitismus: „Dagegen trennen sich bei den Transvestiten die Zeichen vom biologischen Wesen, es gibt somit kein Geschlecht im eigentlichen Sinne mehr, und worin sie verliebt sind, ist das Spiel der Zeichen, was sie entzückt, ist *die Verführung der Zeichen selbst.*" Jean Baudrillard, a.a.O., S. 23.

Weibliche sondern die Androgynie, die der Verführung ihre Macht verleiht und gegen den männlichen (Re-)Produktionskurs rebelliert.

Die Ehebruchsgeschichte erweist sich als Verführungsgeschichte, die gegen die Trias Bourgeoisie, Phallokratie und Naturalismus/Realismus als bourgeoise Ästhetik polemisiert. Der Ästhetizismus der *Décadence* richtet sich gegen ein materialistisches Literaturverständnis des Naturalismus, das von Positivismus, Empirismus, Intentionalität geprägt ist und eine literarische Reproduktion von Fakten betreibt, damit aber der Verführungspraxis der *Décadence* zuwiderläuft.[31] Naturalismus und Bourgeoisie zählen also in *Madame Adonis* zur männlichen Ordnung, die geprägt ist von Produktionszwang, Leistungsfähigkeit, Materialismus und Kapitalismus, während die *Décadence* als Macht der Verführung und der Sinnlichkeit dem Weiblichen zugeordnet ist. Das im Roman angelegte Androgynie-Konzept erlangt seine Qualität durch die Überschreitung der Geschlechtergrenzen, die nicht nur den bourgeoisen Diskurs und die damit verbundenen Identitätskonzepte kritisiert, sondern auch phallogozentrische Sinnkonzepte und reproduktionsorientierte Weiblichkeitskonstrukte durchkreuzt.

### 7.3 Der weibliche Autor als Doppelwesen

Die Verführungsgeschichte in *Madame Adonis* kann auf einer Meta-Ebene als Allegorie auf das Verhältnis zwischen Lesern und weiblichem Autor gelesen werden. Sie lässt auf Aussagen bezüglich der Autorposition Rachildes schließen. Wie in *Monsieur Vénus* wird das Künstlertum bei einer weiblichen Romanfigur immer nur indirekt thematisiert. So verweist der Selbstentwurf Marcel(le)s als androgyne Liebesgöttin Galatheia[32] auch auf ihr künstlerisches Selbstverständnis:

> „(...), un beau matin je me suis réveillée véritablement artiste...(...). Vous ne savez pas, vous, homme, le demi-quart de ce que je sais ...quel malheurs! Tenez, énumérons, musique (et elle touchait du doigt la lyre de Sapho), peinture (elle montrait une nymphe de Henner se détachant toute blanche

---

[31] „Produzieren heißt gewaltsam etwas materialisieren, was zu einer anderen Ordnung, zur Ordnung des Geheimnisses und der Verführung gehört. Die Verführung ist überall und immer das, was sich der Sichtbarmachung (production) entgegenstellt." Jean Baudrillard, a.a.O., S. 54.

[32] Galatheia zählt zu den Nereiden. Unter den 50 Töchtern Nereus wird sie als „die Aphrodite-gleiche Göttin des Meeres" bezeichnet. Vgl. Karl Kerényi, *Mythologie der Griechen*, Bd. I: *Die Götter- und Menschheitsgeschichten*, S. 54.

des tentures sombres), sculpture (elle souleva une main de plâtre qu'elle avait moulée elle même), littérature (elle frappa le cerveau de son index), je peux faire ce que je veux. Il me semble qu'avec une argile humaine de bonne composition je créerais un chef d'œuvre causant, chantant, valsant et vibrant, surtout, comme une nouvelle Galathée." [205f]

Als weiblicher Autor präsentiert sich Marcel(le) in der Pose eines Don Juan, der den bürgerlichen Leser, repräsentiert durch das Ehepaar Louise und Louis Bartau, zum Lesen eines Romans verführt. Die Aristokratin leiht den jungen Eheleuten unabhängig voneinander Gautiers Roman *Mademoiselle de Maupin* [185/203], der Marcel(le) in gewissem Sinne als literarische Vorlage zur Verführung der Bartaus dient. In Gautiers Roman beschließt Madeleine de Maupin, sich in einen Mann zu verwandeln, sie trägt Männerkleidung und nennt sich Théodore de Sérannes:

„Le tiroir où étataient renfermées mes robes, désormais inutiles, me parut le cercueil de mes blanches illusions; j'étais un homme, ou du moins j'en avais l'apparence: la jeune fille était morte."[33]

Die schöne, geistreiche Rosette und der junge Dichter und Maler d'Albert begehren Théodore-Madeleine, die im Roman in einer Shakespeare-Aufführung von *As you like it* die Rosalinde spielt. Die Beziehung zwischen d'Albert und Théodore-Madeleine erinnert an das Liebesspiel zwischen Orlando und Rosalinde. Durch ihr Leben als Kavalier gerät Théodore-Madeleine zwischen die Denk-und Empfindungswelten der Geschlechter. Sie verbringt sowohl mit d'Albert als auch mit Rosette eine Liebesnacht und verschwindet aus dem Leben der beiden. In Théodore-Madeleine hat d'Albert jenes romantische Traumbild vollendeter Schönheit gefunden, das ihn zuvor Rosette vermissen ließ.

Im Zentrum beider Romane steht eine Frauenfigur, deren androgyner Selbstentwurf die gesellschaftlich determinierte Identität von *sex* und *gender* aufbricht und deren geschlechtliche Ambivalenz sexuelles Begehren weckt.

Während der Leser von Gautiers Roman Zeuge von Madeleines „Geschlechtsumwandlung" wird, bleibt ihm Marcel(le)s geschlechtliche Markierung bis zum Schluss verborgen. Folglich divergiert die Architektur der Dreiecksgeschichten in beiden Romanen. Während die Beziehung zwischen Rosette, d'Albert und Madeleine-Théodore als Dreiecksgeschichte

---

[33] Théophile Gautier, *Mademoiselle de Maupin*, Paris (Charpentier et Cie, Libraires-Editeurs) 1875, S. 217.

präsentiert wird, bei der sich Heterosexualität und Homosexualität vermischen, entwirft Rachilde in *Madame Adonis* ein Beziehungsquartett Louise/Marcel und Louis/Marcelle, das sich erst nach Marcel(le)s Tod als Dreiecksgeschichte entpuppt und die Bisexualität der Hauptfigur offenlegt. Anders als in *Mademoiselle de Maupin* (1875), wo die Relation zwischen d'Albert und Théodore-Madeleine, also das homosexuelle Begehren akzentuiert wird, fokussiert Rachilde in *Madame Adonis* durch die Affaire zwischen Louise-Marcel(le) das Thema weibliche Homosexualität. Sowohl Louise als auch Louis lesen *Mademoiselle de Maupin* und erleben zugleich am eigenen Körper ein Verführungsdrama, das gewissermaßen aus Marcel(le)s Feder stammt. Die Ehebruchsgeschichte beinhaltet also auch eine allegorische Verführungssituation, nämlich diejenige zwischen dem von einem Autor produzierten Text und dessen Leser. Zu dieser Auffassung neigt auch Paul Verlaine in seinem Brief an die Autorin. Auch er erliegt der Magie der textuellen Ambiguität von *Madame Adonis*:

> „Une troublante, votre madame Adonis! que délicieusement troublante et perverse ingénument, dirait-on! Troublante encore et plus perverse, l'histoire. J'avoue que j'ai été intrigué jusqu'au bout, et ce bien n'est pas l'effet que vous avez voulu produire?"[34]

Die Strategie der sexuellen Verführung konvergiert auf allegorischer Ebene mit der Strategie einer literarischen Verführung, die neben der bereits diskutierten Duplikation eine Politik der Dissimulation, der Verschleierung und Maskierung verfolgt, die von der androgynen Inszenierung Marcel(le)s ausgeht:

> „Louise semblait agir sous l'influence d'une baguette d'enchanteur. Cet homme était bien beau et bien doux. Il connaissait les faiblesses des femmes, et ne les brusquait pas en leur parlant des chiffres de la maison Bartau." [53]

Androgynie verwandelt Marcel(le) nicht in ein Neutrum,[35] sondern in ein Doppelwesen, dessen Identität sich in einer Kette von Ambivalenzen auflöst, die auf einer textuellen Verdoppelung basieren. Die Verführungsgeschichte, die zu einem zweifachen Ehebruch führt, ist Teil einer binären Textstruktur, die zwei Erzählstränge, eine Familien- und eine Ehebruchsge-

---

[34] Paul Verlaine, zitiert nach Claude Dauphiné, *Rachilde*, S. 69.
[35] „Non pas asexualité de l'antique androgyne selon Platon, dans la complétude heureuse, mais asexualité comme éffacement des contraires dans un neutre." Micheline Besnard-Coursodon, „Monsieur Vénus, Madame Adonis", S. 124.

schichte, enthält und zwei ästhetische Positionen reflektiert. Die komplizierte Textstruktur bringt einen „style dérangant"[36] hervor, eine Art Androgynisierung der Erzählhaltung: „Toutefois il arrive que l'attitude narratoriale soit ambivalente: oscillant entre dissonance et consonance, elle est orientée par un double mouvement de retenue et sympathie, (...)."[37] Neben der Strategie der Duplikation verfolgt Rachilde in *Madame Adonis* auch eine Politik der Dissimulation, deren Intention in der Verschleierung und Maskierung der Protagonistin liegt. Die Leser warten bei *Madame Adonis* bis zum Ende auf eine Enthüllung von Marcel(le)s rätselhafter Identität. Schein und Sein kennzeichnen den Selbstentwurf Marcel(le)s: „(...) elle multipliait les voiles autour de son existence." [267].

Rachilde verführt den Leser mit einem Wechselspiel von Anwesenheit und Abwesenheit Marcel(le)s [58f/183f/217]. Marcelle und Marcel werden als Geschwisterpaar eingeführt, doch sie treten im Roman nie gemeinsam auf. Zeitlich versetzt betrügt Louise ihren Mann mit Marcel [223] und schließlich Louis seine Frau mit Marcelle [251]. Auf der Hochzeit der alten Bartaus ist schließlich nur Marcelle zugegen [270ff]. Rachilde beschreibt das amouröse Wechselspiel[38], wie folgt:

> „Le lendemain soir, Louise prenait place de son mari, et Marcel Carini celle de madame Désambres." [269]

Im Romanverlauf entsteht vor dem Hintergrund der Doppelung eine enge Verbindung zwischen Marcel/Marcelle, die zunehmend auf die Einheit der Personen schließen lässt, die jedoch weiter im Unklaren bleibt:

> „Du reste elle [sc. Marcelle] n'aimait que le plus grand, l'autre celui qui s'appelait comme elle et qui ajoutait son nom de dame à son nom d'homme par plaisanterie, lui ressemblait trop pour qu'elle pût beaucoup le chérir. Il avait tous ses défauts." [196]

Während die Leser in *Monsieur Vénus* Raoules Maskulinisierung zum Dandy beiwohnen, bleibt ihnen im vorliegenden Roman Marcelles Maskerade als weiblicher Don Juan verborgen. Rachilde inszeniert ein Spiel des

---

[36] Veronica Hubert-Matthews, *Androgynie et Représentation*, S. 207.
[37] Gabriella Tegyey, *L'inscription du personnage dans les romans de Rachilde et de Marguerite Audoux*, Debrecen (Kossuth Lajos Tudományegyetem) 1995, S. 109.
[38] Das Liebesspiel mit vertauschten Geschlechterrollen lässt Shakepeares „As you like it" assoziieren, indem Rosalinde in der Doppelrolle verführt. Mlle de Maupin spielt im gleichnamigen Roman nicht nur die Rosalinde im Provinztheater, sondern in ihren Liebesbeziehungen inszeniert sie sich entweder als Mlle de Maupin oder als Théodore.

Verhüllens und Enthüllens. Die Lektüre von Gautiers Roman scheint auf eine biologische Weiblichkeit Marcelles zu deuten, doch Rachilde legt viele falsche Fährten, was die biologische Markierung der Protagonistin angeht. Ihre Weiblichkeit hält Louis für Maskerade:

> „La glace renvoyait aux yeux de Louis, deux seins à peine bombés, deux seins d'éphèbe aux boutons frêles, duvetés de brun. Et il avait le secret de ses hanches onduleuses: elle mettait des paniers sous ses jupes, car elle n'avait pas de hanches du tout." [239f]

Hingegen vermuten die Leser, dass sich hinter Marcelle Marcel verbirgt, denn Marcel frönt wie Marcelle der Jagdleidenschaft: „la vérité, (...) cette dame craquait le gibier et buvait le vin blanc comme un chasseur." [192] Im Gegensatz zu Raoule sammelt er keine Waffen, sondern „des trophées de chasse." [193] Louis wird zunehmend misstrauisch:

> „Elle [sc. Marcelle] avait peut-être un autre amour, un second amant qu'il ne connaissait point, car elle multipliait les voiles autour de son existence (...). De même qu'à à de certaines heures il ne pouvait pas visiter son cabinet de toilette, (...).“ [267]

Gegen Ende des Romans verdichten sich die Indizien, die auf das Doppelwesen Marcel(le)s schließen lassen:

> „Je perds la partie! songeait Marcelle toute frémissante...Ils ne reviendront plus ni l'un ni l'autre." [241]

Schließlich treibt Rachilde ihr Spiel mit dem Imaginärem und dem Realem. Das Schloss als Raum des Scheins und der Illusion weckt bei den Bartaus gleichermaßen Ängste wie Lüste. Der Ort der Verführung verwandelt sich in einen heterotopischen Nicht-Ort, in dem die Grenzen zwischen Zeit und Raum, Traum und Realität aufgehoben sind. Dort trifft Louise auf den schönen Marcel Désambres, dem fiktiven Bruder von Hector Carini wie von Marcelle Désambres, der über eine charismatische Attraktivität verfügt. Der Bildhauer weckt in Louise Sehnsüchte nach der „amour passion", einer Leidenschaft, die die Ehe mit dem biederen Louis „le fournisseur de bois de la maison Tranet et Cie, un garçon aux cheveux châtains, taillés en brosse, aux naïfs yeux gris, un peu carré de stature" [27] nicht bieten kann: „Les lois conjugales ne prévoient pas ces aventures électriques (...)." [33] Das Spiel der Verführung stellt Louises Wahrheiten und ihre Lebensordnung in Frage. „L'autre" wird ebenfalls zum Referenzobjekt, das auf der Grenze zwischen Realem und Imaginärem liegt.[39] Der Ehebruch von Louis und Louise wird immer wieder imaginiert bis er tatsächlich stattfindet. Als Louis erfährt, dass Louise ihn betrügt, denkt er:

> „*L'autre*, enfin, était revenu, ce sinistre meurtrier du bonheur, l'autre dont il avait failli chercher le nom alors qu'il n'existait qu'à l'état de menace chimérique." [283]

Marcel Carini erscheint als „incarnation de rêve" [220]. Louises romantische Jungmädchen-Träume werden wahr:

> „Louise Tranet se rappelait que, durant les nuits orageuses, elle rêvait les yeux ouverts, d'un futur mari, et, comme elle avait seize ans, elle le choisissait, ce prince de contes de fée, très bouclé de cheveux, très blanc de teint, de jolies mains douces, une voix de cithare, des lèvres carminées, une taille svelte, un pied de jeune page." [26f]

Mit dem Mord an Marcel(le) tötet Louis auch die Sinnlichkeit der Verführung bzw. die Sinnlichkeit des Romans. Die Synthese von Realem und Imaginärem wird jäh aufgelöst:

> „Un matin ils se sont réveillés, sain d'esprit et de corps, d'un sommeil rempli de cauchemars. La chimère, après les avoir tenus l'ombre de ses ailes, s'est enfuie brusquement, les abandonnent au clair soleil de leurs amours."[296]

Analog zur androgynen Inszenierung Marcel(le)s erscheint *Madame Adonis* in gewisser Hinsicht als androgyner Roman, in dem Duplikation und Dissimulation, die zu den Kennzeichen Marcel(le)s gehören, verortet sind. Die im Text produzierte Atmosphäre der Ambiguität setzt bourgeoise Normen wie Materialismus, Realität, Wahrheit, Sinn, Geschlecht etc., die ebenso als phallogozentrische Werte bezeichnet werden können, außer Kraft. Gerade in der Lust an der Verdrehung der Zeichen und dem Raub des Sinns und der Wahrheit liegt der Reiz der Verführung, der stärker ist als die Ordnung.[40] Mit der Ermordung und Entkleidung Marcel(le)s verliert auch der Text an erotischer Qualität. Roland Barthes spricht in diesem Zusammenhang vom Text-Striptease.[41] Demnach liegt „le plaisir du texte" im Entkleiden, der voyeuristischen Lust und Neugier nach dem Wissen um den Ausgang der Handlung bzw. Marcel(le)s Identität. Andererseits wirft die Frage nach Marcel(le)s Geschlechtsidentität, die die Leser im Rahmen

---

[39] Vgl. Gabriella Tegyey, *L'inscription du personnage*, S. 68f.
[40] Vgl. Jean Baudrillard, *Von der Verführung*, S. 77ff.
[41] Vgl. Roland Barthes, *Le Plaisir du texte*, Paris (Du Seuil) 1973, S. 20.

einer Art Text-Striptease verfolgen, auch die Frage nach der literarischen Position des Autors auf. Die in *Madame Adonis* von Marcel(le) thematisierte bisexuelle Praxis korrespondiert mit Rachildes ambivalenter Schreibpraxis. Im vorliegenden Roman erscheint der weibliche Autor als Doppelwesen. Die Kongruenz zwischen dem androgynen Körper Marcel(le)s und der semantischen Ambiguität des Textkörpers von *Madame Adonis* vertextet die Ästhetik des ambivalenten Diskurses. Bisexualität reflektiert also Bi-Textualität.[42]

Die Bi-Textualität im Roman ist von einer „Ironie der Doppelung"[43] [142] besetzt, die sich im Spiegeleffekt der zwei Verführungsgeschichten, im Autor als Doppelwesen und im binären Diskurs äußert. Im Palimpsest ist also nicht nur die „Angst vor Autorschaft" vertextet, sondern dort treibt der weibliche Autor sein verführerisches Spiel mit dem traditionellen Literaturdiskurs und balanciert zwischen Affirmation und Subversion des dekadenten Diskurses. Rachilde bestätigt dessen antibourgeoise Position und instrumentalisiert diese sogleich für ihre Kritik an der Phallokratie des 19. Jahrhunderts. Während sie noch in *Monsieur Vénus* die Misogynie der dekadenten Literaturtheorie attackiert und ihre literarischen Identitätsprobleme darin sichtbar werden lässt, funktionalisiert Rachilde als inzwischen etablierte Autorin in *Madame Adonis* nun das Diskursinventar der *Décadence* zur Kritik an einer phallogozentrischen Politik im *Fin de siècle*. Textuelle Androgynie fungiert gewissermaßen als „the boon of androgynous wholeness, autonomy, self-sufficiency."[44] Folglich visualisiert Marcel(le) als androgynes Doppelwesen im Gegensatz zu Raoule ein konfliktfreieres Modell weiblicher Autorschaft, denn es antizipiert die Assimilation des donjuanesken Dandys (Marcel) und der selbstbestimmten Marcelle, die sich der Ausschließungsmechanismen ihrer Gesellschaft bewusst ist.[45]

---

[42] Ich verwende den Begriff Bi-Textualität in Abgrenzung zu Schors Terminus der „Bisextualité", den sie im Kontext der Diskussion um „Female Fetishism" gebraucht, um das Schwanken des weiblichen Autors zwischen Kastrationsangst und Penisneid zu bezeichnen. Vgl. dazu Kapitel 6.3 dieser Arbeit und Naomi Schor, „Female Fetishism: The Case of George Sand", S. 98.
[43] Jean Baudrillard, *Von der Verführung*, S. 142.
[44] Sandra Gilbert/Susan Gubar, *The Madwoman in the Attic*, S. 617.
[45] Elaine Showalter zeigt Parallelen wischen dem *Décadent* und der *New Woman* auf, die auch auf das hier skizzierte Modell weiblicher Autorschaft zutreffen, obgleich Rachilde nicht zu den „New Woman Writers" zählt: „The decadent or aesthete was the masculine counterpart to the New Woman and, to some Victorian observers, ‚an invention as terrible as, and in some ways, more shocking' than she. In the con-

In dem Entwurf des weiblichen Autors als Doppelwesen ist aber nicht nur die affirmative, sondern auch eine subversive Qualität enthalten. Mittels einer Androgynisierung des Textes entzieht sich der Autor ebenfalls einer eindeutigen geschlechtlichen Zuordnung und entgeht somit den Bemächtigungsstrategien eines männlichen Literaturdiskurses. Zugleich verdeutlicht Rachilde am Beispiel der androgynen Künstlerin Marcelle, dass weibliche Autorschaft nur durch die Überschreitung der *gender*-Grenzen möglich ist. Literarische Identität kann sich also immer neu konstituieren und ist nicht an das biologische Geschlecht gebunden. Aus diesem Grunde erweist sich weibliches Schreiben als „monströses Schreiben", das die bürgerliche Ordnung als Sinnbild einer männlichen Ordnung gefährdet. So erscheint der maskierte weibliche Autor als „monstre" [57/149], „diable" [149], „polisson" [58], „fou" [180]. Künstlertum impliziert für Louis Verführung oder Verwahrlosung: „(...), Louis, lequel voyait toujours un artiste, voleur, de mœurs suspectes et graissant ses bottes avec des couennes de lard, ou, à leur défaut, avec l'huile qu'il économisait sur les sardines de son déjeuner." [17] Der Konnex zwischen weiblicher Autorschaft und Monstern findet sich häufig in Texten weiblicher Autoren:

> „In projecting their anger and disease into dreadful figures, creating dark doubles for themselves and their heroines, women writers are both identifying with and revising the self-definitions patriarchal culture has imposed on them. All the nineteenth-and twentieth-century literary women who evoke the female monster in their novels and poems alter her meaning by virtue of their own identification with her. For it is usually because she is in some sense imbued with inferiority that the witch-monster-madwoman becomes so crucial an avatar of the writer's own self. From the male point of view, women who reject the submissive silence of domesticity have been seen as terrible objects – Gorgons, Sirens, Scyllas, serpent-Lamias, Mothers of Death or Goddesses of Night. But from a female point of view the mon-

---

servative mind the two were firmly linked as a couple sharing many attributes. Both were challenging the institution of marriage and blurring the borders between the sexes. ... In terms of class, too, the New Woman and the decadent seemed to violate proper hierarchies and social organisms. The transgression of class boundaries in their fiction gave rise to great alarm; both celebrated romantic alliances between the classes, with both men and women turning to working-class lovers for a passion and tenderness missing in their own class surroundings." Besonders bedeutsam für unseren Zusammenhang scheint mir folgende Gemeinsamkeit zwischen dem *Décadent* und der *New Woman*: „New Woman and decadent men did not experience themselves as natural allies, and there were many tensions between them that surfaced, especially around the issues of gender and sexuality." Elaine Showalter, *Sexual anarchy. Gender and Culture at the Fin de Siècle,* New York (Viking) 1990, S. 169f.

ster woman is simply a woman who seeks the power of self-articulation, (...)."[46]

Rachilde zitiert in ihrem Vorwort die öffentlichen Reaktionen auf ihre Autorschaft: „(...), c'est l'œuvre d'un monstre, d'une femme qui a des cornes, le pied fourchu". [XII] „Weibliche Monster" wie die androgyne Marcel(le), die als „femme serpent" [202], als böse Versuchung präsentiert wird, übernehmen in Rachildes Texten eine Doppelfunktion. Zum einen stützen sie den Diskurs der *Décadence*, der eine Vielzahl von weiblichen „Monstern" enthält[47], zum anderen aber sind Rachildes „Monster-Frauen" immer auch Künstlerinnen, die sich durch ihre Rolle als Monster von den gesellschaftlich formulierten Rollenklischees der Ehefrau und Mutter befreien und sich einen geradezu anarchischen Aktionsraum schaffen, der Freiheiten für die Suche nach dem eigenen künstlerischen Selbstverständnis bietet.[48] Während Raoules „Angst vor Autorschaft" sich am Ende in einer Persönlichkeitsspaltung[49] artikuliert, thematisiert Rachilde in *Madame Adonis* die Überwindung der „Angst vor Autorschaft" durch die androgyne Autorkonzeption.

Der künstlerische Diskurs des 19. Jahrhunderts wertet Androgynie als Zeichen kreativer Kompetenz. Genie und Androgynie bilden beim männlichen Autor eine Allianz, die beispielsweise in Texten von Charles Baudelaire deutlich wird:

> „Une lecture plus précise de ce passage des *Paradis artificiels* va nous montrer comment ces deux aspects: féminité, supervirilité, bien loin de s'exclure, se lient. En effet, dans cette phrase même où il nous dit que sans cette androgynéité le génie reste incomplet, pour qualifier le génie le plus grand possible, il dit ‚le plus âpre et le plus viril'."[50]

---

[46] Sandra Gilbert/Susan Gubar, a.a.O., S. 79.
[47] Vgl. die Motivgeschichte von Mario Praz, *Liebe, Tod und Teufel. Die schwarze Romantik*, München³ (Deutscher Taschenbuch Verlag) 1988.
[48] „(...), la maternité est ‚vécue' par Baudelaire et par Rachilde comme une monstruosité." schreibt Maryline Lukacher und versteht die skizzierte Thematik als Ausdruck einer problematischen Mutter-Tochter-Bindung. Rachildes (metaphorische) Maskerade deutet sie als Kennzeichen einer gestörten Geschlechsidentität. In ihrer psychoanalytischen Argumentation übersieht sie, dass sich die Bohème aufgrund ihrer Ideale über eine Negierung des bourgeoisen Reproduktionsdiskurses definiert, wie bereits deutlich wurde. Vgl. Maryline Lukacher, „Mademoiselle Baudelaire Rachilde ou le féminin au masculin", in: *Nineteenth-Century French Studies*. Fredonia/New York 20 (1991/92), S. 452-565, hier S. 454.
[49] Sandra Gilbert/Susan Gubar, *The Madwoman in the Attic*, S. 59.
[50] Michel Butor, *Histoire extraordinaire. Essai sur un rêve de Baudelaire*, Paris (Gallimard) 1961, S. 85f.

Androgynie als Symbol für den weiblichen Teil im Künstler ist somit eng mit der Misogynie als Affirmation von Männlichkeit verbunden: „(...) l'androgynéité de l'artiste est finalement le signe du pouvoir créateur et lui permet en même temps de retrouver sa virilité (...)."[51] Misogynie und Androgynie sind also auch im dekadenten Künstler verortet. In Rachildes Texten kann Misogynie als männliche Maskerade gedeutet werden, Androgynie hingegen als Möglichkeit ihre geschlechtsspezifischen Erfahrungen als Autorin innerhalb eines männlich dominierten Literaturdiskurses zur Sprache zu bringen. Insofern bezeichnet die Androgynie bei Rachilde keine selbstbestimmte Artikulation, bei der sowohl die männliche als auch die weibliche Stimme als gleichwertig betrachtet werden. Folglich unterscheidet sich Rachildes androgyne Ästhetik in *Madame Adonis* erheblich von Virginia Woolfs Androgynie-Konzeption:

> „(...) Virginia Woolf was free to develop both sides of her nature, both male and female, and to create the appropriate kind of novel for the expression of her androgynous vision."[52]

*Madame Adonis* enthält neben dem affirmativen Umgang mit dem Diskursinventar der *Décadence* auch eine Umdeutung der Themen dieses Literaturdiskurses. Die auf der Romanoberfläche gestaltete Kritik an dem kapitalistischen Produktionsdiskurs erweist sich aus weiblicher Sicht als Kritik an jenem Reproduktionsdiskurs, der den weiblichen Körpers beherrschen kann, weil die weibliche Identität von der biologischen Markierung bestimmt wird.

Das in der Verführungsgeschichte entwickelte Androyniekonzept stellt den bürgerlichen Identitätsbegriff durch die Überschreitung der Geschlechterrollen in Frage. Identität wie auch literarische Identität kann immer wieder neu produziert werden. Auf der allegorischen Ebene diskutiert Rachilde schließlich ein androgynes Autorkonzept, bei dem sich der weibliche Autor als Doppelwesen inszeniert, um sich einer Bemächtigung durch den männlichen Literaturdiskurs zu entziehen.

---

[51] Maryline Lukacher, a. a. O., S. 453.
[52] Elaine Showalter, *A literature of their own. British Women Novelists from Brontë to Lessing*, London (Virago) 1978, S. 263.

## 8. *LA JONGLEUSE*: DIE KUNST AM WEIBLICHEN KÖRPER

In dem vorliegenden Roman[1], der 1900 in Paris erschienen ist, setzt sich Rachilde aus der Position eines weiblichen Autors explizit mit dem Kunstverständnis der *Décadence* auseinander, ein Thema, das sie bereits in ihrem Erfolgsroman *Monsieur Vénus* (1884) im Kontext ihrer Auseinandersetzung mit dem Dandytum gestreift hatte. In *La Jongleuse* ist die Autorin vor allem mit der Analogie von Leben und Kunst befasst, die im Sinne eines „replacer la vie par l'art" zum ästhetischen Dogma der *Décadence*, insbesondere aber des Dandyismus avanciert. Kunst bildet die Wirklichkeit nicht ab, sondern Kunst ist die Wirklichkeit.[2] Oscar Wilde bemerkt bespielsweise in seinem autobiographischen Text *De Profundis* (1897): „In der Kunst sah ich die höchste Form der Realität, im Leben nur eine Spielart des Romans: (...)."[3] Der Dandy definiert sein Leben als Repräsentation und begreift seinen Körper als Idee[4], die er zur Aufführung bringt. Insofern erscheint seine Existenz als Theater und er selbst als Schauspieler:

> „So erscheint letzthin das ganze System des Dandys zwar als bewußtes Schauspiel, in Ursprung und Tätigung aber nicht willkürlich; Schauspiel, Posiertheit sind Bestimmungen, die schicksalhaft die Totalität der Dandyexistenz durchziehen, sein System ist nur deren mehr oder minder zufällige Form, erzeugt aus der Absicht einer bestimmten Wirkung. Damit ist dieses Schauspiel, wenn es vollendet herausgestellt wird, frei von der Angreifbarkeit äußerlichen Schauspieltums, falscher Posiertheit, es wirkt als Darstellung des Kunst gewordenen Menschen, der nichts banal, nichts ohne

---

[1] Als Textgrundlage dient folgende Ausgabe Rachilde, *La Jongleuse*, Paris (Des Femmes) 1982.

[2] Vgl. Jean Pierrot, *L'Imaginaire Décadent (1880-1900)*, Paris (Presses Universitaires de France) 1988, S. 33.

[3] Oscar Wilde, *De Profundis*. Aus dem Englischen von Hedda Soellner. Mit einem Essay von Norbert Kohl, Frankfurt a.M. (Suhrkamp) 1984, S. 86.

[4] Diese Auffassung verrät eine Hinwendung zu Schopenhauers idealistischer Philosophie, in der die Welt, also auch das eigene Selbst als Vorstellung begriffen wird: „Der Realismus, der sich dem rohen Verstande dadurch empfiehlt, daß er sich das Ansehn gibt tatsächlich zu sein, geht gerade von einer willkürlichen Annahme aus und ist mithin ein windiges Luftgebäude, indem er die allererste Tatsache überspringt oder verleugnet, diese, daß alles, was wir kennen, innerhalb des Bewußtseins liegt. Denn daß das *objektive Dasein* der Dinge bedingt sei durch ein sie Vorstellendes und folglich die objektive Welt nur *als Vorstellung* existiere, ist keine Hypothese noch weniger ein Machtanspruch mit ein disputierenshalber aufgestelltes Paradoxon; sondern es ist die gewisseste und einfachste Wahrheit, (...)." Arthur Schopenhauer, *Die Welt als Wille und Vorstellung* (1819), in: ders., *Gesammelte Werke*, 5 Bde., Bd. II, Darmstadt (Wissenschaftliche Buchgesellschaft) 1961, S. 13.

bewußte Kunstabsicht tut, damit mehr ist als Schauspieler; er ist zugleich das gespielte Stück."[5]

In *La Jongleuse* präsentiert Rachilde die ganze Bandbreite der Theatersemantik. Maskerade, *Maquillage*, Kostümierung und Rollenspiel, die zu den Motiven der europäischen Dekadenzliteratur zählen[6], fungieren im Roman als Leitmotive. Das dem Romantitel zugrundeliegende Verb „jongler" lässt sich sowohl mit „jonglieren", im Sinne von Kunststücke machen, als auch mit „gaukeln", also mit „vorgaukeln, schwindeln, betrügen" übersetzen. Es weist auf das dandyistische Spiel zwischen Schein und Sein hin, das auch die *Jongleuse* praktiziert.[7] Eliante Donalger, die Titelheldin des Romans, vertritt die frauenfeindliche Kunstauffassung der *Décadence*. Ihr Selbstentwurf, der durch eine hypertrophe Ästhetisierung gekennzeichnet ist, macht einen ironischen Umgang mit dem dandyistischen Kunstverständnis sichtbar.

Mit der ironischen Paraphrase von ästhetischen Grundsätzen der *Décadence* setzt die Ästhetisierung ihres Körpers ein, die sich als Strategie der Befreiung von dem heterosexuellen Beziehungskonzept des 19. Jahrhunderts entpuppt. Eliante, wie auch bereits Raoule de Vénérande und Marcel(le) Désambres, erfahren dieses Konzept als Machtdiskurs, der im vorliegenden Roman von dem Medizinstudenten Léon Reille, dem hartnäckigen Verehrer Eliantes verkörpert wird. Die Verwandlung ihres Körpers in ein Kunstwerk ist auch ein Versuch, die dandyistische Diskrepanz zwischen Weiblichkeit und Kunst zu überwinden, um ihre eigene Künstlerexistenz zu legitimieren. Unter einer Oberfläche der Wiederholung der dandyistischen Kunstauffassung wird auch in *La Jongleuse* wieder ein *gender*-spezifischer Blick deutlich, der weibliche Erfahrung einbringt und den Roman als Palimpsest erkennbar macht.

---

[5] Otto Mann, *Der Dandy. Ein Kulturproblem der Moderne*, Heidelberg (Rothe) 1962, S. 103.

[6] Vgl. Jean de Palacio, „Du maquillage, considéré comme un jeu de beaux-arts ou le mythe de Jézabel", in: ders., *Figures et formes de la Décadence*, Paris (Nouvelles Éditions Séguier) 1994, S. 150-163.

[7] Mann schreibt zu dieser Debatte: „So wird in letzter Ausprägung dieser Typus Darsteller einer Unechtheit, die als Echtheit erscheint, zugleich aber die Unechtheit durchscheinen läßt, und er übt auf die Umwelt eine Wirkung aus, verwandt der Wirkung des Barocks: er läßt alle einseitigen Bestimmungen an sich scheitern, seine Echtheit muß als Unechtheit, zugleich seine Unechtheit als Echtheit genommen werden." Otto Mann, *Der Dandy*, S. 102.

## 8.1 „L'art d'être femme" oder Weiblichkeit als Kunst

Eliante Donalger bezeichnet die permanente Ästhetisierung ihres weiblichen Selbstentwurfs als „l'art d'être femme" [70]. Ebenso wie der Dandy seinen Auftritt selbst produziert, so bedient sich auch Eliante der *Maquillage* und der Maskerade, um sich als *femme dandy*[8] zu präsentieren. Ihre Selbststilisierung, die im Folgenden skizziert werden soll, verrät eine ironische Umgehensweise mit den Maximen des Dandytums. Ihre romanhafte Biographie gleicht einer Legende oder einem Märchen aus Tausendundeiner Nacht und ist Teil ihres ästhetisierten Lebensentwurfs.

Eliante träumt von ihrem warmen „pays de songes" [251], verspeist exotische Früchte [36], umgibt sich mit fremdländischen Gewürzen und Gegenständen [44f/108ff/233f], die ihre Herkunft erahnen lassen.[9] Die reiche Witwe eines Marinegenerals stammt aus Martinique und ist Kreolin [73]. Sie ist von aristokratischer Abstammung [203]. Im Alter von 17 Jahren wird sie mit dem 23 Jahre älteren General Henri Donalger verheiratet. Das Eheleben empfindet die junge Eliante ebenso wie Raoule de Vénérande oder Marcelle Désambres als „prostitution conjugale" [121]. Nach dem Tod ihres Mannes kümmert sich Eliante nun um seine Familie. Sie lebt bei ihrem Schwager, einem pensionierten Diplomaten [73] und ihrer Nichte Marie Chamerot, genannt Missie [63]. Erst wenn sie Missie verheiratet und ihren Schwager beerdigt hat, will sie endgültig in ihre Heimat zurückkehren.

Der Dandy wertet Kleidung als künstlerisches Ausdrucksmittel, das die natürliche Beschaffenheit des Körpers ästhetisch überhöht, wie Baudelaire in seiner *Éloge du Maquillage* ausführt:

> „La mode doit donc être considérée comme un symptôme du goût de l'idéal surnageant dans le cerveau humaine au-dessus de tout ce que la vie naturelle y accumule de grossier, de terrestre et d'immonde, comme une déformation

---

[8] Hier handelt es sich nicht um eine Frau, die in die Rolle eines männlichen Dandys schlüpft, wie etwa Raoule de Vénérande, sondern es handelt sich um eine Frau, die sich als weiblich präsentiert, allerdings die Ideale des Dandytums verkörpert. Vgl. zur *femme dandy* Hiltrud Gnüg, *Kult der Kälte*, S. 160-177.
[9] Exotismus ist in der Literatur des *Fin de siècle* häufig zu finden. Loti verarbeitete mit Vorliebe exotische Motive und trug selbst arabische Gewänder. Vgl. dazu Mario Praz, *Liebe, Tod und Teufel*, S. 251-353.

sublime de la nature, ou plutôt comme un essai permanent et successif de réformation de la nature.[10]

Da die Frau nach dandyistischer Auffassung zum natürlichen und damit zum vulgären Geschlecht zählt, gehört es zu ihren Pflichten, ihre „Natürlichkeit" mittels Kleidung und Schminke zu verbergen bzw. zu ästhetisieren und damit ihre Diskrepanz zu dem Dandy zu verringern:

> „La femme est bien dans son droit, et même elle accomplit une espèce de devoir en s'appliquant à paraître magique et surnaturelle; il faut qu'elle étonne, qu'elle charme; idole, elle doit se dorer pour être adorée. Elle doit donc emprunter à tous les arts les moyens de s'élever au-dessus de la nature pour mieux subjuguer les cœurs et frapper les esprits."[11]

Eliantes Selbststilisierung zeugt von einer subversiven Mimesis der dandyistischen Maximen. Denn sie pflegt keineswegs ein elegantes Kleiderunderstatement, wie es Baudelaire vom Dandy fordert[12], sondern Eliante präferiert ebenso exotische wie exzentrische Roben, die sie sorgfältig auswählt und sich damit in Szene setzt. Anlässlich eines Balls trägt sie ein hochgeschlossenes „robe hermétique, dont le col mordait le menton en gueule de velours." [27] Die zahlreichen Kleiderbeschreibungen[13] spielen semantisch mit dem Thema Nacktheit und Verkleidung bzw. verkleiden und entkleiden:

> „(...) sa robe venait de se tendre subitement de la traîne au col, toute l'étoffe se roidissant en barre de fer et le costume correct, la gaine chaste, se détachait peu à peu la femme, la livrant aux transparences électriques plus nue, malgré la noirceur, que la statue de marbre." [27]

Die Romanheldin setzt Kleidung und *Maquillage* bewusst für bestimmte Situationen ein. Sie will nicht nur bezaubern, sondern auch schockieren. Präsentierte sich Eliante ihrem Verehrer Léon am Abend des Balls noch „merveilleusement habillée" [26], erkennt er sie bei seinem nächsten Besuch nicht wieder: „Il ne reconnaissait plus du tout cette femme. Elle portait une robe tailleur, noire, bien entendu, mais commune et tachée d'une

---

[10] Charles Baudelaire, *Œuvres complètes*, Bd. II, S. 716.
[11] Ebd., S. 713.
[12] Baudelaire schreibt in seinen Text *Le Peintre de la vie moderne* zum Dandy: „Aussi à ses yeux, épris avant tout de la *distinction*, la perfection de la toilette consiste-t-elle dans la simplicité absolue, qui est en effet la meilleure manière de se distinguer." Charles Baudelaire, *Œuvres complètes*, Bd. II, S. 710.
[13] Vgl. Rachilde, *La Jongleuse*, S. 26-30, 43, 62, 95, 141, 185, 193, 199, 226, 240f etc.

affreuse cravate violette à pois blanche." [62] Als er Eliantes Einladung das nächste Mal folgt, erscheint sie dem Studenten wie ein weißer Engel:

> „Eliante portait une longue robe de chambre de velours ivoire, ornée de dentelles rousses, elle avait sa coiffure de bal, son bonnet de cheveux unis tordus en casque bas, cimé d'une grosse épingle de corail curieusement travaillée. Peu fardé, le teint d'Eliante paraissait plus blanc des reflets de vieil ivoire qu'elle charriait autour d'elle, et son buste impeccable s'accusait, sans un pli, sous le velours du corsage drapé sans une couture." [95]

Gemäß einer Abmachung, der zufolge sich Léon mit Missie verheiratet, wenn Eliante sich ihm als vierzigjährige Frau präsentiert, erscheint sie in seinem Studentenzimmer als ältliche Offizierswitwe [185f]. Auf einer Tanzmatinee führt sie schließlich ihre Kunst des Messerwerfens vor. Wieder erkennt Léon seine Geliebte nicht:

> „Eliante Donalger portait le maillot collant de l'acrobate, un maillot de soie noire très montant, se terminant au cou de corolle de fleur sombre. Elle n'avait que les bras nus. Une ceinture de velours noire brodée d'étoiles de brillants lui sanglait les cuisses, et elle se coiffait d'une petite perruque blanche, poudrée, une perruque de clown, se terminant en houppe sous un papillon de diamants." [141]

Als Eliante vor Léon und Missie ihren spanischen Tanz vorführt, sind beide von ihrer Verkleidung entsetzt:

> „(...) une femme parue vêtue d'une jupe de satin jaune, mi-courte et presque collante, une jupe sans les dessous traditionnels du théâtre. On sentait que la femme était misérable et ne pouvait point s'offrir, ni offrir le luxe des dentelles. La robe se recouvrait d'un haut volant de chenilles noires formant réseau. Une ceinture de toréador en soie rouge pliait la taille sans la serrer, et le boléro de satin jaune résilié de chenilles noires, frangé de pompons de velours, s'ouvrait librement sur un buste nu." [240]

Léon ist zunächst von Eliantes exotischer Erscheinung überwältigt, da Körper und Kleidung bei ihr eine untrennbare Einheit bilden: „L'homme s'arrêta hypnotisé, le souffle court. Il avait marché sur cette jupe parce qu'il ne voyait plus que la femme." [28] Die Eingangsszene von *La Jongleuse* erinnert daher sogleich an eine Passage aus Baudelaires Essay über die Frau:

> „Quel est l'homme qui, dans la rue, au théâtre, au bois, n'a pas joui, de la manière la plus désintéréssée, d'une toilette savamment composée, et n'en a pas emporté une image inséparable de la beauté de celle à qui elle ap-

partenait, faisant ainsi des deux, de la femme et de la robe, une totalité indivisible?"[14]

Es ist die Kleidung, die den Frauenkörper ersetzt und ihn seiner vermeintlichen Gefährlichkeit beraubt. Immer wieder stellt Rachilde Analogien zwischen Eliantes Körper und ihren Kleidern her: „Cette femme laissait traîner cette robe derrière elle comme on peut traîner sa vie quand on est reine. (...)." [25]

Kurz vor ihrem Tod verschenkt sie ihre exotischen Kostüme [235f], als ob sie ihr Leben verschenkte. Eliantes statuenhafter Körper [115] und ihr puppenhaftes Gesicht [26] sind an Künstlichkeit nur noch durch die chinesischen Wachsfiguren zu überbieten, die ihr Mann mit eigener Hand [121] nach dem Bilde Eliantes geschaffen hat: „(...) elles [sc.: les petites statuettes] me ressemblent parce que c'est *moi* qu'elles représentent. Celle qui est double est doublée de mon corps." [120] Eliante selbst erläutert Léon die Ästhetik des Künstlichen, die in *La Jongleuse* aufs Engste mit dem Exotismus[15] verbunden ist:

> „Il faut vous expliquer qu'en chine l'art de la sculpture sur ivoire ou sur toute autre substance qui peut se peindre selon les tous de la chair est au moins aussi répandu que l'est ici l'art de photographier..., en supposant que ce soit l'art de reproduire exactement la nature en grand deuil!" [120]

Die dandyistische Ästhetik des Artifiziellen, die auf der künstlichen Reproduktion der Natur basiert, findet im Austauschverhältnis zwischen Wachsfiguren und Eliante ihren Höhepunkt. Die Wachsfiguren dienten dem General als Ersatz für seine Frau, die sich vor seinen erotischen Phantasien fürchtete:

> „Quand je voyageais avec lui, il passait des heures à soigner les têtes, à leur donner mes physionomies, surtout mes yeux. Je ne me voulais pas toujours

---

[14] Vgl. Charles Baudelaire, *Œuvres complètes*, Bd. II, S. 714. Diese „totalité indivisible de la femme et de la robe" findet sich ebenfalls in der Novelle *La Fanfarlo*. Samuel Cramer verliebt sich in den Anblick der Tänzerin Fanfarlo im Columbine-Kostüm.

[15] Zum Exotismus in *La Jongleuse* vgl. Elizabeth Louise Constable, „Rachilde. Sophisticated Atavism: Decadent Women and Discourses of Degeneracy, in: dies., *Dis-orienting Cultural Economies: Questioning the „Orient" in Balzac, Flaubert, Barrès and Rachilde*, Michigan (Ann Arbor) 1995, S. 298-376. Sie analysiert den Gegensatz zwischen Okzident und Orient unter *gender*-spezifischen Fragestellungen. Zum Dekor in *La Jongleuse* vgl. Rae Beth Gordon, „Ornament and Hysteria: Huysmans and Rachilde", in: dies., *Ornament, Fantasy, and Desire in Nineteenth-Century French Literature*, Princeton/New Jersey (University Press) 1992, S. 201-239 u. S. 274-278.

prêter à ses fantaisies, parce que j'étais bien trop jeune pour en saisir le sens divin."[121]

Sexuelles Begehren wird auf der Ebene der Kunst realisiert. Zu Eliantes Selbststilisierung bzw. „l'art d'être femme" zählt auch die *Maquillage*: „Comme une bonne actrice qui doit rentrer en scène, elle refit son visage, (...)." [151]. Eliante trägt zum jeweiligen Kostüm das passende Make-up. Die Schminke verdeckt jede Spur von Natürlichkeit in Eliantes Gesicht und lässt sie als „poupée peinte" [26] oder als „statue de marbre" [26/115] erscheinen. Auch an dieser Stelle sei auf Baudelaire verwiesen. In seiner Lobrede auf das Schminken schreibt er:

„(...) mais, pour nous restreindre à ce que notre temps appelle vulgairement *maquillage*, qui ne voit que l'usage de la poudre de riz, si niaisement anathématisé par les philosophes candides, a pour but et pour résultat de faire disparaître du teint toutes les taches que la nature y a outrageusement semées, et créer une unité abstraite dans le grain et la couleur de la peau, laquelle unité, comme celle produite par le maillot, rapproche immediatement l'être divin et supérieur?"[16]

In *La Jongleuse* ironisiert Rachilde jedoch den *Maquillage*-Begriff Baudelaires. Denn Eliantes Make-up ist nicht nur schön, sondern auch abschreckend. Bei ihrem Auftritt als spanische Tänzerin ist sie nach dandyistischer Auffassung völlig geschmacklos geschminkt:

„Fardée d'une manière canaille, cette femme, dont le corps pouvait appartenir à une jeune fille, avait un visage étrangement beau et vieux. Les yeux noircis de koheul étaient trop grands, trop sombres, faisant une ombre sur tout le reste, et la bouche, sabrée de rouge, évoquait une sensation de douleur comme on peut en éprouver devant une opération chirurgicale." [241][17]

Dem dandyistischen Schminkideal verleiht Rachilde in *La Jongleuse* bisweilen groteske Züge. Im Kontext der Ästhetik des Hässlichen erscheint Eliantes Gesicht zuweilen als hässliche Maske, die den Tod erahnen lässt: „Un flot poupre noya le masque pâle...son dernier fard...." [255]

---

[16] Charles Baudelaire, *Œuvres complètes*, Bd. II, S. 717. [Hervorheb. i. Original.]
[17] Über den Gebrauch von Kohlestift und Rouge schreibt Baudelaire in seiner *Éloge du maquillage*: „Quant au noir artificiel qui cerne œil et au rouge qui marque la partie supérieure de la joue, bien que l'usage en soit tiré du même principe, besoin de surpasser la nature, le résultat est fait pour satisfaire à un besoin tout opposé. Le rouge et le noir représentent la vie, une vie surnaturelle et excessive; ce cadre noir rend le regard plus profond et plus singulier, donne à l'œil une apparence plus décidée de fenêtre ouverte sur l'infini; le rouge, qui enflamme la pommette, augmente encore la clarté de la prunelle et ajoute à un beau visage féminin la passion mystérieuse de la prêtresse." Charles Baudelaire, *Œuvres complètes*, Bd. II, S. 717.

Im Augenblick des Todes entpuppt sich die dandyistische Ästhetik des Artifiziellen als makabere Ästhetik des Morbiden, die fest in der *Décadence* verankert ist.[18] Am Scheidepunkt des Todes wird aus dem weiblichen Körper endgültig ein Kunstobjekt.

Die Ästhetisierung des Ich durch *Maquillage* und Kostümierung ist Teil einer dandyistischen Maskerade, die dem Ideal der Affektkontrolle verpflichtet ist. Eliante erfüllt diese Maxime der Verhüllung des Ich in übertriebenem Maße. So beschreibt Rachilde schon zu Romanbeginn Eliantes „apparence impénétrable" [25], „le beau masque impassible" [197] und ihr statuenartiges und puppenhaftes Aussehen. Unter dem Vorzeichen des Exotismus verschmelzen auch in *La Jongleuse* Dekor und Leben sowie Kleidung und Körper zu einer untrennbaren Einheit.

Eliantes Selbstbild erweist sich als Theater und ihre ausgestatteten Räume, die an künstliche Paradiese anderer Dekadenzautoren erinnern, fungieren als Kulisse, deren Requisiten ihre Kindheit und Herkunft zur Sprache bringen. Aus der *femme naturelle* von einst ist eine *femme artificielle* [115] geworden, ein Kunstprodukt, das sich selbst unentwegt denaturalisieren muss, um das dandyistische Verständnis von weiblicher Natur, Triebhaftigkeit, und Sexualität zu unterminieren. In viel stärkerem Maße, als es bei Raoule de Vénérande der Fall ist, bleibt Eliante daher der Affektkontrolle und dem asketischen Liebesbegriff verpflichtet, der von „la lutte contre le besoin" [86] bestimmt ist. Die Ästhetisierung ihres Körpers lässt sich folglich mit einer Denaturalisierung gleichsetzen, bei der die *Jongleuse* alle Attribute, die aus zeitgenössischer Sicht weiblich besetzt sind, zum Verschwinden bringen will. Wie der Dandy, der seine exklusive Identität wie

---

[18] Über den Zusammenhang von *Maquillage* und Tod bei den Dekadenzautoren schreibt Jean de Palacio: „Farder la mort: comment ne point voir là une esthétique, non plus délicate, mais décadente? La rivalité entre le maquillage et la peinture, ou plutôt le désir de faire servir l'un à l'autre, trouvant ici à s'exprimer. A côté de Felicien Rops (*La Mort ou bal masqué*) ou d'Alfred Kubin (*Madame La Mort*), Jean Lorrain dessine des ‚spectres', des ‚squelettes' et des ‚momies', chacune, si artistement et prestigieusement spectrale', les mêmes ostéologies recrépies à neuf, retapées et fardées." Jean de Palacio, „Du maquillage considérée comme un des beaux-arts", S. 155f. Das Schminkmotiv verarbeitet die Autorin auch in folgendem Text: Rachilde, „La femme peint", in: *Mercure de France* 555 (1. August 1921), S. 642-652. In dem Einakter bekennt die Schauspielerin Lisia, die unentwegt an ihrem Schminktisch sitzt, ihrem verheirateten Liebhaber: „(...), j'ai la manie de me farder pour la ville comme au théâtre et cela vous amuse. Vous m'avez assez répété que j'ai l'air d'une morte ou d'une malade qui dissimule la décomposition de ses traits par les artifices des reines d'Egypte." Vgl. Rachilde, „La femme peinte", S. 648.

eine Maske trägt,[19] schafft sie sich selbst immer neue weibliche Identitäten, die sie wie Kleider trägt.

Eliantes Selbstinszenierungen erinnern an die Ich-Entwürfe Des Esseints' oder eines Dorian Grays, bei denen Kunst und Dekor als Projektionsräume fungieren, um stets neue Selbststilisierungen auszuspielen. Die Ästhetisierung des Lebens schafft immer neue Rollen und kritisiert insofern einen normativen Identitätsbegriff.[20] Doch die vielen Selbstentwürfe sind gleichermaßen Ausdruck von Kult und Krise des Ich. Der Dandy Dorian Gray endet in psychischer und physischer Selbstzerstörung. Die Auflösung des Ich in verschiedene Inszenierungsformen wird aber zur notwendigen Prämisse für die Selbstverwirklichung.[21] Während in den genannten Romanen die Identitätsproblematik um 1900 generell im Sinne eines Paradigmawechsels diskutiert wird, steht in *La Jongleuse* der weibliche Körper und die Frage der Geschlechtsidentität im Zentrum.

Identität, insbesondere weibliche Identität, verliert in *La Jongleuse* nicht mittels Geschlechtertausch wie in *Monsieur Vénus* (1884) oder Androgynie wie in *Madame Adonis* (1888) ihre ontologische Qualität, sondern durch eine hypertrophe Ästhetisierung. Die der Frau unter dem Etikett der Natürlichkeit zugewiesenen Aufgaben als Geliebte, Ehefrau und Mutter werden auch in *La Jongleuse* als Rollen entlarvt, die Eliante selbst nach den Grundsätzen der Apologie der Künstlichkeit produziert. Ihrem Mann stellt sie ihren Körper lediglich zur Modellierung der Wachsfiguren zur Verfügung [121], anstelle von Mutterschaft spielt sie die Adoptivmutter ihrer erwachsenen Nichte Missie [35] und ihrem Verehrer Léon weist sie die Rolle des „amant en théorie" zu [70]. Eliantes „l'art d'être femme" [70] kann

---

[19] Vgl. Deborah Houk, „Self-Construction And Sexual Identity in Nineteenth-Century French Dandyism", in: *French Forum* 12 (1997), S. 59-73, hier S. 62f.

[20] Vgl. dazu Manfred Pfister, „Kult und Krise des Ich", in: ders. (Hg.), *Die Modernisierung des Ich. Studien zur Subjektkonstitution in der Vor- und Frühmoderne,* Passau (Rothe), S. 254-269, hier S. 254.

[21] Zur Dialektik von Auflösung und Multiplikation des Ich in Bezug auf Dorian Gray schreibt Pfister: „Die Tatsache, daß sich damit das Ich geradezu verflüchtigt, daß einem dabei das eigenen Selbst und die Welt in flüchtige Stimmungen entgleitet oder in kristallklare, aber disparate Fragmente zerstiebt, scheint den beiden Protagonisten jedoch zunächst kein Verlust, sondern Gewinn, wird der Verlust an Kontinuität doch durch die Intensität der Augenblickserfahrung wettgemacht und der Verlust der Einheit des Ich durch die sich damit eröffnende Chance, das Selbst als eine Pluralität von Seinsmöglichkeiten zu inszenieren. So wird gerade der Verlust des Ich zur Voraussetzung für den Kult des Ich, und so gerät das Projekt der Selbstverwirklichung zum Projekt der Multiplikation des Selbst." Manfred Pfister, a.a.O, S. 261.

somit als ironische Antwort auf das Weiblichkeitsverständnis des klassischen Dandyismus gelesen werden. Der geschlechtsspezifische Umgang mit dem dandyistischen Körperdiskurs steht also im Zentrum des Romans.

Die Identitätsproblematik findet in den Romanen Rachildes und in der Literatur des *Fin de siècle* weite Verbreitung. Rachildes subversive Umdeutung des Idealismus' macht ihn zu einer Befreiungsideologie gegen ein naturalistisches Weiblichkeitsverständnis und antizipiert darin Judith Butlers postfeministisches Körperverständnis. In *La Jongleuse* verweist die omnipräsente Theatersemantik auf Parallelen zwischen Rachildes subversiver Relektüre des idealistischen Körperkonzepts und den postfeministischen Theorien Butlers. Als Prämisse der folgenden Diskussion bleibt jedoch unbedingt festzuhalten: Bei Idealismus und Postfeminismus handelt es sich um Theorien, die sich sowohl in ihrem Erkenntnisinteresse als auch in ihrer politischen Zielsetzung grundlegend widersprechen. Den gemeinsamen Referenzpunkt bildet die Entnaturalisierung des weiblichen Körpers bzw. der Kategorie Geschlecht. Während der Idealismus eine Spiritualisierung des Körpers vornimmt und dabei den weiblichen Körper explizit ausgrenzt, dominiert in der postfeministischen Theorie Butlers ein diskursiver Körperbegriff, der Frauen gerade aus einem Repressionsdiskurs befreien will. Butler liest *sex*, *gender* und *desire* als diskursive Kategorien, die sie als Konstrukte heterosexueller Phallogozentrik begreift und als Produzenten von Weiblichkeit ausmacht. Sie hat es sich zur Aufgabe gemacht, die Begriffe mit ihren impliziten Denktraditionen und Politikkonzepten kritisch zu hinterfragen. Subjekt und Identität als zentrale Begriffe einer feministischen politischen Theorie verlieren bei Butler ihre ontologische, unhinterfragbare (konstituierende) Qualität. Im Subtext des vorliegenden Romans dekonstruiert Rachilde ebenfalls das zeitgenössische Verständnis von einem ontologischen Seins-Begriff. Sie präsentiert den Körper der *Jongleuse* nicht als etwas Seiendes bzw. Fleischlich-Natürliches und damit als beherrschbare Materialität, sondern als eine Oberfläche, auf der verschiedene Inszenierungen, also Seins-Möglichkeiten, zur Aufführung kommen. Butlers dekonstruktivistischer, diskurstheoretischer Ansatz[22] begreift den Kör-

---

[22] Als „Diskurse im Plural" versteht Butler „geschichtliche spezifizierte Organisationsformen der Sprache", „sofern sie im zeitlichen Rahmen koexistieren und unprädizierbare und ungewollte Überschneidungen instituieren, aus denen spezifische Modalitäten diskursiver Möglichkeiten erzeugt werden." Judith Butler, *Unbehagen der Geschlechter*, Frankfurt a.M. (Suhrkamp) 1991, S. 212. Zur Analyse von But-

per (sex)[23] und das soziale Geschlecht (gender) mit Rückgriff auf Simone de Beauvoir und Michel Foucault als diskursiv produziert. Die Bezeichnungen männlich oder weiblich werden auf der Körperoberfläche durch wiederholte Akte sichtbar:

> „(...): die Akte, Gesten und Begehren erzeugen den Effekt eines inneren Kerns oder einer inneren Substanz; doch erzeugen sie ihn *auf der Oberfläche* des Körpers, und zwar durch das Spiel der bezeichnenden Abwesenheit, die zwar auf das organisierende Identitätsprinzip hinweisen, aber niemals enthüllen. Diese im allgemeinen konstruierten Akte, Gesten und Inszenierungen erweisen sich insofern als *performativ*, als das Wesen oder die Identität, die sie angeblich zum Ausdruck bringen, vielmehr durch leibliche Zeichen und andere diskursive Mittel hergestellte und aufrechterhaltene Fabrikationen/Erfindungen sind."[24]

Der Körper repräsentiert nach Butler „eine Oberfläche, deren Durchlässigkeit politisch reguliert ist, eine Bezeichnungspraxis in einem kulturellen Feld der Geschlechter-Hierarchie und der Zwangsheterosexualität".[25] Der Vergleich zwischen der idealistischen und postmodernen Körperpolitik meint also diskurtheoretisch nichts anderes als ein Vergleich zwischen zwei spezifischen historischen Bezeichnungspraxen. Der Körper lässt sich nur über die ihn bezeichnenden Signifikanten repräsentieren. Außerhalb der Materialität des Signifikanten existiert er nicht. Damit wird der Körper zum Text. In *La Jongleuse* präsentiert Rachilde die Weiblichkeit der Protagonistin als Kunst [70] und ihren Körper als „poème vivante" [242]. Wie bei Butler so betrachtet Rachilde Eliantes Körper ausschließlich als diskursive Kategorie, deren ontologische Natürlichkeit sie als Effekt einer Bezeichnungspraxis entschleiern will. Der Körper wird zum Text und seine Oberfläche zum Papier, auf dem der Text einer geschlechtlichen Bezeichnungspraxis zu lesen ist. In diesem Kontext merkt Isabell Lorey bei Butler kritisch an, dass sie ausschließlich die Außenperspektive einnehme und ih-

---

[23] lers diskurstheoretischem Ansatz vgl. Isabell Lorey, „Der Körper als Text und das aktuelle Selbst: Butler und Foucault", in: *Feministische Studien* 2 (11. Jahrgang, November 1993), S. 10-23, hier S. 13ff. [Hervorheb. i. Original.]
Isabell Lorey weist auf die Schwierigkeiten bei der Analyse des Körperbegriffs hin und zeigt die zweifache Bedeutung des Begriffes *sex* bei Butler auf: „‚ Sex' bezeichnet zum einen den schon immer gesellschaftlich situierten Körper, der zugleich die Bühne, auf die die Körperstile zur Aufführung kommen, und die Modalität, in der diese Stile agiert werden, darstellt. In diesem Verständnis ist der ‚sex' ein soziales Konstrukt und der natürliche ‚sex' eine Illusion. Mit ‚sex' bezeichnet Butler aber auch die ‚sexuell differenzierte Anatomie'." Isabell Lorey, a.a.O., S. 12.
[24] Judith Butler, *Unbehagen der Geschlechter*, S. 200. [Hervorheb. i. Original.]
[25] Ebd., S. 204.

ren Blick somit nur auf die Körperoberfläche mit ihren darstellenden Gesten und Akten richte.[26] Wenn es für Butler also keine prädiskursive Realität gibt und selbst die materielle Realität aus Sprache hervorgeht, dann ist Sprache konstitutiv und performativ zugleich. Demzufolge wird in der Bezeichnungspraxis der Effekt des Apriori des Bezeichneten produziert. Übertragen auf die Materialität des Körpers bedeutet dies: Der bezeichnende Akt produziert den Körper mit dem Effekt, dieser gehe der Bezeichnung voran.[27]

In *La Jongleuse* lassen sich die permanenten (Re-)Inszenierungen Eliantes als Akte der Wiederholungen ihrer Geschlechtsidentität lesen. Damit scheint Rachilde Butlers Idee der Identität als Performanz zu antizipieren. Der Terminus Performanz ist der Theatersemantik entliehen und markiert den Körper als „‚Ort', an dem gesellschaftliche Stilmöglichkeiten zur Aufführung kommen, er ist das ‚Theater des Geschlechts'. Als ‚Theater' ist er beides zugleich ‚Ort' der Handlung und ‚Situation' der Aufführungsakt selbst. Ist der Körper eine Modalität verschiedene Körperstile und Geschlechternormen zu realisieren, impliziert das die Möglichkeit, diese etablierten Stile durch ihre kontinuierlich stattfindende, aktualisierende Darstellung zu transformieren."[28] Das System des Schauspiels beim Dandy, das Rachilde beim weiblichen Dandy Eliante subversiv imitiert „wirkt als Darstellung des zur Kunst gewordenen Menschen, der nichts banal, nichts ohne Kunstabsicht tut, damit mehr ist als Schauspieler: er ist zugleich selbst das gespielte Stück."[29] Die Theatersemantik verweist auf Butlers Identitätsverständnis als Akt:

> „In welchem Sinne ist die Geschlechtsidentität ein ‚Akt'? Ähnlich wie andere rituelle gesellschaftliche Inszenierungen erfordert auch das Drama der Geschlechtsidentität eine *wiederholte* Darbietung. Diese Wiederholung ist eine Re-Inszenierung und ein Wieder-Erleben eines bereits gesellschaftlich etablierten Bedeutungskomplexes – und zugleich die mundane, ritualisierte Form seiner Legitimation."[30]

---

[26] Isabell Lorey, „Der Körper als Text", S. 16. Vgl. dazu Eliantes Inszenierung als Akrobatin. Dort heißt es: „Pour sa pudeur elle a mis un masque de velours, et on n'apercevait réellement pas de sa chair qe sa bouche, très rouge, sa bouche entre parenthèses...sur une page blanche et noire!" [141]
[27] Vgl. Isabell Lorey, a.a.O., S. 15.
[28] Ebd., S. 12.
[29] Otto Mann, *Der Dandy*, S. 103.
[30] Judith Butler, *Unbehagen der Geschlechter*, S. 206. [Hervorheb. i.Original.]

Bei der dandyistischen Selbstinszenierung Eliantes vermischen sich Natur und Kunst,[31] so dass die Frage nach Echtheit und Wahrheit ad absurdum geführt wird. Während sich der Protest des Dandytums in einer Form von Selbstinszenierung äußert, die sich gegen eine naturalistische, materialistische Ideologie richtet, kritisiert Rachildes subversive Lesart der dandyistischen Selbstrepräsentation eine phallogozentrische Geschlechterpolitik, die Begriffe wie Identität bzw. Geschlechtsidentität als ontologische Größen bzw. als Schicksal definiert und darauf ihre Machtpolitik gründet.

Die Protagonistin dekonstruiert mit ihren wechselnden Inszenierungen die normativen Vorstellungen von weiblicher Identität. Die Multiplikation der weiblichen Rollen bzw. des Ich führt Léon zu der Analogie „la comédienne ou la femme" [190], denn sein fixes Frauenbild bricht zusammen.

An Eliantes Körper kommen folgende Frauenbilder zur Aufführung: Sie präsentiert sich als mütterliche Frau sowohl gegenüber Missie als auch gegenüber Léon, dem „spéctateur" [33f/127/206ff], in der Rolle der reichen Bourgeoise [62], als *femme fatale* [210], als *femme perverse* [50f], als *femme nerveuse* [119f/221f/130f], als Künstlerin [141], als Offizierswitwe [185/192f], als spanische Tänzerin [210], als exotische Schönheit [32/36f], als *femme enfant* [97f], als Amazone [43/89/147/165ff], als Priesterin [89/167/184], und als „femme panthère" [28]. Eliante stellt die traditionellen Beziehungen zwischen den Geschlechtern in Frage und rebelliert gegen Léons Konzeption von Liebe, Sex und Schönheit."[32] Auf diese Weise dekonstruiert Rachilde im Subtext des Romans die Begriffe Subjekt und Identität und entlarvt sie als Machtdiskurse, die phallogozentrisch besetzt sind und im Sinne einer Ausschließungspraxis funktionalisiert werden.

Die Ästhetisierung des weiblichen Körpers kann also in *La Jongleuse* als Strategie des Widerstandes gegen eine misogyne Geschlechterpolitik gedeutet werden, die der Medizinstudent Léon Reille repräsentiert. Während der zeitgenössische Geschlechtercode Sexualität und Körperlichkeit vorwiegend als weibliche Attribute versteht, inszeniert Rachilde im vorliegenden Roman die Umkehrsituation. So ist Léons Verhalten einzig von einem

---

[31] Otto Mann schreibt zu diesem Phänomen: „Der Betrachter muß sich eingestehen, daß hier die Unnatur zur Natur geworden ist und dieser liebenswürdige, raffinierte Unterhalter, dieser ausnehmend und wohltuend elegante Mann keine weiteren Hintergründe besitzt." Otto Mann, a.a.O., S. 104.

[32] Vgl. Catherine McGann, „Juggling with Gender, Juggling for Love: Carnival in Rachilde's *La Jongleuse*", in: *Revue Frontenac. Kingston/Ontario (Canada)* 10-11 (1993-1994), S. 171-182, hier S. 172.

sexuellen Begehren bestimmt, während Eliante sich ihren asketischen Idealen verpflichtet fühlt. Die traditionelle Geschlechterkonzeption wird darin verkehrt. Während der männliche Dandy die Frau als triebhaftes und damit vulgäres Wesen empfindet und sich über seine Fähigkeit der Triebüberwindung definiert, findet im vorliegenden Roman ein Rollentausch statt, bei dem sich Eliante als weiblicher Dandy permanent gegen Léons Triebansprüche zur Wehr setzen muss. Die als vulgär (weiblich) diffamierte Emotionalität und Triebhaftigkeit wird dem Mann zugesprochen. In der Beziehung zwischen Léon und Eliante stehen sich somit *homme vulgaire* [38] und *femme artificielle* gegenüber.

## 8.2 Die Geschlechterbeziehungen als Komödie

Die Liebesaffäre zwischen Léon Reille und Eliante Donalger illustriert zwei diametral entgegengesetzte Auffassungen von den Geschlechterrollen. Die Künstlerin propagiert ein selbstbestimmtes Frauenbild: „Je suis une recluse libre, une sorte de religieuse émancipée, une prêteresse laïque." [84] Dagegen bildet die Objektposition der Frau die Grundlage für Léons Beziehungsmodell des Begehrens, Besitzens und Beherrschens. Folglich wird die Relation zwischen Léon und Eliante über ein Wechselspiel von Verlangen und Verweigern bzw. Beherrschen und Entziehen strukturiert. Léons Begehren ereignet sich zunächst auf der Ebene des Blicks. Seit seiner ersten Begegnung mit der exzentrischen Schönheit muss er sie besitzen:

> „L'homme tremblait de rage. C'était un tel désir de la rejoindre, une poussée si brutale de son instinct, (...)." [30]

Unter seinen Blicken wird Eliante auf ein Objekt des Begehrens reduziert [33] und Léon gibt mit Vergnügen zu: „(...) et cela m'amuse de vous regardez de près...derrière la vitrine." [33] Eliante toleriert zwar zunächst seine Blicke, deren sie für ihre dandyistische Selbstbespiegelung bedarf, doch Léons Blick verrät ein voyeuristisches Begehren, dem sie sich durch ihre Kostümierung zu entziehen sucht. Léons Forderung, sie solle sich entkleiden, verweigert sie: „Je ne pose jamais ma robe, (...)." [39] Ihre Kostümierung scheint sie vor den männlichen Machtinteressen zu schützen. Umgekehrt ist es seine elegante Kleidung, die Léon davon abhält, Eliante zu vergewaltigen: „Machinalement, il obéit *parce qu' il était en habit*; s'il avait été en veston, il l'aurait sans doute violée."[33] Die Maskerade kontrolliert die Triebansprüche des Körpers. Ohne Umschweife meldet Léon auf Eliantes Körper Besitzansprüche an: „Je vous veux, tout simplement. Je vous aurai, ça c'est sûr... aussi sûr que vous êtes une odieuse coquotte... ou une folle."[42]

Eliante rebelliert gegen Léons Modell der Geschlechter, in dem der Frau die Rolle des Sexualobjekts zukommt:

> „(...) je suis humiliée parce qu'un homme intelligent pense tout de suite à... coucher avec moi... Demain vous m'aimeriez plus...si vous m'aimez si peu que cela. En effet, vous ne n'aimez pas, monsieur."[50]

Im Gegensatz zu dem jungen Naturwissenschaftler, der den romantischen Liebesbegriff negiert und die Beziehung zwischen den Geschlechtern völlig zweckrational als Ort der Bedürfnisbefriedigung definiert, orientiert sich Eliantes Liebesverständnis an der dandyistischen Auffassung von Liebe und reicht weit über ein sexuelles Verhältnis hinaus. Sie verlangt eine geistige Einigkeit vor der geschlechtlichen Vereinigung: „Il faut que vous *m'appreniez* avant me *prendre*." [99] „L'art d'aimer" definiert sie über den Konnex Liebe und Leid bzw. Leidenschaft [164]. Statt sich von Léon verführen zu lassen, macht sie den stolzen und siegesbewussten Mann zum Objekt ihrer Verführung, denn er soll an der Liebe zu ihr leiden: „Mon ambition serait de vous voir pleurer d'amour..." [98] Ihre Verweigerungstaktik erlebt er als Liebesmartyrium [122].

In Anlehnung an das idealistische Liebeskonzept der „amour cérébral" negiert die reiche Witwe die körperliche Liebe [85f/144]. Während die asketische Sexualpraxis des Dandys immer den Sieg über die eigene Triebhaftigkeit zum Ziel hat, liefert Rachilde hier eine Umdeutung. Die Negation der körperlichen Liebe sichert Eliantes Machtanspruch: „J'ai le dégoût de l'union, qui détruit ma force, (...)." [49] Die idealistische Liebeskonzeption konvergiert bei der *femme dandy* mit dem Amazonenmythos.[34] Sexualität erlebt sie als Machtdiskurs[35]: „Non, je n'ai pas l'esprit, je n'aurai peut-être jamais l'esprit de vous amuser selon vos désirs." [83] Léons se-

---

[33] Rachilde, *La Jongleuse*, S. 44. [Hervorheb. i. Original.]
[34] Zum Amazonenmythos siehe Karl Kerényi, *Mythologie der Griechen*, Bd. II: *Die Heroen-Geschichten*, München[15] (Deutscher Taschenbuch Verlag) 1996, S. 130-133, 192-194, 272-274.
[35] Zum Thema Sexualität als Machtdiskurs, das Rachilde auch in den bereits diskutierten Romanen behandelt, vgl. Michel Foucault, *Sexualität und Wahrheit*, Bd. I: *Der Wille zum Wissen*, S. 125f.

xuellen Machtansprüchen setzt sie ihr asketisches Liebeskonzept entgegen. Indem sie ihm die Wunscherfüllung versagt, entgeht sie selbst nicht nur der Rolle des Sexualobjektes, sondern sie dekonstruiert auch Léons Herrschaftsanspruch. Das asketische Liebeskonzept wird also in eine subversive Sexualpraxis umgedeutet, die gegen eine repressive phallogozentrische Körperpolitik agiert, die den weiblichen Körper und sein Begehren nicht nur regulieren, sondern besitzen und beherrschen will und dabei ein hohes Maß an Gewaltbereitschaft signalisiert. So belästigt Léon die um Jahre ältere Eliante nicht nur [80], verspürt Lust ihren Körper zu verletzten [44] oder sie zu schlagen [91], sondern er formuliert offen seine Vergewaltigungsabsichten: „Tu désires qu'on te viole? Qu'on te tue? Je n'aurais pas pitié de toi!" [100]

Léons misogynes Denksystem [42] reduziert die Frau vordergründig auf ein Triebwesen, das überwältigt werden will und entlarvt dabei seine eigene, uneingestandene, aggressive Triebhaftigkeit: „Je ne peux traduire votre résistance, Eliante, que par un désir de viol." [99] Dabei fürchtet Eliante nichts mehr als eine Vergewaltigung und zielt mit dem Messer auf Léon, als plötzlich die Zimmertür aufgeht: „(...) vois-tu, c'est plus fort que moi l'idée qu'on me va surprendre...me violer...je ne peux pas endurer cela." [147] Eliante rebelliert gegen Besitzansprüche [232], deren Folgen sie bereits in ihrer unglücklichen Ehe erfahren musste:

> „Si vous me possédiez, les uns et les autres, vous sériez trop jaloux de moi...vous sériez comme mon mari, le cher pauvre homme, qui disait: Elle ne sera heureuse que par ma volonté...ou je la tuerai!" [166]

Entgegen dem ihr zugewiesenen Objektstatus demonstriert Eliante ihr Selbstbewusstsein als Subjekt: „Je ne suis qu'une femme, rien de plus, rien de moins, ajouta-t-elle avec une douce fierté." [39] Freiheit und Selbstbestimmung gelten ihr als höchste Werte, denn sie begreift sich als amazonenhaftes Wesen [84]. Daher ist sie nur sich selbst, weder ihrem Vater noch sonst einem Repräsentanten des phallogozentrischen Systems, verantwortlich [215]. Sie verweigert sich Léons Beziehungskonzeption, die der Frau weder eine eigene Entscheidungsfreiheit noch einen eigenen Willen zubilligt:

> „Je suis libre de choisir mon heure et même de ne pas vouloir du tout. (...).
> Je le trouve absurde qu'un homme ne puisse pas causer en tête à tête avec une femme ...l'aimerait-il." [43]

Folglich wählt sie eine sexuelle Praxisform, die die traditionelle Herr- und Knecht-Struktur einer heterosexuellen Relation aufbricht, denn sie gibt sich vor seinen Augen einer lebensgroßen tunesischen Alabastervase hin [50]. In dem Liebesspiel weist sie Léon die Position des passiven Zuschauers zu. Léon ist zutiefst empört, dass seine Rolle als dominanter Sexualpartner überflüssig zu sein scheint. Sein Männlichkeitsbild wird von Eliante ad absurdum geführt: „C'est scandaleux! Là...devant moi...sans moi? Non, c'est abominable! Il se jeta sur elle, ivre d'une colère folle." [51]

Im Rückgriff auf das dandyistische Geschlechterverständnis reduziert sie Léon nicht nur auf ein „objet d'art", sie zieht sogar die Alabastervase vor:

> „Vous n'êtes pas plus haut que mon cher objet d'art, mis l'un à côté de l'autre, vous seriez les deux frères très blancs. Seulement, mon vase d'albâtre me paraît plus harmonieux, moins sauvage d'attitude, immobilisé dans la jolie posture humaine, la posture sans sexe." [87]

In dem von Eliante arrangierten Liebesspiel formuliert sie ihr eigenes Begehren, eine Ungeheuerlichkeit, die einer Frau nicht zugebilligt wird. Léon glaubt, Elainte habe keine eigenen sexuellen Wünsche: „Je te veux, et si tu me veux, tu ne peut pas avoir d'autre volonté que la mienne." [251] Er braucht sie daher als Projektionsfläche für sein Verständnis von Erotik.[36] Eliante inszeniert nun die Umkehrsituation. Sie ignoriert Léons Wünsche und macht ihn gleich der Alabastervase zum Objekt und zur Projektionsfläche ihres Begehrens. Wollte Léon Eliante unlängst besitzen, ja sogar kaufen [33], so pervertiert Eliante auch diese Besitzansprüche in der Liebeszene mit der Amphore[37]: „Je l'ai acheté bien peu cher, en comparaison de sa beauté unique. Il est à moi." [48] In der subversiven Mimesis des dandyistischen „jeux amoureux", bei der der Dandy selbst Subjekt und

---

[36] Baudelaire schreibt über die Frau: „(...) la femme n'est pas seulement pour l'artiste en général, (...), la femelle de l'homme. C'est plutôt une divinité, un astre, qui préside à toutes les conceptions du cerveau mâle; c'est un miroitement de toutes les grâces de la nature condensées dans un seul être; c'est l'objet de l'admiration et de la curiosité la plus vive que le tableau de la vie puisse offrir au contemplateur." Charles Baudelaire, Œuvres complètes, Bd. II, S. 714f.

[37] Das Motiv der Amphore erscheint als ironische Reminiszenz an Liebesstatuen, wie man sie in der Dekadenzliteratur häufig findet. So hat die Protagonistin in Arthur Holitschers Roman Der vergiftete Brunnen in ihrer künstlichen Gartenlandschaft eine Pan-Statue aufgestellt. Aubrey Beardsleys Tannhäuser hingegen hat in seinem Garten eine Priapus-Statue stehen, die wie die Amphore ästhetische und erotische Funktionen zu erfüllen hat. Vgl. Erwin Koppen, Dekadenter Wagnerismus. Studien zur europäischen Literatur des Fin de siècle, Berlin u. New York (de Gruyter) 1973, S. 132 u. 143.

Objekt mimt, demonstriert Elainte dem jungen Studenten, dass sie für ihr Liebesglück weder ein Objekt noch ein herrschendes Subjekt braucht: „Pourque ma chair s'émeuve et conçoive l'infini du plaisir, je n'ai besoin de chercher un sexe à l'objet de mon amour!" [50] Sie praktiziert nun eine sexuelle Ausschließungspraxis, die als eine ironische Replik auf die Ausgrenzung der Frauen im *Fin de siècle* gelesen werden kann: „Ah! que c'est un sot, un homme qui ne sait pas regarder *aimer*. Vous aviez bien besoin d'une leçon." [51]

Ebenso wie der Dandy, der einen Phallus hat und sich selbst im Rahmen seines narzisstischen Begehrens der Phallus ist,[38] so stattet sich Eliante mit einem Phallus aus, den sie als vermeintliches Mangelwesen in einer Beziehung zu einem Mann ja gerade begehren soll. Die Protagonistin destabilisiert das heterosexuelle Beziehungsideal, wenn dieses im Sinne Lacans als binäre Ordnung zwischen der männlichen Position (den Phallus haben) und der weiblichen Position (der Phallus sein) charakterisiert ist. Weibliche Identitätsbildung scheint also nur möglich, wenn die Frau der Phallus, also das Begehren des Anderen ist:

> „Diese/r Andere bildet also nicht die Grenze der Männlichkeit in einer weiblichen Andersheit, sondern lediglich den Schauplatz einer männlichen Selbst-Ausarbeitung. Der Phallus ‚sein' bedeutet also für Frauen, daß sie die Macht des Phallus widerspiegeln, diese Macht kennzeichnen, den Phallus verkörpern, den Ort stellen, an dem der Phallus eindringt, und den Phallus gerade dadurch bezeichnen, daß sie sein Anderes ‚sind'."[39]

Da Weiblichkeit aber im Sinnes eines Nicht-Habens definiert wird, bedient sich die Frau der Maskerade, um den Mangel zu maskieren: „Lacan setzt seine Darstellung der Komödie der Geschlechter mit der Behauptung fort, dass der ‚Schein' der Phallus zu ‚sein', den die Frauen gezwungenermaßen inszenieren, unweigerlich eine Maskerade ist."[40] Mit ihrer Maskerade als *femme artificielle* maskiert Eliante ihre biologische Weiblichkeit, die sie selbst offenbar als unzulänglich begreift. Mit der Alabastervase als phallische Attrappe entzieht sie Léon die Gelegenheit, sich selbst in der Beziehung zu einer Frau als männliches Subjekt zu erfahren, was seine Identität als Mann stärken und erweitern würde. Wenn Phallus sein für die Frau bedeutet, „durch das Gesetz des Vaters bezeichnet zu sein, d.h. sein

---

[38] Vgl. Deborah Houk, „Self construction And Sexual Identity in Nineteenth-Century French Dandyism", S. 63f.
[39] Judith Butler, *Unbehagen der Geschlechter*, S. 75.
[40] Ebd., S. 79.

Objekt und zugleich sein Instrument (...) zu sein"[41], dann wiederholt Eliante nicht nur dieses Gesetz, sondern sie stellt sich zugleich auch außerhalb dieser Position:

> „Alors j'ai tous les droits, mon père ne peut rien me défendre, d'une voix forte, tout au fond de mon cœur. Je me moque de monsieur de *mon père*, car moi aussi je suis le marquis de Massoubre, et *seul* aujourd'hui, j'ai la responsabilité d',Elainte'." [215]

Eliantes fetischistische bzw. narzisstische Sexualpraxis[42] verkehrt die traditionelle Definition einer reproduktiven heterosexuellen Geschlechterrelation.

Die Alabastervase ist zugleich Sinnbild eines ästhetischen wie idealistischen Ideals [44-46]. Sie steht für eine asexuelle Ästhetik, die eine dandyistische Askese gewährleistet [87]. Sie illustriert die dandyistischen Analogie von Kunst und Leben, die durch den Gebrauch des literarischen Mittels der Personifikation hervorgehoben wird:

> „(...); un vase d'albâtre de la hauteur d'un homme, si svelte, si élancé, si délicieusement troublant avec ses hanches d'éphèbe, d'une apparence tellement humaine, bien qu'il n'eût que la forme traditionnelle de l'amphore, (...). Le pied, très étroit, lisse comme une hampe de jacinthe, surgissait d'une base plate et ovale, se fuselait en montant, se renflait, atteignait, à mi-corps, les dimensions de deux belles cuisses hermétiquement jointes et s'effilait vers le col, avec là, dans le creux de la gorge, un bourrelet d'albâtre luisant comme un pli de chair grasse, et plus haut, cela s'épanouissait, s'ouvrait en corolle de liseron blanc, pur, pâle, presque aromal, tant la matière blanche, unie, d'une transparence laiteuse, avait la sincérité de la vie." [44f]

Im Rahmen von Eliantes asketischem Liebesbegriff [85/87], substituiert die Kunst Sexualität und avanciert zu einer Lebensweise:

> „Je suis réellement amoureuse de tout ce qui est beau, bon, me paraît un absolu, la définition même de la volupté. Mais ce n'est pas le but, le plaisir, c'est une manière d'être. Moi je suis toujours...heureuse." [50]

In seiner Beziehung zu Eliante kann Léon daher nur die Position eines „amant en théorie" [70] einnehmen. Er rebelliert verzweifelt gegen diese Festlegung, indem er mit der Zerstörung der Amphore droht [58]. Doch

---

[41] Ebd., S. 78.
[42] Mit ihren fetischistischen Aktivitäten übernimmt Eliante eine ausschließlich männliche Sexualpraxis. Diese Übernahme bezeichnet Naomi Schor als „perversion theft". Vgl. Naomi Schor, „Female Fetishism: The Case of George Sand (1985)" in: dies., *Bad Objects. Essays Popular and Unpopular*, Durham u. London (Duke University Press) 1995, S. 93-100, hier S. 99.

Eliante wehrt sich gegen seine destruktiven Reaktionen: „Pourquoi voudriez-vous me faire du mal? (...) Je ne vous ai rien cassé, moi, monsieur." [68] Die Relation der Geschlechter entpuppt sich als Tragikomödie, denn Léon ist gefangen in seiner Ideologie des Begehrens, Besitzens und Beherrschens und kann die Täuschungen und Verfehlungen seiner Politik nicht realisieren. Schon längst hat Eliante die Inversion der Machtverhältnisse in ihrer Beziehung herbeigeführt und damit den phallogozentrischen Geschlechterdiskurs sabotiert:

> „Elle lui déclarait tous les droits...sauf celui de les excercer. Il restait le maître, l'attendu, le dominateur. Elle s'agenouillant devant lui (...), elle demeurait bien, en effet, la maîtresse celle qui enseigne l'amour." [104]

Aber Léons männlicher Selbstentwurf verlangt nach einer uneingeschränkten Machtposition und so muss er sich unentwegt als „roi" [228/ 238f] oder „maître" [251] inszenieren und den Frauen zumindest im Spiel die Sklavenrolle zuweisen: „(...), du moment que je suis le roi, vous êtes mes esclaves (...)!" [239] Doch im Zuge seiner autoritären Selbstinszenierung gibt er sich vor den Lesern der Lächerlichkeit preis, denn er realisiert nicht, dass es die Frauen sind, die ihm das „Königsspiel" ermöglichen:

> „Il était roi, ce jour de printemps, et c'était sa royauté de mâle que les trois femmes adorables berçaient." [228]

Schließlich glaubt Léon, seine Besitzansprüche auf Eliantes Körper über die Ehe legitimieren zu können [69/151/215]. Doch der Ehestand widerspricht Eliantes freiheitlichem Liebesbegriff. Längst hat sie in ihrer Nichte Missie und Léon ein ideales Paar [159f] erkannt und macht wahr, was sie Léon zuvor annociert hat: „Je vous [sc. Missie und Léon] forcerai d'être heureux *ensemble*...et quand vous entrerez dans votre maison...vous y trouverez les sequins, mais la danseuse sera partie." [165] Nach ihrem dramatischem Selbstmord, den Eliante nach einer Nacht mit Léon begeht, kündet die Schlussszene des Romans die Geburt der gemeinsamen Tochter Maries und Léons an [255], die bei Léon Sehnsüchte nach der *Jongleuse* evoziert. Letzlich setzt sie ihren Liebesbegriff gegenüber Léons Machtansprüchen durch.

In *La Jongleuse* propagiert Rachilde ein relativistisches Identitätsverständnis, das die Titelheldin bei Léon auf die Spitze treibt:

„Mon cher aimé, mon cher petit amant, monsieur mon fiancé, bientôt le mari de ma nièce, par conséquent, mon neveu! (...). Je vous aime. Je t'aime." [163]

Humoristisch macht Eliante Léon die Multiplizität der Rollen deutlich, die auch er ausfüllt. Je mehr Rollen Eliante spielt, um so weniger kontrollierbar und beherrschbar erscheint sie. Auch Léons Selbstentwurf wird damit zunehmend in Frage gestellt. Er hinterfragt nicht sein Selbstkonzept, sondern attackiert Eliantes „comédie" [51/98], die das traditionelle Verständnis asymmetrischer Geschlechterbeziehungen als Komödie erscheinen lässt:

„Réfugié au dernier rang des invités, il gardait pour lui la douleur de la voir là, debout et jonglant, séparée de sa famille, de la société, du monde entier, de toute l'humanité par l'énigme de sa comédie perpétuelle. Et il devinait bien qu'elle ne jonglait pas seulement en son honneur ou en leur honneur, elle jonglait pour s'amuser." [143]

Das Rollenspiel zwischen den Geschlechtern suggeriert eine Inversion, eine Austauschbarkeit sowie eine Wählbarkeit der Rollen und dekonstruiert einen männlichen Machtanspruch, der sich auf einer geschlechtspezifisch definierten Funktion und einer daraus abgeleiteten hierarchischen Position innerhalb einer Beziehung gründet. Die essentialistische Auffassung von den Geschlechtern und ihrer Funktion im Hinblick auf die Reproduktionsideologie des *Fin de siècle* wird in *La Jongleuse* somit kritisch hinterfragt.

Die Protagonistin verwirrt durch ihr Rollenspiel die Grenzen zwischen Sein und Schein; Leben und Kunst [244]. Léon als Repräsentant des naturalistischen Diskurses [54] will ihr Rollenspiel als „la comédie perpétuelle" [143] entlarven bzw. verbieten [251], ihre Maske herunterreißen [112], ihre Kostümierung ausziehen [30/39f/141], denn er hält sie aufgrund der Vielzahl ihrer Selbstinszenierungen für eine „femme fausse" [164]. Für Léon ist die Frau nur dann eine „wahre" Frau, wenn sie sich ausschließlich über ihren Körper definiert, bzw. jene Rollen übernimmt, die die Gesellschaft von der weiblichen Sexualität ableitet. Rachilde führt den naturalistischen Diskurs der Wahrheit und Falschheit ad absurdum. Sie lässt erkennen, dass es im Kontext der geschlechtlichen Inszenierungen die Klassifizierungen „wahr" und „falsch" nicht geben kann. Judith Butler plädiert dafür, die gesamten Inszenierungen der Geschlechterbezeichnungen aus dem Diskurs von Wahrheit und Falschheit auszulagern, denn die beiden Kategorien müssen sich an Maßstäben wie Original und Fälschung orientieren, die von

Butler am Beispiel der Travestie als überholte Begriffe gekennzeichnet werden. Butlers „Entlarvungsdiskurs" vermittelt den Eindruck, als sei alles als evident und wahr Geglaubte eine Illusion. Solche Deutungsmuster implizieren ihrerseits einen fiktiven Standort, „von dem aus das Unwahre als vorgekaukelte Wahrheit erkannt werden kann" und illustrieren die Komplexität und die Schwierigkeit der Wahrheitsdebatte.[43]

Mit Hilfe der subversiven Umdeutung von Ästhetizismus und Idealismus gelingt es Eliante in ihrer Inszenierung als *femme artificielle* die naturalistischen Termini Identität, Geschlecht, Sexualität und Wahrheit als phallogozentrische Kategorien zu entlarven und zu sabotieren. Die Beziehung zwischen Mann und Frau scheint lediglich der Sicherung männlicher Macht zu dienen. Eliante lässt jedoch das männliche Beziehungsmodell durch ihre Strategie der Verweigerung als Komödie erscheinen, bei dem der Mann selbst, wenn alles verloren scheint, noch an seiner Macht festhalten muss, weil er darüber definiert.

## 8.3 (Schau-)Spiele weiblichen Begehrens

*Maquillage* und Maskerade stehen in enger Verbindung zur Bildenden Kunst. In seiner *Éloge du maquillage*, die dem Maler Constantin Guys gewidmet ist, spricht Charles Baudelaire von der „peinture du visage". Max Beerbohm hält in seinem Essay *A Defense of Cosmetics* fest: „The painting of the face is, in manner, most like the painting of canvas".[44] Auch Eliantes Haut gleicht einer Leinwand und ihr Körper gleicht einem „tableau vivant". Sie überschreitet die Kategorie der Natürlichkeit, die ihrem Geschlecht zugeordnet wird, und macht sich selbst mittels *Maquillage* und Maskerade zu einem Simulacrum von Weiblichkeit.[45] Aber Rachilde rekurriert in *La Jongleuse* nicht nur auf die Analogie von Malerei und Schminke, sondern sie stellt eine Verbindung zwischen Schreiben und *Maquillage* her, denn Eliante präsentiert sich als „poème vivant" [242] und changiert zwischen Kunst und Körper bzw. zwischen Körper und Korpus, auf dem die Texte eingeschrieben sind:

---

[43] Vgl. Judith Butler, *Das Unbehagen der Geschlechter*, S. 201 und Isabell Lorey, „Der Körper als Text", S. 16.
[44] Vgl. Jean de Palacio, „Du maquillage considéré comme un des beaux-arts", S. 150f.
[45] Ebd., S. 152.

„Pour sa pudeur elle a mis un masque de velours, et on n'apercevait réellement pas de sa chair que sa bouche, très rouge, sa bouche entre parenthèses...sur une page blanche et noire!" [141]

Eliante produziert an ihrem Leib durch ihre zahlreichen Inszierungen eine Vielzahl von (Körper-)Geschichten. Sie ist Autorin und literarischer Text zugleich: Sie produziert sich im wahrsten Sinne selbst. Dies markiert einen wesentlichen Unterschied zu ihrer Ehe. Die Relation zwischen Eliante und ihrem um viele Jahre älteren Mann gleicht der konventionellen Beziehung zwischen Künstler und Modell bzw. Künstler und Kunstwerk[46], denn der General schnitzt eine Reihe von Wachsfiguren nach dem Bild seiner Frau [121]. Die Ästhetisierung des weiblichen Körpers erweist sich im Roman nicht nur als subversive Strategie gegen eine phallogozentrische Geschlechterpolitik, sondern unterläuft auch deren Kunstverständnis, das der Dandy inkarniert:

„Le maquillage serait ainsi la seule façon qu'aurait la femme d'accéder à l'œuvre d'art d'échapper à la malédiction d'être ‚naturelle, donc abominable', de réduire l'incommensurable distance qui la sépare du dandy."[47]

Die Position als *femme artificielle* ermöglicht Eliante also ihre Aktivitäten als *femme artistique*. Offenkundig zeigt der Roman Analogien zwischen dem Körper der Protagonistin und dem Textkörper *La Jongleuse* auf und verweist auf die Problematik weiblicher Autorschaft.

Die hypertrophe Ästhetisierung von Eliantes Körper lässt an die Künstlichkeit des dekadenten Romans denken, dessen Dekor und Exotismus wie eine diskursive Verkleidung wirken. Schreiben erscheint als diskursive Inszenierung einer Autorin, die realiter die Position der Nicht-Existenz innehat und nur durch Maskerade zur literarischen Existenz kommt. Im Gegensatz zum naturalistischen Roman, in dem die Frau zum Synonym für die Natur wird, kann die verkleidete Frau durch eine diskursive Maskerade als „jongleuse" oder „comédienne" zur Autorin werden. Schreiben selbst wird, um mit Butler zu sprechen, zum performativen Akt, zur Komödie. Die teils komödiantischen, teils grotesken Inszenierungen von Eliante verweisen auch auf den ironisch-parodistischen Ton des Romans.

---

[46] Vgl. zu diesem Thema auch Rachilde, *Refaire l'amour*, Paris (J. Ferenczi et Fils) 1938. In dem Roman wird die Beziehung des Malers Alain Montarès zu einem Nähmädchen beschrieben, das sich unbedingt von dem Dandys malen lassen möchte.
[47] Ebd., S.151ff.

Die Leser verharren wie Léon in der Pose des „spéctateur". Unentwegt bedient er sich eines hermeneutischen Diskurses, um sich des Textkörpers oder aber des Frauenkörpers der Autorin zu bemächtigen, in dem sie ihn wie ein Literaturwissenschaftler oder Literaturkritiker beobachten, analysieren und beurteilen. Der hermeneutische Diskurs erinnert an Léons Wunsch, Eliante zu entkleiden, sie nackt zu sehen und zumindest visuell zu besitzen. In gleicher Weise wie sich die Protagonistin durch ihre mannigfaltigen Inszenierungen Léons Politik entzieht, so scheint sich auch ihr Textkörper einer eindeutigen hermeneutischen Festlegung zu verweigern. Ebenso wie sich also eine eindeutige physische Repräsentation als Illusion erweisen muss, gilt dies auch für ihre Schreibpraxis.

Unterdessen suggeriert Eliantes Traum von einer asketischen Sexualpraxis ein geschlechtsloses Schreiben, das in das Reich der Utopie gehört. Die mit der Ästhetisierung ihres Körpers verbundene Sexualpraxis sabotiert zwar die Werte einer frauenfeindlichen Gesellschaft, doch sie ist zugleich Ausdruck einer Wiederholung des misogynen Geschlechtercodes, der sich in der Negation des weiblichen Körpers und dessen Begehren manifestiert.

Einerseits kritisiert die Romanheldin Léons Politik des Begehrens, Besitzens und Beherrschens, indem sie hochstilisierte Entkörperung zur Strategie der Verweigerung macht, andererseits affirmiert sie die misogyne Geschlechterpolitik ihrer Zeit. Denn Eliante entzieht sich zwar dem Objektstatus, doch indem sie sich zugleich zum Kunstobjekt, zum „tableau vivant" stilisiert, reduziert sie sich zum Objekt des männlichen Blicks, da die Ästhetisierung das Angeschautwerden einschließt. Léons Machtpolitik findet insofern auf visueller Ebene weiterhin statt, denn nach Freuds Auffassung der Skopophilie führt das Sehen bereits zu physischer Aneignung.[48] Der Körper der *Jongleuse* wird zum grotesken Schaukasten von Schönheit und Hässlichkeit, Alter und Jugend, Männlichkeit und Weiblichkeit, Leben und Tod, wie ihr Auftritt als spanische Tänzerin verdeutlicht [241]. Das Ausstellen ihres Körpers imitiert den traditionell als weiblich definierten Exhibitionismus, der die voyeuristischen Wünsche des Mannes berücksichtigt.

Insofern gleicht Eliantes Leiblichkeit einem Palimpsest, auf dem alte Körpergeschichten zum Teil getilgt und mit neuen Texten beschrieben

---

[48] Vgl. Elisabeth Bronfen, *Nur über ihre Leiche. Tod, Weiblichkeit und Ästhetik*, München (Deutscher Taschenbuch Verlag) 1996, S. 151.

werden, auf dem sowohl Spuren der Ausschließungspraxis als auch die ironische Rebellion gegen den zeitgenössischen Geschlechterdiskurs erkennbar sind. Eliantes Körper wie auch der Textkörper von *La Jongleuse* materialisieren also eine Ambivalenz von Negation und Artikulation des eigenen Begehrens, der Wiederholung und des Entzugs des misogynen Weiblichkeitsbildes der Zeit. Rachilde thematisiert im Roman nicht nur die subversive Praxis der Titelheldin, sondern hat auch die Schattenseite ihres ästhetisierten Selbstentwurfs im Blick, indem sie unentwegt das Thema Hysterie zur Sprache bringt.

Die Protagonistin gilt als fragile „femme nerveuse" [27], die ihre Umwelt mit ihren ständig wechselnden Launen und Leiden konfrontiert [222]. Ihr Körper wird zum ästhetischen Kunstwerk stilisiert, um das Gefühl des vermeintlichen Mangels zu verbergen. Am deutlichsten aber verrät Eliantes erotische Praxis ihre hysterischen Symptome. Sie versteht sich als Inkarnation der Liebe bzw. als die Göttin/Priesterin des Eros [51/166f] und inszeniert sich als absolute Vollkommenheit: „Elle célébrait une espèce de cérémonie religieuse, là, au milieu de ce temple, où elle était véritablement chez elle, idole elle-même, s'exaltant à toucher des idoles." [115] Keuschheit [87/148] und äußerste Passion [50/123] markieren die Eckpunkte ihrer asketischen Lebensweise, die im Suizid als Konfliktlösung enden muss. Sie kann ihre Emotionen nicht leben, sondern bloß sichtbar machen. Ihre Vereinigung mit der Amphore, verweist nicht nur auf das „Arc de cercle-Stadium"[49]: „Eliante, à présent dressée au-dessus du col de l'amphore blanche, se tendit comme un arc de nuque aux talons." [50]. Kunstobjekte substituieren das Männliche im Sexualakt und ermöglichen ihr eine erotische

---

[49] Charcot nahm an, dass die Hysterie epileptische Anfälle imitiere. Demnach konstatierte er für „la grande hystérie" vier Stadien: „épileptoïde", „clownisme", „attitudes passionelles", „délire". Die Persönlichkeit der Hysteriker (bei Charcot natürlich vorwiegend weiblichen Geschlechts) ist durch eine paradoxe Struktur gekennzeichnet, wie Rae Beth Gordon mit Rekurs auf Charcot anmerkt: „,They are (always extravagantly) hot and frigid, inert and convulsive, beaten down and hilarious, fluid and heavy, stagnation and vibratory.' After the convulsive stages of acrobatic contortions and spasms, come cataleptic paralysis and the hallucinatory trance where, typically, the subject lives out terrors and anxieties (and, at times, experiences ecstasy). Erotic pleasure is experienced in the agitated stages, whereas fear is often experienced in the stages of immobility. Similarly, the excess of movement, feeling, demands, and sometimes speech in the hysteric is a response of an acute feeling of emptiness. Hysteria, therefore, may be understood as a form of horror vacui." Rae Beth Gordon, „Ornament and Hysteria", S. 213.

Praxis, die ihren asketischen Lebensentwurf „être heureuse toute seule (...) les cuisses jointes hermétiquement" nicht gefährdet [167]. Ihre seidigen Kleider verschaffen ihr ebenfalls „une espèce de frisson, une ondulation de peau, ressemblant au premier tremblement de la fièvre." [241] Die beiden Medizinstudenten Missie und Léon vertreten hingegen die Position des medizinischen Diskurses der Jahrhundertwende:

> „Eliante est un cas pathologique, c'est donc une femme nerveuse, superstitieuse, un peu folle, mais elle n'est pas malade dans le bon sens du mot. Elle crie pour le sel répandu sur la nappe, et elle a peur qu'on casse les glaces... ou les potiches, mais elle est bâtie à chaux et à sable. (...) Elle a rendu son mari malheureux avec tous ces caprices qu'il en est mort. [155]

Die Medizin versteht unter Hysterie eine Frauenkrankheit, deren Symptome in die Nähe der Simulation gerückt werden:

> „Die konvulsivischen Inszenierungen des weiblichen Körpers, seine diskontinuierliche Theatralik werden als Ausdruck eines groß angelegten Täuschungsmanövers wahrgenommen, das als Beleg einer fundamentalen, sich der Physiologie einschreibenden Verlogenheit der Frau interpretiert wird."[50]

Der hysterische Körperdiskurs wird in der Medizin und der Psychiatrie des 19. Jahrhunderts zum Synonym für das Theater am weiblichen Körper. So gilt der Histrionismus als Persönlichkeitsmerkmal der Hysterie. Der pejorative Terminus verweist auf den Komödianten Histrion, der im alten Rom possenhafte oder derbe Späße vorführte.[51] Der hysterische Anfall wird als Veranstaltung[52], die Hysterikerin als Schauspielerin[53] begriffen, die „skandalöse Körper-Schauspiele"[54] zur Aufführung bringt. Auf sprachlicher Ebene weist Renate Schlesier darauf hin, dass Joseph Breuers karthartische Methode, von Anna O. alias Berta Pappenheim als „talking cure" bezeichnet, auf die antike Mythologie und auf die Poetik von Aristoteles

---

[50] Marianne Schuller, „»Weibliche Neurose und Identität«. Zur Diskussion der Hysterie um die Jahrhundertwende", in: Dieter Kamper/Christoph Wulf (Hgg.), *Die Wiederkehr des Körpers*, Frankfurt a.M. (Suhrkamp) 1982, S. 180-192, hier S. 183.
[51] Vgl. zum Histrionismus Lucien Israël, *Die unerhörte Botschaft der Hysterie*, München (Reinhardt) 1987, S. 58.
[52] Vgl. Renate Schlesier, *Weiblichkeit bei Sigmund Freud. Konstruktionen der Weiblichkeit bei Sigmund Freud. Zum Problem der Entmythologisierung und Remythologisierung in der psychoanalytischen Theorie*, Frankfurt a.M. (Europäische Verlagsanstalt) 1981, S. 46.
[53] Vgl. Lucien Israël, a.a.O., S. 58.
[54] Vgl. Marianne Schuller, „Weibliche Neurose und Identität", S. 190.

rekurriert, in dem er den Terminus Mimesis prägt.[55] Im hysterischen Spiel bezeichnet Mimesis die Nachahmung einer anderen Person:

> „Die Hysterikerin spielt ‚die' Frau. Und wenn sie sie spielt, so heißt es in erster Linie, daß sie nicht sicher ist, eine zu sein, ganz im Gegenteil."[56]

Die im hysterischen Spiel dargestellte Suche nach Identität kann sich in einer androgynen Inszenierung wie etwa bei Raoule oder aber in Form einer Hyperfeminität im Falle Eliantes artikulieren. Die übertriebene Repräsentation von Weiblichkeit „(...) wird in der Kleidung zum Ausdruck kommen, die immer irgendwie auffällt. Entweder dadurch, dass sie übertrieben dekorativ oder, dass sie auf unpassende Weise einfach ist und deshalb deplaziert wirkt. Vielleicht aber ist es nicht einmal so sehr das Übertriebene, sondern das Maskenhafte, das als Blickfang fungiert. Das Kleid zeigt, dass es etwas zu verbergen gibt."[57] Lucien Israël deutet *Maquillage* und Kostümierung als hysterische Symptome einer Suche nach Vollkommenheit bzw. Vollständigkeit, die die Überzeugung der eigenen Unvollkommenheit impliziert und gerade bei weiblichen Neurotikern ein Selbstverständnis als Mangelwesen offenbart.[58]

Eliantes hysterische Selbstinszenierung in ihrer Beziehung zu Léon reproduziert jenen Diskurs des Begehrens, Besitzens und Beherrschen, den der Mann am weiblichen Körper durchexerziert.[59] Israël übersieht, dass der

---

[55] Zum Mimesis-Begriff bei Aristoteles führt Renate Schlesier aus: „Aristoteles (Poetik, IV, 15-17) charakterisiert die erste Entwicklungsphase des griechischen Dramas sowohl durch den erwähnten ‚alles nachahmenden', einzigen Schauspieler wie durch die ursprünglich kultische Funktion des Theaters: Er betont, dass die Theater-Veranstaltungen mit Umzügen begannen, bei denen Phalloi durch die Stadt getragen wurden." Schlesier führt weiter aus: „Der Begriff der ‚Katharisis' (‚Reinigung') bezeichnet in der *Poetik* des Aristoteles das Ziel der Tragödie, das diese durch die Mimesis von ‚Furcht- und Mitleiderregendem' innerhalb der ihr spezifischen Mythen-Darstellung bei den Zuschauern erreichen soll (...); als Beispiel wählt Aristoteles in diesem Zusammenhang die Behandlung der ‚Mania' des mythischen Muttermörders Orest." Renate Schlesier, a.a.O., S. 178f.
[56] Vgl. Lucien Israël, a.a.O., S. 59.
[57] Ebd., S. 59.
[58] Vgl. ebd., S. 80f.
[59] Lucien Israëls Ausführungen zum hysterischen Spiel weisen deutliche Parallelen zur ‚Komödie' zwischen Eliante und Léon auf. Die Etymologie seines Namens offenbart Léons Selbstverständnis als ‚edlen Prachtlöwe', von dem im folgenden Zitat die Rede sein wird: „Die Hysterie produziert ein Spiel, alle Facetten des Spiels mit dem der Mann die Frau erklären, dingfest machen, besitzen will. Das Spiel, schwach und verzweifelt zu sein, das dem Mann erlaubt, stark, beschützend, ein edler Prachtlöwe, mit einem Wort der Heiland persönlich zu sein. Das Spiel der Liebe und der Zärtlichkeit, das schmeichelhaft ist und die chronischen Zweifel des Mannes an seiner Männlichkeit so gut wie beschwichtigen kann, auch das Spiel des

mimetische Diskurs der Hysterie immer auch den Moment der Revolte impliziert, wie die Relation zwischen Eliante und Léon im Roman verdeutlicht. Denn die exzessive Nachahmung eines weiblichen Idealtypus produziert einen satirischen parodistischen Effekt und formuliert somit immer auch eine Kritik an einer gesellschaftlich aufoktroyierten, kontrollierten und sanktionierten Geschlechterpolitik.

Rachilde greift zwar Charcots Diffamierung der Hysterikerin als „grande simulatrice" auf, indem sie Eliante als „jongleuse" [141], „comédienne" [43/51] oder „saltimbanque" [195] charakterisiert, doch dann wendet sie sich gegen eine solche Haltung:

„Les dieux sont seuls, et quand ils se promènent, par hasard, sur terre, ce sont des cas pathologiques ou des baladins, des histrions...qu'on méprise." [168] Schließlich entlarvt die Autorin am Beispiel der im Roman geschilderten Dreiecksbeziehung zwischen der Titelheldin, ihrer Nichte und Léon die zwischen Faszination und Abwertung pendelnde Haltung des Mediziners zur Hysterikerin. Ausgerechnet die Medizinstudentin Missie, die Eliantes Selbstinszenierung zuvor kritisiert hatte, imitiert nun den hysterischen Diskurs der Entkörperung, aus dem zugleich der Diskurs der Verführung spricht, verwirft ihre emanzipatorischen Ideale und wird selbst zur „comédienne", zur „caricature d'une vieille femme" [89], in den Augen Léons jedoch erst dann zur Frau: „Tu es charmante, Marie, depuis que tu es un peu plus femme!" [207]

In dem vorliegenden Roman finden sich neben zeitgenössischen Sichtweisen auch moderne Deutungsansätze der Hysterie. Dort greift Rachilde wieder die These von der Hysterisierung der Frau auf, die sie in *Madame Adonis* ausgearbeitet hat. Während Missie ihre Tante aus Eifersucht pathologisiert, ist die Hysterisierung Eliantes aus dem Munde Léons eindeutig als Sanktionierung ihrer sexuellen Verweigerung zu verstehen:

> „Toi, tu devrais bien lire dans certains auteurs sérieux, point destinés aux femmes, certains chapitres terrifiants concernant les religieuses... Médicalement, les personnes de ton sexe qui se permettent le luxe d'un physique *surnaturel*, – et il est clair que tu vis comme on jouirait, – finissant par les

---

Zorns, in dem der Mann meistens vergisst, dass es ein Spiel ist. Übrigens kann ihm das bei allen Varianten des Spiels passieren; es hindert ihn auch nicht daran, der Hysterikerin trotzdem vorzuwerfen, sie treibe ihr Spiel mit ihm. Schließlich noch das Spiel der Verzweiflung, das manchmal so perfekt abläuft, bis es zum Suizid führt." Lucien Israël, *Die unerhörte Botschaft der Hysterie*, S. 60.

maladies dont la moins horrible est la danse de Saint-Guy...en attendant qu'elles fassent de la paralysie générale." [130f]

Die bereits behandelten Romane dokumentieren Rachildes modernes Verständnis von Hysterie. Sie wird nicht mehr als spezifisch weibliches Geschlechtsmerkmal gedeutet, sondern als Ausdruck einer Konfliktsituation, in der sich die gebildete Frau im Kontext einer misogynen Gesellschaft befindet. Die übersteigerte Form der Ästhetisierung illustriert ein „gleichzeitiges Akzeptieren und Ablehnen jener Weiblichkeitsfiktionen, die die Kultur bietet."[60]

Im Rahmen ihrer Ästhetisierung, die letztlich in der bewussten Selbstzerstörung mündet, entzieht sich die Romanheldin zwar dem männlichen Machtanspruch, gleichzeitig rückt sie aber ihren Körper permanent ins Zentrum:

> „Die Hysterikerin wiederholt in überzogener Weise das, was ihr angetan wird. Man ‚lähmt' sie, und sie antwortet mit einer Lähmung, man bringt ihre Wünsche zum Schweigen, und sie verliert ihre Sprache oder Stimme, man übersieht sie, und sie versucht sich umzubringen, man unterdrückt oder vergewaltigt ihre Sexualität, und sie bekommt eine Unterleibserkrankung oder wird frigide. Sie hält ihrer Umgebung damit einen Spiegel vor; aber ihr Protest bleibt der Instanz, gegen die sie protestiert, hoffnungslos verhaftet. Das hysterische Leid entspringt einer Unfähigkeit, sich in die weibliche Rolle einzufügen und ist zugleich eine Übererfüllung dieser Rolle. Es ist eine unfreiwillige Parodie, eine Karikatur der ‚normalen' weiblichen Existenz. Sie läßt das Künstliche, Gewaltsame, Krankhafte der weiblichen Rollenzuweisung sichtbar werden, das die patriarchalische Ordnung hinter dem Anschein von Natur zu verbergen trachtet."[61]

Eliantes Selbstentwurf dokumentiert die Wiederholung eines männlichen Geschlechterdiskurses und spiegelt zugleich die permanente Suche nach einem fehlenden weiblichen Selbstbezug.

Die Identitätsproblematik der Hysterikerin wird auch in der modernen Literaturwissenschaft diskutiert. Während sich die Hysterikerin für Lacan und Derrida als maskiertes Nicht-Subjekt präsentiert und damit „vorbildlich für eine Dekonstruktion des erstarrten phallogozentrischen Bedeutungssystems." wird, gilt sie in der feministischen Theoriebildung als zentrale Figur des Protests.[62] Für Cixous, die sich in zahlreichen Essays und in einem Theaterstück mit dem „Fall Dora" befasst hat, ebenso wie für Irigaray ist der mimetische „Körperdiskurs" der Hysterikerin von zentraler

---

[60] Elisabeth Bronfen, *Nur über ihre Leiche*, S. 579.
[61] Lena Lindhoff, *Einführung in die feministische Literaturwissenschaft*, S. 153f.
[62] Ebd. 148f.

Bedeutung.⁶³ Sie sehen in einer *écriture féminine* oder in der Repräsentation eines weiblichen Symbolischen die Befreiung der Hysterikerin.⁶⁴ [148]

Die Hysterikerin protestiert nicht nur gegen eine männliche Geschlechterpolitik, sondern sie begehrt auch gegen ein normatives Identitätskonzept auf:

> „Als diese Nicht-Identische stellt die Hysterikerin eine Bedrohung dar. Im Angriff gegen normierte Identitätskonzepte ist zugleich der revoltierende Impuls dieser Krankheit zu sehen. Denn wenn der ärztliche Blick das Symptom nicht mehr deuten, den Körper nicht mehr als Sinnträger auffassen und vermessen und das Bewußtsein nicht mehr identifizieren kann, dann steht zu vermuten, daß das hysterische Individuum auch die Festlegung auf soziale Identitäten als ideologischer Stütze zur Reproduktion der herrschenden gesellschaftlichen Verhältnisse nicht unbedingt garantiert."⁶⁵

Daher muss die Diffamierung der Hysterikerin von Seiten des medizinisch-psychiatrischen Deutungskanons vor dem Hintergrund „eines philosophischen Subjekt-, Identitäts- und Sinnkonzepts" und eines gesellschaftlichen Reproduktionsdiskurses betrachtet werden.⁶⁶

Ein Vergleich des „discours du féminin" in Zolas *Le Docteur Pascal* und in *La Jongleuse* bestätigt die oben formulierten Thesen. Während Zola, dem naturalistischen Weiblichkeitsdiskurs entsprechend, seine Romanheldin Clothilde mit Attributen des Natürlichen ausstattet und damit seine Solidarität mit dem medizinischen Diskurs bekundet, dokumentiert Rachilde eine diskursive Ambiguität, die die Multiplizität weiblichen Begehrens und weiblicher Selbstentwürfe propagiert und damit den eindimensionalen Weiblichkeitsdiskurs des Naturalismus kritisiert.⁶⁷

Negierung und Wiederkehr des Körpers verweisen auf ein doppeltes Sprechen, das durch Paradoxien markiert wird, die in Eliantes Inszenierungen eingeschrieben sind und der Doppelnatur des hysterischen Diskurses

---

[63] Irigarays Theorie von „Mimesis" unterscheidet sich in einem zentralen Punkt von der mimetischen Praxis der Protagonistin. Während Irigaray die Freiwilligkeit als Prämisse für eine subversive Mimesis zur Bedingung macht, ist die Hysterikerin in der Dynamik von Rebellion und Affirmation gefangen.

[64] Ebd., S. 148.

[65] Marianne Schuller, „»Weibliche Neurose und Identität«", S. 184.

[66] Ebd. S. 185f.

[67] So lautet das Resümee der Arbeit von Clive Thomson, dessen Analyse jedoch den Hysterie-Begriff vermissen lässt, der, wie bereits an anderer Stelle gezeigt wurde, gerade hinsichtlich einer diskursiven Ambiguität von zentraler Bedeutung ist. Vgl. Clive Thomson, „Le discours féminin dans *Le Docteur Pascal* d'Emile Zola et *La Jongleuse* de Rachilde", in: *Excavatio. International Review for multidisciplinary studies. Berkley/California* 4-5 (Winter-Spring 1994), S. 13-22.

gleichen. Die Hysterikerin selbst verortet die „Position der bewahrten Differenz":

> „Das schauspielerische Oszillieren der Hysterikerin ist eine Inszenierung des Versuchs, die Grenzen (zwischen Leben und Tod, Selbst und Anderer, Männlich und Weiblich) fließend zu halten."[68]

An Eliantes mannigfaltigen Inszenierungen lassen sich folgende Paradoxien ablesen: Ihr Körper wird zum Schauplatz von Entfremdung und Macht bzw. von der Negierung und Affirmation des Mangels.[69] Es entsteht ein Schwanken zwischen Potenz und Impotenz:

> „On apercevait ses dents blanches, de belles dents bien rangées qui avaient l'air de dents mortes. Elle souriait tristement." [241]

Damit erweist sich der metonymische Körperdiskurs der Hysterikerin als ‚andere' Sprache, die sich maßgeblich vom medizinischen Diskurs, aber auch von dem männlichen Logos „Oh! *Invitasse!* C'est admirable d'imparfait. Non...ne risquez aucune chose de ce genre, je vous en supplie, vous me feriez de la peine." [33] unterscheidet:

> „Je vis bien, à sa façon de se fâcher, qu'en effet nous ne parlions pas la même langue. Moi, j'étais folle. Lui était raisonnable." [214][70]

Eliantes Körper artikuliert sich nicht nur in ihrem nervösen Leiden und ihren unerschöpflichem Repertoire an Selbstinszenierungen, sondern vor allem in der Kunst des Tanzens. Tanz wird als Kunstform verstanden, die eine spezifisch weibliche Körpersprache transportiert. Dieser chiffrierte Code der „anderen" Eliante [254] ist den naturalistischen Léon nicht zugänglich.[71] Vergeblich versucht er tanzen zu lernen: „Non, à la fin, je ne

---

[68] Elisabeth Bronfen, *Nur über ihre Leiche*, S. 383.
[69] Agnès Conacher schreibt zu dem doppelten Diskurs: „Je suis une et autre. Je parle la langue des pères mais aussie celles des femmes." Agnès Conacher, „Dans *La Jongleuse*, ma voix", S. 168. Das doppelte Sprechen ist nicht nur als Plädoyer für den Differenzgedanken zu deuten, sondern es impliziert zugleich einen konfliktreichen Dualismus, den Conacher aber nicht thematisiert.
[70] Vgl. ebd., S. 164f.
[71] Maryline Lukacher liest lediglich das Jonglieren als weibliche Sprache: „Juggling with knives is for Rachilde the means through which Eliante can create her own language, her own artistic expression. Juggling is another clever subversion of decadent motifs and can be read as an experiment in the radical scrambling of definitions." Maryline Lukacher, *Maternal Fictions: Stendhal, Sand, Rachilde, and Bataille*, Durham u. London (Duke University Press) 1994, S. 151. Sie übersieht somit den hysterischen Körperdiskurs, der in *La Jongleuse* von zentraler Bedeutung ist.

saurai jamais. D'ailleurs l'homme n'est pas fait pour danser, il a l'air idiot." [237]

Im 19. Jahrhundert definiert die Medizin den Tanz als Ort hysterischer Sexualität.[72] Zu dieser Erkenntnis gelangt auch Léon. Mit Blick auf das Mittelalter spricht er von „la danse de Saint-Guy" [73] [140]. In der Kunst und Literatur inkarniert die wollüstige Salome, die in zahlreichen Texten zur „göttlichen Hysterika" stilisiert wird,[74] den hysterischen Diskurs am weiblichen Körper, der nur über ästhetische künstlerische Inszenierungen zum Sprechen kommen kann. Auch Eliante verweist auf den Konnex Sexualität und Kunst bzw. deutet den ästhetischen Körperdiskurs als Sprache des Begehrens:

> „Pourquoi n'avez-vous pas été une artiste, simplement, vous? – Parce que jongler ou danser, ce n'est pas de l'art...c'est... Elle allait avouer: c'est de l'amour, mais elle se tut." [248]

Während ihrer Aufführung des spanischen Tanzes inszeniert sie sich als wollüstige *femme fatale* und rekurriert offenkundig auf den Salome-Mythos. Exotismus und dekadente Sinnlichkeit verbinden beide Frauenfiguren. Insbesondere der spanische Tanz macht die Verschiebung ihres Begehrens auf subversive Körperakte sichtbar.

> „La femme dansait. Mais cette danse non plus ne ressemblait à rien de connu, de déjà vu sur un théâtre ou sur les tapis d'un salon. C'était le poème vivant et souffrant d'un corps tourmenté de passions bizarres. (...). Eliante se penchait en arrière, et un sourire éclairait sa face blanche où les yeux mettaient deux puits de nuit." [241]

In diesem letzten Tanz bringt Eliante Aggression und Verführung, Sexualität und Tod zur Aufführung und weckt die Angst vor Machtverlust und

---

[72] „,If anyone still doubted the link between dance and hysteria established by Campbell (and may others before him), Ellis made certain it would become obvious. One of the reason why women love dancing is because it enables them to give harmonious and legitimate emotional expression to his neuro-muscular irritablty which might otherwise escape in more explosive forms'. Dancing women, then, were clearly sex-crazed women." Bram Dijkstra, *Idols of Perversity. Fantasies of Feminine Evil in Fin-de-Siècle Culture,* New York u. London (Oxford University Press) 1986, S. 244.

[73] Der Veitstanz wird von Léon fälschlicherweise mit der Hysterie gleichgesetzt. Es handelt sich beim Veitstanz um die Chorea, eine motorische Störung, die sich in krampfartigen Muskelzuckungen äußert, die entweder im Gefolge von Infektionen entstehen oder aber auf Läsionen gewisser Stammhirnregionen zurückgehen.

[74] Vgl. Gustave Flauberts *Salammbô*, Karl-Joris Huysmans' *A rebours*, Étienne Mallarmés *Hérodiade*, Oscar Wildes *Salome*. Zur Motivgeschichte der Salome, vgl. Mario Praz, *Liebe, Tod und Teufel,* S. 251-267.

Kastration. Angesichts dieser Bedrohung schreit das Publikum „Tuer la danseuse" [246]. Eliantes Macht liegt also in der Artikulation eines subversiven Begehrens, das außerhalb der gültigen Normen liegt. Dieses Begehren muss zum Schweigen gebracht werden, daher verbietet ihr Léon das Tanzen [247]. Kastration und Omnipotenz, Leben und Tod, Negation und Artikulation des weiblichen Begehrens kommen auch im Messertanz, einer Jonglage, die Eliante mit scharfen Messern ausführt, zum Ausdruck. Dieser Tanz, den die Künstlerin in einem Clownskostüm aufführt, illustriert den spielerischen Umgang mit Leben und Tod:

> „Elle jonglait très simplement, mais très réellement, avec des couteaux lourds, bien coupants,(...). Elle souriait toujours en suivant du regard de se couteaux flamboyants, et son regard, sous le masque noir, brillait lumineux et grave, des yeux de tigresse qui suit les jeux de ses petits, et qui s'efforce de montrer combien ils sont faciles à conduire dans l'existence." [143]

Die Messertänzerin pendelt zwischen Leben und Tod und wird aufgrund ihrer ewig zirkulierenden Ambiguität und nicht zuletzt aufgrund ihrer Entkörperung zur unheimlichen Todesfigur[75] im Leben: „Je suis déjà morte" [100]. Sie besetzt eine Interimsposition, die eine eigene Stimme und das eigene Begehren negiert und der Hysterikerin zugeschrieben wird. So führt sie einen Trick vor, bei dem es scheint, als stoße sie sich selbst ein Messer in die Brust. Die Künstlerin begegnet dem blanken Entsetzen des Publikums mit einer triumphalen Auferstehung [144f]. Die Messer haben, ähnlich wie die Waffensammlung von Raoule de Vénérande und Marcel(le) Désambres, eine phallische Qualität. Die Messer machen Eliante nun ihrerseits zu einer gefährlichen Waffe, ein Eindruck, den sie sowohl durch ihre metallisch schwarze Kostümierung als auch durch ihren Angriff auf Léon unterstreicht [146f].

In der Schlussszene des Romans zelebriert Eliante die Messerjonglage als Totentanz. Léon muss mitansehen, wie sich das einstige Spiel mit dem

---

[75] Vor dem Horizont ihrer These, derzufolge „die Geschlechterkonstruktionen ein Supplement zu der Trennung zwischen Leben und Tod sind und dazu dienen, eine Grenze zwischen diesen beiden zu ziehen" deutet Elisabeth Bronfen die Hysterikerin aufgrund ihrer ständig reproduzierten Ambiguität als Todesfigur: „Die Position der Hysterikerin ist eine superlativisch unheimliche, und insofern ein weiterer Aspekt der Todesfigur im Leben. Gerade wegen der Verdopplung der Hysterikerin in ein Selbst und ein Bild, und ihrem Oszillieren zwischen sexuellen Bezeichnungen, benutzt sie ihren Körper, um den Unterschied zwischen gegensätzlichen Bedingungen wie Maskulin/Feminin, Objekt/Urheber der Betrachtung, Bestätigung/Entlarvung kultureller Werte zusammenfallen zu lassen, nur um unentscheidbare Fragen aufzuwerfen." Elisabeth Bronfen, *Nur über ihre Leiche*, S. 382 und 404f.

Tod in einen heroischen Todesakt verkehrt [254]. Elainte stilisiert ihren eigenen Tod zur Kunst und ihr Körper erlangt die höchste Form der Entkörperung, die Auslöschung des materialisierten bzw. des bezeichneten Körpers. In Umkehrung des Pygmalion-Mythos tötet sich Eliante selbst zum Kunstwerk ab und macht sich zur leblosen Ikone, in der sich der unheimliche Konnex zwischen Tod und weiblicher Schönheit ähnlich wie in *Monsieur Vénus* zum grausamen Schauspiel pervertiert. Zugleich lässt sich ihr Selbstmord in die Praktiken der Verweigerungen einreihen, die ihren Objektstatus eliminieren. Insofern ist ihr Tod kein „life-affirming act",[76] sondern die bittere Konsequenz einer misogynen Körperpolitik. Denn Eliante ist Mörderin und Opfer zugleich: „elle la grande comédienne, ou la grande victime de ses propres jongleries" [197].

In ihrem metonymischen Körperdiskurs bezeichnet der Selbstmord ihr Begehren nach Freiheit: „J'irai retrouver mon pays, le royaume de mes songes! La chaleur!" [251], das die Protagonistin nur im Tod, in einer körperlosen Existenz realisieren kann.

Eliantes Körper ist auch Schauplatz des literarischen Diskurses, an dem Literatur, Ästhetik und Erotik verschmelzen. Die Liebeskunst verweist auf eine andere Sprache, auf die Sprache des Begehrens, die vor der Herrschaft des Logos liegt: „(...) le Dieu de l'Amour qui régnait sur la terre avant le Dieu Logos qui engendra fils; le VERBE incarné (...). Avec l'arrivée du VERBE, l'histoire linéaire remplace l'histoire cyclique et celle des ancêtres, (...)."[77] So artikuliert die *Jongleuse* die Sehnsucht nach einer Sprache, die die Herrschaft des Logos hinter sich lässt: „Alors j'ai tous les droits, et mon père ne peut rien me défendre, d'une voix forte, toute au fond de mon cœur." [215]

Ebenso wie sich Eliantes Zweistimmigkeit am eigenen Körper materialisiert, kann man einen binären Diskurs am Textkörper von *La Jongleuse* ablesen. Der Roman erscheint wie auch Eliantes Körper als Palimpsest. In der narrativen Doppelstruktur des Textes ist eine subversive Mimesis zu lokalisieren, die vom hysterischen Körperdiskurs Eliantes zum literarischen Modell hysterischen Schreibens führt.

---

[76] Vgl. Maryline Lukacher, *Maternal Fictions*, S. 154.
[77] Conacher deutet daher die Amphore als Sinnbild einer Transformation der Vergangenheit „en la préhistoire du présent". Agnès Conacher, „Dans *La Jongleuse*, ma voix, S. 161.

Der hysterische Diskurs impliziert also auch ein Anschreiben gegen literarische Nicht-Existenz bzw. das Schweigen, das an einen literarischen Tod denken lässt.[78] Wie die Hysterikerin so erscheint auch Eliante als Todesfigur im Leben. Während sie ihren Körper durch ihren Selbstmord endgültig zum Kunstwerk macht, bringt Eliante als Autorin ihre Weiblichkeit zum Schweigen, um den Textkörper überleben zu lassen: „Indem die Schriftstellerin das weibliche Selbst als Autorin zu substantialisieren versucht, bejaht sie auch den Tod."[79] Ihr Tod wird quasi zur Voraussetzung von Kunst. Die Autorin wird zur erinnerten Frau, gleich Eliante, die nach ihrem Tod in Léons Sehnsüchten existent wird. Die Negierung des weiblichen Körpers als Prämisse für eine literarische Existenz macht also die rigide Auschließungspraxis eines phallogozentrischen Literaturdiskurses sichtbar. Der Wunsch nach Entkörperung offenbart auch ein Begehren nach Freiheit, Unabhängigkeit und Eigenständigkeit in der Liebe wie im Leben, ein Begehren nach Existenz, nach einer eigenen Sprache.

In *La Jongleuse* verarbeitet Rachilde den dekadenten Ästhetizismus aus weiblicher Sicht. Einerseits enthält die hypertrophe Paraphrase des misogynen Kunstverständnisses eine leise Kritik an der misogynen Geschlechterpolitik des 19. Jahrhunderts, andererseits fungieren der Ästhetizismus sowie das idealistische Liebeskonzept als Befreiungspolitik gegen Léons Strategie des Begehrens, Bemächtigens und Besitzens. Rachilde weist aber auch auf die Schattenseite einer solchen Protestform hin. Ästhetizismus und Idealismus bedingen eine Negierung des weiblichen Körpers, die im Roman im Selbstmord der Protagonistin mündet. Der Selbstmord symbolisiert die höchste Form der Rebellion und der Niederlage. Dieses Dilemma, in dem sich die gebildete, kreative Frau gegen Ende des 19. Jahrhunderts immer noch befindet, ist das eigentliche Thema des Romans.

### 8.4 Exkurs: *La femme moderne* als Gegenbild der *femme décadente*

Für die Themenstellung dieser Arbeit ist auch das Verhältnis zwischen den beiden Frauenfiguren in *La Jongleuse* relevant. Eliante und Missie personifizieren den für Rachildes Œuvre charakteristischen Gegensatz zwi-

---

[78] Vgl. Elisabeth Bronfen, *Nur über ihre Leiche*, S. 578.
[79] Ebd., S. 579.

schen Feminismus und Antifeminismus. Diesen Dualismus verarbeitet die Autorin am Beispiel des Verhältnisses zwischen der *femme décadente* Eliante Donalger und ihrer Nichte Missie, die die neue Generation der intellektuellen Frau repräsentiert. Im Roman ergreift Rachilde eindeutig Partei für die *femme décadente*, eine Position, die sie auch in ihren Beiträgen *Questions brûlantes* (1886) oder in ihrem Essay *Pourquoi je ne suis pas féministe* (1928) vertritt.

Während die verführerische Eliante über einen ausgeprägten Sinn für Ästhetik verfügt, wird Missie als unbeholfenes Kind dargestellt:

> „Eliante en robe de tulle noir pailleté sur un dessous de satin, et Missie en bleu violent avec des touffes de pâquerettes; tout de même un peu *bébé* pour ses robustes vingt ans." [78]

Im Gegensatz zum erlesenen Geschmack und der außergewöhnlichen Eleganz der der *Jongleuse* zählen Geschmacklosigkeit und Unweiblichkeit [64] zu den Eigenschaften, die Missie zur Karikatur einer Frau werden lassen. Sie erscheint entweder als „espèce de grande guenon déguisée en enfant de chœur" oder als „grand singe modérément femelle." [72]

Das Fahrrad wird in *La Jongleuse* zum Sinnbild für die *femme moderne*, denn es fungiert als Symbol für die Mobilität der Frau um die Jahrhundertwende.[80] Rachilde, der jegliche Form von Pragmatismus zuwider ist, mokiert sich über das Radfahren[81] und lässt Missie daher in einer besonders unästhetischen, lächerlichen Fahrradkleidung auftreten [207].

Missie gehört zu jener neuen Frauengeneration, die Rachilde als Intellektuelle bezeichnet:

> „Une nouvelle race est née: l'intellectuelle, et dans toutes les classes de la société, depuis la petite dactylo jusqu'à la femme de lettres, la grande lettré. La fille de notre concierge ne touche plus du piano mais bien de la machine à écrire: ça fait plus riche." [25]

Diese Frauen haben, anders als die aristokratische Künstlerin Eliante, einen Beruf erlernt, um ihren Lebensunterhalt zu verdienen. Missie ist nicht nur in der Lage, sich selbst zu finanzieren [155], sie ist auch sehr gebildet.

---

[80] Zur Bedeutung des Fahrrades für die Emanzipation der Frau siehe den Artikel von Waltraud Wende-Hohenberger, „Männlein-Weiblein und Zwei-Räder", in: *kultuRRevolution* 9 (1985), S. 22-24.

[81] Zuweilen verurteilt die Autorin das Zweirad sogar als eine „machine à avorter dont il est facile de se servir...surtout en voyage?" Rachilde, „Questions brûlantes", in: *La Revue Blanche*, 1. September 1886, S. 193-200, hier S. 198. Vgl. auch Kapitel 2.4 in der vorliegenden Studie.

Die Medizinstudentin besitzt einige Diplome [65] und spricht mehrere Sprachen [88]. Ihre Bildung macht sie aber in den Augen ihrer Tante zu einem unweiblichen „singe savant" [70]. Unumwunden gibt sie zu:

> „Mon Dieu n'aime pas les filles de ce genre, il lui faut des prêtresses qui n'ayant jamais vu que lui...Moi, je ne sais pas du tout feuilleter les livres de la médecine moderne, j'ai feuilleter les hommes..." [89]

Nicht Wissenschaft und Ausbildung, sondern Kunst und ein idealistisches Liebesspiel machen die Frau verführerisch. Liebe scheint für die moderne Frau jegliche romantische Qualität verloren zu haben, die Eliante als Zeremonienmeisterin der „amour cérébral" kultiviert. Statt Romantik steht die Reproduktion im Vordergrund und so erschreckt Missie mit ihrem sexuellen Wissen sogar Léon:

> „Je ne suis pourtant pas une bégueule, moi. Je sais comment on fait des enfants, on me l'a appris au cours du lycée. Léon Reille eut la sensation de recevoir un coup de fouet d'un côté et une douche de l'autre. – Mes sincères compliments, mademoiselle, moi, j'avoue ne pas le savoir encore très définitivement, quoique futur médecin." [77]

Der Ideologie der *Décadence* verpflichtet, kritisiert Rachilde die Aufklärung in Schulen, da diese die Eheschließung behindern könnten:

> „Je connais des jeunes hommes qui me disent: ,Je n'ai pas envie de faire la cour à une fille qui en sait, ou a l'air d'en savoir aussi long que moi!' Le jour où vous privez l'homme du plaisir – j'allais dire: du droit – d'apprendre quelque chose à sa fiancée, vous l'éloignez du mariage" [41f]

Missies groteskes Auftreten und ihre mangelnde Weiblichkeit führt Eliante allein auf ihre Bildung zurück: „(...) elle passe son temps à se vieillir par l'étude et à se rajeunir par une gaminerie affectée, qui la vieillit bien davantage." [89] Eliante hingegen verkörpert jenen unnahbaren und deshalb faszinierenden Frauentypus, der die Männer anzieht und so kommt es, dass auch Missies Verehrer am Ende um die Hand der Tante anhalten. [89] Doch Missie, die zunächst Ehe und Familie ablehnt, träumt heimlich von einer Heirat [155] und versucht daher, ihre Tante zu imitieren:

> „A partir de ce jour funeste où une vierge entr'aperçoit que l'amour est peut-être une science qu'il faut connaître avant toutes les sciences et qu'il ne suffit pas d'être jeune pour plaire, elle est devenue comédienne gauchement, hélas! *Elle m'imite.* Et elle devient, chose atroce pour une jeune fille, la caricature d'une vieille femme." [89]

Schließlich ist Eliante ihrer Nichte behilflich und versucht, Léon zu einer Ehe mit Missie zu überzeugen [88]. Eliantes wechselnde Maskerade und ihr permanentes Spiel mit Verführung und sexueller Verweigerung treiben Léon am Ende in Missies Arme, die sich zunehmend nach dem Vorbild ihrer Tante verändert und in Léon daher einen Bewunderer findet: „Tu es charmante Missie, depuis que tu es un peu plus femme!" [207] Die Ehe zwischen der intellektuellen *femme moderne* und dem bourgeoisen Mediziner Léon symbolisiert den Schulterschluss der zeitgenössischen Feministinnen mit der bourgeoisen Reproduktionspolitik.[82]

Während Missie ihre Selbstständigkeit und ihren Beruf für ein Familienleben eintauscht, gehören Freiheit und Selbstbestimmung zu den Idealen ihrer Tante: „Je suis une recluse libre, une sorte de religieuse émancipée, une prêteresse laïque." [84] Nicht die intellektuelle Feministin, sondern die dekadente Künstlerin demonstriert im Roman wirkliche emanzipatorische Kraft. Im Gegensatz zu ihrer Nichte durchschaut sie die auf Biologismus basierende Geschlechterpolitik der Zeit, die von Léon repräsentiert wird. Im Roman erscheint die *femme décadente* als revoltierende Frauenfigur, die sich durch eine asketische Sexualpraxis von Ehe und Reproduktionszwängen befreien kann, während die Feministin ihre Ziele verrät, indem sie sich diesen Normen sogar freiwillig unterwirft. In diesem Zusammenhang erweist sich paradoxerweise die Künstlerin, die sich ausschließlich über die Ideale der *Décadence* definiert, als „wahre" Feministin.

In *La Jongleuse* dekonstruiert Rachilde also das Bild der modernen Frau bzw. der Feministin. Die moderne Frau, die aufgrund ihrer Bildung selbstbewusst ihren Beruf ausübt und sich in der Frauenbewegung engagiert, wird von der Autorin als naiv, angepasst und rückständig dargestellt. Demgegenüber wird die Künstlerin zu einer Vorkämpferin für Freiheit und Selbstentfaltung stilisiert, die, im Gegensatz zu den Feministinnen, in den staatlichen Reproduktionsinteressen ein Machtinstrument zur Unterdrückung der Frau erkennen kann, dem sie sich durch ihre zerebrale Liebespraxis widersetzt.

---

[82] Vgl. ebd., S. 194. Zu Rachildes Haltung gegenüber den feministischen Gruppierungen ihrer Zeit vgl. Kapitel 2.4 der vorliegenden Arbeit.

# 9. *LA MARQUISE DE SADE:*
# WEIBLICHKEIT UND PERVERSION

In dem Roman steht nicht die Biographie der historischen Ehefrau des Marquis de Sade, das Schicksal der tugendhaften Renée-Pélagie Cordier de Launay de Montreuil im Vordergrund, wie der Romantitel vermuten lässt, sondern die fiktive Geschichte der sadistischen Offizierstochter Mary Barbe. Die Titelheldin des 1887 erschienen Romans[1], gilt wie nahezu alle Protagonistinnen der bisher behandelten Texte, als *femme perverse*, einer besonders grausamem Variante des Frauenbildes der *femme fatale*. Nicht also von einer geschlechtsspezifischen Perversität der Frau ist im Folgenden die Rede, sondern von einem literarischen Frauentypus.[2] Die dämonische Frau in der Literatur inkarniert den Konnex Lust und Grausamkeit, der auf das Werk des Marquis de Sade zurückgeht.

Seine Biographie, sein Œuvre und seine antirousseauistische Philosophie beeinflussen maßgeblich die Literatur der *Décadence*.[3] Der Marquis entwirft in seinen Texten eine Verkehrung der Werte. Das Laster erweist sich als natürliche Disposition des Menschen. Es wird als aktive Kraft positiv bewertet, während die Tugend als hemmende, negative Verhaltensform betrachtet wird. Lust und Grausamkeit verweisen auf „das Tier im Menschen" bzw. auf eine menschliche Triebstruktur, wie sie beispielsweise in der kollektiven Mordlust der Jakobiner zu Sades Lebzeiten oder im Terror der Nationalsozialisten im 20. Jahrhundert zu Tage tritt.

---

[1] Als Textgrundlage dient Rachilde, *La Marquise de Sade*, Paris (Mercure de France) 1981.
[2] Die männliche Imagination von der grausamen dämonischen Frau, der der Mann ausgeliefert ist, inkarniert Barbey d'Aurevillys Madame de Stasseville in der diabolischen Geschichte *Le dessous de cartes*, Mirabeaus Clara in *Jardin des Supplices* (1898), Marie in Flauberts *Novembre*, die Priesterin Salammbô in dem gleichnamigen Roman Flauberts, die Königin von Saba in den *Tentations* (1874). Vgl. dazu auch Mario Praz, *Liebe, Tod und Teufel*, S. 167-250. Vgl. zum Frauenbild Kapitel 2.1 in der vorliegenden Arbeit.
[3] Gewalt und Grausamkeit prägen den Liebesbegriff der *Décadence*, der entscheidend von Sade beeinflusst wurde, wie in Baudelaires *Fleurs du Mal* (1857), Barbeys d'Aurevillys Erzählungen *Les Diaboliques* (1874), Huysmans *Là-Bas* (1891) und dessen monströsen Held Gilles de Rais deutlich wird. Vgl. zum Einfluss Sades folgende Arbeiten: Mario Praz, „Im Zeichen des göttlichen Marquis", in: ders., *Liebe, Tod und Teufel*, S. 96-166; Jean Pierrot, *L'Imaginaire Décadent (1880-1900)*, Paris (Presses Universitaires de France) 1977, S. 175f. und Alexandra Beilharz, *Die Décadence und Sade. Eine Untersuchung zu erzählenden Texten des französischen Fin de siècle*, Stuttgart u. Weimar (J. B. Metzler) 1996.

„Man muß immer auf Sade, das heißt auf den natürlichen Menschen zurückgreifen, um das Böse zu erklären", schreibt Baudelaire in seinen Tagebüchern. Weitaus drastischer formuliert Rachilde diese Erkenntnis in *Face à la peur* (1942): „L'homme a le goût de sang"[4]. Weder in Rachildes Romanen noch in anderen zeitgenössischen Texten lassen sich die skizzierten Perversionen nur als „des simples illustrations de manuels de psychopathologie sexuelle"[5] verstehen. Vielmehr zeigen sich die *Décadents* fasziniert von Sades Provokationen und seiner geradezu programmatischen Übertretung des gesellschaftlichen Wertekanons. Die literarische Kultivierung perverser Sexualität und Degeneration kann als Protest gegen die Doppelmoral der Bourgeoisie und deren Gesundheits- und Familienpolitik[6] gedeutet werden. Das starke Interesse der *Décadence* an Sade liegt also in der Lust an der Grenzüberschreitung und in der Faszination am Verbotenen.[7]

Die drastischen und orgiastischen Szenen voller Gewalt, wie sie die Leser etwa aus *Justine, ou les Malheurs de la vertu* (1791) kennen, werden sie in *La Marquise de Sade* vergeblich suchen. Der Roman zeugt von einem vergleichsweise desodorierten Sadismus. Sades Perversionen erfahren in den Texten der *Décadence* eine stilistisch-ästhetische Verfeinung und äußern sich in einer zerebralen Form des Bösen, bei der Wollust und Grausamkeit, Gotteslästerung und Satanismus, Immoralismus und Ästhetizismus verarbeitet werden.[8] Während Sades Objekte durchweg Frauen waren[9], werden sie in den Romanen der *Décadents* als sadistische *femmes fatales* imaginiert, deren raubtierhafter, unersättlicher Sexus die Männer zu Opfern macht, die ihre Lust an einer blutigen Unterwerfung zelebrieren und die Frau zur Projektionsfläche der eigenen grausamen Begierde machen. In *La Marquise de Sade* nehmen die Leser jedoch nicht die Perspektive des unterdrückten Mannes ein, sondern sie folgen dem Blick der sadistischen

---

[4] Rachilde, *Face à la peur*, Paris (Mercure de France) 1942, S. 62.
[5] Jean Pierrot, *L'Imaginaire Décadent*, S. 179.
[6] So bezeichnet der Terminus Perversion eine Abweichung vom Sexualziel und beschreibt damit eine sexuelle Praxis, die gesellschaftlichen Reproduktionsinteressen zuwider läuft. Vgl. Jean Laplache/J.-B. Pontalis, *Das Vokabular der Psychoanalyse*, Frankfurt a.M.[13] (Suhrkamp) 1996, S. 377-381 und Sigmund Freud, *Drei Abhandlungen zur Sexualtheorie* (1905), Frankfurt a.M. (Fischer) 1996, S. 63-65.
[7] Vgl. Alexandra Beilharz, *Die Décadence und Sade*, S. 250.
[8] Ebd., S. 115 u. 249.
[9] Vgl. Walter Lenning, *Marquis de Sade in Selbstzeugnissen und Bilddokumenten*, Reinbeck bei Hamburg (Rowohlt) 1980, S. 30.

Mary, deren Lebensphilosophie „Aimer, c'est souffrir" auf Sade verweist. Marys Ausschweifungen werden als Folge einer brutalen Abwertung und Unterdrückung ihrer Weiblichkeit gedeutet, die sie in ihrer Kindheit und Jugend erlitten hat.[10]
Rachilde liefert in *La Marquise de Sade* neben einer Paraphrase des misogynen Konnexes Weiblichkeit und Perversion eine psychologisierte Fallgeschichte, die weiblichen Sadismus im Spiegel einer massiven Erfahrung von Gewalt und Unterdrückung präsentiert.

## 9.1 Perversion als Spiegel von Gewalt und Unterdrückung

In *La Marquise de Sade* wird die Titelheldin Mary Barbe als knabenhafte „fille cruelle" [165] vorgestellt, deren dämonische Schönheit zugleich fasziniert und ängstigt:

> „Sa figure s'était singulièrement attristée, sa bouche devenue plus fine avait au coins une ciselure méchante, ses yeux bleus rapprochés l'un de l'autre gardaient une expression de mauvaise audace. Elle avait grandie, sa taille sortait un peu des hanches qu'on pouvait deviner déjà rondes. Les jambes imitaient les nattes, elles s'allongeaient, élégantes. Ce n'était pas une jolie enfant selon les règles ordinaires de la plastique, mais elle était curieuse à voir." [86]

Ihre bizarre Schönheit verweist auf die stereotypen Attribute der *femme fatale*.[11] Die Felinenmetaphorik ist in diesem Roman nicht weniger signifikant als in *L'animale* (1893), zählt sie doch zu den Hauptmerkmalen dieses literarischen Frauentyps.[12] Die Autorin präsentiert ihre Titelheldin als „femme de faunesse" [219f], die sich als gefährliches Raubtier entpuppt:

> „Elle semblait née pour jouer ce rôle de jolie cruelle avec ses yeux rapprochés comme ceux des félins, sa lèvre dédaigneuse et ses dents pointues férocement blanches." [165]

Das Bild der Raubkatze transportiert weniger Sinnlichkeit und Sexualität, sondern eine unkontrollierbare Aggression, denn Mary transformiert im

---

[10] Die ersten sechs Kapitel des Romans befassen sich mit Marys Kindheit. Der Übergang zum Erwachsenenalter wird im siebten Kapitel thematisiert. Lediglich die Kapitel acht bis zwölf schildern Marys Leben als Erwachsene. So deutet auch Claude Dauphiné den Aufbau des Romans. Sie verweist außerdem auf die sieben Todsünden, die im Roman strukturell eingebunden sind. Diese sind für unsere Diskussion allerdings nicht relevant. Vgl. Claude Dauphiné, *Rachilde*, S. 67f.

[11] Vgl. Claudia Bork, *Femme fatale und Don Juan. Ein Beitrag zur Motivgeschichte der literarischen Verführergestalt,* Hamburg (Bockel) 1992, S. 63-87.

[12] Vgl. ebd. S. 82-85.

Laufe des Romans zu einem wilden Tier [245], dessen sadistische Ausschweifungen den Charakter von „dévergondages de curiosités bestiales" [289] aufweisen.

Die unstete Gefühlslage zwischen Wollust und Gefühlskälte zählt ebenso zu den Charakteristika der *femme fatale* wie Keuschheit und Rebellion gegen Mutterschaft. Im Zentrum von *La Marquise de Sade* stehen jedoch die Gewaltphantasien und Machtwünsche der Titelheldin, deren sadistische Praktiken indirekt auf Sade verweisen. Marys skrupellose Mordlust [294] sowie das Zelebrieren des Freiheitsgedankens rekurrieren auf Sades Philosophie. Anders als in dem Werk des Marquis' berichtet Rachilde nicht von monströsen Orgien, wie sie etwa in den Katakomben des Klosters Panthémont stattfinden, in dem die lasterhafte Kurtisane Juliette ihren Ausschweifungen, Gräueltaten und Verbrechen nachgeht. In *La Marquise de Sade* präsentiert die Autorin eine Kette von Episoden, in denen die Heldin Männer zu Objekten ihres perversen Begehrens macht. Gewalterfahrungen, seien sie physischer oder verbaler Art, scheinen im Text wie im Leben für die Frau im 19. Jahrhundert omnipräsent, und spiegeln sich in den vielen Prügelszenen, den grotesken Morden der Erwachsenen oder der militärischen Gewalt. Marys sadistische Exzesse sprechen nicht wie die Ausschweifungen der Sadeschen Heldin Juliette von einer zynischen Glorifizierung des Lasters. Ihre Grausamkeiten sind eher von einer parodistisch-ironischen Komik gekennzeichnet, die die Brutalität der einzelnen Episoden relativiert. In dem Maße, wie Rachilde die Gewalt im Roman heruntersspielt und verharmlost, bringt die inszenierte Zurückhaltung auch die existentielle Dimension hervor. Schrecken lässt sie mittels ironischer Distanzierung erkennbar werden. So sind die Umstände der in *La Marquise de Sade* geschilderten Todesfälle von komischer Natur. Der kleine Célestin wird durch eine korpulente Amme im Bett zerdrückt, Onkel Célestin kommt bei einem seiner Laborversuche ums Leben, der Frauenheld de Caumont wird von Mary mit spanischer Fliege vergiftet. Abgesehen vom Tod ihrer Mutter erscheint Mary lediglich beim Tod ihrer Katze emotional berührt:

> „Mary demeura inconsolable. Son père voulut lui donner un oiseau, elle refusa. A quoi bon?...si Minoute n'était plus là pour le manger! Ces sortes de peines prenaient dans le cerveau de la petite fille des proportions terrifiantes." [64]

Selbst die zahlreichen Prügelszenen, in denen die kleine Mary entweder von ihrer Cousine Tulotte [91] oder aber von ihrem Vater, einem kriegsbegeisterten Oberst [22/63], brutal misshandelt wird, sind nicht ohne Komik:

> „Cré nom d'un sort! bougonna-t-il. Puis jugeant qu'une correction amènerait la détente nécessaire à ce système nerveux trop excitable, il empoigna Mary et, pour la première fois, il lui administra le fouet de bon cœur. La petite, après un déluge de larmes, se blottit sous ses drap, retenant de nouveaux cris, anéantie par une terreur qu'elle ne pouvait exprimer."[29]

Die Komik sorgt für Distanz zu der Unterdrückung und Gewalt, die Mary erleiden muss. Unmittelbare Einblicke in Marys Innenwelt sind, aufgrund dieser Komik und aufgrund eines fehlenden Ich-Erzählers, nicht möglich. Insofern handelt es sich bei dem vorliegenden Roman im Gegensatz zu *La tour d'amour* nicht um einen psychologischen, sondern um einen psychologisierten Roman.

Herrisch und machtbesessen behandelt Mary die Männer als Sklaven. Sie verlangt beispielsweise von dem jungen Gärtnergehilfen Siroco, dass er die erlesenste Rose aus der Rosenzucht seines Chefs abschneidet [95]. Unter großen Ängsten und strengster Bestrafung erfüllt er ihren Wunsch. Schließlich verzehrt sie die Blume vor seinen Augen [97]. Hier wird das Motiv der verschlingenden Weiblichkeit ironisch konkretisiert. Selbst ihr Onkel Célestin, der sich in seine Nichte verliebt hat, unterwirft sich ihrem Herrschaftsanspruch: „Ecoute, Mary, je t'ai proposé mon nom, ma fortune, tout le reste de ma vie, et je te répète que je suis prêt à me faire ton esclave." [197] Mary hat ihren Onkel finanziell in der Hand [212] und sie ist dem Professor auch geistig gewachsen. So verkehren sich im Hause Barbe die Machtverhältnisse: „(…), je vivrai ici, parce que j'aime cette maison, et que je la dirigerai malgré vous." [198] Der hochgebildete Wissenschaftler steht vor Mary wie ein ängstlicher Schüler: „Il l'embrassa sur le front, timide comme un écolier. -Tu auras de l'argent ici, mon chat, bégaya-t-il, tout ce qu'il te faudra…mais tu ne me brutaliseras pas, hein?" [224] Auch ihr Liebhaber, der Medizinstudent Paul, gehorcht Mary wie ein Kind seiner Mutter [251].

Marys Sadismus erscheint im Roman aber nicht als dämonisches Attribut einer grausamen Megäre. Vielmehr präsentiert ihn die Autorin als folgenschwere Konsequenz einer lebenslangen geschlechtsspezifischen Repressionserfahrung. Von klein auf erfährt Mary die Diskriminierung ihres Geschlechts. Ihr Vater, General Barbe, möchte lieber einen Sohn: „Quel malheur que ce ne soit pas un garçon." [21/119] Nach der Geburt ihres Bruders wird Mary völlig vernachlässigt [85]. Der Colonel hält ebenso wie sein Bruder Célestin die Frauen für nutzlose Wesen: „Quelle perte les femmes!" [29] Der misanthropische Medizinprofessor, bei dem Mary und ihre Cousine Tulotte nach dem Tod der Eltern leben müssen, entpuppt sich als radikaler Frauenfeind: „(...) je ne cache pas que je t'aimerais mieux un homme! fit-il de mauvaise humeur." [182] Er betrachtet die Frau noch nicht einmal als Individuum, sondern er spricht von der Frau als „morceau vivant, ni bon à disséquer, ni propre à se conserver en un bocal d'alcool!" [175] In den Augen des Professors erscheint Mary als nützliches Forschungsobjekt, als lebende „vénus anatomique" [183], an der er seine anatomischen Studien über die physiologischen Merkmale von Kriminellen fortsetzen kann, vergleicht er doch Marys Daumen mit dem Daumen eines bereits hingerichteten Mörders: „Elle lui semblait une autre créature depuis la découverte de son pouce, il lui venait le désir de l'étudier de plus près." [184]

Die bittere Erfahrung lebenslanger Misogynie [182] verwandelt sich in *La Marquise de Sade* in Misandrie: „Les hommes sont des brutes, elle avait le mépris des jeunes comme des vieux, des oncles comme des maris, et des amants comme des maris." [244] In ihren Streifzügen durch das Pariser Nachtleben[13] wird Mary von einer unstillbaren Mordlust getrieben: „Ce serait une idéale volupté que lui fournirait l'agonie d'un de ces hommes, peu capable de se défendre d'une femme." [295] Wie in den Geschichten um die *femme fatale* üblich, werden die Ausschweifungen der Protagonistin bestraft.[14] Zwar verkündet das Schlussbild des Romans Marys einsamen Wahnsinn, doch im Gegensatz zu Laure Lordès aus *L'animale* (1893), Oscar Wildes Salome oder Gustave Flauberts Freudenmädchen Marie, deren ausschweifendes Leben durch den Tod beendet wird, lässt der Roman Marys Ende offen, sie darf weiterhin ungehindert ihr Unwesen treiben:

> „Et elle songeait à la joie prochaine du meurtre, fait devant tous, si l'envie la prenait trop forte, du meurtre d'un de ces mâles déchus qu'elle accomplirait le cœur tranquille, haut le poignard!" [297]

---

[13] Mario Praz weist darauf hin, dass ihre nächtelangen Ausschweifungen an die Eskapaden der Kurtisane Marie aus Flauberts *Novembre* erinnern. Vgl. Mario Praz, *Liebe, Tod und Teufel*, S. 246f.

[14] Carola Hilmes begreift das Scheitern der Protagonistin als konstitutives Element der Geschichten um die *femme fatale*. Vgl. Carola Hilmes, *Die Femme Fatale. Ein Weiblichkeitsmythos in der nachromantischen Literatur*, Stuttgart (J. B. Metzler) 1990, S. 225.

Rachilde dekonstruiert das Bild der grausamen omnipotenten Männermörderin, indem sie die Perversionen der Protagonistin aus einer psychologischen Perspektive als Fallgeschichte darstellt. Marys Entwicklung resultiert aus einer Kette von subjektiven Gewalterfahrungen, die mit einem traumatischen Besuch im Schlachthaus einsetzen, wo sie den sadistischen Schlachtergehilfen beobachtet: „Il allait comme une brute, avec une chanson très gaie à la bouche, torturer de malheureux porcs vautrés dans le ruisseau de boue sanguinolente qui coulait autour de la cour; (...)." [11] Sie muss zufällig mitansehen, wie der Schlachter einen Ochsen tötet [10-15]. Das Abschlachten des Rindes enthält eindeutige sexuelle Konnotationen: „(...) ils la faisaient femme, malgré sa petitesse de gamine et ils rendaient nerveux ceux qui frôlaient sa peau d'une pâleur à peine rosée." [16] Es erinnert an die Urszene, in der das Kind zum ersten Mal die sexuelle Beziehung zwischen Eltern[15] erträumt oder mitansieht:

> „Il sembla à la petite fille que cette scène prenait des proportions phénoménales; elle s'imagina que tout le bâtiment de l'abattoir était une seule tête cornue, fracassée, grinçant des dents et lui lançant des fusées de sang sur sa robe blanche; elle se crut emportée par un torrent dans lequel se débattait avec elle une arche de Noé complète, les moutons, les veaux, les porcs, les vaches, et les garçons bouchers couraient après elle pour lui passer leur couteau sur la nuque." [14]

Mary, die Tiere über alles liebt und sich mit ihnen identifiziert, erlebt das Abschlachten als Kastration im Sinne einer Beendigung ihrer Omnipotenzphantasien,[16] wie auch die Farbsymbolik dieser Szene unterstreicht. Das unschuldige Mädchen trägt eine weiße Schürze, die nach dem Schlachten buchstäblich mit Blut befleckt ist [17]. In der Phantasie des Kindes wird Männlichkeit zum Synonym für Gewalt und Macht.

Die männliche Geschlechterrolle erscheint ihr erstrebenswerter als die weibliche *gender-role*, die in Marys Augen über Kastration und

---

[15] Der Koitus wird von dem Kind als sodomasochistische Beziehung imaginiert. Er löst beim Kind eine sexuelle Erregung aus und liefert den Anhaltspunkt für die Kastrationsangst. Vgl. Jean Laplanche/J.-B. Pontalis, *Das Vokabular der Psychoanalyse*, S. 577.

[16] Diese Ansicht vertritt auch Diana Holmes: „The killing of the animal is experienced as castration, as a brutal ending to the heroine's childish dreams of omnipotence, and the revelation of her subordinate status as a female excluded from a category of the ‚kings of the world'. It is a moment of loss of innocence, and the rest of Mary's childhood will confirm the lesson of a world centered on male power, the legitimacy of which rests finally on physical strength and violence." Diana Holmes, „Monstruous Women: Rachilde's Erotic Fiction", in: Alexander Hughes/Kate Inces (Hgg.), *French Erotic Fiction. Women's desiring writing 1880-1900*, Oxford u. Washington d.c. (Berg) 1996, S. 27-48, hier S. 41.

Tod definiert ist. In ihren Fieberträumen schreit sie immer wieder: „L'homme!...J'ai peur de l'homme, (...)." [27] Ihre Katze scheint sie zu trösten: „Si tu voulais...je t'apprendrais à griffer l'homme, l'homme que tue les bœufs...l'homme, le roi du monde!" [30] Rachilde skizziert in dem Psychogramm der Romanheldin den Zusammenhang zwischen Repression und Aggression und nennt die Gründe für Marys Mordlust. Sie eilt ihrem Bruder, der unter dem schweren Körper der Amme zu ersticken droht, nicht zur Hilfe, weil sie ihn für den Tod ihrer Mutter verantwortlich macht:

> „Pourquoi aurait-elle sauvé la vie de son frère? L'avait-elle demandé ce frère? Avait-elle souhaité sa naissance, sa naissance, c'est-à-dire la mort de sa mère? Déjà, il ne criait presque plus, et le calme s'étendait lentement dans la chambre, calme qui serait éternel si elle le voulait, car elle n'avait qu'à se taire pour laisser l'écrasement s'accomplir." [129]

Außerdem hofft sie, allerdings vergeblich, wie sich später herausstellt, nach dem Tod ihres Bruders seine Position einnehmen, und die Liebe des Vaters erringen zu können: „Mary s'éloigna, tremblant d'une colère impuissante ainsi il y aurait toujours quelqu'un entre son père et elle." [152]

Zugleich fokussiert Marys Maxime „Aimer, c'est souffrir" [84/186], die im Roman die Funktion eines Leitmotivs inne hat, den Konnex von Aggression und Sinnlichkeit. Liebe bzw. Genuss ist für Mary nur innerhalb einer hierarchischen Beziehungsstruktur von Macht und Ohnmacht bzw. Beherrschen und Unterwerfen möglich. Insofern wiederholt Mary in der Position der Unterwerfung ihre unerfüllte Beziehung zu ihrem brutalen Vater, die von Schuldgefühlen aufgrund ihrer Geschlechtszugehörigkeit begleitet ist. Schmerz erlebt die Protagonistin als lustvollen Genuss. So deutet Mary ihre schweren Verletzungen, die ihr die Katze Minoute zugefügt hat, als „sermant d'amities" [25f]. Die Freundschaft zwischen Mary und Siroco realisiert ebenfalls sadomasochistisches Begehren:

> „Tout d'un coup, il se releva, la saisit par ses longs cheveux noirs et se mit à la traîner sous le bosquet des moussues. La violence de la douleur fit perdre la connaissance à Mary; lorsque Siroco, fier de sa victoire, s'arrêta et se retourna, elle ne donnait plus signe de vie." [96]

Die brutale Vergewaltigung durch ihren Liebhaber Paul ermöglicht ihr eine masochistische Lust an der Unterwerfung: „Elle l'aimerait en toute sincérité de corps et de cœur s'il domptait son orgueil par un affront comme il avait dompté sa personne par le viol, mais il la regarda." [245]

Die Gewalterfahrung in der Kindheit und das Trauma im Schlachthaus wiederholen sich später unter umgekehrten Vorzeichen, denn Mary verwandelt sich vom Opfer in einen Täter. Die Szene, in der Pauls Nasenbluten ihr Kleid befleckt, scheint an die Schlachthausepisode anzuknüpfen. Das Blut ihres Liebhabers weckt ihre erotischen Gefühle [206f], die aus der Umkehrung des Schlachthaustraumas resultieren.[17] Aus ihrer Maxime „Aimer, c'est souffrir" geht eine neue Lesart hervor: „Elle aimait sans souffrir, car on souffrait pour elle". [230] Rachilde illustriert in *La Marquise de Sade*, dass Sadismus und Masochismus zwei Seiten der gleichen Perversion sind.[18] Mary genießt nicht nur Pauls Nasenbluten [234], sondern auch den Schmerz ihres Liebhabers [233].

Wie in allen anderen behandelten Romanen, verkehrt Rachilde auch in *La Marquise de Sade* die Subjekt-Objekt-Relation im Rahmen einer heterosexuellen Beziehung. Wie Raoule de Vénérande übernimmt Mary die männliche Machtposition in ihrem Verhältnis zum schwächlichen Paul. Ausgerechnet der gefühlsarme, zynische Mediziner Célestin Barbe diagnostiziert bei Mary eine fehlende Liebesfähigkeit: „Elle ne l'aime pas, elle n'aime rien, elle a la cruauté de vouloir en torturer deux au lieu d'un." [204]

Ebenso wie Raoule de Vénérande ist sich auch Mary der Unfähigkeit zur Liebe bewusst: „Non,...seulement je n'aimerai personne, je le crois." [219] Diese führt sie auf ihre lieblose Kindheit zurück: „(...) elle était décidément bien une malheureuse petite fille! Et l'existence lui apparut la plus misérable des plaisanteries." [26] Mary kann auf Zuneigung nur mit Aggression und Destruktion reagieren, denn die Romanheldin „(...) conservait au fond de ses pensées farouches comme une soif inextinguible d'être aimée." [103]

Im Gegensatz zu jenen dämonischen Frauen, die in Werken männlicher Autoren auftreten, erscheint Mary nicht als männermordende *femme per-*

---

[17] Vgl. ebd., S. 41.
[18] Freud schreibt in seiner Abhandlung zur Sexualtheorie über den Sadomasochismus: „Die auffälligste Eigentümlichkeit dieser Perversion liegt aber darin, dass ihre aktive und ihre passive Form regelmäßig bei der nämlichen Person mitsammen angetroffen werden. Wer Lust daran empfindet, anderen Schmerzen in sexueller Relation zu erzeugen, der ist auch befähigt, den Schmerz als Lust zu genießen, der ihm aus sexuellen Beziehungen erwachsen kann. Ein Sadist ist immer auch gleichzeitig ein Masochist, wenngleich die aktive oder die passive Seite der Perversion bei ihm stärker ausgebildet sein und seine vorwiegende sexuelle Betätigung darstellen kann." Sigmund Freud, *Drei Abhandlungen zur Sexualtheorie*, S. 62.

*verse*, sondern als Opfer und Täter innerhalb einer patriarchalen Gesellschaft. Bei der Gestaltung der perversen Frau bedient sich Rachilde einerseits der stereotypen Dialektik von Dämonisierung und Idealisierung der dämonischen Frau[19], wie sie aus männlichen Texten bekannt ist. So legt sie Marys Ehemann folgendes Zitat in den Mund:

> „Oui, j'ai eu peur...ça t'amuse de me sentir lâche! Tu es un monstre, je t'aime mieux ainsi...tu as raison; les femmes ordinaires sont des bêtes, je les déteste, toi, tu es l'idéal de nos passions, la créature d'autant plus qu'elle est dangereuse, tu me ferais tout le mal imaginable que je ne me plaindrais pas." [220]

Andererseits bringt Rachildes Verarbeitung des Frauenbildes auch in diesem Roman eine weibliche Sichtweise zum Vorschein. Mary kann ihr sadistisches Begehren nur mit männlichen Partnern ausleben, die freiwillig die Opferrolle übernehmen und sich ihren masochistischen Wünschen überlassen: „Décidé à ne plus penser, il lui obéissait comme un enfant, passant ses jours à la désirer." [251] Der Mann ist scheinbar ein hilfloses Opfer der perversen Begierde einer dämonischen Frau, realiter aber erlaubt ihm die Beziehung zu einer mächtigen Frau, die Rolle des schwachen, passiven, masochistischen Mannes auszuspielen, die ihm der zeitgenössische Geschlechtercode untersagt. Er verleiht der Frau eine übermäßige Macht, der er sich lustvoll ausliefern darf, und verlagert damit das eigene sadistische Begehren auf die Dimension des Anderen – der „perversen" Frau.[20]

Insofern greift die voreilige These von einer Inversion der geschlechtsspezifisch definierten Opfer-Täter-Relation zu kurz.[21]

In *La Marquise de Sade* sucht Mary sich männliche Partner aus, an denen sie ihre Rachsucht ausleben und ihre Machtspiele ausführen kann. Während die männlich imaginierte *femme fatale* zur Projektionsfläche für

---

[19] Vgl. auch Carola Hilmes, *Die Femme Fatale*, S. 15.
[20] „Erst unter dem Blickwinkel männlicher ‚Schwäche' – einem Krisenbewußtsein – vermag die Macht des Weibes ins Unermeßliche zu wachsen. Dadurch erweist sich diese als geliehene Macht, die Opferrolle des Mannes dagegen als selbstgewählte. Sie entspricht seinen masochistischen Wünschen, bei denen die Frau den Part der grausamen Herrin zu übernehmen hat. Dieser Vorgang läuft meist uneingestanden und verdeckt ab, da die masochistische Rolle den Mann in Konflikt bringt mit dem traditionellen Bild der Männlichkeit, in dem er als der aktive und dominierende Teil festgelegt ist." Carola Hilmes, a.a.O., S. 65.
[21] Maryline Lukacher vertritt beispielsweise folgende These: „Mary, the silent victim, has become the true mistress of all circumstances, the ‚Marquise de Sade' who finally defeats her ‚family's everlasting passion for males!'" Maryline Lukacher, *Maternal Fictions: Stendhal, Sand, Rachilde, and Bataille*, Durham u. London (Duke University Press) 1994, S. 128. Dabei übersieht sie offenkundig die oben skizzierte Dynamik einer sadomasochistischen Beziehung.

eine männliche Wunsch- und Angstphantasie im Hinblick auf eine vornehmlich als weiblich definierte und damit ausgelagerte Sexualität funktionalisiert wird, inszeniert Rachilde hier die Umkehrsituation. Im Roman wird der Mann zum Sinnbild einer aggressiven Sexualität, einem Destruktionsdiskurs[22], gegen den sich die Frau mit aller Macht zu wehren sucht.

Rachildes zweistimmiger Diskurs dekonstruiert den Mythos der *femme fatale*, indem sie ihn einer psychologischen Analyse unterzieht und die kritische Stimme der *femme fatale* hinsichtlich der zeitgenössischen Geschlechterpolitik zum Sprechen bringt.[23]

Mary Barbe rächt sich nicht nur für die Unterdrückung ihrer Weiblichkeit, sondern sie inkarniert eine „nouvelle spécialité de jeune fille" [199], die auch gegen den zeitgenössischen Geschlechterdiskurs rebelliert. Rachilde präsentiert ihre Protagonistin als aufsässige Amazone, die wie Raoule de Vénérande, Marcel(le) Désambres oder Eliante Donalger von der Sehnsucht nach Freiheit getrieben wird. Insofern ist die Geschichte von der Unterdrückung der *Marquise de Sade* immer auch die Chronik weiblicher Rebellion und der Sehnsucht nach persönlicher Freiheit.

Mary wird als „fille en révolution" [7/8/9/29/84] charakterisiert, das gegen jegliche Form von Fremdbestimmung und Ungerechtigkeit opponiert und damit das ihr auferlegte Passivitätsgebot missachtet. Als Paul Marescaut ihr schwarzes Schaf einfangen will, gerät Mary in Aufruhr:

> „Mais tout d'un coup une révolution s'opéra dans la passivité de la petite colonelle; un cri rauque, un cri de chatte en colère sortit de sa gorge crispée; elle rejoignit

---

[22] Der im Folgenden häufig gebrauchte Terminus „männlicher Destruktionsdiskurs" umschreibt lediglich die Omnipräsenz von Misogynie und Gewalt im Roman. Eine generelle Gleichsetzung von Männlichkeit mit Gewalt ist nicht gemeint.

[23] Trotz der misogynen Seite dieses Frauenbildes kann auch Carola Hilmes die rebellische Stimme der dämonischen Frau nicht leugnen: „Die Figur der Femme fatale enthält eine implizite Kritik. Kritik nicht nur an der prekären Situation des Mannes, seiner Ichschwäche und verdrängten Triebverfallenheit, sondern auch Kritik an der traditionell untergeordneten Situation der Frau, ihrer Beschränkung auf eine passive und asexuelle Rolle in der bürgerlichen Gesellschaft. Daß die patriarchalen Rollenzuweisungen mit der Femme fatale durchbrochen werden, macht diese Figur auch für Frauen attraktiv. Die Femme fatale kann interpretiert werden als ein Bild der Rebellion gegen die klassischen Imaginationen des Weiblichen, die positiv besetzten Bilder von der Jungfrau und der Mutter sowie die negativ belastete der Hure. Es markiert eine Befreiung aus einem marginalen, bloß gefühlsseligen Dasein, dem kein öffentlich relevanter Handlungsspielraum zukommt. Mit der Femme fatale wird den Nachtseiten der Sexualität und des Weiblichen Raum gegeben. Insofern kommt ihr ein gewisses subversives Potential zu." Carola Hilmes, *Die Femme Fatale*, S. XIV.

> Paul Marescaut d'un seul bond et, tombant sur lui à l'improviste, elle le cibla d'égratignures." [41]

Während eines Manövers in der Garnison ihres Vaters, das auf den bevorstehenden deutsch-französischen Krieg vorbereiten soll, übernimmt Mary die Rolle des „génie de guerre" und präsentiert sich als antike Kriegerin bzw. als Amazone:

> „Mary s'habilla avec l'aide du couturier parisien qui avait crée un chef-d'œuvre. La robe, relevée à la grecque sur le côté, laissait voir un maillot de soie violet sombre broché de camées d'or; le cothurne, en lacet d'argent, rejoignait les camées tandis que les pans de la jupe très bouffants et très longs retombaient en arrière, dégageant la hanche un peu indécise de l'adolescente. La cuirasse serrait exactement son buste frêle, grossissant ce qu'elle avait de trop frêle et le cou sortait nu d'une torsade de faux rubis comme d'une cuvette de sang." [164]

Rachilde akzentuiert damit den Unabhängigkeitswillen und die Selbstbestimmtheit der Protagonistin, die auch von ihrem Onkel die Freiheit fordert: „Pour ma récompense donnez-moi ma liberté. Tulotte et moi nous pourrons vivre avec la pension de papa. Elle boira ce qu'elle voudra, moi je sortirai quand il me plaira..." [184] Am Ende stürzt Mary die patriarchale Autorität ihres Onkels und wird selbst zum „chef de famille" [210]. Wie in allen anderen bisher verarbeiteten Romanen erscheint die Protagonistin als „la femme qui se moqueait ainsi de toutes les lois sociales" [255]. Daher erteilt sie auch dem Reproduktionsimperativ eine Absage. Der Kult um die Keuschheit verweist auf den Amazonenmythos. Die Verweigerung von Sexualität ist das Fundament ihrer Macht, was ihren Ehemann in die Verzweiflung treibt [213f]. Mary widersetzt sich dem Geschlechtercode, der ihr ein Leben als gehorsame Ehefrau und Mutter vorschreibt:

> „La maternité que le Créateur enseigne à chaque fille qui se livre à l'époux, moi, j'épuise son immensité de tendresse à cette minute sacrée qui nous laisse encore libre de ne pas procréer, libre de ne pas donner la mort en donnant la vie, libre d'exclure de la fange et du désespoir celui qui n'a rien fait pour y tomber. Je vous dis cyniquement: je ne veux pas être mère, d'abord parce que je ne veux pas souffrir, ensuite parce que je ne veux pas faire souffrir." [215]

Mit Blick auf ihre Leidensgeschichte betrachtet sie den Tod als Synonym für Mutterschaft [214f]. Sie möchte nicht nur ihren Kindern Leid ersparen [214f], sondern Kinderlosigkeit erlaubt ihr auch ein Höchstmaß an Freiheit [213].

Wie die Protagonistinnen der bereits diskutierten Romane so setzt sich Mary über die zeitgenössischen Geschlechterrollen hinweg, denn sie möchte Medizin studieren und Wissenschaftlerin werden. Der Beruf des Wissenschaftlers ist jedoch Männern vorbehalten, wie Professor Barbe festhält: „Un garçon, il en aurait fait un médecin ou un botaniste, tandis que le sexe de Mary empêchait de ce rêve." [182]. Trotz ihrer Geschlechtszugehörigkeit verwirklicht sie ihren Berufswunsch [217] und durchkreuzt die Pläne ihres Onkels, der sie verheiraten möchte [189f]. Sie hinterfragt seine phallogozentrische Vorstellungswelt, wie im folgenden Dialog zwischen beiden deutlich wird:

> „Alors! Pourquoi dois-je me marier? demanda Mary, dissimulant un sourire railleur au coin de sa lèvre dédaigneuse. -Parce que c'est mon devoir de chercher ton bonheur où les autres croient le trouver. On n'a rien inventé de mieux pour le bonheur de l'homme. – Et celui de la femme? Je vois, mon oncle, que vous parlez toujours de l'homme! ajouta Mary un peu boudeuse." [191]

Mary ist so sehr gebildet, dass sie im Kreise von Professor Barbes Studenten an Fachdiskussionen partizipieren kann und aufgrund ihrer schnellen Auffassungsgabe bald ihren Onkel überholt. Sie verwandelt sich von einer lebenden „vénus anatomique" in eine Medizinerin: „Elève d'un docteur, elle agissait en docteur." [217] Auch im wissenschaftlichen Kontext verschiebt sich der Status der Frau vom Forschungsobjekt nun zum forschenden wissenschaftlichen Subjekt. Die ausschließliche Reduktion auf ihren Körper verkehrt sich in eine Reduktion auf ihren Geist. Aber ein Leben als Wissenschaftlerin verspricht Mary keine Freiheit, sondern kettet sie an ihren egoistischen Onkel:

> „(...) Tiens, si tu me croyais, tu ne te marierais pas!...Nous resterions chez nous: Tulotte finirait sa couverture de coton; tu classerais mes herbes, tu deviendras une savante. Il y a eu des savantes très belles qui choisissaient le célibat et restaient auprès de vieux froids comme ton oncle." [192]

Seine Nichte heiratet schließlich, um ihrer Familie zu entkommen [198]. Während die Ärzte in Rachildes Romanen die Frauenkörper malträtieren, gestaltet sie hier die Umkehrsituation: Sie bedroht ihren Mann mit ihren Kenntnissen von den verschiedensten Drogen und Giften [215f]. Ihr medizinisches Wissen findet in der Vergiftung ihres Mannes die wohl pervertierteste Anwendung.

Rachilde dekonstruiert das Bild der dämonischen Frau, indem sie deren Vita als Fallgeschichte präsentiert. Dabei erweist sich die Brutalität der *femme fatale* als Reaktion auf einen Destruktionsdiskurs, dem sie in ihrer Kindheit und Jugend ausgesetzt war. Darüber hinaus lässt die Schilderung der dämonischen Frau einen weiblichen Blick erkennen, der das subversive und gesellschaftskritische Potential der *femme fatale* akzentuiert.

## 9.2 Weiblicher Sadismus als pervertierte Form des Überlebens

Mary Barbe illustriert nicht nur die subversive Seite der *femme perverse*, sondern sie zeigt zugleich die Schattenseite dieses Weiblichkeitsentwurfs auf. Die traumatische Kastrationserfahrung der Schlachthausepisode endet in einem profunden Männerhass, dem „guerre au mâle", der mit einer tiefen Ablehnung gegen die eigene Geschlechtszugehörigkeit verbunden ist. Diese Absage an die Weiblichkeit verweist auf Marys Identitätsbegriff, der keine Trennung zwischen biologischem und sozialem Geschlecht vornimmt. Die Protagonistin definiert ihren Körper bzw. ihre Sexualität über die misogynen gesellschaftlichen Konstruktionen von Weiblichkeit, die sie von Kindesbeinen an erfahren hat.

Sie identifiziert Weiblichkeit mit Krankheit, Kastration und Tod. Dieses negative Frauenbild wird im Roman von Marys Mutter Caroline Barbe transportiert. Sie personifiziert damit jenen misoynen Konnex, der in der europäischen Literatur des 19. Jahrhunderts weit verbreitet ist.[24] Die kränkelnde Mutter phantasiert nur noch vom Tod, seit sie neben einem Friedhof wohnt [18/23]. Ihre Todessehnsucht geht jäh in Erfüllung, als sie bei der Geburt ihres ersten Sohnes zu Tode kommt. Die Mutter stirbt, der Sohn hingegen überlebt. Aus Marys Blickwinkel erweist sich auch hier der Mann als „roi du monde" und deshalb löst der Tod ihrer Mutter Erinnerungen an das Schlachthaustrauma aus:

> „Voici ton frère, dit Antoine Barbe, il se porte bien, j'ai pu le sauver, lui...mais ta pauvre maman est morte..., tué du coup...Tu ne la reverras plus! -Morte! Maman!...cria la petite fille qui eut la vision sanglante du bœuf qu'elle avait vu tuer un jour, au fond d'une espèce de cave, d'un coup, pour en tirer quelques gouttes du sang. Un révolution s'opéra en elle; on avait tué sa mère comme cela, du même coup, pour avoir ce petit morceau de chair...tout ce qui restait d'elle, de sa tête, de ses cheveux, de sa poitrine, de ses jambes, de sa voix... Mary repoussa avec violence son oncle, le docteur, elle s'élança dans la chambre mortuaire les poings en avant, l'œil hors de l'orbite. – Maman ...on a tué maman! hurla-t-elle, tandis que chacun se bouchait les oreilles, saisi de frayeur." [84]

---

[24] Vgl. Elisabeth Bronfen, *Nur über ihre Leiche. Tod, Weiblichkeit und Ästhetik,* München (Deutscher Taschenbuch Verlag) 1996.

Mary erlebt den Tod der Mutter als Mord. Immer stärker wächst in ihr ein Gefühl des Widerstandes gegen eine männliche Vorherrschaft („une révolution s'opéra en elle"), gegen ihren Bruder, den sie irrtümlich für den Mörder ihrer Mutter hält [129], aber auch gegen ihr eigenes Geschlecht. In *La Marquise de Sade* übernimmt die Mutterschaft keine identitätsstiftende Funktion. Sie wird zum Ausgangspunkt eines Gegenentwurfs und kann in diesem Zusammenhang als Negierung des Weiblichen gelesen werden. Mutterschaft verliert ihre lebensspendende Funktion, sie wird fortan zum Synonym für den Tod. Mary Barbe wird nicht Mutter, sondern Mörderin und eröffnet ihrem Ehemann in der Hochzeitsnacht:

> „Ma mère est morte là, Monsieur, en mettant mon frère au monde; moi je ne veux pas mourir de la même manière, et, en supposant que je ne meure pas...je ne veux pas subir la torture d'un accouchement, ce serait une joie qu'il me semble inutile de fournir à mon bon oncle, le plus habile accoucheur de Paris. (...) Je vous dis cyniquement: je ne veux pas être mère, d'abord parce que je ne veux pas souffrir, ensuite parce que je ne veux pas faire souffrir." [214f]

Die Geschlechterbeziehungen zwischen den Eheleuten, Mutterschaft, aber auch die Relation zwischen Arzt bzw. Geburtshelfer und Patientin werden von Mary als sadomasochistische Machtrelationen imaginiert, die mit dem Tod der Frau enden. Marys Imaginationen der Geschlechterverhältnisse und ihre Phantasien von Mutterschaft führen immer wieder zum Schlachthaus. Es scheint die einzige Verbindung zwischen Mutter und Tochter herzustellen. Ebenso wie ihre anemische Mutter, für die Tulotte und Mary zu Romanbeginn Blut vom Schlachter holen, kehrt die Titelheldin gegen Ende des Romans an den symbolischen Ort der kindlichen Urszene zurück, um selbst Ochsenblut zu trinken:

> „(...) elle se rendit à Villette, là, on lui avait indiqué un débit de sang, espèce de cabaret des abattoirs où des garçons bouchers, mêlant le vin à la rouge liqueur animale, buvaient, se disant des mots brutaux. Toute pâlie, dans ses fourrures de martre, moitié la petite fille qui veut du fruit défendu, moitié la lionne qui cède à l'instinct, elle se glissa parmi ces gens, tendit son gobelet comme eux, but avec une jouissance délicate qu'elle dissimula sous des aspects de poitrinaire. Les garçons bouchers éteignirent leur pipe, jetèrent leur cigarette, la plaignant, car ils la trouvaient belle." [296]

Mary gleicht einem weiblichen Vampir: „Elle aimait le sang comme Tulotte aimait les liqueurs." [252] Mit Hilfe des Vampir-Motivs stellt Rachilde eine weitere Verbindung zwischen Mutter und Tochter her. Caroline Barbe bietet nach dem Genuss ihrer roten Medizin folgenden Anblick: „Maintenant, la mère avait la bouche d'un rouge ardent, elle s'efforçait de sourire." [22] Der Tod wird nicht nur durch die beiden Frauenfiguren dargestellt. Tod und Gewalt werden über die Farbe rot im Roman symbolisiert und ziehen quasi eine „Blutspur" durch den gesamten Roman. Selbst in den alltäglichen Szenen, wie dem Abendessen, wird Mary an Gewalt und Tod erinnert: „Au dîner elle ne mangea rien, pas même de la tarte aux cerises, ces cerises lui rappelaient la blessure du bœuf agonisant." [27] Mary schenkt ihrer Mutter Ochsenblut ein, dessen Konsistenz erinnert sie an Johannesbeersaft [21]. Die Amme betrinkt sich mit Kirschlikör und erstickt im Vollrausch Marys Bruder [129]. Das Blutvergießen im Schlachthof als Sinnbild eines von Männern praktizierten Sadismus' verknüpft Rachilde mit Militarismus und Krieg. Mary kann den Anblick der roten Uniformen des Regiments kaum ertragen: „Ce rouge lui blessait, à présent, ses pauvres yeux pleins de larmes brûlantes. Le rouge dominait trop dans cette vie de militaire dont elle avait sa première sensation de petit être réfléchissant." [27] Die Autorin schildert den deutsch-französischen Krieg als sinnloses Abschlachten, insbesondere in jener Episode, in der ein jüdischer Arzt aus Hagenau seinen Spott über die Franzosen mit dem Tod durch ein unfaires Duell bezahlen muss [149]. Auch Professor Barbe wird mit einer roten „Requisite" ausgestattet. Er ist gerade dabei, den Arm eines Mörders zu sezieren, als Mary sein Arbeitszimmer betritt [180].

Während die Titelheldin in der ersten Hälfte des Romans über das Farbenspiel von rot und weiß als Opfer kenntlich gemacht wird, verwandelt sie sich in der zweiten Romanhälfte in eine vampirhafte Mörderin. Da für Mary keine für akzeptablen Weiblichkeitsmodelle zur Verfügung stehen, verweigert sie die zeitgenössische Frauenrolle, die sie mit Unterdrückung, Ausschluss und Tod gleichsetzt. Zugleich phantasiert sie sich ein Männerbild, das durch Autonomie und Omnipotenz markiert ist. Ihre starke Identifikation mit der männlichen Geschlechterrolle erscheint somit als Flucht vor dem Tod. Der Wechsel von der Position des Opfers zum Standort des Täters kann als Identifizierung mit dem Angreifer[25] gedeutet werden. Dieses Phänomen bezeichnet einen Abwehrmechanismus, bei dem sich das Subjekt bei äußerer Gefahr mit seinem Aggressor identifiziert und die Person des Angreifers physisch oder moralisch imitiert, oder sich bestimmte Machtsymbole aneignet. Die dabei entstandene Aggression wird auf die Aussenwelt gerichtet. Marys Imitation des phallogozentrischen Diskurses

---

[25] Vgl. Jean Laplanche/J.-B. Pontalis, *Das Vokabular der Psychoanalyse*, S. 224f.

geht daher mit der Übernahme von Kriegssymbolen einher. Als Soldatentochter staffiert sie sich nun selbst als „génie de guerre" aus und giert nach Blutvergießen:

> „Elle aurait voulu la mêlée pour de bon avec les sabres au clair, les têtes vraiment coupées, les vaincus vraiment morts. Quelque chose de sinistre tout en restant drôle...Un combat acharné pour une de ses violettes s'envolant, des cris d'agonie, un champ de carnage et du sang ruisselant à flots. Cela faisait pitié de voir quelle allure ses soldats s'amusaient! Pour un beau chiffon de soie ils n'avaient pas eu le courage de se tuer un peu. Quand les enfants se battent, il tapent sérieusement, à poings fermés." [169]

Blut evoziert nicht mehr nur Leid, sondern Lust, wie ihre Beziehung zu Paul Richard verdeutlicht. Es ist seine Disposition zum Nasenbluten, die Mary an dem jungen Medizinstudenten erregend findet:

> „Ce n'est rien, dit-elle, avec une farouche précipitation; au contraire, laisse donc, cela m'amuse de me sentir marcher dans ce flot rouge! Elle lui expliqua, qu'elle l'avait aimé pour cette infirmité de gamin bien pourtant, et que, si elle osait, elle le ferait saigner ainsi par plaisir." [252]

Sie liebt den Medizinstudenten nicht etwa trotz, sondern gerade wegen seines Nasenblutens. Blut erscheint als Symbol für Gewalt, die mit Erotik und Sexualität verschmilzt.

Das Spannungsfeld zwischen Tod und Erotik ist auch in der Hysterie verortet. In *La Marquise de Sade* durchkreuzt Rachilde ebenso wie in anderen Romanen den zeitgenössischen Diskurs über die Hysterie. Mary leidet bereits als Kind unter einer „rêverie de femme nerveuse" [27/84/101/115], die sich in der Pubertät in eine „maladie de langueur" [178] verwandelt, dem Synonym für unbefriedigte sexuelle Wünsche. So könnte auch die Diagnose der hysterischen Symptome [18/22f/41/44] von Marys Mutter lauten, deren Zustand sich nach dem Wissen um ihre Schwangerschaft maßgeblich verbessert hat: „Madame Barbe, en dépit de ses douleurs perpétuelles, était enceinte. Le docteur attribuait ce retour à la santé aux brises vivifiantes du pays." [41f] Marys religiöse Erscheinungen werden ebenfalls auf ihre hysterische Disposition zurückgeführt: „Elle serait devenue d'une pitié exemplaire si le moindre trouble cérébral, une disposition hystérique lui avait donné l'illusion d'un miracle, d'un tout petit miracle." [134]

Der Roman liefert weitere signifikante Beispiele für Rachildes ironischen Umgang mit der Hysterie. Als die Garnison des Colonel Barbe im Hinblick auf den bevorstehenden Krieg ins Elsass geschickt wird, trifft der Colonel auf einen elsässischen Arzt, der verkündet: „Vous autres, Français, vous n'avez que des maladies de nerfs!" [145] Er wird daraufhin zum Duell aufgefordert wird, das er nicht überlebt. Aus dem Blickwinkel der Wissenschaftlerin, die den misogynen medizinischen Diskurs ihrers Onkels internalisiert hat, deutet Mary die Hysterie als Modekrankheit, wie sie der Comtesse de Liol, der Geliebten ihres Mannes, zu verstehen gibt: „Calmez-vous, Madame, en vérité, l'hystérie est à la mode. Que chacun garde ses névroses, (...)." [273]

Hysterie als Symbolon für Weiblichkeit, Schwächlichkeit und Krankheit wird auch zum Attribut von Marys Geliebtem: „Paul se roulait sur le parquet de sa mansarde en proie à une épouvantable crise de nerfs." [230] Ähnlich wie Jacques Silvert, nimmt auch Paul in seinem Verhältnis zu Mary zumeist die passive, masochistische „Frauenrolle" ein.

Hysterie und Vampirismus weisen einen wesentlichen Konvergenzpunkt auf. Sowohl Vampire als auch Hysteriker erscheinen als äußerst hybride Figuren, die keine fixe Position bezeichnen. Die drei Stadien Leben, Tod, Untod, in denen der Vampir umherirrt, erinnern an das ewige Schwanken der Hysterikerin zwischen Leben und Tod,[26] Männlichkeit und Weiblichkeit, dem Anderen und dem Ich. In Bram Stokers *Dracula* verkörpert die hysterische Mina, die im Laufe des Romans durch den Biss des Grafen selbst zum weiblichen Vampir mutiert, dieses ewige Oszillieren zwischen den Geschlechtern, zwischen Existenz bzw. Nicht-Existenz oder zwischen Negierung und Akzeptanz des vermeintlichen Mangels. Die Hysterikerin und der Vampir figurieren den Tod und bringen sein Gedächtnis in die Welt der Lebenden:

> „Die Hysterikerin erkennt in der symbolischen Ordnung der Gesetze einen Mangel oder eine Leere und weiß um ihre *Nicht-Existenz*. Sie kann in ihrem Kultursystem nur existieren, indem sie die Gegenwart eines Double hervorruft: rhetorischer Ausdruck des Todes."[27]

Gegen Ende des Romans zählt auch Mary Barbe längst nicht mehr zu den „Lebenden". Ihre Existenz ist nur noch auf die Befriedigung ihres sadistischen Begehrens reduziert. Aus diesem Grund unternimmt sie Streif-

---

[26] Elaine Showalter findet für verschiedenen physischen Agregatzustände des Vampirs gleich drei mögliche sexuelle Entsprechungen: „Dracula lives in Transylvania, ,on the borders of three states', which we might read as the states of living, dead, and undead, or of masculinity, femininity, and bisexuality." Elaine Showalter, *Daughters of Decadence. Women Writers of the Fin de Siècle*, London (Virago) 1993, S. 179.

[27] Elisabeth Bronfen, *Nur über ihre Leiche*, S. 452.

züge durch das Pariser Nachtleben [285]. Andere müssen sterben, damit Mary weiterleben kann.

Mit dem Thema Vampirismus beschäftigt sich die Autorin nicht nur in dem vorliegenden Roman. Während sie in *Le Grand Seigneur* (1922) männlichen Vampirismus als aggressive Form der männlichen Sexualität und Ausdruck einer jahrhundertelangen Unterdrückung der Frau darstellt,[28] setzt sich die Autorin in der Kurzgeschichte *La Buveuse de Sang* (1900) auf andere Weise mit dem Vampirthema auseinander. Weibliche Sexualität wird dort in ihren gesamten Entwicklungsstadien, also Menstruation, Defloration und Mutterschaft, mit Tod gleichgesetzt. Das bretonische Mädchen Marivonnec verbringt die Nacht bei Vollmond in der Heide und tritt damit in den zyklischen Zusammenhang von Menstruation und Gezeiten. Im Angesicht des Mondes defloriert Jeanivon Marivonnec in der Heide, wo sie neun Monate später niederkommt und ihr Kind erwürgt. Der blutrote Mond wird zum Sinnbild von Weiblichkeit, Natur und Tod.

Im Unterschied zu *La Buveuse de Sang*, in dem die Trias von Weiblichkeit, Natur und Tod wiederholt wird, bietet Rachilde in *La Marquise de Sade* eine Umdeutung dieses misogynen Weiblichkeitsverständnisses. Sowohl Mary als auch ihre Mutter verkörpern als weibliche Vampire jene Instabilität, die zwischen Existenz und Nicht-Existenz schwankt. Während Caroline Barbe von der Möglichkeit der Nicht-Existenz fasziniert ist, ringt Mary um ihre Existenz. Ihre innere Zerissenheit ist von geschlechtsspezifischen Gegensätzen geprägt, wie Aktivität - Passivität, Täter - Opfer, Potenz - Kastration etc. Deutet man den Vampirismus als Metapher für Penetration[29], so erscheint Mary im Gegensatz zu ihrer schwangeren Mutter in der Männerrolle, in der sie Paul zum Bluten bringt. Sie untersucht und malträtiert immer wieder seinen Körper: „(...) elle avait découvert des petits points sur sa peau, entre l'épiderme et la chair. Elle les tirait à l'aide de ses ongles formant l'amande, en laissant le sang fluer hors les trous des pores élargis; lui ne bougeait pas, (...)." [271] Gegen Ende des Romans wird Marys degenerierte Existenz[30] nur noch von der Lust auf Blutvergießen be-

---

[28] Vgl. Maryline Lukacher, *Maternal Fictions*, S. 130.
[29] Diese Deutung findet sich auch in Elisabeth Bronfen, *Nur über ihre Leiche*, S. 451 und Maryline Lukacher, *Maternal Ficitions*, S. 132.
[30] Sie weckt Erinnerungen an die blutdurstige Clairwil, eine Freundin von Sades Juliette. Zu den berühmtesten weiblichen Vampiren zählen zweifellos die unheimliche Geraldine aus Coleridges Verserzählung *Christabel* und natürlich Lucy Westenraa, die in Bram Stokers *Dracula* blutrünstig durch den Londoner Norden zieht.

stimmt: „Aimant le sang, je choisis, pour le faire couler, celui qui est le moins utile, voilà tout." [295]

Caroline Barbe wie auch Marivonnec aus *La Buveuse de Sang* akzeptieren das traditionelle Weiblichkeitsbild und dessen Nähe zum Tod, Mary hingegen kann die eigene, so negativ besetzte Geschlechtszugehörigkeit nicht akzeptieren. Ihr Lebensentwurf zielt darauf ab, das Trauma, in dem ihre Geschlechtszugehörigkeit mit dem Tode gleichgesetzt wird, zu verdrängen. Im Unterschied zu ihrer Mutter, die den Tod akzeptiert, muss Mary ihr Kastrationstrauma leugnen, indem sie sich mit männlichen Attributen ausstattet und damit den männlichen Diskurs reproduziert. Ihr Selbstentwurf steht unter männlichen Vorzeichen, wie ihr Name Barbe, vor allem aber auch die Romanüberschrift signalisieren. Dies verdichtet den Zusammenhang zwischen einer weiblichen Überidentifizierung mit einem männlichen Destruktionsdiskurs und einer zerstörerischen Form der Sexualität, die mit dem Namen Sade verbunden wird. Insofern sollte man den Romantitel nicht auf seine appelative Funktion reduzieren.[31] Marys Rebellion gegen Tod und Kastration spiegelt nicht nur die Internalisierung eines misogynen Frauenbildes wider, sondern sie fördert vielmehr ein Dilemma zu Tage: Selbst in der Rebellion gegen ihre frauenfeindliche Umwelt bleibt sie in deren misogynen Wertesystem verhaftet. Statt Raum für ein weibliches Begehren zu entwickeln, flüchtet sie sich in Sadismus. Anstatt die eigene Geschlechtsangehörigkeit zu akzeptieren, verwandelt sie ihren Selbsthass in Männerhass. Statt eines weiblichen Selbstbewusstseins sucht sie die Anerkennung ihres Vaters. Anstatt auch die eigene Unzulänglichkeit anzunehmen, imaginiert sich Mary als mächtige unnahbare Frau:

> „De plus, je suis assez, EN ÉTANT, et si je pouvais finir le monde avec moi, je le finirais. En prononçant ces paroles, elle avait reculé, jetant le voile derrière elle, splendide, les yeux ardents, le sourire féroce, grandie d'une implacable haine de l'humanité." [214]

Marys narzisstischer Selbstentwurf spricht aber nicht von Freiheit, sondern von einer lebenslangen Verkettung mit der eigenen Opfererfahrung. Das Fundament des in *La Marquise de Sade* geschilderten Opfer-Täter-Kreislaufes bildet die Vorstellung von der Einheit von *sex* und *gender*. Mary ist im Gegensatz zu Raoule de Vénérande oder Marcel(le) Désambres nicht in der Lage, Identität als einen Akt zu begreifen, der kulturell hervor-

---

[31] Vgl. Claude Dauphiné, *Rachilde*, S. 66 und Alexandre Beilharz, *Die Décadence und Sade*, S. 135.

gebracht wird und sich ständig neu konstituiert. Es ist ihr aus diesem Grund nicht möglich, sich wie Raoule oder Marcel(le) in mehr oder weniger spielerischer Form über die Geschlechtergrenzen hinwegzusetzen, das misogyne Weiblichkeitsbild in Frage zu stellen und sich selbst in gewissem Rahmen zu entfalten. Insofern kann Mary Barbe als Gegenentwurf zu den dandyistischen Frauenfiguren betrachtet werden. Aufgrund ihres essentialistischen Identitätsbegriffes bleibt Mary nur die Identifizierung mit dem Aggressor, d. h. die Reproduktion des misogynen Diskurses der Zeit. Daher kann sie nicht als Subjekt agieren, sondern sie bleibt im Objektstatus verhaftet. Für die Protagonistin gibt es keinen Ausweg aus dem Dilemma, wie das offene Romanende signalisiert. In *La Marquise de Sade* erscheint weiblicher Sadismus daher als pervertierte Form einer weiblicher Überlebensstrategie in der patriarchalen Gesellschaft.

9.3 Perversion und Autorschaft

Die Verbindung zwischen Perversion und Autorschaft ist eng mit dem Namen der Autorin verknüpft. Maurice Barrès sieht in seinem Vorwort zu *Monsieur Vénus* das Perverse in den Widerspruch zwischen jugendlicher Unschuld und sexuellem Wissen begründet: „Ce qui est tout à fait délicat dans la perversité de ce livre, c'est qu'il a été écrit par une jeune fille de vingt ans."[32] Die perversen Handlungen der Romanheldinnen werden auf eine kranke Phantasie der Autorin zurückgeführt. So schreibt Lepelletier im *L'Écho de Paris:* „elle inventerait des vices, cette pauvre maniaque, pour faire croire qu'elle les comprend...rabaissez un peu vos cotillons, nous serions tentés de vous donner le fouet...vous me relevez pas de la critique mais de la clinique."[33] Die aggressiven Reaktionen der Öffentlichkeit, die Rachilde entgegen schlugen, zeigen an, dass die Autorin mit ihrer Analyse der patriarchalen Gesellschaft deren Repräsentanten aufs Empfindlichste

---

[32] Maurice Barrès, „Préface" zu Rachilde, *Monsieur Vénus*, Paris (Flammarion) 1977, S. 6. Auch Louis Dumur erhebt in seiner Kritik von *L'animale* (1893) die Perversität der Autorin zu deren Stilkennzeichen: „Le fait est que la perversité de Madame Rachilde est un exemple unique en littérature. On a vu des femmes chastes, des femmes légères, des femmes superficielles, des femmes pédantes, des femmes sentimentales, des femmes terribles, des femmes mystiques, des femmes athées, mais on n'avait pas encore vu des femmes perverses." Louis Dumur, „L'Animale", in: *La Plume,* 15. Mai 1893, zitiert nach Ernest Gaubert, *Rachilde,* S. 53f.
[33] Lepelletier, zitiert nach Edith Silve, „Préface" zu Rachilde, *La Marquise de Sade*, Paris (Gallimard) 1996, S. III.

getroffen hatte. Der folgende Kommentar von Henri Bauer spiegelt diese Situation exemplarisch: „Restez chez vous, faites des enfants et point de livres; ravaudez vos bas et ne reboutez point les lignes, (…).“[34]

Der Terminus Perversion denunziert die Autorin, weil sie wie die Heldinnen ihrer Romane gegen zeitgenössische Rollenerwartungen verstößt. Wie in den zuvor behandelten Texten lassen sich auch für *La Marquise de Sade* auf einer allegorischen Ebene Aussagen über weibliche Autorschaft machen, die im Kontext der oben zitierten Reaktionen auf Rachildes Schreibweise und ihrer Position als Autorin stehen.

Ebenso wie Mary als „fille cruelle" präsentiert wird, erweckt auch Rachilde bei jenen Kritikern den Eindruck eines schreibenden „Ungeheuers". Schreiben erscheint aus dem Grund als „perverser" Akt, weil er immer mit dem Anschreiben gegen zeitgenössische Rollenklischees verbunden ist. Die blutige Spur,[35] die Mary im Roman hinterlässt, erweist sich als Schriftzeichen, das sich zwar vom männlichen Diskurs distanzieren will, ihn aber zwangsläufig wiederholen muss:

> „In other words, while the woman novelist may evade or exorcise her autorship anxieties by writing about madwomen and other demonic doubles, it appears that the woman poet must literally become a madwoman, enact the diabolical role, and lie melodramatically dead at the crossroads of tradition and genre, society and art."[36]

Die „Angst vor Autorschaft" oder aber die berechtigte Angst vor Ausschluss kommt in den Texten von weiblichen Autoren gerade durch die Darstellung von dämonischen Frauen zum Vorschein. Während die englischsprachigen Autorinnen diese Schizophrenie in zwei konträren Frauengestalten, dem Engel („angel in the house") und der Wahnsinnigen („madwoman in the attic") realisieren, ist die Darstellung der dämonischen Frau in *La Marquise de Sade* an die Produktionsregeln der *Décadence* gebunden. Anders als in den Texten viktorianischer Autorinnen bleibt die *femme fatale* nicht im Verborgenen, sondern sie steht im Zentrum des Romans. Auf einer allegorischen Ebene lassen sich Beziehungen herstellen zwischen der Situation eines weiblichen Autors und der Lage der dämonischen Frau im Roman.

---

[34] Ebd., S. III.
[35] Vgl. das gelungene Deckblatt der 1996 erschienenen Romanausgabe von Gallimard, wo der Romantitel in handschriftlichen Lettern mit blutroter Tinte geschrieben ist.
[36] Sandra Gilbert/ Susan Gubar, *A Madwoman in the Attic*, S. 545.

In *La Marquise de Sade* verweist die dort skizzierte sadistische Sexualpraxis auf eine Schreibpraxis, wie sie bereits in *Monsieur Vénus* thematisiert wurde. Der zeitgenössische von Grausamkeit geprägte Liebesbegriff[37] wird umformuliert in einen Schreibprozess, denn in beiden Romanen zeigen sich literarische Praktiken in Form eines Körperschreibens. Der Textkörper, der traditionell weiblich definiert wird, fungiert als Synonym für „the blank page", auf dem sich ein männlicher Autor mit seiner kreativen Potenz „a pen like a penis"[38] einschreibt. In *La Marquise de Sade* vertauscht Rachilde wieder die geschlechtsspezifisch definierte Relation zwischen Autor und Textkörper. Mary Barbe lebt ihre sadistische Lust an der Destruktion am Körper ihres schwächlichen Geliebten aus. Sie kratzt Zeichen auf die männliche Haut [41/95/233/236f/271]. Der männliche Körper wird zum Palimpsest. Schreiben erweist sich wie in *Monsieur Vénus* als zerstörerischer Akt, der den literarischen Destruktionsdiskurs, „the male colonization of the female textuality and of woman as textuality"[39], einer explizit männlich definierten Autorschaft mittels Rollentausch dekonsturiert:

> „(...), il lui tendait ses bras pour qu'elle s'amusât à les labourer d'une épingle à cheveux, une pointe de métal cuivrée très mauvaise, elle le tatouait de ses initiales, appuyant d'abord doucement, puis écrivant la lettre dans la chair vivre, l'empêchant de fuir en lui donnant un baiser par écorchure. Cela semble si naturel aux fervents de l'amour d'expier toujours des crimes imaginaires! Ne l'avait-il pas violée lors de leur premier rendez-vous?" [272]

Marys Stift wird zum metaphorischen Phallus, der misogyne Zeichen auf Pauls Haut bzw. in den Text schreibt. Sein Körper mutiert ebenso wie Jacques' Körper zur *body message*. Die Zeichen auf Pauls Haut weisen Mary als einen Autor aus, der zum literarischen Vater transformiert ist. Die Initialen, die Mary auf die Haut ihres Liebhabers tätowiert, lassen sich im literarischen Kontext als unauslöschliche Autorsignatur lesen. Durch Inversion wird der herrschende Literaturdiskurs parodiert und ihre „metaphorical maleness"[40] affirmiert.

---

[37] Vgl. zum Thema Liebe und Grausamkeit auch Jean Pierrot, *L'Imaginaire Décadent*, S. 10.
[38] Sandra Gilbert/ Susan Gubar, a.a.O., S. 6f.
[39] Janet Beizer, „Venus in Drag, or Redressing the Discourse of Hysteria: Rachilde's *Monsieur Vénus*", in: dies., *Ventriloquized Bodies. Narratives of Hysteria in Nineteenth-Century France*, Ithaca u. London (Cornell University Press) 1994, S. 227-260, hier S. 232.
[40] Sandra Gilbert/Susan Gubar, *The Madwoman in the Attic*, S. 14.

Die Auseinandersetzung mit dem Thema weibliche Autorschaft kommt auch in Marys Beziehung zu ihrem Onkel zum Ausdruck. Célestin Barbe inkarniert den medizinischen Diskurs, der sich als radikale Ausschließungspraxis präsentiert. Als Frau ist Mary der Zugang zur Medizin verwehrt [182], was zugleich auch auf den literarischen Diskurs der Zeit zutrifft. Wie in der Literatur der Zeit hat Mary nur als „Diskursobjekt" bzw. als Objekt der Wissenschaft, als „vénus anatomique" [194], eine Existenzberechtigung. Mary erkennt, dass es ihre Geschlechtszugehörigkeit ist, mit der ihre Ausgrenzung aus der Wissenschaft begründet wird:

> „(...) je vous gêne parce que je ne suis pas un garçon. (...) –Eh bien, puisque je suis une femme, chassez-moi donc chez vous, mon oncle, car c'est un crime que je ne veux plus m'entendre reprocher. Je serai libre de courir et de chanter, au moins." [182]

Ihre Rebellion gegen eine solche Diskriminierung ist eng verbunden mit der Imitation des phallogozentrischen Wissenschaftsdiskurses. Heimlich eignet sie sich Wissen an und macht sich unentbehrlich:

> „Maintenant, elle rangeait discrètement son cabinet, lui copiait ses notes d'une écriture fort nette, et classait les pages de l'herbier avec une méthode étonnante." [186]

Wie die marginalisierte Autorin, so reproduziert Mary jenen Diskurs, der sie ausgrenzt und abwertet. Scheinbar kann sie sich nur auf diesem Wege von dem Schicksal eines ohnmächtigen wissenschaftlichen Objekts befreien und sich in ein mächtiges wissenschaftliches Subjekt verwandeln. Mary wird Ärztin und „savante" [221], die ihrem Onkel geistig ebenbürtig ist und sich über den Wissenschaftsdiskurs identifiziert." Als Medizinerin behandelt sie Pauls Nasenbluten [207], aber sie bleibt aufgrund ihrer biologischen Weiblichkeit immer auch ein lebendes Forschungsobjekt [194/199], an dem ihr Onkel gewissenmaßen seine Studien betreibt.

Ihr Medizinstudium macht sie aufgrund ihrer Geschlechtszugehörigkeit zu einem Kuriosum, ähnlich wie es Schriftstellerinnen ergehen mag, die durch ihre Autorschaft zeitgenössische Frauenbilder in Frage stellen. Schreiben erscheint in *La Marquise de Sade* – also auch wissenschaftliches Schreiben – als Inbegriff eines phallogozentrischen Schreibens. Als Medizinerin wird Mary eine Welt zugänglich, die nur wenigen Frauen im *Fin de siècle* offen stand, wie bei der Feier zum „anniversaire scientifique" ihres Onkels [193f] und den Gästen aus der Fachwelt deutlich wird. Marys Eintritt in den wissenschaftlichen Diskurs wird durch die sadistischen Praktiken symbolisiert. Sie korrespondieren im Hinblick auf die weibliche Autorschaft mit den misogynen Bildern in Rachildes Romanen, in der die Autorin sich selbst zur anderen wird. Die misogynen Zeichen im Text einer Schriftstellerin, lassen sich auf literarischer Ebene also als Negation der weiblichen Geschlechterrolle und Affirmation der männlichen *gender role* lesen. In *La Marquise de Sade* wird der Akt des Schreibens zum Akt des Foltern und Mordens. Der Akt des Beschreibens/Bezeichnens ist aber nur in Form einer Wiederholung des misogynen Diskurses möglich, die auf der Auslöschung der eigenen Weiblichkeit bzw. der eigenen Stimme basiert. Das „monströse Schreiben" erscheint als Synonym für ein entfremdetes, entstelltes Schreiben, das Sandra Gilbert/Susan Gubar als Zeichen einer metaphorischen Männlichkeit deuten:

> „The pen, therefore, is not mightier than the sword, it is also like the sword in its power – its need, even to kill. And this last attribute of the pen once again seems to be associatively linked with its metaphorical maleness."[41]

Der Zusammenhang zwischen Mord und Autorschaft verweist auf den Kontext eines literarischen Ödipuskonflikts. In *La Marquise de Sade* tötet Mary durch ihre sadistischen Praktiken – ähnlich wie eine Autorin in ihrer Schreibpraxis – das Weibliche, das Mütterliche[42], um sich unentwegt mit dem väterlichen-phallogozentrischen Diskurs zu identifizieren. Die misogynen Stereotypen in den Romanen von Schriftstellerinnen wären demnach als Affirmation des Männlichen zu deuten, die weibliche Autorschaft erst möglich macht und sie in die Lage versetzt, mit den männlichen Autoren, repräsentiert durch Célestin Barbe, zu rivalisieren[43] und deren Anerkennung zu erlangen, wie es Mary Barbe bei ihrem Vater[44] versucht. Das ent-

---

[41] Sandra Gilbert/Susan Gubar, a.a.O., S. 14.
[42] Maryline Lukacher deutet Rachildes Texte, insbesondere *La Marquise de Sade* als „act of matricide". Vgl. Maryline Lukacher, *Maternal Fictions*, S. 136.
[43] Die These von der weiblichen Autorschaft als Ausdruck einer weiblichen Rivalität mit dem Vater vertritt Melanie Hawthorne in ihrer Interpretation von *La tour d'amour*. Vgl. Melanie Hawthorne, „To the lighthouse: Fictions of Masculine Identity in Rachilde's *La Tour d'Amour*", in: *L'Esprit Créateur. Bâton Rouge* XXXII, 4 (1992), S. 41-51.
[44] Edith Silve weist auf die besondere Rolle des Vaters in Rachildes Romanen hin. Tatsächlich war Rachildes Vater ebenso wie Colonel Barbe bei der Armee und, wie die Barbes, so reisten auch die Eymerys von Garnison zu Garnison. Auch Rachildes Vater wünschte sich sehnlichst einen Sohn. In *L'animale* taucht gegen Ende des Romans ein Schriftsteller auf, der Laure Lordès mit nach Afrika nehmen will, das Land, in das auch schon Baron de Raittolbe aus *Monsieur Vénus* nach der Affäre mit Jacques geflohen ist. Rachildes Vater hat seinen Militärdienst ebenfalls in

stellte Schreiben gilt als notwendige Prämisse für einen weiblichen Autor, wenn sie an dem literarischen Diskurs der Zeit teilhaben will. Die Wiederholung misogyner Konventionen kann insofern als pervertierte Form einer literarischen Überlebensstrategie gedeutet werden, die es dem weiblichen Autor ermöglicht, am literarischen Diskurs der Zeit zu partizipieren.

In *La Marquise de Sade* verarbeitet Rachilde das Thema Perversion und Weiblichkeit aus der Sicht eines weiblichen Autors. Die *femme perverse* wird als Frau präsentiert, deren Gewalt und Männerhass als Reaktionen auf die erlittene Unterdrückung gedeutet werden. In der Fallgeschichte verweist Rachilde auf das Dilemma der dämonischen Frau. Ihre mächtige Position impliziert zwar eine subversive Qualität, die gegen die traditionelle Frauenrolle rebelliert, zugleich aber ist sie Bannerträgerin eines Destruktionsdiskurses, der die Negierung der weiblichen Sexualität propagiert. Im Unterschied zu anderen Texten der *Décadence* wird Perversion im Roman nicht als lustvolle Sexualpraxis präsentiert, die gegen die Reproduktionsinteressen der französischen Gesellschaft rebelliert oder männlichen Unterwerfungsphantasien Raum bietet, sondern weiblicher Sadismus erweist sich in *La Marquise de Sade* als pervertierte Form einer weiblicher Überlebensstrategie in einer misogynen Umwelt.

Auf der allegorischen Ebene lässt sich diese Zwangslage auch auf die schwierige Position eines weiblichen Autors übertragen. Weibliche Autorschaft erscheint als perverse Autorschaft, nicht weil sie gegen zeitgenössische Rollenerwartungen verstößt, sondern weil sie gegen das eigene Geschlecht gerichtet ist. Andererseits ist die Wiederholung misogyner Konventionen als literarische Überlebensstrategie zu deuten, der sich eine Autorin bedienen muss, wenn sie an ihrer Position im literarischen Diskurs der *Décadence* festhalten will.

---

Afrika abgeleistet. Allerdings bleibt es fraglich, ob man deshalb in Rachildes Romanen die geheimen Inzestwünsche der Autorin ablesen kann, wie Edith Silve in mehreren Romaninterpretationen vorschlägt. Vgl. Edith Silve, „Préface" zu Rachilde, *L'animale*, Paris (Mercure de France) 1993, S. 1-14, hier S. 13 und dies., „Préface" zu Rachilde, *La Marquise de Sade*, Paris (Gallimard) 1996, S. I-XIV, hier S. XIIIf. Es bleibt jedoch festzuhalten, dass sich hinter einigen männlichen Romanfiguren in der Tat Rachildes Vater entdecken lässt. In ihrem literarischen Universum ist er „un héros de roman", wie sie in dem gleichnamigen Kapitel ihrer Lebenserinnerungen schreibt. Vgl. Rachilde, *Quand j'étais jeune*, S. 66.

## 10. *LA TOUR D'AMOUR*: IDENTITÄT UND AUTORSCHAFT

„Un chef-d'œuvre, gracieux confrère, que j'ai lu tout d'une haleine, à la fois charmé et terrifié, un chef-d'œuvre cette Tour d'Amour et d'épouvante aussi."[1]

Mit diesen Worten gratuliert Laurent Tailhade in seinem Brief vom 20.11.1899 Rachilde zu dem im April beim Mercure de France erschienenen Roman *La tour d'amour*. Auch der Mindener Verleger Max Bruns, der 1913 die von Berta Huber vorgelegte deutsche Übersetzung publiziert, nennt den Roman in seinem Nachwort „eine einzigartige literarische Schöpfung".[2]

Tatsächlich nimmt „le poème en prose" innerhalb des großen Œuvres von Rachilde eine Sonderstellung ein, die sowohl von künstlerischer als auch inhaltlicher Art ist. In Bezug auf die künstlerische Textgestaltung differiert *La tour d'amour* wesentlich von jenem Ästhetizismus, der in vielen ihrer Texte vorherrscht. Der Roman spielt nicht etwa in exklusiven Salons oder in exzentrisch ausgestatteten Boudoirs, sondern in dem kargen Leuchtturm Ar-Men vor der rauhen bretonischen Küste, der von dem sonderbaren Mathurin Barnabas und seinem jungen Gehilfen Jean Maleux, dem Ich-Erzähler des Romans, bewohnt wird. Das monotone Leben auf Ar-Men ist von Einsamkeit, Tod und Wahnsinn gekennzeichnet. Markierungspunkte der Realität wie Zeit und Raum, Wirklichkeit und Traum, Vergangenheit und Gegenwart sind außer Kraft gesetzt. Der Leuchtturm in der stürmischen See ist eingebunden in sprachgewaltige Bildkompositionen voller Symbolgehalt und mythischer Aussagekraft, die eine archaisch anmutende Atmosphäre, eine unheilvolle Stimmung von existentieller Unsicherheit entstehen lassen und um das Thema Ich-Verlust und Identitätssuche kreisen. Der Chef-Leuchtturmwärter Mathurin bezahlt seine lebenslange Arbeit auf dem Leuchtturm mit Sprachverlust und Wahnsinn. In ihm sieht Jean sein Schicksal vorgezeichnet, dem er durch seine Eintragungen ins „carnet de bord", das zu einer Art Tagebuch wird und sich als der vorliegende Roman entpuppt, zu entkommen sucht. Weil der Text in Form ei-

---

[1] Laurent Tailhade, zitiert nach André David, *Rachilde. Homme de lettres. Son Œuvre. Portrait et Autographe. Document Pour L'Histoire De La Littérature Française*, Paris (Éditions de La Nouvelle Revue Critique) 1924, S. 69.
[2] Rachilde, *Der Liebesturm*, übersetzt von Berta Huber, Minden (Max Bruns) 1913, S. 188.

nes fiktionalen Tagebuchs konzipiert ist, eröffnet er Introspektiven in die hermetische Welt des Ich-Erzählers, seine Imaginationen von Männlichkeit und Weiblichkeit. Der Diskurs über das Ich ist immer auch ein sexueller Diskurs. So spiegelt sein Selbstentwurf, der ausschließlich über die Arbeit am Leuchtturm definiert ist, seine negative Haltung gegenüber Frauen.

Auf der Textoberfläche scheint die Autorin auch in diesem Werk zunächst die traditionellen Konventionen des Literaturdiskurses ihrer Zeit zu paraphrasieren. Doch auf einer zweiten Ebene schält Rachilde tiefgründig den Zusammenhang zwischen Misogynie und männlicher Identitätsproblematik heraus. Auf einer dritten Ebene verbindet sie in der Figur des Leuchtturmwärters und Ich-Erzählers Jean Maleux Identität und Autorschaft. Dieser Themenkomplex, der in den bislang behandelten Texten ebenfalls verarbeitet wurde, tritt hier offen zu Tage. Jeans Autorschaft lässt sich wieder als Allegorie auf eine literarische Identitätsproblematik von Schriftstellerinnen lesen. Insofern erweist sich auch *La tour d'amour* als Palimpsest.

## 10.1 Misogynie und die Krise des männlichen Selbstentwurfs

Auf der Oberfläche des vorliegenden Romans zitiert Rachilde jene misogynen Frauenbilder[3], die in der Literatur des 19. Jahrhunderts vorherrschen. So bewegen sich die wenigen Frauengestalten in *La tour d'amour* in den traditionellen Dichotomien der sexualisierten - entsexualisierten Frau, also Hure - Heilige, Geliebte - Ehefrau, *femme fatale - femme fragile*. Jeans Imaginationen über Weiblichkeit verraten seine Identitätsproblematik. Seine Beziehungen zum anderen Geschlecht sind in Traum und Erinnerung angesiedelt. Weiblichkeit erscheint als etwas Imaginäres, ohne reale Repräsentation: „(...), la femme et l'amour ne peuvent véritablement exister que sous forme de fantasme: en effet le rêve, après s'être confondu avec le réel, crée une zone aux contours incertains et finit par recouvrir, voir abolir tout élément se rapportant à la réalité."[4]

Eines Abends träumt er von der maurischen Schönheit Zuléma, die mit ihrem ordinären Charme besonders hervorgehoben wird. Beim Klang ihres exotischen Namens, der „soleil" bedeutet, assoziiert er die paradiesische

---

[3] Vgl. Kap. 2.1 der vorliegenden Arbeit.
[4] Gabriella Tegyey, *L'inscription du personnage dans les romans de Rachilde et de Marguerite Audoux*, Debrecen (Kossuth Lajos Tudományegyetem) 1995, S. 70f.

Farbenpracht und Wärme der Insel Malta, Zufluchtsort vor dem finsteren, monotonen Alltag auf dem Leuchtturm an der rauhen bretonischen Küste. Jean hegt eine eher kindliche Liebe für Zuléma: „(...) J'étais heureux, parce que j'étais comme un garçon près d'elle." [44] Er bevorzugt eine platonische Beziehung zu einer Frau „simple" oder „naïf", der er als „un enfant" [44] oder „un frère tendre" [116] begegnen kann. In dem Bild der *femme fragile* verschmelzen männliche Sexualangst bzw. Sexualfeindlichkeit.[5] Zur *femme fragile*, also einer zerbrechlichen, kränklichen, passiven, knabenhaften, melancholischen Schönheit, zählen Frauengestalten wie etwa Claribel in Bourges *Le Crépuscule des dieux* (1884), Poes *Ligeia* (1885), D'Annunzios Maria in *Il piacere* (1898) oder Sybil Vane in Wildes *Dorian Gray* (1890). Die *femme fragile* findet in der Gestaltung von Zuléma teilweise eine Entsprechung. Allerdings zählt Zuléma trotz ihres fragilen Aussehens zu den sexuell aktiven Frauen:

> „Tu voulais de drôles de choses ... et tu me faisais presque honte. Je suis doux, moi, j'aime les enfants, les simples, les naïfs, ceux qui croient en Dieu et ont envie d'une bague bénite. Les filles à matelots, c'est pas des femmes pour un tranquille garçon, un garçon rangé des navires... (...)." [116]

Jeans Wunschbild scheint zu wanken. Ihre sexuelle Aktivität erlebt der Ich-Erzähler sogleich als existentielle Bedrohung: „Elle tenait un couteau, celui du vieux, et elle me le posa tout doucement le long de la nuque." [40] Die Frau als Bedrohung evoziert das Bild der dämonischen Frau, ein komplementärer Gegentypus zur *femme fragile*, also der sexualisierten, für Männer nicht beherrschbaren Frau. Die stereotypen Weiblichkeitsmuster erweisen sich als realitätsfremd. Der Leuchtturmwärter fürchtet seinen Machtverlust: „(...)... un garçon vraiment courageux ne se doit pas tout entier à une femme." [44] Auf der Suche nach einer ungefährlichen Frau, „une femme bien douce, bien aimante" [78] lernt Jean bei seinem ersten Landurlaub die kindliche Marie, Tochter einer bretonischen Wirtin, kennen:

> „Une fille de quinze ans, assez grande pour son âge, en jupe à plis, au corsage de velours orné d'un fichu blanc. Elle avait des bandeaux plats très noirs, un nez court, très droit, une bouche méchante ou simplement moqueuse, et toute la figure tachée de taches de son." [91]

---

[5] Ariane Thomalla, Die >femme fragile<. Ein literarischer Frauentypus der Jahrhundertwende, Düsseldorf (Bertelsmann) 1972, S. 62-64.

Marie inkarniert eine neue Variante der *femme fragile*, nämlich die keusche unschuldige und damit sexuell ungefährliche *femme enfant*[6]. Jean erfindet eine neue Bezeichnung für dieses Frauenbild. Er nennt Marie „la Bretonne bretonnante", die hypostasierte Reinheit. Das Bild der *femme enfant* ist auch Ausdruck des allgemeinen Kinderkultes der Zeit.[7] Maries kindliche Unschuld wird relativiert durch ihren boshaft spöttischen Mund, der an Mary Barbe oder Raoule de Vénérande erinnert. Aus Jeans Perspektive erscheint Marie als gespaltene Frauenfigur. Einerseits verkörpert sie Reinheit und Ordnung [115], andererseits empfindet Jean sie als „animal exaspéré" [99]. Sowohl Marie als auch Zuléma strahlen jene selbstbewusste Weiblichkeit aus, die den Leuchtturmwärter beunruhigt:

> „La Mauresque ressemblait un peu à Marie. Un peu...beaucoup,(...), elle se dressait de la même façon provocante, de la liberté dans le sourire. - Elles ont du vice, je crois, toutes les deux, (...). [116]

Doch diese Spaltung der Frau ist in erster Linie Projektion seiner eigenen Ich-Problematik, in der er sich selbst als gespalten erlebt, als „frère tendre", der sich seiner „indomptable virilité" entledigen muss. Die von Jean praktizierte gesellschaftliche Doppelmoral ist probates Mittel zur Kompensation der eigenen Ich-Spaltung: Mit der fünfzehnjährigen Marie hat er sich verlobt [96], seine sexuellen Bedürfnisse verlagert er ins Bordell [152]. Marie wird zum Objekt seiner Begierden, und so drängt er sie bereits wenige Stunden nach ihrem Kennenlernen zu einem Verlöbnis. Doch Marie ist nicht so naiv wie das Bild der Kindfrau transportiert, denn sie fordert nicht nur einen Liebespfand, sondern stellt Jean darüber hinaus noch ein Ultimatum: „(...) ... et j'attendrai quinze jours.... pas plus de quinze jours...ou je vous oublierai." [99] Als er Marie mit Gewalt zu küssen versucht, versetzt sie ihm einen Faustschlag und läuft davon [99]. Sie durchbricht das Bild einer passiven weiblichen Sexualität und gibt Jean zum Abschied einen „*baiser breton*" [101].

---

[6] Vgl. ebd., S. 71-74.
[7] Vgl. ebd., S. 70 u. 73f. Ariane Thomalla verweist u.a. auf die Biographie von Poe. Der Dichter hatte sich nämlich mit seiner dreizehnjährigen Cousine Virginia vermählt und propagierte öffentlich eine asexuelle, platonische Bindung. Verlaine, übrigens ein Freund Rachildes, war Poes Lebenswandel nicht unbekannt. Er heiratete die sechzehnjährige Mathilde Manté de Fleurville, die der infantilen Idylle ein Ende bereitete: „Marie wurde schnell erwachsen, ohne zu sterben, und nahm es nicht ohne Widerspruch hin, daß ihr infantiler Gatte auch anderen erotischen Neigungen nachging." Ebd., S. 74.

Jeans Frauenbilder sind Resultate einer Besetzung des weiblichen Körpers und seiner Sexualität durch phallogozentrische Diskurse. Der weibliche Körper, als *femme fatale* oder *femme fragile* imaginiert, wird zur Endlagerungsstätte männlicher Sinnlichkeit, zum Ort, wo sexuelles Begehren des Mannes artikuliert werden darf.

Marie, die „Bretonne bretonnante", mutiert in Jeans Traum zu einer vampirhaften „femme noyée" [117]. Die Glorifizierung von Maries Keuschheit wird abgelöst von der Dämonisierung ihrer sexuellen Seite. Reinheit und Keuschheit mutieren zu Kastration und Tod, die im Bild der Wasserleiche verdichtet sind. Nicht nur die ambivalente Beschreibung von Marie, sondern auch der oben genannte Alptraum erfüllen die Funktion einer Vorausdeutung, einer von Rachilde häufig eingesetzten Erzähltechnik. Jeans Beziehung zu Marie ist zum Scheitern verurteilt. Als er seiner Verlobten zum verabredeten Zeitpunkt die „présents de finançailles" überreichen möchte, ist Marie nicht da [120]. Sie begeht einen Treuebruch und überschreitet das Handlungsspektrum einer passiven Kindfrau. Frauenbilder als männliche Orientierungspunkte im Umgang mit dem weiblichen Geschlecht erweisen sich als Trugbilder.

Maries Abwesenheit impliziert noch eine allegorische Dimension. Das konkrete Fernbleiben von Marie und ihr Verschwinden ins Unerreichbare verweist auch Jeans imaginiertes Frauenbild einer „Bretonne bretonnante" aus der Realität in die Phantasiewelt. Rachilde tradiert also nicht nur die misogynen Weiblichkeitsmuster, sondern sie zeigt zugleich deren Brüchigkeit auf. Maries Abwesenheit deutet auf eine Leerstelle in Jeans Vorstellungswelt, in der Frauen nur im Gewande männlicher Fiktionen existieren. Die totale Desorientierung im Umgang mit Frauen ist die Folge. Jean befindet sich in einem Dilemma: Vor einer sexuell aktiven Frau wie Zuléma fürchtet sich der Ich-Erzähler und das Ideal einer keuschen, sexuell beherrschbaren Frau existiert nicht. Aus Verzweiflung und Enttäuschung wendet sich der Leuchtturmwärter nun toten Frauen zu, über die er wie „Einwegobjekte des Begehrens" verfügen kann. Hat er sie „konsumiert", wirft er sie ins Meer:

> „Ce n'est plus aux femmes vivantes que je songe. Il me faudrait des créatures plus passives, plus complaisantes, (...)! Et je voudrais aussi pouvoir les rejeter à l'eau, m'en débarrasser la chair pour toujours, ne jamais les rencontrer, de nouveau, sur ma route." [133]

Sie stellen seine Weiblichkeitskonzepte und seinen Ich-Entwurf nicht in Frage. In seiner Vorstellungswelt verliert die Frau aufgrund der Erfahrungen mit Marie den entsexualisierten, unschuldigen Status. Weiblichkeit wird als sexualisierte Bedrohung phantasiert, die permanent abgewehrt werden muss und über Jeans Beschreibung des Meeres zur Sprache kommt. Das Meer, das den Leuchtturm umspült, fungiert nicht nur als bloße Dekoration oder atmosphärisches Element, sondern erscheint als Sammelbecken sexueller, mythischer, psychoanalytischer und erzähltechnischer Diskurse. Tiefe Gewässer wie Brunnen, Seen und Meere verfügen über eine ambivalente Symbolik. Sie gelten in vielen Erzählungen und Märchen aus der Bretagne und dem Périgord[8] sowohl als Symbol für das Totenreich als auch als Sinnbild weiblicher Macht. Das Meer, dessen Gezeiten vom Mond bestimmt werden, ist ebenso *prima mundi*, Quelle der Fruchtbarkeit und allen Lebens. Die See also symbolisiert Leben und Tod, Anfang und Ende zugleich.[9] Das Meer dient Rachilde als erzähltechnisches Faktotum. Es übernimmt nicht nur die Funktion von Kollektivsymbol und Leitmotiv, sondern es fungiert ebenso als Schnittstelle des Romans, an der sich alle wichtigen Romanthemen zentrieren. Die See wird zum Spiegel der Seele, denn aus der ozeanischen Tiefe des Unbewussten dringen Jeans sexuelle Phantasien über das andere Geschlecht an die Oberfläche. Das Meer avanciert im Laufe des Romans zur weiblichen Hauptdarstellerin, die in die Masken männlicher Fiktionen von Weiblichkeit schlüpft. Die See reflektiert die weibliche Genealogie von der Mutter bis zur todbringenden *femme fatale*. Während eines Sturms fürchtet Jean in den „ventre de la mer" [25] abzurutschen. Der Bauch als Attribut der Mütterlichkeit, das Leben entstehen lässt, pervertiert in der Perspektive des Ich-Erzählers zu einem lebensvernichtenden Element. Die See spuckt Beleidigungen [35], ergreift als „expulseuse d'hommes" [58] Besitz vom Leuchtturm und bestimmt den Tagesablauf der beiden Leuchtturmwärter [71]. Nach Jeans Rückkehr von

---

[8] Edith Silve setzt in ihrer Romaninterpretation die Beschreibungen des Meeres in Beziehung zu biographischen Daten der Autorin. Mit ihrem Rekurs auf Rachildes Suizidversuch durch Ertrinken verleiht sie dem Roman das pathologische Etikett einer Sublimation unbewältigter Konflikte, ohne dass Silve mit ihrer Methode wesentliche Erkenntnisse für die Textarbeit gewonnen hätte. Diese Verfahrensweise lässt Rachildes versierten Umgang mit einem Kollektivsymbol außer Acht und reduziert den künstlerischen Wert des Textes. Vgl. Edith Silve, „Préface" zu Rachilde, *La tour d'amour*, S. III.

Marie beginnt das Meer seine „lamentation d'une épouse trahie" [104] und beklagt sich zornig über seine Abwesenheit.

Die bildreichen Beschreibungen der See tradieren also die weiblichen Stereotypen des 19. Jahrhunderts wie Kindfrau, zornige Ehefrau, wollüstige Hure, die im Blickfeld zwischen *femme fragile* und *femme fatale* anzusiedeln sind. Der Ich-Erzähler assoziiert mit dem Weiblichen das Ungeordnete, Unstrukturierte, Unbewusste, Unkontrollierbare, Fließende, Triebhafte, Sexuelle. Die Frau wird zum Ort von Sexualität und Sinnlichkeit. Demzufolge präsentiert sich das Meer als Spiegel des Unbewussten, des Weiblichen. Als Ort der Begierden[10] fungiert die See als Projektionsfläche der sexuellen Wünsche des Ich-Erzählers:

> „La mer délirante bavait, crachait, se roulait devant le phare, en se montrant toute nue jusqu'aux entrailles. La gueuse s'enflait d'abord comme un ventre, puis se creusait, s'aplatissait, s'ouvrait, écartait ses cuisses vertes; (...). Mais elle recommençait, s'échevelant, toute en convulsion d'amour ou de folie. Elle savait bien que ceux qui la regardait lui appartenaient." [136f]

Aus Jeans sexualisiertem Blickwinkel eines Voyeurs agiert das Meer wie eine wollüstige kopulierende Dirne, die ihre grünen Schenkel öffnet zu einem leidenschaftlichen erotischen Tanz. Mit diesem „danse éternelle" [55] bringt die See wie ihre Urahnin Salome die Männer in existentielle Gefahr bzw. den Leuchtturm als Signifikant des Männlichen zum Beben [67/135]. Die dem als *femme fatale* inszenierten Meer zugeordnete omnipotente Sinnlichkeit entpuppt sich als das eigene unbewältigte Triebleben.[11] Während die *femme fragile* als Wunschprodukt männlicher Imagination – als Sublimation männlicher Sexualangst – zu interpretieren ist, gilt die *femme fatale* als „Abwehrprojektion, in der sich Sexualangst – die uneingestandenen und unbewältigten Teile der eigenen Sexualität" und die Erkenntnis, „nicht in gleicher Weise wie die Frau als Sinnenwesen zugelassen zu sein"[12], verbinden. Die Figur des Ich-Erzählers dokumentiert exemplarisch, dass die Bedingungsfaktoren zur Konstitution von Frauenbildern in einer zumindest literarisch manifesten Krise des männlichen Ich-Entwurfs zu definieren sind. Männliche Sexualangst und Sexualflucht sind Ausdrucks-

---

[9] Vgl. dazu: J. C. Cooper, *Illustriertes Lexikon der traditionellen Symbole*, übersetzt aus dem Englischen von Gudrun und Matthias Middell, Leipzig und Wiesbaden (Drei Lilien) 1986, S. 209f.
[10] Michel Foucault, *Wahnsinn und Gesellschaft*, Frankfurt a.M.[11] (Suhrkamp)1995, S. 30.
[11] Vgl. Carola Hilmes, *Die Femme Fatale*, S. 64f.
[12] Ebd., S. 65.

formen dieser Ich-Krise und nicht allein auf die „Kehrseite der enggeschnürten Sexualmoral des 19. Jahrhunderts"[13] zurückzuführen. Literarische Muster misogyner Tradition wie z.b. das Bild der Männer verschlingenden Weiblichkeit sind das Ergebnis einer Krise des männlichen Ich, exemplifiziert am Ich-Erzähler.

Das Phantasma der verschlingenden Weiblichkeit und der daraus resultierende männliche Opfer-Diskurs kann auf eine lange, nicht ausschließlich literarische Tradition zurückblicken.[14] So begegnet Homers Odysseus in seiner neunten Prüfung Skylla und Charybdis, zwei grässlichen Seeungeheuern weiblichen Geschlechts, die sechs seiner Gefährten verschlingen.[15] Diese Form der Mythologisierung der Geschlechterverhältnisse stellt das männliche Selbstbild nicht in Frage. Vielmehr erlaubt sie ihm, sich als Opfer zu imaginieren, das einer sexuell omnipotenten Frau ausgeliefert ist. Die Frauenbilder dienen somit der Verdrängung der eigenen Problematik.

Jean erlebt seine Beziehung zu Marie wie einen Krieg zwischen den Geschlechtern: „C'était une guerre déjà. Elle avait le système de toutes les femelles: se défendre par tous les moyens possibles et n'accepter que des ... arrhes." [99] In Sturmnächten symbolisieren das tobende Meer und der erzitternde Leuchtturm ebenso wie der blutrote Mond und das steingraue Mauerwerk den von Jean imaginierten Geschlechterkampf. Der Mond gilt ebenso wie das Meer als weibliches Kollektivsymbol. Während das Meer das Bild einer sexuell omnipotenten Dirne darstellt, transportiert der Mond das Bild einer Jungfrau. Das Ringen zwischen Mond und Leuchtturm ist sexuell konnotiert und erinnert an eine Korpulationsszene:

> „C'était un curieux combat entre Elle, la grande vierge, et Lui, le monstre issu des ténèbres." [128]

In Jeans Phantasie scheint die Gewalt während des sexuellen Aktes von Frauen auszugehen. Das Motiv der verschlingenden Weiblichkeit klingt an:

> „Peu à peu, elle le mangeait, en formait sa propre lumière. On devinait parfaitement ce travail de bête, ou de femme dissoulue, (...)." [128]

---

[13] Ebd., S. 65.
[14] Vgl. dazu Jean de Palacio, „La féminité dévorante", in: ders., *Figures et formes de la Décadence*, Paris (Nouvelles Éditions Séguier) 1994, S. 53-74.
[15] Zum Odysseus-Mythos vgl. Karl Kerényi, *Die Mythologie der Griechen*, Bd. I: *Die Götter- und Menschheitsgeschichten*, S. 42f. und ders., *Die Mythologie der Griechen*, Bd. II: *Die Heroen-Geschichten*, S. 213f. Vgl. auch die psychoanalytische Untersuchung des Odysseus-Mythos, orientiert an der C.G. Jungschen Schule, von Ingeborg Clarus, *Odysseus und Oidipus*, Fellbach (Bonz) 1986, S. 66ff.

Er imaginiert den Mond als große Vagina, der sich der mächtige Leuchtturm als phallischer Repräsentant entgegenstreckt:

> „Le phare se dressait, énorme, tendu comme une menace vers les cieux, s'érigeait, colossal, dans la direction de cette gueule d'ombre, de cette noire fêlure de la clarté céleste, car il y était attiré par le suprême devoir d'être aussi grand que Dieu."[128]

Im Kontext der im Zitat angedeuteten Deflorationsphantasie wird der „phare-phallus" immer mächtiger, getrieben von der männlichen Hybris, genauso groß wie Gott zu sein. Männliche Omnipotenzphantasien als Kompensation von Kastrationsängsten, die aus der Illusion der Mangellosigkeit resultieren, kommen zum Vorschein. Durch den sexuellen Akt erscheint die Frau als kastriert und ihre Macht gebrochen. Der rote Mond als Repräsentant des Weiblichen trauert um seinen „tête coupée" [128]. Jean phantasiert die Frau nicht mehr als omnipotente Männer verschlingende Weiblichkeit, sondern als „perle tombée", als Wesen des Mangels, das wegen seiner Nicht-Existenz „l'absence de son corps" nur über das Phallische repräsentiert werden kann:

> „Et la lune, perle tombée, tête coupée, fière de l'absence de son corps, s'en allait, s'en allait pudiquement, chaste et lointaine, inaccessible, emportant le mystère d'une bouche muette qui, peut-être, n'existe pas..." [129]

Als kastriertes Wesen rückt die Frau in die bedrohliche Nähe des Todes. Diente die Frau als Projektionsfläche eigener sexueller Wünsche, warnt die kastrierte Frau vor dem Ausleben der eigenen Sexualität, die unter die Strafe der Kastration, die den Tod symbolisiert, gestellt ist. So findet Jean eines Tages beim Muschelsuchen – die Muschel selbst symbolisiert die Vulva – einen abgetrennten Finger. [59] Auch der von Mathurin konservierte Frauenkopf kann als Kastrationssymbol gedeutet werden. Das Phantasma der verschlingenden Weiblichkeit und die daraus resultierenden Kastrationsängste einerseits und sein starkes sexuelles Begehren andererseits kennzeichnen die dekompensierte Gefühlslage, in der sich der Ich-Erzähler befindet, als er sich auf der Suche nach einer Frau in den Etablissements von Brest herumtreibt:

> „J'entrai comme ça dans plus de cinq maisons qui toutes, ouvraient des grandes gueules rouges, pour me happer, (...)." [151]

Die Signalfarbe rot evoziert Assoziationen an das rote Licht des Leuchtturms [27f], das rote wilde Meer [161], an den untergehenden (deflorierten) roten Mond [128]. Mittels Farbsymbolik illustriert Rachilde die Omnipräsenz von Jeans sexuellen Wünschen, die sich nicht mehr verdrängen lassen:

> „A l'intérieure, c'était tendu de rouge. Le rouge me poursuivait, piquant mon regard de ses mille aiguilles trempées dans le vinaigre." [151]

Stark alkoholisiert torkelt er schließlich durch die dunklen Gassen des Hafenviertels und glaubt sich auf dem Leuchtturm bei stürmischer See, Symbol seines wankenden Ich-Entwurfs. In seiner Begegnung mit einer betrunkenen Hure verbinden sich Identitätsprobleme und Kastrationsängste. Unbewusst reagiert die Prostituierte sofort auf Jeans Schwierigkeiten, indem sie ihn mit „petit homme" anspricht und so seine Persönlichkeitsprobleme offenlegt. Mit ihren Annäherungsversuchen provoziert sie Jeans existentielle Angst vor der verschlingenden Weiblichkeit. In ihren Armen fühlt er sich wie in den Fängen einer Krake:

> „La fille,(...), se précipita brusquement dans mes bras, s'agrippa – telle une pieuvre – à mes épaules et me baisa sur la bouche d'un long baiser, suceur, abominable, puant le musc." [153]

Den Krieg gegen das weibliche Geschlecht, der sich als Kampf gegen die eigene Sexualität entpuppt, führt Jean auf dem Schlachtfeld des weiblichen Körpers. Tief gekränkt entlädt er seine aufgestauten Aggressionen am Körper der Hure. Er stößt ihr ein Messer in den Bauch, Symbol der Weiblichkeit schlechthin: „Toi, tu n'embrasseras plus jamais personne! C'est fini de rire, sale gueuse! Et je lui plantai mon couteau dans le ventre." [153] Ihre sexuelle Aktivität muss die Hure also mit der „Entkörperung" bzw. der Zerstörung ihres vermeintlich gefährlichen Körpers bezahlen. Realität und Fiktion verschwimmen. Er glaubt, die fleischgewordene Konkretion des Meeres vor sich zu haben: „Ben, quoi? J'ai tué la mer!" [153] Jean imaginiert das Meer als wollüstige *femme fatale,* als Männer verschlingende Prostituierte, die seine Männlichkeit bedroht und daher erwürgt oder geköpft [151] werden muss. Die Tötung der Frau fungiert als Synonym für die Entmachtung des Weiblichen, die Kastration. Der Mord an der Hure nimmt in Jeans Diskurs über die Weiblichkeit eine Schlüsselposition ein. Diese Episode dokumentiert das Auslöschen jeglicher weiblicher Realität zugunsten einer männlichen Fiktion von Weiblichkeit: „Die Geburt des

Bildes ist der Tod der Frau."[16] Die Bluttat an der Hure deutet weniger auf einen symbolischen Mord an Marie[17], denn Jean tötet nicht Marie, sondern den sexualisierten, furchteinflößenden Teil von ihr [154/168] und stellt so im Mord an der Hure sein Bild von Marie als unschuldige „Bretonne bretonnante" wieder her [163]. Weibliche Sexualität, die Jean offenbar als Bedrohung erlebt, hat nun ihre Kraft verloren.[18] Jean glaubt an den Trugschluss, im Akt des Mordens seine eigene Sinnlichkeit abtöten zu können.[19]

Von Romanbeginn an symbolisiert das Meer nicht nur das Phantasma einer omnipotenten Frau, sondern auch den ästhetischen Konnex zwischen Tod und Weiblichkeit. Es spült Leichenschwärme [74] und abgetrennte Körperteile heran. Kastrationssymbole wie der abgetrennte Finger oder der Frauenkopf erlangen ihre tiefe Bedeutung als *Memento mori*, als permanente *Memoria* an die eigene Sterblichkeit. Das Meer schwemmt aber auch die nackten Frauenleichen heran, die in Mathurin ein nekrophiles Lustempfinden auslösen. Im Zentrum der folgenden Analyse steht weniger die Psychogenese der Nekrophilie als sadistische Perversion, dafür aber ist ihre ästhetische Funktion von Interesse. *La tour d'amour* präsentiert sich nicht als „véritable exercice de style sur la nécrophilie"[20], in dem das Spektakuläre im Zentrum steht, sondern Rachilde demaskiert die Nekrophilie als Spiegel männlicher Konflikte und nimmt ihr das Spektakuläre.

Nekrophilie besitzt eine lange literarische Motivtradition in Europa. Erinnert sei an Baudelaires *danse macabre*, an Zolas *Assommoir*, Poes *Ligeia*, Swinburnes *Atlanta* etc., an mittelalterliche Epen und an Märchen, sowie

---

[16] Marianne Schuller, „Literarische Szenerie und ihre Schatten. Orte des ‚Weiblichen' in der literarischen Produktion", in: *Ringvorlesung Frau und Wissenschaft*, Marburg (Universität Marburg) 1979, S. 79-103, hier S. 83.
[17] Die These vom symbolischen Mord an Marie vertritt Silve. Vgl. Edith Silve, „Préface" zu Rachilde, *La tour d'amour*, S. XI.
[18] Elisabeth Bronfen konstatiert im Hinblick auf den Zusammenhang von Weiblichkeit und Tod: „Die Opferung der gefährlichen Frau hingegen stellt die Ordnung, die durch ihre Gegenwart kurzfristig aufgehoben wurde, wieder her und bändigt die Ängste wie auch die gefährlichen Phantasien, die sie auslöste. In beiden Fällen wird die Norm bestätigt und erhalten." Elisabeth Bronfen, *Die schöne Leiche. Texte von Clemens Brentano, E.T.A. Hoffmann, Edgar Allan Poe, Arthur Schnitzler und anderen*, München (Goldmann) 1992, S. 379.
[19] In ihrer Untersuchung zur *femme fatale* in Texten männlicher Autoren kann Hilmes ebenfalls eine Korrespondenz zwischen mortifizierter Weiblichkeit und abgetöteter Sinnlichkeit feststellen. Vgl. Carola Hilmes, *Die Femme Fatale*, S. 28.
[20] Vgl. Claude Dauphiné, *Rachilde*, S. 319.

an Autoren der deutschen Romantik von Brentano bis Schnitzler, von nachromantischen Autoren wie Hoffmannsthal bis Przybyszewski, die dieses Motiv verarbeiten.[21] Als Autor von *La tour d'amour* greift Jean selbst auf ein literarisches Beispiel mortifizierter Weiblichkeit zurück und entspricht damit zeitgenössischen Leseerwartungen, die ihm aus eigener Leseerfahrung bekannt sind. Auch der von ihm zitierte Roman *Paul et Virginie*[22] handelt von einem Schiffsuntergang, bei dem Virginie ertrinkt [78]. All diesen literarischen Beispielen ist die Vorstellung der schönen Frauenleiche gemeinsam, die beim männlichen Betrachter Lustgefühle auslöst. Während Rachilde dieses literarische Muster in *Monsieur Vénus* verkehrt und damit kritisch hinterfragt, entfaltet und analysiert sie in *La tour d'amour* diesen Konnex Frau und Tod, der auf das ästhetische Konzept der Amalgamierung von Schönheit und Melancholie rekurriert, das Edgar Allan Poe in seinem berühmten Essay *The Philosophie of Composition* (1846) postuliert. Poe deklariert darin den Tod der schönen Frau zum poetischsten Thema der Welt.[23] Die schöne Frauenleiche inkarniert das romantische Ideal der Symbiose von Lyrik und Melancholie, das Ausdruck findet in der Verschmelzung von vollkommener Schönheit und Tod. Einem trauernden Liebhaber gleich, spricht Jean eine poetische Sprache, um seiner Melancholie und seiner Trauer über die verlorene Liebe Ausdruck zu verleihen. Das Bordbuch wird zum „poème en prose".[24]

Bei aufkommendem Sturm, Symbol für Mathurins aufflammende sexuelle Wünsche, fällt bezeichnenderweise der Leuchtturm als Repräsentant von Gesetz und Ordnung aus und der Leuchtturmwärter hofft auf einen Schiffsuntergang, der ihm eine schöne „femme noyée" beschert. Sobald ein Sturm naht, singt Mathurin Barnabas das Lied „La tour d'amour" wie ein Hochzeitslied, das ein Bräutigam anstimmt, wenn er auf die Hochzeitsnacht wartet [66-69]. Schließlich befestigt Mathurin eine angeschwemmte, nackte, beinahe verweste Frauenleiche an einem Felsen, damit diese vom Meer nicht weggespült werden kann [84]. Das hochästhetisierte Ideal der schönen Toten verkehrt sich im Horizont der *Décadence* ins schauerliche Bild

---

[21] Vgl. Mario Praz, a.a.O., S. 203f. u. Elisabeth Bronfen, *Die schöne Leiche*, S. 376-429.
[22] Der 1788 erschienene Roman stammt von Jacques-Henri Bernardin de Saint-Pierre (1737-1814). Der exotische Liebesroman erfreute sich größter Beliebtheit. Er wurde in zahlreiche Sprachen übersetzt und häufig nachgeahmt.
[23] Vgl. Elisabeth Bronfen, a.a.O., S. 376f.
[24] André David, *Rachilde. Homme de lettres*, S. 68.

einer fast verwesten Frauenleiche [84]. Nicht die Frau als totes Liebesobjekt steht im Zentrum von *La tour d'amour*, sondern Mathurins Gefühle, die er für die toten Frauen empfindet:

> „Ben quoi, je suis un brave homme... je ne contrarie ni les femmes, ni le règlement. Je m'avais marié dans le temps jadis, maintenant, personne, (...), ne peut plus me tromper. Elles sont les meilleurs filles que les autres et elles parlent pas... c'est tout miel." [114]

Das Motiv der „mortifizierten Weiblichkeit"[25] ist eng mit dem der *femme fatale*-Konzeption implizierten Phantasma der verschlingenden Weiblichkeit verknüpft. Es ist die Liebe zu einer letztlich nicht erreichbaren, erinnerten Frau, die in ihrer passiven Körperlichkeit nicht als bedrohlich empfunden wird,[26] der sich auch Jean zuwenden will: „Ce n'est plus aux femmes vivantes que je songe. Il me faudrait des créatures plus passives, plus complaisantes, (...)!" [133] Gerade am toten Frauenkörper erlebt die hier inszenierte männliche, kontrollierte Sinnlichkeit eine Auferstehung. Gefahrlos können Jean und Mathurin ihre sexuellen Begierden ausleben und den sexuellen Akt ungeschehen machen, indem sie den „benutzten" Frauenkörper ins Meer werfen.[27]

Mathurin verehrt den in einem Einmachglas gelagerten, in Spiritus konservierten Frauenkopf: ein Fetisch, der als erotische Substitution der schönen Ertrunkenen fungiert. An seinem Sterbebett lässt sich Mathurin von Jean den „bocal" holen und bekennt:

> „(...), et puis ...autrefois... la vivante... elle m'avait fait cocu... J'ai jamais pu aimer que celle-là, par orgueil..." [163]

Der gläserne Fetisch ist Sinnbild dreifacher Unerreichbarkeit und somit der Ungefährlichkeit der Frau. Sie ist nicht nur tot und hinter Glas verschlossen, sondern auch noch körperlos. Der Kopf als das Körperfragment, an dem weibliche Sinnlichkeit am wenigsten virulent wird, wurde vom übrigen Körper demontiert. Indem Mathurin sein sexuelles Begehren auf den Frauenkopf richtet, vermeidet er „den unerträglichen Anblick der Körper-

---

[25] Carola Hilmes, *Die Femme Fatale*, S. 62.
[26] Ariane Thomalla spricht mit Rekurs auf Elisabeth Darge vom „Eros der Ferne" und hält die distanzierte Form der erotischen Attraktion für symptomatisch für die diskutierten Frauenbilder *femme fragile* und *femme fatale*. Vgl. dazu Ariane Thomalla, *Die >femme fragile<*, S. 75.
[27] Zum Konnex Wollust und Grausamkeit vgl. Carola Hilmes, a.a.O., S. 165.

öffnungen, die der Mann nicht hat."[28] Die Vagina wiederum symbolisiert die „verschlingende Weiblichkeit" und die damit verbundenen Kastrationsängste. Der Frauenkopf fungiert also als Kastrationssymbol. Er erinnert an die eigene Verwundbarkeit, er wird weggeschlossen und konserviert und damit seiner Gefährlichkeit beraubt:

> „La fiction sert à cela: le signe de castration, qui est femme, sera conservé dans de l'alcool, dans un pot de fleurs, et consommé par transparence. (...) *Ça intègre ou cela n'est pas*: La femme, sexe ignoré de l'homme, ne le sexualise qu'autant qu'elle lui fait perdre ou le sens ou la vie. Une tête en pot, une érection dont le contenu est la castration, voilà bien du symbole qui ne se peut pas."[29]

Während die Frauenleiche noch auf dem Felsen liegen muss, darf der leblose Frauenkopf im Leuchtturm, der „phallischen Bastion", aufbewahrt werden. Der misogyne Chef-Leuchtturmwärter erlebt sie nicht mehr als „du malheur dans un ménage" [109]. Mathurins erotisches Begehren verlagert sich auf die Ebene des zärtlichen Blickes, des Streichelns des aus dem Glas hervorquillenden Haarschopfes und der Erinnerung an ihren Körper:

> „(...)... mais c' est que tu n'as pas connu son corps... Aucune autre créature n'a été si bonne pour moi, le pauvre bougre abandonné...(...)." [164]

Das im Glassarg aufgebahrte Schneewittchen aus Grimms Märchen weist einige Parallelen auf zum toten Frauenkopf im „pot de cristal":

> „Das erotische Begehren nach der Liebsten verlagert sich hier auf die Ebene des Betrachtens. Im Akt des Sehens liegt Besitz und Genuß, wobei die Frau die Bedingung dieses Begehrens am besten erfüllt, wenn ihr Todeszustand, der sie gänzlich zum Körper werden läßt, bewahrt wird vor der Verwesung, wenn sie eine unberührbare, idealisierte weibliche Hülle ohne Seele und Selbst ist. Die nekrophile Schaulust (...) ist doppeldeutig, der Blick sexuelle Handlung."[30]

Bezieht man nun die Dimension des Todes mit ein, so scheint gerade in der Auflösung der Grenzen zwischen Leben und Tod das Perverse, gesellschaftlich Unduldsame im nekrophilen Akt zu liegen. Sexualität als Lebenstrieb und reproduktiver Akt trifft auf Endlichkeit und Tod. Der Fetisch

---

[28] Peter Widmer, *Subversion des Begehrens. Jacques Lacan oder Die zweite Revolution der Psychoanalyse*, Frankfurt a.M. (Fischer) 1990, S. 95.

[29] Charles Grivel, „Le discours du sexe (Fin de siècle en littérature)", in: Manfred Pfister (Hg.), *Die Modernisierung des Ich. Studien zur Subjektkonstitution in der Vor- und Frühmoderne*, Passau (Rothe) 1989, S. 96-109, hier S. 105. [Hervorheb. i. Original.]

[30] Elisabeth Bronfen, *Die schöne Leiche*, S. 382.

jedoch dient dem Nekrophilen als Medium, das er dem Tod, der drohenden Auflösung, entgegensetzen kann. Andererseits setzt die Konservierung des Kastrationssymbols den Tod außer Kraft. Der in Spiritus konservierte Frauenkopf substituiert nun den verwesenden Frauenleichnam und ist unsterblich. Erst als Mathurin dem Tod selbst ins Auge blickt und ihn als Teil seiner Existenz akzeptieren kann, verliert die bedrohliche Qualität der Frau ihre Macht. Als Jean, auf Bitten seines Chefs hin, den Frauenkopf ins Meer geworfen, ihn also begraben oder dem Tod zurückgegeben hat, kann Mathurin selbst sterben. Es scheint, als könnten der sexualfeindliche Mathurin und seine zerstückelte Geliebte erst im Tod zueinander finden [165]. In dem „pot de cristal" wird der Tod zur Schau gestellt, eine weitere Parallele zum Schneewittchen.[31] Jean erschrickt im wahrsten Sinne des Wortes zu Tode, als er den Frauenkopf zum ersten Mal sieht [145]. Er blickt dem Tod ins Auge. In diesem Akt offenbart sich die menschliche Illusion der eigenen Unsterblichkeit. Auch in der Spiegelszene verschmelzen Weiblichkeit und Tod und erinnern Jean an seine eigene Sterblichkeit, die er zu verdrängen sucht: „Je jetai ma veste sur elle [sc. la tête] pour ne plus rencontrer ses yeux en l'emportant." [164] Insofern fungiert der „pot de cristal" als Spiegel der Erkenntnis. Der Blick in den Spiegel stürzt Jean in fundamentale Unsicherheit, konkretisiert durch seinen Sturz ins Meer (des Irrationalen). Die Furcht vor der Weiblichkeit entpuppt sich also nicht nur als Angst vor der eigenen Sexualität, sondern sie bringt vielmehr eine Panik vor dem Tod zum Ausdruck, an den die Frau aus männlicher Sicht permanent erinnert.

Rachilde dekonstruiert in *La tour d'amour* den Konnex Weiblichkeit und Tod, indem sie den Tod in den Leuchtturm als Repräsentant des Phallischen verlegt. Der Leuchtturm steht auf dem Felsen Ar-Men liegt fern ab von der Zivilisation. Rachilde beschreibt eine phantastisch anmutende Szenerie, in der es außer den Protagonisten weder Menschen, Tiere noch Pflanzen gibt. Der Tod ist durch die vielen Schiffsuntergänge allgegenwärtig. Jean empfindet das Leben auf dem Turm als Hölle [28]. Der Leuchtturm erscheint als heterotopischer Nicht-Ort, als gottverlassener Ort [25], als ein unbestimmbarer Raum zwischen Himmel und Erde, Traum und Wirklichkeit, Innenwelt und Außenwelt, Leben und Tod. Auch Jeans

---

[31] Vgl. ebd., S. 382.

Existenz steht im Zeichen des Todes. Beim ersten Übersetzen auf den Leuchtturm [17f] und bei späteren Arbeiten auf dem Leuchtturm stürzt Jean in die stürmische See [17f/140/146] und kann dem Tode nur knapp entrinnen. Er wird Nachfolger eines jungen Leuchtturmwärters, der auf geheimnisvolle Weise ums Leben kam [9/64/65]. Überdies wird er Zeuge grausamer Schiffsuntergänge [68ff] und Handlanger des Todes, als er die Hure ersticht. Schließlich wird der Leuchtturm selbst zum Symbol des Todes, steinernes Grabmal Mathurins und seiner Frauenleichen. Jean umsorgt seinen Chef auf dessen Sterbebett und lebt mit seinem verwesenden Leichnam bis zu seiner Bestattung. Statt einer Frauenleiche beherbergt der Leuchtturm nun eine Männerleiche. Männlichkeit und Tod stellen das literarische Monopol von Weiblichkeit und Tod in Frage.

Die durch die Konzeption eines fiktionalen Tagebuchs ermöglichte Introspektive in die Gefühls- und Gedankenwelt des männlichen Ich-Erzählers dokumentiert und analysiert dessen Metamorphose vom Liebhaber lebender Frauen bis zum Sympathisanten einer nekrophilen Praxis. Die Verwandlung und die damit verbundenen misogynen Verhaltensmuster können als Spiegel von Jeans Ich-Krise, also seinem gestörten Verhältnis zu sich selbst und zu dem anderen Geschlecht, gedeutet werden. Durch Jeans Metamorphose modifiziert Rachilde auch die Einstellung der Leser, die sich mit dem Ich-Erzähler identifiziert haben. Unversehens verliert Mathurins Wahnsinn das Ungeheuerliche und wird zur Krankheit, die jeden befallen kann.

Drei Jahre nach Erscheinen des Romans sorgte der Fall Ardisson in der französischen Presse für Schlagzeilen und lenkte wiederum die Aufmerksamkeit auf *La tour d'amour*. Der junge ungelernte Bauarbeiter Honoré Ardisson aus Muy (genannt der Vampir von Muy) bekannte, die Leichen junger Mädchen geschändet und sie geköpft zu haben, um sie besser liebkosen zu können. Auf die Frage, warum er nicht verheiratet sei, antwortete dieser: „Les vivantes ne voulaient pas de moi. Les mortes, elles, ne se défendaient pas."[32] Der Fall Ardisson dokumentiert auf eindrucksvolle Weise wie sensibel Rachilde das Psychogramm menschlicher Abgründe zeichnet. Und so schreibt Dr. Antoine Ritti, Arzt am Charenton, in der November-Dezember-Ausgabe von 1901 der *Annales médico-psychologiques*: „La fiction du romancier semble avoir prévu l'abominable réalité."[33]

---

[32] Edith Silve, „Préface" zu Rachilde, *La tour d'amour*, S. XV-XVII.
[33] Rachilde, *La tour d'amour*, Paris (Le Tout sur Tout) 1980, S. 266.

## 10.2 Männlichkeit und Wahnsinn

In *La tour d'amour* wohnt der Wahnsinn im Leuchtturm, also gerade an jenem Ort, der männliche Macht, Ordnung, symbolisiert. Pflichterfüllung und Triebunterdrückung werden zum Gesetz in der „phallischen Bastion", die außerdem der Frau jeglichen Zugang versagt. Die Überidentifikation mit dem phallogozentrischen Diskurs und die Negierung des Weiblichen führt im Roman zum Wahnsinn.

Wahnsinn bezeichnet in *La tour d'amour* die Dimension der Auflösung der Grenzen zwischen Raum und Zeit, Vergangenheit und Gegenwart, Subjekt und Objekt, Mann und Frau, Mensch und Tier, Leben und Tod, dem Ich und dem Anderen, der Ratio und der Intuition, dem Männlichen und dem Weiblichen. Das Fremde im Menschen wird gerade dann sichtbar, wenn die genannten menschlichen Orientierungspunkte verwischen und die Vernunft außer Kraft gesetzt wird. Die eigene Identität gerät ins Wanken. Vor dem Hintergrund der *Décadence* erfährt der Wahnsinn eine positive Konnotation.[34] Wahnsinn als das Fremde, Unbeherrschbare, Triebhafte in jedem Menschen rückt für die *Décadents* nicht nur in die Nähe des Genies, sondern Wahnsinn impliziert ebenso eine gesellschaftskritische Komponente. Wahnsinn kritisiert eine Gesellschaft, die das ihr Fremde, Unvernünftige auf eine soziale Gruppe projiziert, ausgrenzt und damit das Menschliche, im Sinne der beiden Komponenten Vernunft und Un-Vernunft, abwehrt. Das Andere im Menschen wird im Rahmen der Geschlechterdebatte aber immer als weiblich gedeutet. Indirekt wäre also die Vorliebe der *Décadents* für das Andere immer auch ein Bekenntnis zum Weiblichen, das sie als Männer nicht zulassen dürfen und daher abwehren müssen. Wahnsinn erweist sich somit als Grenzerfahrung der Kultur, als eine Dimension, mit der die Kultur jenen Teil von sich weist, der konstitutiv zu ihr gehört. Gerade an den Tabu-Themen Tod und Sexualität, die außerhalb des Sprachcodes stehen und zum verbotenen Sprechen zählen, lassen sich Grenzüberschreitungen ablesen. Jean beschreibt diesen Zustand des Sich-Auflösens wie folgt:

> „On n'a pas d'idée de ce que c'est que la pluie, en mer, et sur un phare. Ça brouille tout, ca mouille tout, ça vous fond la cervelle, ca vous dilue les

---

[34] So kritisiert Alfred Jarry die Einweisung von M. Honoré Ardisson in ein Irrenhaus. Vgl. Alfred Jarry, „Spéculations", in: *La Revue Blanche* 26 (September-Dezember 1901), S. 302f.

moelles, on coule, on s'égoutte peu à peu, on est moins consistant qu'un nuage, n'importe quel prétexte vous serait bon pour aller rejoindre l'eau, la grande d'eau finale."[71]

Aus seiner Sicht repräsentiert das Weibliche, symbolisiert in der stürmischen See, die Dimension der Auflösung und des Todes.[35] Die Arbeit als Leuchtturmwärter wird zur Basis seines männlichen Ich-Entwurfs. Die gesellschaftlich diktierten Werte wie Eigentum [8], Arbeit, Geld, Ehe und Familie [53f] stabilisieren scheinbar seine Konstruktion von Männlichkeit, deren Jean sich nicht sicher ist, denn er spricht über seine Männlichkeit ausschließlich im Futur: „Ben quoi, on sera un homme". [11/16] Doch das Phallische als Symbol von Autorität, Pflicht und Ordnung erlebt Jean zugleich als Bedrohung. Der Leuchtturm, als steinerner Repräsentant der Marineverwaltung, erscheint ihm gleich bei seiner Ankunft als verschlingendes Monster: „Trente-six ans de travail et une ration de cadavres! Il en était gras, le monstre, d'avoir dévoré des ouvriers." [14] Hier verkehrt Rachilde das Bild der verschlingenden Weiblichkeit. Die traditionellen Geschlechterkonfigurationen geraten aus den Fugen und stürzen den Helden in tiefe Unsicherheit. Als er beim Übersetzen vom Meer auf den Leuchtturm gespült wird, glaubt Jean, das steinerne Monster habe ihn gefressen: „Moi, je tombe droit au milieu de sa gueule noire. Je suis arrivé. Je suis mangé." [18]

Aus sozialhistorischer Perspektive verweist der Leuchtturm als Arbeitsplatz auf die kapitalistische Leistungsgesellschaft, die das Individuum, den Arbeiter, mit Haut und Haar verschlingt, also seine gesamte Arbeitskraft aufzehrt. Jeans Tätigkeit auf Ar-Men verspricht ihm nicht mehr gesellschaftliche Akzeptanz und Selbstbewusstsein, sondern evoziert neben den Phantasien des Verschlungenwerdens Ängste vor Erniedrigung und Unterdrückung: „On serait des hommes si on se causait comme tout le monde, mais on est comme des galériens, ici." [39] Das Phallische als Signifikant von Autorität, Pflichtbewusstsein, Kontrolle und Ordnung, als Säule der bourgeoisen Gesellschaft im Frankreich des 19. Jahrhunderts erhält in *La tour d'amour* eine bedrohliche Konnotation, eine zerstörerische Energie,

---

[35] Seine Beschreibung erinnert an das Krankheitsbild der englischen Melancholie: „In der klassischen Zeit erklärt man die englische Melancholie gerne durch den Einfluß eines Meeresklimas: die Kälte, Feuchtigkeit, die Wechselhaftigkeit des Wetters, all die feinen Wassertröpfchen, die die Kanäle und Fibern des menschlichen Körpers durchdrängen, ließen ihn seine Festigkeit verlieren und prädisponierten ihn für den Wahnsinn." Michel Foucault, *Wahnsinn und Gesellschaft*, S. 30.

die sich am Zerfall der beiden Leuchtturmwärter ablesen lässt. Das grenzenlose Pflichtgefühl hat auf den Körpern der Protagonisten seine Spuren hinterlassen. Kurz vor seinem Tod ähnelt Mathurin dem Leuchtturm: „Mathurin Barnabas était grand, maigre et grand comme le phare, (...)." [157] Aus dem ideologischen Blickwinkel der *Bohème* entlarvt Rachilde die sich über den androzentrischen Wertekodex der französischen Industriegesellschaft definierende männliche Identität als Scheinidentität. Im Bewusstsein der eigenen Metamorphose schließt Jean seine Tagebuchnotizen mit den Worten: „...Et je suis fou, car je n'espère plus rien, je n'attends plus rien... (...)." [169]

Die Umwertung des Phallischen lässt sich in dem Roman konkret beobachten: Die phallische Ordnung führt anstatt in die Normalität in den Wahnsinn. Lokalisierte Jean den Wahnsinn im Meer, als Ort der zügellosen Begierde [132], muss er nun nach sechsjähriger Arbeit als Leuchtturmwärter erkennen, dass sich der Wahnsinn im Leuchtturm selbst eingenistet hat. Sie fördert nicht die Identitätsbildung, sondern die Ich-Auflösung und wird zum Sinnbild der Zerstörung.„(...) Vous avez le délire du vent." [66], so lautet Jeans Diagnose von Mathurins paranoiden Phantasien. Er hält das Säuseln des Windes für menschliche Stimmen und lebt ständig in der Angst, von Jean bespitzelt zu werden. Der Chef-Leuchtturmwärter hat seine gesamte Existenz der Pflichterfüllung auf dem Leuchtturm untergeordnet:

> „Pourtant j'ai pas mon pareil dans le métier; je sors jamais, je bois pas, je cause pas et je dors presque plus. J'ai pas mon pareil sur toute la ligne de feu des côtes, ça tu pourras leur dire à nos officiers." [66]

Mathurin zerstört sukzessive seinen Körper und auch Jean beobachtet sich bei autoaggressiven Tätigkeiten [132]. Pflicht wird zur Manie. Mathurin verliert seine Kulturtechniken, seine Kommunikationsfähigkeit verfällt. Im Gegensatz zu Mary Barbe, deren Wahn sich in einem mörderischen Männerhass artikuliert, wird Wahnsinn in *La tour d'amour* als manische Pflichterfüllung präsentiert und erinnert an die Perversionen des pflichtbewussten Beamten bei Edgar Allan Poe.[36] Mathurins krankhafter Diensteifer, der ihn entmenschlicht und in den Tod führt, wird am Ende in einer Trauerfeier von der Marineverwaltung geehrt [167]. Die Überidentifikation mit der phallischen Ordnung führt in den Wahnsinn. Aus Pflicht wird Ob-

---

[36] Vgl. dazu André David, *Rachilde. Homme de Lettres*, S. 69.

session: „L'idée fixe du devoir, c'est le commencement de la folie." [169] Zu dieser Erkenntnis gelangt Jean erst im Laufe seiner Berufsjahre. Bot ihm sein Dienst auf dem Leuchtturm einst die Möglichkeit, seine unsichere Identität als Mann zu stärken, entpuppt sich dies nun mehr und mehr als Selbstbetrug:

> „On faisait son devoir d'éclairer le monde ... en aveugles. Le devoir, c'est une manie, la plus terrible des manies, car on a confiance en elle. On s'imagine qu'elle vous sauvera." [156]

Pflichterfüllung bis zur Selbstaufgabe entlarvt Rachilde als selbstzerstörerische Scheinwerte einer kapitalistischen Industriegesellschaft. Die Grenze zwischen Vernunft und Un-Vernunft ist aufgehoben. Krankheit wird zur Metapher einer Gesellschaft. Wahnsinn als andere Seite der Vernunft existiert nicht mehr: die androzentrische Gesellschaftsordnung selbst ist der Wahnsinn. Erst der Tod erlöst von der Pflichterfüllung und befreit vom Wahnsinn. So findet Mathurin im Sterbebett, den Tod vor Augen, das Leben wieder.

In dem Roman deutet Rachilde den Wahnsinn als Chiffre eines männlichen Identitätsproblems. Nekrophilie, Fetischismus, Paranoia und Manie illustrieren die perverse Seite einer Fixierung auf die männliche Ordnung, die das Weibliche als Bedrohung empfindet. Die selbstvergessene Erfüllung phallogozentrischer Normen erweist sich als Überidentifikation mit dem Männlichen, was zugleich die Ausgrenzung der Frau aus dem Leuchtturm und die Verdrängung des Weiblichen aus der Lebens- und Vorstellungswelt der Protagonisten zur Folge hat. Die Marineverwaltung verlangt von den Leuchtturmwärtern den Einsatz ihrer ganzen Person und untersagt daher jegliche Beziehung zu Frauen. Während des Vorstellungsgesprächs, das Jean geführt hat, erklärt einer der Verantwortlichen:

> „Surtout pas de bordée, pas d'histoires de jupes, mon garçon. Nous demandons des gens sérieux, assez éprouvés par la vie pour ne pas la regretter, vous sentez bien toute votre responsabilité, n'est-ce pas?" [10]

Das Weibliche besetzt die Position des Anderen, die das männliche Ich für seinen Selbstentwurf braucht: „*L'autre manque; la femme manque au sexe de l'homme*. Dans le corps-phare-phallus ignoré de l'homme, aucun sexe, aucun savoir."[37]

---

[37] Charles Grivel: „Le discours du sexe," S. 105. [Hervorheb. i. Original.]

Jeans Begehren nach einer Frau offenbart sich in seinen „visions de jupes" [47]. Er träumt von Zuléma und will Marie unverhältnismäßig schnell heiraten. Die Liebe zu einer Frau gilt als „vrai phare sauveur". Nicht die Anwesenheit, sondern die Abwesenheit der Frau stört den reibungslosen Ablauf des Dienstplans. Nach einer Zeit sexueller Enthaltsamkeit wächst in Jean ein unstillbares Begehren und er spürt „la indomptable résurrection de (...) virilité." [148] Sein Verlangen nach dem verbotenen Objekt der Begierde lässt sich nicht mehr verdrängen. Durch sein sexuelles Begehren scheint seine männliche Identität zumindest zeitweise klar definiert: „Oui, je voulais être un homme, je voulais être heureux." [103] Männliche wie auch weibliche Identität können nur in einer Beziehung mit dem anderen gelingen. Die Ehe gewährleistet ihm eine sanktionsfreie Befriedigung seiner Begierden [54], ohne dass seine Arbeitskraft beeinträchtigt wird:

> „Tout bien considéré, une vraie femme, c'est plus honnête, plus convenable pour le métier de gardien d'une tour d'Etat." [109]

Jean definiert sich vorrangig über seine Arbeit. Die Frauen, denen Jean begegnet, verweigern ihm jene Bestätigung, die er für seinen männlichen Selbstentwurf braucht. Marie äußert Zweifel hinsichtlich der identitätsstiftenden Qualität seiner Tätigkeit auf dem Leuchtturm: „-(...). Cependant, je suis second gardien au phare d'Ar-Men, et c'est une jolie position...faudrait se revoir.... (....). -Ben quoi. Vous êtes un marin (elle fit la moue). Un polisson, donc!" [96] Die Hure deckt ebenfalls mit einem Satz Jeans Unsicherheit bezüglich seiner Identität auf: „Petit homme! qu'elle me dit. Je fus envahi par une colère folle: Petit homme? Moi, Jean le Maleux! J'en vaux bien trois pour le service, et je me suis battu avec la mer. Faut pas me traiter de petit homme... je reviens de trop loin!" [153] Im Akt des Tötens beseitigt Jean symbolisch alle Zweifel an seiner Identität und affirmiert durch diese bizarre Form der männlichen Ehrenrettung sein Männlichkeitsbild. Da der Leuchtturmwärter seine Geschlechtsidentität einzig auf Pflichterfüllung gründet, kann er seine unsichere Ich-Position nur mittels Dämonisierung der Frau oder aber durch den Ausschluss des Weiblichen wahren. Parallel zum anfangs geäußerten Verlangen „On n'a pas de sexe ici" bekennt er nun: „On n'a pas besoin de sexe ici! Ça vous embrouille les manœuvres." [136] Diese Haltung dokumentiert die Krise des männlichen Selbstentwurfs, die im Wahnsinn enden muss, weil Jean auch das Weibliche in sich nicht annehmen kann, wie im Folgenden ausgeführt werden soll.

Bei Reparaturarbeiten am Leuchtturm kommt es eines Tages zur Konfrontation mit seiner weiblichen Seite. Als er in das verbotene Fenster schaut, um hinter das Geheimnis seines Chefs zu kommen, macht Jean folgende Entdeckung:

> „Alors, je lâchais la corde et je poussais un cri. J'avais vu, oui, j'avais bien vu... derrière l'étroit miroir de verre, une autre tête que la mienne qui me regardait!" [145]

Er glaubt, in seinem Spiegelbild ein Frauengesicht zu sehen, das sich später als der in Spiritus eingelegte Frauenkopf entpuppt. Dass auch Jean weibliche Anteile in sich trägt, scheint in ihm existentielle Unsicherheit auszulösen, die durch seinen Sturz ins Meer symbolisiert wird.

Diese Spiegelszene scheint den Narkissos-Mythos zu pervertieren. Es ist nicht die verzehrende Selbstliebe, die Jean ins Meer stürzt, sondern es ist die Erkenntnis weiblicher Anteile, die ihn zutiefst schockiert. Weiblichkeit erinnert ihn an den Tod und an seine eigene Sterblichkeit. In Anlehnung an den Narkissos-Mythos könnte auch die Erkenntnis der Unerreichbarkeit seines Ich-Ideals, seines Ideals männlicher Vollkommenheit als Begründung dieses Schocks dienen. Das Fenster bzw. das Wasserglas als Spiegel der Erkenntnis vermittelt unweigerlich, dass das Weibliche sich nicht aus Jeans Persönlichkeit verbannen lässt.[38] Die Spiegelszene vermittelt die Dimension eines verbotenen Wissens über das Ineinanderfließen von Leben und Tod, Männlichkeit und Weiblichkeit. Das Wissen um den utopischen Charakter einer homogenen Identität fungiert als geheimes Wissen, das in der Nähe des Wahnsinns wohnt. Die Spiegelszene verweist natürlich auch auf das Spiegelstadium als Eckpunkt von Lacans Psychoanalyse. Dort erscheint der Spiegel als Zerrspiegel, da das Spiegelbild dem (kindlichen aber auch erwachsenen) Betrachter Idealität und Makellosigkeit, Ganzheit im Sinne eines Vollkommenseins ohne Mangel suggeriert, um sein inneres Chaos an Empfindungen, das die Ganzheit seiner Gestalt bedroht, aufzuheben.

In der besagten Szene in *La tour d'amour* erweist sich die vom Ich mühsam erschaffene Ganzheit einer männlichen Identität im Spiegelbild als

---

[38] Zum Thema Bisexualität vgl. Peter Widmer, *Subversion des Begehrens*, S. 96-98. Vgl. ebenso die Artikel „Bisexualität" und „Männlichkeit-Weiblichkeit", in: Jean Laplanche/J.-B. Pontalis, *Das Vokabular der Psychoanalyse*, S. 106-108 u. 303f.

Utopie. Es droht das Auseinanderbrechen oder die Auflösung der Identität in den Wahnsinn. Das Gefühl des „Nicht-eins-seins" als existentielle Bedrohung tritt in den Vordergrund und Jean stürzt, vom Schwindel gepackt, ins Meer. Aber auch der Spiegel der Erkenntnis hat Dimensionen eines Zerrspiegels, denn Jean blickt in das Gesicht einer jungen Frau, seine männlichen Anteile sind überhaupt nicht mehr zu sehen. Beim Blick in den Spiegel kann Jean sich also selbst nicht mehr erkennen, sondern er blickt in ein Frauengesicht. Das Frauengesicht mahnt an das jeder Identität innewohnende Weibliche, das der Ich-Erzähler als den gefährlichen, da triebhaften Teil seines Ich verdrängt und abgespalten hat: „Un moi qui n'est plus celui qu'on pense. Un moi qui est aussi l'autre de ce moi."[39] Ich-Findung wäre für Jean nur im Spiegel der Weiblichkeit, also in Form einer Reintegration des Weiblichen in das eigene Ich-Modell möglich. Die Ich-Spaltung bleibt solange bestehen, wie Jean in dem Frauengesicht Kastrationsängste, also die eigene verletzte Männlichkeit assoziiert. Mathurin Barnabas hat die Bedeutung des Weiblichen erkannt. Im Rahmen seiner fetischistischen Praktiken versucht er das Weibliche, nachdem er ihm das Bedrohliche geraubt hat, sowohl in seinen Ich-Entwurf als auch in den Leuchtturm zu integrieren. Eben in dieser Integration des Weiblichen liegt der tiefe Sinn des Wahns.

Mathurin bannt die von der Frau ausgehende Todesdrohung in einem Einmachglas, das er heimlich im Leuchtturm aufbewahrt. Sich selbst staffiert er mit der „casquette" aus, einem abstoßenden Kopfschmuck, der aus fettigem, blässlichem Leder besteht, an dem seidenglänzende blonde, später braune Frauenhaare befestigt sind.[40] Gleichsam wie Dalida dem schlafenden Samson das Haar raubt – der Geschlechtertausch auf mythologischer Ebene setzt sich fort –, bemächtigt sich Mathurin der Haare toter Frauen, um deren Stärke zu rauben. Wieder erscheinen die Frauen als mehrfach kastriert: die Wasserleichen sind tot und verlieren einen Teil ihrer Haare. Die Frau im Wasserglas wird ihres Lebens, ihres Körpers und einem Teil ihres Haars beraubt. Wie besessen trägt Mathurin den seltsamen Kopfputz. Die gestohlene Haartracht fungiert nicht nur als Kastrationssymbol und Fetisch, der die Macht des Weiblichen bannen soll, sondern Mathurin stattet sich selbst mit dem weiblichen Zeichen aus. Ein gelungener männlicher Selbstentwurf bedarf jedoch keiner äußeren Zeichen von Weiblichkeit,

---

[39] Charles Grivel, „Le discours du sexe", S. 96.
[40] Rachilde, *La tour d'amour*, S. 31, 61-67f, 78, 105-107, 117f.

sondern er basiert vielmehr auf dem Bewusstsein innerer Doppelgeschlechtlichkeit, das auch das Weibliche als Begrenzung der männlichen Macht und insofern als Symbolon der eigenen Sterblichkeit akzeptieren kann. Dies gelingt dem Chef des Leuchtturms erst im Angesicht des eigenen Todes. In diesem Moment braucht er das fetischistische Symbol nicht mehr und lässt den „bocal" ins Meer werfen. Doch bis zu seiner eigenen Todesstunde führen ihn seine fetischistischen Accessoirs nicht zum ersehnten vollkommenen Ich-Entwurf, sondern beschleunigen den körperlichem Verfall, psychische Degeneration und Tod. Mathurins Versuch, das Weibliche in sein Ich-Konzept zu integrieren, macht ihn also zur doppelt kastrierten Figur. Sein Erscheinungsbild als „vieille édentée" [23], das ein Konglomerat von Attributen der Schwäche impliziert, hat die gefährliche Macht sirenischer Verführungskünste eingebüßt und rückt nun in die Nähe von Lächerlichkeit und Wahnsinn. Der Verlust seiner Zähne symbolisiert zweifachen Machtverlust, denn Weiblichkeit und Zahnlosigkeit verweisen auf Kastration[41]. Der Verlust von Haare und Bart macht Mathurin zu einer lächerlichen Gestalt, dessen Gesicht an einen „cul de singe" [61] erinnert.

Seine doppelte Kastration macht ihn zur Todesfigur. Er wird in der Pose einer salomenischen Sirene präsentiert. Immer, wenn er das Lied über den Liebesturm, das dem Roman den Titel gibt, auf den Lippen hat, naht ein Unglück. Beim Übersetzen auf den Leuchtturm hört Jean eine weibliche Stimme „la voix d'une sirène" [16/17f/31/50/130], die zu dem Gesicht einer „vieille femme" [17f/25/30/32/38] gehören muss, die Jean zunächst Mathurins fiktiver Frau, der „patronne" [31] zuordnet. In diesem Gesicht glaubt Jean den Tod vor Augen zu haben. Später bemerkt er entsetzt, dass diese so authentisch weiblich klingende Stimme seinem Chef gehört [31]. Der in Spiritus eingelegte Frauenkopf nimmt Bezug auf den Salome-Mythos[42], auch das verführerisch tanzende und ebenso todbringende Meer

---

[41] An dieser Stelle sei auf Rachildes Kurzgeschichte *La dent* verwiesen, in der eine junge Frau einen Zahn verliert und sich von da an als kastriert empfindet: „Aber ein Zahn weniger, das ist die nicht wieder gut zu machende Katastrophe. Selbst wenn sie den Zahnarzt bäte, ihr den eigenen Zahn wieder einzusetzen, es wäre trotzdem ein falscher Zahn! O! Als das zwischen die Bröckchen des Gebäcks fiel, hat sie es gefühlt, als ob ein kleines kaltes Herz von ihr abfalle. Mit dem Bruchstück ihrer Person ist sie selbst ganz dahingegangen." Rachilde, *Der Panther*, Erzählungen, hrsg. und mit einem Vorwort versehen von Susanne Farin, Bonn (Bouvier) 1989, S. 175.

[42] Hilmes fasst das Salome-Thema zusammen und konstatiert die Verschmelzung von der Salome- und der Herodias-Figur zur *femme fatale* durch die Verschiebung des Rachemotivs von der Mutter auf die Tochter. Vgl. dazu Carola Hilmes, a.a.O., S. 105f.

erinnert an die schöne Tänzerin [55/132/165]. Hier kommt ebenfalls das Motiv des Geschlechtertausches zum Tragen, denn statt eines Männerkopfes (in Allusion auf den Kopf Johannes des Täufers) liegt im Glasbehälter der Kopf einer toten jungen Frau als Ausdruck des Begehrens eines männlichen Verführers, einer männlichen „Salome-Sirene". Der helle Frauenkopf im Glas lässt den silbrigen Mond als Weiblichkeitssymbol und Kastrationssymbol assoziieren: „Et la lune, perle tombée, tête coupée, (...)." [129] Die Allusion auf den Salome-Mythos impliziert ein unheilbringendes Zusammenspiel von Weiblichkeit und Tod, Wollust und Grausamkeit, inkarniert in der *femme fatale*. In *La tour d'amour* sind diese Themen allerdings in Mathurin verortet. Er erscheint als grausige Todesfigur, als *homme fatale*, dessen todbringender Wahnsinn in der radikalen Abwehr der eigenen Weiblichkeit begründet liegt.

10.3  „Le grand livre du phare" – Autorschaft als Überschreitung der Geschlechtergrenzen

In keinem der behandelten Werke thematisiert Rachilde den Zusammenhang zwischen Identität und Autorschaft so explizit wie in *La tour d'amour*. Da es sich bei der Hauptfigur um einen männlichen Autor handelt, wird Schreiben nicht wie in den anderen Texten in chiffrierter Form thematisiert. Hier steht die Funktion des Bordbuches, des „carnet de bord" und seine Verwandlung in „le grand livre du phare" im Vordergrund.

Im „carnet de bord" protokolliert der Ich-Erzähler Jean Maleux nicht nur vorschriftsmäßig seine Arbeit auf dem Leuchtturm. Das Bordbuch bedeutet für ihn darüber hinaus ein Entkommen aus der Hölle des Alltags auf dem Leuchtturm und aus der Hölle der Kommunikationslosigkeit [28]. Das Bordbuch, das den Lesern nun als Roman *La tour d'amour* vorliegt, gilt als Versuch, gegen den Zerfall der eigenen Sprache anzuschreiben: „Alors, comme j'ai peur, moi aussi, d'oublier l'alphabet, je me suis mis à écrire mon histoire sur le grand livre du phare." [169]

Sprechen und Schreiben erlangt daher in *La tour d'amour* eine existentielle Qualität. Sich sprechen und sich schreiben steht in engem Zusammenhang mit Ich-Suche, Analphabetismus, Sprachverlust und Wahnsinn: „On serait des hommes si on se causait comme tout le monde." [39] Identität und Sprache verweisen auf Lacans Spiegelstadium, in dem er die existentielle Funktion von Sprache zur Markierung der Subjekt-Objekt-

Grenzen entwickelt. Für Lacan, der das menschliche Wesen „parlêtre" nennt, existiert außerhalb der Sprache nichts, denn aus seiner Sicht ist die Realität aus Sprache gebaut.[43] Er verbindet die von Ferdinand de Saussure vorgenommene Trennung zwischen dem Lautlichen und dem Materiellen, dem imaginierten Signifikat und dem bildlichen Signifikanten mit einer psychoanalytischen Symbolik. Die Signifikanten werden als „Instanz des Bedeutung-Schaffens" phallisch gedeutet, während das Imaginierte weiblich besetzt wird. Das Imaginäre als das Unstrukturierte kann aber nur über das Symbolsystem der Sprache strukturiert werden, das heißt, dass das Phallische als Symbol der Ordnung und das Weibliche als Verdrängtes, Triebhaftes interpretiert werden, das die Ordnung in Frage stellt. Die Diskussion über Existenz und Nicht-Existenz wird geschlechtsspezifisch gedeutet.[44] Das Objekt des Begehrens für beide Geschlechter ist das Phallische als Symbol der Ordnung. Das Weibliche, codiert als Verdrängtes, Triebhaftes, Unstrukturiertes,[45] personifiziert in der Hure und dem

---

[43] Peter Widmer, *Subversion des Begehrens*, S. 23ff.
[44] Ebd., S. 97.
[45] Die in *La tour d'amour* geschilderten Vorstellungen von Männlichkeit und Weiblichkeit weisen Ähnlichkeiten zu Lacans androzentrischem Modell der Geschlechter auf. Zweifelsohne ist Lacan bemüht, in seiner hochdifferenzierten, sprachphilosophischen Auseinandersetzung mit Freud das Weibliche und das Männliche bzw. das Nicht-Phallische und das Phallische oder das Nicht-Existierende und das Existierende als reziprokes, nicht-hierarchisches Beziehungsgeflecht zusammenzudenken. Dennoch erscheinen Lacans Thesen aus feministischer Perspektive auch problematisch, da Lacans Theorie in enger Orientierung an Freud dem Blickwinkel des Mannes/des Sohnes verhaftet bleibt. Der Phallus als Objekt des Begehrens bleibt Orientierungspunkt beider Geschlechter (Kastrationskomplex/Penisneid), während das Weibliche, definiert als die Negation des Männlichen (das Nicht-Phallische, das Mangelwesen) unentwegt abgewehrt werden muss. Wie bei Freud so ist die weibliche Sinnlichkeit, imaginiert als das Triebhafte etc., auch bei Lacan in Gefahr der Mythologisierung, die erst durch den Kastrationskomplex (eine kastrierte Frau als ungefährliche Frau) eine scheinbare Entmythologisierung erfährt. Realiter wird der Mythos einer bedrohlichen, weil nicht greifbaren und somit nicht beherrschbaren Weiblichkeit sublimiert durch den Mythos einer durch Kastration narzisstisch gekränkten Weiblichkeit, „(...) wobei die Femme fatale den Rachetypus einer zur Minderwertigkeit deformierten Weiblichkeit markiert." Carola Hilmes, *Die Femme Fatale*, S. 44. Insofern wirkt der psychoanalytische Diskurs als Machtdiskurs zur Konsolidierung androzentrischer Interessen. Auch moderne Psychoanalytikerinnen kritisieren das Freudsche Weiblichkeitsmodell. Sie definieren die Frau nicht mehr als Mangelwesen. Sie untersuchen vielmehr die Entstehung dieser Weiblichkeitskonzeption. Eine umfassende Auseinandersetzung mit dieser interessanten Problematik kann leider im Rahmen dieser Arbeit nicht geleistet werden, deshalb sei an dieser Stelle auf Margarete Mitscherlich verwiesen, die eine umfassende Revision der psychoanalytischen Weiblichkeitstheorie vornimmt und dokumentiert, wie Psychoanalyse und Gesellschaft miteinander verwoben sind und aus welchen Gründen Freud als männlicher Vertreter seiner Zeit zu seiner „Man-

Meer, muss demnach von Jean als Bedrohung dieser Ordnung abgewehrt werden.

Auf die Verbindung zwischen Identität und Autorschaft bezogen, ist Jeans Anschreiben gegen Sprachverlust mit der Rebellion gegen Nicht-Existenz gleichzusetzen. In dem Roman repräsentiert der Leuchtturm das männliche Symbolsystem bzw. die kulturelle Ordnung, über die sich Jean identifiziert: „On était casé, son maître dans une propriété de l'État, un endroit respectable où qu'on serait tranquille." [8] Sowohl als „Jean-acteur" als auch in der Rolle des „Jean-auteur" reproduziert er die phallogozentrische Ordnung. Die allgemeine Frauenfeindlichkeit spiegelt sich in den bereits erwähnten misogynen Frauenbildern. Der Ausschluss des Weiblichen aus dem Leuchtturm „pas d'histoires de jupes" korrespondiert mit der Ausgrenzung von Frauen aus der kulturellen Ordnung, die von Männern gemacht und dominiert wird. Indem Jean seinen Pflichten nachkommt, die er im Bordbuch sorgsam protokolliert, schreibt er gleichsam Texte nach männlichen Produktionsregeln. Jean glaubt, seine Pflichterfüllung bewahre ihn vor Wahnsinn und Tod, die durch seinen Chef inkarniert werden. Mathurin besetzt die Position der literarischen Nicht-Existenz, denn er kann sich kaum artikulieren. Meistens schweigt er [21/23/31f], wenn er sich aber bemerkbar macht, dann verfällt er in einen eigenartigen Singsang, der an das Brummen [56/62/78], Knurren [56f/109], Schnattern [78] oder Grunzen [157] wilder Tiere erinnert. An der Stimme des „bête surnaturelle" [16f/31-33/52/65f/79/105f/112f] wird sein Ich-Verfall hörbar. Sie klingt wie „le hurlement d'une sirène" – wie die Stimme einer alten Frau [16f]. Mathurins Sprache verkümmert, denn er ist nicht in der Lage, auf einen Kommunikationsanlass zu reagieren. Die verlorengegangenen Kulturtechniken symbolisieren den Verlust menschlicher Identität. Er bekennt seinem jungen Kollegen: „Petit, (...) la voix subitement sombrée, je ne sais plus lire." [51] Die Feder in Jeans Hand wird zum Phallus: „a pen like a penis." Schreiben wird zur „*mission quasi solonelle*" [81] und dient zur Affirmation männlicher Identität. Vor dem Horizont einer geschlechtsspezifischen Diskussion literarischer Autorschaft wird Kreativität dem männlichen Subjekt zugeordnet, wie Hopkins' Dictum „The male quality is a creative

---

gelwesen-Definition" kommen „musste", die Lacan kritiklos tradiert hat. Vgl. Margarete Mitscherlich-Nielson, „Psychoanalyse und weibliche Sexualität", in: Margarete Mitscherlich/Christa Rohde-Dachser (Hgg.), *Psychoanalytische Diskurse über Weiblichkeit von Freud bis heute,* Stuttgart (Internationale Psychoanalyse) 1996, S. 71-92.

gift"[46] illustriert, während die Frau als Wesen des Mangels auf Kastration und Analphabetismus fixiert wird. So ist Mathurin des Schreibens und Lesens nicht mehr mächtig. Er benutzt seinen Finger nicht etwa zum Halten einer Feder wie sein Gehilfe Jean oder gebraucht den erhobenen Finger als Mahnung zur Ordnung wie der Leuchtturm als steinerner Finger, sondern er ermittelt mit seinem „doigt mouillé" instinktiv das Wetter. In dem Analphabeten Mathurin ist die Trias Weiblichkeit, Kastration und Tod verortet, die Jean als bedrohlich empfindet. Der abgetrennte Finger in seinem Fangkorb [69] erinnert ihn nicht nur an seine eigene Vergänglichkeit, sondern als *Memento mori* auch an seinen zunehmenden Sprachverfall und verweist damit auf Jeans literarischen Tod. Auch seine Stimme gleicht bald dem „trémolo du vieux" [88]. Anstatt zu sprechen, singt er das Lied des Alten [106f/124/156].

Mathurins literarische Impotenz geht aber nicht auf die Identifikation mit dem Weiblichen zurück, sondern auf die Überidentifikation mit der phallischen Ordnung: „Mathurin Barnabas était grand, maigre et grand comme le phare." [157] Diese starke Übereinstimmung mit den herrschenden Gesetzen bedingt nicht nur den Ausschluss des Weiblichen aus der kulturellen Ordnung, sondern auch die Negation des Weiblichen im Rahmen des eigenen Ich-Konzepts. Ich-Verlust, Sprachverlust und Wahnsinn sind die Folge: „L'idée fixe du devoir, c'est le commencement de la folie." [169] Erst auf dem Sterbebett begreift Mathurin das Weibliche als ein Teil seiner selbst und er beginnt nach sieben Jahren der Sprachlosigkeit wieder zu sprechen [160]. Nach dem friedlichen Tod seines Chefs tritt Jean als junger Autor in die Fußstapfen seines literarischen Vaters „le père Mathurin", mit dem er im Rahmen einer literarischen Ödipusbeziehung zunächst rivalisiert:

> „Je me levai, posant ma plume, assez fier de ma mission, la mission de la marine de Brest: remplacer l'intelligence d'un vieux qui décline." [51]

Andererseits aber wünscht er sich dessen Anerkennung: „Je n'ai guère que vous de famille…alors, c'est comme si je vous demandais votre autorisation." [109] Und so zeigen sich bei ihm schon bald die Symptome des Sprachverlustes, die eng mit der Ich-Auflösung korrespondieren. Auch Jean mutiert zum „bête surnaturelle". Er steht unmittelbar in der Nachfolge seines Ersatzvaters: „Il monte, il descend, il croise le vieux qui monte ou

---

[46] Sandra Gilbert/Susan Gubar, *The Madwoman in the Attic*, S. 3.

descend, et le vieux chantonne. Jean Maleux chantonne aussi, par l'esprit de singe." [131] An dieser Textstelle lässt sich auch die Spaltung zwischen dem poetischen Autor mit Sprachkompetenz und dem Protagonisten, dessen Sprachfertigkeit verlustig geht, aufzeigen, die sich in einem Wechsel von Ich-Erzählen und personalem Erzählen niederschlägt. Das Autor-Ich „Jean-auteur" berichtet in der dritten Person über das handelnde Ich „Jean-acteur". Syntaxfragmente des Protagonisten kontrastiert Rachilde mit der poetischen Syntaxgestaltung des Erzähler-Ich. Langsam macht Jean die Erfahrung, dass die Omnipotenzphantasien, mit denen er den phallischen Repräsentanten ausgestattet hat, nicht der Realität entsprechen: „Le phare tressaille, vibre, semble déraper, d'abord tout doucement, selon que l'on regarde l'esplanade, (...)." [135] Auf diese Weise wird Jeans Selbstbild erschüttert:

> „Cependant, je sens, distinctement, que je suis le vertige personnifié, et que d'avoir enfin pris l'habitude de courir immobile à une perte me rend le centre même de toutes les catastrophes. Je porte bien en moi tous les malheurs. (...). Je marche en rêve." [135]

Der Sturm, der den Leuchtturm bedroht, symbolisiert Jeans Zweifel an der männlichen Ordnung, die anstelle von Sicherheit den Wahnsinn bringt: „Le devoir, c'est une manie la plus terrible des manies, car on a confiance en elle. On s'imagine qu'elle vous sauvera." [156] Jean versucht gegen seine Ohnmacht anzuschreiben. Das chronologische Bordbuch wird in dem Augenblick zum „grand livre du phare", in dem auch das Weibliche, die Erinnerung an die eigene Sterblichkeit, sprechen darf.

Autorschaft bringt also immer auch die Stimme des Anderen zum Sprechen und stellt damit jenes traditionelle Kulturmodell in Frage, das der Leuchtturm und das Meer symbolisieren. So lässt sich der „phare-phallus" ebenso als Schreibinstrument deuten, das auf das Meer, als Symbol des Weiblichen, wie auf eine leere Seite schreibt.[47] Der Ausfall des Leuchtfeuers kann demnach als Kommunikationsstörung, als verfehlte Botschaft gelesen werden. Für eine Autorin stellt der Leuchtturm einen Ort dar, zu dem sie nur an der Seite eines Mannes, d. h. über die Reproduktion der männlichen Ordnung, Zugang finden kann. Nur in der Übernahme eines männlich definierten Symbolsystems, das im Text misogyne Zeichen hinterlässt, kann die Frau im Leuchtturm, Repräsentant eines männlichen Literaturdis-

---

[47] Vgl. Robert E. Ziegler, „The Message of the Lighthouse: Rachilde's *La Tour d'amour*", in: *Romance Quarterly* 39 (1992), S. 159-165, hier S. 165.

kurses, überleben. Hinterfragt sie männliche Konzepte, wie etwa Marie oder die Hure, droht ihr der Ausschluss oder der literarische Tod. In dem Maße, wie die Autorin aber literarische Muster übernimmt, kompensiert sie männliche Ich-Probleme und wird zur ungefährlichen Frau, die wie die erinnerte Frau Zuléma oder der Frauenkopf im „bocal" im Leuchtturm geduldet wird. Der in Spiritus eingeschlossene Fetisch ebenso wie der Mond symbolisieren in dem Roman jene doppelte Kastration, die ein weiblicher Autor auf sich nehmen muss, wenn er sich selbst in der Paraphrase misogyner Inhalte und der damit verbundenen Negierung der eigenen Geschlechtszugehörigkeit zum Schweigen bringen muss, um im Leuchtturm zu sprechen:

> „Et la lune, perle tombée, tête coupée, fière de l'absence de son corps, s'en allait, s'en allait pudiquement, chaste et lointaine, inaccessible, emportant le mystère d'une bouche muette qui, peut-être, n'existe pas..." [129]

Die misogynen Zeichen im Text eines weiblichen Autors affirmieren männliche Potenzvorstellungen und sind zugleich Ausdruck einer literarischen Kastration, gegen die die Frau im Akt des Schreibens rebelliert. Auch in diesem Text thematisiert Rachilde als Autorin die „double-bind"-Situation, in der sich schreibende Frauen im *Fin de siècle* befinden. Sie müssen wie ein Mann schreiben („writing like a man"), um als Frau schreiben zu dürfen. Wie Jean Maleux, der das Weibliche in sich zum Schweigen bringen muss, um sich als Mann zu bestätigen und sich aufgrund dessen mit den phallogozentrischen Werten überidentifiziert, so muss der weibliche Autor seine eigene Geschlechtszugehörigkeit weitgehend verleugnen, um überhaupt als Autor zum Existieren zu kommen. Zugleich rebelliert die Autorin, die wie das Waisenkind Jean Maleux auf keine für sie befriedigende literarische Tradition zurückblicken kann, gegen das ihrem Geschlecht auferlegte kulturelle Schweigen.[48] Die Autorin scheint sich – gleich Jean Maleux' „On sera un homme" – zu sagen: „On sera un homme de lettres." Misogynie wäre demnach auch für die Autorin eine Affirmation ihrer Autorschaft.

Ein literarischer Ich-Entwurf aber bringt immer die männliche und die weibliche Seite zum Sprechen. Autorschaft selbst erscheint als Prozess der Grenzüberschreitung zwischen Männlichkeit und Weiblichkeit, Leben und

---

[48] Vgl. Rachildes Kindertraum von der Sprachlosigkeit: „Tu ne parlera jamais." Vgl. auch Kap. 4.2.1. dieser Arbeit.

Tod, bei der die jeweils andere Stimme nicht unterdrückt werden kann. Von diesem Austauschverhältnis lebt ein Werk und wird vom bloßen „carnet de bord" zum „grand livre." Jegliche Form der Fixierung aber mündet in Sprachlosigkeit.

Rachilde verarbeitet in *La tour d'amour* auf der Romanoberfläche die Ich-Suche und Ich-Krise am Beispiel der beiden Leuchtturmwärter. Im Subtext enthüllt sie Misogynie und Wahnsinn als männliche Identitätsprobleme. Schließlich thematisiert sie auf einer Meta-Ebene wie in den anderen Romanen das Thema Identität und Autorschaft. Schreiben wird als literarische Identitätssuche präsentiert, die beim weiblichen Autor im Gegensatz zu ihren männlichen Kollegen immer auch partiell mit Selbstaufgabe verbunden ist.

## 11. RESÜMEE

Die Relektüre ausgewählter Romane von Rachilde vor dem Horizont des ausgehenden 19. Jahrhunderts hatte das Anliegen, die Paradoxien in ihren Texten als Palimpseste zu deuten und als autorspezifisches Schreibverfahren kenntlich zu machen. Die Romane von Rachilde zeigen deutliche Unterschiede zu dem Diskurs der *Décadence*, in dem sie entstanden sind, denn die Autorin betrachtet die Sujets dieses literarischen Diskurses auch aus einem weiblichen Blickwinkel.

Der Geschlechterdiskurs beschränkt sich bei Rachilde nicht auf Rollentausch oder Androgynie in Romanen wie *Monsieur Vénus* oder *Madame Adonis*, sondern er nimmt in ihrem Werk insofern eine bedeutende Stellung ein, dass er gesellschaftliche, soziale und literarische Themen der Zeit wie Kapitalismus, Katholizismus, Feminismus, Medizin und Dandytum einschließt. Die Aufarbeitung der geschlechtlichen Besetzung dieser Themen ist als eine der wegweisenden Leistungen der Autorin zu verbuchen. Die enge Verwurzelung der Autorin in dem soziokulturellen Kontext ihrer Zeit ist also maßgeblich für ihre Produktionsweise. Diese weist keine lineare Entwicklung in Bezug auf die Inhalte auf. Vielmehr zirkulieren ihre Romane um die oben genannten Themen und differieren durch thematische Akzentuierungen.

Textübergreifend lässt sich eine Struktur hinsichtlich der Verarbeitung dieser Themen ausmachen, die nicht nur von der Feminisierung, sondern auch von einer Wiederholung dekadenter Themen gezeichnet ist. Signifikant für Rachildes Texte ist eine Schreibweise, die sich über eine subversive Paraphrase von Inhalten der *Décadence* vollzieht und sich an der Umdeutung dieser Inhalte ablesen lässt. Mit der Umdeutung von Themen und Motiven der *Décadence* ist auch die Dekonstruktion und Entpoetisierung von misogynen Frauenbildern wie der *femme chatte*, der *femme morte*, der *femme dévorante*, der *femme hystérique*, oder der *femme perverse* verbunden. Die daraus resultierende semantische Verschiebung rückt den weiblichen Blick in den Vordergrund. So thematisiert die Autorin in *Monsieur Vénus* nicht nur Dandyismus, sondern weibliches Dandytum. In *Madame Adonis* steht weibliche Homosexualität im Vordergrund, während Rachilde in *La Jongleuse* weiblichen Ästhetizismus und weibliche Zerebralität reflektiert. Weiblichkeit und Perversion verarbeitet die Autorin in

*La Marquise de Sade*. Hingegen befasst sie sich in *La tour d'amour* mit der Genese von misogynen Frauenbildern. Der Roman bietet außerdem einen bemerkenswerten Vorgriff auf psychoanalytische Deutungsmuster.

Ausgehend von diesem Befund ist festzuhalten, dass die Romane ein – der bisherigen Forschung nicht deutliches – komplexes Netzwerk bilden. Ihre ambivalente Struktur liefert geschlechtsspezifische Auslegungen von Kultur und Gesellschaft.

Rachilde deutet in ihren Texten nicht nur das Ausmaß der kulturellen Ausgrenzung der Frau im späten 19. Jahrhundert an, sondern sie legt auch die Prämisse dieser Ausschließungspraxis offen, die sich auf den geschlechtsspezifischen Dichotomien von Geist - Körper, Kunst - Natur, Intelligenz - Gefühl, Macht - Ohnmacht etc. gründet. Äußerst scharfsinnig macht die Autorin diese Dichotomie mittels Umdeutung sichtbar und unterläuft sie spielerisch. Sie fördert in ihren Romanen ein biologistisches Weiblichkeitsbild zutage, das die Rolle der Frau im Wesentlichen über Ehe und Mutterschaft definiert. In allen behandelten Texten ist daher von diesen Themen die Rede, die von der Autorin als Machtdiskurse, die auf die Frau einwirken, dargestellt werden. Ehe wird besonders in *Madame Adonis* und *La Marquise de Sade* als Institution der Unterdrückung geschildert. Mutterschaft präsentiert Rachilde nicht als weibliches Selbstverständnis, sondern als todbringend. Dem Reproduktionsimperativ der Zeit setzt sie die Analogie von Mutterschaft und Tod entgegen. In *Madame Adonis* skizziert sie die Hysterisierung als Instrument gesellschaftlicher Maßregelung, der die Frauen ausgesetzt sind, wenn sie gegen das traditionelle Weiblichkeitsbild opponieren. In *La tour d'amour* entwirft Rachilde ein tiefgründiges Psychogramm des Leuchtturmwärters Jean Maleux. Dabei wird deutlich, dass die Biologisierung und Sexualisierung der Frau Konsequenzen eines männlichen Identitätsproblems sind.

Die literarische Darstellung der Biologisierung der Frau als Legitimation ihrer Ausgrenzung kann als weiterer entscheidender Aspekt in Rachildes Werk betrachtet werden. Die Versuche, sich von diesem Determinismus auf verschiedene Weise zu befreien, bilden eine kontinuierliche Verbindungskette zwischen den Romanen. Insofern lassen sich Raoule de Vénérandes Rollentausch, Marcel(le) Désambres' androgyne Selbstinszenierung, Eliante Donalgers Ästhetisierung und Mary Barbes perverse Praktiken als Zurückweisung einer Frauenrolle, die ausschließlich über weibliche Sexualität und Reproduktionsaufgaben definiert ist, interpretieren. Die radikalste Form dieser Verweigerung aber praktiziert die *Jongleuse*. Sie verwahrt sich nicht nur gegen das Rollenkorsett, sondern sie entledigt sich in letzter Konsequenz ihres weiblichen Körpers durch Suizid.

In Rachildes Œuvre besteht jedoch eine Grundspannung zwischen der Negierung eines männlich definierten Frauenbildes einerseits und der Wiederholung dieses Weiblichkeitsverständnisses andererseits, das mit der Idealisierung von männlichen Wertvorstellungen konvergiert. Die Hauptdarstellerinnen der Romane entziehen sich nicht nur der weiblichen Geschlechterrolle, sondern sie streben im Rahmen ihres Selbstentwurfs ebenso nach Attributen wie Macht, Herrschaft, Wissen, Kunstverstand, Ästhetik etc., die im Rahmen des Literaturdiskurses der *Décadence* männlich konnotiert sind. Diese Konnotation wird in Rachildes Werk grundsätzlich beibehalten, was auf ihre „Angst vor Autorschaft" bzw. ihre Angst vor Ausschluss schließen lässt. Allerdings versucht die Autorin in ihren Texten diese Werteordnung, die auf der oben angeführten Dichotomie basiert, für kurze Zeit zu stören, in dem sie sie durchkreuzt und eine neue Modellierung der Geschlechterverhältnisse unter umgekehrten Vorzeichen liefert. Die großangelegte Inversion von geschlechtsspezifischen Charakteristika der Hauptfiguren macht die Instabilität der Geschlechterrollen sichtbar und weist auf die Inszenierbarkeit von Identität hin. Die Auseinandersetzung mit dem Thema Ich-Suche gehört in diesem Zusammenhang zu den großen Kontinuitäten in Rachildes Werk.

Bemerkenswert ist vor allem, inwieweit Rachildes Figurenkonstellationen postmoderne Geschlechtermodelle zu antizipieren scheinen. Anhand verschiedener Einzelanalysen konnten Analogien zwischen den Vorstellungen von Identität in Rachildes Werken und postfeministischen Identitätskonzepten Judith Butlers aufgezeigt werden. Durch die Verkehrung geschlechtsspezifisch konnotierter Attribute macht Rachilde die Trennung von biologischen Geschlecht (*sex*) und der sozialen Geschlechtsidentität (*gender*) sichtbar. Insbesondere in dem Roman *Monsieur Vénus* gelingt es der Autorin, Geschlechtsidentität als diskursive Bezeichnungspraxis zu enthüllen und damit deren biologische Determiniertheit in Frage zu stellen. Identität erscheint in den Romanen nicht als ontologische Größe, sondern als performativer Akt. Die Inszenierungsformen von Identität definieren sich über die jeweilige sexuelle Praxisform, wie am Beispiel der bisexuellen Marcel(le) Désambres aus *Madame Adonis* besonders deutlich wird.

In den anderen Romanen, exemplarisch etwa in der Beziehung zwischen Raoule de Vénérande und Jacques Silvert, reproduziert der Rollentausch lediglich die bestehenden Machtverhältnisse mit veränderten Vorzeichen. Durch die Umkehrung hindurch wird sichtbar, dass die Stabilität des traditionellen Rollenbildes durch Binarität und Zwangsheterosexualität garantiert wird.

Im Unterschied zu anderen Autoren der *Décadence* verarbeitet die Schriftstellerin das Thema Identität aus weiblicher Sicht. Im Gesamtkontext können daher die postfeministisch anmutenden Identitätsentwürfe in Rachildes Romanen wieder als Fluchtversuch aus dem bestehenden Rollenverständnis im Sinne eines Sich-Aufbäumens gegen das naturalistische Frauenbild und die damit verbundene Diskriminierungspraxis verstanden werden. Diese Deutung macht Rachildes Ressentiments gegenüber dem Feminismus ihrer Zeit plausibel, dessen Forderungen sich vorwiegend auf die Verbesserung der Situation der Frau als Ehefrau und Mutter beziehen.

Trotz einiger Berührungspunkte unterscheiden sich die Identitätsentwürfe in Rachildes Romanen in zwei Punkten grundlegend von den Theorien Judith Butlers. Zum einen werden die negative Bewertung von Weiblichkeit und die Idealisierung von Männlichkeit von Rachilde unhinterfragt übernommen, und zum anderen fehlt der politische Anspruch bei der Autorin. Sie zeigt sich weder solidarisch mit ihren Zeitgenossinnen noch bekundet sie Interesse an politischer Veränderung. Ihr Protest erscheint als Gedankenexperiment, als diskursive Form der Emanzipation, die ausschließlich auf die schriftstellerische Arbeit und den individuellen Kontext der Autorin konzentriert ist.

Die Gesamtheit der detaillierten Einzelanalysen von Rachildes Romanen lässt eine Metaebene sichtbar werden, auf der Identität und Autorschaft thematisiert werden. Auffallend ist, dass alle Protagonistinnen in den vorliegenden Romanen künstlerisch tätig sind oder zumindest über künstlerischen Sachverstand verfügen. Der Geschlechterdiskurs schließt auch Kunst und Literatur der *Décadence* mit ein. Folglich erscheinen die Geschlechterrelationen in den Romanen als Allegorien auf die Beziehung zwischen

Autor und Text bzw. Künstler und Kunstobjekt. Demgemäß spiegelt sich im Rollenchiasmus auch die Verkehrung der Konstellationen männlicher Autor – weibliche Muse oder männlicher Künstler – weibliches Kunstwerk, die Rachilde in ihrem Œuvre immer wieder durchbuchstabiert. Auch in diesem Zusammenhang gilt es festzuhalten, dass die Autorin durch die Verkehrung das phallogozentrische Kunstverständnis sowohl karikiert als auch reproduziert. Künstlerische Kreativität und Genie erscheinen nach wie vor als männliches Vorrecht, dessen sich die Autorin nur bedienen kann, wenn sie zeitgenössische Produktionsregeln befolgt. Die weiblichen Romanfiguren rebellieren zwar gegen die literarische Marginalisierung, dennoch affirmieren sie die herrschende Ideologie, denn Autorschaft scheint für die Frauen nur über die Negation ihrer Weiblichkeit möglich zu sein. So weisen die Identitätsprobleme der weiblichen Hauptdarsteller, die ihre Geschlechtszugehörigkeit zum Verschwinden bringen wollen, deutliche Parallelen zur Identitätsproblematik eines weiblichen Autors auf, der durch die Form seiner literarischen Inszenierung ebenfalls den weiblichen Blick zu verbergen sucht, wie am Beispiel von Rachildes Inszenierung als „homme de lettres" deutlich wird. Das Spiel mit den Identitäten lässt sich auch in Bezug auf ihre Autorschaft festhalten. Autorschaft erscheint als performativer Akt, in der sich die/der Schreibende immer wieder neu inszenieren kann und die Kongruenz zwischen *sex* und *gender* zeitweise aufgelöst wird. Dabei bedient sich die Autorin des literarischen Dandytums, dessen Programm unter anderem auf Texte Baudelaires zurückgeht, die Rachilde aufgreift.

Die zentralen Themen des Dandytums wie Ästhetizismus, Androgynie, Zerebralität, Misogynie, *Maquillage*, Maskerade etc. finden sich in nahezu allen Texten der Autorin. Der Dandy als Sinnbild des Künstlers erscheint für einen weiblichen Autor vor allem deshalb interessant, weil er an den äußersten Grenzen von Schein und Sein, Provokation und Loyalität, Männlichkeit und Weiblichkeit, Androgynie und Misogynie, Zerebralität und Perversion flaniert und damit eine höchst ambivalente Erscheinung abgibt, die es einem weiblichen Autor möglich macht, die Diskrepanz zwischen eigener Geschlechtszugehörigkeit und männlich definierter Autorschaft zu überwinden. Weiblicher Dandyismus erscheint somit im spezifischen Kontext der *Décadence* als Möglichkeit eines weiblichen Autors, sich in den literarischen Diskurs einzuschreiben.

Im Gesamtzusammenhang fallen zwei Tendenzen hinsichtlich des Komplexes von Identität und Autoschaft ins Gewicht. Die verschiedenen Inszenierungsformen von Identität erscheinen einerseits angesichts der zeitgenössischen Geschlechterpolitik als Ausdruck einer Angst vor Ausschluss aus dem männlich dominierten Diskurssystem. Der Rollentausch präsentiert sich insofern in den Romanen *Monsieur Vénus*, *La Marquise de Sade* oder *La Jongleuse* als Überlebensstrategie. Auf dieser Argumentation liegt ein Akzent dieser Arbeit. Anderseits aber spiegelt das Spiel mit den Identitäten Rachildes Lust an der Inszenierung, die insbesondere in *Madame Adonis* zum Ausdruck kommt. Die spielerische Überschreitung der eigenen Geschlechtszugehörigkeit ist konstitutiv für den Akt des Schreibens. Denn während des Schreibens dringen immer auch Stimmen an die Oberfläche, die ein Autor zu unterdrücken sucht. So etwa versucht Jean Maleux aus *La tour d'amour*, seine weibliche Seite zum Verschwinden zu bringen. Doch je mehr die andere Stimme unterdrückt wird, desto stärker kommt sie zum Vorschein. Dies gilt auch für Rachilde. Ihre Texte sprechen dafür, dass Autorschaft beide Stimmen zum Sprechen bringt und insofern eng mit der Überwindung der Geschlechtergrenzen verbunden ist.

# TEIL III
# RACHILDES SCHREIBWEISE:
# GRUNDZÜGE IHRER ÄSTHETISCHEN GESTALTUNG

Angesichts einer fehlenden Auseinandersetzung mit den literarischen Gestaltungsprinzipien der Autorin erscheint eine Präsentation der ästhetischen Wesensmerkmale von Rachildes palimpsestartiger Schreibweise notwendig. Die nachfolgende Überblicksdarstellung setzt sich zum Ziel, die thematische, strukturelle und narrative Komposition der Texte in Grundzügen herauszuarbeiten. Dabei sollen die erzähltechnischen Verfahren der ambivalenten Schreibweise, die Aussagen zur Rachildes Ästhetik ermöglichen und daher im Hinblick auf eine literarhistorische Rehabiltierung der Autorin von Bedeutung sind, sichtbar gemacht werden.

## 12. PERSONEN – THEMEN – SCHAUPLÄTZE

In einer Gesamtbetrachtung der Romane Rachildes lassen sich Zusammenhänge zwischen Personal, Schauplätzen und Themen herauskristallisieren, die in modifizierter Form immer wiederkehren. Abgesehen von der wohl konsequentesten Verarbeitung des Komplexes Geschlechtertausch und Androgynie ihrer Zeit gehören Rachildes Sujets zu dem zeittypischen Themenspektrum.[1] Sie sind eng in die ästhetische Dichotomie von *Décadence* und Naturalismus eingebunden. Die Abgrenzung von der bürgerlichen Gesellschaft wie vom Naturalismus gehört zwar zum Selbstverständnis des dekadenten Künstlers, doch die permanente Kontrastierung dieser beiden literarischen Strömungen markiert Rachildes literarische Gestaltungspraxis in besonders auffälliger Weise. Folglich sind die Romanfiguren entweder dem französischen Bürgertum oder den dekadenten Außenseitern zuzuordnen. Ihnen sind die Titelhelden zuzurechnen. Die marginalisierte Position der Protagonisten, die in vielen Romanen als privilegierter Ort inmitten einer biederen kleingeistigen Welt des Provinzbürgertums erscheint, bietet der Autorin viel Raum für die Entfaltung ihres sich an den Idealen der *Décadence* orientierenden Standpunktes. So er-

---

[1] So bemerkt denn auch Dauphiné in ihrer Studie zu Rachildes Themen: „Les thèmes sont nullement originaux; ils reçoivent cependant vie dès que l'auteur réussit à les traiter avec efficacité et originalité." Claude Dauphiné, *Rachilde*, Paris (Mercure de France) 1991, S. 289.

möglicht die Marginalität der Protagonisten nicht nur einen kritischen Blick auf die Gesellschaft, sondern rückt auch deren Persönlichkeitsstrukturen in den Vordergrund. Der Außenseiterstatus der Romanhelden ist mit Ausnahme von Mathurin Barnabas und Jean Maleux von einem exklusiven Nonkonformismus markiert, der sich an einer gehobenen Bildung, ausgeprägtem Kunstverstand, finanzieller Sorglosigkeit und aristokratischer Herkunft festmachen lässt. Einmal abgesehen von *La tour d'amour* handelt es sich bei den hier präsentierten Hauptfiguren fast durchweg um weibliche Heldinnen, auf die die oben genannten Kennzeichen zutreffen.

Bei der Gestaltung der Figurenkonstellation greift Rachilde stets auf einen stereotypen Personenkanon zurück. Claude Dauphiné unterscheidet vier Figurentypen: den Fremden, den Künstler, den Nervösen und den Androgynen.[2] Den Dandy, der in den Romanen eine bedeutsame Rolle spielt, erwähnt sie nicht. Ihrer Typisierung ist außerdem entgegenzuhalten, dass die sie auszeichnenden Attribute oftmals vereinigt in einer Romanfigur wiederzufinden sind. Bei den Hauptfiguren aus dem bearbeiteten Textkorpus handelt es sich fast immer um androgyne Wesen, deren lustvolles Spiel mit den Geschlechterrollen bisweilen in Asexualität münden kann, wie Rachilde am Beispiel von Raoule de Vénérande aus *Monsieur Vénus* illustriert.[3] Grundsätzlich kultivieren die Romanheldinnen ihre „allure presque masculin"[4] und präsentieren sich als weibliche Dandys,[5] die ihren künstlerischen Interessen nachgehen.[6] Lediglich das Metier des Schriftstellers bleibt Männern wie Jean Malheux aus *La tour d'amour*, Maurice Saulérian aus *Le Mordu* (1889) oder Duvet-d'Ange aus dem gleichnamigen Roman von 1943 vorbehalten. Es ist ebenso unangebracht, den Typus des Nervösen in Rachildes Werk auszumachen. Nervosität scheint in ihren Romanen omnipräsent. Viele der Hauptdarstellerinnen wie Raoule de Vénérande, Marcel(le) Désambres, Laure Lordès, oder Louise Bartau leiden unter nervösen Symptomen.[7]

---

[2] Vgl. ebd., S. 314.
[3] Rachilde, *Monsieur Vénus*, S. 171.
[4] Rachilde, *La Jongleuse*, S. 147; dies., *La Marquise de Sade*, S. 187, 198f, 203; dies., *La tour d'amour*, S. 40 u. 123.
[5] Die Rolle des weiblichen Dandys wurde exemplarisch in Kap. 6 bearbeitet.
[6] Zum Künstlertum in Rachildes Romanen vgl. ebenfalls Rachilde, *La Jongleuse*, S. 248; dies., *L'animale*, S. 261; dies., *Madame Adonis*, S. 206.
[7] Vgl. Rachilde, *Monsieur Vénus*, S. 24 u. 29f; dies., *Madame Adonis*; S. 43 u. 80; dies., *La Jongleuse*, S. 193 und dies., *L'animale*, S. 39.

Bei dem stereotypen Personenkanon handelt es sich also weniger um die vier genannten Figuren, sondern es lassen sich bei Rachilde eher bestimmte Frauen- und Männertypen festlegen. Die Figurenbeschreibungen in den einzelnen Texten enthalten auffällige Ähnlichkeiten hinsichtlich ihres Aussehens und Auftretens,[8] die darauf schließen lassen, dass Rachilde versatzstückartig mit Wesensmerkmalen umgeht, um einen bestimmten Figurentypus zu kreieren. Vorab kann man bereits festhalten, dass diese Figurentypen ebenfalls wieder in die Dichotomie von *Décadence* und Naturalismus eingebunden sind. Die Autorin liefert eine äußerst präzise Beschreibung ihrer Protagonisten, bei der sie alle Wahrnehmungsbereiche aktiviert. Dabei bezieht sie nicht nur körperliche Merkmale wie Haare, Augen, Blick, Mund, Zähne, Nase und das Lachen, sondern auch deren Stimme und Sprache, deren Gerüche, Haltungen und Bewegungen mit ein.

Die weiblichen Hauptfiguren, von denen zunächst die Rede sein soll, heben sich durch ihre bizarre Schönheit von einem traditionellen Schönheitsbegriff ab. In *La Marquise de Sade* wird beispielsweise über Mary Barbe gesagt: „Ce n'était pas une jolie enfant selon les règles ordinaires de la plastique, mais elle était curieuse à voir."[9] Die Ambivalenz von Schönheit und Gewalt steht ihr buchstäblich ins Gesicht geschrieben.

Raoule de Vénérande, Mary Barbe, insbesondere aber Laure Lordès[10] erregen durch ihr üppiges Medusenhaar Aufmerksamkeit. Eliante hingegen trägt wie später auch Raoule eine helmartige Kurzhaarfrisur: „elle portait fièrement le casque lisse de ses cheveux."[11] Während Eliantes Frisur ihre puppenhaften Künstlichkeit betont, illustriert das wilde Haar der anderen Frauen Angriffslust und Macht. Alle Protagonistinnen haben metallisch

---

[8] Vgl. Gabrielle Tegyey, *L'inscription du personnage dans les romans de Rachilde et de Marguerite Audoux*, Debrecen (Kossuth Lajos Tudományegyetem) 1995, S. 26-100.

[9] Vgl. Rachilde, *La Marquise de Sade*, S. 86. Auch Raoule de Vénérande verfügt ebenfalls über „une beauté excessivement originale". Vgl. Rachilde, *Monsieur Vénus*, S. 43. Marcel(le) Désambres wirkt hingegen wie ein Wölfin: „Cette femme-là savait sans être belle d'une beauté ordinaire, se coiffer selon son type de louve." Rachilde, *Madame Adonis*, S. 165. Vgl. ebenso Rachilde, *La Jongleuse*, S. 25-28 und dies., *L'animale*, S. 64.

[10] Laures Schlangenhaar „ses cheveux roulant en une seule tresse dans son dos comme une énorme couleuvre" und dessen dämonische Verführungskraft wird zum Leitmotiv des Romans. Rachilde, *L'animale*, S. 30, 141, 129, 187, 190, 212, 229, 238, 251. Vgl. ebenso Rachilde, *Monsieur Vénus*, S. 34; dies., *La Marquise de Sade*, S. 86; dies., *Madame Adonis*, S. 239.

[11] Vgl. Rachilde, *Monsieur Vénus*, S. 165 u. 186f; dies., *La Jongleuse*, S. 221.

glänzende Augen, die eher Aggression denn Wärme ausstrahlen. In ihrem „regard froid" spiegelt sich die emotionale Kälte.[12] In noch viel stärkeren Maße als Raoule de Vénérande oder Eliante Donalger gleicht Laure Lordès einer Katze.[13]

Versatzstückartig arbeitet Rachilde mit Attributen, die den Topos der Frau als Raubkatze, einer Motivvariante der *femme fatale* vor den Augen der Leser entstehen lassen. Die exzentrischen „Katzenfrauen" evozieren Faszination und Angst. Zu ihren Kennzeichen zählt auch ein boshaftes Lächeln, das ihre bedrohliche Unnahbarkeit unterstreicht, wie folgende Beschreibung von Mary Barbe beispielhaft belegt: „(...) sa bouche devenue plus fine avait aux coins une ciselure méchante".[14] Marys aggressiver Eindruck wird durch die Darstellung ihrer Zähne verstärkt: „Elle semblait née pour jouer ce rôle de jolie cruelle avec ses yeux rapprochés comme ceux des félins, sa lèvre dédaigneuse et ses dents pointues férocement blanches."[15]

Für gewöhnlich tragen die Hauptdarstellerinnen nur schwarze Kleidung,[16] wodurch der raubtierartige Eindruck noch verstärkt wird, wie der Vergleich Mary Barbes mit einem Panther demonstriert: „Il y avait déjà de la panthère dans ses allures de grande fille indomptée."[17] Zugleich unterstreicht ihre schwarze, enganliegende, extravagante Kleidung ihre Gegenposition im Hinblick auf das bürgerliche Ideal einer bescheidenen, unschuldigen Frau.

Zur Charakterisierung der Hauptfiguren aktiviert Rachilde alle Wahrnehmungsbereiche. So beschreibt sie bei Raoule de Vénérande wie bei Marcelle Désambres die Stimme. Raoule schnurrt wie ein Katze,[18] während Marcelle in der Rolle ihres vermeintlichen Bruders Marcel durch seine

---

[12] Vgl. Rachilde, *Monsieur Vénus*, S. 34, 37 u. 104; dies., *Madame Adonis*, S. 64; dies., *L'animale*, 64; dies., *La Marquise de Sade*, S. 86 u. S. 163.
[13] Vgl. Rachilde, *L'animale*, S. 64; dies., *Madame Adonis*, S. 165; dies., *La Jongleuse*, S. 143.
[14] Rachilde, *La Marquise de Sade*, S. 86. Weitere Belege zum „rictus mauvais" finden sich in: dies., *Monsieur Vénus*, S. 86 u. 191; dies., *Madame Adonis*, S. 165 u. 207.
[15] Rachilde, *La Marquise de Sade,* S. 165. Im Gegensatz dazu betonen Eliantes perfekten Zähne ihre Künstlichkeit: „On apercevait ses dents blanches, de belles dents bien rangées qui avaient l'air de dents morts." Vgl. Rachilde, *La Jongleuse*, S. 242.
[16] Vgl. folgende Textbelege: Rachilde, *Monsieur Vénus*, S. 52 u. 191; dies., *Madame Adonis*, S. 165 u. 169; dies., *La Jongleuse*, S. 27; dies., *La Marquise de Sade*, S. 86; dies., *L'animale,* S. 66.
[17] Rachilde, *La Marquise de Sade*, S. 163.
[18] Dies., *Monsieur Vénus*, S. 55.

ebenso verführerische wie musikalische Stimme bezaubert.[19] Wie schon bei Louise Bartau, die nach Erdbeeren duftet, so greift Rachilde auch bei der Charakterisierung von Eliante Donalger und Laure Lordès auf Geruchseindrücke zurück. Eliante duftet nach exotischem Pfeffer, während Laure von einem Unschuld und Reinheit verheißenden Lavendelduft umgeben ist. Ihr Haar dagegen riecht nach Tierfell.[20]

Die Schilderung des weiblichen Körpers beschränkt sich ansonsten eher auf Hinweise zur zarten Statur oder zur aristokratischen Blässe der Heldinnen.[21] An der unterschiedlichen Darstellungsweise von weiblichen und männlichen Körpern lässt sich wieder die Kontrastierung von naturalistischem Kunstverständnis und der Ästhetik der *Décadence* ablesen. Während die weiblichen Hauptfiguren entgegen dem traditionellen Weiblichkeitbild die dekadente Vorliebe für Künstlichkeit inkarnieren,[22] hebt Rachilde in der Gestaltung der männlichen Figuren insbesondere deren Natürlichkeit hervor, worauf im Laufe dieses Kapitels noch genauer eingegangen werden soll.

In Bezug auf die oben erwähnten Gesetzmäßigkeiten hinsichtlich der weiblichen Körpergestaltung kann man eine Ausnahme festhalten. Dabei handelt es sich um die Beschreibung der weiblichen Brust, die in vielen Romanen zu finden ist. Rachilde setzt gerade dieses weibliche Attribut, das als biologische Markierung dient, häufig ein, um die Identität von *sex* und *gender* in Frage zu stellen. Dies lässt sich exemplarisch an drei Textstellen aus *Madame Adonis* illustrieren. Die Autorin nutzt die Darstellung der Brüste von Marcel(le) Désambres bewusst zur Täuschung der Leser: „Sa poitrine, droite, n'accusant pas de seins possibles, demeurait une énigme qu'on redoutait d'approfondir."[23] Als Louis Marcel(le) in ihrem Ankleidezimmer im Spiegel betrachtet, hat er „deux seins à peine bombés, deux seins d'éphèbe aux boutons frêles, duvetés de brun"[24] vor Augen. Und

---

[19] Dies., *Madame Adonis*, S. 30 u. 48.
[20] Vgl. Rachilde, *Madame Adonis*, S. 80; dies., *La Jongleuse*, S. 34; dies., *L'animale*, S. 95 u. 106.
[21] Vgl. Rachilde, *Monsieur Vénus*, S. 34; dies., *La Marquise de Sade*, S. 296; dies., *Madame Adonis*, S. 169; dies., *La Jongleuse*, S. 26; dies., *L'animale*, S. 64.
[22] Diese Thematik ist bereits exemplarisch an dem Roman *La Jongleuse* bearbeitet worden. Vgl. Kap. 8 der vorliegenden Arbeit.
[23] Rachilde, *Madame Adonis*, S. 192.
[24] Ebd., S. 239.

nach Marcel(le)s Tod bemerkt Louise entsetzt „(...) la poitrine de Marcel Carini était une poitrine de femme."[25]

Die weiblichen Romanfiguren zeichnen sich nur in einzelnen Fällen durch eine Psychologisierung ihrer Persönlichkeit aus. Sie erscheinen seltsam leblos und künstlich, denn sie verkörpern keine Charaktere, sondern sie übermitteln Bilder und Themen der *Décadence*, die sich ihrerseits in der Gestaltung von Schauplätzen und Intérieurs widerspiegeln. So lässt sich festhalten, dass Rachilde in der Gestaltung von Marcel(le) Désambres und Raoule de Vénérande vornehmlich das Thema Androgynie und Geschlechtertausch realisiert. Perversion und Aggression hingegen spiegeln sich im dem Auftreten von Laure Lordès und Mary Barbe wider. Eliante Donalger verkörpert die Themen Exotismus und Künstlichkeit, während die beiden Protagonisten aus *La tour d'amour* Einsamkeit und Tod symbolisieren. Die Figuren haben mit Ausnahme von Jean Maleux und Mary Barbe kein Innen- bzw. Eigenleben, sondern sie verkörpern und illustrieren die jeweiligen Romanthemen.[26]

Interessant erscheint nun die enge Verzahnung von Personal und Schauplätzen.[27] Ihrer Beschreibung widmet Rachilde besondere Aufmerksamkeit. Die Produktionsregeln der *Décadence* befolgend, siedelt die Autorin die meisten Szenen in Räumen, also nicht in der Natur an. Zu den bevorzugten Schauplätzen der Romane zählen Salons oder Boudoirs. Die präzise Beschreibung des *Intérieurs* in Stil, Farbgebung und Atmosphäre markiert Rachildes Schreibweise. Oftmals rücken bestimmte Kunstgegenstände in den Vordergrund, die gleich einer Theaterrequisite eng an die jeweilige Hauptfigur gebunden sind. Insofern fungieren die Räumlichkeiten nicht etwa nur als Kulisse für die jeweilige Handlung, sondern sie erfüllen verschiedene Funktionen. Die Schauplätze dienen zur Charakterisierung der

---

[25] Ebd., S. 290. Weitere Belege finden sich auch in *La Jongleuse* und in *L'animale*. Die der Ästhetik des Künstlichen verpflichtete Eliante Donalger stellt kurz vor ihrem Freitod ihre Weiblichkeit zur Schau: „La ceinture ne montait pas jusqu'aux seins, parfaitement dégagés, des seins droits à leur place normale, tendant leurs petits bouts durs avec l'aspect farouche de deux reliefs de cuirasse." Rachilde, *La Jongleuse*, S. 240. *L'animale* endet damit, dass der Kater Lion im Kampf sofort auf Laures Brüste stürzt, deren Schönheit er zerstören will: „(...); il voulait tuer la grâce de cette poitrine ronde et ferme, lui tuer ses seins qui pointaient vers lui leurs exquis boutons de roses bengales; (...)." Rachilde, *L'animal*e, S. 267.

[26] Diese Verknüpfung von Personal und Thema ist in den jeweiligen Romaninterpretationen bearbeitet worden.

[27] Vgl. dazu auch Gabriella Tegyey, *L'inscription du personnage*, S. 32f.

Hauptfiguren, darüber hinaus lassen sich die einzelnen Romanthemen an der jeweiligen Raumgestaltung ablesen.

Das Romanthema spiegelt sich bereits zu Beginn in der außergewöhnlichen Einrichtung von Raoules Zimmer. Der weibliche Dandy bewohnt ein exklusiv eingerichtetes Herrenzimmer, das eine Waffensammlung beherbergt:

> „La chambre de Raoule était capitonnée de la damas rouge et lambrissée, aux pourtours, de bois des îles sertis de cordelières de soie. Une panoplie d'armes de tous genres et de tous pays, mises à la portée d'un poignet féminin par leurs exquises dimensions, occupait le panneau central. Le plafond, gondolé aux corniches, était peint de vieux motifs rococos sur fond azur-vert."[28]

Antike Statuen in den Boudoirs wie etwa die Antinouis-Statue oder die Vénus von Milo erinnern immer wieder an die androgyne Sexualität der Figuren.[29] In *Madame Adonis* reflektiert Marcel(le)s Boudoir ihren bisexuellen Selbstentwurf:

> „De chaque côté de Sapho, deux amours à pieds faunes élevaient des girandoles garnies de vertes bougies tortillées en spirales. Un miroir penché, ovale, tout ruisselant de mousseline et de dentelles, un véritable pompadour avec des nœuds de rubans papillons, dominait les statuettes, vous renvoyant leurs doubles dans une perspectives claire de fontaine endormie."[30]

Während die Sappho-Statuen Marcel(le)s Homosexualität betonen, liegt aber gerade in der doppelten Anordnung der Statuen, die sich ihrerseits durch ihr Spiegelbild verdoppeln, ein Hinweis auf die Doppelgängerfigur Marcel(le) und deren bisexuelle Neigungen. Die Räumlichkeiten geben Aufschluss über den jeweiligen Selbstentwurf ihrer Bewohnerin. Die *Intérieurs* der Hauptfiguren entpuppen sich insofern als Spiegel ihres Innenlebens, das den Lesern ansonsten verborgen bleibt.

Das Schlachthaus gilt als zentraler Schauplatz von *La Marquise de Sade*. Dort beginnt der Roman und dorthin treibt es die Titelheldin am Ende der Geschichte. Der Schlachthof symbolisiert Gewalt, Sadismus und Tod. Im Gegensatz zu anderen Romanbeispielen wird *La Marquise de Sade* von Landschaftsbeschreibungen eingeleitet, die den unheilvollen Weg zum Schlachter schildern. Marys sadistisches Begehren nimmt dort seinen Anfang. Ihre sexuellen Vorlieben verrät auch die Inschrift „aimer c'est souffrir", die bezeichnenderweise an ihrem Bett angebracht ist.

---

[28] Rachilde, *Monsieur Vénus*, S. 36.
[29] Vgl. ebd., S. 57 u. 47.
[30] Rachilde, *Madame Adonis*, S. 189f.

In Eliante Donalgers Privaträumen wimmelt es von exotischen Details wie den exotisch duftenden Speisen, orientalischen Kostümen oder den Wachspuppen, die Eliantes Mann nach chinesischem Vorbild geschnitzt hat.[31] Wie Raoule de Vénérande oder Marcel(le) Désambres staffiert sie ihr Schlafzimmer wie einen Liebestempel aus:

> „C'était un boudoir tendu de crépon vieux rose, une étoffe floue, toute enguirlandée de bengales en verre de Venise, qui s'illuminèrent dès qu'ils eurent franchi le seuil. Les meubles semblaient de fragiles choses également en cristal. Parmi les bibelots étranges de complication japonaise ou de tourment chinois, il y avait un admirable objet d'art placé au milieu de la pièce sur un socle de peluche vieux rose, comme sur un autel; un vase d'albâtre de la hauteur d'un homme, si svelte, si élancé, si délicieusement troublant avec ses hanches d'éphèbe, (...)."[32]

Dort befindet sich neben Liebesaltären auch eine muschelförmige „couche blanche".[33] Im Gegensatz zu den anderen Romanen verrät der Schauplatz nichts über das Innenleben der Protagonistin. Auch charakterisiert die exotische Kulisse nicht nur die Hauptdarstellerin, sondern sie geht mir ihr ein Austauschverhältnis ein, denn die Alabastervase überschreitet ihre Funktion als Requisite. Indem sie zu Eliantes Liebesobjekt avanciert, das Dekor also in den Bereich des Lebendigen integriert wird, wird auch Eliante ein Teil des Dekors.

Das ästhetische Zusammenspiel von Personal, Schauplätzen und Themen gilt auch für die Darstellung männlicher Protagonisten, die als Gegenfiguren zu den weiblichen Hauptpersonen angelegt sind. Dem Personal der *Décadence* sind also naturalistische Kontrastfiguren gegenübergestellt. Während die dekadenten Figuren ausschließlich Außenseiterrollen einnehmen, repräsentieren die männlichen Hauptdarsteller die bürgerliche Gesellschaft.

Die männlichen Protagonisten lassen sich im Wesentlichen in zwei unterschiedliche Typen unterteilen. Dabei handelt sich zum einen um einen eher verweichlichten Männertypus, der aus den unteren sozialen Schichten stammt und mittellos ist, zum anderen um den gebildeteren Vertreter des gehobenen Bürgertums, der es zu Wohlstand bringt. Zur ersten Kategorie zählen Mary Barbes Geliebter Paul Richard und selbstverständlich Jacques Silvert, der spätere Ehemann von Raoule de Vénérande.

---

[31] Vgl. Rachilde, *La Jongleuse*, S. 36f, 102ff, 142f, 233.
[32] Ebd., S. 44.
[33] Vgl. Rachilde, *Monsieur Vénus*, S. 187f; dies., *Madame Adonis*, S. 195; dies., *La Jongleuse*, S. 38f.

Während sich Raoule von der vulgären Schönheit des prallen Jacques angezogen fühlt,[34] ist es die labile Gesundheit und die Schüchternheit, die Mary Barbe an dem zarten Medizinstudenten Paul Richard fasziniert: „Paul Richard, un blond, imberbe, timide comme une jeune fille."[35] Auch bei der Gestaltung dieses Männertypus' greift Rachilde auf bestimmte Attribute zurück, die sie versatzstückartig einsetzt. Sowohl Jacques als auch Paul haben blondes Haar, graue Augen, einen purpurroten Mund und schöne Zähne. Beide sind von mädchenhafter Schamhaftigkeit und versprühen ein kindliches Lachen.[36]

Im Zuge der Umdeutung der Geschlechterrollen werden die Frauen entnaturalisiert, die Männer hingegen werden ausschließlich auf ihren Körper reduziert. Sie werden als *homme enfant* präsentiert, bei deren Charakterisierung die Beschreibung der Haut eine besondere Rolle spielt. Während die Kennzeichnung der Haut als Symbolon der Natur bei den weiblichen Romanfiguren durch die Schilderung kostbarer Stoffe ersetzt und so der Effekt der Künstlichkeit kreiert wird, insistiert Rachilde bei der Präsentation der männlichen Romanfiguren gerade auf der Darstellung der Haut, die deren Naturhaftigkeit und erotische Anziehungskraft hervorheben soll. Nicht seine Kleidung, sondern Jacques' Körperlichkeit, insbesondere seine Haut „duvetées comme la peau d'une pêche" steht im Mittelpunkt von *Monsieur Vénus*.[37] Paul Richards erotische Anziehungskraft geht von seinem permanenten Nasenbluten und seiner „peau vernie d'or" aus.[38] Sowohl Jacques als auch Paul inkarnieren das Kreatürliche, das mit dem Weiblichen assoziiert wird. So duftet Jacques stark nach Äpfeln, während Paul Rosenduft verbreitet.[39]

In *Monsieur Vénus* kann man das Thema Geschlechtertausch auch an dem Wechsel der Schauplätze ablesen. In Auswahl und Ausstattung von Innenräumen spiegelt sich die bereits angesprochene Dichotomie von naturalistischer und dekadenter Ästhetik. Zu Beginn des Romans, als Jacques

---

[34] Vgl. Rachilde, *Monsieur Vénus*, S. 26.
[35] Rachilde, *La Marquise de Sade*, S. 202.
[36] Vgl. Rachilde, *Monsieur Vénus*, S. 26f u. 73; dies., *La Marquise de Sade*, S. 202, 206, 217f.
[37] Vgl. Rachilde, *Monsieur Vénus*, S. 54.
[38] Vgl. Rachilde, *La Marquise de Sade*, S. 227. Als Laure Lordès den Notarsgehilfen verführt, zeigt sich ebenfalls hingerissen von der weiblichen Zartheit und dem Duft seiner Haut. Vgl. Rachilde, *L'animale*, S. 76.
[39] Vgl. Rachilde, *Monsieur Vénus*, S. 23; dies., *La Marquise de Sade*, S. 217f.

noch in der Männerrolle agiert, bewohnt er zusammen mit seiner kranken Schwester eine heruntergekommene Mansarde:

> „Sur un grabat en désordre, dans un coin de la pièce, des lis en papier s'amoncelaient. Quelques branches de fleurs gâchées et des assiettes sales, surmontées d'un litre vide, traînaient entre deux chaises de paille crevées. Un petit poêle fendu envoyait son tuyau dans la vitre d'une lucarne en tabatière et couvait les pommes étalées devant lui, d'un seul œil, rouge."[40]

Sein Rollenwechsel ist verknüpft mit einem Wohnungswechsel, denn dem Geschlechtertausch folgt der Umzug in ein exquisit eingerichtetes Atelier, das den ästhetischen Ansprüchen der *Décadence* entspricht:

> „Les chevalets de bois des îles furent mis en troupe dans l'angle où se dressait une Vénus de Milo très éblouissante, sur un socle de bronze. (...) Par instants, il [sc. Jacques] jetait un petit cri de plaisir, caressant les urnes de majoliques et les luisantes feuilles du palmier qui émergeait d'un pouf, au centre de l'atelier. Il essayait jusqu'aux tabourets errant sur moquette du tapis: ils éprouvait à coups de poing ou les lançait au plafond. Le vitrage donnait dans l'endroit le plus découvert du boulevard Montparnasse, en face de Notre-Name-des-Champs. Il était drapé d'un baldaquin de satin gris, relevé de velours noir brodé d'or. Toutes les tentures rappelaient ces nuances et les portières égyptiennes à motif étrangers, très vifs, éclataient d'une façon merveilleuse sur ce gris de nuage printanier."[41]

Jacques' Geschlechtertausch zieht nicht nur den Wandel vom Blumenhändler zum Künstler nach sich, sondern er symbolisiert zugleich den Übergang vom Naturalismus zur *Décadence*. Die vulgäre Vitalität des Blumenhändlers verschwindet zu Gunsten einer morbiden Künstlichkeit, versinnbildlicht in der Wachsstatue in der Schlussszene des Romans.

Bei einer genauen Betrachtung der Texte Rachildes, kommt neben dem schwächlichen Mann noch ein weiterer Männertypus zum Vorschein. Bei dem zweiten Männertypus, der im Textkorpus immer wieder zu finden ist, handelt es sich um den *homme honnête* oder *homme rangé*, zu dem Louis Bartau aus *Madame Adonis*, Eliante Donalgers Verehrer Léon Reille sowie Henri Alban aus *L'animale* zählen können. Sie gehören zu jenen selbstzufriedenen Bürgern, die dem gesellschaftlichen Mittelmaß verpflichtet sind. Dieser Einstellung entspricht auch ihr Äußeres. Das Erscheinungsbild des Medizinstudenten Léon Reille ist charakteristisch für den Bourgeois:

> „C'était un brun imberbe au dur menton d'entêté, au nez droit, d'évasant légèrement des narines, aux yeux gris foncé, fouilleurs, chercheurs, rêveurs et comme voilès d'une taie bleuâtre, d'un transparent rideau tiré sur des passions sommeillant

---

[40] Rachilde, *Monsieur Vénus*, S. 24.
[41] Ebd., S. 47.

en lui, tout au fond. Il portait mal son habit noir et ne savait pas exécuter proprement le morceau difficile du nœud de cravate."⁴²

Gemäß der Vorstellungswelt der *Décadents* erscheint Léon als deren Feindbild, wie die Schilderung seiner Gesichtszüge verrät. Sein hartes Kinn verweist auf seine verbissene Hartnäckigkeit. Seine farblosen Augen halten alle Leidenschaften verborgen. Seine unbeholfene Art sich zu kleiden deutet auf seinen fehlenden Geschmack. Die farblose Persönlichkeit des Medizinstudenten spiegelt sich auch in seiner Wohnung wider. Er bewohnt ein mobliertes, unpersönliches „pièce anatomique"⁴³, das nur kurz Schauplatz des Geschehens ist. Der Jurastudent Henri Alban aus *L'animale* zählt ebenfalls zu dem bourgoisen Männertyp aus dem Juste-Milieu:

„Il était le garçon rangé, le monsieur estimable, l'homme de juste milieu, et il sortait d'une famille moderne, qui lance à la société par ballots pour essayer de réagir ou contre les névroses, ou contre les brutes."⁴⁴

Henris Selbstgerechtigkeit entpuppt sich als Gefühlskälte und seine Moralvorstellungen erweisen sich als Heuchelei. Heuchelei und Doppelmoral gehören zu den Themen, die alle drei männlichen Romanfiguren kennzeichnen. Louis, der sich seiner Frau gegenüber als treuer Ehemann präsentiert und sie für einen Ehebruch bestraft, den sie gar nicht begangen hat, betrügt sie letztendlich selbst mit Marcel(le) Désambres. Léon Reille belästigt und erniedrigt Eliante. Henri treibt die Doppelmoral auf die Spitze. Um seinen Ruf als Anwalt nicht zu gefährden, trennt der „heureux médiocre" sich von Laure und geht eine Vernunftehe ein. Zuvor erlaubt er seinen Freunden, sich an Laure zu vergehen. Die männlichen Hauptdarsteller fungieren auf sehr drastische Weise als bourgeoise Gegenfiguren zu den Romanheldinnen. In dieser Personenkonstellation wird die bourgeoise Gesellschaft, die als Feindbild der *Décadents* fungiert, von Männern reprä-

---

[42] Rachilde, *La Jongleuse*, S. 37f. Wie sehr sich die Beschreibungen ähneln zeigen folgende Textstellen. Louis Bartau gilt als „joli garçon", den seine Frau farblos und durchschnittlich findet: „Louis Bartau, le fournisseur de bois de la maison Tranet et Cie, un garçon aux cheveux châtains, taillés en brosse, aux naïfs yeux gris, un peu carré de stature." Rachilde, *Madame Adonis*, S. 27. Über Henri Alban, den Verlobten von Laure Lordès, heißt es: „Et il ne lui montrait rien de plus séduisant qu'un autre. Il était blond, d'un blond cendré un peu terne, il avait les traits réguliers, le teint blanc, la moustache sobre; sa bouche se fronçait aux deux extrémités en un pli de mécontentement qui lui donnait un aspect de raillerie dédaigneuse, mais il était charmant quand il souriait." Rachilde, *L'animale*, S. 110.
[43] Rachilde, *La Jongleuse*, S. 198.
[44] Rachilde, *L'animale*, S. 169.

sentiert,[45] während die Frauen die Vorstellungswelt der *Décadence* übermitteln.

Die beiden Leuchtturmwärter Jean Maleux und Mathurin Barnabas lassen sich nicht in die oben aufgestellten Kategorien einordnen. Während die anderen männlichen Figuren kaum psychologisiert werden, gestaltet Rachilde in den beiden Leuchtturmwärtern große Charaktere, die aufgrund ihrer Menschlichkeit Furcht und Mitleid wecken. Im Gegensatz zu den anderen Romanen dienen die Schauplätze von *La tour d'amour* als Projektionsfläche der Ängste und Begierden des Ich-Erzählers.[46] In dem Roman fehlen die für die *Décadence* typischen *Intérieurs*. Es sind die wortgewaltigen Landschaftsbeschreibungen, die die Identitätsproblematik des Ich-Erzählers zur Sprache bringen:

> „Et le phare, sous le vent hurleur sonnant des épousailles diaboliques, sous le vent qui pleurait de joie ou chantait de terreur, le phare semblait se tendre de plus en plus, exaspéré dans l'irradiation de l'impossible. S'éteindre? Le droit est de briller, de vivre... Flamber plus haut? La destinée humaine est de brûler sur place."[47]

Das Meer und der Leuchtturm symbolisieren das geschlechtsspezifisch gedeutete Spannungsfeld zwischen Gefühl und Verstand, Begehren und Pflichtgefühl, Angst und Sicherheit. Als diese Denkmuster aufbrechen und sich der Leuchtturm nicht als Rettung, sondern als Untergang entpuppt, droht Jean buchstäblich zu ertrinken.

Der Leuchtturm Ar-Men in der rauhen bretonischen Küstenlandschaft, in der alle Markierungspunkte der Realität wie Zeit und Raum, außer Kraft gesetzt sind, erscheint als Teil einer (Alp-)Traumlandschaft, wie sie Rachilde in wenigen Romanen, so auch in *Les Hors-Nature* (1897), gestaltet hat.

Die Kontrastierung von *Décadence* und Naturalismus wird von Rachilde also geschlechtsspezifisch umgedeutet und als konfliktreiches Verhältnis zwischen *femme décadente* und *homme bourgeois* präsentiert. Die Geschlechterproblematik erscheint als Kampf, der mittels verschiedenster Formen von Gewalt ausgetragen wird.

Die Gewalt, die in den Texten dargestellt wird, lässt sich in drei Kategorien unterteilen. Es handelt sich einmal um eine gesellschaftliche Form der

---

[45] Docteur Célestin Barbe wird „le vieux naturaliste" genannt. Rachilde, *La Marquise de Sade*, S. 256.
[46] Diese Thematik ist in Kap. 10 dieser Arbeit ausführlich behandelt worden.
[47] Rachilde, *La tour d'amour*, S. 129.

Gewalt, wie den Krieg, zweitens um verbale als auch körperliche und drittens um sexuelle Gewalt, die gegen Frauen und Männer gerichtet ist.

Zu der gesellschaftlich legitimierten Gewalt zählen sowohl Antisemitismus als auch Schilderungen des deutsch-französischen Krieges von 1870, den Rachilde in *La Marquise de Sade* verarbeitet.[48] Sowohl Antisemitismus als auch die Sinnlosigkeit des Krieges zeigen sich im Roman in der Episode, in der Marys Vater, der Colonel, einen jüdischen Arzt aufgrund eines Scherzes zum Duell auffordert und ihn damit wohlweislich zum Tode verurteilt:

> „Le duel fit du bruit. Le 8e hussards rédigea une adresse au colonel pour le remercier de ce meutre d'un pauvre homme, meutre qu'on ne pouvait éviter, n'est-ce pas, quand on fait métier de patriote! Il n'y avait de la faute de personne, tout bien considéré."[49]

Die kriegerische Auseinandersetzung wird in den behandelten Texten stets auch zur Metapher für die Geschlechterbeziehungen. Mary Barbe führt den „Krieg" gegen das männliche Geschlecht. Jean Maleux kommentiert die kurze Begegnung mit der jungen Bretonin mit „C'est une guerre déjà."[50] In *Madame Adonis* richtet die gesellschaftlich legitimierte Form der Gewalt gegen die ungehorsame Ehefrau. Es sind Docteur Rampon und Mme Bartau, die Louise mit ihren Diagnosen, Anspielungen und Untersuchungen tyrannisieren. Auch Mary Barbe wird regelmäßig von ihrer Cousine Tulotte und von ihrem Vater geschlagen. Die strengen Erziehungsmethoden werden als Kindesmisshandlung gedeutet.[51]

In nahezu allen Texten wird Männlichkeit zum Synonym für Brutalität und sexuelle Gewalt. So war Eliante Donalger in ihrer Ehe jahrelang sexuellen Praktiken ausgesetzt, die sie als Missbrauch empfunden hat. Obwohl Léon Reille Eliantes Ehemann verurteilt, zeigt er selbst ein brutales Verhalten. Als sich Eliante weigert, mit ihm zu schlafen, will er sie vergewaltigen.[52] Vergewaltigung wird in fast allen der behandelten Romanen thematisiert. Als gehöre die Vergewaltigung wie selbstverständlich zu einem Frauenschicksal, so schildert Rachilde etwa Marys Vergewaltigung

---

[48] Vgl. Rachilde, *La Marquise de Sade*, S. 148. Der Krieg wird ebenfalls in *Les Hors-Nature* (1897) verarbeitet.
[49] Ebd., S. 149.
[50] Rachilde, *La tour d'amour*, S. 99.
[51] Vgl. Rachilde, *La Marquise de Sade*, S. 22, 66 u. 91.
[52] Vgl. Rachilde, *La Jongleuse*, S. 44 u. 121.

durch Paul oder Juliens Vergewaltigungsversuch an Laure.[53] Schließlich fragt sich auch Marcel(le) in der Rolle des Künstlers Marcel, ob sie/er die sich sträubende Louise vergewaltigen soll: „(…), dois-je la prier ou la violer?"[54] Der Historienroman *Le Meneur de Louves* (1905) erzählt in einer Episode von einer Massenvergewaltigung, der die junge Basine durch Soldaten ihrer Mutter, der Königin, ausgesetzt war. Viel Raum nimmt dagegen die für die *Décadence* typische Verbindung von Gewalt und Lust, realisiert in sadistischen Szenen, ein. Während die Gewalt an Frauen von naturalistischen Figuren ausgeübt wird, sind es die dekadenten Heldinnen wie Mary Barbe oder Raoule de Vénérande, die ihre masochistischen Männer lustvoll misshandeln.[55]

Frauenfeindliche Parolen und Thesen legt die Autorin vornehmlich Männern aus dem verhassten Bürgertum in den Mund. In *Monsieur Vénus* verlangt der Blumenhändler Jacques schließlich von seiner Geliebten: „Raoule, (…), ne m'appelle plus *femme*, cela m'humilie…(…)."[56] Als er seine Impotenz bemerkt, kennt sein Frauenhass keine Grenzen: „Je les déteste les femmes, oh! Je les déteste!"[57] In *La Marquise de Sade* steht neben Colonel Barbes Frauenhass – „Quelle peste, les femmes" – und der permanenten, geschlechtspezifisch begründeten Benachteiligung Marys[58] jene Form der Misogynie im Vordergrund, die wissenschaftlich untermauert wird. Frauen gelten in den Medizinerkreisen um Barbe als „morceau vivant", die außer für Reproduktionszwecke noch als Forschungsobjekte zu gebrauchen sind.[59] *La Jongleuse* thematisiert die misogyne Idee der Frau als Objekt des Mannes „objet curieux", über das er als Besitzer frei verfügen will. So gibt Léon unumwunden zu: „J'ai de la haine contre toutes les femmes, car je les devine méchantes."[60] Es geht ihm ausschließlich darum, sich unentwegt als „roi" oder „maître" zu inszenieren, wobei den Frauen die Sklavenrolle zukommt: „(...), du moment que je suis le roi, vous êtes

---

[53] Vgl. Rachilde, *La Marquise de Sade*, S. 245; dies., *L'animale*, S. 190.
[54] Rachilde, *Madame Adonis*, S. 57.
[55] Vgl. Rachilde, *Monsieur Vénus*, S. 99 u. 144f; dies., *La Marquise de Sade*, S. 8, 25, 96 u. 233.
[56] Rachilde, *Monsieur Vénus*, S. 104.
[57] Ebd., S. 209.
[58] Vgl. Rachilde, *La Marquise de Sade*, S. 21, 28f, 91f, 100 u.119.
[59] Vgl. ebd., S. 175, 179, 181-183f.
[60] Rachilde, *La Jongleuse*, S. 42.

mes esclaves (...)!"[61] In *La tour d'amour* gipfelt der Frauenhass in nekrophilen und fetischistischen Praktiken und endet sogar im Frauenmord.

Abschließend bleibt festzuhalten, dass Rachilde in der Verzahnung von Personenkonstellation, Schauplätzen und Themen die Kontrastierung von *Décadence* und Naturalismus umsetzt. Die konsequente Gegenüberstellung der beiden Positionen legt deren geschlechtsspezifische Besetzung offen und macht eine Abwehrprojektion sichtbar, bei der die Autorin die phallogozentrischen Inhalte und misogynen Themen auf den Naturalismus projiziert. Folglich wird der Naturalismus männlich, die *Décadence* weiblich gedeutet. Auf diese Weise können die frauenfeindlichen Normen der *Décadence*, die der Identifikation Rachildes mit dem literarischen Diskurs im Wege stehen, zunächst verdrängt werden. In ihren Romanen bekleiden nun Frauen, die sich den Idealen der *Décadents* verpflichtet fühlen, jene gesellschaftliche Außenseiterposition, die traditionell von männlichen Hauptfiguren eingenommen wird. Die Randposition eines männlichen Künstlers weist Parallelen auf zu dem marginalisierten Ort schreibender Frauen. Insofern artikuliert die Autorin die Kritik des *Décadent* an der Bourgeoisie von einem weiblichen Standort aus: Dekadente Gesellschaftskritik wird in ihren Romanen in eine Kritik an der zeitgenössischen Geschlechterpolitik umformuliert.

---

[61] Ebd., S. 228. Vgl. auch S. 238f u. 251.

# 13. LITERARISCHE TECHNIKEN

Über das Zusammenspiel von Personal, Themen und Schauplätzen hinaus lassen sich bei Rachilde weitere Charakteristika feststellen in Bezug auf Muster, Positionen und Strategien des Erzählens. Auf den Aufbau ihrer Romane soll im einzelnen nicht eingegangen werden, da man diesbezüglich grundsätzlich von einem einfachen und klaren Bauplan sprechen kann,[1] der in den meisten Texten eine streng chronologische Handlungsfolge vorschreibt.[2] Der Romanaufbau korrespondiert mit den jeweiligen Erzählmustern, deren sich Rachilde in ihren Werken bedient.

13.1 Erzählmuster

Im Hinblick auf die erzählerische Gestaltung von Rachildes Romanen kann man im Wesentlichen drei Grundmuster unterscheiden: das dramatische, das detektorische und das psychologisierte Erzählen.

Unter dem Begriff dramatisches oder theatralisches Erzählen soll im Folgenden eine Erzählweise verstanden werden, die tendenziell den Gesetzmäßigkeiten des Dramas gehorcht.[3] Diese lässt sich an der Erzählstruktur von *Monsieur Vénus* exemplarisch veranschaulichen. Der Roman umfasst sechzehn Kapitel, wobei die ersten vier Kapitel die Funktion einer Exposition erfüllen, die das Personal einführt, Zeit und Ort der Handlung ankündigt, sowie die Grundstimmung der Handlung vermittelt. Im Verlauf der ersten vier Kapitel werden Raoule de Vénérande und Jacques Silvert ein Liebespaar mit verkehrten Rollen. Der Konflikt zwischen Marie Silvert und Raoule de Vénérande wird angelegt. Außerdem kündigt sich die Drei-

---

[1] Vgl. ebenso Claude Dauphiné, *Rachilde*, S. 362.
[2] *L'animale* bildet eine Ausnahme. Der Roman beginnt mit der Schilderung von Laure Lordès' Leben mit Henri Alban in Paris und liefert erst im zweiten Kapitel mit der Retrospektive von Laures Kindheitsgeschichte, die im siebten Kapitel wieder an die erzählte Zeit des ersten Kapitels anschließt, die Grundlage zum Verständnis des ersten Romankapitels.
[3] Der Terminus ist von dem „dramatized" bzw. „undramatized narrator", wie ihn Franz K. Stanzel mit Rekurs auf Wayne C. Booth verwendet, zu unterscheiden. Während es sich beim „dramatized narrator" um den Konflikt zwischen einer unpersönlichen und persönlichen Erzählweise handelt, geht es in unserem Kontext um allgemeine Erzählverfahren, die die Struktur der Romane prägen. Siehe Franz K. Stanzel, *Theorie des Erzählens*, Göttingen[6] (Vandenhoeck) 1995, S. 114. Vgl. dazu auch Claude Dauphiné, *Rachilde*, S. 327f.

ecksbeziehung zwischen Raoule, Jacques und Raittolbe an. Die Kapitel fünf bis dreizehn schildern ausgiebig die Liebesbeziehung von Raoule und Jacques, die von Homosexualität, Sadismus und vor allem vom Rollentausch geprägt ist. Die Konflikte zwischen Raoule und Marie verschärfen sich. Raittolbe wirft ein Auge auf Jacques. Dieser Romanabschnitt könnte durchaus als erregendes Moment gedeutet werden, da er die komplizierte Dreiecksbeziehung zwischen Raoule, Jacques und Raittolbe vorbereitet. Insgesamt fungieren diese Romankapitel als Steigerung der Exposition und leiten zum Romanhöhepunkt, der Hochzeit von Raoule und Jacques, dem legalisierten Rollentausch, in Kapitel dreizehn über. Dem Romanhöhepunkt folgt die Peripetie. Noch in der Hochzeitsnacht wendet sich Jacques von Raoule ab, als er ihre biologische Weiblichkeit erkennen muss. Das sich anschließende vierzehnte Kapitel verzögert den dramatischen Fortgang der Handlung und fungiert insofern als ein retardierendes Moment. Es thematisiert die gesellschaftliche Isolation der beiden Protagonisten und entwickelt die Liebesbeziehung zwischen Raittolbe und Jacques. In den beiden Schlusskapiteln nimmt die Katastrophe ihren Lauf. Marie Silvert erreicht durch ihre Intrige, dass Raoule ihren Ehemann in flagranti mit Raittolbe ertappt. Raoule kann ihre Mordpläne verwirklichen und so stirbt Jacques an den Folgen eines unfairen Duells.

Die Dramatisierung von *Monsieur Vénus* ist leicht nachvollziehbar. Dialoge und Monologe dominieren den Text, seitenlange Beschreibungen von Dekor wie etwa in *A Rebours* sucht man in *Monsieur Vénus* vergeblich. Die wenigen Romanfiguren sind bereits deutlich skizziert. Die Schauplätze der Handlung eignen sich aufgrund ihrer detailgetreuen Beschreibung und angesichts seltener Ortswechsel für eine Theaterkulisse. So ist es nicht erstaunlich, dass Theaterbearbeitungen von *Monsieur Vénus* auf Kleinkunstbühnen in New York und Warschau zu sehen sind.

Zu den strukturellen Kennzeichen von Rachildes Erzählweise kann auch das detektorische Erzählschema gerechnet werden. Diese Form des Erzählens ist nach dem Detektivroman benannt, dessen Begriffsgeschichte von dem englischen Verbum *to detect* ausgeht, das mit auf- oder entdecken zu übersetzen ist. Beim detektorischen Erzählen geht es jedoch im Gegensatz zum Detektivroman nicht immer um die Aufhellung einer geheimnisvollen kriminellen Tat, sondern es steht ein anfangs rätselhafter Tatbestand im Vordergrund, von dem ein großer Spannungsbogen ausgeht, der erst am

Romanende durch die Auflösung des Rätsels abgebaut wird. Dieses spannungsreiche Erzählschema lässt sich sehr gut am Beispiel von *Madame Adonis* erläutern. In dem Roman steht die geheimnisumwitterte Persönlichkeit von Marcel Carini, dem – wie sich erst am Ende des Romans herausstellt – fiktiven Bruder von Marcel(le) Désambres im Zentrum. Als mysteriöser Schlossbesitzer, begnadeter Bildhauer oder androgyner Don Juan versetzt er das frisch vermählte Ehepaar Bartau in Aufregung. Die geheimnisvolle Identität des Unbekannten bedroht die Ehe der Bartaus. Die Verrätselung erreicht ihren Höhepunkt, als Marcelle Désambres auftritt und die Bartaus aufgrund ihrer auffallenden Ähnlichkeit mit Marcel, den sie als ihren Bruder ausgibt, irritiert. Rachildes strategisches Spiel mit Wissen und Nicht-Wissen der Leser lässt diese bis zuletzt im Dunkeln tappen. Zwar erhärtet sich gegen Romanende der Verdacht, dass es sich bei Marcelle und Marcel um eine Person handelt, doch bis zum Finale bleibt die Geschlechtsidentität von Marcel(le) rätselhaft. Erst als weitere Verwicklungen zu Marcel(le)s Tod führen, kommt zur Überraschung oder zum Entsetzen der Leser Marcel(le)s biologische Weiblichkeit zum Vorschein.

Damit die Leser der verwickelten Handlung folgen können, bietet Rachilde nicht nur einen klaren Aufbau, sondern auch eine enge Strukturierung ihrer Romane. Die Leser werden mittels Retrospektiven und Vorausdeutungen durch das Handlungsgerüst geführt, so dass sie der Intrige mühelos folgen können. Ein dichtes Motiv- und Symbolnetz sorgt außerdem dafür, dass die Leser das Romanthema nicht aus den Augen verlieren. Dieses stark gesteuerte Erzählen, bei dem Rachilde die Leserperspektive immer im Blick hat, gehört ebenfalls zu den Kennzeichen ihrer Werke und soll beispielhaft an *La tour d'amour* skizziert werden.

Symbole, Frauenbilder, Metaphern und Motive laufen in dem Roman zusammen und knüpfen ein dichtes Netzwerk von Bildern, das eine Reihe von erzähltechnischen Aufgaben zu erfüllen hat. Da eine angemessene Analyse und Deutung der Bildersprache nur im Kontext einer Romaninterpretation geleistet werden kann, soll hier lediglich das aus erzähltechnischer Perspektive interessante Zusammenspiel der wichtigsten Symbole und Motive sowie die Wirkungsweise von Vorausdeutungen und Rückblenden angesprochen werden.

Die Vorausdeutungen in *La tour d'amour,* die von Romanbeginn an einsetzen, lassen eine unheimliche Atmosphäre entstehen. Der Tod gilt als zentrales Leitmotiv des Romans, das die vorausdeutenden Funktionen übernimmt.[4] Beim Einstellungsgespräch erfährt Jean Maleux vom mysteriösen Tod seines Vorgängers;[5] beim Übersetzen zum Leuchtturm stürzt er ins Meer und hat eine erste Todeserfahrung; während des Sturms wird Jean Zeuge eines Schiffsuntergangs; später werden die Leichen angespült; schließlich endet der Roman mit dem Tod von Mathurin Barnabas. Sein Sterben wird früh angekündigt, denn der Chefleuchtturmwärter wird stets als Todesfigur präsentiert.[6] Die Vorausdeutungen erzeugen nicht nur eine unheimliche Atmosphäre, sie halten auch den Spannungsbogen bis zum Romanende aufrecht. Durch die permanente assoziative Ankündigung von mysteriösen Details wie beispielsweise das Geheimnis um die Treppenstufen „sans compter les autres"[7], das Lied „la tour d'amour", das Mathurin stets vor einem Sturm anstimmt oder Mathurins bizarrer Mütze, deren Bedeutung nach und nach aufgeschlüsselt wird, werden die Leser zum Weiterlesen animiert.

Das Geflecht aus Symbolen, Frauenbildern, Metaphern und Motiven verkettet die zentralen Romanthemen Weiblichkeit, Männlichkeit und Tod. Dieser Bilderteppich bündelt auf assoziative Weise die komplexe Vorstellungswelt des Ich-Erzählers und macht sie für die Leser nachvollziehbar. Das Meer und der Leuchtturm fungieren nicht nur als zentrale Schauplätze des Romans, ihre symbolische Qualität macht auch Jeans Innenleben sichtbar. Reale Welt und symbolische Welt gehen ein Austauschverhältnis ein, so dass eine phantastisch anmutende Kulisse entsteht. Die stürmische See und der düstere Leuchtturm symbolisieren die beiden Geschlechter, deren Verhältnis ebenfalls mit Deutungen belegt ist. Während Weiblichkeit mit Sexualität und Tod assoziiert wird,[8] impliziert Männlichkeit Moral und Sicherheit. Diese Deutungen werden mit Hilfe von Motiven oder mittels Farbsymbolik transportiert. Folglich lässt sich Jeans innere Veränderung nicht an seiner Verhaltensmodifikation, sondern nur anhand der Bildersprache ablesen. Dort findet eine Verschiebung der traditionellen Auslegung von Männlichkeit und Weiblichkeit statt, die sich in einer neuen symboli-

---

[4] Zu den Leitmotiven in *Monsieur Vénus* zählen Motive der *Décadence* wie die dandyistische Inszenierung oder die asexuelle Liebe. In *Madame Adonis* verarbeitet Rachilde das Doppelgänger-Motiv. Der Messertanz erweist sich als wiederkehrendes Todesmotiv in *La Jongleuse*. In *La Marquise de Sade* entpuppt sich Blut, das leitmotivischen Charakter hat, als Ausdruck von sadomasochistischem Begehren.
[5] Vgl. Rachilde, *La tour d'amour*, S. 9.
[6] Vgl. ebd., S. 19.
[7] Ebd., S. 23.
[8] Vgl. ebd., S. 21, 23, 39f, 46f, 157, 167 etc.

schen Ordnung niederschlägt. Mit dem sterbenden Mathurin und der zunehmenden Degeneration des Ich-Erzählers wird der Leuchtturm als Todessymbol ausgewiesen. Mit Weiblichkeit hingegen assoziiert Jean Sicherheit und Vitalität. Im Ausschluss des Weiblichen liegt das Zerstörerische des Leuchtturms. Das Plädoyer für Androgynie wird an keiner Stelle konkret formuliert. Vielmehr geht diese Botschaft des Romans aus der Umwertung der Symbole hervor.

Am Beispiel von *La tour d'amour* lässt sich auch das psychologische Erzählen als ein Kennzeichen von Rachildes Werken darstellen. Der Terminus psychologisches Erzählen erweist sich jedoch als problematisch, weil die Darstellung innerer Vorgänge im Widerspruch zu äußeren Geschehnissen zur Grunddefinition des Romans gehört. Außerdem ist die Schilderung psychologischer Vorgänge und Motivationen auch für andere Romantypen wie dem autobiographischen Roman, dem Bildungsroman und dem Familienroman konstitutiv. Trotz dieser Einwände kann in Bezug auf *La tour d'amour* von einem psychologischen, wenn nicht sogar von einem präpsychoanalytischen Roman gesprochen werden. In *L'animale, La Marquise de Sade* und *La tour d'amour* verarbeitet Rachilde ebenfalls die Genese seelischer Krankheiten. Im Gegensatz zu den beiden Anti-Bildungsromanen[9] präsentiert Rachilde in *La tour d'amour* anstelle eines auktorialen Erzählens und Deutens die psychischen Vorgänge des Protagonisten durch einen Ich-Erzähler. Die Selbstdarstellung des Protagonisten und seine Deutung der Umwelt stehen im Vordergrund, während das äußere Geschehen auf das Wesentliche reduziert wird. Durch die unmittelbare Schilderung innerer Konflikte verliert das Pathologisch-Abgründige, wie etwa das nekrophile Begehren der Leuchtturmwärter, seine furchterregende Dimension. Während Fëdor Dostojewski den psychologischen Roman zu

---

[9] *L'animale* wie *La Marquise de Sade* können als „Anti-Bildungsromane" gelten. Frauen, die im klassischen Bildungsroman dem männlichen Romanhelden über ein Liebeserlebnis die menschliche Reife verschaffen, stehen nun im Mittelpunkt. Während der klassische Bildungsroman die innere Entwicklung des Helden von der unbewussten Jugend bis zur allseits gereiften Persönlichkeit beschreibt, die in eine Einordnung in die Gesellschaft mündet, führen die Erfahrungen und Entwicklungen von Laure Lordès und Mary Barbe zur psychischen Labilität, zu gesellschaftlichem Ausschluss und Tod. Der chronologische Aufbau von *La Marquise de Sade* untermauert die Psychologisierung der Titelheldin. Die vergleichsweise ausführliche Schilderung ihrer Kindheit bildet das nötige Fundament für die Analyse ihrer sadistischen Neigungen.

seinem Höhepunkt führt, indem er das Pathologische auf einer theologisch-philosophischen Ebene diskutiert, bringt Rachilde das Pathologische immer wieder mit Sexualität und der zeitgenössischen Geschlechterdebatte in einem Zusammenhang. Nekrophiles Begehren wird im Roman als Ausdruck einer tiefsitzenden Sexualangst gedeutet, die auf ein gestörtes Verhältnis zur eigenen Sexualität und zum weiblichen Geschlecht zurückgeführt werden kann. Diese Deutungsmuster verweisen auf die psychoanalytische Hermeneutik Sigmund Freuds, die erst einige Jahre nach Erscheinen des Romans öffentlich erörtert wird.

Die verschiedenen Erzählmuster, die Rachildes Werk kennzeichnen, demonstrieren Rachildes traditionelles Literaturverständnis, das die Perspektive der Leser immer berücksichtigt. Bezeichnenderweise schreibt die Autorin im *Mercure de France* vom 1. Februar 1914: „Le lecteur aime à rester dans un endroit défini d'où il peut voir le spectacle dont il est question sans risquer les chutes dans l'abîme."[10]

## 13.2 Typische Erzählsituationen

Angesichts der problematischen Situation eines weiblichen Autors im *Fin de siècle* stellen sich bei der Lektüre von Rachildes Werk eine Reihe von Fragen, die um die Erzählerfigur kreisen. Die Untersuchung der Position des Erzählers im jeweiligen Text und dessen Haltung zu den Romanfiguren ermöglicht Rückschlüsse auf ein autorspezifisches Erzählprofil. Eine formale Analyse der Erzählstruktur in Rachildes Texten wurde bereits vorgelegt.[11] Während Gabriella Tegyey in ihrer Studie *gender*-spezifische Aspekte weitgehend unberücksichtigt lässt, geht es in der sich anschließende Analyse von Rachildes Erzählweise darum, Beziehungen zwischen dem Geschlecht der Autorin, ihrer ambivalenten Schreibweise und den Erzählsituationen herzustellen. Die Antwort auf die Frage, wer in Rachildes Romanen erzählt, ist kompliziert. Die Untersuchung zielt daher darauf ab, die Erzählerfigur und deren Geschlechtszugehörigkeit in den Romanen näher zu bestimmen. Unter Erzählerfigur soll im Folgenden eine von der Autorin geschaffene Gestalt verstanden werden, die erzählt, berichtet, mitteilt, übermittelt oder korrespondiert. Sie stellt sich mit dem Grad ihrer Eigen-

---

[10] Rachilde, zitiert nach Claude Dauphiné, a.a.O., S. 284.
[11] Vgl. Gabriella Tegyey, *L'inscription du personnage dans les romans de Rachilde et de Marguerite Audoux*, Debrecen (Kossuth Lajos Tudományegyetem) 1995.

persönlichkeit der Interpretation, ist aber nicht mit der Autorin identisch. Die Figur des Erzählenden kann als eigene Persönlichkeit vor die Leser treten oder soweit hinter das Erzählte zurücktreten, dass sie für die Leser nahezu unsichtbar bleibt.[12]

Die Erzählerfigur steht im Zentrum der Erzählvorgänge in jenen ausgewählten Texten, zu deren Beschreibung im Folgenden Franz K. Stanzels Erzähltheorie als Instrumentarium dienen soll. Aus dem Wechsel von berichtender und szenischer Darstellung in narrativen Texten ergeben sich drei Erzählsituationen, die sich durch die Gestaltungsform der Mittelbarkeit[13] unterscheiden. Dabei handelt es sich um die auktoriale, personale und die Ich-Erzählsituation.[14] Für die Ich-Erzählsituation ist charakteristisch, dass der Ich-Erzähler als Charakter der fiktionalen Welt ebenso angehört wie die anderen Charaktere, von denen er erzählt. Die Welt des Erzählers ist also identisch mit der Welt der Charaktere. Die auktoriale Erzählsituation wird hingegen durch die Trennung dieser beiden Welten bestimmt. Der auktoriale Erzähler befindet sich außerhalb der Welt der Charaktere, seine Vermittlung erfolgt aus der Außenperspektive. Die personale Erzählsituation wird dadurch gekennzeichnet, dass an die Stelle eines vermittelnden Erzählers eine Romanfigur tritt, die sogenannte Reflektorfigur. Sie denkt, fühlt, nimmt wahr, aber sie erzählt nicht. Gerade dadurch, dass die Welt nicht erzählt wird, entsteht beim Leser der Eindruck der Unmittelbarkeit der Handlung, denn er blickt mit den Augen dieser Reflektorfigur auf die anderen Charaktere des Romans.

Neben der Figur des Erzählers gehört der *Point of view* zu den bedeutsamen Faktoren, die den Vermittlungsvorgang in einem narrativen Text bestimmen. Unter diesem Terminus ist einerseits die Haltung oder Einstellung des Erzählers zu einem Romanthema zu fassen, andererseits jener Standpunkt zu verstehen, von dem aus ein Geschehen erzählt oder von dem aus der Verlauf einer Geschichte von einer Figur der Erzählung wahrgenommen wird.[15] Im Werk von Rachilde findet man alle drei Erzählsituationen, wobei das Erzählprofil der meisten Texte von einem Wechsel von

---

[12] Vgl. Franz K. Stanzel, *Theorie des Erzählens*, S. 27f u. S. 70.
[13] Unter Mittelbarkeit wird bekanntlich die Stimme des Erzählers verstanden. Vgl. zum Folgenden das Kapitel „Mittelbarkeit als Gattungsmerkmal", in: Frank K. Stanzel, a.a.O, S. 15-38.
[14] Vgl. ebd., S. 15f.
[15] Vgl. ebd., S. 21.

auktorialer und personaler Erzählsituation markiert ist.[16] Eine Ausnahme bildet *La tour d'amour*. Dort alternieren vorwiegend personales Erzählen und das Erzählen in der Ich-Form, wovon später noch die Rede sein wird. Die Erzählsituationen können in einem Text in verschiedenen Abfolgen, Modifikationen, Übergängen und Überlagerungen auftreten. Solche Verfahrensweisen sind in der Literatur häufig zu finden. Um diese Erzähldynamik erfassen zu können, entwirft Stanzel ein triadisches Erzählsystem, bei dem die Konstituenten der Erzählsituationen Modus, Person und Perspektive in gleicher Weise berücksichtigt werden.[17] Jeder der genannten Konstituenten lässt sich in Form einer binären Opposition bestimmen. Das Formenkontinuum Modus bezeichnet die Summe der möglichen Abwandlungen der Erzählweisen zwischen den beiden Polen Erzähler und Nichterzähler bzw. Reflektor. Das Formenkontinuum Perspektive beinhaltet sowohl Aussagen zur Innen- und Außenperspektive als auch zu Perspektivismus und Aperspektivismus, während das Formenkontinuum Person Identität und Nichtidentität der Seinsbereiche des Erzählenden und der Charaktere umfasst. Die nähere Bestimmung dieser drei Bedingungsfaktoren hat weitreichende Folgen für die Textinterpretation und ist daher im Kontext unserer Fragestellung von großem Interesse.

Eine wesentliche Konstituente der Erzählsituation bildet die Person des Erzählers, die hinsichtlich ihrer Verankerung in der fiktionalen Welt des Romans näher bestimmt werden kann. Dabei lassen sich Identifikation und Nichtidentifikation zwischen den Welten des Erzählers und der Charaktere unterscheiden. In der Ich-Erzählung teilt der Erzähler die Welt der Charaktere. Steht der Erzähler außerhalb der Handlung, so kann man von Er/Sie-Erzählung sprechen, bei dem die Leser an dem Romangeschehen mit den Augen einer Reflektorfigur teilnehmen. Allerdings wird Rachildes Lesern nur ein geringer Einblick in die Gefühlswelt der Romanfigur gewährt. In *Monsieur Vénus* ebenso wie in *La Jongleuse* dominiert zwar das personale Erzählen, bei dem aus der Blickrichtung von Raoule oder Jacques erzählt wird, andererseits bleiben die Emotionen der Personen bis auf die Episode, wo Jacques die biologische Weiblichkeit von Raoule erkennen muss, oberflächlich.[18]

---

[16] Dies gilt z.B. für *Monsieur Vénus, Madame Adonis, La Marquise de Sade, La Jongleuse, L'animale, L'Heure sexuelle, Le Mordu, Refaire l'amour* etc.
[17] Vgl. Frank K. Stanzel, *Theorie des Erzählens*, S. 88f.
[18] Rachilde, *Monsieur Vénus*, S. 70 u. S. 198.

Ich-Bezug und Er/Sie-Bezug ermöglichen zwei Spielarten der Wechselwirkung zwischen Erzähler und Romanfiguren. Im Vordergrund steht dabei die Gestaltung des Erzähler-Ichs. Handelt es sich bei dem Erzähler-Ich wie in *La Marquise de Sade, L'animale, Monsieur Vénus* um eine auktoriale Erzählerfigur, so fehlt dem Ich jegliche körperliche Konturierung und es erscheint zunächst unsichtbar. Es entsteht die Illusion der Unmittelbarkeit des Geschehens. In *La Marquise de Sade* folgen die Leser dann dem Blick der kleinen Mary auf dem Weg in die Schlachterei. Dieser kindlich-naive Blick wird fortgesetzt und die Leser erleben Marys brutale Erzieherin Tulotte, die kranke Mutter und den gewalttätigen Vater, sowie den Tod der Mutter aus dem Blickwinkel eines unglücklichen Kindes, das die Welt um sich nicht versteht, wie Marys Begegnung mit dem Schlachter illustriert: „L'homme avait un tablier de toile bise éclaboussé de taches rouges. Mary s'aperçut tout de suite de ces taches. – Le monsieur s'est coupé! pensa-t-elle, un peu effrayée."[19] Der kindliche Blick relativiert die Brutalität der Erwachsenenwelt. Aus dieser unverhältnismäßigen Reaktion von Mary resultiert die Komik dieser Episode. Rachilde gewährt den Lesern nur einen bedingten Einblick in Marys Gedankenwelt. Dabei bedient sie sich der erlebten Rede, dem „style indirect libre", der zwischen direkter und indirekter Rede, zwischen Selbstgespräch und Bericht einzuordnen ist. So heißt es in *La Marquise de Sade*, als Mary über den Tod ihrer Katzen tief verzweifelt ist:

> „Mary demeura inconsolable. Son père voulut lui donner un oiseau; elle refusa. A quoi bon? Si Minoute n'était plus là pour le manger! Ces sortes de peines prenaient dans le cerveau de la petite fille des proportions terrifiantes."[20]

Die erlebte Rede macht eine Doppelperspektive zwischen auktorialem Erzähler und Reflektorfigur sichtbar. Diese Überlagerung von Erzählerfigur und Reflektorfigur hebt kurzzeitig die Distanzierung der Figur des Erzählers hinsichtlich der Handlung und der Protagonistin auf. Diese Distanz nimmt im zweiten Teil von *La Marquise de Sade,* in dem Marys Zeit des Erwachsenwerdens in Paris geschildert wird, zu. Dort wechselt die Erzählposition. Mary wird zunehmend aus dem Blickwinkel ihres Onkels Célestin und ihres Mannes beschrieben und erscheint als eiskalte Mörderin.[21] Die

---

[19] Rachilde, *La Marquise de Sade*, S. 10.
[20] Ebd., S. 64.
[21] Ebd., S. 198f u. S. 213-216.

Schlussszene des Romans wird von einem auktorialen Erzähler geschildert.[22]

Der Wechsel von personaler und auktorialer Erzählsituation ist typisch für Rachildes Erzählweise. Dieses narrative Verfahren dokumentiert die widersprüchliche Haltung des Erzählenden gegenüber den Romanfiguren. Betont wird bei Mary Barbe oder Raoule de Vénérande nicht nur ihre Schönheit, ihre Intelligenz und ihre Selbstbewusstsein, sondern auch ihre befremdliche Singularität im Hinblick auf ihren Charakter und ihre Moral. Während in der ersten Romanhälfte durch personales Erzählen Sympathie und Verständnis für die Charaktere suggeriert wird, muss die Erzählerfigur am Romanende ihre Distanz gegenüber den Romanfiguren besonders deutlich hervorheben werden.[23] Dies verdeutlicht ein Blick auf die Schlussszene von *L'animale*, in der der Todeskampf zwischen Laure und ihrem Kater Lion aus auktorialer Perspektive geschildert wird:

> „Ensemble les deux bêtes enragées se roulèrent le long du toit de cristal; toutes les deux soudainement dressés dans l'azur, auréolées du soleil printanier et ruisselantes de pourpre, luttèrent une dernière fois au rebord de la gouttière, puis du même élan se précipitèrent à l'abîme. Pendant que le corps de la femme s'écrasait sur le pavé de la rue, l'homme, avec des précautions infinies, pour la réveiller plus doucement, tournait la clef de la serrure..."[24]

In *La Jongleuse* bekommt der Wechsel zwischen Ich-Bezug und Er-Bezug eine neue Qualität. Zunächst kontrastiert Rachilde in dem Roman die verschiedenen Standpunkte zwischen Eliante, Léon und Missie. Es ist Léons Außenperspektive, durch die die Leserschaft an Eliante herangeführt wird: „Cette femme laissait traîner sa robe derrière elle comme on peut laisser traîner sa vie quand on est reine."[25] Die Beschreibung wird auf zweieinhalb Seiten fortgeführt und die Neugier der Leser steigt, denn sie suchen den Beobachter, der schließlich kurze Zeit später in Erscheinung tritt: „Pardon, madame! dit une voix d'homme, sifflant un peu entre les dents."[26] Léons Standort wird von einem bourgeoisen Phallogozentrismus markiert, der Eliante als fremdes, exotisch-schönes Objekt der Begierde festlegt: „Léon Reille la regardait avec une superstitieuse admiration".[27] Zu

---

[22] Ebd., S. 296f.
[23] Vgl. Rachilde, *Monsieur Vénus*, S. 213; dies., *La Marquise de Sade*, S. 295ff.
[24] Rachilde, *L'animale*, S. 269.
[25] Rachilde, *La Jongleuse*, S. 25.
[26] Ebd., S. 27.
[27] Ebd., S. 48.

der Besonderheit des Romans gehören die Briefkapitel, die das Romangeschehen unterbrechen. Dort präsentieren sich den Lesern zwei miteinander korrespondierende Ich-Erzähler. Doch trotz der Ich-Erzählung, die in der Regel einen Blick in die Innenwelt der Erzähler gewährt, erscheinen die Selbstaussagen der Figuren unnatürlich. Indem sie die Handlung unterbrechen, verzögern sie ihren Fortgang und übernehmen insofern eine retardierende Funktion. Rachilde führt außerdem die introspektive Funktion eines Briefes oder Liebesbriefes ad absurdum. Der Briefwechsel in *La Jongleuse* betont die Antikommunikation zwischen den beiden Protagonisten, denn Eliante reagiert auf Léons Fragen „sans lui répondre directement".[28] Anstatt persönliche Bekenntnisse, Gefühle, Erwartungen, Forderungen und Ängste zu artikulieren, dient der Briefwechsel vor allem der Verschleierung ihrer Gefühle, dem Austausch ihrer Lügen und bringt statt Nähe weiteres Unverständnis. Folglich schreibt Léon: „Chère Madame, il est certain que vous avez l'art des lettres d'amour comme vous avez l'art de jongler avec des chinoiseries ou des couteaux."[29]

Die Künstlichkeit der Beziehung zwischen Léon und Eliante wird durch einen formalen, alternierenden Wechsel zwischen erzählenden Passagen und Briefpassagen unterstrichen. Damit erzielt Rachilde quasi eine Verdoppelung der Ereignisse. Sie werden, wie die Amphorenepisode zeigt, noch einmal ironisch im Brief verarbeitet:

> „Oui, chère Madame, je ressens si peu d'enthousiasme pour les vases anciens en forme de jeune fille que j'ai résolu, au lendemain même de mon expédition vers l'impossible, de me guérir de leur souvenir cuisant par un petit voyage au pays des réalités vulgaires."[30]

In *La Jongleuse* wird die kommunikative Funktion der direkten Rede aufgehoben. In dem Roman gibt es keine reelle Kommunikationssituation, bei dem sich die Gesprächspartner austauschen und ihre Position klären. Vielmehr simulieren sie immerzu Gesprächssituationen, die auf der Ebene einer Pseudokommunikation bleiben, weil die Kommunikationspartner in der Rede bewusst verschweigen, was sie meinen, wie das letzte Romankapitel verdeutlicht. Während Léon Eliantes Äußerung „Je n'irai plus au bal"

---

[28] Ebd., S. 119.
[29] Ebd., S. 170.
[30] Ebd., S. 53.

und das Verschenken ihrer Kostüme als Bereitschaft mit ihm fortzugehen deutet, meint Eliante damit ihren Suizid.[31]

Anders verhält es sich in *La tour d'amour*. Mit Jean Maleux präsentiert Rachilde einen Ich-Erzähler, dessen Position in der fiktionalen Welt körperlich verankert ist. Allerdings erfahren die Leser erst am Schluss des Romans, dass es sich bei dem Roman um ein Tagebuch handelt. Die Reflektorfigur Jean Maleux, die in die Handlung einführt, wechselt in die Pose eines Ich-Erzählers,[32] der mittels inneren Monologs Einblicke in sein Innenleben erlaubt. Ich-Erzähler und Reflektor gehören nicht nur derselben Welt an, sie sind ein und dieselbe Person. Jedoch gelingt es der Erzählerfigur nicht, dies zu verschweigen:

„Il monte, Il descend, il croise le vieux qui monte ou descend, et le vieux chantonne. Jean Maleux chantonne aussi, par l'esprit de singe.... Des habitudes me tyrannisent."[33]

An dieser Stelle wird die Trennung zwischen „Jean-acteur" und „Jean-narrateur", zwischen agierendem und beobachtendem Ich deutlich und verweist auf das zentrale Thema der Ich-Spaltung von Jean. Er betrachtet seinen Verfall in der Außenperspektive und möchte sich von seinem eigenen Ich distanzieren. Die vergebliche Flucht vor der eigenen Persönlichkeit wird also erzähltechnisch durch den Rollenwechsel realisiert. So kann die schizophrene Erzählsituation als Versuch der erzählenden Figur gedeutet werden, sich von der erlebenden Figur zu trennen.

Zur näheren Beschreibung der Erzählerfigur in Rachildes Romanen bedarf es einer Bestimmung seines Standpunktes (*point of view*) in Bezug auf die Handlung. Im Folgenden geht es also um die Auseinandersetzung mit der Erzählperspektive, die als zweite Konstituente der Erzählsituation von Bedeutung ist. Unter Perspektive wird jene Blickrichtung des Erzählers verstanden, die die Aufmerksamkeit des Lesers auf eine bestimmte Art und Weise der dargestellten Wirklichkeit lenkt.[34] Dementsprechend ist zwischen Innen- und Außenperspektive zu unterscheiden. Während die Innenperspektive den Standort des Erzählers innerhalb des Geschehens, also zum Beispiel in der Rolle der Hauptfigur, bezeichnet, markiert die Außenper-

---

[31] Vgl. Rachilde, *La Jongleuse*, S. 236-254.
[32] Vgl. dies., *La tour d'amour*, S. 7 u. 21.
[33] Ebd., S. 131.
[34] Vgl. Franz K. Stanzel, a.a.O., S. 72f.

spektive den Standpunkt eines Erzählers, der selbst nicht Handlungsträger und damit außerhalb des Romangeschehens anzusiedeln ist. Der Erzählende betrachtet die Handlung entweder als Zeitgenosse der Hauptfigur, als Zeuge der Handlung, als unbeteiligter Beobachter oder Chronist. In Rachildes Romanen dominiert die Außenperspektive. Eine Ausnahme bildet *La tour d'amour*. Dort gewährt Rachilde den Lesern mittels inneren Monologs einen Einblick in die Gefühls- und Gedankenwelt von Jean Maleux. Beim inneren Monolog handelt es sich um eine stumme Rede ohne anwesende Zuhörer in der Ich-Form im Präsens, bei der der Erzähler eine amorphe Folge von Bewusstseinsinhalten vermittelt. Dabei können die Regeln der Syntax aufgebrochen werden und die erzählte Zeit ist kürzer als die Erzählzeit. Aufgrund der eingeschränkten Wahrnehmung der Ich-Position und des Blicks nach innen erscheint die Umwelt verschwommen. Auch die Leser können zeitweilig nicht zwischen Realität und Traum unterscheiden. So bleibt es unklar, ob Zuléma in Jeans Reich der Wunschträume oder in einer realen Vergangenheit anzusiedeln ist. Ebenso verhält es sich mit dem Mord an der Hure. Handelt es sich um ein Traum im Alkoholrausch, oder war der Mord Realität? Der Realitätsverlust im Leuchtturm wird erzähltechnisch auch durch ein besonderes Verhältnis zwischen erzählter Zeit und Erzählzeit umgesetzt. Bei der Erzählzeit handelt es sich um die zum Erzählen oder Lesen realer oder fiktiver Vorgänge benötigte Zeit. Im Gegensatz zur Erzählzeit umfasst die erzählte Zeit alle Zeiträume, von denen erzählt wird. Das Verhältnis zwischen diesen beiden Zeitebenen gerät im Gegensatz zu den anderen Romanen ins Ungleichgewicht. Es kommt immer dann zur Zeitdehnung, wenn Jeans existentielle Krisen dargestellt werden. Die Sekunden, in denen er bei der Überfahrt zum Leuchtturm ins Meer stürzt, werden zur Ewigkeit, denn sie sind erfüllt von Todesangst:

> „Je vole, je saute et je roule…Je suis secoué comme par poigne d'un géant. Je ne peux plus rien distinguer. Ou je suis plus saoul que jamais, ou le bateau et le phare tournent autour de moi; tantôt celui-là est gros comme une noix; tantôt celui-ci s'allonge comme un cierge d'église. -Jean Maleux, tu es foutu! rugit la sirène au loin. Je redescends…Je sens mes jambes toutes froides. Je suis au beau milieu de l'eau. Ça m'entre maintenant dans la bouche. Allons, c'est fini de Jean Maleux! Pas la peine de nager, car je vais être brisé contre le roc…"[35]

Während in *La tour d'amour* die Innenperspektive vorherrscht, praktiziert die Autorin in den übrigen Romanen des untersuchten Textkorpus ei-

---

[35] Rachilde, *La tour d'amour*, S. 17.

nen Wechsel zwischen Innen- und Außenperspektive, der notwendig an den Wandel von personaler zu auktorialer Erzählsituation gebunden ist. Wenn die erlebte Rede als Überlagerung beider Erzählperspektiven gedeutet werden kann, dann fällt es schwer zu unterscheiden, inwieweit eine bestehende Ansicht die des auktorialen Erzählers oder jene der Romanfigur ist. Dementsprechend unterstreicht die Verweigerung der Innensicht der Protagonisten die distanzierte Haltung des Erzählenden gegenüber den Hauptdarstellern und beeinflusst auch die Haltung der Leser. Mit dem Wechsel von Innen- und Außensicht ist es dem Erzählenden möglich, die Sympathien der Leser zu steuern, wie dies beispielsweise in *La Marquise de Sade* und *La tour d'amour* geschieht. Den Lesern erscheint Mary Barbe als kleines Mädchen vor allem deshalb bemitleidenswert, weil ihnen ein Einblick in das Seelenleben des Kindes gegeben wird. Marys sadistische Handlungen im Kindesalter verlieren damit an Brisanz. Demgegenüber wird sie im Erwachsenenalter als pervers dargestellt, eine Innensicht, die ihre Gefühle begreiflich machen könnte, verweigert. In *La tour d'amour* ist es Rachilde durch die Dominanz der Innenperspektive nicht nur möglich, die psychische Degeneration des Ich-Erzählers minutiös nachzuzeichnen, sondern es gelingt der Autorin etwas Ungeheuerliches: die Leser verachten die Perversionen des Ich-Erzählers nicht, sondern sie bringen Jean Mitleid, ja sogar Verständnis entgegen. Dies wird auch durch die Verlagerung des Darstellungsschwerpunktes von der erlebenden und handelnden auf die erzählende Figur hervorgerufen. Das Thema des Romans lenkt also die Aufmerksamkeit auf die Innensicht des Erzählers. Dementsprechend liegt in der Erzählsituation der anderen Romanbeispiele der umgekehrte Fall vor.

Die Erzählerfigur, der auktoriale Erzähler eingeschlossen, ist weder allwissend noch neutral. Die Figur des Erzählenden bestimmt die Größe des Weltausschnittes und die Selektion der Ereignisse, die den Lesern eine bestimmte Vorstellung von der präsentierten fiktionalen Welt vermitteln soll. Insofern wird ihnen lediglich ein begrenzter Wissens- und Erfahrungshorizont zugänglich gemacht. Die Wahrnehmung der Leserschaft wird also gesteuert. Die im Roman entworfene Sicht auf die Welt korrespondiert mit einer bestimmten Ideologie. Rachilde vermittelt in ihren Romanen immer wieder gezielt die Ideale der *Décadence*. In *Madame Adonis* bringt sie die ansonsten unsichtbare Erzählerfigur zum Sprechen:

„Les Bartau ont acheté la villa de marbre. C'est presque une infamie...mais ils y vivent très heureux, très paisibles. (...). Ils ont payé cette villa charmante la moitié de sa valeur, naturellement.[36]

In Hinblick auf die Fragestellung ist hervorzuheben, dass die Erzählerfigur außerdem die Aufmerksamkeit der Leserschaft unablässig auf den Geschlechterdiskurs lenkt, der in den Texten omnipräsent ist. Die literarische Auseinandersetzung mit der Diskriminierung der Frau steht in den Romanen im Vordergrund.

Der Modus bildet den dritten Bedingungsfaktor im Hinblick auf die Analyse der Erzählsituationen von Rachildes Romanen. Modus bezeichnet das Produkt der Relationen und Wechselwirkungen zwischen Erzähler- und Reflektorfigur und Leserschaft. Der Erzählmodus verweist auf zwei Grundformen des Erzählens: die berichtende und die szenisch-dramatisierte Darstellung. Letztere bezeichnet eine erzählerlose Präsentation von Dialogen mit knappen Regieanweisungen.[37] Beide Erzählformen alternieren in Rachildes Romanen. Besonders prägnant lässt sich der Wechsel zwischen diesen beiden Erzählformen in *Madame Adonis* beobachten.[38] Auf der narrativen Ebene korrespondieren diese beiden Grundformen mit der Erzähler- und der Reflektorfigur, diese korrelieren wiederum mit der Außen- und Innenperspektive. Die Problematik dieser beiden Oppositionen liegt in der unterschiedlichen Mittelbarkeit des Erzählens. Während die berichtende Erzählweise die Mittelbarkeit des Erzählens thematisiert, scheint die szenisch-dramatisierte Darstellung diese zu verleugnen. Sie suggeriert die Abwesenheit einer Erzählfigur und entpersonalisiert den Erzählvorgang.[39]

Personalisierung und Entpersonalisierung können also eine Erzählsituation kennzeichnen. In Rachildes Romanen erfolgt immer dann eine entpersonalisierte, also erzählerlose Darstellung, wenn die Romanhelden in ihrem Verhalten gegen moralische Normen verstoßen. Die Figur des Erzählers ist während des sadistischen Liebesspiels von Raoule und Jacques, in den Ehebruchszenen in *Madame Adonis*, oder Verlauf des Kampfes von Laure und Lion in *L'animale* zeitweilig abwesend.[40] Die Entpersonalisierung ge-

---

[36] Rachilde, *Madame Adonis*, S. 293.
[37] Vgl. Franz K. Stanzel, a.a.O., S. 70f.
[38] Vgl. u.a. Rachilde, *Madame Adonis,* S. 35-67.
[39] Vgl. ebd., S. 191.
[40] Rachilde, *Monsieur Vénus*, S.102f; dies., *Madame Adonis*, S. 222ff u. 287-292; dies., *L'animale*, 263f.

währleistet der Autorin eine geistige Gestaltungsfreiheit. Die Erzählerfigur erscheint dann, wie bereits im Zusammenhang mit der Relation des Erzählers zu den anderen Charakteren erwähnt wurde, zur Untermauerung der dekadenten Position und Abgrenzung von den Hauptdarstellern eines Romans.

Aus dem Dargelegten lassen sich folgende Aussagen zur Figur des Erzählers in Rachildes Texten ableiten: Die Figur des Erzählers zeichnet sich durch eine widersprüchliche Haltung zwischen Sympathie und Distanz gegenüber den Protagonisten aus. Hinsichtlich der Selektion und Präsentation deutet sich ebenfalls eine Ambivalenz an. Einerseits übermittelt die Erzählerfigur das Gedankengut der *Décadence*, andererseits lenkt sie den Blick der Leser beständig auf den Geschlechterdiskurs, der im Kontrast zur Misogynie der *Décadence* steht. Konformismus und Provokation bilden auch die beiden Eckpunkte, die den Erzählmodus kennzeichnen, der zwischen personalisiertem und entpersonalisiertem Erzählen pendelt. Die ambivalente Schreibweise von Rachilde korrespondiert also mit einer ambivalenten Erzählweise.

Hinsichtlich der Ausgangsfrage, die sich mit der geschlechtlichen Markierung der Erzählerfigur beschäftigt, kann man in Bezug auf das vorliegende Textkorpus Folgendes festhalten: Die Erzählerfigur trägt vorwiegend männliche Züge und transportiert insofern Rachildes Vorstellungen von einer männlichen Autorschaft in der *Décadence*. Demgegenüber vermitteln die Protagonistinnen eine subversive Umdeutung dekadenter Inhalte. Diese Konstellation bricht immer wieder auf. Eine weibliche Erzählerfigur wird sichtbar, die Sympathie zu den Heldinnen zeigen und den Blick der Leser auf die Geschlechterproblematik lenken kann. Das Alternieren von einer männlicher und einer weiblicher Markierung der Erzählerfigur ist also charakteristisch für Rachildes Erzählweise.

Die erzählerische Dynamik kann vor dem Horizont der Ausgangsthese dieser Arbeit nicht nur als „la présence déguisée dans le discours narratif"[41], sondern als ambivalentes Erzählprofil gedeutet werden, dessen Modus in der problematischen Situation weiblicher Autoren um die Jahrhundertwende begründet liegt. Rachilde wird, wie viele ihrer Schriftstellerkolleginnen, im Prozess des Schreibens immer wieder an ihren doppelten

---

[41] Gabriella Tegyey, *L'inscription du personnage*, S. 130.

Standort – einmal als Frau und einmal als explizit männlich definierter Autor – erinnert und muss diese Ausgangsposition verarbeiten.

### 13.3 Strategien des Erzählens

Der palimpsestartige Charakter von Rachildes Romanen entsteht auf stilistischer Ebene durch die konsequente Anwendung einiger Erzählstrategien, die einen ambivalenten Erzählduktus produzieren, der von Humor gezeichnet ist. Unter Erzählstrategien sollen die kalkulierten Formen der erzählerischen Aufbereitung von zeitgenössischen Sujets zusammengefasst werden. In Rachildes Werk lassen sich zwei Tendenzen in Bezug auf die kalkulierte Darstellung von Themen und Motiven der *Décadence* ausmachen. Zum einen übernimmt Rachilde die Erzählstrategien der *Décadents*, wie zum Beispiel die Karikierung des naturalistischen Personals oder die Profanierung religiöser Inhalte, zum anderen modifiziert sie diese Erzählstrategien auf bestimmte Weise. Aus diesen strategischen Formen des Erzählens resultiert die Komik der Romane. Zu den Mitteln der Komik gehören Satire, Spott, Karikatur, Ironie und Travestie. Missverhältnisse und Widersprüche zwischen *Décadence* und Naturalismus sowie zwischen den jeweiligen Geschlechterbildern werden durch die Komik leise kritisiert. Diese Kritik wird dann ins Lachen abgeleitet. Die Karikierung von gesellschaftlichen Themen, das Verfahren der Inversion und das Prinzip der Ironisierung gehören zu den signifikanten Strategien des Erzählens im Werk von Rachilde.

Zu den in der *Décadence* üblichen Erzählstrategien in Rachildes Romanen zählt die Karikierung von gesellschaftlichen Themen wie zum Beispiel Kapitalismus, Medizin, Sozialismus oder Feminismus, die durch einzelne Figuren in den Texten repräsentiert sind. Diese Figuren werden mittels Ironie, Hypertrophierung, Kontrastierung und Groteske zur Karikatur.
Neben der vergleichsweise typischen Charakterisierung von Marcel(le) Désambres und dem Ehepaar Bartau liefert Rachilde in *Madame Adonis* mit dem Zerrbild von der Unternehmersfrau Maman Bartau, dem Hausarzt Doc Rampon und dem Sozialisten Papa Tranet drei der gelungensten Karikaturen ihres Œuvres. Rachilde gestaltet die Familiensaga vom gesellschaftlichen Aufstieg der Unternehmersfamilie Bartau aus Tours als

Gesellschaftssatire,[42] die im Wesentlichen auf der Kontrastierung und Karikierung gegensätzlicher Figuren, die gesellschaftliche Widersprüche personifizieren, basiert. Im Mittelpunkt steht der Konflikt zwischen dem herrschsüchtigen Familienoberhaupt Maman Bartau und ihrer nervösen Schwiegertochter Louise Tranet. Im Gegensatz zu den anderen Frauentypen im Roman wird die Unternehmerswitwe als „mère travailleuse" präsentiert. In ihrer Doppelfunktion als Mutter und „maîtresse bourgeoise" inkarniert Maman Bartau auf ideale Weise den bourgeoisen Reproduktionsdiskurs des 19. Jahrhunderts. Unternehmergeist, Autoritätshörigkeit, Besitzdenken, Ordnungsliebe, Sparsamkeit, Tüchtigkeit, Gewinnstreben und ihr despotisches Wesen als Familienoberhaupt illustrieren ihre Überidentifikation mit der herrschenden Ideologie und machen sie zur Repräsentantin des verhassten Philisterbildes der *Bohème*.[43] Damit wird sie zur Zielscheibe von Rachildes *Juste-Milieu*-Kritik.[44] Auch optisch unterscheidet sich Maman Bartau erheblich von der fragilen Louise und der exzentrischen Schönheit Marcel(le)s. Während sich die beiden Pariserinnen Louise und Marcel(le) durch Eleganz auszeichnen, trägt Maman Bartau als Kontrastfigur zum Ästhetizismus der *Décadence* und dessen exklusivem Geschmack ausschließlich praktische Kleidung wie rustikales Schottenkaro, versehen mit billigen Accessoires, die ihre geistige Enge wie ihre monetären Gepflogenheiten verraten:

> „Elle emprisonnait sa taille presque carrée dans une large ceinture de caoutchouc à boucle en forme de croissant, une boucle de bel ivoire jauni. Cette lune, qui se promenait sur le fond verdâtre de la robe écossaise faisait songer aux paysages semi-nocturnes de Corot. Jamais elle n'apparaissait sans sa boucle, un cadeau de feu Bartau qui l'avait acheté, sous Napoléon III, vingt-cinq francs."[45]

---

[42] Zum Satirebegriff vgl. Georg Lukács, „Zur Frage der Satire", in: *Internationale Literatur* 2 (1932), S. 136-153. Er betrachtet die Satire als eine literarische Form, in der die objektiven gesellschaftlichen Widersprüche ohne Vermittlung aufeinanderstoßen. Bei Rachilde handelt es sich jedoch auch um ideologische Gegensätze, die unmittelbar miteinander konfrontiert werden.

[43] Vgl. zum Philisterbild der *Bohème* vgl. Helmut Kreuzer, *Die Bohème. Analyse und Dokumentation der intellektuellen Subkultur vom 19. Jahrhundert bis zur Gegenwart*, Stuttgart (J. B. Metzler) 1971, S. 142f.

[44] Juste-Milieu-Kritik findet sich ebenfalls in *L'animale*, wo Rachilde die Ausschweifungen der bizarren Notarsfamilie Lordes beschreibt und sich über die Justiz mokiert. Vgl. Rachilde, *L'animale*, S. 28-32 u. 36. In *La Marquise de Sade* liefert Rachilde in Colonel Barbe und seiner Garnison die Karikatur des zeitgenössischen Militärs. Vgl. Rachilde, *La Marquise de Sade*, S. 56, 117f.

[45] Rachilde, *Madame Adonis*, S. 62.

Ihr Kleid wirkt wie ein Flickenteppich: „Les bandes s'ajoutaient, les boutons s'augmentaient, mais la robe était toujours la même."[46] Jede Spur von Chic oder Grazie scheint der korpulenten Maman Bartau fremd zu sein. Die Beschreibung ihres Aussehens basiert auf Kontrasten und Hyperbeln. Statt einer filigranen, kunstvollen Halskette trägt sie „une immense chaîne de montre lui faisait trois fois le tour du cou pour tenir un oignon en argent très massif, une clef de coffre-fort, un tire-bouchon-canif pouvant, à la rigueur, servir de poignard, la médaille de Saint-Martin, une paire de ciseaux et un seau d'acier contenant un dé à coudre."[47]

Kapitalismus wird in *Madame Adonis* als zentraler Machtdiskurs präsentiert, der alle Bereiche des menschlichen Zusammenlebens, also Geschäfts- und Familienleben, Persönlichkeitsentwicklung sowie Moral- und Wertvorstellungen durchdringt. Rachilde thematisiert also die Konsequenzen eines Paradigmawechsels, der sich im Frankreich des letzten Jahrhunderts vollzogen hat. Die Wirtschaftsordnung war nicht mehr ein Teil der Gesellschaftsordnung, sondern umgekehrt wurde die Gesellschaft nach den Erfordernissen des Marktes ausgerichtet.[48] Die Autorin kritisiert diese Haltung, indem sie sie karikiert. Die Komik des Romans entsteht vor allem dadurch, dass literarische Stereotypen in die Sprache des Geldes übersetzt werden. Aus Kostengründen lässt Mme Bartau das Geschirr mit Regenwasser spülen; sie genehmigt sich nur sonntags einen Aperitif und verzichtet aus Überzeugung auf Sahne im Salat: „(...), c'est malpropre et trop coûteux pour notre bourse!"[49] Genuss, und sei es nur in kulinarischer Form, wird mit einer negativen moralischen Wertung verknüpft. Luxuria als Ideal der *Décadents* gilt als bourgeoise Todsünde, denn sie gefährdet den Besitz. Während Geiz und Geldgier auf der Leitmotivebene die Bartaus charakterisieren, erscheint Louise als „gourmandise rare" und ihr Vater erweist sich als „le faillite".[50] Folglich entwickelt sich der Auftritt von M. Tranet, der ausgerechnet im Hause der Bartaus Asyl sucht, als er wieder einmal mit

---

[46] Ebd., S. 62.
[47] Ebd., S. 62.
[48] Vgl dazu Dorothea Mey, *Die Liebe und das Geld. Zum Mythos und zur Lebenswirklichkeit von Hausfrauen und Kurtisanen in der Mitte des 19. Jahrhunderts in Frankreich*, Weinheim u. Basel (Beltz) 1987, S. 10. Sie bezieht sich zwar vornehmlich auf das *Second Empire*, doch die Folgen des gesellschaftlichen Wandels durch die Konstituierung einer kapitalistischen Gesellschaft sind bis ins *Fin de siècle* zu spüren.
[49] Rachilde, *Madame Adonis*, S. 116.
[50] Vgl. ebd., S. 110-116.

seiner sinnlosen Erfindung des „tonneau de luxe" in Konkurs gegangen ist, zum satirischen Höhepunkt des Romans. Der kreative Lebenskünstler nistet sich auf geschickte Weise bei den Bartaus ein und gefährdet die Ordnung in der Familie: „Le beau-père est arrivé, nous sommes sens dessus dessous."[51] Fortan weht „le vent de luxure" bei den Bartaus. Als jedoch bei der Arbeit an seiner neusten Erfindung, dem „colle parfumé", der Laden der Bartaus in Brand gerät, muss Tranet „l'espèce de pétroleur" das traute Heim verlassen.[52] Aus purem Kalkül finanziert Marcel(le) Désambres die neue Erfindung. Obgleich Tranet gewöhnlich als republikanischer Proletarier gegen die Aristokratie polemisiert, akzeptiert er ihren Kredit von 5000 Francs und erweist sich als Opportunist. In der Rolle eines kapitalistischen „Candide" formuliert er: „tout est pour le mieux dans le meilleur des mondes."[53]

In *Madame Adonis* ist Geld nicht nur Zahlungsmittel, sondern avanciert zum obersten Wertmaßstab. Am Beispiel der Heirat vom Maman Bartau und M. Tranet und der Ehe von Louis und Louise wird in *Madame Adonis* die Kapitalisierung aller inner- wie außerfamiliären Beziehungen karikiert. Mme Bartau sieht im Kapital die Basis für eine solide Ehe. Folglich zieht sie den neureichen Tranet ihrem langjährigen, aber unvermögenden Verehrer Rampon vor. Caroline Bartau wendet ihren gesamten kapitalistischen Charme auf und macht Tranet folgenden Antrag: „Mettez donc votre argent dans notre commerce! dit-elle d'une voix chevrotante."[54] Tranet, der sich von der Heirat mit einer „bourgeoise de la valeur de maman Bartau"[55] eine Altersvorsorge erhofft hatte, wird am Ende leer ausgehen, denn der naive Erfinder hat arglos alle Verzichterklärungen des raffinierten Ehevertrags unterschrieben, den die listige Unternehmerin aufsetzen ließ. Tranet sonnt sich in seinem Selbstbewusstsein als „nouveau capitaliste", das sich auf Täuschungen gründet und ihn daher zur tragikomischen Figur werden lässt. Die Institution Ehe, die sich ausschließlich über finanzielle Motive definiert, mutiert zur „grotesque mariage", die ausgerechnet am 1. Mai stattfindet. Doch Tranet und Mme Bartau arrangieren sich:

„Le père Tranet se range! Caroline le dresse comme un caniche à la baguette. (...). Maman Caroline, qu'on appelle toujours maman Bartau, tant

---

[51] Ebd., S. 140.
[52] Ebd., S. 208ff.
[53] Ebd., S. 230.
[54] Ebd., S. 242.
[55] Ebd., S. 271.

elle est reine à côté de son prince époux, lui arrangera un coin: elle s'humanise!"[56]

Geld wird zum Primärbedürfnis und suggeriert die Erfüllung aller Wünsche. Die Unternehmerfabel endet wie in einem modernen kapitalistischen Märchen: Nach dem Tod der reichen Marcel(le) kaufen sie schließlich deren luxuriöse Villa zum halben Preis und leben dort glücklich und zufrieden.

In *Madame Adonis* durchkreuzt Rachilde die Machtpolitik mittels Komik. Die Karikierung der Romanfiguren zielt auf die Kritik gesellschaftlicher Diskurse und untermauert Rachildes Position, die der *Décadence* verpflichtet ist. Allerdings beinhaltet die Karikierung des Naturalismus' auch hier die Persiflage der Geschlechterpolitik im 19. Jahrhundert. Das Lachen setzt bei den Lesern bestimmte Normen wie Intelligenz und Kenntnis der zeitgenössischer Diskurse voraus und rückt die Hierarchie der Geschlechter ins Bewusstsein der Leser. Sie werden zu einem unethischen Lachen angehalten, das von der Komplizenschaft mit dem/der Erzählenden lebt und sich Opfer sucht, die in Rachildes Romanen fast immer zu den Repräsentanten des naturalistischen Diskurses zählen. So übernehmen Mediziner wie Célestin Barbe aus *La Marquise de Sade* oder sein Kollege Doc Rampon aus *Madame Adonis* die Rolle des Tölpels, der sich klug schätzt, aber nichts versteht. Damit wird den Lesern automatisch die Rolle des Verstehenden zugewiesen. Die Repräsentanten der Diskurse werden auf diese Weise von Rachilde entmachtet, wie im Folgenden deutlich wird.

Madame Bartaus langjähriger Verehrer Doc Rampon fristet als verbitterter Junggeselle sein Dasein.[57] Die Figur des Hausarztes wird zum Zerrbild eines Mediziners. Anstatt Louise Bartau zu behandeln und die Eheleute aufzuklären, versetzt er sie in Angst und Schrecken. Ziel ist nicht das Wohlbefinden der Patientin, sondern als „gardien de la véritable hygiène" muss er gemeinsam mit Maman Bartau den weiblichen Körper kontrollieren und bewachen. Sie beschließen, die Ehe von Louis „in Ordnung zu bringen" und verordnen seiner Frau den gefürchteten Hausbesuch, bei dem Rampon die Gebährfähigkeit der Schwiegertochter untersuchen bzw. die Sterilität Louises feststellen soll.[58] Indem Rachilde Dr. Rampon zur komischen Figur werden lässt, verliert der medizinische Diskurs im vorlie-

---

[56] Ebd., S. 295.
[57] Vgl. ebd., S. 295.
[58] Vgl. Rachilde, *Madame Adonis*, S. 145.

genden Roman seine Autorität. So lautet eine seiner medizinischen Empfehlungen für Louis' Frau: „Quand une femme mange pas de soupe on peut la croire capable de choses excentriques, mon ami: la soupe est la santé."[59]

Anstatt Fachkompetenz verbreitet Rampon Bauernweisheiten oder aber er verkauft Erkenntnisse aus uralten Büchern als moderne Fachliteratur:

> „(...) mais votre demoiselle Tranet ne me revient pas du tout, et, au sujet de sa dernière folie, j'ai lu un bouquin sur les anciennes possédées de Loudun ... des hystériques... où il était d'une spécialité analogue... des créatures voulant partir en ballon dès qu'on les morigénait. La science a marché, nous savons à quoi nous en tenir.(...)! Il faut du bromure, beaucoup de bromure et des enfants, beaucoup d'enfants."[60]

Wie sein Kollege Célestin Barbe entpuppt sich auch Rampon als Frauenfeind, der zwar gute Ratschläge erteilt und unentwegt für das Ansteigen der Bevölkerungszahlen kämpft, selbst aber weder über Erfahrungen mit dem anderen Geschlecht verfügt geschweige denn Kinder hat.

Während Mediziner wie Doc Rampon oder Célestin Barbe aus *La Marquise de Sade*, Juristen wie etwa die genusssüchtige Notarsfamilie Lordès aus *L'animale* oder Militärs wie die Garnison des Colonel Barbe auch in anderen Romanen der Autorin karikiert werden, bildet die Verspottung der *femme moderne* in *La Jongleuse* eine Ausnahme.[61] Eliantes Nichte Missie repräsentiert als gebildete, finanziell unabhängige und selbständige junge Frau das Frauenbild der *femme moderne*. Die moderne Frau hat jedoch für Rachilde im Gegensatz zur dekadenten Hauptfigur nichts Verführerisches. Sie wird als „demoiselle osseuse", als „grand singe modérément femelle" dargestellt und ihr Auftreten als das eines „clown de cirque" beschrieben.[62]

In den Kontext der Persiflage von gesellschaftlichen Themen gehört auch die Profanierung von religiösen Inhalten, die in Rachildes Romanen meist über die Sexualisierung des Katholizismus geschieht, wie sie exemplarisch in *L'animale* aufgezeigt werden kann. Dort steht die lustvolle Verbindung von Katholizismus und Sinnlichkeit im Kontext von Schuld und Sünde. Laure Lordès erscheint als genusssüchtige junge Frau: „La gourmandise se développait en elle comme une religion."[63] Sie deutet Sexualität als Form der Nächstenliebe und versucht mit allen Mitteln den Abbé zu

---

[59] Ebd., S. 92.
[60] Ebd., S. 90.
[61] Vgl. dazu Kapitel 8.4 in der vorliegenden Arbeit.
[62] Rachilde, *La Jongleuse*, S. 62 u. 72.
[63] Rachilde, *L'animale*, S. 35.

verführen, indem sie einen Ohnmachtsanfall inszeniert und den Abbé in eine Zwangslage bringt:

> „Ouvrir un corsage, même pour un bon motif, c'était trop scabreux. Il se connaissait bien, il ne toucherait pas au sein d'une femme sans perdre la juste notion des choses, (...)."[64]

Laure nutzt die Beichtsituation als Schlachtfeld, um den Abbé mit dem Bekenntnis ihrer Sünden, bei denen es sich natürlich um sexuelle Ausschweifungen handelt, einzuschüchtern. Die Profanierung der Kirche und ihrer Kultgegenstände gehört zu den humoristischen Höhepunkten des Romans. Die Kirche erscheint Laure wie eine Boutique.[65] Als sie dort nach dem Selbstmord des Notarsgehilfen Zuflucht findet, richtet sie sich inmitten der Kirchenschätze ein wie eine Prinzessin in ihrem Schloss. Wenn sie sich langweilt, spielt sie zuweilen mit den Kleinodien in der Kirche:

> „(...), elle tournait et retournait les ciboires, les patènes, les buires, sans scrupule, par envie naïve de toucher de la verroterie, une enfantine gloire d'être la maîtresse d'objets défendus et de savoir, elle, uniquement, que ces objets ne vivaient pas plus que les autres (...)."[66]

Schließlich lässt sie sich vom Abbé mit Kuchen und Obst verwöhnen, und gebraucht das Messgeschirr für ihre Zwecke:

> „(...), elle se rendait dans une encoignure sombre, se glissait derrière une draperie mortuaire, lamée de larmes blanches en points d'exclamation, et se servait là, comme d'un seau de toilette, d'un ancien bénitier romain. (...) Elle soignait sa personne comme d'habitude, puisait de l'eau dans le baptistère, se lavait les mains, le visage, et pratiquait ses ablutions dans la même tranquillité d'esprit que si elle se fût arrêtée sous un arbre!"[67]

Bevor sie zu Henri nach Paris flieht, schneidert sie sich aus den Sutanen des Abbé die entsprechende Reisekleidung.

Die Verkehrung von vordefinierten Sinnzusammenhängen und Wertvorstellungen der *Décadence* erfolgt in den Romanen durch die Inversion. Dieses Verfahren ist konstitutiv für die inhaltliche Doppelstruktur der Texte und wurde im Rahmen der Textanalyse eingehend analysiert. Aus diesem Grund soll an dieser Stelle lediglich die Dimension der Inversion kurz angesprochen werden. Zunächst lässt sich zwischen der Verkehrung

---

[64] Ebd., S. 67.
[65] Vgl. ebd., S. 88.
[66] Ebd., S. 134.
[67] Ebd., S. 135.

allgemeinmenschlicher Vorstellungswelten und der Inversion geschlechtsspezifischer Inhalte differenzieren. Im Rahmen der ersten Kategorie mutieren Menschen zu Pflanzen, Tieren oder Sachen. Eliante Donalger wirkt wie ein „objet d'art", sie macht sich selbst zum Kunstwerk. Hingegen erscheint Laure Lordès aus *L'animale* (1893) wie „un enfant angélique, un végétal."[68] In der Beziehung zu ihrem Kater Lion gebärdet sich Laure schließlich wie eine *femme chatte*. Im Gegenzug verwandeln sich Tiere oder Sachen in Menschen. Mittels Personifikation wird der Kater Lion Laures Geliebter und die Schornsteine auf dem Dach von Laures Appartement erscheinen als Abbild der französischen Gesellschaft:

> „Un moment, les cheminées l'amusèrent, car il y en avait toutes les espèces. Des cheminées coiffées d'un champignon retenu par de minces brides, avec des chapeaux très haut de forme, avec des nimbes travaillés à jour, dessinant sur l'air pur des images de piété; des cheminées bonnes vieilles; en *paillasson* de campagne, en bonnets tuyautés; des cheminées de grandes dames, une flèche d'argent dans un chignon d'ébène, (...)."[69]

Die lebensgroße Alabastervase in Eliante Donalgers Schlafzimmer überschreitet ihre dekorative Funktion, denn sie übernimmt die Funktion eines Liebhabers.[70] Dies gilt ebenso für den Frauenkopf im Einmachglas, den Mathurin Barnabas aus *La tour d'amour* liebkost.[71]

Das entscheidende Kennzeichen des Inversionsverfahrens von Rachildes besteht aber in der geschlechtsspezifischen Verkehrung von bekannten Sujets der *Décadence*. Dabei bilden *sex* und *gender* die Koordinaten zwischen denen sämtliche Beziehungen wie auch die literarischen Themen angeordnet sind. Der Geschlechtertausch beschränkt sich also nicht nur auf die Figuren und deren sexuelle Praxis oder Sujets der *Décadence*. Die Inversion schließt auch mythische Prätexte mit ein.

Die Verwirrungen von *sex* und *gender* in Rachildes Romanen knüpfen an antike Geschlechterbilder an. In *Monsieur Vénus* und *Madame Adonis* verweisen nicht nur die Romantitel auf die Mythen um die antike Liebesgöttin Aphrodite (in der römischen Mythologie heißt sie Venus), sondern die beiden Romane enthalten ebenso wie *La Jongleuse* eine Fülle von An-

---

[68] Rachilde, *L'animale*, S. 33.
[69] Ebd., S. 20f. [Hervorheb. i. Original.]
[70] Vgl. Rachilde, *La Jongleuse*, S. 48f.
[71] Vgl. dies., *La tour d'amour*, S. 165.

spielungen auf diesen Sagenkreis,[72] so etwa auf die Geburt der Venus, verschiedenen Zuschreibungen der Göttin wie Venus Callipyge.[73]

Die Geschlechtszugehörigkeit der Liebesgöttin scheint unklar. So wurde Aphrodite beispielsweise auf Zypern als Aphroditos verehrt. Aphrodite und Hermes zeugen Eros, der als Hermaphroditus, als weiblicher Knabe, zur Welt kommt. Das Bild des Hermaphroditen erinnert an Jacques Silvert. Der Liebesgott Eros, als dessen Priesterin sich Raoule de Vénérande und Eliante Donalger verstehen,[74] ist also zweigeschlechtlich. Die Nymphe Salamakis vereinte sich mit dem Hermaphroditus.[75] Auch hier lassen sich Parallelen zu *Monsieur Vénus* aufzeigen. Nicht nur, dass Raoule sich von Jacques ein Nymphenkostüm anfertigen lässt, auch ihre Beziehung endet in einer Ehe. Marcel(le) Désambres definiert sich als „Galathée nouvelle"[76] und huldigt dem Eros. Galatheia gilt in der Mythologie als einer der Aphrodite ähnlichen Göttin des Meeres.[77] Das Liebesspiel zwischen Aphrodite beziehungsweise Venus und ihrem Liebhaber Adonis klingt nicht nur in den Titeln der beiden Romane an. Rachilde spielt in *Monsieur Venus* mit den antiken Prätexten. Je nach seiner Geschlechterrolle ist Jacques Adonis oder Venus.[78] Dies gilt ebenso für die Inszenierungen von Marcel(le) Désambres. Zu der Schar von Liebhabern der Aphrodite zählt auch König Pygmalion. Er hatte sich in seine selbstgeschnitzte elfenbeinerne Aphrodite-Statue verliebt und wollte die Statue zur Frau nehmen. Nach verzweifelten Gebeten zu Aphrodite wurde die Statue lebendig und er ehelichte sie.[79] Rachilde Texte liefern keine direkten Hinweise auf den Pygmalion-Mythos. Vielmehr wird er von ihr im Kontext zwischen Natur und Kunst mehrfach indirekt zitiert. So werden alle Romanheldinnen mit Mamorstatuen gleichgesetzt. Besonders eindeutig geht jene Episode aus *La Jongleuse* auf die Pygmaliongeschichte zurück, in der Eliante Léon die Wachsfiguren

---

[72] Vgl. Rachilde, *Monsieur Vénus*, S. 227; dies., *La Jongleuse*, S. 70f, 90f, 166 etc.
[73] Vgl. Rachilde, *Monsieur Vénus*, S. 55 u. 192.
[74] Vgl. ebd., S. 129 u. 192; und vgl. Rachilde, *La Jongleuse*, S. 88 u. 211.
[75] „So erschien da jene Vereinigung von weiblich und männlich in einer einzigen Gestalt, die auch Salamakis erlangte, eine Vereinigung, die unsere Sprache heute noch dadurch ausdrückt, daß sie ein Ehepaar *androgyno*, ‚Mannweib', nennt." Karl Kerényi, *Mythologie der Griechen*, Bd. I: *Die Götter- und Menschheitsgeschichten*, München[18] (Deutscher Taschenbuch Verlag) 1997, S. 137f.
[76] Rachilde, *Madame Adonis*, S. 206.
[77] Vgl. Karl Kerényi, *Mythologie der Griechen*, Bd. I: *Die Götter- und Menschheitsgeschichten*, S. 54.
[78] Vgl. Rachilde, *Monsieur Vénus*, S. 169.
[79] Vgl. Karl Kerényi, a.a.O., S. 61.

zeigt, die ihr Mann von ihr geschnitzt hat. Während die Aphrodite-Statue des Königs die Kunst überschreitet und ins Leben tritt, verachtet Eliante das Leben und flüchtet sich in die Kunst beziehungsweise in die Künstlichkeit. In diesem Roman wie auch in *Monsieur Vénus*, in dem Raoule als weiblicher Pygmalion aus Jacques, ihrer männlicher Aphrodite, ein Wachsmodell schafft und damit im Gegensatz zum Mythos die lebendige Aphrodite in der Kunst verewigt, werden die Mythen zu Prätexten der Verkehrung und erhalten eine Wendung ins Komische. Der Mythos von Pygmalion ist in Rachildes Romanen von zentraler Bedeutung, denn in ihrer Verarbeitung des Mythos' verkehrt die Autorin das geschlechtsspezifische Verhältnis zwischen Schöpfer und Kunstwerk einerseits und Leben und Tod andererseits. In den Texten der Autorin lassen sich ebenfalls Bezüge zu dem Ödipus-Mythos aufzeigen, die am deutlichsten in *La Marquise de Sade* entwickelt sind. Im Laufe des Romans entpuppt sich Marys Liebhaber Paul Richard als Sohn ihres Mannes, des Baron de Caumont. Im Unterschied zum mythischen Prätext ermordet nicht der Sohn den Vater, sondern die Ehefrau ermordet ihren Mann, um die Verbindung zu dem Stiefsohn aufrecht zu erhalten. Damit ist die Frau in Rachildes Ödipus-Variante nicht nur Tauschobjekt zwischen Vater und Sohn, sondern sie greift selbst aktiv in das Geschehen ein.

Einen besonderen Stellenwert nimmt das Prinzip der Ironisierung in Rachildes Romanen ein. Die Struktur des Palimpsests lebt von der Ironie, denn das Spezifische des ironischen Stils[80] liegt darin, dass die jeweilige literarische Norm nicht nur über- oder unterboten, sondern zugleich dargeboten wird. Das Schwanken zwischen Wiederholung und Kritik am männlichen Diskurs der *Décadence* zeigt sich also in der Ironie, die Rachildes Romane durchzieht. Der ironische Grundton wird im Wesentlichen durch die Verkehrung von geschlechtsspezifisch besetzten kulturellen und sozialen Normen produziert. Die Umkehrung von diesen Normen beinhaltet ihre Wiederholung mit vertauschten geschlechtlichen Vorzeichen. In dieser Verkehrung steckt die ironische Qualität der Romane, denn in der geschlechtsspezifischen Umdeutung der Konventionen der *Décadence* ist sowohl die Anpassung als auch ein Prostest gegen diese Produktionsregeln

---

[80] Vgl. Uwe Japp, *Theorie der Ironie*, Frankfurt a.M. (Klostermann) 1993, S. 44.

vertextet. Ironie bedeutet also in diesem Kontext nicht nur das Gegenteil des Gesagten, sondern auch das Gesagte selbst ist Teil der Ironie:

> „Bei der Ironie geht es darum, wie es möglich sein können soll, daß Eins zugleich dasselbe und anderes *sagt*. A *sagt* A und B. Dies nennen wir den sprachlichen Grund der Ironie."[81]

Die ironische Paraphrase von den Themen und Motiven der *Décadence*, die insbesondere im zweiten Teil der vorliegenden Arbeit behandelt wurde, erfüllt also nicht nur humoristische Funktionen. Zum einen produziert die Ironie eine Distanz sowohl zu der Handlung als auch zu den Figuren. So werden die gewalttätigen Szenen in *La Marquise de Sade* immer nur ironisch, bisweilen sogar zynisch kommentiert. Als der Colonel seine Tochter wieder einmal misshandelt, heißt es im Roman:

> „Puis, jugeant qu'une correction amènerait la détente nécessaire à ce système nerveux trop excitable, il empoigna Mary et, pour la première fois, lui administra le fouet de bon cœur."[82]

Dieses Verfahren verwendet die Autorin bei der Schilderung aller Bluttaten im Roman. Diese Form der Distanzierung vollzieht sich über den Kontrast zwischen dem heiteren Ton und dem Ernst der Handlung, was eine gewisse Komik produziert. Das Komische verdrängt das Tragische jedoch nur kurzfristig und befreit nur zeitweise von der unerträglichen Ohnmacht der Protagonistin.

Zum anderen hat der ironische Blick in Rachildes Romanen die Tendenz eine Hierarchie aufzubauen, die sich über den Naturalismus erhebt und sich über dessen Personen oder Inhalte mokiert, um damit aus der Warte des dandyistischen Ideals die Schwäche einer Gesellschaft oder einer Ideologie zu kritisieren. Diese Form der Ironie zeigt zunächst Analogien zur Ironie des Dandys auf, die als Ausdruck einer Dialektik von Loyalität und Grenzüberschreitung in Bezug auf die Normen der Gesellschaft zu verstehen ist. Ironie gehört zum Selbstverständnis des dandyistischen Künstlers, denn im Rahmen seiner permanenten Selbstreflexion, „der Selbstentzweiung in ein agierendes und ein beobachtendes Ich"[83], verhält sich der Dandy auch ironisch zu seiner eigenen Existenz.

---

[81] Ebd., S. 31.
[82] Rachilde, *La Marquise de Sade*, S. 29.
[83] Hiltrud Gnüg, *Kult der Kälte. Der klassische Dandy im Spiegel der Weltliteratur*, Stuttgart (J. B. Metzler) 1988, S. 40.

Doch die Ironie in den Romanen von Rachilde erweist sich als eine sprachliche Strategie, die den doppelten Ort widerspiegelt, den die schreibende Frau in einem männlich dominierten Diskurssystem besetzen muss. In ihren Texten erweist sich die Ironie als Variante eines indirekten Sprechens, als eine Form, in der immer ein Selbst und ein Anderes am Werk ist, das sich aber als Einheit präsentiert.[84] Diese doppelte Qualität der Ironie ist also nicht nur wie beim Dandy von dem Schwanken zwischen Konformismus und Rebellion geprägt, sondern sie reflektiert die Geschlechterpolarität. Ironie überschreitet die geschlechtsspezifischen Konventionen. Das Spiel mit vertauschten Rollen wird zur Wirklichkeit, genauso wie sich die Wirklichkeit als Spiel entpuppt. Ironie erscheint als Konstituente für die schwebende Zweistimmigkeit des Palimpsests:

> „Der hohe ironische Stil ist voll Anspielung, aber es handelt sich um schwebende Anspielungen, denen der Charakter des Plötzlichen fehlt, der den Witz auszeichnet. Die ironische Anspielung verweist auf ein hintergründig Mitgewußtes und Unausgesprochenes. Aus dieser unaufdringlichen, aber ständigen Vorweisung stammt das Spielerische, Schwebende, Schillernde des ironischen Stils."[85]

Das hintergründig Mitgewusste und Unausgesprochene bezieht sich in Rachildes Texten auf die diskriminierende Geschlechterpolitik des *Fin de siècle* und auf die misogyne Seite des Dandytums. Rachilde übernimmt also nicht nur die dandyistische Ironie, sondern sie verzerrt diese ihrerseits. Die Ironie der Autorin basiert also auf der Ironisierung der Ironie des Dandys. Diese potenzierte Form der Ironie kommt den Romanen in der geschlechtsspezifischen Umdeutung von dandyistischen Themen wie Ästhetizimus, Zerebralität, Kunst und Identität zum Ausdruck.

Die in dem Palimpsest innewohnende Ironie überschreitet auch bürgerliche Identitätskonzepte, die davon ausgehen, dass es eine stabile Identität, also auch eine fixe Autoridentität gebe. Die Ironie verhindert eine eindeutige Festschreibung des Autors. Insofern schützt die aus der Ironie hervorgehende hybride Ästhetik den weiblichen Autor auch vor Ausschluss. Das Durchkreuzen der dandyistischen Ironie erscheint also als spezifisches Autorkennzeichen, das es Rachilde ermöglicht, sich in den Diskurs der *Décadence* einzuschreiben.

---

[84] Zur Ironie als Form des indirekten Sprechens vgl. Uwe Japp, *Theorie der Ironie*, S. 39.
[85] Ebd., S. 42f.

Die sprachliche Gestaltung der Ironie erfolgt in den Romanen auch durch die Kursivierung einzelner Wörter oder Sätze, die Rachilde scheinbar willkürlich in den Text streut. Zunächst einmal dient die Kursivierung dazu, den Prozess des Lesens zu stören und die Aufmerksamkeit des Lesers auf diese Ausdrücke zu lenken. Sie scheinen durch die optische Differenzierung auf einen eigenen Diskurs zu verweisen. Die kursiven Begriffe, die Rachilde in jedem ihrer Romane gebraucht, erfüllen mehrere Funktionen. Zum einen sind es Begriffe, die thematisch mit dem literarischen Diskurs des Romans nicht oder nur indirekt in Verbindung stehen, wie zum Beispiel Buchtitel wie *Les exploits de la Brinvilliers*[86], Namensschilder wie *Marie Silvert, fleuriste, dessinateur*[87], Anglizismen wie *highlife*[88] oder Ortsnamen wie *Ar-men*[89], die in allen Romanen kursiviert werden. Der kursive Code übernimmt auch die Funktion von Schlüsselwörtern, die den Lesern stets vor Augen führen und garantieren, dass er das Romanthema wahrnimmt.[90] Vornehmlich erscheinen jene Begriffe in kursiver Schreibweise, die den *Fin-de-siècle*-Diskurs ironisieren. So heißt es über Baron de Raittolbe: „Raittolbe, bien qu'il eût été jusque-là un honnête homme, *avait le siècle*, infirmité qu'il est impossible d'analyser autrement que par cette seule phrase."[91] Rachilde spielt hier ironisch auf den zeitgenössischen Hysteriediskurs an. Vornehmlich rekurriert aber der kursive Code in *Monsieur Vénus* auf den *gender*-Diskurs im Roman, indem er den Rollentausch auch auf der Ebene des linguistischen Codes markiert. Er macht damit die geschlechtsspezifische Determination sichtbar und stellt sie in Frage. So sagt Raoule von Jacques: „Je veux qu'*elle soit* heureuse comme *le filleul* d'un roi."[92] Die Kursivierung der Personalpronomen macht in besonderer

---

[86] Rachilde, *Monsieur Vénus*, S. 75.
[87] Ebd., S. 23.
[88] Ebd., S. 110. Vgl. dazu auch Janet Beizer, „Venus in Drag, or Redressing the Discourse of Hysteria: Rachilde's *Monsieur Vénus*", in: dies., *Ventriloquized Bodies. Narratives of Hysteria in Nineteenth-Century France*, Ithaca (Cornell University Press) 1994, S. 227-260, hier, S. 233.
[89] Vgl. Rachilde, *La tour d'amour*, S. 11.
[90] Der kursive Code in *La Jongleuse* macht auf einer Metaebene die Beziehungslosigkeit der beiden Protagonisten Eliante Donalger und Léon Reille, die komödiantische Züge trägt, sichtbar. So redet Eliante Léon wie folgt an: „Léon Reille, *mon meilleur ami; meilleur ami; Monsieur et cher amant; monsieur et cher ami*." Léon Reille anwortet schließlich mit „*ma future fiancée*". Eliantes Botschaft an Léon oder aber an die Leser ist in den kursiven Wörtern eingeschrieben. Rachilde, *La Jongleuse*, S. 70.
[91] Rachilde, *Monsieur Vénus*, S. 97.
[92] Ebd., S. 91.

Weise die Unsicherheit der geschlechtlichen Identifizierung jenseits konventioneller Geschlechterrollen deutlich. Und sie offenbart, wie sehr sprachliche Markierungen an der Manifestierung von Geschlechtsidentität beteiligt ist. Raoule wird über den männlichen Sprachcode definiert. Ihre Tante nennt sie *„son neveu"*, Raittolbe spricht sie mit *„monsieur* Vénérande" an.[93] Auf Raittolbes Avancen reagiert sie in der Männerrolle: „De vous avoir pour amant, vous ne serez pas le premier et je suis *honnête homme!*..."[94] Die geschlechtsspezifische Kursivierung der Begriffe karikiert nicht nur den konventionellen Geschlechterdiskurs oder die Topoi über Hysterie, Sexualität, Männlichkeit, Weiblichkeit und Kunst[95], sondern sie produziert auch einen Metadiskurs, wie folgender Dialog zwischen Raittolbe und Raoule deutlich macht: „Ami, dit-elle brusquement, *je suis amoureux!*"; Raittolbe sagt daraufhin: „Continuez, monsieur de Vénérande, continuez, *mon* cher ami!"[96]; Raoule entgegnet: „Je suis *amoureux* d'un homme et non pas d'une femme!"[97] „J'ai voulu *l'impossible*...(...)."[98]; „Elle est *amoureux* d'un hom...me! Dieux immortels! s'exclama-t-il, prenez pitié de moi! Je crois que ma cervelle s'écroule!"[99] Der kursive Diskurs über die Liebe definiert Liebe als „unmögliche" Liebe, im Sinne eines sexuelles Begehrens ohne geschlechtliche Schranken.

In *La tour d'amour* werden immer wieder verwirrende Anspielungen unter anderem auf den toten Vorgänger des Leuchtturmwärters Jean Maleux hervorgehoben, was die Aufmerksamkeit des Lesers auf diese scheinbar unwichtigen Details lenkt und die Spannung ansteigen lässt: „A propos, celui que vous remplacer, le compagnon du vieux Mathurin Barnabas, est mort...*d'accident,* (...)."; „Pas d'allusion à ...*l'accident,* hein!"[100] „Nous demandons des gens sérieux, *assez éprouvés par la vie pour ne pas la regretter,* (...)."[101] Die kursiven Begriffe fungieren ebenso als Signale, die eine Katastrophe ankündigen und die Leser beunruhigen. Schließlich lassen sich Begriffe aufweisen, bei denen sich eine Referenz zu einer Romanfigur

---

[93] Ebd., S. 42 u. 54.
[94] Ebd., S. 70.
[95] Vgl. Janet Beizer, „Venus in Drag", S. 235.
[96] Rachilde, *Monsieur Vénus*, S. 84.
[97] Ebd., S. 88.
[98] Ebd., S. 89.
[99] Ebd., S. 89.
[100] Vgl. Rachilde, *La tour d'amour*, S. 9.
[101] Ebd., S. 10.

herstellen lässt.[102] Die Kursivierung lenkt die Aufmerksamkeit de Leser auch auf den unverständlichen Refrain des Liebesliedes, das Mathurin beständig vor sich her singt, und betont damit seine Beziehung zum Romantitel sowie seine ironische Bedeutung für den Roman: „*C'était la tour prends garde, C'était la tour ...d'amour! D'amour...our...our...ur!*"[103] Erst im Romanverlauf vermögen die Leser den Refrain zu deuten, der auf das Geheimnis des Leuchtturms, nämlich Mathurins Nekrophilie und den engen Zusammenhang zwischen Liebe und Tod, hinweist. Einerseits dienen jene kursiven Begriffe und Sätze, die sich einem spezifischen Code zuordnen lassen, zur Orientierung der Leser. Andererseits weisen die Romane ebenso kursive Wörter auf, deren Sinn sich nicht entschlüsseln lässt und daher eher verwirren.

Die Karikierung von gesellschaftlichen Themen, das Verfahren der Inversion und das Prinzip der Ironisierung gehören also zu den signifikanten Strategien des Erzählens im Werk von Rachilde, die mittels Komik das spannungsreiche Verhältnis zwischen *Décadence* und Naturalismus sowie zwischen den Geschlechtern kritisiert. Diese Kritik wird durch das Lachen entschärft. Die den Romanen innewohnende Ironie unterläuft und reproduziert ihrerseits die dandyistische Ironie, indem sie sie geschlechtsspezifisch umdeutet. Der ironische Grundton ist konstitutiv für die hybride Ästhetik in Rachildes Romanen. Das ironische Sprechen korrespondiert mit den Produktionsregeln der *Décadence*, gewährt der Autorin ein gewisses Maß an literarischer Freiheit und bewahrt sie daher vor dem Ausschluss aus dem literarischen Diskurs.

---

[102] Die kursiven Begriffe schildern Maries Verhältnis zu Raoule und deren Absicht, ebenfalls von dem Verhältnis zwischen der Aristokratin und ihrem Bruder zu profitieren: „Marie eut un rictus mauvais. Elle gardait son opinion. Quand elle songeait à cette femme de *la haute*, toutes les scènes de vice qu'elle avait vécues lui remontaient en fumées malsaines à la tête, (...).“ An anderer Stelle heißt es: „(...) et elle savait, dans les cas importants, comme *on fait des chatouilles* sous la mamelle gauche d'un amoureux ou d'une amoureuse.“ Rachilde, *Monsieur Vénus*, S. 61.
[103] Rachilde, *La tour d'amour*, S. 52.

# 14. RESÜMEE

Charakteristisch für Rachildes Schreibweise ist sowohl ihr satirisches Talent, ihre dramatische Erzählweise als auch ihr psychologisches Gespür. Die sorgfältige, detailbesessene Konzeption ihrer Romane ist eng am Leser orientiert, dessen Blickrichtung sie durch Motive und Symbole steuert. Die *gender*-spezifische Analyse der formalen wie inhaltlichen Gestaltung ihrer Texte dokumentiert einen ironischen Umgang mit Themen und Motiven der *Décadence*, der sich ebenso in der Personenkonstellation und der Erzählhaltung niederschlägt und auf die problematische Situation schreibender Frauen in einem männlich definierten Diskurssystem verweist. Rachildes ambivalenter Umgang mit dem literarischen Diskurs ist also auch auf erzähltechnischer Ebene als subversive weibliche Schreibweise auszumachen.

Abschließend lassen sich hinsichtlich der stilistischen Kennzeichen zur literaturhistorischen Einordnung der Autorin folgende Ergebnisse festhalten: Themen- und Motivwahl sowie die Gestaltung der Schauplätze und des Personals spiegeln einen für die *Décadence* durchaus charakteristischen Dualismus von dekadenter und naturalistischer Ästhetik, bei der die beiden literarischen Diskurse geschlechtsspezifisch gedeutet werden. Der Naturalismus wird zur Projektionsfläche von weiblicher Ausgrenzung und Unterdrückung. Die *Décadence* scheint dem weiblichen Autor gewisse Entfaltungsmöglichkeiten zu bieten. Doch Rachilde liefert in ihrem Textkorpus auch eine Umdeutung des Diskurses der *Décadence*, denn in der Karikierung der bourgeoisen Gesellschaft akzentuiert sie besonders deren misogyne Geschlechterpolitik. Durch ihr satirisches Talent gelingt ihr auf literarischer Ebene die Entmachtung jener Figuren, die diese frauenfeindliche Politik vertreten.

Die Romanfiguren, die dem oben genannten Dualismus verpflichtet sind, verkörpern primär bestimmte Ideen und werden in diesem Sinne zu Handlungsträgern. Die äußerst sorgfältige, versatzstückartige Charakterisierung der Romanhelden wird über eine einfache Sprache, Dekor, detaillierte Beschreibung und durch Motive erzielt, die die Figuren durch den Text begleiten. Auch der Einsatz von Symbolen und Bildern ist konsequent konstruiert. Rachilde bedient sich ihrer nicht nur zur Erzeugung von Spannung, sondern vor allem zur klaren Strukturierung der Handlung oder aber zur Psychologisierung einzelner Charaktere, wobei sie analytischen Scharfsinn beweist. Folglich können diese Befunde die These vom hysterischen „thirty-day writing"[1] der Autorin nicht bestätigen. Tatsache ist, dass Rachilde beim Schreiben immer wieder die Position des Leser im Blick hat. Er soll unterhalten, überrascht, schockiert, selten auch emotional berührt werden.

Ihr lebhafter Stil hat satirische, polemische, phantastische und realistische Facetten. Er fühlt sich am ehesten den Inhalten der *Décadence* verpflichtet und kann daher nicht als „realisme visionaire"[2] bezeichnet werden. Dennoch bleibt die Welt in ihren Texten relativ starr und durch die thematische Verflechtung der Romane entsteht schnell der Eindruck, „elle écrivait plusieurs fois le même livre"[3].

Ein wesentliches Stilmerkmal aber ist ihre Ambivalenz, die sich auch in der Gestaltung von den Erzählsituationen und im Gebrauch von bestimmten Erzählstrategien abbildet. Sie kommt am deutlichsten in der ironischen Paraphrase von literarischen Konventionen zum Ausdruck. Die Ironie aber bringt besonders im Hinblick auf den Geschlechterdiskurs *gender*-spezifische Gegensätze zu Tage, die im weitesten Sinne immer auch an die fundamentale Kontroverse zwischen dem biologischen Geschlecht der Autorin und einer explizit männlich definierten Autorschaft erinnern, sie aufheben und wieder affirmieren. So gilt ihr Stil schon bei ihren Zeitgenossen als „l'art à la fois subtil et viril"[4]. Die im Dandytum eingeschriebene Ironie erfährt in Rachildes Romanen also eine weitere Ironisierung und lässt jene hybride Ästhetik in den Romanen entstehen, in denen die Position des Erzählenden kaum zu ermitteln und damit unangreifbar ist. Diese ambivalente Erzählhaltung verweist einerseits auf die eingangs skizzierte problemati-

---

[1] Vgl. Renée Kingcaid, *Neurosis and Narrative. The Decadent Short Fiction of Proust, Lorrain and Rachilde*, Carbondale u. Edwardsville (Southern Illinois University Press) 1984, S. 111f. Mit Rekurs auf Rachildes Vorwort von *Madame Adonis* deutet sie Rachildes Schreibweise wie folgt: „Clearly the urgency of her writing places her in her own ‚category of hysterics', all the more to so that the thirty-day writing cycle is a lunar or menstrual cycle as well."

[2] Claude Dauphiné beruft sich dabei auf eine Aussage Léon Blums. Claude Dauphiné, *Rachilde*, S. 362.

[3] Ebd., S. 361.

[4] Ernest Gaubert, *Rachilde. Biographie Critique Illustré D'Un Portrait-Frontispice Et D'Un Autographe Suivie D'Opinions Et D'Une Bibliographie*, Paris (Sansot) 1907, S. 35.

sche Situation weiblicher Autoren im *Fin de siècle*, die sich auf Grund ihrer Geschlechtszugehörigkeit vor dem Ausschluss aus der literarischen Gemeinschaft fürchten. Auf diesen Tatbestand könnten auch die vielen offenkundigen intertextuellen Referenzen deuten, die immer wieder ihre Kompetenz unterstreichen und ihre Zugehörigkeit zum Diskurssystem der *Décadence* betonen. Auf der anderen Seite erlaubt eben diese ambivalente Erzählhaltung ein subversives Spiel mit Signalen dieses Diskurses und demonstriert Rachildes scharfsinnigen wie auch eigenwilligen Umgang mit den literarischen Konventionen, die für heutige Leser einen hochinteressanten Einblick in das *Fin de siècle* und dessen Geschlechterkonfiguration bieten.

# SCHLUSSBETRACHTUNG

Die Werke von Rachilde stehen heute im Fadenkreuz von *Décadence* und Postmoderne, Identität und Autorschaft. Sie sind auch rund 100 Jahre nach ihrer Publikation von erstaunlicher Aktualität. Der Einfluss der *Décadence* einerseits und die Erfahrungen aus dem Blickwinkel einer Schriftstellerin andererseits lassen Texte entstehen, die auf Paradoxien aufbauen, welche sich im Spannungsfeld von Misogynie und Feminismus bewegen. Gerade deshalb beeindrucken die Romane durch ihre Vielschichtigkeit. Das Dandytum gilt als fundamentaler Impuls ihrer Texte, der Geschlechterdiskurs als zentraler Aspekt, der sich textübergreifend ausmachen lässt. Er bildet die Nahtstelle, an der man die ambivalente Schreibpraxis der Autorin nachzeichnen kann.

Die Ausgangsthese der als kritische Revision angelegten Arbeit bildet der ambivalente Diskurs der Autorin, der als Ausdruck einer subversiven Schreibweise zu begreifen ist, um sich in den literarischen Diskurs der Zeit einzuschreiben. Mit Rückgriff auf die Theorien von Susan Gilbert/Sandra Gubar wurde Rachildes Schreibweise als Palimpsest gedeutet, in dem eine „Angst vor Autorschaft" bzw. eine Angst vor Ausschluss aus dem männlich dominierten Diskurssystem der *Décadence* vertextet ist.

Die vorliegende Arbeit ging deshalb von dem Vorhaben aus, die ambivalente Schreibpraxis von Rachilde einschließlich ihrer Verwurzelung in dem Kontext der Zeit sowie ihrer literarischen und stilistischen Gestaltungsprinzipien darzustellen und zu interpretieren, um sie als autorspezifische Schreibweise kenntlich zu machen. Diese Zielsetzung spiegelt sich in der dreiteiligen Struktur der Arbeit.

Die Auseinandersetzung mit der zeitgenössischen Geschlechterpolitik im ersten Teil trägt nicht nur der engen Verflechtung von Rachildes Werk mit den Themen der Zeit und der Literatur der *Décadence* Rechnung. Sie bietet auch den nötigen Verstehenshintergrund für Rachildes individuellen Weg zur Autorschaft und für die vergleichsweise schwierigen Produktionsbedingungen eines weiblichen Autors im *Fin de siècle*.

Die Deutung von Rachildes Romanen als Palimpseste der *Décadence* ermöglichte die Beschreibung und Analyse des ambivalenten Diskurses in seiner Komplexität und führte zur Auseinandersetzung mit Identität und Autorschaft. Diese Tiefendimension ließ sich an ausgewählten Textbeispielen erhellen. Die Analyse ihrer Romane als Palimpseste legt zudem die literarischen Gestaltungsprinzipien der Autorin offen, die in der subversiven Wiederholung der Themen der Zeit und literarischen Topoi der *Décadence* festzumachen sind. Die daraus resultierenden Umdeutungen bringen eine weibliche Sichtweise zum Vorschein.

Das Durchleuchten literarischer Techniken, wie das Zusammenspiel von Themen, Figuren und Schauplätzen oder die Analyse typischer Erzählsituationen und Erzählstrategien im dritten Teil der Arbeit erlauben eine weitere Spezifizierung von Rachildes Schreibpraxis und reflektieren wiederum die palimpsestartige Struktur der Texte.

Aus der Vielzahl der hier analysierten Erkenntnisse, Tendenzen und Perspektiven sollen zum Abschluss die wesentlichen Verbindungslinien der drei Teile diskutiert werden, um mit Blick auf eine Kanonisierung grundsätzliche Aussagen zu Rachildes Autorschaft formulieren zu können.

1. Die enge Verwurzelung in der *Décadence*

In Rachildes Werk hinterlassen die Vorstellungen von Männlichkeit und Weiblichkeit in der zeitgenössischen Geschlechterpolitik unübersehbare Spuren.

Die Frau wird in medizinischen, naturwissenschaftlichen und philosophischen Diskursen des ausgehenden 19. Jahrhunderts ausschließlich über ihre Biologie definiert. Die Sexualisierung des weiblichen Körpers unterliegt einer zwiespältigen Bewertung. Lebt die Frau ihre Sexualität im Rahmen von Ehe und Mutterschaft aus, erntet sie Respekt und Anerkennung. Artikuliert sie ihr Begehren außerhalb dieser für sie vorgesehenen gesellschaftlichen Bezugsrahmen, kann dies die Pathologisierung, Demoralisierung und Kriminalisierung ihrer Weiblichkeit zur Folge haben. Neben der Sexualisierung des weiblichen Körpers kommt ein weiterer wichtiger Aspekt zum Tragen. Es handelt sich dabei um die Politisierung des Frauenkörpers. Dieses Phänomen spielt insbesondere im Kontext der Kontroverse um den Bevölkerungsrückgang im Frankreich des *Fin de siècle* eine bedeutende Rolle. Die Reproduktionsinteressen des Staates äußern sich in der Stärkung der Mutterrolle, denn die Zeugung und Aufzucht von Nachkommen wird als Beitrag für das Vaterland gewertet. Jede Schwangerschaft steht somit im Dienste des Nationalismus und erscheint als patriotischer Akt.

Dieses essentialistische Frauenbild dient zur Legitimierung der weitreichenden Ausklammerung von Frauen aus dem öffentlichen Leben. Der Zugang zu Politik, Wissenschaft und Kultur bleibt, von wenigen Ausnahmen einmal abgesehen, Männern vorbehalten, zu deren Privilegien auch das Wahlrecht und eine solide Schulbildung gehören. Naturalismus und *Décadence* gelten als bedeutende literarische Diskurse der Zeit. Die beiden gegensätzlichen literarischen Strömungen verbindet ihre misogyne Haltung zur Frau, die in Frauenbildern wie etwa der *femme fatale* oder der *femme fragile* zum Ausdruck gebracht wird. Misogynie erweist sich also als interdiskursives Phänomen. Gemäß der verbreiteten Auffassung, dass das Genie männlich sei, definiert sich der Schriftsteller über die Abgrenzung zur Frau, was insbesondere auf den Dandy, das Sinnbild des dekadenten Ästheten, zutrifft. Er vertritt die Maxime vom unüberwindbaren Gegensatz zwischen der als vulgär etikettierten Weiblichkeit und dem exklusiven Ästhetizismus des Dandytums. Dandytum und Weiblichkeit bzw. Autorschaft und Weiblichkeit bilden also ein Oxymoron.

In diesem Kontext ist die Maskerade der jungen Marguerite Eymery, die in die Rolle eines weiblichen Dandys schlüpft und sich als „Rachilde. Homme de lettres" präsentiert, von besonderer Brisanz. Denn diese Inszenierung verwischt die Diskrepanz zwischen weiblicher Geschlechtszugehörigkeit und männlich definierter Autorschaft. Dandytum und weibliche Autorschaft konvergieren in vielerlei Hinsicht. Einen wesentlichen Aspekt bildet dabei die Kultivierung des Paradoxen, denn der Dandy pendelt zwischen folgenden Idealen: Originalitätswille und Konvention, Schein und Sein, gesellschaftlicher Rückzug und artistische Selbstdarstellung, elegantes Understatement und auffallende Exzentrik, erotische Verführbarkeit wie Affektkontrolle, überlegene Selbstreflexion und Selbstparodie. Der Dandy gewährt durch die Kultivierung des Paradoxen der Frau als Autorin ein gewisses Maß an Ambivalenz in ihrem künstlerischen Selbstentwurf. Vor allem sein Sinn für subtile Provokation und Revolte, der sich innerhalb äußerster Grenzen der Konvention bewegt, ist für einen weiblichen Autor äußerst wegweisend. Ferner erweist sich der Dandy durch sein permanentes Spiel mit Maskerade und *Maquillage* als androgyne Erscheinung. Insofern liegt die Inszenierung als Dandy für einen weiblichen Autor nahe. Außerdem gilt der dandyistische Ästhet wie kein anderer als Garant für künstlerische Kompetenz. So verschafft die Inszenierung als „homme de lettres" der Autorin Zugang zum männlich dominierten Diskurs der *Décadence*. Sowohl der Dandy als auch die schreibende Frau gelten als Außenseiter der Gesellschaft. Ihnen ermöglicht die *Décadence*, die sich als literarische Außenseiterbewegung über den Protest gegen den herrschenden Naturalismus definiert, daher gewisse Entfaltungsmöglichkeiten.

Autorschaft ist also für eine schreibende Frau im *Fin de siècle* mit der Überwindung von *gender*-Grenzen verbunden. Sowohl Rachildes Autorinszenierung als auch ihre Schreibpraxis bringen ein ambivalentes Verhältnis zum eigenen Geschlecht hervor, das auch in ihrer distanzierten Haltung zu den feministischen Bewegungen ihrer Zeit zum Ausdruck kommt. Rachildes Antifeminismus kann man auf der Folie ihres dandyistischen Selbstentwurfs begründen, der auf Individualismus und Aristokratismus basiert und insofern jegliche demokratische Einstellung oder gesellschaftliche Solidarität vermissen lässt. Hinzu kommt, dass die feministischen Gruppierungen des *Fin de siècle* das essentialistische Frauenbild nicht in Frage stellen, sondern ihre Forderungen zur Verbesserung der Lage der Frauen knüpfen an diese Vorstellung an. In krassem Gegensatz dazu steht Rachildes individueller Emanzipationsweg, der ihren Aufstieg von der Provinzautorin zur „Reine des Décadents" umfasst.

Rachildes Verwurzelung in der misogynen Vorstellungswelt der *Décadence* steht im Widerspruch zu ihrer Geschlechtszugehörigkeit. Dieser Widerspruch spiegelt sich in ihren Texten. Im Unterschied zur Forschungsdiskussion wurde in der vorliegenden Arbeit die ambivalente Autorinszenierung von Rachilde in ihrer Komplexität dargelegt, analysiert und als spezifische weibliche Schreibweise vor dem Horizont eines phallogozentrischen Literaturdiskurses gedeutet, der es der Autorin ermöglicht, sich aus der *gender*-spezifischen Marginalität heraus in den Diskurs der *Décadence* einzuschreiben.

## 2. Weiblicher Dandyismus als autorspezifische Schreibpraxis

Rachildes enge Verbundenheit mit der *Décadence* spiegelt sich auf ganz besondere Art in ihren Werken. Signifikant für deren Produktionsweise ist neben einer starken inhaltlichen Verästelung der Texte, die sich einer linearen Entwicklung verweigern, auch eine binäre Textstruktur, die immer wieder um das Themenspektrum der *Décadence* rotiert. In ihren Romanen finden sich vor allem Themen wie Kunst und Ästhetizismus, Zerebralität und sexuelle Perversionen, Homosexualität und Bisexualität, aristokratisches Selbstverständnis und exklusive Eleganz, Misogynie und Androgynie, Maskerade und *Maquillage*. Einflüsse von Charles Baudelaire, Auguste Philippe de Villiers de L'Isle-Adam, Jules Amédée Barbey d'Aurevilly, Théophile Gautier oder Edgar Allan Poe gehen in ihr Werk mit ein. Daneben lassen sich auch Inhalte wie Ehe, Mutterschaft, Hysterisierung, Feminismus oder Geschlechtertausch ausmachen, die auf einen weiblichen Blick schließen lassen. Die Verschmelzung dieser beiden literarischen Standorte produziert ein inhaltlich ambivalentes Textgefüge, das analog zum Auftritt als weiblicher Dandy als literarische Form der Inszenierung gelten kann. Die Konvergenz zwischen der ambivalenten Schreibpraxis eines weiblichen Autors und dem Erscheinungsbild des Dandys gründet sich auf der Kultivierung des Paradoxen. Diese vollzieht sich in Rachildes Texten vor allem auf der Ebene des Geschlechterdiskurses. Der dandyistische Themenkatalog wird in seiner männlichen Markierung offengelegt und aufgrund der Geschlechtszugehörigkeit der Autorin mit einem weiblichen Vorzeichen versehen. Die Vielzahl der daraus resultierenden Umdeutungen und Umkehrverhältnisse bringt eine Ambivalenz zum Vorschein, die insbesondere die misogyne Haltung des Dandys im Blick hat. Weibliches Dandytum ist also von einem widersprüchlichen Verhältnis zum Dandy, das zwischen Mimesis und Rebellion pendelt, geprägt. Wie der dandyistische Künstler so verwirklicht die schreibende Frau ihren Sinn für Revolte und Provokation innerhalb äußerster Grenzen der Konvention, um ihre Autorposition nicht zu gefährden. Während der Dandy mit seiner Selbstinszenierung gegen bürgerlichen Pragmatismus und Utilitarismus protestiert, richtet sich die Kritik des weiblichen Autors gegen den Chauvinismus und die Ausschließungsverfahren der bürgerlichen Gesellschaft. Der Geschlechterdiskurs integriert darin jene Themen der *Décadence,* als dessen Repräsentant der Dandy fungiert. In der Rolle eines weiblichen Dandys und mittels der damit verbundenen ambivalenten Schreibweise kritisiert die Schriftstellerin ebenso das misogyne Kunstverständnis der *Décadents*, das der Dandy inkarniert. Nur im Rahmen einer literarischen Inszenierung als weiblicher Dandy ist es der schreibenden Frau möglich, die Themen der *Décadence* umzudeuten sowie die zeitgenössischen Geschlechterbilder zu durchkreuzen und gleichzeitig zu erhalten, um die eigene literarische Position als Autorin nicht zu gefährden. Der doppelte Standort eines weiblichen Autors, der sich sowohl innerhalb als auch außerhalb eines bestimmten literarischen Diskurses lokalisieren lässt, ist dadurch markiert, dass er die literarischen Konventionen virtuos beherrscht und sie gleichzeitig hinterfragt. In der Wiederholung von Themen der *Décadence* wird also eine semantische Verschiebung sichtbar, die einen weiblichen Erfahrungshorizont zur Sprache bringt. Diese komplexe Struktur des ambivalenten Schreibverfahrens ist im Palimpsest vertextet und lässt sich insbesondere am Geschlechterdiskurs ablesen, wie an ausgewählten Romanbeispielen im Hauptteil der Arbeit exemplarisch demonstriert wurde.

In diesem Zusammenhang hat der Erfolgsroman *Monsieur Vénus* (1884) programmatischen Charakter. Dort unterzieht Rachilde das ganze thematische Spektrum des Dandytums, das sie auch in anderen Romanen immer wieder aufgreift, einer Umdeutung. Weiblicher Dandyismus fungiert als literarisches Programm des Romans, in dessen Zentrum Raoule als weiblicher Dandy agiert. In *Monsieur Vénus* ist der Rollenchiasmus am ausgeprägtesten entwickelt. Der Geschlechtertausch gehört zu den wesentlichen Gestaltungsprinzipien von Rachilde, die sie in allen Texten mehr oder weniger sichtbar durchbuchstabiert. Androgynie und weibliche Homosexualität bilden den inhaltlichen Schwerpunkt von *Madame Adonis,* der in dem androgynen Doppelwesen Marcel(le) Désambres verkörpert wird. In *La Jongleuse* zelebriert Eliante Donalger die Ästhetisierung ihres Selbstentwurfs. Während die Vorstellung eines weiblichen Ästhetizismus der androzentrischen Kunstauffassung der *Décadence* widerspricht, scheint Rachilde in *La Marquise de Sade* die literarische Konvention von der perversen Frau zu reproduzieren. Doch auch hier handelt es sich um eine subversive Form der Wiederholung, denn die Autorin präsentiert Perversion als weibliche Revolte gegen eine bürgerliche Reproduktionspolitik. Das Gewaltpotential der „perversen Frau" erscheint als Konsequenz jahrzehntelanger Diskriminierung und Repression. In dem Roman *La tour d'amour*, der in vielerlei Hinsicht im Werk der Autorin eine Sonderstellung einnimmt, gelingt der Autorin ein beachtenswerter Vorgriff auf psychoanalytische Deutungskonzepte. Indem Rachilde die Innensicht des männlichen Ich-Erzählers Jean Maleux darstellt, entlarvt sie die misogynen Frauenbilder als Sexualangst des Mannes. Sie durchkreuzt außerdem die geschlechtsspezifisch besetzten Dualismen Stabilität und Schwanken, Vitalität und Tod sowie Macht und Ohnmacht. Mit der Umdeutung von Themen und Motiven der *Décadence* ist auch die Dekonstruktion und Entpoetisierung von misogynen Frauenbildern wie der *femme chatte*, der *femme morte*, der *femme dévorante*, der *femme hystérique* oder der *femme perverse* verbunden. Sie geschieht nicht zuletzt durch die Entwicklung entsprechender Männerbilder wie dem *homme mort*, dem *homme perverse*, dem *homme enfant*, dem *homme vulgaire* oder dem *homme rangé*.

Rachildes Romane haben nicht nur die Ausgrenzung von Frauen in der Gesellschaft und Kultur des späten 19. Jahrhunderts zum Gegenstand, sondern die Autorin führt die Ausschließungspraxis auf die geschlechtsspezifischen Dualismen von Geist und Körper, Kunst und Natur, Intelligenz und Gefühl, Macht und Ohnmacht etc. zurück, die sie durch die Umdeutungen in ihren Texten aufzeigen und spielerisch hinterfragen kann. Dabei enthüllt sie ein Weiblichkeitsbild, das die Frau vorrangig über ihre Biologie definiert und damit ihren Lebensentwurf auf Ehe und Mutterschaft beschränkt. Wenn diese beiden Themen in den Romanen zur Sprache kommen, dann werden sie von der Autorin als Machtdiskurse präsentiert, die auf die Frau einwirken und deren Selbstentfaltung beschneiden. Insbesondere in *Madame Adonis* und *La Marquise de Sade* erscheint die bürgerliche Ehe als Instrument der Unterdrückung. Mutterschaft verschafft den Romanheldinnen keineswegs Befriedigung, sondern sie wird zum Synonym für Selbstaufgabe und Tod. Hellsichtig beschreibt die Autorin in *Madame Adonis* die Hysterisierung als Ausschließungs- und Repressionsverfahren, dem diejenigen Frauen aussetzt sind, die dem traditionellen Weiblichkeitsbild und den Reproduktionsinteressen der französischen Gesellschaft nicht Folge leisten. Rachildes Texte können daher als unterschwelliger Protest gegen die Reproduktionspolitik des Staates gelesen werden. Hingegen erweisen sich Ehe und Mutterschaft für den vereinsamten Leuchtturmwärter Jean Maleux aus *La tour d'amour* als Rettung vor dem Wahnsinn. Weiblichkeit definiert der Ich-Erzähler zwar ebenfalls ausdrücklich über Sexualität, Männlichkeit hingegen über Arbeit. Im Laufe des Romans werden diese Fixierungen, die auf einen männlichen Identitätskonflikt deuten, in Frage gestellt.

Ein entscheidender Aspekt von Rachildes Werken liegt in der Veranschaulichung des Kausalzusammenhangs zwischen der Biologisierung der Frau und ihrer gesellschaftlichen und kulturellen Ausgrenzung. Der Versuch von Seiten der Romanheldinnen, sich dieser biologistischen Weiblichkeitsdefinition auf verschiedene Weise zu entledigen, bildet daher den

Dreh- und Angelpunkt aller Romane des Textkorpus. Vor diesem Horizont können sowohl der exzessive Rollentausch der Raoule Vénérande, die androgyne Selbstinszenierung der Marcel(le) Désambres, als auch Eliante Donalgers Ästhetisierung und Mary Barbes perverse Praktiken als Absage an ein traditionelles Frauenbild gedeutet werden, das vorwiegend über weibliche Sexualität und den Reproduktionsauftrag bestimmt ist. In *La Jongleuse* und *La Marquise de Sade* kommt schließlich das Dilemma dieses Befreiungsversuchs zum Vorschein: Die Zurückweisung ihrer Frauenrolle erreichen sie durch die Negierung ihres Körpers, die in letzter Instanz in der Selbstauslöschung münden kann. Absurderweise läge dann im Freitod die höchste Form der Selbstentfaltung, wie die *Jongleuse* glauben machen will.

Die Verweigerung der Reproduktionsaufgaben bildet einen weiteren Bezugspunkt zum Dandy, dessen Triebansprüche sich wie jene der Rachildeschen Romanheldinnen ausschließlich in der zerebralen Liebe realisieren dürfen. Die Affektkontrolle des Dandys boykottiert die bürgerliche Sexualmoral. In dieser Hinsicht konvergieren die Ansichten der weiblichen Romanfiguren mit jenen des Dandys. Im Unterschied zum Dandy verdeutlicht Rachilde in ihren Texten aber die Ausgrenzungsmechanismen der bürgerlichen Sexualmoral und macht damit einen weiblichen Blick sichtbar.

In den Romanen herrscht eine grundlegende Wechselbeziehung zwischen der Negierung und der Wiederholung eines männlich definierten Frauenbildes, die allerdings von der Idealisierung des männlichen Wertekanons geprägt ist. Die Romanheldinnen entkommen zwar der determinierten weiblichen Geschlechterrolle, doch sie streben nach der Maskulinisierung ihres Selbstentwurfs, die mit Attributen wie Macht, Wissen und Kunstverstand einhergeht. Diese Konnotation wird niemals grundsätzlich in Frage gestellt, was auf Rachildes Angst vor Ausschluss aus dem männlich dominierten Diskurssystem der *Décadence* schließen lässt. Diese traditionelle Werteordnung scheint Rachilde zumindest für kurze Zeit außer Kraft zu setzen, indem sie diese durchkreuzt und eine Modellierung der Geschlechterverhältnisse unter umgekehrten geschlechtlichen Markierungen bietet. Die umfassende Inversion von geschlechtsspezifischen Attributen der Hauptfiguren stellt die Instabilität der Geschlechterrollen heraus und weist auf die Inszenierbarkeit von Identität hin. Der Themenkomplex Ich-Verlust bzw. Ich-Suche gehört daher zu den großen Leitlinien in Rachildes Werk. Die Inszenierbarkeit von Identität zählt auch zu den Charakteristika des Dandys. Seine mannigfaltigen Auftritte stellen die bürgerliche Vorstellung der Identität als Entität in Frage. Rachilde liefert eine weibliche Umdeutung des dandyistischen Identitätsbegriffs, indem sie postmoderne Geschlechtermodelle in erstaunlichem Umfang antizipiert.

Die Revision von Rachildes Texten zeigt beispielhaft, dass Rachildes Bewusstsein für weibliche Diskriminierung Affinitäten zu den postfeministischen Theorien Judith Butlers aufweist. Gemeinsamer Referenzpunkt ist die Neudefinition von (weiblicher) Identität, die auf der Denaturalisierung der Kategorie Geschlecht basiert. Hierin begegnen sich Rachildes *gender*-spezifische Umdeutung des idealistischen Diskurses und Judith Butlers diskursiver Körperbegriff. Die Verkehrung geschlechtsspezifisch besetzter Charakteristika und Werte kommt in der Trennung von biologischem Geschlecht (*sex*) und sozialer Geschlechtsidentität (*gender*) zum Vorschein. Insbesondere in *Monsieur Vénus, Madame Adonis und La Jongleuse* erscheint das Geschlecht nicht als biologisches Schicksal. Geschlechtsidentität und Begehren werden als Effekte einer spezifischen Machtformation präsentiert. Geschlechtsidentität erweist sich in den Texten als Produkt einer diskursiven Bezeichnungspraxis. Die in *Monsieur Vénus* und *Madame Adonis* inszenierte diskursive Geschlechtsumwandlung hat eine Umkehrung des geschlechtlich markierten Subjekt-Objekt-Verhältnisses zur Folge. Scharfsinnig untersucht Rachilde in *Madame Adonis* die Funktionsweise dieser Machtdiskurse, die auf dem Ideal der Einheit von *sex* und *gender* und einer ausschließlich binären Geschlechterbeziehung basieren. Die Romanheldin Marcel(le) Désambres entzieht sich durch ihre androgyne Inszenierung und ihre sexuelle Praxis der biologistischen Deutung ihres Körpers und stellt damit sowohl die Einheit zwischen *sex* und *gender* als auch die binäre Ordnung der Geschlechter temporär in Frage. Dagegen reproduziert der Rollentausch in dem Verhältnis zwischen Raoule de Vénérande und Jacques Silvert lediglich die bestehenden Machtverhältnisse mit veränderten Vorzeichen.

Die Autorin präsentiert Identität nicht als ontologische Größe, sondern sie erscheint als performativer Akt. Die Inszenierungsformen von Identität definieren sich über die jeweilige sexuelle Praxisform. In *La tour d'amour* thematisiert Rachilde die Fixierung auf einen substantiellen Identitätsbegriff, der mittels Frauenfeindlichkeit und Idealisierung des männlichen Wertekanons verzweifelt aufrecht erhalten werden soll. Doch die Negierung der psychischen Doppelgeschlechtlichkeit, die traditionelle Identitätsvorstellungen torpediert, führt in den Wahnsinn, wie am Beispiel des Leuchtturmwärters Jean Maleux deutlich wird. Die postfeministisch anmutenden Identitätskonzepte in Rachildes Romanen können mit Blick auf den Gesamtzusammenhang wieder als literarischer Ausbruch aus bestehenden Rollenkonzepten gedeutet werden. Die Absage an ein biologistisches Frauenbild und dessen Status in der Hierarchie der Geschlechter setzt somit die gesellschaftliche Diskriminierungspraxis außer Kraft.

Im Gegensatz zu Judith Butler reproduziert Rachilde aber die negative Bewertung von Weiblichkeit und die Idealisierung von Männlichkeit. Ein wesentlicher Unterschied liegt auch in dem politischen Desinteresse der Autorin. Ihr fehlt es sowohl an Solidarität mit Geschlechtsgenossinnen als auch am Willen für politische Veränderung. Ihr Protest erscheint als diskursive Form der Emanzipation, die ausschließlich auf die Romane und den individuellen Kontext der Autorin beschränkt ist und insofern wieder auf ihre Verwurzelung in der *Décadence* verweist. Damit ist ein aus heutiger Sicht problematischer Punkt ihrer Autorschaft benannt.

Die Analyse von Rachildes ambivalenter Schreibpraxis eröffnet eine Metaebene, auf der Identität und Autorschaft erörtert werden. Literarischer Bezugspunkt der textübergreifenden Verarbeitung dieses Themenkomplexes bildet das exklusive Kunstverständnis des Dandytums, das Frauen den aktiven Zugang zu Kunst und Literatur verwehrt und ihnen lediglich eine passive künstlerische Partizipation als Muse oder Modell zugesteht. Auch in diesem Zusammenhang ist eine subversive Wiederholung des dandyistischen Kunstbegriffes auszumachen. Künstlerische Kreativität und Kompetenz werden nach wie vor als männliches Privileg präsentiert, dessen sich die Frau nur bedienen kann, wenn sie die Produktionsregeln der Zeit beachtet. Die weiblichen Hauptfiguren rebellieren zwar gegen diese kulturelle Ausgrenzung, dennoch billigen sie diesen Kunstbegriff, denn Autorschaft oder Künstlertum scheint für die Frauen nur durch die Negation ihrer Weiblichkeit möglich zu sein. Es fällt daher ins Auge, dass keine der Romanheldinnen, absehen von der *Jongleuse*, selbst künstlerisch tätig ist. Sie zählen zwar Literatur, Kunst, Theater und Musik zu ihren Passionen, doch künstlerisch aktiv sind in den Texten einzig die Männer. Frauen können ihre künstlerischen Ambitionen nur mittels Geschlechtertausch realisieren. So widmet sich Marcel(le) Désambres nur in der Rolle ihres Bruders Marcel der Bildhauerei. Hingegen verwirklicht Raoule de Vénérande ihre künstlerischen Ambitionen in ihrer Beziehung zu dem Blumenhändler Jacques. Er erweist sich entgegen der dandyistischen Ästhetik als Muse und Kunstobjekt, über das Raoule frei verfügen kann. Die Geschlechterrelationen in Rachildes Romanen lassen sich somit als Allegorien auf die Beziehung zwischen Autor und Text bzw. Künstler und Kunstwerk lesen. Folglich impliziert der Rollentausch immer auch eine Umkehrung der traditionellen Konstellationen zwischen männlichem Künstler/Autor und weiblicher Muse oder männlichen Künstler/Autor und weiblichen Kunstwerk, die Rachilde in ihrem Werk immer wieder durchbuchstabiert.

In *La Marquise de Sade* gelingt es Mary Barbe, mit ihren wissenschaftlichen Publikationen in einen männlichen Diskurs einzudringen. Allerdings ist ihr medizinischer Wissenschaftsdiskurs durch ein entfremdetes, entstelltes Sprechen gekennzeichnet, bei dem sie ihre eigene Geschlechtszugehörigkeit permanent verleugnen muss, um die an sie gestellten Ansprüche zu erfüllen und die eigenen Machtinteressen zu erhalten.

*La Marquise de Sade* deutet ebenso wie *La tour d'amour* auf eine weitere Tendenz in Rachildes Werk, die allerdings dem Selbstverständnis des Dandytums zuwiderläuft. Es handelt sich dabei um die Psychologisierung von Romanfiguren, die zwar in *La Marquise de Sade* noch auf eher oberflächliche Art geschieht, dafür aber in *La tour d'amour* eine außergewöhnliche Tiefendimension erlangt, die der existentiellen Bedeutung von Identität und Autorschaft Rechnung trägt.

Jean Maleux ist sowohl Protagonist als auch Chronist und Romanautor in einer Person. Sein Bericht über das Verfassen eines Buches handelt von der literarischen Ich-Suche eines Autors, der sich selbst zunächst über die Verabsolutierung eines männlichen Wertekanons definiert und im Akt des Schreibens erkennen muss, dass aus dem offiziellen Bordbuch nur dann ein Roman – ein künstlerisches Produkt – entstehen kann, wenn er das Wesen der Autorschaft, das in der permanenten Grenzüberschreitung zwischen Männlichkeit und Weiblichkeit, Leben und Tod, Potenz und Impotenz liegt, begreifen lernt. Diese Erkenntnis hat ihm Mathurin Barnabas voraus. Am Ende seines Lebens findet er die verloren geglaubte Sprache wieder. Er verkörpert jene Überschreitung der Geschlechtergrenzen, der sich sein Gehilfe Jean verweigert hat. Das Plädoyer für Grenzüberschreitung und geistiger Androgynie stellt trotz diverser Unterschiede eine Verbindungslinie zur Kunstauffassung des Dandys her, dessen androgyner Selbstentwurf von dem Spiel mit wechselnden Identitäten geprägt ist.

Die Identitätsprobleme der Hauptdarsteller/innen, die zwischen der Idealisierung männlicher Geschlechtsidentität und der Negierung der eigenen Geschlechtszugehörigkeit pendeln, weisen deutliche Parallelen zu der literarischen Ich-Suche einer schreibenden Frau auf, die durch die verschiedenen Formen der literarischen Inszenierung ebenfalls ihr Geschlecht und ihre weibliche Stimme verbergen muss, wie am Beispiel von Rachildes Inszenierung als „homme de lettres" deutlich wird. Dabei bedient sich die Autorin des literarischen Dandytums, dessen entsubstantialisiertes Identitätskonzept und ambivalentes Selbstverständnis der Autorin ein gewisses Maß an Selbstentfaltung ermöglicht. Das Spiel mit den Identitäten lässt sich also auch im Hinblick auf Rachildes Autorschaft festhalten. Schreiben erscheint als performativer Akt, in der sich die/der Schreibende immer wieder neu – unabhängig von biologischen Geschlecht – in Szene setzen kann, weil die Kongruenz zwischen *sex* und *gender* zeitweise aufgelöst ist. So erstaunt es in diesem Zusammenhang wenig, wenn Rachilde von sich sagt:

> „Mais Mathurin Barnabas, de la *Tour d'amour*, me semble bien préférable à Eliante Donalger et beaucoup plus proche de ma particulière façon de voir la vie."[1]

Nicht in der Negierung der Weiblichkeit, wie sie von Eliante in *La Jongleuse* in rigider Weise praktiziert wird, liegt ein weiteres Spezifikum von Rachildes ambivalenter Schreibweise, sondern in der literarischen Überschreitung der biologischen Markierung und dem damit verknüpften Rollenschema. Insofern macht *La tour d'amour* auf besondere Weise die existentielle Dimension des literarischen Spiels sichtbar, dessen sich der weibliche Autor bedient.

3. Hybride Ästhetik

Ein tragendes Kennzeichen von Rachildes Schreibweise ist eine literarische Gestaltungspraxis, die in den Romanen eine hybride Ästhetik produziert. Die Ambivalenz ihrer Schreibweise spiegelt sich in der systematischen Verzahnung von Themen, Personen und Schauplätzen, im Umgang mit Erzählsituationen und in Erzählstrategien.

---

[1] Rachilde, „La Jongleuse", in: *Mercure de France* 123 (1900), S. 769.

In ihrem Werk herrscht eine Verzahnung von Themen, Personen und Schauplätzen vor, welche die präzise Beschreibung der vorwiegend weiblichen Hauptfiguren ins Zentrum rückt. In den vorliegenden Texten gehören literarische Typen wie der Fremde, der Künstler, der Androgyne sowie der Wahnsinnige und der Dandy zu den vorwiegend weiblichen Hauptdarstellern. Bei deren Beschreibung aktiviert sie nicht nur alle Wahrnehmungsbereiche, sondern sie bedient sich auch der Schauplätze zur näheren Charakterisierung ihrer Heldinnen. Dabei steht nicht die Psychologisierung der Romanfiguren im Vordergrund, denn sie verkörpern keine eigene Persönlichkeit, sondern bestimmte Themen oder Ideen.

Die Vernetzung dieser drei Aspekte unterliegt einer Kontrastierung von Naturalismus und *Décadence*. Der dekadente bzw. dandyistische Diskurs pervertiert bürgerliche Vorstellungswelten, die geprägt sind von Begriffen wie Entität, Identität, Empirismus, Faktizität, Wahrheit, Gesundheit, Sinn, Geschlecht, Materialismus, Pragmatik, Produktion und Reproduktion, die gleichermaßen in dem naturalistischen Kunstverständnis reflektiert werden. Dabei deckt Rachilde nicht nur die geschlechtsspezifische Deutung der beiden Positionen auf, sondern sie liefert eine subtile Umdeutung, die es der Autorin ermöglicht, bestehende Vorstellungen von Männlichkeit und Weiblichkeit zu hinterfragen. Die gesellschaftliche Außenseiterposition, die traditionell eine männliche Hauptfigur übernimmt, wird jetzt von Frauen besetzt, die sich den Idealen der *Décadence* verpflichtet fühlen. Ihr Angriff auf das Wertesystem der französischen Gesellschaft wird nun von einer Kritik an bürgerlichen Ausschließungsverfahren überlagert. Die Gesellschaftskritik des Dandys korrespondiert beim weiblichen Dandy mit der Kritik an der Diskriminierung der Frau. Die ambivalente Struktur der Texte ist also maßgeblich auf die Ambivalenz der Figuren zurückzuführen, die eng mit den Themen und Schauplätzen verwoben sind.

In diesem Kontext ist der Gestaltung der Erzählsituationen in Rachildes Texten eine besondere Bedeutung beizumessen. Diese ist geprägt von einem steten Wechsel von personaler und auktorialer Erzählsituation, die ihrerseits mit einer Verschiebung zwischen Innen- und Außenperspektive einhergeht. Den Wechsel von Innen- und Außenwelt nutzt Rachilde, um die Sympathien der Leser zu steuern, wie am Beispiel von *La Marquise de Sade* und *La tour d'amour* illustriert werden kann.

Die Figur des Erzähler-Ich, die nicht mit der Autorin zu verwechseln ist, zeichnet sich durch eine widersprüchliche Haltung zwischen Sympathie und Distanz gegenüber den Protagonisten aus. Hinsichtlich der Selektion und Präsentation der Inhalte deutet sich ebenfalls eine Ambivalenz an. Einerseits übermittelt die Erzählerfigur das Gedankengut der *Décadence*, andererseits lenkt sie den Blick der Leser beständig auf den Geschlechterdiskurs, der im Kontrast zur Misogynie der *Décadence* steht. Konservatismus und Provokation bilden auch die beiden Eckpunkte, die den Erzählmodus kennzeichnen, der zwischen personalisiertem und entpersonalisiertem Erzählen pendelt. Die ambivalente Schreibweise von Rachilde korrespondiert also mit einer ambivalenten Erzählweise. Die Erzählerfigur trägt vorwiegend männliche Züge und transportiert insofern Rachildes Vorstellungen von einer männlichen Autorschaft in der *Décadence*. Demgegenüber vermitteln die Protagonistinnen eine subversive Umdeutung der in der *Décadence* favorisierten Inhalte. Eine weibliche Erzählerfigur wird sichtbar, die Sympathie zu den Heldinnen zeigen und den Blick der Leser auf die Geschlechterproblematik lenken kann. Die Konturen der Erzählerfigur erinnern an Rachildes Inszenierung als weiblicher Dandy. Insofern kann die erzählerische Dynamik nicht nur als „la présence déguisée dans le discours narratif"[2], sondern als ambivalentes Erzählprofil gedeutet werden, dessen Modus in der problematischen Situation weiblicher Autoren im späten 19. Jahrhundert begründet liegt.

Die Karikierung von gesellschaftlichen Themen, das Verfahren der Inversion und das Prinzip der Ironisierung gehören zu den signifikanten Strategien des Erzählens im Werk von Rachilde.

Die Kritik an der französischen Gesellschaft geschieht in den Romanen durch die Karikierung naturalistischer Themen, repräsentiert durch einen Personenkreis, der die Wertvorstellungen der *Décadence* völlig missachtet. Figuren wie der Arzt Doc Rampon, der Erfinder Papa Tranet oder die geizige Unternehmerswitwe Maman Bartau verkörpern Diskurse wie Medizin, Sozialismus oder Kapitalismus, von denen sich die *Décadence* zu distanzieren sucht. Die Überzeichnung dieser Figuren macht eine Hierarchie sichtbar, bei der sich die *Décadence* über die bürgerlichen Inhalte erhebt und sich über diese mokiert. Die Leser rücken dabei automatisch in die Rolle des Verstehenden und werden zu Komplizen der Erzählerfigur, die den Idealen der *Décadence* verpflichtet ist. Die Komik produziert ein La-

---

[2] Gabriella Tegyey, *L'inscription du personnage*, S. 130.

chen, das in der Verspottung naturalistischer Inhalte begründet liegt und Analogien zur „force de raillerie" des dandyistischen Humors aufweist. Aber auch hier liefert Rachilde eine Umdeutung. In der Karikierung des Naturalismus liegt die humorvolle Entmachtung phallogozentrischer Machtpolitik verborgen, die in *Madame Adonis* vor allem durch das Bündnis von Medizin und Kapitalismus, also in der Beziehung zwischen Madame Bartau und Doc Rampon als „dragons de vertus" repräsentiert wird.

Die Verkehrung von vordefinierten Sinnzusammenhängen der *Décadence* kann als weiteres Strukturmerkmal von Rachildes literarischer Gestaltungspraxis genannt werden. Sie erfolgt in den Romanen durch das narrative Verfahren der Inversion, das die Gesamtheit ihrer Romane umspannt. Dabei geraten nicht nur allgemein menschliche Vorstellungswelten durcheinander, so dass Menschen zu Pflanzen, Tieren oder Sachen mutieren können, sondern der Schwerpunkt der Inversion liegt auf der Geschlechterpolarität, die nicht nur die Beziehung zwischen Mann und Frau, sondern mythische Prätexte, Frauenbilder, literarische Motive oder geschlechtlich besetzte Themen der französischen Gesellschaft und Kultur einschließt. Die Überwachheit des Blicks, mit der der klassische Dandy über die Einhaltung seiner Maximen wacht, scheint sich bei Rachilde auf die äußerst präzise und umfassende Darstellung der hierarchischen Geschlechterbeziehungen und deren Verkehrung zu richten.

Das Prinzip der Ironie gilt als Hauptkennzeichen von Rachildes ästhetischer Gestaltungspraxis. Der ironische Grundton des Palimpsests entsteht durch die Simultanität von Wiederholung und geschlechtsspezifischer Verkehrung von Produktionsregeln der *Décadence*. Die Ironie, in der immer ein Selbst und ein Anderes am Werk ist, gewährleistet, dass diese beiden Stimmen sich als Einheit präsentieren. Die Ironie deckt im Rahmen des Geschlechterdiskurses Gegensätze auf, die sie zeitweise aufhebt. Zugleich aber erhalten sich diese Gegensätze gegenseitig und bestehen weiter. In diesem Sinne bedeutet Ironie nicht nur das Gegenteil des Gesagten, sondern Ironie impliziert eine wechselseitige Bewegung, in der nicht nur das Gesagte, sondern auch das Gemeinte eingeht. Ironie erscheint als Variante des indirekten Sprechens, als ein Umweg, der es dem weiblichen Autor möglich macht, Kritik an einer Gesellschaft zu üben, die sich über die kulturelle Ausgrenzung der Frau definiert.

Das Spezifische des ironischen Stils liegt also darin, dass die Normen der *Décadence* nicht nur über- oder unterboten, sondern immer zugleich dargeboten werden. Die ironische Anspielung verweist auf ein Hintergründiges, Mitgewusstes und Unausgesprochenes, das sich in Rachildes Texten vorrangig auf die Diskriminierung der Frau bezieht. Rachildes Umgang mit dem Prinzip der Ironisierung deckt sich nur partiell mit jener dandyistischen Ironie, die von dem Überlegenheitsduktus, der „superiorité" des Dandys geprägt ist. Der ironische Ton in ihren Romanen zieht nicht nur den Wertekanon und die Ausgrenzungsverfahren des französischen Bürgertums ins Lächerliche, sondern auch die misogyne Ideologie des Dandytums, die sich ihrerseits mittels Ironie über bürgerliche Wertvorstellung oder aber über den eigenen Selbstentwurf erhebt. Weiblicher Dandyismus ist also die Ironisierung dandyistischer Ironie von einem weiblichen Standpunkt aus. Das Palimpsest wäre im Kontext der *Décadence* insofern als Parodie einer per se parodistischen Kunstrichtung zu benennen.

Dieses Netz von Anspielungen produziert das Spielerische, das Schwebende und Schillernde des ironischen Stils, das für die hybride Ästhetik des Palimpsests und damit auch für die Romane Rachildes charakteristisch ist.

Im Gesamtzusammenhang kann man im Hinblick auf Rachildes Autorschaft festhalten, dass ihre ambivalente Schreibweise, die mit ihrer Inszenierung als weiblicher Dandy korrespondiert, durch das verbale Spiel mit Zweideutigkeiten eine sprachliche und intellektuelle Radikalität demonstriert, die provoziert und verführt. Sie animiert das Diskussionsmilieu, schlägt neue Perspektiven auf und zwingt zur Auseinandersetzung mit der zeitgenössischen Geschlechterproblematik. Auf die im Arbeitstitel anklingende Fragestellung nach der Autorposition von Rachilde, die zwischen „homme de lettres" und „femme de lettres" pendelt, lässt sich nach der differenzierten Auseinandersetzung mit ihren Texten am ehesten antworten mit: „Rachilde. Femme dandy de lettres."

Diese Arbeit versteht sich als Anregung zur weiteren Auseinandersetzung mit der Autorin, wobei ihre Tätigkeit als Literaturkritikerin und Chefin des *Mercure de France* ebenso interessante Erkenntnisse verspricht wie die Untersuchung ihrer Aktivitäten im Kontext des symbolistischen Theaters. Eine weitere Intention dieser Arbeit liegt in der Einladung zur Lektüre. Um ihre Texte einem breiteren Publikum zugänglich zu machen, müssten die bereits vorliegenden deutschen Übersetzungen aus den zwanziger Jahren dringend überarbeitet werden. Es ist außerdem erforderlich, zentrale

Texte wie beispielsweise *Monsieur Vénus* ins Deutsche zu übertragen und mit einer Einleitung zu versehen, die einem Publikum auch rund hundert Jahre nach ihrer Entstehung den Zugang zu den Texten erleichtert.

# RESUME EN FRANÇAIS

La présence de l'œuvre de Rachilde alias Marguerite Eymery Vallette (1860-1953) dans la littérature et culture française à la fin du XIX$^e$ siècle est rarement analysée par la critique allemande. Le but de ce travail a été de donner un portrait de la femme auteur presque oubliée et de mettre en relief les caractéristiques les plus saillantes de la littérature rachildienne à travers une analyse des romans choisis. „La reine des Décadents", ainsi que ses contemporains l'ont surnommée, a participé avec l'énergie à la vie littéraire du Paris décadent. La romancière, conteuse et critique littéraire signe chaque année un et parfois plusieurs romans, sans compter les contes, les nouvelles et les nombreux articles dans les journaux littéraires. Rachilde est aussi un témoin privilégie de la Décadence.

Pour comprendre Rachilde et son œuvre il faut se demander comment les auteurs de l'époque ont défini l'esthétique de la Décadence. La vue générale sur les interférences terminologiques de Décadence et Fin de siècle révèle aussi les éléments constituteurs du romane décadent.

La présentation de la biographie de Rachilde, intitulé „Rachilde, la reine des Décadents" met l'accent sur ses racines décadentes. Son déguisement en „Rachilde. Homme de lettres" et ses romans reflètent le discours du sexe en dix-neuvième siècle qui est omniprésent sur le plan politique, médical, psychologique et littéraire. L'idée centrale d'une vue générale sur le sexe au discours socioculturel en France à la fin du dix-neuvième siècle est de faire comprendre la misogynie et les réserves envers le féminisme contemporain dans l'œuvre de Rachilde. Ainsi elle n'a pas hésité à publier un essai dont le titre trahit sa totale absence de sympathie envers les féministes: *Pourquoi je ne suis pas féministe* (1928). Sa désolidarisation envers les mouvements féministes et ses attitudes politiques souvent réactionnaires contrastent avec ses romans non-conformistes qui parlent surtout de la liberté de la femme.

En fait le langage romanesque de Rachilde est marquée par un discours ambivalent à propos de la Décadence. D'une part la femme auteur répète les conventions littéraires du temps et leur idéologie misogyne, d'autre part elle les remet en question. Ce désaccord est caractéristique pour les romans de Rachilde. La venue à l'écriture de Rachilde montre non seulement la peur de s'inscrire au discours décadent mais aussi l'angoisse d'être exclue de ce discours littéraire. Cette situation délicate dans laquelle se trouve la femme de lettres 1900 provoque la façon ambivalente de s'écrire. Après la présentation de l'état actuel de la discussion sur Rachilde on engage le point de vue de ce travail.

Dans la présente étude je propose á considérer les romans de Rachilde comme palimpsestes. Le palimpseste implique sous la surface des sujets misogynes de l'ordre masculin un texte dissimulé parlant surtout de l'expérience féminine. Par conséquent le discours ambigu d'un palimpseste se présente chez Rachilde comme une façon subversive de s'écrire et se dire au discours décadent exclusivement masculin.

L'analyse profonde du discours ambivalent dans les romans est le but de la deuxième partie de ce travail. Ce qui frappe dans tous les romans, c'est la féminisation des motifs décadents et le renversement de l'ordre des sexes qui implique une anticipation des théories postmodernes et postféministes. L'idée principale de tous les romans est un débat profondeur sur l'identité sexuelle, personnelle et littéraire qui expose un point de vue féminin. C'est le déguisement personnel et littéraire en dandy qui permet de transgresser des conventions littéraires et de les mettre en lumière d'une perspective féminine.

La fin de l'étude est consacrée à l'esthétique hybride de Rachilde qui est basée sur des techniques diverses et des stratégies littéraires qui soutiennent la structure ambivalente des textes et produisent l'effet comique et ironique prédominant dans l'œuvre de Rachilde. Ironiser l'ironie décadente c'est le trait caractéristique du style rachildien qui dissimule une attitude réservée envers la littérature contemporaine.

L'analyse profondeur des romans de Rachilde relève la structure ambivalente et l'esthétique hybride des textes comme façon subversive de s'écrire. Ce langage ambigu se ramène au dandysme féminin qui permet la femme auteur de se dire au discours de la Décadence exclusivement masculin.

Le discours de l'identité personnelle, sexuelle et littéraire dans les romans de „la reine des Décadents" transgresse les siècles et c'est la raison pour laquelle l'œuvre de Rachilde vaut une réhabilitation littéraire.

*Literaturverzeichnis*

I. Primärliteratur

1. Primärtexte von Rachilde

RACHILDE, *Monsieur Vénus* (1884), Paris (F. Brossier) 1889.
-, *Monsieur Vénus* (1884), Paris (Flammarion) 1977.
-, *A Mort,* Paris (E. Monnier) 1886.
-, *La Marquise de Sade* (1887), Paris (Mercure de France) 1981.
-, *La Marquise de Sade* (1887), Paris (Gallimard) 1996.
-, *Madame Adonis* (1888), Paris (E. Monnier) 1888.
-, *Le Mordu. Mœurs littéraires*, Paris (F. Brossier) 1889.
-, *L'animale* (1893), Paris (Mercure de France) 1993.
-, „Questions brûlantes", in: *La Revue Blanche*, 1. September 1896, S. 193-200.
JEAN DE CHILRA [=Rachilde], *L'Heure sexuelle*, Paris[6] 1898.
RACHILDE, *La tour d'amour* (1899), Paris (Le Tout sur Tout) 1980.
-, *La tour d'amour* (1899), Paris (Mercure de France) 1994.
-, *La Jongleuse* (1900), Paris (Des Femmes) 1984.
-, „La Jongleuse", in: *Mercure de France* 123 (10. März 1900), S. 769.
-, „La femme peint", in: *Mercure de France* 555 (1. August 1921), S. 642-652.
-, *Pourquoi je ne suis pas féministe*, (Éd. de France) 1928.
-, *Portraits d'hommes*, Paris (Mercure de France) 1930.
-, *Refaire l'amour*, Paris (J. Ferenczi et Fils) 1938.
-, *Face à la peur*, Paris (Mercure de France) 1942.
-, *Duvet-D'Ange. Confessions d'un jeune homme de lettres*, Paris (A. Messein) 1943.
-, *Quand j'étais jeune*, Paris (Mercure de France) 1947.

2. Primärtexte anderer Autoren

BARBEY D'AUREVILLY, Jules Amédée (de), *Les Diaboliques* (1874), hrsg. von Jacques-Henry Bornecque, Paris (Garnier) 1963.
BARNEY, Nathalie, *Traits et portraits. Suivi de L'amour défendu*, Paris (Mercure de France) 1963.
BAUDELAIRES, Charles, *Œuvres complètes*, 2 Bde. Texte établi, présenté et annoté par Claude Pichois, Paris (Gallimard) 1975/1976 [=Bibliothèque de la Pleiade].
BOIS, Jules, *L'Eve nouvelle*, Paris (Léon Chailley) 1896.
BOURGET, Paul, „Notes sur quelques poètes contemporains", in: *Le siècle littéraire* 1 (1876), S. 265-273.
-, *Essais de Psychologie Contemporaine* (1883-85), 2 Bde., Paris (Plon)1926.
CIXOUS, Hélène, *Entre l'Écriture*, Paris (Des Femmes) 1986.

DIDEROT, Denis/D'ALEMBERT, *Encyclodédie, ou Dictionnaire Raisonné des Sciences, Des Arts et Des Métiers, Paris 1751-1780*, 35 Bde., Kompakt-Reprint, New York u. Paris (Pergamon Press) 1969, Volume I (Bde. I-VI (A-Fne)), S. 1376-1378 und Volume II (Bde. VII-XII (Fo-Pol)), S. 344-51.
FLAUBERT, Gustave, *Œuvres complètes*. Texte établi et annoté par Albert Thibaudet et René Dumesnil, 2 Bde., Paris (Gallimard) 1968-72 [=Bibliothèque de la Pleiade].
GAUTIER, Théophile, *Mademoiselle de Maupin*, Paris (Charpentier) 1875.
GOURMONT, Remy de, *Le livre des masques*, Paris (Mercure de France) 1963.
HUYSMANS, Karl-Joris, *A Rebours*. Avec une préface de l'auteur écrite vingt ans après le roman (1884), Poitiers (Fasquelle Éditeurs) 1972.
JARRY, Alfred, „Spéculations", in: *La Revue Blanche* 26 (September-Dezember 1901), S. 303.
KRAFFT-EBING, Richard von, *Psychopathia sexualis* (1886), München (Matthes u. Seitz) 1984.
LORRAIN, Jean, *Dans l'Oratoire*, Paris (C. Dalou) 1888.
LUIZ, Dr. [=Paul Devaux], *Les Fellatores, mœurs de la décadence*, Paris (Union des Bibliophiles) 1888.
SCHOPENHAUER, Arthur, *Die Welt als Wille und Vorstellung* (1819), in: ders., *Gesammelte Werke*, 5 Bde., Bd. I-II, Darmstadt (Wissenschaftl. Buchgesellschaft) 1961.
-, *Über die Weiber*. Mit einleitenden Gedichten über die Würde der Frauen von Friedrich von Schiller und August Wilhelm von Schlegel, hrsg. und mit einem Nachwort versehen von Friederike Hassauer, Zürich (Haffmans) 1986.
SHELLEY, Mary Wollstonecraft Godwin, *Frankenstein: or the modern Prometheus* (1823). Ed. with an introduction by M. K. Joseph London, Oxford (University Press) 1971.
VALLETTE, Alfred, *Le roman d'un homme sérieux. Alfred Vallette à Rachilde (1885-1889)*, hrsg. von Rachilde, Paris (Mercure de France) 1944.
VILLIERS DE L'ISLE-ADAM, Philippe Auguste de, *Axël* (1890), Paris (Le Courrier du Livre) 1969.
-, *L'Eve future* (1886), Paris (Corti) 1977.
WEININGER, Otto, *Geschlecht und Charakter. Eine prinzipielle Untersuchung* (1903). Im Anhang Weiningers Tagebuch, Briefe August Strindbergs sowie Beiträge aus heutiger Sicht von Annegret Stopczyk, Gisela Dischner und Roberto Calasso, München (Matthes u. Seitz) 1980.
WILDE, Oscar, *De Profundis*. Aus dem Englischen von Hedda Soellner. Mit einem Essay von Nobert Kohl, Frankfurt a.M. (Suhrkamp) 1984.

II. Sekundärliteratur

1. Forschungsliteratur zu Rachilde

AMMOUCHE-KREMERS, Michèle, „Rachilde, Homme de lettres 1900", in: *Rapports/Het Franse Boek* LXIV, 3 (1994), S. 98-104.
AUDINET, Pierre, „Une Visite à Rachilde", in: *Les Nouvelles Littéraires* 2593 (13. Juli 1977), S. 5.
BARONIAN, Jean-Baptiste, „Rachilde ou l'amour monstre", in: *Magazine Littéraire* 288 (1991), S. 42-46.
BEIZER, Janet, „Venus in Drag, or Redressing the Discourse of Hysteria: Rachilde's Monsieur Vénus", in: dies., *Ventriloquized Bodies. Narratives of Hysteria in Nineteenth-Century France*, Ithaca u. London (Cornell University Press) 1994, S. 227-260.
BESNARD-COURSODON, Micheline, „Monsieur Vénus, Madame Adonis: Sexe et Discours", in: *Littérature* 54 (Mai 1984), S. 121-127.
BÖHNING, Antje/UECKMANN, Natascha, *Franziska zu Reventlow und Rachilde. Erotische Libertinage um 1900*, Klagenfurt (Universität Klagenfurt) 1994 [=Veröffentlichungen aus dem Forschungsprojekt „Literatur und Soziologie", Heft 11].
BORDEAU, Anne Catherine, *Animal attractions: The question of female authority in Zola, Rachilde and Colette*, Michigan (Ann Arbor) 1993.
BRUNS, Max, „Rachilde", in: Rachilde, *Der Panther*, hrsg. von Susanne Farin, Bonn (Bouvier) 1989, S. 210-242.
-, „Nachwort" zu Rachilde, *Der Liebessturm*, übersetzt von Berta Huber, Minden (Bruns) 1913, S. 188-201.
BUCK, Claire, „Rachilde", in: dies (Hg.), *Bloomsbury Guide to Women's Literature*, New York u. London (Bloomsbury Publishing) 1992, S. 1090.
CACHIN, Françoise, „Monsieur Vénus Et L'Ange De Sodome. L'androgyne au temps de Gustave Moreau.", in: *Nouvelle Revue de Psychoanalyse* 7 (1973), S. 63-69.
CHALON, Jean, „Découvrez...Rachilde", in: *Le Figaro Littéraire* 1629 (6. August 1977), S. 11.
CONACHER, Agnès, „Dans *La Jongleuse*, ma voix, écho d'un rêve qui se formule", in: *Revue Frontenac. Kingston/Ontario (Canada)* 10-11 (1993-94), S. 157-170.
CONSTABLE, Elizabeth Louise, „Rachilde. Sophisticated Atavism: Decadent Women and Discourses of Degeneracy", in: dies., *Dis-orienting Cultural Economies: Questioning the ‚Orient' in Balzac, Flaubert, Barrès, Rachilde*, Michigan (Anne Arbor) 1996, S. 298-376.
CONSTABLE, Liz, „Fin de siècle Yellow Fevers. Women writers, Decadence and Discourses of Degeneracy", in: *Esprit Créateur. Bâton Rouge* XXXVII, 3 (Fall 1997), S. 25-37.
COULON, Marcel, „L'Imgination De Rachilde", in: *Mercure de France* 534 (15. September 1920), S. 545-569.

CROSLAND, Margaret, *Women of Iron an Velvet and the books they wrote in France*, London (Constable) 1976, S. 68-71.
DAUPHINÉ, Claude, „La Vision Médiévale De Rachilde Dans Le Meneur de Louves", in: Melanges, Jean L./Accarie, Maurice (Hgg.), *Regards sur le Moyen-Age et la Renaissance (Histoire, langue et littérature)*, Nice (Les Belles Lettres) 1982/83 [= Annales de Fac. de Lettres et Sciences Humaines de Nice, Nr. 39) 1982, S. 489-502.
-, *Rachilde. Femme de lettres 1900*, Paris (Fanlac) 1985.
-, „«Rachilde et Colette: de l'animal aux belles lettres»", in: *Bulletin de l'Association Guillaume Budé* 2 (1989), S. 204-210.
-, *Rachilde*, Paris (Mercure de France) 1991.
-, „Rachilde où l'acrobatie critique", in: *Bulletin de l'Association Guillaume Budé* 4 (1991), S. 275-288.
-, „Rachilde Et Le «Mercure»", in: *Revue d'histoire littéraire de la France* 92 (1992), S. 17-28.
-, „Préface" zu Rachilde, *La Jongleuse*, Paris (Des Femmes) 1992, S. 1-23.
DAVID, André, *Rachilde. Homme de Lettres. Son Œuvre. Portrait et Autographe. Document Pour L'Histoire De La Littérature Française*, Paris (La Nouvelle Revue Critique) 1924.
-, „Femmes De Lettres 1900", in: *Revue de Paris* LXXI, 10 (Oktober 1964), S. 94-97.
Élements d'approche d'une bibliographie périgourdine de Rachilde", in: *Organographes du Cymbalon Pataphysicum* 19-29 (1983), S. 109-148.
DUHAMEL, George, „Adieu A Rachilde", in: *Mercure de France,* 1. Juni 1953, S. 193f.
FARIN, Susanne, „Mademoiselle Baudelaire", in: Rachilde, *Der Panther*, Bonn (Bouvier) 1989, S. 8-15.
FERLIN, Patricia, „Rachilde", in: dies., *Femmes d'encrier*, Paris (Christian Bartillat) 1995, S. 83-112.
FISHER, Ben, „The Companion And The Dream: Delirium In Rachilde And Jarry", *Romance Studies. Swansea/Dyfed* 18 (1991), S. 33-41.
FISHER, Dominique D., „Du corps travesti à l'enveloppe transparente. *Monsieur Vénus* ou la politique du leurre", in: *Esprit Créateur. Bâton Rouge* XXXVII, 4 (Winter 1997), S. 46-57.
FRAPPIER-MAZUR, Lucienne, „Rachilde: allégories de la guerre", in: *Romantisme. Revue du 19e siècle. Paris* XXIV, 85 (3e Trim. 1994), S. 5-18.
GAUBERT, Ernest, *Rachilde. Biographie Critique Illustré D'Un Portrait-Frontispice Et D'Un Autographe Suivie D'Opinions Et D'Une Bibliographie*, Paris (E. Sansot) 1907.
GORDON, Rae Beth, „Ornament and Hysteria: Huysmans and Rachilde", in: dies., *Ornament, Fantasy and Desire in Nineteenth-Century French Literature*, Princeton/New Jersey (University Press) 1992, S. 201-239 u. S. 274-278.
GRIVEL, Charles, „Rachilde. Envers de deux. Enfers de deux. Réponses", in: Mireille Calle (Hg.), *Du Féminin*, Kingston/Ontario (Collection Trait d'union) 1992, S. 185-202.
HAEFS, Gabriele, „»Mademoiselle Baudelaire«", in: *Virginia* 8 (1990), S. 25.

HAVERCROFT, Barbara, J. „Transmission Et Travestissement: L'entre-genre et le sujet en chiasme dans *Monsieur Vénus* de Rachilde", in: *Protée (Théories et pratiques sémiotiques)* 20 (1992), S. 49-55.
HAWTHORNE, Melanie C., „*Monsieur Vénus*: A Critique of Gender Roles", in: *Nineteeth-Century French Studies. Fredonia/New York* 16 (1987/88), S. 162-179.
-, „The Social Construction Of Sexuality In Three Novels By Rachilde", in: Paulson/William (Hg.), *Les genres de l'hénaurme siècle. Papers from the Fourteenth Annual Colloquium in Nineteenth-Century French Studies*, Michigan (Ann Arbor) 1988, S. 49-59.
-, „Rachilde (1860-1953)", in: Saxtori, Eva Martine/Zimmerman, Dorothy Wynne (Hgg.), *French woman writers. A bio-bibliographical source book*, New York u. London 1991(Greenwood Press), S. 346-356.
-, „To the lighthouse: Fictions of Masculine Identity in Rachilde's *La Tour d'Amour*", in: *L'Esprit Créateur. Bâton Rouge* XXXII, 4 (Winter 1992), S. 41-51.
-, „Rachilde in the 90s", in: *Revue Frontenac. Kingston/Ontario (Canada)* 10-11 (1993-1994), S. 152-156.
-, „(En)Gendering Fascism: Rachilde's ‚Les Vendages de Sodome' and *Les Hors-Nature*", in: Hawthorne, Melanie C./Golsan, Richard (Hgg.), *Gender and fascism in modern France*, Hanover u. London (Darmouth College New England) 1997, S. 27-48, S. 190-194, S. 213-218.
-, „Women's movements: The Gendered Subtext of Anomie", in: Cooper, Barbara T./Donaldson-Evans, Mary (Hgg.), *Moving forward, holding fast. The dynamics of 19th century French culture*, Amsterdam u. Atlanta (Radopi) 1997, S. 153-168.
HOLMES, Diana, „Monstruous Women: Rachilde's Erotic Fiction", in: Hughes, Alexander/Ince, Kate (Hgg.), *French Erotic Fiction. Women's desiring writing 1880-1900*, Oxford u. Washington d.c. (Berg) 1996, S. 27-48.
-, „Rachilde (1860-1953). Décadence, misogynie and the woman writer", in: dies., *French women's writing 1884-1994*, London (Atlantic Highlands) 1996.
HOUK, Deborah, „Self Construction And Sexual Identity in Nineteenth-Century French Dandyism", in: *French Forum* 12 (1997), S. 59-73.
HUBERT-MATTHEWS, Veronica Jeanne, *Androgynie et Représentation chez quatre auteurs du 19e siècle: Balzac, Gautier, Sand, Rachilde*, Virginia (Ann Arbor) 1993.
KELLY, Dorothee, „Representation's Others: *Monsieur Vénus* and Decadent Reversals", in: dies., *Fictional genders. Role and Representation in Nineteenth-Century French Narrative*, Lincoln u. London (University of Nebrasca Press) 1989, S. 143-155.
KINGCAID, Renée A., „The Epithalamic Horror. Displacement in Rachilde", in: dies., *Neurosis and Narratives. The Decadent Short Fiction of Proust, Lorrain, and Rachilde*, Carbondale u. Edwardsville (Southern Illinois University Press) 1992, S. 111-144 u. S. 173-83.
KLIEGER STILLMAN, Linda, „Rachilde: Comment ‚Refaire l'amour'", in: *Nineteenth-Century French Studies. Fredonia/New York* 22 (1993/94), S. 208-219.
LEFRÈRE, Jacques, „La perversité en littérature", in: *La Quinzaine Littéraire* 588 (1. November 1991), S. 11-12.

LINGUA, Cathérine, „L'amour monstre et le miracle de la valse de *Monsieur Vénus*", in: dies., *Ces Anges Du Bizarre. Regard sur une aventure esthétique de la Décadence*, Paris (Librairie Nizet) 1995, S. 179-182.

-, „De chair, de cendres et de cire: *Monsieur Vénus*, roman testamentaire", in: dies., *Ces Anges Du Bizarre. Regard sur une aventure esthétique de la Décadence*, Paris (Librairie Nizet) 1995, S. 182-185.

LUKACHER, Maryline, „Mademoiselle Baudelaire: Rachilde où le féminin au masculin", in: *Nineteenth-Century French Studies. Fredonia/New York* 20 (1991/92), S. 452-465.

-, *Maternal Fictions: Stendhal, Sand, Rachilde, and Bataille*, Durham u. London (Duke University Press) 1994.

MARTIAL, Louise, „Rachilde", in: *Point et Virgule* (November 1920), S. 5.

MAURIER, Maurice, „Rachilde. Folle et sauvée, in: *La Quinzaine Littéraire* 649 (16. Juni 1994), S. 15.

MCGANN, Catherine, „Juggling with Gender, Juggling for Love: Carnival in Rachilde's *La Jongleuse*", in: *Revue Frontenac. Kingston/Ontario (Canada)* 10-11 (1993-1994), S. 171-182.

MCLENDON, Will L., „Autour D'Une Lettre Inédite De Rachilde A Huysmans, in: *Bulletin de la société de J.-K. Huysmans* 20 (1983), S. 21-24.

-, „Huysmans, Rachilde Et Le Roman De Mœurs Parisiennes", in: *Bulletin de la société de J.-K. Huysmans* 77 (1985), S. 21-24.

-, „Rachilde: *Fin-de-siècle* Perspective on Perversities", in: Cooper, Barbara T./Donaldson-Evans, Mary (Hgg.), *Modernity and revolution in late nineteenth-century France*, London u. Toronto (University of Delaware Press) 1993, S. 52-61.

Neuf lettres inédites de Madame Rachilde Au Père Ubu", in: *Le Bayou. Revue littéraire française. Université de Houston/Texas* 20 (1956), S. 42-51.

PLOYE, Cathérine, „'Questions brûlantes': Rachilde, l'affaire Douglas et les mouvements féministes", in: *Nineteenth-Century French Studies. Fredonia/New York* 22 (1993/94), S. 195-207.

SANTON, Noël, *La Poésie de Rachilde*, Paris (Le Rouge et le Noir) 1928.

SILVE, Edith, „Préface" zu Rachilde, *L'animale*, Paris (Mercure de France) 1993, S. 1-14.

-, „Préface" zu Rachilde, *La tour d'amour*, Paris (Mercure de France) 1994, S. I-VIII.

-, „Préface" zu Alfred Vallette, *Le Roman d'un Homme sérieux*, Paris (Mercure de France) 1994, S. I-XXIII.

-, „Préface" zu Rachilde, *La Marquise de Sade*, Paris (Gallimard) 1996, S. I-XIV.

SOULIGNAC, „Écrits de jeunesse de Mademoiselle de Vénérande", in: *Revue Frontenac. Kingston/Ontario (Canada)* 10-11 (1993-1994), S. 192-197.

-, „Bibliographie des œuvres de jeunesse de Rachilde 1877-1889. (Édition revue et corrigée)", in: *Revue Frontenac. Kingston/Ontario (Canada)*, 10-11 (1993-1994), S. 198-218.

TEGYEY, Gabriella, *L'inscription du personnage dans les romans de Rachilde et de Marguerite Audoux*, Debrecen (Kossuth Lajos Tudományegyetem) 1995.

THOMSON, Clive, „Le discours du féminin dans *Le Docteur Pascal* d'Emile Zola et *La Jongleuse* de Rachilde", in: *Excavatio. International review for multidisciplinary studies. Berkely/California* 4-5 (Winter-Spring 1994), S. 13-22.
VASSEUR, Nadine, „Rachilde", in: *Nouvelles Littéraires* 2751 (28. August 1980), S. 30.
VYNCKIER, Henk, „Rachilde", in: Wilson, Katharina (Hg.), *Encyclopedia Of Continental Woman Writers*, Bd. II, New York u. London (Garland Publishing) 1991, S. 1024-1025.
ZIEGLER, Robert E., „The Suicide Of ‚La Comédienne'", in: Myers, Eunice/Adamson Ginette (Hgg.), *Continental, Latin-American and Francophone Women Writers. Selected Papers from the Wichita State University Conference of Foreign Literature 1984-1985*, New York u. London (University Press of America) 1988, S. 55-61.
-, „Fantasies of Partial Selves in Rachildes *Le démon de l'absurde*", in: *Nineteenth-Century French Studies. Fedonia/New York* 19 (1990/91), S. 122-131.
-, „The Message of the Lighthouse: Rachilde's *La Tour d'amour*", in: *Romance Quarterly* 39 (1992), S. 159-165.
-, „Rachilde's *L'heure sexuelle*. Toward a Literature *fin-de-sexe*", in: *Nineteenth-Century French Studies. Fredonia/New York* 23 (1994/95), S. 194-205.
-, „Portrait of the artist as an old woman: textual mortality in Rachilde's ‚Refaire l'amour'", in: *Studi francesi. Cultura e civiltà letteraria del Francia. Revista quadrimestrale. Torino* 38 (1994), S. 85-94.
ZIMMERMANN, Margarete, „Rachilde", in: Hechtfischer, Ute/Hof, Renate/Stephan, Inge/Veit-Wild, Flora (Hgg.), *Metzler Autorinnen Lexikon*, Stuttgart u. Weimar (J. B. Metzler) 1999, S. 435f.


2. Beiträge zu Rachilde im Internet:


BORDEAU, Catherine [26.9.1997], „The Decadent Power of the Feminin Milieu", in: Peripheries and Centers. 19th Century French Studies Colloquium. Twenty-Third Annual Meeting, October 16-19 1997. <http://www.rom.uga.edu/ncfs/abstracts/1143.html> [20.1.2000].
French Women Writers Database-Bibliographies, University of Chicago 1999 [9.7.1999]. <http://www.lib.uchigaco.edu/efts/ARTFL/projects/FWW/FWW.bib.html> [20.1.2000].
UDALL, Lena [16.9.1997], „Perversions and Inversions: Gender and Style in Against the Grain and Monsieur Vénus." <http://www.ags.uci.edu/~clowegsa/revolutions/Udall.html> [20.1.2000].

## 3. Weitere Forschungsliteratur

ALBISTUR, Maïté/ARMOGATHE, Daniel, *Histoire du féminisme français*, Bd. II: *De l'empire napoléonien à nos jours*, Paris (Des Femmes) 1977.
AMBRIÈRE, Madelaine (Hg.), *Littérature françaises du XIX$^e$ siècle*, Paris (P.U.F.) 1990.
AURNHAMMER, Achim, *Androgynie. Studien zu einem Motiv*, Köln u. Wien (Böhlau)1986.
BARD, Christine (Hg.), *Un siècle d'antiféminisme*, Paris (Fayard) 1999.
BARTHES, Roland, *Le Plaisir du texte*, Paris (Du Seuil) 1973.
BATESON, Gregory, *Ökologie des Geistes. Anthropologische, psychologische, biologische und epistemologische Perspektiven*, Frankfurt a.M.$^6$ (Suhrkamp) 1996.
BAUDRILLARD, Jean, *Von der Verführung*, München (Matthes u. Seitz) 1992.
BAUER, Roger, „‚Fin de siècle' et ‚Décadence' comme catégories littéraires", in: *Neohelicon* III, 3-4 (1975), S. 69-86.
-, (Hg.), *Fin de siècle. Zu Literatur und Kunst der Jahrhundertwende*, Frankfurt a.M. (Klostermann) 1977 [=Studien zur Philosophie und Literatur des neunzehnten Jahrhunderts, Bd. 35].
-, „‚Décadence': histoire d'un mot et d'une idée", in: *Cahiers roumaines d'études littéraires* 1 (1978), S. 55-71.
-, „Größe und Verfall der Décadence", in: Drost, Wolfgang/Kreuzer, Helmut/Raible, Wolfgang et. al. (Hgg.), *Fortschrittsglaube und Dekadenzbewußtsein im Europa des 19. Jahrhunderts. Literatur-Kunst-Kulturgeschichte*, Heidelberg (Winter) 1986, [=Reihe Siegen, Beiträge zur Literatur- und Sprachwissenschaft, Bd. 59], S. 31-34.
-, „Altes und Neues über die Décadence", in: *Literaturwissenschaftliches Jahrbuch* 32 (1991), S. 149-173.
BEILHARZ, Alexandra, *Die Décadence und Sade: Untersuchungen zu den erzählenden Texten des französischen Fin de Siècle*, Stuttgart u. Weimar (J. B. Metzler) 1997.
BEIZER, Janet, *Ventriloquized Bodies. Narratives of Hysteria in Nineteenth-Century France*, Ithaca u. London (Cornell University Press) 1994.
BELLET, Roger, „Masculin Et Féminin Dans Les Pseudonymes Des Femmes De Lettres Au XIX$^e$ Siècle", in: ders. (Hg.), *Femmes de lettres au XIX$^e$ siècle. Autour de Louise Colet*, Lyon (Presses Universitaires de Lyon) 1982, S. 249-281.
BERG, Christian/DUNEUX Frank et al. (Hgg.), *The Turn of the century = Le tournant du siècle. Modernism and modernity in literature and arts = Le modernisme et la modernité dans la littérature et les arts*, Berlin u. New York (de Gruyter) 1995.
BERTHIER, Philippe, *Barbey d'Aurevilly et L'imagination*, Genf (Librairie Droz) 1978.
BIRKETT, Jennifer, *The Sins of the Fathers. Decadence in France 1870-1914*, London u. New York (Quartet Books) 1986.
BLASBERG, Cornelia, „Dekadenz", in: Gerd Ueding (Hg.), *Historisches Wörterbuch der Rhetorik*, Tübingen (Niemeyer) 1992, Bd. II (1994), S. 473-481.
BLOOM, Harold, *The Anxiety of Influence: A Theory of Poetry*, New York (Oxford University Press) 1973.

BORK, Claudia, *Femme Fatale und Don Juan. Ein Beitrag zur Motivgeschichte der literarischen Verführergestalt*, Hamburg (Bockel) 1992.
BORNECQUE, Jacques-Henry, *Villiers de L'Isle-Adam. Créateur et Visionnaire. Avec des Documents inédits*, Paris (A.G. Nizet) 1974.
BOVENSCHEN, Silvia, *Die imaginierte Weiblichkeit. Exemplarische Untersuchungen zu kulturgeschichtlichen und literarischen Präsentationsformen des Weiblichen*, Frankfurt a.M.$^2$ (Suhrkamp)1980.
BRINKER-GABLER, Gisela (Hg.), *Deutsche Literatur von Frauen*, 2 Bde., Bd. I: *Vom Mittelalter bis zum Ende des 18. Jahrhunderts*, München (C. H. Beck) 1988.
BRONFEN, Elisabeth, *Die schöne Leiche. Texte von Clemens Brentano, E.T.A. Hoffmann, Edgar Allan Poe, Arthur Schnitzler und anderen*, München (Goldmann) 1992.
-, *Nur über ihre Leiche. Tod, Weiblichkeit und Ästhetik*, München (Deutscher Taschenbuch Verlag) 1996.
BULVER, Kathryn, M., *La femme-démon. Figurations de la femme dans la littérature fantastique*, New York (Lang) 1995.
BÜRGER, Christa/BÜRGER, Peter/SCHULTE-SASSE, Jochen (Hgg.), *Naturalismus/Ästhetizismus*, Frankfurt a.M. (Suhrkamp) 1979.
BUTLER, Judith, *Das Unbehagen der Geschlechter*, Frankfurt a.M. (Suhrkamp) 1991.
-, *Körper von Gewicht. Die diskursiven Grenzen des Geschlechts*, Frankfurt a.M. (Suhrkamp) 1997.
BUTOR, Michel, *Histoire extraordinaire. Essai sur un rêve de Baudelaire*, Paris (Gallimard) 1961.
CARTER, A. E., *The Idea of Decadence in French Literature 1830-1900*, Toronto (University of Toronto) 1958.
CHRISTADLER, Marieluise/HERVÉ, Florence, „Chronologie der französischen Frauenbewegung", in: dies. (Hgg.), *Bewegte Jahre – Frankreichs Frauen*, Düsseldorf (Zebulon) 1994.
CITTI, Pierre, *Contre la décadence. Histoire de l'imagination française dans le roman 1890-1914*, Paris (Presses Universitaires de France) 1987.
-, (Hg.), *Fins de siècle. Colloque de Tours 4-6 juin 1985*, Bordeaux (Presses Universitaires de Bordeaux) 1990.
CLARUS, Ingeborg, *Odysseus und Oidipus. Wege und Umwege der Seele*, Fellbach (Bonz)1986.
COOPER, J.C., *Illustriertes Lexikon der traditionellen Symbole*, übersetzt aus dem Englischen von Gudrun und Matthias Middell, Leipzig u. Wiesbaden (Drei Lilien) 1986.
CORBINEAU-HOFFMANN, Angelika/GIER, Albert (Hgg.), *Aspekte der Literatur des Fin de siècle in der Romania*, Tübingen (Niemeyer) 1983.
CROSLAND, Margaret, *Woman of Iron and Velvet and the books they wrote in France*, London (Constable) 1976.
DEUTSCH, Helene, „Der feminine Masochismus und seine Beziehung zur Frigidität", in: *Internationale Zeitschrift für Psychoanalyse* 16 (1934), S. 172-184.
DIJKSTRA, Bram, „The Androgyne In Nineteenth-Century Art and Literature, in: *Comparative Literature* 26 (1974), S. 62-73.

-, *Idols of Perversity. Fantasies of Feminine Evil in Fin-de-Siècle Culture*, New York u. Oxford (Oxford University Press) 1986.

DOTTIN-ORSINI, Mireille, *Cette femme qu'ils disent fatale. Textes et images de la misogynie fin-de-siècle*, Paris (Grasset) 1993.

DROST, Wolfgang, „Du Progrès à rebours. Fortschrittsglaube und Dekadenzbewußtsein im 19. Jahrhundert: Das Beispiel Frankreich" in: ders./ Kreuzer, Helmut/Raible, Wolfgang et al. (Hgg.), *Fortschrittsglaube und Dekadenzbewußtsein im Europa des 19. Jahrhunderts. Literatur-Kunst-Kulturgeschichte*, Heidelberg (Winter) 1986, [=Reihe Siegen, Beiträge zur Literatur- und Sprachwissenschaft, Bd. 59], S. 13-29.

DUCREY, Guy (Hg.), „Eclats fin-de-siècle", in: *Equinoxe* 6 (automne 1991).

DUDEN, Barbara, „Die Frau ohne Unterleib: Zu Judith Butlers Entkörperung. Ein Zeitdokument", in: *Feministische Studien* 2 (11. Jahrgang, November 1993), S. 24-33.

EBRECHT, Angelika, „Weiblichkeit als kulturelle Pathologie. Kulturkritik, Nervosität und Geschlecht in Theorien der Jahrhundertwende", in: *Feministische Studien* 2 (14. Jahrgang, Mai 1996), S. 110-121.

ELLMANN, Mary, *Thinking about woman*, London (Virago Press) 1979.

ENDER, Evelyn, *Sexing the mind: Nineteenth-Century Fictions of Hysteria*, Ithaca, New York u. London (Cornell Press) 1995.

ENGLER, Winfried, „Die erzählende Dichtung des Fin-de-Siècle", in: ders., *Der französische Roman von 1800 bis zur Gegenwart*, Bern u. München (Francke) 1965, S. 106-127.

FELDMAN, Jessica, *Gender on the Divide. The Dandy in Modernist Literature*, Ithaca (Cornell Press) 1993.

FISCHER, Jens-Malte, *Fin de siècle, Kommentar zu einer Epoche*, München (Winkler) 1978.

-, „Décadence", in: *Propyläen Geschichte der Literatur*, Bd. V, Berlin (Propyläen Verlag) 1984, S. 559-581.

FISCHER-HOMBERGER, Esther, *Krankheit Frau. Geschichte der Einbildungen mit zahlreichen Abbildungen*, Darmstadt u. Neuwied (Luchterhand) 1984.

FOUCAULT, Michel, „Was ist ein Autor?", in: ders., *Schriften zur Literatur. Aus dem Französischen übersetzt von Karin von Hofer und Anneliese Botond*, München[5] (Nymphenburger Verlagsanstalt) 1974, S. 7-31.

-, *Herculine Barbin, dite Alexina B.*, Paris (Gallimard) 1978.

-, *Wahnsinn und Gesellschaft*, Frankfurt a.M.[11] (Suhrkamp) 1995.

-, *Sexualität und Wahrheit*, Bd. I: *Der Wille zum Wissen*, Frankfurt a.M.[9] (Suhrkamp) 1997.

FRAPPIER-MAZUR, Lucienne, „Marginal Canons: Rewriting the Erotic", in: *Yale French Studies* 75 (1989), S. 112-128.

FRENZEL, Elisabeth, *Motive der Weltliteratur. Ein Lexikon dichtungsgeschichtlicher Längsschnitte*, Stuttgart[3] (J. B. Metzler) 1988.

FREUD, Sigmund, *Drei Abhandlungen zur Sexualthorie* (1905), Frankfurt a.M. (Fischer) 1996.

GALAND-HALLYN, Perrine (Hg.), *Les Décadents à l'école des Alexandrins. Colloque international 30 nov., 1er déc. 1996 à l'Université de Valenciennes*, Valenciennes (Press Universitaire de Valenciennes) 1996.
GARELICK, Rhonda K, *Rising star. Dandyism, gender and performance in the Fin de Siècle*, Princton (University Press) 1997.
GILBERT, Sandra/GUBAR, Susan, *The Madwoman in the Attic*, New Haven u. London[2] (Yale University Press) 1980.
GNÜG, Hiltrud, *Kult der Kälte. Der klassische Dandy im Spiegel der Weltliteratur*, Stuttgart (J. B. Metzler) 1988.
GORDON, Rae Beth, *Ornament, Fantasy and Desire in Nineteenth-Century French Literature*, Princton/New Jersey (University Press) 1992.
GRIMM, Jürgen (Hg.), *Französische Literatur Geschichte*, Stuttgart[2] (J. B. Metzler) 1991.
GRIVEL, Charles, „Le discours du sexe (Fin de siècle en littérature)", in: Pfister, Manfred (Hg.), *Die Modernisierung des Ich. Studien zur Subjektkonstitution in der Vor- und Frühmoderne*, Passau (Rothe) 1989 [=Passauer Interdisziplinäre Kolloquien (PINK), Bd. 1], S. 96-107.
GUMBRECHT, Hans-Ulrich/LINK-HEER, Ursula (Hgg.), *Epochenstrukturen im Diskurs der Literatur- und Sprachtheorie*, Frankfurt a.M. (Suhrkamp) 1985.
HARDWICK, Elisabeth, *Verführung und Betrug. Frauen und Literatur. Essays*, München (Fischer) 1986.
HESELHAUS, Herrad, „Luce Irigaray – „Weiblichkeit" wieder(er)finden. Feministische Theorie zwischen Essentialismus, Dekonstruktion und Kreativität, in: Haas, Erika (Hg.), *„Verwirrung der Geschlechter". Dekonstruktion und Feminismus*, München u. Wien (Profil) 1995, S. 95-122.
HEYDEN, Renate von der/WINKO, Simone, „Arbeit am Kanon", in: Bußman, Hadumod/Hof, Renate (Hgg.), *Genus. Zur Geschlechterdifferenz in den Kulturwissenschaften*, Stuttgart (Kröner) 1995, S. 206-261.
HILMES, Carola, *Die Femme Fatale. Ein Weiblichkeitstypus in der nachromantischen Literatur*, Stuttgart (J. B. Metzler) 1990.
HINTERHÄUSER, Hans, *Fin de siècle. Gestalten und Mythen*, München (Wilhelm Fink) 1977.
HÖFELE, Andreas, „Dandy und New Woman", in: Pfister, Manfred/Schulte-Middelich, Bernd (Hgg.), *Die `Nineties. Das englische Fin de siècle zwischen Dekadenz und Sozialkritik*, München (Francke) 1983, S. 147-163.
HOOFF, Dominque van, „La femme et l'artiste au XIXe siècle. Lutte et prise de conscience du deuxième sexe", in: *Simone de Beauvoir Studies* 11 (1994), S. 123-128.
Institut des Lettres de l'Université de Nantes (Hg.), *L'Esprit de décadence. Colloque de Nantes*, 2. Bde., Paris (Librairie Minard) 1980/84.
IRIGARAY, Luce, *Das Geschlecht, das nicht eins ist*, Berlin (Merve) 1979.
-, *Speculum. Spiegel des anderen Geschlechts*, Frankfurt a.M.[10] (Suhrkamp) 1996.
ISRAËL, Lucien, *Die unerhörte Botschaft der Hysterie*, München (Reinhardt) 1987.
JAPP, Uwe, *Theorie der Ironie*, Frankfurt a.M. (Klostermann) 1993.

JOUVE, Séverine, *Obsessions et perversions dans la littérature et les demeures à la fin du dix-neuvième siècle*, Paris (Hermann) 1996.
KELLY, Dorothy, *Fictional Genders. Role and Representation in Nineteenth-Century French Narrative*, Lincoln u. London (University of Nebraska Press) 1989.
KERÉNYI, Karl, *Mythologie der Griechen*, Bd. I: *Die Götter- und Menschheitsgeschichten*, München[18] (Deutscher Taschenbuch Verlag) 1997.
-, *Mythologie der Griechen*, Bd. II: *Die Heroen-Geschichten*, München[15] (Deutscher Taschenbuch Verlag) 1996.
KINGCAID, Renée A., *Neurosis and Narratives. The Decadent Short Fiction of Proust, Lorrain, and Rachilde*, Carbondale u. Edwardsville (Southern Illinois University Press) 1992.
KOFMAN, Sarah, *L'énigme de la femme. La femme dans les textes de Freud*, Paris (Galilée) 1980.
KOKULA, Ilse, *Weibliche Homosexualität um 1900*, München (Frauenoffensive) 1981.
KOPPEN, Erwin, *Dekadenter Wagnerismus. Studien zur europäischen Literatur des Fin de siècle*, Berlin u. New York (de Gruyter) 1973 [=Komparatistische Studien. Beihefte zu „arcadia". Zeitschrift für Vergleichende Literaturwissenschaft, hrsg. von Horst Rüdiger, Bd. 2].
-, „Décadence und Symbolismus in der französischen und italienischen Literatur", in: See, Klaus von (Hg.), *Neues Handbuch der Literaturwissenschaft*, Bd. XVIII: *Jahrhundertende-Jahrhundertwende. Teil I*, hrsg. von Helmut Kreuzer, Wiesbaden (Athenaion) 1976, S. 69-102.
KREUZER, Helmut, *Die Bohème. Analyse und Dokumentation der intellektuellen Subkultur vom 19. Jahrhundert bis zur Gegenwart*, Stuttgart (J. B. Metzler) 1971.
KROLL, Renate, „Feministische Positionen in der romanistischen Literaturwissenschaft", in: dies./Margarete Zimmermann (Hgg.), *Feministische Literaturwissenschaft in der Romanistik*, Stuttgart u. Weimar (J. B. Metzler) 1995, S. 26-43.
-, „Grand Siècle und feministische Literaturwissenschaft", in: dies./Margarete Zimmermann (Hgg.), *Feministische Literaturwissenschaft in der Romanistik*, Stuttgart u. Weimar (J. B. Metzler) 1995, S. 86-100.
LACAN, Jacques, *Freuds Technische Schriften. Das Seminar. Buch I (1953-1954)*, Weinheim u. Berlin (Quadriga) 1978.
-, *Encore. Das Seminar. Buch XX (1972-1973)*, Weinheim u. Berlin (Quadriga) 1986.
-, *Schriften I (1966)*, Weinheim u. Berlin[4] (Quadriga) 1996.
*La femme au XIX$^e$ siècle. Littérature et idéologie*, Lyon (Presses Universitaires de Lyon) 1979.
LAMBERTZ, Sigrid, *Die „femme de lettres" im „Second Empire"*, St. Ingbert (Röhrig) 1994 [=Saarbrücker Hochschulschriften Romanistik, Bd. 24].
LANSON, Gustave, *Histoire de la Littérature Française. Remaniée et complétée pour la période 1850-1950 par Paul Tuffrau*, Paris (Hachette) 1951.
LAPLANCHE, Jean/PONTALIS, J.-B., *Das Vokabular der Psychoanalyse*, Frankfurt a.M.[13] (Suhrkamp) 1996, S. 377-381.
LARNAC, Jean, *Histoire de la Littérature féminine en France*, Paris (Kra) 1929.

LAROUSSE, Pierre (Hg), *Grand Dictionnaire universel du XIX$^e$ siècle*, 16 Bde., Bd. II, Paris (Administration du Grand Dictionnaire universel) 1866-1878, S. 296f.

LEHNERT, Gertrud, *Maskeraden und Metamorphosen. Als Männer verkleidete Frauen in der Literatur*, Würzburg (Königshausen u. Neumann) 1994.

LENNING, Walter, *Marquis de Sade in Selbstzeugnissen und Bilddokumenten*, Reinbeck bei Hamburg (Rowohlt) 1980.

LINDEMANN, Gesa, „Wider die Verdrängung des Leibes aus der Geschlechtskonstruktion", in: *Feministische Studien* 2 (11. Jahrgang, November 1993), S. 44-54.

LINDHOFF, Lena, *Einführung in die feministische Literaturwissenschaft*, Stuttgart u. Weimar (J. B. Metzler) 1995 [=Sammlung Metzler. Realien zur Literatur, Bd. 285].

LINK-HEER, Ursula, „»Männliche Hysterie«", in: *kultuRRevolution* 9 (Juni 1985), S. 39-47.

-, „«Le mal a marché trop vite.» Fortschritts-und Dekadenzbewußtsein im Spiegel des Nervositäts-Syndroms", in: Drost, Wolfgang/Kreuzer, Helmut/Raible, Wolfgang et al. (Hgg.), *Fortschrittsglaube und Dekadenzbewußtsein im Europa des 19. Jahrhunderts. Literatur-Kunst-Kulturgeschichte,* Heidelberg (Winter) 1986, [=Reihe Siegen, Beiträge zur Literatur- und Sprachwissenschaft, Bd. 59], S. 45-67.

-, „Wird Androgynie normal? Zur Entfaltung imaginierter Geschlechtlichkeit zwischen zwei Fins-de-siècle", in: *kultuRRevolution* 27 (1992), S. 46-49.

-, „Doppelgänger und multiple Persönlichkeiten. Eine Faszination der Jahrhundertwende", in: *arcadia. Zeitschrift für Allgemeine und Vergleichende Literaturwissenschaft* 31 (1996), S. 273-296.

LOREY, Isabell, „Der Körper als Text und das aktuelle Selbst: Butler und Foucault", in: *Feministische Studien* 2 (11. Jahrgang, November 1993), S. 10-23.

LUKÁCS, Georg, „Zur Frage der Satire", in: *Internationale Literatur* 2 (1932), S. 132-153.

LUHMANN, Niklas, „Das Problem der Epochenbildung und die Evolutionstheorie", in: Gumbrecht, Hans-Ulrich/Link-Heer Ursula (Hgg.), *Epochenstrukturen im Diskurs der Literatur- und Sprachtheorie*, Frankfurt a.M. (Suhrkamp) 1985, S. 11-33.

MANN, Otto, *Der Dandy. Ein Kulturproblem der Moderne*, Heidelberg (Rothe) 1962.

MARTINI, Fritz, „Dekadenzdichtung", in: *Reallexikon der deutschen Literaturgeschichte,* Bd. I, Berlin[2] (de Gruyter) 1958, 223-229.

MEY, Dorothea, *Die Liebe und das Geld. Zum Mythos und zur Lebenswirklichkeit von Hausfrauen und Kurtisanen in der Mitte des 19. Jahrhunderts in Frankreich*, Weinheim u. Basel (Beltz) 1987 [=Ergebnisse der Frauenforschung, Bd. 10].

MILLET-GÉRARD, Dominique, „Décadence, Symbolisme, le tournant du siècle", in: Ambrière, Madeleine (Hg.), *Précis de la littérature française du XIX$^e$ siècle (1990),* Paris (P.U.F.) 1990, S. 535-543.

MITSCHERLICH-NIELSON, Margarete, „Psychoanalyse und weibliche Sexualität", in: dies./Rohde-Dachser, Christa (Hgg.), *Psychoanalytische Diskurse über Weiblichkeit von Freud bis heute. Zum 50. Geburtstag der Zeitschrift Psyche*, Stuttgart (Internationale Psychoanalyse) 1996, S. 71-92.

MONTANDON, Alain (Hg.), *L'honnête homme et le dandy*, Tübingen (Narr) 1993.

MONNEYRON, Frédérec, *L'androgyne décadent. Mythe, Figure, Fantasmes*, Grenoble (ELLUG) 1996.
NEUMEISTER, Sebastian, *Der Dichter als Dandy*, München (Fink) 1973.
NEUSCHÄFER, Hans-Jörg, „Der Naturalismus in der Romania, in: See, Klaus von (Hg.), *Neues Handbuch der Literaturwissenschaft*, Bd. XVIII: *Jahrhundertende-Jahrhundertwende. Teil I*, hrsg. v. Helmut Kreuzer, Wiesbaden (Athenaion) 1976, S. 32-67.
OFFEN, Karen, „Depopulation, Nationalism, and Feminism in Fin-de-Siècle France", in: *The American Historical Review* LXXXIX, 1 (1984), S. 649-676.
-, „Sur L'Origine Des Mots «Féminisme» Et «Féministe», in: *Revue d'histoire moderne et contemporaine* 34 (1987), S. 492-494.
-, „Defining Feminism. A Comparative Historical Approach", in: *Signs* 14 (1988/89), S. 119-157.
OSINSKI, Jutta, *Einführung in die feministische Literaturwissenschaft*, Berlin (Schmidt) 1998.
PALACIO, Jean de, Pierrot, *Fin-de-siècle ou les métamorphoses d'un masque*, Paris (Nouvelles Éditions Séguier) 1990.
-, „Enseigner la ‚Décadence'?", in: *Equinoxe* 6 (automne 1991), S. 9-17.
-, *Les Perversions du merveilleux. Ma Mère l'Oye au tournant du Siècle*, Paris (Nouvelles Éditions Séguier) 1993.
-, *Figures et formes de la Décadence*, Paris (Nouvelles Éditions Séguier) 1994.
-, „La féminité dévorante. Sur quelques images de manducation dans la littérature décadente", in: ders., *Figures et formes de la Décadence*, Paris (Nouvelles Éditions Séguier) 1994, S. 53-74.
-, „Du maquillage, considéré comme un des beaux-arts, ou le mythe de Jézabel", in: ders., *Figures et formes de la Décadence*, Paris (Nouvelles Éditions Séguier) 1994, S. 150-182.
PFISTER, Manfred (Hg.), *Die Modernisierung des Ich. Studien zur Subjektkonstitution in der Vor- und Frühmoderne*, Passau (Rothe) 1989 [=Passauer Interdisziplinäre Kolloquien (PINK), Bd. 1].
-, „Kult und Krise des Ich. Zur Subjektkonstitution in Wildes ‚Dorian Gray'", in: ders., *Die Modernisierung des Ich. Studien zur Subjektkonstitution in der Vor- und Frühmoderne*, Passau (Rothe) 1989 [=Passauer Interdisziplinäre Kolloquien (PINK), Bd. 1], S. 254-269.
PIERROT, Jean, *L'Imaginaire Décadent (1880-1900)*, Paris (Presses Universitaires de France) 1977.
PRAZ, Mario, *Liebe, Tod und Teufel. Die schwarze Romantik*, München[3] (Deutscher Taschenbuch Verlag) 1988.
PRIOLLAUD, Nicole (Hg.), *La Femme au 19$^e$ siècle*, Paris (Liana Levi) 1983.
RICH, Adrienne, „When We Dead Awaken: Writing as Re-Vision", in: *College English* XXXIV, 1 (October 1972), S. 18-30.
RIDGE, Ross George, *The Hero in French Decadent Literature*, Athens (University of Georgia Press) 1961.

RIFFATERRE, Michel, „Paradoxes décadents", in: Mary Shaw/Francois Cornilliat (Hgg.), *Rhétoriques fin de siècle*, Paris (Bourgois) 1992, S. 220-234.
RIVIÈRE, Joan, „Womenliness as a masquerade", in: *The International Journal of Psychoanalysis* 10 (1929), S. 303-313.
ROSSBACH, Susanne, „Blut, Schmerz und Tränen. Vorstellungen von Weiblichkeit und Männlichkeit im literarischen Werk Barbey d'Aurevillys", in: Kroll, Renate/Zimmermann, Margarete (Hgg.), *Feministische Literaturwissenschaft in der Romanistik*, Stuttgart u. Weimar (J. B. Metzler) 1995, S. 135-153.
RUSS, Joana, *How to Supress Women's Writing*, Austin (The Women's Press Limited) 1984.
SCHAPS, Regine, *Hysterie und Weiblichkeit. Wissenschaftsmythen über die Frau*, Frankfurt u. New York (Campus) 1982.
SCHLESIER, Renate, *Konstruktionen der Weiblichkeit bei Sigmund Freud. Zum Problem der Entmythologisierung und Remythologisierung in der psychoanalytischen Theorie*, Frankfurt a.M. (Europäische Verlagsanstalt) 1981.
SCHOR, Naomi, „Female Fetishism: The Case of George Sand (1985)" in: dies., *Bad Objects. Essays Popular and Unpopular*, Durham u. London (Duke University Press) 1995, S. 93-100.
-, „Fetishism and Its Ironies (1988-89)", in: dies., *Bad Objects. Essays Popular and Unpopular*, Durham u. London (Duke University Press) 1995, S. 101-110.
SCHULLER, Marianne, „Literarische Szenerie und ihre Schatten. Orte des ‚Weiblichen' in der literarischen Produktion", in: *Ringvorlesung Frau und Wissenschaft*, Marburg (Universität Marburg)1979, S. 79-103.
-, „»Weibliche Neurose« und Identität. Zur Diskussion der Hysterie um die Jahrhundertwende", in: Kamper, Dietmar/Wulf, Christoph (Hgg.), *Die Wiederkehr des Körpers*, Frankfurt a.M. (Suhrkamp) 1982, S. 180-192.
-, „Hysterie – eine strafbare Krankheit?", in: *kultuRRevolution* 9 (Juni 1985), S. 34-38.
SCHULZ-BUSCHHAUS, Ulrich, „Gattungsmischung – Gattungskombination – Gattungsnivellierung. Überlegungen zum Gebrauch des literarhistorischen Begriffs ‚Barock'", in: Gumbrecht, Hans-Ulrich/Link-Heer, Ursula (Hgg.), *Epochenstrukturen im Diskurs der Literatur- und Sprachtheorie*, Frankfurt a.M. (Suhrkamp) 1985, S. 213-233.
SHAW, Mary/CORNILLIAT, François (Hgg.), *Rhétoriques fin de siècle*, Paris (Bourgois) 1992.
SHOWALTER, Elaine, *A literature of their own. British Women Novelists from Brontë to Lessing*, London (Virago Press) 1978.
-, (Hg.), *The New Feminist Criticism. Essays on Women, Literature and Theory*, London (Virago Press) 1986.
-, „Feministische Kritik in der Wildnis", in: Karen Nölle-Fischer (Hg.), *Mit verschärftem Blick. Feministische Literaturkritik*, München (Frauenoffensive) 1987, S. 49-88.
-, *Sexual anarchy. Gender and Culture at the Fin de Siècle*, New York (Viking) 1990.
-, (Hg.), *Daughters of Decadence. Women Writers of the Fin de Siècle*, London (Virago Press) 1993.

SIMMONS, Margaret Ann, *Fictions of feminity. Fin de siècle representations of hysteria*, New York (Ann Arbor) 1996.

STACKELBERG, Jürgen von, „Die französische Literaturkritik von der Jahrhundertwende bis zum Ende des Ersten Weltkriegs, in: See, Klaus von (Hg.): *Neues Handbuch der Literaturwissenschaft*. Bd. XIX: *Jahrhundertende-Jahrhundertwende. Teil II*, hrsg. v. Hans Hinterhäuser, Wiesbaden (Athenaion) 1976, S.109-124.

STANZEL, Franz K., *Theorie des Erzählens*, Göttingen[6] (Vandenhoeck) 1995 [=UTB 904].

STEFAN, Inge/WEIGEL, Sigrid, *Die verborgene Frau. Sechs Beiträge zu einer feministischen Literaturwissenschaft*, Berlin u. Hamburg[3] (Argument-Verlag) 1988 [=Literatur im historischen Prozess. Neue Folge 6./Argument Sonderband 96].

STEFAN, Inge, „»Bilder immer wieder Bilder«", in: dies/WEIGEL, Sigrid, *Die verborgene Frau. Sechs Beiträge zu einer feministischen Literaturwissenschaft*, Berlin u. Hamburg[3] (Argument-Verlag) 1988 [=Literatur im historischen Prozess. Neue Folge 6./Argument Sonderband 96], S. 15-34.

STEINBRÜGGE, Liselotte, *Das moralische Geschlecht*, Weinheim u. Basel (Beltz) [=Ergebnisse der Frauenforschung, Bd. 11] 1987.

THOMALLA, Ariane, *Die >femme fragile<. Ein literarischer Frauentypus der Jahrhundertwende*, Düsseldorf ( Bertelsmann) 1972.

WAELTI-WALTERS, Jennifer, *Feminist Novelists of the Belle Epoque. Love as a Lifestyle*, Bloomington u. Indianapolis (University of Indiana Press) 1990.

WATZLAWICK, Paul et al., *Menschliche Kommunikation. Formen, Störungen, Paradoxien*, Bern, Wien u. Stuttgart (Huber) 1969.

WEICKMANN, Dorion, *Rebellion der Sinne. Hysterie – ein Krankheitsbild als Spiegel der Geschlechterordnung (1880-1920)*, Frankfurt u. New York (Campus) 1997.

WEIGEL, Sigrid, „Der schielende Blick", in: Inge Stefan/Weigel, Sigrid, *Die verborgene Frau. Sechs Beiträge zu einer feministischen Literaturwissenschaft*, Berlin u. Hamburg[3] (Argument-Verlag) 1988 [=Literatur im historischen Prozess. Neue Folge 6./Argument Sonderband 96], S. 83-137.

WEIL, Kari, *Androgyny and the Denial of Difference*, Charlottsville, London (University Press of Virginia) 1992.

WENDE-HOHENBERGER, Waltraud, „Männlein-Weiblein und Zwei-Räder. Fahrrad und Frauenemanzipation", in: *kultuRRevolution* 9 (1985), S. 22-24.

WIDMER, Peter, *Subversion des Begehrens. Jacques Lacan oder Die zweite Revolution der Psychoanalyse*, Frankfurt a.M. (Fischer) 1990.

ZIMMERMANN, Margarete, „Feminismus und Feminismen. Plädoyer für die Historisierung eines umstrittenen Begriffs," in: Kroll, Renate/Zimmermann, Margarete (Hgg.), *Feministische Literaturwissenschaft in der Romanistik*, Stuttgart u. Weimar (J. B. Metzler) 1995, S. 52-63.

-, „Literaturgeschichte und weibliche *memoria*", in: Kroll, Renate/Zimmermann, Margarete(Hgg.), *Feministische Literaturwissenschaft in der Romanistik*, Stuttgart u. Weimar (J. B. Metzler) 1995, S. 9-17.

## III. Übersetzungen von Rachildes Texten

Deutschland:

Rachilde, *Die Gespenster-Falle. Seltsame Geschichten*, übersetzt von Paul Zifferer, Minden (Max Bruns) 1911.

Rachilde, *Der Wölfinnen Aufruhr. Ein Klosterroman (Le Meneur de Louves)*, übersetzt von Berta Huber, Minden (Max Bruns) 1912.

Rachilde, *Der Liebesturm (La tour d'amour)*, übersetzt von Berta Huber, Minden (Max Bruns) 1913.

Rachilde, *Die Mordmühle und andere Erzählungen*, übersetzt von Berta Huber, Minden (Max Bruns) 1928.

Rachilde, *Die Messertänzerin (La Jongleuse)*, übersetzt von Berta Huber, Minden (Max Bruns) 1921.

Rachilde, *Das Weibtier (L'animale)*, übersetzt von Berta Huber, Minden (Max Bruns) 1929.

Rachilde, *Der Panther. Erzählungen*, hrsg. und mit einem Vorwort versehen von Susanne Farin, sowie einem Essay von Max Bruns, Bonn (Bouvier)1989.

Italien:

Rachilde, *La viziosa (Monsieur Vénus)*, übersetzt von Carlo Brighenti, Mailand (Attualità) 1968.

Rachilde, *L'ora sessuale. Il senor Venere (L'Heure sexuelle)*, übersetzt von Ernesto Bonucci, Mailand (Club degli editori) 1973.

Spanien:

Rachilde, *La hermética (Le Château hermétique)*, übersetzt von R. Contreras, Madrid (Editiones Júcar) 1973.

Rachilde, *El ratoncito japonés (La souris japonaise)*, übersetzt von Carmen de Burgos, Barcelona (Libros y Publicationes Periódicas) 1984.

Polen:

Rachilde, *Pan Vénus (Monsieur Vénus)*, übersetzt von Barbara Grzegorzewska, Warschau (Czyteinik) 1980.

Japan:

Rachilde, *Venus-shi (Monsieur Vénus)*, übersetzt von Takahashi Takako/Suzuki Sho, Kyoto (Jinbun shoín) 1980.

Großbritannien:

Rachilde, *The Juggler (La Jongleuse)*, übersetzt u. eingeleitet von Melanie Hawthorne, New Brunswick u. London (Rudgers University Press) 1990.
Rachilde, *Mister Venus (Monsieur Vénus)*, übersetzt von Liz Heron, London (Dedalus) 1992.

Kanada:

Rachilde, *The Hermetic Castle (Le Château hermétique)*, übersetzt und eingeleitet von Marianne C. Warnick, in: *Revue Frontenac. Kingston/Ontario (Canada)* 10-11 (1993-1994), S. 183-191.

www.ingramcontent.com/pod-product-compliance
Lightning Source LLC
Chambersburg PA
CBHW020108010526
44115CB00008B/747